DuD-Fachbeiträge

Reihe herausgegeben von

Gerrit Hornung, Kassel, Deutschland

Helmut Reimer, Erfurt, Deutschland

Karl Rihaczek, Bad Homburg vor der Höhe, Deutschland

Alexander Roßnagel, Kassel, Deutschland

Die Buchreihe ergänzt die Zeitschrift DuD – Datenschutz und Datensicherheit in einem aktuellen und zukunftsträchtigen Gebiet, das für Wirtschaft, öffentliche Verwaltung und Hochschulen gleichermaßen wichtig ist. Die Thematik verbindet Informatik, Rechts-, Kommunikations- und Wirtschaftswissenschaften. Den Lesern werden nicht nur fachlich ausgewiesene Beiträge der eigenen Disziplin geboten, sondern sie erhalten auch immer wieder Gelegenheit, Blicke über den fachlichen Zaun zu werfen. So steht die Buchreihe im Dienst eines interdisziplinären Dialogs, der die Kompetenz hinsichtlich eines sicheren und verantwortungsvollen Umgangs mit der Informationstechnik fördern möge.

Robert Alexander Hagen

Datenschutzrechtliche Rollenzuweisungen

Eine Analyse des europäischen Verantwortlichkeits- und Beteiligungsgefüges

Springer Vieweg

Robert Alexander Hagen
Georg-August-Universität Göttingen
Göttingen, Deutschland

Zugl.: Göttingen, Univ., Diss., 2025

ISSN 2512-6997 ISSN 2512-7004 (electronic)
DuD-Fachbeiträge
ISBN 978-3-658-49717-0 ISBN 978-3-658-49718-7 (eBook)
https://doi.org/10.1007/978-3-658-49718-7

Die Deutsche Nationalbibliothek verzeichnet diese Publikation in der Deutschen Nationalbibliografie; detaillierte bibliografische Daten sind im Internet über https://portal.dnb.de abrufbar.

Springer Vieweg ist ein Imprint der eingetragenen Gesellschaft Springer Fachmedien Wiesbaden GmbH und ist ein Teil von Springer Nature.
Die Anschrift der Gesellschaft ist: Abraham-Lincoln-Str. 46, 65189 Wiesbaden, Germany

Vorwort

Die vorliegende Arbeit wurde im Sommersemester 2023 von der Juristischen Fakultät der Georg-August-Universität Göttingen als Dissertationsschrift angenommen. Literatur und Rechtsprechung konnten bis einschließlich Juli 2025 berücksichtigt werden.

Mein besonderer Dank gilt meinem Doktorvater Herrn Prof. Dr. Andreas Wiebe, LL.M. (Virginia) für seine stets zugewandte und fördernde Begleitung meines Promotionsvorhabens. Die Verbindung aus wissenschaftlicher Freiheit, konstruktivem Austausch und kollegialer Arbeitsatmosphäre am Lehrstuhl hat die Entstehung dieser Arbeit in besonderer Weise begünstigt.

Herrn Prof. Dr. Thomas Mann gebührt mein herzlicher Dank für die Erstellung des Zweitgutachtens.

Ebenso danke ich allen Freunden und Kollegen, die mich auf meinem Weg begleitet, ermutigt und unterstützt haben.

In besonderer Weise danke ich meiner Freundin Johanna, deren unermüdliche Zuversicht und beständiger Rückhalt mir in herausfordernden Phasen Kraft und neuen Mut gegeben haben. Ohne ihre bedingungslose Unterstützung wäre diese Arbeit in dieser Form nicht entstanden.

Schließlich gilt mein tief empfundener Dank meiner Familie – insbesondere meinen Eltern –, die mir seit jeher mit uneingeschränkter Unterstützung und Vertrauen zur Seite stehen. Ihnen ist diese Arbeit gewidmet.

Hamburg, im Juli 2025 *Robert Alexander Hagen*

Inhaltsverzeichnis

Abkürzungsverzeichnis

Soweit hier nicht aufgeführt, werden Abkürzungen in Übereinstimmung mit dem amtlichen Gebrauch oder mit *Kirchner*, Abkürzungsverzeichnis der Rechtssprache, 11. Aufl., Berlin 2024 verwendet.

a.A.	anderer Ansicht
ABl.	Amtsblatt
a.E.	am Ende
a.F.	alte Fassung
Abschn.	Abschnitt
Abs.	Absatz
AcP	Archiv für die civilistische Praxis
AEUV	Vertrag über die Arbeitsweise der Europäischen Union
AfP	Archiv für Presserecht
AG	Amtsgericht
AGB	Allgemeine Geschäftsbedingungen
Alt.	Alternative
Anm.	Anmerkung
ArbRB	Arbeits-Rechtsberater
Art.-29-Datenschutz-gruppe	Article 29 Data Protection Working Party = Artikel-29-Datenschutz-gruppe
Art., Artt.	Artikel (Singular/Plural)
Aufl.	Auflage
ausdr.	ausdrücklich
Az.	Aktenzeichen
AZRG	Gesetz über das Ausländerzentralregister
BayVGH	Bayerischer Verwaltungsgerichtshof
BAG	Bundesarbeitsgericht
BB	Betriebsberater
Bd.	Band
BDSG	Bundesdatenschutzgesetz
BeckOK	Beck Online-Kommentar

BeckRS	Beck-Online Rechtsprechung
BEEG	Bundeselterngeld- und Elternzeitgesetz
Beschl.	Beschluss
BetrVG	Betriebsverfassungsgesetz
BGB	Bürgerliches Gesetzbuch
BGBl.	Bundesgesetzblatt
BGH	Bundesgerichtshof
BKAG	Bundeskriminalamtgesetz
Bpb	Bundeszentrale für politische Bildung
BPersVG	Bundespersonalvertretungsgesetz
BPO	Business Process Outsourcing
BR-Drucks.	Bundesrats-Drucksache
bspw.	beispielsweise
BT-Drucks.	Bundestags-Drucksache
BVerfG	Bundesverfassungsgericht
BVerfGE	Entscheidungen des Bundesverfassungsgerichts
BVerwG	Bundesverwaltungsgericht
bzw.	beziehungsweise
CCZ	Corporate-Compliance-Zeitschrift
CR	Computer und Recht
CRi	Computer Law Review International
CRM	Customer-Relationship-Management
d.h.	das heißt
DDG	Digitale-Dienste-Gesetz
DB	Der Betrieb
Diss.	Dissertation
Drucks.	Drucksache
DSA	Digital Services Act (Verordnung (EU) 2022/2065 des Europäischen Parlaments und des Rates vom 19. Oktober 2022 über einen Binnenmarkt für digitale Dienste und zur Änderung der Richtlinie 2000/31/EG
DSB	Datenschutz-Berater
DSGVO	Verordnung (EU) 2016/679 des Europäischen Parlaments und des Rates vom 27. April 2016 zum Schutz natürlicher Personen bei der

	Verarbeitung personenbezogener Daten, zum freien Verkehr und zur Aufhebung der Richtlinie 95/46/EG (Datenschutzgrundverordnung)
DSGVO-E(KOM)	DSGVO in der Entwurfsfassung KOM(2012) 11 endgültig – 2012/0011(COD)
DSGVO-E(EP)	DSGVO in der Entwurfsfassung 2017/C 378/55
DSGVO-E(Rat)	DSGVO in der Entwurfsfassung – Ratsdokument 9565/15
DSK	Datenschutzkonferenz der unabhängigen deutschen Datenschutzaufsichtsbehörden des Bundes und der Länder
DSRITB	Deutsche Stiftung für Recht und Informatik – Tagungsband Herbstakademie
DSRL	Richtlinie 95/46/EG des Europäischen Parlaments und des Rates vom 24. Oktober 1995 zum Schutz natürlicher Personen bei der Verarbeitung personenbezogener Daten und zum freien Verkehr (Datenschutzrichtlinie)
DuD	Datenschutz und Datensicherheit
ECLI	European Case Law Identifier
EDPB	European Data Protection Board (Deutsch: EDSA)
EDPS	European Data Protection Supervisor (Deutsch: EDSB)
EDSA	Europäischer Datenschutzausschuss (Englisch: EDPB)
EDSB	Europäischer Datenschutzbeauftragter (Englisch: EDPS)
EGMR	Europäischer Gerichtshof für Menschenrechte
EGovG	Gesetz zur Förderung der elektronischen Verwaltung
EL	Ergänzungslieferung
EMRK	Europäische Menschenrechtskonvention
Einl.	Einleitung
EP	Europäisches Parlament
ePrivacy-RL	Richtlinie 2002/58/EG des Europäischen Parlaments und des Rates vom 12. Juli 2002 über die Verarbeitung personenbezogener Daten und den Schutz der Privatsphäre in der elektronischen Kommunikation (Datenschutzrichtlinie für elektronische Kommunikation)
etc.	et cetera
et al.	et alia
EU	Europäische Union
EuGH	Europäischer Gerichtshof
EuR	Zeitschrift Europarecht

EUV	Vertrag über die Europäische Union
EuZW	Europäische Zeitschrift für Wirtschaftsrecht
f.	folgende Seite
FamRZ	Zeitschrift für das gesamte Familienrecht
FAZ	Frankfurter Allgemeine Zeitung
ff.	folgende Seiten
Fn.	Fußnote
FR	FinanzRundschau
frz.	französisch
FS	Festschrift
GA	Generalanwalt (EuGH)
gem.	gemäß
gen.	genannt
GG	Grundgesetz
ggf.	gegebenenfalls
GRCh	Charta der Grundrechte der Europäischen Union
GRUR	Gewerblicher Rechtsschutz und Urheberrecht
GRUR Int.	GRUR Internationaler Teil
h.M.	herrschende Meinung
Hrsg.	Herausgeber
hrsg.	herausgegeben
Hs.	Halbsatz
HTML	Hypertext Markup Language
ICC	Internationals review of Intellectual Property and Competition Law
i.E.	im Ergebnis
i.S.d.	im Sinne des/der
i.S.v.	im Sinne von
i.V.m.	in Verbindung mit
insb.	insbesondere
InTer	Zeitschrift zum Innovations- und Technikrecht
IT	Informationstechnologie
ITeG	Interdisciplinary Research on Information System Design
ITRB	IT-Rechts-Berater
IWRZ	Zeitschrift für Internationales Wirtschaftsrecht

jurisPK-Internetrecht	juris PraxisKommentar Internetrecht
jurisPR-ArbR	juris PraxisReport Arbeitsrecht
jurisPR-ITR	juris PraxisReport IT-Recht
JuS	Juristische Schulung
JZ	JuristenZeitung
K&R	Kommunikation & Recht
Kap.	Kapitel
KOM	Europäische Kommission
krit.	kritisch
KWG	Kreditwesengesetz
LG	Landgericht
LIBE	Ausschuss für bürgerliche Freiheiten, Justiz und Inneres des Europäischen Parlaments
lit.	littera bzw. Buchstabe
m.w.N.	mit weiteren Nachweisen
MMR	Multimedia und Recht
n.F.	Neue Fassung
NJOZ	Neue Juristische Online-Zeitschrift
NJW	Neue Juristische Wochenschrift
No.	number
NordÖR	Zeitschrift für Öffentliches Recht in Norddeutschland
Nr.	Nummer
NVwZ	Neue Zeitschrift für Verwaltungsrecht
NZA	Neue Zeitschrift für Arbeitsrecht
NZM	Neue Zeitschrift für Miet- und Wohnungsrecht
NZV	Neue Zeitschrift für Verkehrsrecht
OdW	Ordnung der Wissenschaft
OLG	Oberlandesgericht
OVG	Oberverwaltungsgericht
PharmR	Pharmarecht
PIMS	Personal Information Management-Systeme
PinG	Privacy in Germany
RDV	Recht der Datenverarbeitung
RL	Richtlinie

Rn.	Randnummer
Rs.	Rechtssache
SaaS	Software as a Service
S.	Satz, Seite
scil.	scilicet
SGB	Sozialgesetzbuch
sog.	sogenannt(e/er)
StBerG	Steuerberatungsgesetz
StGB	Strafgesetzbuch
SZ	Süddeutsche Zeitung
TDDDG	Gesetz über den Datenschutz und den Schutz der Privatsphäre in der Telekommunikation und bei digitalen Diensten
TLfDI	Thüringer Landesbeauftragter für den Datenschutz und die Informationsfreiheit
TMG	Telemediengesetz
Übereinkommen Nr. 108	Übereinkommen zum Schutz des Menschen bei der automatischen Verarbeitung personenbezogener Daten v. 28.01.1981, Sammlung Europäischer Verträge – Nr. 108
ua	und andere
u.a.	unter anderem
UAbs.	Unterabsatz
UK	United Kingdom
ULD	Unabhängiges Landeszentrum für Datenschutz Schleswig-Holstein
Univ.	Universität
Urt.	Urteil
usw.	und so weiter
v.	von/vom
Var.	Variante
Verf.	Verfassende(r)
VersR	Versicherungsrecht
VG	Verwaltungsgericht
vgl.	vergleiche
VO	Verordnung
Vol.	Volume

Vorb.	Vorbemerkung
VuR	Verbraucher und Recht
WD	Wissenschaftliche Dienste des Deutschen Bundestags
WP	Working Paper
WRP	Wettbewerb in Recht und Praxis
z.B.	zum Beispiel
ZERL	Zeitschrift für Europäische Rechtslinguistik
zit.	zitiert
z.T.	zum Teil
ZD	Zeitschrift für Datenschutz
ZD-Aktuell	News-Bereich der Zeitschrift für Datenschutz
zugl.	zugleich
ZUM	Zeitschrift für Urheber- und Medienrecht
ZVertriebsR	Zeitschrift für Vertriebsrecht
ZWE	Zeitschrift für Wohnungseigentumsrecht

A. Einleitung

I. Gegenstand der Untersuchung und Problemaufriss

Vor dem Hintergrund erweiterter Pflichten und erhöhter Bußgelder, die mit der Datenschutzgrundverordnung implementiert wurden, besteht ein gesteigertes Bedürfnis nach tatsächlicher sowie rechtlicher Klarheit von Rollenzuweisungen im europäischen Datenschutzrecht.[1] Zugleich gestaltet sich die rechtssichere Zuweisung datenschutzrechtlicher Verantwortlichkeiten und deren präzise Abgrenzung zu weiteren Beteiligungsformen als im Detail schwierig.[2] Der ansteigenden Komplexität allgegenwärtiger Datenverarbeitungsstrukturen geschuldet, die durch eine erhöhte Anzahl potenziell Verantwortlicher geprägt sind, verkompliziert sich die nachvollziehbare und sachgerechte Zuweisung datenschutzrechtlicher Rollen zusehends.[3]
Speziell vor dem Hintergrund der sich beschleunigenden Fortentwicklung von Informations- und Kommunikationstechnologien hat die Diskussion um datenschutzrechtliche Rollenzuweisungen weiter an Bedeutung zugenommen.[4] Abgrenzungsprobleme verschärfen sich, wenn mehrere Akteure innerhalb eines komplexen Sachverhaltes zusammenwirken und die Einflussmöglichkeiten der Beteiligten zugleich divergieren.[5] Wegen bestehender rechtlicher Unsicherheiten drohen in der Folge Zuordnungsprobleme hinsichtlich der Frage, wer von mehreren potenziell Beteiligten tatsächlich in der Position des datenschutzrechtlich Verantwortlichen agiert. Um die allgegenwärtige Zuweisungsproblematik in mehrpoligen Datenverarbeitungsszenarien aufzuzeigen, liegt der Untersuchungsschwerpunkt auf Dreieckskonstellationen. Während auf der einen Seite stets die Betroffenen stehen, kann das Verhältnis der Gegenseite vielfältig ausgestaltet sein. Neben Konstellationen, in denen einer betroffenen Person zwei (kommerziell) agierende, wirkmächtige Entitäten gegenüberstehen, sind für den Fall, dass personenbezogene Daten[6] in Folge eines Zusammenwirkens zwischen Nutzern und Anbietern informationstechnischer Systeme[7] verarbeitet werden, auch die Nutzer als Adressaten datenschutzrechtlicher

[1] Zu der Mehrstufigkeit von Datenverarbeitungen siehe *Böllhoff/Rataj*, WRP 2019, 1536 (1537); *Golland*, K&R 2018, 433.

[2] Zu den Schwierigkeiten der Abgrenzung *Borges*, in: Borges/Hilber, BeckOK IT-Recht, 18. Edition Stand: 01.04.2025, Art. 26 DSGVO Rn. 17 ff.; die Verantwortlichkeit als die „große Unbekannte in der DSGVO bezeichnend" *Möhle*, DÖV 2023, 101.

[3] Vgl. *Lurtz/Schindler,* VuR 2019, 471 f.; *Skistims*, Smart Homes, S. 370; siehe zur Verantwortlichkeitszuschreibung als Form von Komplexitätsmanagement *Wittner*, Verantwortlichkeit in komplexen Daten-Ökosystemen, S. 141 ff.

[4] Vgl. *Lurtz/Schindler,* VuR 2019, 471 f.; *Skistims*, Smart Homes, S. 370.

[5] *Skistims*, Smart Homes, S. 397; *Wittner*, Verantwortlichkeit in komplexen Daten-Ökosystemen, S. 63 f.

[6] Siehe zur Begrifflichkeit *Albrecht*, CR 2016, 88 (90 f.).

[7] Die Begrifflichkeit umfasst jegliche Art von elektronischen datenverarbeitenden Systemen, siehe dazu *Bundesministerium des Innern*, Fragenkatalog v. 22.08.2007, S. 2; das Internet in seiner Gesamtheit als informationstechnisches System ansehend BVerfGE 120, 274 (276).

R. A. Hagen, *Datenschutzrechtliche Rollenzuweisungen*, DuD-Fachbeiträge,
https://doi.org/10.1007/978-3-658-49718-7_1

Verpflichtungen in Betracht zu ziehen.[8] Denn neben die großen Internetkonzerne, die ihre Dienstleistungsmodelle vorwiegend plattformbasiert anbieten und dafür die erforderliche Infrastruktur bereitstellen, tritt im Rahmen der datenschutzrechtlichen Betrachtung auch die bislang nicht hinreichend behandelte Akteursgruppe hinzu, die die technischen Innovationen in ihre Lebenswirklichkeit einbindet, um deren Funktionen zu nutzen und von ihnen zu profitieren.[9] Dies betrifft beispielsweise den Einsatz von Drittinhalten auf Webseiten, den Bereich der sozialen Netzwerke, Web 2.0-Anwendungen[10] sowie die stark zunehmende Nutzung von digitalen Assistenzsystemen im Kontext des Internets der Dinge (englisch: „Internet of Things", IoT)[11].

Die im Detail vielgestaltigen Wirk- und Beziehungsverhältnisse erhöhen insgesamt das Bedürfnis, die Rollen datenschutzrechtlich Verantwortlicher und weiterer Beteiligter identifizierbar und voneinander abgrenzbar auszugestalten. Das Datenschutzrecht steht mehr denn je vor der Herausforderung, auf die Mehrstufigkeiten von durch die Digitalisierung beeinflussten Verarbeitungsvorgängen und damit einhergehenden Verantwortlichkeitsverlagerungen mit differenzierten Rollenzuweisungen zu reagieren.[12]

Eine pauschale Zuweisung der Verantwortlichkeit an den einen oder anderen Beteiligten, wie sie weiterhin vorgenommen wird,[13] ist vor diesem Hintergrund kritisch zu sehen. Denn durch Fehladressierungen auf tatbestandlicher Ebene droht eine unverhältnismäßige Belastung (vermeintlich) Verantwortlicher. Defizite in der Zuteilung datenschutzrechtlicher Verantwortlichkeiten führen unmittelbar dazu, dass Pflichten, Sanktionen und die Haftung auf der Sekundärebene nicht sachgerecht auf die beteiligten Akteure verteilt werden.[14] Zugleich verhindern Fehladressierungen einen effektiven Betroffenenschutz. Das Risiko für den Schutz der Rechte und

---

[8] Vgl. etwa *Schulz/Roßnagel/David*, ZD 2012, 510 (513), die unter anderem diskutieren, ob die Nutzer von Assistenzsystemen als datenschutzrechtliche Verantwortliche anzusehen sind; ähnlich auch *Skistims*, Smart Homes, S. 378 f., der auf die Verantwortlichkeit der Nutzer von Smart Home-Anwendungen eingeht; *Wagner*, ZD 2018, 307 (308).

[9] Vgl. *Nebel*, FS Roßnagel 2020, S. 341; siehe zur Verarbeitung auf Plattformen *Wittner*, Verantwortlichkeit in komplexen Daten-Ökosystemen, S. 22 ff.

[10] Web 2.0 ist ein Schlagwort, das für eine Reihe interaktiver und kollaborativer Elemente des Internets, speziell des World Wide Webs, verwendet wird. Dabei konsumiert der Nutzer nicht nur den Inhalt, er stellt als Prosument selbst Inhalt zur Verfügung. Während etwa die Anbieter sozialer Netzwerke Online-Kommunikationsplattformen bereitstellen, wird diese Infrastruktur von Einzelpersonen genutzt, um selbst Informationen zu veröffentlichen und mit anderen Nutzern auszutauschen, siehe dazu *Art.-29-Datenschutzgruppe*, WP 169, S. 26.

[11] Siehe zu der Begrifflichkeit sowie den Merkmalen des Internet of Things *Aßhoff*, in: SWK Legal Tech, 1. Aufl., 5. Edition 2024, "Internet of Things" Rn. 1 ff.; *Schantz*, in: Simitis/Hornung/Spiecker gen. Döhmann, DSGVO/BDSG, 2. Aufl. 2025, Art. 6 Abs. 1 Rn. 122 ff.; siehe zu der Begrifflichkeit ebenfalls *Art.-29-Datenschutzgruppe*, WP 223, S. 4 f.; ausführlich zum Internet der Dinge *Grimm*, Smarte schöne neue Welt – Das Internet der Dinge, bpb 2016.

[12] *Böllhoff/Rataj*, WRP 2019, 1536 (1537).

[13] Allgemein auf „neue Geschäftsmodelle in der digitalen Welt verweisend" *Plath*, in: Plath, DSGVO/BDSG/TTDSG, 4. Aufl. 2023, Art. 26 Rn. 26.

[14] Vgl. *Art.-29-Datenschutzgruppe*, WP 169, S. 9.

Freiheiten der betroffenen Personen erhöht sich, wenn die Rechtsvorschriften des Datenschutzrechts in letzter Konsequenz wirkungslos bleiben, weil nicht hinreichend ersichtlich ist, wer welcher Verpflichtung unterliegt, wenn niemand verantwortlich gemacht werden kann oder wenn es mehrere mögliche für die Verarbeitung Verantwortliche gibt, zwischen denen unklar bleibt, wer letztendlich zu adressieren ist.

Um auf die vorgenannten Strukturverschiebungen und die drohenden Beeinträchtigungen mit differenzierten Rollenzuweisungen zu reagieren, kommt der ganzheitlichen Fortentwicklung des Verantwortlichkeits- und Beteiligungsgefüges im europäischen Datenschutzrecht eine zentrale Bedeutung zu. Der durch technologische Entwicklungen getriebene Strukturwandel verstärkt zugleich das Bedürfnis nach einem kohärenten, klar durchsetzbaren Rechtsrahmen. Nur durch die Darlegung eines einheitlichen Gesamtkonzepts, das die rechtlichen Voraussetzungen und Grenzen im Kern benennt, kann es gelingen, auf europäischer Ebene zu vereinheitlichten Zuordnungen und gegebenenfalls Aufteilungen datenschutzrechtlicher Verantwortlichkeiten zu gelangen. Die Weiterentwicklung des zentralen Konzepts der datenschutzrechtlichen Verantwortlichkeit erfordert, speziell in Zeiten der Digitalisierung und Technologiedominanz, die Elaboration allgemeingültiger Regulierungsprinzipien. Nur ein im Kern vereinheitlichter Regelungsrahmen kann beteiligten Akteuren als Orientierungshilfe dienen, die – vorgeschaltet zur konkreten Einzelfallbetrachtung – dazu beiträgt, dass grundlegende Wertungen des europäischen Datenschutzrechts gewahrt werden.

Dabei hat die Etablierung allgemeingültiger Regulierungsprinzipien übergeordnet auf einen verhältnismäßigen Ausgleich des das Datenschutzrecht prägenden Grundkonflikts zwischen einem wirksamen und umfassenden Schutz der betroffenen Personen (effektive Rechtsdurchsetzung) auf der einen Seite und einer zu weiten und unangemessenen Verantwortungsübertragung auf beteiligte Akteure auf der anderen Seite abzuzielen. Im Rahmen der Abwägung darf nicht außer Acht gelassen werden, dass die Ausgestaltung datenschutzrechtlicher Rollenbilder auch einen unmittelbaren Einfluss auf die Digitalwirtschaft hat. Bedingt durch die fortschreitende Digitalisierung wird es zum Normalfall, dass Wertschöpfungsketten datenintensiv und unter der Mitwirkung diverser Akteure ablaufen. Die digitalen Produkte der Zukunft werden von den Beteiligten heutzutage arbeitsteilig und auf anbieteroffenen Plattformen erschaffen.[15] Angesichts dessen kann das bloße Risiko und die Rechtsunsicherheit, allein oder gemeinsam mit anderen Marktteilnehmern als Adressaten verhaftet zu sein, ein gewichtiges Hindernis für die arbeitsteilige Digitalwirtschaft darstellen.[16]

[15] *Hanloser*, BB 2019, Heft 34 Umschlagteil I.
[16] *Hanloser*, BB 2019, Heft 34 Umschlagteil I.

Die vorliegende Arbeit positioniert sich innerhalb der rechtswissenschaftlichen Debatte neben weiteren Beiträgen, die sich – teils in größerer Tiefe, teils in begrenztem Umfang – dem hochaktuellen und praxisrelevanten Themenkomplex der datenschutzrechtlichen Rollenzuweisung widmen, insbesondere der Frage der Verantwortlichkeit, ihrer Begründung, ihren Rechtsfolgen sowie der gemeinsamen Verantwortlichkeit.[17] Unter möglichst weitreichender Berücksichtigung der bisherigen wissenschaftlichen Diskussion greift die vorliegende Arbeit bislang unterbelichtete Themenfelder und fortbestehende Unklarheiten auf und verfolgt unter Einbeziehung der jüngsten höchstrichterlichen Rechtsprechung insgesamt den Ansatz einer schlüssigen Fortentwicklung dieses komplexen Themengebiets. Ausgehend von einem ganzheitlichen Ansatz leistet die Arbeit – neben der Etablierung allgemeingültiger Regulierungsprinzipien und Wesensmerkmale als methodengeleitete Konkretisierungen des Konzepts der Verantwortlichkeit – zuvörderst durch die detailreiche, kritische Analyse der EuGH-Rechtsprechung, daran unmittelbar anknüpfender Präzisierungs- und Korrekturansätze unter dem bestehenden Rechtsrahmen sowie durch den Ansatz, ausgehend von den entwickelten Kriterien, die Grundstrukturen allgegenwärtiger Verantwortlichkeitszuordnungen in einem als praktische Orientierungshilfe dienenden Strukturmodell zusammenzufassen, einen gewichtigen Beitrag zum wissenschaftlichen Diskurs.

II. Methodik

Ziel der vorliegenden Arbeit ist es, die praktische Effektivität und Schlüssigkeit des europäischen Datenschutzrechts in Bezug auf datenschutzrechtliche Rollenzuweisungen zu evaluieren. Komplexe Verarbeitungsstrukturen fordern die klassischen datenschutzrechtlichen Regelungen heraus.[18] Mit Blick auf zukünftige Gerichtsentscheidungen und rechtspolitische Maßnahmen wird untersucht, ob und unter welchen Voraussetzungen das bestehende Rollengefüge dazu in der Lage ist, den faktischen Strukturverschiebungen bei der Verarbeitung personenbezogener

[17] Siehe insbesondere *Kosmider*, Die Verantwortlichkeit im Datenschutz, 2021, der im Rahmen seiner Dissertation den Schwerpunkt vor allem auf die Relevanz der Zuordnung zum Verantwortlichen für die Verhängung von Geldbußen durch Aufsichtsbehörden und auf den Schadensersatzanspruch legt; *Schneider*, Gemeinsame Verantwortlichkeit, 2021, dessen Arbeit sich vorrangig mit dem Innenverhältnis gemeinsam Verantwortlicher befasst; *Radtke*, Gemeinsame Verantwortlichkeit unter der DSGVO, 2021, der den Fokus im Wesentlichen auf das Rechtsinstitut der gemeinsamen Verantwortlichkeit richtet; *Wittner*, Verantwortlichkeit in komplexen Daten-Ökosystemen, 2022, der unter besonderer Berücksichtigung der Plattformökonomie sowie des grundrechtlichen Rahmens die Perspektive einer möglichen Plattformverantwortlichkeit entwickelt; *Marosi*, (Gem-)Einsame Verantwortlichkeit im Datenschutzrecht, 2022, der die Definitionselemente in den Mittelpunkt seiner Analyse stellt und – abweichend vom Befund der vorliegenden Arbeit – unter Verweis auf eine Dysfunktionalität des Gesamtkonzepts den Blick insbesondere auf eine *de lege ferenda* gerichtete Neugestaltung des Rollengefüges richtet; sowie *Ernst*, Gemeinsame Verantwortlichkeit bei arbeitsteiliger Datenverarbeitung – Ein europäisch-nationaler Vergleich, 2024, der übergreifende europäische Erkenntnisse, unter anderem aus dem Marken- und Urheberrecht, im Rahmen der Zuweisung von Verantwortlichkeit herausarbeitet und dabei insbesondere die Grundrechte als Mittel zur Ausgestaltung der Verantwortlichkeit heranzieht.

[18] Vgl. *Nebel*, FS Roßnagel 2020, S. 341.

Daten zu begegnen und ob auch in komplexen Verarbeitungsszenarien eine plausible Zuordnung von Verantwortlichkeiten erwirkt werden kann.

Methodisch liegt der Schwerpunkt der Arbeit initial in der Auslegung des die datenschutzrechtlichen Rollenbilder betreffenden Normengefüges zur Etablierung allgemeingültiger Regulierungsprinzipien.[19] Sodann wird die Rechtsprechung des EuGH in den Blick genommen und am Maßstab der aufgearbeiteten Dogmatik untersucht, inwieweit dessen Auslegungs- und Rechtsfortbildungsansätze in Bezug auf die entscheidungserheblichen Normen nachvollziehbar sind. Vor dem Hintergrund bestehender Unzulänglichkeiten werden Präzisierungs- und Korrekturansätze unter dem bestehenden Regelungsgefüge aufgezeigt. In Verbindung mit den aufgearbeiteten Regulierungsprinzipien und der erhöhten definitorischen Genauigkeit wird der Rechtsstandard fortentwickelt.

Insgesamt soll die Erreichung der Zielsetzung einer europäischen Rechtsharmonisierung gefördert und ein kohärentes Gesamtkonzept entwickelt werden. Trotz der technologieneutralen und strukturübergreifenden Konstruktion gilt es, die rechtssichere Zuweisung datenschutzrechtlicher Verantwortlichkeiten und weiterer Beteiligungsformen auf der Grundlage eines ganzheitlichen Zurechnungsmodells zu ermöglichen, dessen Fokus auf der Garantie eines möglichst umfassenden Betroffenenschutzes liegt und zugleich die Interessen (potenziell) verantwortlicher Akteure im Sinne einer praktischen Konkordanz angemessen berücksichtigt.

III. Gang der Untersuchung

Die vorliegende Arbeit gliedert sich in acht Abschnitte. Im Anschluss an die Einführung werden in Abschnitt B. aktuelle Entwicklungen dargestellt, die die Verarbeitung personenbezogener Daten prägen und verändern. Im Zentrum steht die fortschreitende technische Entwicklung im Bereich der Informations- und Kommunikationstechnologien, die zu immer mehrgliedrigeren und damit komplexeren Datenverarbeitungsszenarien führt. In zunehmendem Maße sind auch Private an umfangreichen Datenverarbeitungsprozessen beteiligt. Sodann werden die Verantwortlichkeitsverlagerungen und Zuordnungsschwierigkeiten in den Blick genommen, die aus dem faktischen Strukturwandel resultieren.

Um in den Hauptteil überzuleiten, werden in Abschnitt C. zunächst die grundrechtlichen Dimensionen des Datenschutzrechts aufgegriffen und der Auslegungsmaßstab für das europäische Verantwortlichkeitskonzept festgesetzt.

Der Untersuchungsschwerpunkt im darauffolgenden Abschnitt D. liegt sodann auf der Analyse des die Verantwortlichkeit betreffenden Normengefüges im neuen Datenschutzrecht.

---

[19] Ausführlich zu den Grundlagen der europäischen Methodenlehre *Höpfner/Rüthers*, AcP 209 (2009), 1-36.

Ausgehend von den gesetzlichen Normierungen in Kapitel IV der DSGVO werden unter Zugrundelegung des Grundsatzes der autonomen europarechtlichen Auslegung die zentralen Wesensmerkmale als methodengeleitete Konkretisierung des Konzepts der Verantwortlichkeit herausgearbeitet, die die abstrakten und auslegungsbedürftigen Tatbestände der datenschutzrechtlichen Beteiligungsformen prägen. Maßgebliche Berücksichtigung erfahren historische Bezüge zur europäischen Grundkonzeption der Verantwortlichkeit und deren bisheriger Wandel. Im Normengefüge der DSGVO setzt der zentrale Tatbestand der datenschutzrechtlichen Verantwortlichkeit den Ausgangspunkt. Die Konturierung von dessen Wesensmerkmalen ist essenziell, um Abgrenzungsproblemen zu anderen Beteiligungsformen entgegenzuwirken, eine rechtskonforme Verarbeitung durchzusetzen und so die Rechte und Freiheiten der betroffenen Personen zu schützen.[20]

Ausgehend von den Voraussetzungen, die an eine alleinige Verantwortlichkeit zu stellen sind, wird der Tatbestand des Rechtsinstituts der gemeinsamen Verantwortlichkeit untersucht und dessen Voraussetzungen herausgearbeitet. Angesichts der weitreichenden rechtlichen Konsequenzen, die aus einer gemeinsamen Verantwortlichkeit erwachsen, kommt der Unterscheidung zwischen alleiniger und gemeinsamer Verantwortlichkeit eine erhebliche Bedeutung zu.[21] Unter Zugrundelegung der entwickelten Merkmale des Tatbestandes der (gemeinsamen) Verantwortlichkeit, erfolgt eine Abgrenzung zu weiteren datenschutzrechtlichen Beteiligungsformen. Im Schwerpunkt geht es um Auftragsverarbeitungskonstellationen und Sachverhalte, in denen von zwei getrennt Verantwortlichen auszugehen ist. Weil sich die Rechtsfolgensysteme im Hinblick auf zu erfüllende Pflichten und Haftungsfragen stark unterscheiden, kommt der präzisen Differenzierung zwischen den verschiedenen Beteiligungsformen im Datenschutzrecht eine hohe praktische Relevanz zu.

Die ergangene Rechtsprechung des Europäischen Gerichtshofs (EuGH)[22] aufgreifend, in der sich dieser präzisierend mit der datenschutzrechtlichen (Mit-)Verantwortlichkeit auseinandergesetzt hat, werden in Kapitel E. die den einzelnen Entscheidungen zugrundeliegenden Sachverhalte aufgearbeitet und die Bestimmungsmerkmale herausgearbeitet, die der Gerichtshof in den Mittelpunkt stellt.

---

[20] Vgl. *Janicki,* FS Taeger 2020, S. 197.

[21] *Böllhoff/Botta*, NVwZ 2021, 425 (427).

[22] EuGH [GK], Rs. C-210/16, ECLI:EU:C:2018:388 – *ULD Schleswig-Holstein/Wirtschaftsakademie Schleswig-Holstein*; EuGH [GK], Rs. C-25/17, ECLI:EU:C:2018:551 – *Zeugen Jehovas*; EuGH, Rs. C-40/17, E-CLI:EU:C:2019:629 – *Fashion ID*; EuGH [GK], Rs. C-683/21, ECLI:EU:C:2023:949 – *Nacionalinis visuomenės sveikatos centras*; EuGH, Rs. C-231/22, ECLI:EU:C:2024:7 – *Moniteur belge*; EuGH, Rs. C-604/22, E-CLI:EU:C:2024:214 – *IAB Europe*.

Die durch die Jurisdiktion herausgestellten Kriterien und Interpretationsansätze hinsichtlich des Tatbestandes der (gemeinsamen) Verantwortlichkeit sowie des Rechtsfolgensystems werden in Kapitel F. sodann mit den entwickelten Wesensmerkmalen des datenschutzrechtlichen Verantwortlichkeitstatbestandes abgeglichen und auf deren Schlüssigkeit hin untersucht. Den Maßstab für die kritische Analyse bilden die durch juristische Auslegungsmethoden gewonnenen Erkenntnisse hinsichtlich der allgemeinen Regulierungsprinzipien aus Kapitel D.

Im Zentrum der kritischen Analyse steht das inklusive Tatbestandsverständnis, welches der EuGH durch die Entscheidung in der Rechtssache *Wirtschaftsakademie Schleswig-Holstein* eingeführt hat. Während der EuGH eine ausgesprochen weite Auslegung der (gemeinsamen) Verantwortlichkeit vorantreibt, bereits niedrige Verursachungsbeiträge als verantwortungsbegründend ausreichen lässt und gemeinsame Verantwortlichkeiten weitreichend annimmt, um Schutzlücken für Betroffene zu vermeiden, entsteht die Gefahr, dass Beteiligte von weitreichenden und unverhältnismäßigen Rechtsfolgen getroffen werden, auch wenn tatsächlich keine (gemeinsame) Verantwortlichkeit vorliegt.[23] Der Abgleich zwischen dem durch juristische Auslegungsmethoden entwickelten Verantwortlichkeitskonzept und den Wertungen und Schlussfolgerungen des EuGH ermöglicht die präzise Identifizierung von Unzulänglichkeiten in der Rechtsprechungspraxis. Das Kapitel schließt mit einem Urteil darüber, ob es dem EuGH bisher gelungen ist, ein kohärentes, in sich schlüssiges Verantwortlichkeitskonzept zu entwickeln.

Das Ergebnis der kritischen Analyse der Rechtsprechung bildet wiederum die Grundlage für die auf zukünftige Entscheidungen ausgerichteten Präzisierungs- und Korrekturansätze sowie die Berücksichtigung ergänzender Gestaltungsspielräume unter dem bestehenden Regelungsgefüge, die in Kapitel G. entwickelt und aufgezeigt werden. Für die festgestellten Defizite und Unzulänglichkeiten in der Konzeption des EuGH werden Anpassungsansätze vorgebracht, um eine tragfähige Methodik zur Bestimmung des Begriffs des Verantwortlichen zu garantieren und die Rollenzuweisung im europäischen Datenschutzrecht allgemein zu plausibilisieren. Im Kern zielen die Anpassungen auf die Gewährleistung eines angemessenen Verhältnisses von datenschutzrechtlicher Verantwortlichkeit und tatsächlicher Kontrolle ab. Das Kapitel schließt mit einer Beurteilung, inwieweit das bestehende Datenschutzrecht dazu in der Lage ist, den sich vollziehenden Verantwortungsverschiebungen angemessene Lösungen entgegenzubringen.

Auf der Grundlage der entwickelten Grundsätze und Verantwortlichkeitskriterien werden in Kapitel H. schließlich die Grundstrukturen zukünftiger Verantwortlichkeitszuordnungen in einem Strukturmodell zusammengefasst. Die zunehmend digitalisierten

[23] Vgl. *Gierschmann*, ZD 2020, 69 (71).

Datenverarbeitungsprozesse der heutigen Lebenswirklichkeit sind durch wiederkehrende Strukturelemente gekennzeichnet, die auf bestimmte Rollenzuteilungen schließen lassen. Durch die Aufführung nicht abschließender Beispiele für einzelne Situationen können Anwendungsfälle separater und gemeinsamer Verantwortlichkeiten aufgezeigt werden.

Die Untersuchung schließt mit einem Resümee sowie einer thesengeleiteten Zusammenschau der entwickelten Arbeitsergebnisse in Kapitel I.

B. Verarbeitung personenbezogener Daten im Strukturwandel

I. Fortschreitende technische Entwicklung

Die Verarbeitung personenbezogener Daten befindet sich strukturell im Wandel. Als maßgeblicher Treiber dieses Wandels ist die fortschreitende technische Entwicklung, insbesondere im Bereich der Informations- und Kommunikationstechnologien, zu nennen.[24] Diese hat zur Folge, dass sich die Verarbeitung von Daten beschleunigt und vervielfacht. Zukunftsorientierte IT-Innovationen zeichnen sich gegenwärtig vor allem dadurch aus, dass sie die stark steigenden Rechenkapazitäten, die wachsenden Speicherkapazitäten und eine netzwerkbedingte Streubreite von Daten für sich nutzbar machen.[25] Ehemals vorherrschende, zentralisierte Großrechnerstrukturen werden zunehmend von Geräten aus der Informationstechnik verdrängt, die einen Datenaustausch untereinander ermöglichen.[26] Fachgebietsübergreifend werden technische Geräte genutzt und Softwarekomponenten eingebunden, mit deren Hilfe einzelne Arbeitsprozesse automatisiert und beschleunigt werden. Damit verbundene Prozesse und notwendige Anwendungen erfordern immer häufiger die massenhafte Erhebung und Speicherung von Daten.[27] Die Bedeutung von Daten als Träger von Informationen nimmt mit der Zunahme des Potenzials der Datenverarbeitungstechnologien und der steigenden Menge von Daten zu.[28]

Die fortschreitende technische Entwicklung tangiert dabei immer weitere Bereiche des Alltags. Die Digitalisierung wird dabei von einer sich intensivierenden, immer umfassenderen Vernetzung allgegenwärtiger Systeme geprägt. Weil mehr und mehr Geräte internetfähig werden, die bislang keinen Zugang zum Netz hatten, ergeben sich neue Möglichkeiten der Steuerung, Überwachung und Kontrolle dieser Geräte.[29] Von internen Netzwerken über externe Internetanbindungen und Anbindungen in die Cloud[30] geht der Trend für die Vernetzung dieser Systeme hin

---

[24] Siehe dazu DSGVO-Erwägungsgrund 6; zur technischen Entwicklung von Datenverarbeitungseinrichtungen siehe *Büllesbach/Garstka*, CR 2005, 720 (722 ff.).
[25] Vgl. *Heckmann/Scheurer*, in: Heckmann/Paschke, jurisPK-Internetrecht, 8. Aufl., Kap. 9 (Stand: 15.04.2025) Rn. 4.
[26] *Büllesbach/Garstka*, CR 2005, 720 (722).
[27] Ausführlich zur Digitalisierung des Alltages *Heckmann/Scheurer*, in: Heckmann/Paschke, jurisPK-Internetrecht, 8. Aufl., Kap. 9 (Stand: 15.04.2025) Rn. 1 ff.
[28] Zum Begriff der „Verdatung" der Welt siehe *Schwenke*, Private Nutzung von Smartglasses im öffentlichen Raum, S. 11 f.
[29] Ausführlich zu vernetzten Geräten *Schöttle*, DSRITB 2015, 365 ff.
[30] Der Begriff des „Cloud Computing" (auch „Rechnerwolke") betrifft Verarbeitungsumgebungen, in denen IT-Infrastrukturen (z.B. Rechenkapazität, Datenspeicher, Netzwerkkapazitäten oder ganze Softwarelösungen) nutzergerecht angepasst und zur Verfügung gestellt werden. Es handelt sich um eine Form der Datenverarbeitung, bei der skalierbare und elastische IT-Kapazitäten unter Verwendung von Internet-Technologien einer Vielzahl von Kunden als Dienst zur Verfügung gestellt werden. In typischen Cloud Computing-Diensten werden verbreitete Geschäftsanwendungen online bereitgestellt. Innerhalb des Oberbegriffs wird zwischen Software as a Service (SaaS), Platform as a Service (PaaS) und Infrastructure as a Service (IaaS) als Unterkategorien differenziert, ausführlich zum Begriff des „Cloud Computing" *Koglin*, in: Koreng/Lachenmann, DatenschutzR-FormHdB, 4. Aufl. 2025, Vorbemerkung zu Kap. G. VI.; *Spoerr*, in: Wolff/Brink/v. Ungern-Sternberg, BeckOK Datenschutzrecht,

R. A. Hagen, *Datenschutzrechtliche Rollenzuweisungen*, DuD-Fachbeiträge,
https://doi.org/10.1007/978-3-658-49718-7_2

zu immer dezentraleren Anbindungspunkten. Die Sensorik der vernetzten Geräte erhebt auch im Alltag große Mengen an Daten, die genutzt werden, um passgenaue Angebote für einzelne Nutzer zu entwerfen und die technischen Entwicklungen zukünftiger Produkte zu verbessern.[31] Die sich ausweitende Vernetzung mit immer höheren Bandbreiten erzeugt eine informationstechnische Infrastruktur, die nicht mehr auf einzelne Rechenzentren angewiesen ist, den Transport riesiger Datenmengen zwischen diversen Beteiligten ermöglicht und so zu einer Dezentralisierung führt.[32] Miteinander vernetzte Systeme beispielsweise im Haushalt, in der Energieversorgung, im Supermarkt oder in Verkehrsleitsystemen lassen sich dabei unter dem Begriff „Smart Life“[33] zusammenführen. Von Smart Mobility, Smart Homes bis hin zu Smart Cities und anderen vernetzten Systemen zeichnen sich all diese Verarbeitungsstrukturen dadurch aus, dass sie kollaborativ und datenintensiv ausgestaltet sind.[34]

Die Komplexität steigt zusätzlich, wenn die vernetzten Systeme mit externen Plattformen oder Apps verbunden werden.[35] Durch die Kombination verschiedener vernetzter Komponenten erfolgt oft nicht nur ein Datentransfer von den vernetzten Systemen zu den übergeordneten Unternehmen, wo die Daten ausgewertet und weiterverarbeitet werden, sondern oft besteht auch die Möglichkeit, über eine Web-Plattform oder über eine App bereits auf das implementierte System zuzugreifen, um Statusmeldungen abzulesen oder um das Gerät extern zu steuern.[36] Nicht nur die dahinterstehende Technik, sondern auch die Datenströme selbst werden dabei immer komplexer und sind selbst wiederum oft nur automatisiert zu verwalten.[37] In der Folge entstehen im Detail schwer überschaubare Datenströme und Strukturen, innerhalb derer die datenverarbeitenden Geräte zunehmend automatisiert miteinander agieren und keine menschliche Interaktion mehr erfordern.[38]

52. Edition Stand: 01.05.2025, Art. 28 Rn. 24c f.; *Missling*, in: Weitnauer/Mueller-Stöfen, BeckFormB-IT-R, 6. Aufl. 2025, Kap. C. 9. Anm. 2; *Gabel/Lutz*, in: Taeger/Gabel, DSGVO/BDSG/TTDSG, 4. Aufl. 2022, Art. 28 Rn. 22; *Petri*, in: Simitis/Hornung/Spiecker gen. Döhmann, DSGVO/BDSG, 2. Aufl. 2025, Art. 28 Rn. 18 ff.; siehe allgemein zu der Systematisierung von Cloud-Angeboten *Strittmatter*, in: Auer-Reinsdorff/Conrad, IT- und Datenschutzrecht, 3. Aufl. 2019, Teil C. § 22 Rn. 6; siehe auch *Art.-29-Datenschutzgruppe*, WP 169, S. 8.

[31] Siehe hierzu näher *Roßnagel*, Datenschutz in einem informatisierten Alltag, S. 10 ff.

[32] Vgl. *Büllesbach/Garstka*, CR 2005, 720 (722).

[33] Siehe zu „Smart Life“ und „Smart Privacy Management“ *Heckmann*, K&R 2011, 1 ff.; *Heckmann/Scheurer*, in: Heckmann/Paschke, jurisPK-Internetrecht, 8. Aufl., Kap. 9 (Stand: 15.04.2025) Rn. 2 f. m.w.N.

[34] *Hanloser*, BB 2019, Heft 34 Umschlagteil I; *Heckmann/Scheurer*, in: Heckmann/Paschke, jurisPK-Internetrecht, 8. Aufl., Kap. 9 (Stand: 15.04.2025) Rn. 2 f.

[35] *Schöttle*, DSRITB 2015, 365; *Wittner*, Verantwortlichkeit in komplexen Daten-Ökosystemen, S. 15 ff.

[36] Vgl. *Schöttle*, DSRITB 2015, 365 (368).

[37] Vgl. *Schöttle*, DSRITB 2015, 365.

[38] Siehe dazu *Heckmann*, K&R 2011, 1 ff.; *Heckmann/Scheurer*, in: Heckmann/Paschke, jurisPK-Internetrecht, 8. Aufl., Kap. 9 (Stand: 15.04.2025) Rn. 1 ff.

II. Multipolare Verarbeitungsszenarien in dezentralisierten Strukturen

Der sich vollziehende Wandel bei der Verarbeitung personenbezogener Daten ist wesentlich dadurch gekennzeichnet, dass die Daten Betroffener nur noch selten in vollständiger Unabhängigkeit eines Akteurs verarbeitet werden. Der Schwerpunkt liegt stattdessen auf multipolaren Szenarien, in denen mehrere Akteure an Datenverarbeitungen in unterschiedlichem Ausmaß und in verschiedenen Stadien beteiligt sind und auf diese einwirken.[39]

1.) Digitale Arbeitsteilung

In dem Bestreben, die Vorteile der Spezialisierung und entstehende Skaleneffekte zu nutzen, ist primär im wirtschaftlichen Kontext ein allgemeiner Trend auszumachen, der hin zur Entwicklung von Lieferketten und zur Erbringung von Dienstleistungen zwischen verschiedenen Organisationen sowie zur Auslagerung und Fremdvergabe von Dienstleistungen geht.[40] Unternehmen engagieren Subunternehmen, die ihrerseits zum Teil Sub-Subunternehmen einsetzen, um von deren spezialisierten Diensten zu profitieren.[41] Die arbeitsteilige Bereitstellung von digitalen Endprodukten bedingt dabei, dass sich die handelnden Diensteanbieter, Intermediäre und involvierten Dienstleister zunehmend personenbezogene Daten übermitteln.[42] Diese sich gegenseitig ergänzenden Prozesse führen zu im Detail fragmentierten Datenverarbeitungen, um Rechenkapazitäten und Know-how möglichst effizient zu nutzen und auszulasten. Selbst bei auf den ersten Blick einfach gelagerten Datenverarbeitungen erhält oft eine Vielzahl von Personen potenziell Zugriff und Einfluss auf personenbezogene Daten.

2.) Der Nutzer in der Architektur moderner Informationsanbieterverhältnisse

Das Zusammenwirken verschiedener Akteure beschränkt sich nicht auf rein wirtschaftlich geprägte Sachverhalte, in denen die handelnden Entitäten kooperieren, um deren datengetriebenen Geschäftsmodellen nachzugehen. Während die elektronische Erfassung, Bearbeitung und der Transport sowie die Aus- und Wiedergabe von (personenbezogenen) Daten in den vergangenen Jahrzehnten primär auf Großtechnologie beruhte, die nur staatlichen Stellen und finanzstarken Unternehmen aus der Privatwirtschaft vorbehalten war, haben sich diese Zustände beträchtlich gewandelt.[43] Neben die großen Internetkonzerne, die als Anbieter informationstechnischer

---

[39] Siehe ausführlich zur Akteurspluralität im digitalen Raum *Wittner*, Verantwortlichkeit in komplexen Daten-Ökosystemen, S. 15 ff.
[40] Vgl. dazu *Art.-29-Datenschutzgruppe*, WP 169, S. 8.
[41] Vgl. dazu *Wagner*, ZD 2018, 307 (308).
[42] *Hanloser*, BB 2019, Heft 34 Umschlagteil I.; dazu auch *Heckmann/Scheurer*, in: Heckmann/Paschke, jurisPK-Internetrecht, 8. Aufl., Kap. 9 (Stand: 15.04.2025) Rn. 4 f., die die Gefährdungspotenziale aufzeigen, die entstehen, wenn personenbezogene Daten mit sozialen Netzwerken und anderen Drittanbietern geteilt werden.
[43] Vgl. dazu *Büllesbach/Garstka*, CR 2005, 720 (722 ff.); *Wagner*, ZD 2018, 307.

Systeme auftreten, deren technische Infrastruktur bereitstellen, andere Akteure dazu veranlassen, personenbezogene Daten preiszugeben und dabei vermehrt mit Subunternehmen und weiteren Partnern kollaborieren, treten immer häufiger auch die Nutzer selbst, wenn sie als handelnde Akteure die bereitgestellte, technische Infrastruktur nutzen, um personenbezogene Daten von sich und anderen Personen zu offenbaren.[44]

Die Einbeziehung der Nutzer wird wesentlich durch die Architektur moderner Informationsanbieterverhältnisse gefördert, in denen sich die Beteiligung verschiedener Akteure typischerweise auf verschiedenen Ebenen oder Stufen vollzieht.[45] Die Strukturen des Web 2.0 zeichnen sich durch mehrstufige, ineinander eingebettete Interaktionsverhältnisse aus, in denen häufig ein untergeordneter Anbieter die technische Rahmenstruktur eines übergeordneten Anbieters nutzt, um seinerseits ein Angebot zu erbringen, im Rahmen dessen Endnutzer Inhalte selbst weiterverarbeiten können.[46] Diese Strukturmerkmale informationstechnischer Systeme aus dem Web 2.0 stehen stellvertretend für eine Vielzahl komplexer und allgegenwärtiger Datenverarbeitungsszenarien, die durch das kooperative Zusammenwirken mehrerer Akteure gekennzeichnet sind und die Endnutzer mit einbeziehen. Zu den von den Nutzern in Anspruch genommenen Informationstechnologien, die sich in der zunehmend digitalisierten Lebenswirklichkeit ausbreiten, gehören neben sozialen Netzwerken[47] auch Smart-Home-Anwendungen[48], Smart Products[49] und andere digitalisierte Assistenzsysteme sowie cloudbasierte Anwendungen und weitere plattformbasierte Dienste.[50] Neben die Anbieter und privaten Nutzer treten in der Architektur komplexer Verarbeitungsszenarien auch weitere Akteure hinzu, wenn sie etwa Drittinhalte in ihre eigene Webpräsenz einbinden oder eigene Profile in Social Networks betreiben und dadurch ebenfalls dazu beitragen, dass andere Akteure zur Nutzung der Infrastruktur animiert werden.[51]

---

[44] Vgl. *Nebel*, FS Roßnagel 2020, S. 341.

[45] *Hacker*, MMR 2018, 779; *Hacker*, Datenprivatrecht, S. 129.

[46] *Hacker*, MMR 2018, 779; ausführlich zum Begriff des „Web 2.0“ *Schmidt/Pruß*, in: Auer-Reinsdorff/Conrad, IT- und Datenschutzrecht, 3. Aufl. 2019, Teil A. § 3 Rn. 121 ff.

[47] Ausführlich zu der Definition des sozialen Netzwerks, den Arten sozialer Netzwerke, den Beteiligten in sozialen Netzwerken und den Motiven und Risiken der privaten Nutzung sozialer Netzwerke *Golland*, Datenschutz in sozialen Netzwerken, S. 10 ff.; siehe auch *Schwenke*, Private Nutzung von Smartglasses im öffentlichen Raum, S. 14 f.

[48] Zur Informatisierung von Wohnräumen und derer Komponenten auf der Grundlage vernetzter und fernsteuerbarer sowie automatisch agierender Haustechnik siehe *Roßnagel*, Datenschutz in einem informatisierten Alltag, S. 53 ff.

[49] Bei Smart Products handelt es sich um mobil einsetzbare und nicht ortsgebundene vernetzte Gegenstände, die durch die Nutzer vermehrt auch als Kleidungsstücke am Körper getragen werden (sog. „Wearables“) und Daten von ihren Trägern erfassen, siehe dazu *Bräutigam/Klindt*, NJW 2015, 1137 (1139 f.).

[50] Vgl. *Golland*, ZD 2020, 397.

[51] Ausführlich zu den Beteiligten in Social Networks *Nebel*, FS Roßnagel 2020, S. 341.

3.) Konnektivität physischer Objekte

Neben der sozialen Vernetzung der Menschen erweitert sich auch die Konnektivität von physischen Objekten.[52] Die Vernetzung physischer und virtueller Gegenstände mündet in einer weitreichenden Verdatung des physischen Lebensraums von Menschen.[53] Kennzeichnend für die Infrastruktur des Internets der Dinge ist dabei, dass Milliarden von alltäglichen Gegenständen aus der körperlichen Welt mit Informations- und Kommunikationstechnik ausgestattet werden, um über eingebettete Sensoren (englisch: „embedded computing") Daten zu erheben und weiterzuverarbeiten.[54] Die riesigen Datenmengen, die mittels modernster Sensorik erhoben werden, betreffen regelmäßig sowohl Daten ohne Personenbezug als auch Daten mit Personenbezug. Über eindeutige Kennungen können die smarten Objekte identifiziert, lokalisiert und zugeordnet werden, um mit anderen Objekten oder Systemen verbunden zu werden und die über Sensoren erfassten Informationen über ihren eigenen Zustand und den der Umwelt auszutauschen.[55] Die Integration der mit Sensortechnik und Rechenchips ausgestatteten Objekte erfolgt in der Weise, dass sie unauffällig Teil des Alltags der Menschen werden. Der Nutzer trägt die physischen Gegenstände selbst bei sich, etwa in Brillen oder Armbändern, oder bindet sie nahtlos in seine Lebensumgebung, z.B. in Haushaltsgegenständen oder Autos, ein.[56]

Die Infrastruktur des Internets der Dinge besitzt das Potenzial, fortwährend personenbezogene Daten Betroffener zu erfassen und auf diese Weise Rückschlüsse auf die Lebensgewohnheiten und Interessen der Betroffenen zu erlauben.[57] Moderne Sensortechnik ermöglicht es, nahezu die gesamte Lebenswirklichkeit des Nutzers und etwaiger Dritter zu erfassen, was zu einer „Allgegenwärtigkeit" und „Omnipräsenz" der Datenverarbeitungen im Internet der Dinge führt.[58] Diese hochgradig digitalisierten und vernetzten Umgebungen werden deshalb auch als „private-public place" bezeichnet.[59] Weil es für betroffene Akteure oft nicht sichtlich ist, ob physische Gegenstände im Internet der Dinge eingebunden sind oder nicht, sind die Möglichkeiten des Selbstschutzes begrenzt.[60] Die Vernetzung der mit großer Rechenleistung und

---

[52] *Schwenke*, Private Nutzung von Smartglasses im öffentlichen Raum, S. 15 f.

[53] *Schwenke*, Private Nutzung von Smartglasses im öffentlichen Raum, S. 15 f.; zum Begriff der „Verdatung" der Welt siehe *Schwenke*, Private Nutzung von Smartglasses im öffentlichen Raum, S. 11 f.

[54] *Art.-29-Datenschutzgruppe*, WP 223, S. 4.

[55] *Art.-29-Datenschutzgruppe*, WP 223, S. 4; vgl. dazu auch *Schwenke*, Private Nutzung von Smartglasses im öffentlichen Raum, S. 16 m.w.N.

[56] Siehe zum „Ubiquitous Computing" *Roßnagel*, in: Simitis/Hornung/Spiecker gen. Döhmann, DSGVO/BDSG, 2. Aufl. 2025, Art. 2 Rn. 30.

[57] Vgl. *Wolff*, in: Schantz/Wolff, Das neue Datenschutzrecht, Rn. 669; siehe dazu auch *Art.-29-Datenschutzgruppe,* WP 223, S. 4.

[58] Vgl. *Art.-29-Datenschutzgruppe*, WP 223, S. 4; siehe dazu auch *Roßnagel*, in: Simitis/Hornung/Spiecker gen. Döhmann, DSGVO/BDSG, 2. Aufl. 2025, Art. 2 Rn. 30, der in diesem Zusammenhang von Anwendungen des „Ubiquitous Computing" spricht; *Roßnagel*, Datenschutz in einem informatisierten Alltag, S. 10 ff.

[59] *Edwards*, European Data Protection Law Review 2016, S. 28.

[60] Vgl. *Wolff*, in: Schantz/Wolff, Das neue Datenschutzrecht, Rn. 669.

modernster Sensorik ausgestatteten Gegenstände im Gesamtgefüge plattformbasierter und international tätiger Unternehmen führt insgesamt dazu, dass auch in Bereichen der privaten Lebensführung massenhaft personenbezogene Daten erhoben und im Hintergrund verarbeitet werden, um den Nutzer durch die angebotenen Dienste zu unterstützen.[61]

4.) Zwischenergebnis

Die Folge des technologischen Wandels sind komplexe, allgegenwärtige und datenintensive Verarbeitungsstrukturen mit einer wachsenden Anzahl an Akteuren, die durch ihre Mehrgliedrigkeit und die Zunahme digitaler Arbeitsteilung geprägt sind. Die Anzahl der Akteure, die potenziell Zugriff und Einfluss auf personenbezogene Daten haben, steigt dabei in Korrelation zu der sich beschleunigenden Digitalisierung und führt zu einer Multipolarität bei der Verarbeitung personenbezogener Daten. Personenbezogene Daten werden nur noch selten im alleinigen Einflussbereich eines Akteurs verarbeitet, sondern in zunehmendem Maße im Zusammenwirken mit anderen Beteiligten.[62] Für die Betroffenen entstehen auf diese Weise komplexe und mitunter nur noch schwer nachvollziehbare Verarbeitungskontexte. Die steigende Anzahl potenziell verantwortlicher Akteure bedingt es, dass die Beziehungen und Rechtsverhältnisse beteiligter Akteure in den Vordergrund rücken.

III. Datenschutzrechtliche Herausforderungen

Über die technologische, ökonomische und gesellschaftliche Dimension hinausgehend beeinflusst der sich vollziehende Strukturwandel bei der Verarbeitung personenbezogener Daten auch in erheblichem Maße den rechtlichen Bereich.[63] Besonders gewichtige Implikationen haben die durch die Digitalisierung bedingten Strukturverschiebungen auf das europäische Datenschutzrecht. Große rechtliche Herausforderungen entstehen, wenn eine in der Tendenz unbegrenzte Anzahl von Daten in den mehrgliedrigen und immer unüberschaubareren Verarbeitungsszenarien mit einer bislang nicht erfahrenen Nachhaltigkeit erhoben, gespeichert und genutzt wird.[64]

Zwar mögen nicht wenige vermeintlich belanglose Daten in den Strukturen des „Smart Life“ verarbeitet werden, doch gilt es auch diesbezüglich das Diktum des Bundesverfassungsgerichts aus dem für den Schutz von personenbezogenen Daten prägenden Volkszählungsurteil[65] ins

---

[61] Siehe hierzu näher *Roßnagel*, Datenschutz in einem informatisierten Alltag, S. 10 ff.
[62] Dazu auch *Janicki*, FS Taeger 2020, S. 200.
[63] *Heckmann/Scheurer*, in: Heckmann/Paschke, jurisPK-Internetrecht, 8. Aufl., Kap. 9 (Stand: 15.04.2025) Rn. 2.
[64] Vgl. *Heckmann/Scheurer*, in: Heckmann/Paschke, jurisPK-Internetrecht, 8. Aufl., Kap. 9 (Stand: 15.04.2025) Rn. 2.
[65] BVerfGE 65, 1 – *Volkszählungsurteil*.

Bewusstsein zu rufen, wonach es „[...] unter den Bedingungen der automatischen Datenverarbeitung kein "belangloses" Datum mehr [...]“[66] gibt. Ausgehend davon müssen sich auch die veränderten Verarbeitungsstrukturen und -prozesse am bekannten Leitsatz aus dem Volkszählungsurteil messen lassen, wonach „Mit dem Recht auf informationelle Selbstbestimmung [...] eine Gesellschaftsordnung und eine diese ermöglichende Rechtsordnung nicht vereinbar [wären], in der Bürger nicht mehr wissen können, wer was wann und bei welcher Gelegenheit über sie weiß.“[67] Die grundrechtlich bedeutsame Frage nach dem „Wer“ zielt auf den datenschutzrechtlich Verantwortlichen als Adressaten und „Schlüsselfigur“[68] im gesamten Datenschutzrecht ab und leitet in den Bereich der datenschutzrechtlichen Verantwortlichkeitszuordnung über. Bereits die richtungsweisenden Ausführungen des BVerfG verdeutlichen, dass es für betroffene Personen essenziell ist, zu wissen, wer für die Verarbeitung der sie betreffenden Daten Verantwortung trägt.

Bedingt durch den strukturellen Wandel, innerhalb dessen sich Datenverarbeitungsvorgänge stark verändert haben und weiter wandeln werden, ist auch die Zuordnung datenschutzrechtlicher Verantwortlichkeit im Umbruch begriffen. Sowohl die allgemeine Weiterentwicklung von Informations- und Kommunikationstechnologien als auch die Einführung von Mikrotechnologie in Konsumprodukten bedingen sich verlagernde Verarbeitungsstrukturen, die sich wiederum direkt auf die Ebene der Verantwortlichkeit auswirken.[69] Dabei unterscheiden sich die komplexen Gemengelagen zunehmend von dem klassischen bipolaren Datenschutzrecht.[70] Während sich das Datenschutzrecht ursprünglich in klassischer Weise auf das Verhältnis zwischen Staat und Bürger fokussierte, um bestehenden, auf großen Rechenanlagen zurückzuführenden Machtasymmetrien entgegenzuwirken, hat sich der Schwerpunkt seither stark verschoben.[71]

Insbesondere der Reformprozess hin zum „neuen Datenschutzrecht“, der in der Implementierung der Datenschutzgrundverordnung (DSGVO) mündete, hat die Perspektive verstärkt auf finanzstarke Unternehmen aus der Digitalwirtschaft (Facebook, Google und Co.) verlagert, die, bedingt durch den Aufbau riesiger Rechenzentren, dazu in der Lage sind, personenbezogene Daten in einem nie dagewesenen Umfang zu verarbeiten.[72] Durch neue Technologien, die unter

---

[66] BVerfGE 65, 1 (45) – *Volkszählungsurteil.*

[67] BVerfGE 65, 1 (43) – *Volkszählungsurteil.*

[68] *Maschmann*, NZA 2020, 1207 (1208); *Maschmann*, NZA 2021, 834.

[69] Vgl. *Art.-29-Datenschutzgruppe*, WP 169, S. 8; von einer „Disruption der Verantwortlichkeit“ sprechend *Wagner*, ZD 2018, 307.

[70] Zur technischen Dezentralisierung und den Folgen für das Datenschutzrecht *Büllesbach/Garstka*, CR 2005, 720 (722 f.).

[71] Vgl. dazu *Wagner*, ZD 2018, 307.

[72] Durch die Weiterentwicklung der Quantentechnik wird sich diese Entwicklung weiter verstärken, vgl. dazu *Brühl/Hurtz*, in: SZ.de v. 23.10.2019, Google verkündet, Supercomputer abhängen zu können.

anderem den Bereich der sozialen Medien betreffen, aber auch durch den Einsatz innovativer Assistenzsysteme, rücken neben den Anbietern dieser Systeme zudem die Nutzer in den Fokus. Als Nutzer von sozialen Netzwerken, als Fahrer von Connected Cars oder als Eigentümer von Smart Homes können sich auf diese Weise auch Privatpersonen an umfangreichen Datenverarbeitungen beteiligen.[73]

Aus der sich verlagernden Stoßrichtung des Datenschutzrechts erwachsen zugleich rechtliche Probleme. Eine zentrale Problematik betrifft die Erkenntnis, dass sich die zunehmend mehrstufigen, multipolaren Verarbeitungsszenarien auch rechtlich von einstufigen Verarbeitungsszenarien unterscheiden. Neben der Frage, ob eine datenschutzrechtliche Verantwortung überhaupt besteht, muss geklärt werden, wie diese zwischen zusammenwirkenden Akteuren aufzuteilen ist.[74] Die Problematik verschärft sich dadurch, dass die Akteure, die die Informationstechnologien von Drittanbietern zu eigenen Zwecken nutzen, häufig nicht nur betroffene Personen sind, sondern selbst in den Fokus der datenschutzrechtlichen Eigenverantwortlichkeit geraten, wenn sie alleine oder zusammen mit den übergeordneten Anbietern personenbezogene Daten Dritter verarbeiten oder zu deren Verarbeitung beitragen.[75] Während sowohl die privaten Nutzer als auch die betroffenen Personen den Datenschutz primär mit dem Tätigwerden der global agierenden Digitalunternehmen assoziieren, wird die Verantwortlichkeit für ein eigenes Handeln, trotz dessen, dass es oft die Nutzer selbst sind, die bewusst oder unbewusst erst dazu beitragen, dass die großen Internetkonzerne überhaupt auf die personenbezogenen Daten des Nutzers und auch Dritter zugreifen können, meist nicht in Betracht gezogen und stattdessen am klassischen Rollenbild im Datenschutzrecht festgehalten.[76]

Häufig sind es jedoch die Endnutzer, die die potenziellen Gefahren, die für die betroffenen Dritten ausgehen, dadurch erhöhen, dass sie den Digitalunternehmen ermöglichen, die personenbezogenen Daten Dritter zu nutzen. Während private Nutzer im klassischen Rollenverständnis als Datenlieferanten und als bloße Objekte fremdgesteuerter Datenverarbeitungsprozesse angesehen wurden, entstehen durch deren selbstbestimmtes Auftreten in der digitalisierten Welt neue Gefährdungspotenziale,[77] denen im Rahmen des Datenschutzrechts Rechnung getragen werden muss.[78] Auch sie rücken deshalb in den Kreis der potenziell verantwortlichen Akteure

---

[73] Zu den zunehmenden Möglichkeiten der privaten Datenverarbeitung *Roßnagel/Kroschwald*, ZD 2014, 495 (496); *Wagner*, ZD 2018, 307.

[74] Vgl. *Hacker*, MMR 2018, 779.

[75] Vgl. dazu *Nebel*, FS Roßnagel 2020, S. 352 f.; *Golland*, ZD 2020, 397, *Wagner*, ZD 2018, 307 ff.

[76] Vgl. *Golland*, ZD 2020, 397 ff.; *Janicki*, FS Taeger 2020, S. 210.

[77] Zu den Gefährdungspotenzialen siehe *Schmidt*, in: Taeger/Gabel, DSGVO/BDSG/TTDSG, 4. Aufl. 2022, Art. 1 Rn. 31 ff.; siehe ausführlich *Wittner*, Verantwortlichkeit in komplexen Daten-Ökosystemen, S. 85 ff.

[78] In diesem Sinne bereits *Roßnagel/Kroschwald*, ZD 2014, 495 (496); *Wagner*, ZD 2018, 307 f.; *Bülles-bach/Garstka*, CR 2005, 720 (723).

und kommen als Adressaten der weitreichenden Folgen, wie z.B. den ausführlichen Informations- und Dokumentationspflichten, der Erfüllung von Betroffenenrechten, den Meldepflichten bei Datenpannen, den Bußgeldern oder Schadensersatzansprüchen bei Datenschutzverstößen, in Betracht.[79]

Bedingt durch die zunehmende digitale Arbeitsteilung und andere Formen kooperativen Zusammenwirkens ebenso wie durch die gemeinsame Autorenschaft verschiedener Datenverarbeiter erhöht sich insgesamt die Gefahr von „Verantwortungsdiffusionen“[80], die sich durch einen ständigen Rollenwechsel der Beteiligten auszeichnen. Der permanente Rollenwechsel zwischen Verantwortlichem einerseits und betroffener Person andererseits führt zu einer Vermengung datenschutzrechtlicher Verantwortlichkeiten, erschwert deren rechtssichere Zuordnung und bedingt einen Wandel im klassischen Rollenverständnis.[81] Es entstehen komplexe und allgegenwärtige Datenverarbeitungsszenarien, in denen die klassische Aufteilung zwischen den datenschutzrechtlich Verantwortlichen einerseits und den betroffenen Personen andererseits durchbrochen wird.

Neben der Feststellung, dass sich der Kreis potenzieller Adressaten im Kontext ubiquitärer Datenverarbeitungen stetig erweitert und die Gefahr von Verantwortungsdiffusionen steigt, verschärft sich die Zuordnungsproblematik auch dadurch, dass es in Zeiten digitaler Arbeitsteilung und allgegenwärtiger IT-Dienstleistungen immer öfter zur Ausnahme gehört, dass tatsächlich eine unmittelbare, eigene Kontrolle über Daten, Prozesse und IT-Systeme besteht.[82] Aus dem bloßen Befund, dass Akteure bei der Verarbeitung personenbezogener Daten zusammenwirken, ist nicht automatisch abzuleiten, dass diese auch einen tatsächlichen, relevanten und die datenschutzrechtliche Verantwortlichkeit begründenden Einfluss auf den jeweiligen Datenverarbeitungsprozess haben. Unter Berücksichtigung dessen, dass mit Blick auf den Einzelfall zu klären ist, wie groß der Einfluss auf die einzelnen Datenverarbeitungsvorgänge wirklich ist,[83] kann eine Rechtssicherheit nur unter der Bedingung erreicht werden, dass die Voraussetzungen und Rechtsfolgen der datenschutzrechtlichen Beteiligungsformen aus Kapitel 4 der DSGVO (Verantwortlicher und Auftragsverarbeiter) im Kern bestimmt sind.

Anstatt datenschutzrechtliche Verantwortlichkeiten je nach Themengebiet dem einen oder anderen Beteiligten pauschal zuzuordnen, gilt es das Verantwortlichkeitsgefüge im neuen

[79] Siehe dazu *Golland*, ZD 2020, 397; *Roßnagel/Kroschwald*, ZD 2014, 495 (496); siehe zu den individuellen Rechten des Einzelnen gegenüber den Verantwortlichen *Albrecht*, CR 2016, 88 (92 f.).
[80] *Roßnagel*, MMR 2005, 71 (74).
[81] Vgl. dazu *Roßnagel*, MMR 2005, 71 (74); siehe auch *Wittner*, Verantwortlichkeit in komplexen Daten-Ökosystemen, S. 40 ff.
[82] *Engeler*, MMR, 2017, 651 (654).
[83] Vgl. *Art.-29-Datenschutzgruppe*, WP 169, S. 24 f.

Datenschutzrecht hinreichend aufzuarbeiten und der mit dem Strukturwandel einhergehenden Komplexität Rechnung zu tragen. Dies gilt speziell für die Zuordnung von (Mit-)Verantwortlichkeiten in Mehrpersonenverhältnissen. Bedingt durch die DSGVO, die die Möglichkeit einer gemeinsamen Verantwortlichkeit mit Art. 4 Nr. 7 DSGVO i.V.m. Art. 26 DSGVO explizit anerkennt, sind vermehrt Konstellationen aufzulösen, in denen unterschiedliche Akteure entweder nicht, allein oder gemeinsam mit anderen Beteiligten für die Einhaltung datenschutzrechtlicher Verpflichtungen verantwortlich sind.[84]

IV. Zwischenergebnis

Insgesamt potenzieren sich durch den Strukturwandel komplexe und kleinteilige Verarbeitungsketten, entlang derer häufig diverse Akteure zusammenwirken. Einhergehend mit der zunehmenden Anzahl an Beteiligten steigt auch die Anzahl der potenziell datenschutzrechtlich Verantwortlichen. Es drohen Zuordnungsprobleme, wenn nicht direkt ersichtlich ist, welche Stelle in welchem Ausmaß Einfluss nimmt und wann von einer die Eigenverantwortlichkeit begründenden Einflussnahme auszugehen ist. Vor allem das Tätigwerden privater Akteure und deren Verhältnis zu den unternehmerisch tätigen Anbietern bedarf im Kontext des Datenschutzrechts einer eingehenden, rechtlichen Betrachtung. In den komplexen Datenverarbeitungsszenarien fällt die Bestimmung des oder der Verantwortlichen sowie die Abgrenzung zu anderen datenschutzrechtlichen Beteiligungsformen immer schwieriger.[85]

[84] Vgl. *Wagner*, ZD 2018, 307 (308).
[85] Vgl. *Wagner*, ZD 2018, 307 (308).

C. Dimensionen des europäischen Datenschutzes

I. Gegenstands- und Zielbeschreibung

Die Etablierung eines ganzheitlichen Verantwortlichkeits- und Beteiligungskonzepts setzt eine Achtung und Orientierung an den zentralen Gegenstands- und Zielbestimmungen des europäischen Datenschutzrechts voraus. Der Tradition des europäischen Datenschutzrechts entsprechend verfolgt die DSGVO ein dualistisches Ziel.[86] Die durch Art. 1 DSGVO umfassten Gewährleistungen sind unmittelbarer Ausdruck dieser dualistisch ausgerichteten Gegenstands- und Zielbeschreibung,[87] die den Schutz natürlicher Personen, den Grundrechtsschutz und den Schutz der Grundfreiheiten einerseits (vgl. Art. 1 Abs. 1 und 2 DSGVO) sowie den Schutz des freien Verkehrs personenbezogener Daten andererseits umfasst (vgl. Art. 1 Abs. 1 und 3 DSGVO).[88] Wenngleich die Ziele des EU-Datenschutzes gleichrangig zueinanderstehen,[89] hat sich der (rechtspolitische) Fokus von der Gewährleistung des freien Verkehrs personenbezogener Daten in Richtung des Grundrechtsschutzes verlagert.[90]

Ausgehend von dem in Deutschland durch das BVerfG entwickelten Grundrecht auf informationelle Selbstbestimmung aus Art. 1 und Art. 2 Abs. 1 GG[91] ist mit dem Inkrafttreten der GRCh im Jahr 2010 nun ausdrücklich ein eigenes Menschenrecht zum Schutz personenbezogener Daten in Art 8 Abs. 1 GRCh normiert.[92] Wenngleich DSGVO-Erwägungsgrund 1 allein auf Art. 8 GRCh und Art. 16 AEUV rekurriert, ist für den Schutz der Grundrechte und Grundfreiheiten (Art. 1 Abs. 2 DSGVO) neben Art. 8 GRCh (Schutz personenbezogener Daten) auch Art. 7 GRCh (Schutz des Privat- und Familienlebens) von zentraler Bedeutung.[93] Während früher

---

[86] Vgl. Art. 1 Abs. 1 DSGVO, der eine Beschreibung von Gegenstand und Ziel der DSGVO als Programmsatz „vor die Klammer" zieht; siehe dazu *Schmidt*, in: Taeger/Gabel, DSGVO/BDSG/TTDSG, 4. Aufl. 2022, Art. 1 Rn. 1; ausführlich zur Entstehungsgeschichte *Hornung/Spiecker gen. Döhmann*, in: Simitis/Hornung/Spiecker gen. Döhmann, DSGVO/BDSG, 2. Aufl. 2025, Art. 1 Rn. 13 ff.

[87] Die Dualität der Gegenstands- und Zielbeschreibung ist bereits in Art. 16 Abs. 2 AEUV als Kompetenznorm für den Erlass der DSGVO angelegt.

[88] Vgl. *Schmidt*, in: Taeger/Gabel, DSGVO/BDSG/TTDSG, 4. Aufl. 2022, Art. 1 Rn. 1; *Pötters*, in: Gola/Heckmann, DSGVO/BDSG, 3. Aufl. 2022, Art. 1 Rn. 1 ff.

[89] So bereits Schlussanträge GA *Colomer*, Rs. C-553/07, *College van burgemeester en wethouders van Rotterdam*, ECLI:EU:C:2008:773 Rn. 20.

[90] Vgl. *Pötters*, in: Gola/Heckmann, DSGVO/BDSG, 3. Aufl. 2022, Art. 1 Rn. 5.

[91] Seit BVerfGE 65, 1 (45) – *Volkszählungsurteil*; ausführlich zum Grundrecht auf informationelle Selbstbestimmung *Büllesbach/Garstka*, CR 2005, 720 (722).

[92] Siehe dazu auch DSGVO-Erwägungsgrund 1 S. 1, in dem auch im Kontext der DSGVO betont wird, dass „der Schutz natürlicher Personen bei der Verarbeitung personenbezogener Daten […] ein Grundrecht [ist]"; ausführlich zur primärrechtlichen Ebene *Heckmann/Scheurer*, in: Heckmann/Paschke, jurisPK-Internetrecht, 8. Aufl., Kap. 9 (Stand: 15.04.2025) Rn. 14 ff.; zur geschichtlichen Entwicklung des Datenschutzrechts *Büllesbach/Garstka*, CR 2005, 720 (720 ff.); ausführlich zum grundrechtlichen Schutzgut *Wittner*, Verantwortlichkeit in komplexen Daten-Ökosystemen, S. 66 ff.

[93] Vgl. *Hornung/Spiecker gen. Döhmann*, in: Simitis/Hornung/Spiecker gen. Döhmann, DSGVO/BDSG, 2. Aufl. 2025, Art. 1 Rn. 38; siehe auch EuGH, Rs. C-291/12, *Schwarz/Stadt Bochum*, ECLI:EU:C:2013:670 Rn. 24 und EuGH [GK], Rs. C-131/12, *Google Spain SL u. Google Inc./Agencia Española de Protección de Datos (AEPD)*

R. A. Hagen, *Datenschutzrechtliche Rollenzuweisungen*, DuD-Fachbeiträge,
https://doi.org/10.1007/978-3-658-49718-7_3

unter Datenschutz dem eigentlichen Wortsinn entsprechend der allgemeine Schutz der Daten selbst sowie wirtschaftliche oder andere Interessen der datenverarbeitenden Organisationen verstanden wurde, umfasst der Datenschutz in seinem heutigen Verständnis primär den Schutz der Grundrechte natürlicher Personen bei der Verarbeitung der ihnen zugeordneten Daten und damit auch wesentlich den Schutz von Persönlichkeitsrechten.[94]

Indem das BVerfG bereits den Schutz der Verhaltensfreiheit als Kern des Rechts auf informationelle Selbstbestimmung identifiziert hat, wurde ersichtlich, dass die Kontrolle des Einzelnen über seine Daten speziell im digitalen Raum essenziell ist.[95] Auch Missbrauchspotenziale, die aus einer unkontrollierten Akkumulation personenbezogener Daten resultieren, werden adressiert und sind Ausdruck der gefahrenabwehrrechtlichen Komponente des Datenschutzes.[96] Ein wesentliches Element des Schutzes der Grundrechte natürlicher Personen ist mithin darin zu sehen, dass Betroffene stets wissen sollen, wer welche Informationen über sie gespeichert hat, zu welchen Zwecken diese Informationen verwendet werden und wer diese Informationen erhält.[97]

Dieser durch das europäische Primärrecht geforderte Grundrechtsschutz, dessen Gegenstand der einzelne Betroffene ist, wird durch die DSGVO nunmehr konkretisiert.[98] Im Zentrum der Konzeption des europäischen Datenschutzrechts steht dabei das Ziel der Gewährleistung eines „hohe[n] Datenschutzniveau[s]“[99] zum Schutz natürlicher Personen bei der Verarbeitung ihrer personenbezogenen Daten.[100] Der Anspruch, ein hohes Schutzniveau für die Grundrechte und Grundfreiheiten natürlicher Personen zu gewähren und aufrechtzuerhalten, ist zugleich ein unverkennbares Ziel der europäischen Rechtsprechung.[101] Auch in Anbetracht der durch technologische Entwicklungen und die Globalisierung entstehenden Herausforderungen soll ein solch

u. Mario Costeja González, ECLI:EU:C:2014:317 Rn. 97, in denen der EuGH die Art. 7 GRCh und Art. 8 GRCh nebeneinander anwendet; siehe auch DSGVO-Erwägungsgrund 4 S. 2 DSGVO, welcher klarstellt, dass die DSGVO insbesondere mit dem Grundrecht auf Achtung des Privatlebens in Einklang steht; zwischen Art. 7 und 8 GRCh differenzierend *Engeler*, NJW, 2022, 3398 (3399), der instruktiv anregt, Art. 8 GRCh als ein selbstständiges Grundrecht auf informationelle Unversehrtheit oder Integrität zu denken.

[94] *Klabunde/Horváth*, in: Ehmann/Selmayr, DSGVO, 3. Aufl. 2024, Art. 4 Rn. 7; *Schmidt*, in: Taeger/Gabel, DSGVO/BDSG/TTDSG, 4. Aufl. 2022, Art. 1 Rn. 7; *Pötters*, in: Gola/Heckmann, DSGVO/BDSG, 3. Aufl. 2022, Art. 1 Rn. 5 und 8; kritisch zum persönlichkeits- und privatheitsbezogenen Schutzgutbegriff *Engeler*, NJW, 2022, 3398 (3399).

[95] BVerfGE 120, 274 (311 f.) – *Online-Durchsuchung*; BVerfGE 152, 152 Rn. 84 f. – *Recht auf Vergessen I.*

[96] Siehe zu den Risikopotenzialen der Datenerhebung sowie Verknüpfung und Auswertung personenbezogener Daten *Wenhold*, Nutzerprofilbildung durch Webtracking, S. 105 ff.; den Schutz vor Diskriminierungen hervorhebend *Schantz*, in: Wolff/Brink/v. Ungern-Sternberg, BeckOK Datenschutzrecht, 52. Edition Stand: 01.05.2025, Art. 1 Rn. 6; siehe auch *Wittner*, Verantwortlichkeit in komplexen Daten-Ökosystemen, S. 108 ff.

[97] Vgl. *Schmidt*, in: Taeger/Gabel, DSGVO/BDSG/TTDSG, 4. Aufl. 2022, Art. 1 Rn. 10.

[98] *Pötters*, in: Gola/Heckmann, DSGVO/BDSG, 3. Aufl. 2022, Art. 1 Rn. 7.

[99] DSGVO-Erwägungsgrund 6 S. 5.

[100] Vgl. *Monreal*, CR 2019, 797 (799).

[101] Grundlegend EuGH [GK], Rs. C-131/12, *Google Spain SL u. Google Inc./Agencia Española de Protección de Datos (AEPD) u. Mario Costeja González,* ECLI:EU:C:2014:317 Rn. 34.

hohes Datenschutzniveau gewährleistet werden (vgl. DSGVO-Erwägungsgrund 6). Um das Risiko einer Umgehung der Vorschriften zu vermeiden, erfolgt der Schutz natürlicher Personen unabhängig von der verwendeten Technik. Die Technologieneutralität ist kennzeichnend für das europäische Datenschutzrecht (vgl. DSGVO-Erwägungsgrund 15 S. 1).
Wenngleich dem europäischen Datenschutzrecht die Konzeption eines sehr umfassenden Schutzes der von einer Datenverarbeitung betroffenen Person zugrunde liegt und sich der Fokus in Richtung des Grundrechtsschutzes verlagert hat,[102] besteht eine der Herausforderungen darin, den dem Datenschutzrecht immanenten Zielkonflikt zwischen dem Datenschutzrecht einerseits und dem freien Datenverkehr in der Union auszugleichen.[103] Eine Kernherausforderung besteht in der Versöhnung zwischen dem technologieneutralen Datenschutzrecht und der technologischen und wirtschaftlichen Realität datengesteuerter Wirtschaftsabläufe.[104] Die Relevanz von Art. 1 Abs. 3 DSGVO, der Daten sowohl als selbstständiges Wirtschaftsgut als auch als Voraussetzung für weitere wirtschaftliche Aktivitäten einbezieht, hat angesichts der ansteigenden Bedeutung von Informations- und Kommunikationstechnologien und daran anknüpfenden Diensten stark zugenommen.[105] Im Hinblick auf die Abwägung ist zu beachten, dass es sich auch bei dem Recht auf Schutz der personenbezogenen Daten um kein uneingeschränktes Recht handelt (DSGVO-Erwägungsgrund 4 S. 2 Hs. 1).[106] Auch dieses Recht muss im Hinblick auf seine gesellschaftliche Funktion gesehen und unter Wahrung des Verhältnismäßigkeitsprinzips gegen andere Grundrechte abgewogen werden (DSGVO-Erwägungsgrund 4 S. 2 Hs. 2).

II. Auslegungsmaßstab

Um dem Anspruch eines gleichmäßigen und hohen Datenschutzniveaus für natürliche Personen gerecht zu werden und Hemmnisse für den freien Verkehr personenbezogener Daten in der Union zu beseitigen, ist ein gleichwertiger Schutz in allen Mitgliedstaaten erforderlich (vgl. DSGVO-Erwägungsgrund 10 S. 1). Für die Gewährleistung eines gleichwertigen Schutzniveaus ist es entscheidend, dass die Vorschriften zum Schutz der Grundrechte und Grundfreiheiten von natürlichen Personen bei der Verarbeitung personenbezogener Daten unionsweit gleichmäßig und einheitlich angewandt werden (vgl. DSGVO-Erwägungsgrund 10 S. 2). Es ist

[102] *Monreal*, CR 2019, 797 (802).
[103] Siehe weiterführend zum Zielkonflikt *Schmidt*, in: Taeger/Gabel, DSGVO/BDSG/TTDSG, 4. Aufl. 2022, Art. 1 Rn. 10 ff.
[104] Vgl. *Globocnik*, IIC 2019, 1033 (1043).
[105] Vgl. *Hornung/Spiecker gen. Döhmann*, in: Simitis/Hornung/Spiecker gen. Döhmann, DSGVO/BDSG, 2. Aufl. 2025, Art. 1 Rn. 43.
[106] Siehe dazu bereits BVerfGE 65, 1 (44) – *Volkszählungsurteil*, in dem das BVerfG bereits herausgearbeitet hatte, dass der Einzelne kein absolutes Recht über „seine" Daten habe, sondern grundsätzlich „Einschränkungen seines Rechts auf informationelle Selbstbestimmung im überwiegenden Allgemeininteresse hinnehmen [müsse]"; zu Art. 8 GRCh EuGH [GK], Rs. C-92/09 und C-93/09, *Schecke und Eifert*, ECLI:EU:C:2010:662 Rn. 48.

ausschlaggebend, dass Klarheit im Hinblick auf das Verständnis von einzelnen Vorschriften besteht.

Mit der an die Stelle der DSRL getretenen und gemäß Art. 288 Abs. 2 AEUV unmittelbar anwendbaren DSGVO wird das Ziel einer Vollharmonisierung des europäischen Datenschutzrechts verfolgt.[107] Für die Zielerreichung ist es essenziell, dass die Auslegung und Anwendung der DSGVO-Vorschriften nicht unter Bezugnahme auf partikulare Rechtsbegriffe und Auslegungsmethoden aus dem nationalen Recht der Mitgliedstaaten erfolgt. Bedingt durch die Vielfältigkeit der einzelstaatlichen Rechtsordnungen würde es ansonsten zu einer uneinheitlichen Anwendung der Vorschriften zum Schutz der Grundrechte und Grundfreiheiten von natürlichen Personen bei der Verarbeitung personenbezogener Daten kommen.[108] Als Bestandteil des Unionsrechts sind die Begriffe der DSGVO deshalb autonom vom nationalen Recht der Mitgliedstaaten auszulegen.[109] Auch der nach Art. 19 Abs. 3 lit. b EUV im Wege der Vorabentscheidung auf Antrag eines nationalen Gerichts für die Auslegung von Unionsrecht zuständige EuGH verfolgt eine autarke Auslegungsmethodik,[110] die wiederum für die Auslegung der relevanten Vorschriften des europäischen Verantwortlichkeitskonzepts maßgeblich ist.

Wenngleich sich die Auslegungsmethodik unionsrechtlicher Normen am klassischen Methodenkanon orientiert, sieht sie dennoch eine abweichende Gewichtung und Akzentuierung der einzelnen Auslegungsmethoden vor.[111] Die systematische Interpretation folgt zunächst weitestgehend der nationalstaatlichen Methodik.[112] Dabei ist die Stellung der relevanten Norm sowohl innerhalb des Rechtsaktes selbst als auch innerhalb des Unionsrechts als Ganzem zu berücksichtigen.[113] Im Hinblick auf das unionale Sekundärrecht erfolgt durch den EuGH eine Interpretation im Lichte des Unionsprimärrechts (sog. „vertragskonforme Auslegung“).[114]

---

[107] Zu der Vollharmonisierung und den Konsequenzen für nationale Spielräume *Ehmann/Selmayr*, in: Ehmann/Selmayr, DSGVO, 3. Aufl. 2024, Einleitung Rn. 79 ff.; von einer „neue[n] Qualität“ der Harmonisierung sprechend *Taeger/Schmidt*, in: Taeger/Gabel, DSGVO/BDSG/TTDSG, 4. Aufl. 2022, Einführung in die EU-Datenschutzgrundverordnung Rn. 21.

[108] *Scheja,* FS Taeger 2020, S. 415.

[109] Siehe zu dem Erfordernis der autonomen europarechtlichen Auslegung der DSGVO *Weber/Dehnert*, ZD 2021, 63 (64); ausführlich zur Auslegung der DSGVO als Unionsrecht *Ehmann/Selmayr*, in: Ehmann/Selmayr, DSGVO, 3. Aufl. 2024, Einleitung Rn. 99 ff.; *Scheja,* FS Taeger 2020, S. 415; Anleitung zur autonomen Auslegung am Beispiel des Personenbezugs *Hofmann/Johannes*, ZD 2017, 211 ff.; im Hinblick auf das Konzept der datenschutzrechtlichen Verantwortlichkeit *EDPB*, Guidelines 07/2020 (Version 2.1), Rn. 13; *Ziegenhorn/Fokken*, ZD 2019, 194 (196); *Eckhardt*, CCZ 2017, 111 (113).

[110] Siehe dazu S*cheja,* FS Taeger 2020, S. 415.

[111] Ausführlich dazu *Wegener*, in: Calliess/Ruffert, EUV/AEUV, 6. Aufl. 2022, Art. 19 EUV Rn. 28-33; siehe zur Auslegung unionsrechtlicher Normen auch *Kremer/Christmann-Thoma/Kamm/Matejek/Schneider*, CR 2021, 784 (788).

[112] *Wegener*, in: Calliess/Ruffert, EUV/AEUV, 6. Aufl. 2022, Art. 19 EUV Rn. 31.

[113] *Wegener*, in: Calliess/Ruffert, EUV/AEUV, 6. Aufl. 2022, Art. 19 EUV Rn. 31.

[114] *Kremer/Christmann-Thoma/Kamm/Matejek/Schneider*, CR 2021, 784 (788).

Wie auch im klassischen Methodenkanon bestimmt der Wortlaut einer Norm auch im Unionsrecht sowohl den Anfang[115] als auch die Grenze[116] jedweder Auslegung.[117] Bedingt durch die prinzipielle Gleichrangigkeit der verschiedenen Sprachfassungen der zu interpretierenden Normen kommt der Wortlautauslegung allerdings nur eine eingeschränkte Bedeutung zu.[118] Einzelstaatliche Abweichungen in den Sprachfassungen gilt es im Rahmen der sprachvergleichenden Auslegung zu identifizieren und als solche zu relativieren.[119]

Ähnliches gilt für die historische oder genetische Interpretation. Wegen des besonderen Kompromiss- und Verhandlungscharakters des europäischen Rechtssetzungsprozesses, im Rahmen dessen häufig konträre Stellungnahmen der beteiligten Mitgliedstaaten abgegeben werden, fällt die Ermittlung eines einheitlichen historischen Gesetzgebungswillens schwer.[120] Weil insbesondere im Kontext der DSGVO die Zielvorstellungen der diversen Beteiligten ganz erheblich divergierten, ist ergänzenden, außerhalb des in Rede stehenden Rechts verfassten Dokumenten nur eine geringe Bedeutung bei der Auslegung beizumessen.[121]

Angesichts der begrenzten Bedeutung grammatikalischer und historischer Auslegungsansätze kommt der teleologischen Auslegung eine hervorgehobene Stellung zu.[122] Einhergehend mit dem aus der Völkerrechtslehre stammenden Begriff des *effet utile*[123] ist eine den objektiven Telos einer Norm ermittelnde Auslegung in den Mittelpunkt zu stellen, die die mit der Bestimmung verfolgten Ziele möglichst effektiv zur Geltung bringen versucht.[124] Nur unter Zugrundelegung einer am Zweck der Regelung orientierten, einheitlichen Auslegung lassen sich auch Differenzen zwischen den einzelnen mitgliedstaatlichen Sprachfassungen überwinden.[125] Im Rahmen der teleologischen Auslegung gilt es zu berücksichtigen, dass Rechtsakte in der Regel mannigfaltige Zwecke verfolgen, die miteinander in einen Ausgleich zu bringen sind.[126]

[115] Schlussanträge GA *Roemer*, Rs. C-16/70, *Necomout/Hoofdproduktschap*, ECLI:EU:C:1970:79 Rn. 1.
[116] EuGH, Rs. C-313/07, *Kirtruna and Vigano* ECLI:EU:C:2008:574 Rn. 44.
[117] Siehe dazu *Wegener*, in: Calliess/Ruffert, EUV/AEUV, 6. Aufl. 2022, Art. 19 EUV Rn. 28.
[118] Ausführlich zur Wortlautauslegung *Ehmann/Selmayr*, in: Ehmann/Selmayr, DSGVO, 3. Aufl. 2024, Einleitung Rn. 99, 101 und 105; *Wegener*, in: Calliess/Ruffert, EUV/AEUV, 6. Aufl. 2016, Art. 19 EUV Rn. 28.
[119] *Wegener*, in: Calliess/Ruffert, EUV/AEUV, 6. Aufl. 2016, Art. 19 EUV Rn. 28.
[120] Ausführlich dazu *Krebs/Jung*, in: Krebs/Jung/Stiegler, Gesellschaftsrecht in Europa, 1. Aufl. 2019, § 2 Rn. 123 ff.; *Wegener*, in: Calliess/Ruffert, EUV/AEUV, 6. Aufl. 2022, Art. 19 EUV Rn. 29.
[121] Vgl. *Ehmann/Selmayr*, in: Ehmann/Selmayr, DSGVO, 3. Aufl. 2024, Einleitung Rn. 104.
[122] Vom „Primat der teleologischen Auslegung" sprechend *Ehmann/Selmayr*, in: Ehmann/Selmayr, DSGVO, 3. Aufl. 2024, Einführung Rn. 99; *Wegener*, in: Calliess/Ruffert, EUV/AEUV, 6. Aufl. 2022, Art. 19 EUV Rn. 32 m.w.N.; *Kremer/Christmann-Thoma/Kamm/Matejek/Schneider*, CR 2021, 784 (788).
[123] Vgl. nur EuGH, Rs. C-41/74, *Van Duyn / Home Office*, ECLI:EU:C:1974:133 Rn. 12.
[124] EuGH, Rs. C-253/00, Muñoz, ECLI:EU:C:2002:497 Rn. 28 m.w.N.; siehe dazu auch *Wegener*, in: Calliess/Ruffert, EUV/AEUV, 6. Aufl. 2022, Art. 19 EUV Rn. 32.
[125] Siehe EuGH, Rs. C-140/12, *Brey*, ECLI:EU:C:2013:565 Rn. 74: „Wenn die sprachlichen Fassungen voneinander abweichen, muss die betreffende Vorschrift nach dem allgemeinen Aufbau und dem Zweck der Regelung ausgelegt werden."; siehe dazu ausführlich *Ehmann/Selmayr*, in: Ehmann/Selmayr, DSGVO, 3. Aufl. 2024, Einleitung Rn. 101 f.
[126] *Kremer/Christmann-Thoma/Kamm/Matejek/Schneider*, CR 2021, 784 (788); zum Zusammenspiel mehrerer Normzwecke *Krebs/Jung*, in: Krebs/Jung/Stiegler, Gesellschaftsrecht in Europa, 1. Aufl. 2019, § 2 Rn. 101 ff.

Ausweislich der dualistisch ausgerichteten Gegenstands- und Zielbeschreibung,[127] der zufolge die Hauptschutzziele der DSGVO sowohl im Grundrechtsschutz als auch im Schutz des Binnenmarkts zu sehen sind, müssen deren primärrechtliche Vorgaben im Rahmen der teleologischen Auslegung berücksichtigt werden.[128] Als Ziel und Gegenstand der DSGVO kommt den Grundrechten und Grundfreiheiten der Charta der Grundrechte der Europäischen Union eine entscheidende Bedeutung bei der Auslegung der unbestimmten Rechtsbegriffe des europäischen Datenschutzrechts zu.[129] Die dualistische Gegenstandsbestimmung aus Art. 1 DSGVO fungiert dabei als Interpretationsdirektive, die als Auslegungshilfe für die vielfältigen unbestimmten Rechtsbegriffe in den Normen der DSGVO dient.[130] Vor allem in der Abwägung zwischen den Interessen des Verantwortlichen und des Betroffenen sind diese Ziele zu berücksichtigen.

Aufgrund dessen, dass die Erwägungsgründe in gewissem Maße die Erwägungen des Gesetzgebers widerspiegeln, kann ihnen im Hinblick auf die Ermittlung des objektiven Telos einer Vorschrift des Sekundärrechts eine beschränkte Bedeutung zugemessen werden.[131] Dies ändert jedoch nichts daran, dass die Erwägungsgründe gerade nicht zum verfügenden Teil des Rechtsaktes gehören und keine Bindungswirkung erzeugen.[132]

Neben der grammatikalischen, systematischen, historischen und teleologischen Auslegungsmethodik können auch allgemeine Rechtsgrundsätze, die den Rechtsordnungen der Mitgliedstaaten gemein sind, im Rahmen einer Rechtsvergleichung[133] Berücksichtigung finden.[134]

Eine darüberhinausgehende, unreflektierte Übertragung mitgliedsstaatlicher Lösungen und Begrifflichkeiten auf unionsrechtliche Zusammenhänge, hat hingegen zu unterleiben. Die unabhängige Bedeutung der europäischen Begrifflichkeiten im Gemeinschaftskonzept darf gerade nicht durch abweichende Bestimmungen des einzelstaatlichen Rechts verändert werden.[135]

---

[127] Dazu Kap. C. I.

[128] Siehe zur primärrechtskonformen Auslegung der DSGVO *Pötters*, in: Gola/Heckmann, DSGVO/BDSG, 3. Aufl. 2022, Art. 1 Rn. 18 f. m.w.N.; *Kremer/Christmann-Thoma/Kamm/Matejek/Schneider*, CR 2021, 784 (788).

[129] *Lenaerts*, EuR 2012, 3.

[130] Vgl. *Hornung/Spiecker gen. Döhmann*, in: Simitis/Hornung/Spiecker gen. Döhmann, DSGVO/BDSG, 2. Aufl. 2025, Art. 1 Rn. 1.

[131] Vgl. *Ehmann/Selmayr*, in: Ehmann/Selmayr, DSGVO, 3. Aufl. 2024, Einleitung Rn. 105 f.; *Wegener*, in: Calliess/Ruffert, EUV/AEUV, 6. Aufl. 2022, Art. 19 EUV Rn. 32 m.w.N.; einschränkend *Kremer/Christmann-Thoma/Kamm/Matejek/Schneider*, CR 2021, 784 (788) wonach die Erwägungsgründe lediglich das Ergebnis eines Legislativprozesses darstellen.

[132] Siehe EuGH, Rs. C-162/97, *Nilsson ua*, ECLI:EU:C:1998:554 Rn. 54: „Die Begründungserwägungen eines Rechtsaktes der Gemeinschaften sind rechtlich nicht verbindlich und können nicht zur Rechtfertigung einer Abweichung von den Bestimmungen des betreffenden Rechtsaktes angeführt werden."

[133] Bisweilen auch als „fünfte Auslegungsmethode" bezeichnet *Häberle,* JZ 1989, 913 ff.

[134] *Wegener*, in: Calliess/Ruffert, EUV/AEUV, 6. Aufl. 2022, Art. 19 EUV Rn. 33.

[135] EuGH, Rs. C-149/79, *Freizügigkeit der Arbeitnehmer*, ECLI:EU:C:1982:195 Rn. 19 (ständige Rechtsprechung); *Wegener*, in: Calliess/Ruffert, EUV/AEUV, 6. Aufl. 2022, Art. 19 EUV Rn. 33 m.w.N. zur Rechtsprechung.

Speziell für den Bereich des datenschutzrechtlichen Verantwortlichkeitskonzepts wurden und werden die Funktionen der einzelnen Rollen und die Auslegung der entsprechenden Vorschriften des europäischen Datenschutzrechts maßgeblich durch die unter der DSRL eingerichtete *Art.-29-Datenschutzgruppe* geprägt, an deren Stelle nun das *European Data Protection Board* (*EDPB*) (im Deutschen: der *Europäische Datenschutzausschuss* (*EDSA*)) getreten ist.[136] Wenngleich deren Leitlinien und Empfehlungen als Auslegungshilfe für den Europäischen Wirtschaftsraum dienen, handelt es sich letzten Endes jedoch um unverbindliche Steuerungsinstrumente, die keine letztgültigen Vorgaben zur Rechtsnatur und zur Verbindlichkeit in der DSGVO treffen.

[136] Vgl. dazu insbesondere *Art.-29-Datenschutzgruppe*, WP 169: Stellungnahme 1/2010 zu den Begriffen „für die Verarbeitung Verantwortlicher" sowie „Auftragsverarbeiter", angenommen am 16.2.2010, die Leitlinien zu den Begriffen "für die Verarbeitung Verantwortlicher" und "Auftragsverarbeiter" umfasst, um Klarstellungen und konkrete Beispiele in Bezug auf diese Begriffe zu liefern. Die für die Rechtslage unter der DSRL verfasste Stellungnahme der *Art.-29-Datenschutzgruppe* setzt an der gleich gebliebenen Definition des „für die Verarbeitung Verantwortlichen" an und wird auch unter der DSGVO nutzbar gemacht. Seit dem Inkrafttreten der DSGVO wurden jedoch viele Fragen dazu aufgeworfen, inwieweit die DSGVO Änderungen an den Konzepten des für die Verarbeitung Verantwortlichen und des Auftragsverarbeiters und ihrer jeweiligen Rollen mit sich bringt. Um weitergehende und spezifische Leitlinien zu geben und einen einheitlichen und harmonisierten Ansatz in der gesamten EU und dem EWR zu gewährleisten hat der Europäische Datenschutzausschuss (*EDSA*) bzw. das European Data Protection Board (*EDPB*) daraufhin den Entwurf neuer Leitlinien zu den Begriffen von Controller und Processor (des Verantwortlichen und des Auftragsverarbeiters) veröffentlicht (Guidelines 07/2020 on the concepts of controller and processor in the GDPR, Version 1.0, 2. September 2020). Der Entwurf befand sich bis zum 19. Oktober 2020 in der Vernehmlassung. Am 07.07.2021 wurden schließlich die finalen Leitlinien zu den Begriffen des Verantwortlichen und des Auftragsverarbeiters angenommen (Guidelines 07/2020 (Version 2.1), 7. Juli 2021). Die Leitlinien bauen teilweise auf den früheren Leitlinien der Artikel-29-Datenschutzgruppe (WP 169) auf, die aber noch auf der Datenschutzrichtlinie beruht haben und ersetzen die frühere Stellungnahme der *Arbeitsgruppe.-29-Datenschutzgruppe* zu diesen Konzepten. Verwiesen sei zudem auf den Leitfaden des European Data Protection Supervisor (EDPS) zu den Begriffen des Verantwortlichen, des Auftragsverarbeiters und der gemeinsam Verantwortlichen (EDPS Guidelines on the concepts of controller, processor and joint controllership under Regulation (EU) 2018/1725, 7. November 2019).

D. Die gesetzlichen Grundlagen des die Rollenbilder betreffenden Normengefüges

I. Allgemeine Konzeption

Die Gewährleistung des Schutzes natürlicher Personen bei der Verarbeitung personenbezogener Daten wird durch verschiedene Bestandteile gestützt, die jeweils an den grundrechtlichen und EU-primärrechtlichen Positionen zu messen sind.[137] Eine wesentliche Säule des Schutzes natürlicher Personen bei der Verarbeitung personenbezogener Daten bilden unabhängige Aufsichtsbehörden in den Mitgliedstaaten (vgl. DSGVO-Erwägungsgrund 117 S. 1). Für die einheitliche Überwachung und Durchsetzung der Vorschriften zum Schutz personenbezogener Daten erhalten die Aufsichtsbehörden unter anderem Untersuchungsbefugnisse, Abhilfebefugnisse und Sanktionsbefugnisse (vgl. DSGVO-Erwägungsgrund 129). Sollte eine betroffene Person durch die Verarbeitung ihrer personenbezogenen Daten einen Schaden erleiden, steht ihr ein Recht auf Schadenersatz zu, das vor Gericht geltend gemacht werden kann (vgl. DSGVO-Erwägungsgrund 146).

Ein weiteres Kernelement in der Konzeption des Datenschutzrechts ist die Auferlegung weitreichender Verpflichtungen an diejenigen Akteure, die personenbezogene Daten Dritter verarbeiten und darüber entscheiden. Ergänzt werden diese Verpflichtungen um Rechte, die denjenigen Personen eingeräumt werden, deren personenbezogene Daten verarbeitet werden. Der unionsweite und wirksame Schutz personenbezogener Daten fußt damit auf weitreichenden Betroffenenrechten und verschärften Verpflichtungen für diejenigen, die personenbezogene Daten verarbeiten und darüber entscheiden (vgl. DSGVO-Erwägungsgrund 11).

Das Regelungsziel der gesamten DSGVO lässt sich allerdings nur dann praktisch erreichen, wenn klar ist, welche Stelle sich in der Form verantwortlich zeichnet, dass sie die Folgen zu tragen hat bzw. gegen wen Betroffene und Aufsichtsbehörden direkt vorgehen können.[138] Das gesamt europäische Verantwortlichkeitskonzept wird von dem Ansatz einer umfassenden Verantwortlichkeit geprägt.[139] Nach der systematischen Konzeption der DSGVO sind „unverantwortete“ Verarbeitungen personenbezogener Daten, für die niemand einzustehen hat, nicht vorgesehen.[140] Aufgrund dessen, dass das europäische Verantwortlichkeitskonzept von der

---

[137] Ausführlich dazu *Monreal*, CR 2019, 797 (799).

[138] Vgl. *Art.-29-Datenschutzgruppe*, WP 169, S. 3; *Maschmann*, NZA 2020, 1207 (1208); siehe dazu auch DSGVO-Erwägungsgrund 79, wonach es „einer klaren Zuteilung der Verantwortlichkeiten“ bedarf.

[139] Siehe dazu *Monreal*, CR 2019, 797 (802); siehe zum Begriff der Verantwortlichkeit im Allgemeinen *Möhle*, DÖV 2023, 101.

[140] *Raschauer*, in: Sydow/Marsch, DS-GVO/BDSG, 3. Aufl. 2022, Art. 4 Rn. 121; *Janicki*, FS Taeger 2020, S. 198.

R. A. Hagen, *Datenschutzrechtliche Rollenzuweisungen*, DuD-Fachbeiträge,
https://doi.org/10.1007/978-3-658-49718-7_4

Vorstellung geprägt ist, dass jede Verarbeitung personenbezogener Daten zwingend auf eine Stelle oder Person zurückzuführen ist, setzt die DSGVO voraus, dass es für jede Datenverarbeitung zumindest einen Verantwortlichen i.S.d. Art. 4 Nr. 7 DSGVO gibt.[141] Die Stelle oder Person, auf die die konkrete Datenverarbeitung zurückzuführen ist, agiert sodann als Gegenspieler zu der betroffenen Person.[142] Die Unterscheidung zwischen dem Betroffenen als primärem Rechtsinhaber und dem Verantwortlichen als primär Verpflichtetem und Gegenpart zur betroffenen Person[143] stellt eines der zentralen Grundkonzepte des Datenschutzrechts dar, welches auf die übrigen Vorschriften der DSGVO in erheblicher Weise ausstrahlt.[144]
Neben dem oder den Verantwortlichen sind der Systematik der DSGVO weitere Akteure zu entnehmen, die exakt voneinander abzugrenzen sind.[145] Aus der Definition des Dritten in Art. 4 Nr. 10 DSGVO wird deutlich, dass eine Abgrenzung zwischen Verantwortlichen, den betroffenen Personen, den Auftragsverarbeitern, den Auftragsverarbeitern oder Verantwortlichen unterstellten Personen sowie Dritten erforderlich ist. Der Verantwortliche stellt in diesem Gesamtgefüge die Schlüsselfigur des Datenschutzrechts dar.[146] Für Anwendung, Bewertung und Durchsetzung des europäischen Datenschutzrechts ist es wichtig, dass die Begriffe und die Kriterien der verschiedenen Beteiligungsformen hinreichend klar sind und in gleicher Weise verstanden werden.[147]

II. Der datenschutzrechtlich Verantwortliche

Ausweislich der Definition in Art. 4 Nr. 7 DSGVO ist „Verantwortlicher" die natürliche oder juristische Person, Behörde, Einrichtung oder andere Stelle, die allein oder gemeinsam mit anderen über die Zwecke und Mittel der Datenverarbeitung entscheidet. Das Datenschutzrecht unterscheidet grundsätzlich zwischen zwei der DSGVO bekannten „Typen von Verantwortlichkeit"[148], nämlich zwischen der alleinigen und der gemeinsamen Verantwortung. Die Bestimmung des oder der Verantwortlichen ist für das Gesamtgefüge des Datenschutzrechts von zentraler Bedeutung und setzt den Ausgangspunkt zur Abgrenzung zu anderen

[141] Diesen Grundsatz als letztgültig verstehend *Monreal*, CR 2019, 797 (803); das Entstehen eines „Verantwortlichkeitsvakuums" als mit den Grundwertungen der DSGVO als unvereinbar erachtend *Baumann/Hamm*, InTer 2021, 208 (211); verantwortungslose Verarbeitungen personenbezogener Daten für kaum vorstellbar erachtend, solange sie auf jedweden, zumindest mittelbaren Einfluss einer Stelle zurückverfolgbar sind *Janicki/Saive*, ZD 2019, 251 (253); *Janicki,* FS Taeger 2020, S. 198; *Raschauer*, in: Sydow/Marsch, DS-GVO/BDSG, 3. Aufl. 2022, Art. 4 Rn. 121.
[142] Vgl. *Janicki,* FS Taeger 2020, S. 198.
[143] Vor diesem Hintergrund wird der datenschutzrechtlich Verantwortliche auch als „Gegenspieler" des Betroffenen bezeichnet *Conrad*, DuD 2019, 563.
[144] *Hacker,* Datenprivatrecht, S. 128; *Janicki,* FS Taeger 2020, S. 198.
[145] Dazu *Hartung*, in: Kühling/Buchner, DS-GVO/BDSG, 4. Aufl. 2024, Art. 4 Nr. 7 Rn. 7.
[146] Vgl. *Maschmann*, NZA 2021, 834; *Hanloser*, ZD 2019, 458.
[147] Vgl. *Art.-29-Datenschutzgruppe*, WP 169, S. 3.
[148] *Hacker*, Datenprivatrecht, S. 130.

Beteiligungsformen. Ausgehend von der Begrifflichkeit der alleinigen Verantwortlichkeit, die die Basis des Verantwortlichkeitsgefüges darstellt, können Rückschlüsse auf pluralistische Beteiligungsformen und deren Anforderungen gezogen werden.

1.) Alternative Zurechnungsmodelle zur Verantwortlichkeitsbegründung

Im Hinblick auf das Verhältnis von europäischem Datenschutzrecht und nationalem Recht wird die Übertragung nationaler ordnungs- oder zivilrechtlicher Rechtsfiguren wie die des Zweckveranlassers oder der allgemeinen Störerhaftung auf das Datenschutzrecht bzw. die Begründung einer datenschutzrechtlichen Verantwortlichkeit über nationale Rechtsfiguren diskutiert.[149]

Eine Übertragung ordnungs- oder zivilrechtlicher nationaler Rechtsfiguren bzw. Kategorien in das Datenschutzrecht und nationale Haftungserweiterungen stoßen im Rahmen eines Sonderordnungsrechts wie dem Datenschutzrecht allerdings auf grundsätzliche rechtsstaatliche Bedenken.[150] Gegen eine Einbeziehung auf der Tatbestandsebene spricht die grundsätzlich vollharmonisierende Wirkung der DSGVO.[151] Nach ständiger Rechtsprechung des Gerichtshofs war auch die der DSRL entspringende Harmonisierung nicht auf eine Mindestharmonisierung beschränkt, sondern strebte eine „grundsätzlich umfassende Harmonisierung"[152] der nationalen Rechtsvorschriften an. Und auch die DSGVO ist auf die Gewährleistung eines gleichwertigen Datenschutzniveaus in der Union ausgerichtet (vgl. DSGVO-Erwägungsgründe 10, 13 und 170). Die Regelungsziele der europarechtlichen Regelungen stellen sowohl die Unter- als auch die Obergrenze des Datenschutzrechts dar.[153] Einerseits verletzt derjenige das Grundrecht auf Schutz personenbezogener Daten (Art. 8 GRCh), der den materiellen Schutzstandard der DSGVO unterschreitet. Andererseits beeinträchtigen auch Vorschriften des nationalen Rechts, die über den EU-Standard hinausgehen, den freien Verkehr personenbezogener Daten und damit den Binnenmarkt und die Grundfreiheiten (vgl. Art. 1 Abs. 1 und 3 DSGVO).[154]

---

[149] Eine Übertragung der „Störerhaftung" auf das Datenschutzrecht bejahend *Mantz*, ZD 2014, 62; *Petri*, ZD 2015, 103 (105); gegen eine Übertragung und Ausweitung der Verantwortlichkeit *Hacker*, Datenprivatrecht, S. 147 f.; *Hanloser*, ZD 2019, 122 (123); *Golland*, ZD 2020, 531 (532); *Golland*, Datenverarbeitung in sozialen Netzwerken, S. 132 f; *Wagner*, ZD 2018, 307 (309); *Piltz*, ZD 2017, 336 (337); siehe bereits *Piltz*, K&R 2014, 80 ff.

[150] Ausführlich *Martini/Fritzsche*, NVwZ – Extra 21/2015, 1 (9 f.).

[151] Ausführlich zum Umfang der Vollharmonisierung *Wolff*, in: Schantz/Wolff, Das neue Datenschutzrecht, Rn. 213 ff; *Pötters*, in: Gola/Heckmann, DSGVO/BDSG, 3. Aufl. 2022, Art. 1 Rn. 25; *Moos/Rothkegel*, MMR 2018, 596 (598); siehe auch DSGVO-Erwägungsgründe 10 und 11.

[152] Grundlegend EuGH, Rs. C-101/01, *Lindqvist*, ECLI:EU:C:2003:596 Rn. 96; EuGH [GK], Rs. C-524/06, *Huber*, ECLI:EU:C:2008:724 Rn. 51; EuGH, Rs. C-468/10 und C-469/10, *Asociación Nacional de Establecimientos Financieros de Crédito*, ECLI:EU:C:2011:777 Rn. 29; und EuGH, Rs. C-473/12, *IPI*, ECLI:EU:C:2013:715 Rn. 31.

[153] Vgl. bereits *Pötters*, Grundrechte und Beschäftigtendatenschutz, 2013, S. 239.

[154] *Pötters*, in: Gola/Heckmann, DSGVO/BDSG, 3. Aufl. 2022, Art. 1 Rn. 25.

Dem Gesetzgeber ging es wesentlich darum, einheitliche Standards in Bezug auf den Umgang mit personenbezogenen Daten zu schaffen, zu denen auch die Frage gehört, wer für selbst oder in seinem Auftrag durchgeführte Datenverarbeitungen verantwortlich ist. Eine nationalstaatlich geprägte Ausgestaltung von Zurechnungsvoraussetzungen würde diesem erstrebten einheitlichen Schutzniveau entgegenstehen und Inkongruenzen bedingen.[155] Aus diesem Grund werden die Rollen der datenschutzrechtlich Beteiligten und deren Voraussetzungen nun abschließend, unmittelbar und für die Mitgliedstaaten verbindlich (vgl. Art. 288 UAbs. 2 AEUV) durch die DSGVO festgelegt.[156]

Sowohl der Begriff des „Verantwortlichen" als auch der des „Auftragsverarbeiters" sind als Konzepte eigener Prägung autonom am Maßstab der Regelungen der DSGVO und nicht im Sinne nationaler Rechtsfiguren oder anderer mitgliedstaatlicher Umsetzungen auszulegen.[157] Alleiniger Maßstab für die Verantwortlichkeitsstellung ist der eigenständige Art. 4 Nr. 7 DSGVO, der die datenschutzrechtliche Verantwortlichkeit als eigenständige Schöpfung des europäischen Datenschutzrechts abschließend regelt und an den sich das eigene Rechtmäßigkeits- und Haftungsregime der DSGVO anschließt.[158] Die DSGVO kennt keine Unterscheidung zwischen Primär- und Sekundärverantwortlichen, sondern der datenschutzrechtlich Verantwortliche nach Art. 4 Nr. 7 DSGVO ist vollumgänglich verantwortlich.[159] Bei den Begründungsvoraussetzungen einer datenschutzrechtlichen Verantwortlichkeit handelt es sich um europarechtlich harmonisierte, abschließende Kriterien.

Ein darüberhinausgehender Rückgriff auf alternative Zurechnungsmodelle zur Begründung einer (gemeinsamen) Verantwortlichkeit hat angesichts der speziellen Vorgaben der DSGVO zur (gemeinsamen) Verantwortlichkeit zu unterbleiben.[160] Eine Anwendung ergänzender Kriterien auf die Verarbeitung eines hierfür (selbst) datenschutzrechtlich Verantwortlichen scheidet aus.[161]

---

[155] Vgl. *Piltz*, K&R 2014, 80 (82).

[156] In diesem Sinne auch Schlussanträge GA *Bobek*, Rs. C-40/17, *Fashion ID*, ECLI:EU:C:2018:1039 Rn. 110, der im Hinblick auf die Definition des Begriffs „für die Verarbeitung Verantwortlicher" davon ausgeht, dass die Richtlinie 95/46 hinsichtlich der Adressaten der Verpflichtungen tatsächlich eine vollständige Harmonisierung bewirkt; *EDPB*, Guidelines 07/2020 (Version 2.1), Rn. 13; in diesem Sinne bereits *Art.-29-Datenschutzgruppe*, WP 169, S. 11.

[157] *EDPB*, Guidelines 07/2020 (Version 2.1), Rn. 13, wonach [...] der Begriff des Verantwortlichen unbeschadet anderer – manchmal kollidierender oder sich überschneidender – Begriffe in anderen Rechtsgebieten, wie etwa dem des Urhebers oder Rechteinhabers im Bereich des Rechts des geistigen Eigentums oder des Wettbewerbsrechts, ausgelegt werden [sollte]".

[158] So bereits im Hinblick auf die DSRL *Piltz*, ZD 2017, 336 (337); *Piltz*, K&R 2014, 82, der betont, dass die Voraussetzungen der datenschutzrechtlichen Verantwortlichkeit allein dem BDSG bzw. ergänzend der DSRL zu entnehmen sind; *Golland*, Datenverarbeitung in sozialen Netzwerken, S. 132 f.

[159] So auch *Golland*, ZD 2020, 531 (532).

[160] So auch *Wagner*, ZD 2018, 307 (309); *Schreiber*, ZD 2019, 55 (59); siehe bereits *Piltz*, K&R 2014, 80 (82).

[161] *Golland*, ZD 2020, 531 (532).

2.) Konzeptioneller Wandel

Der Rechtsbegriff des „datenschutzrechtlich Verantwortlichen“ unterlag in den letzten Jahrzehnten einem starken Wandel.[162] Den Ausgangspunkt hatte im Jahr 1990 die Europäische Kommission mit ihrem Vorschlag für die DSRL[163] gelegt. In diesem Entwurf hatte sich die Europäische Kommission stark an Erfahrungen und Datenschutzgesetzen der Mitgliedstaaten sowie an dem völkerrechtlichen Übereinkommen Nr. 108 des Europarates[164] orientiert.[165] Nach Art. 2 lit. d des Übereinkommens Nr. 108 war diejenige Stelle als „Verantwortlicher für die Datei/Datensammlung“ anzusehen, „[…] die nach dem innerstaatlichen Recht zuständig ist, darüber zu entscheiden, welchen Zweck die automatisierte Datei/Datensammlung haben soll, welche Arten personenbezogener Daten gespeichert und welche Verarbeitungsverfahren auf sie angewendet werden sollen“. Diesen Ansatz aufgreifend sah auch der Vorschlag der Europäischen Kommission für die DSRL vor, diejenige Person zum Verantwortlichen der Datei zu machen, „[…] die nach dem Gemeinschaftsrecht oder den einzelstaatlichen Rechtsvorschriften eines Mitgliedstaats zuständig ist, darüber zu entscheiden, welche Zweckbestimmung die Datei verfolgt, welche Arten personenbezogener Daten gespeichert und mit welchen Vorgängen sie verarbeitet werden sollen sowie welche Dritte Zugang zu den Daten haben dürfen“[166].

Das Grundverständnis der datenschutzrechtlichen Verantwortlichkeit war wesentlich davon geprägt, dass diese unmittelbar mit der Zuständigkeit für eine „Datei mit personenbezogenen Daten“[167] zusammenhängt. Eine etwaige Zuständigkeit wäre davon abhängig gewesen, ob die Entscheidungen zulässigerweise getroffen werden durften.[168] Diesem als „controller of the file“ (Verantwortlicher für die Datei/Datensammlung)[169] bezeichneten Konzept lag insgesamt ein sehr statisches und unflexibles Verständnis der datenschutzrechtlichen Verantwortlichkeit zugrunde.

Im Laufe des Gesetzgebungsverfahrens stieß dieses formalistische Verständnis vor dem Europäischen Parlament jedoch auf grundlegende Kritik. Das Europäische Parlament erachtete die

---

[162] Vgl. *Monreal*, CR 2019, 797 (800 f.); siehe dazu auch *Möhle*, DÖV, 2023, 101 (102); ausführlich bereits *Art.-29-Datenschutzgruppe*, WP 169, S. 4 f.

[163] Vorschlag der Europäischen Kommission für eine Richtlinie zum Schutz von Personen bei der Verarbeitung personenbezogener Daten v. 18.07.1990 veröffentlicht in BR-Drucks., 690/90.

[164] Übereinkommen zum Schutz des Menschen bei der automatischen Verarbeitung personenbezogener Daten (Kovention Nr. 108) v. 28.01.1981, BGBl. 1985, Teil II S. 539.

[165] Vgl. DSRL-Erwägungsgrund 11.

[166] Art. 2 lit. e des Vorschlags (BR-Drucks., 690/90, 52 f.).

[167] Art. 2 lit. c des Vorschlags (BR-Drucks., 690/90, 52 f.) lautete: „jede Sammlung personenbezogener Daten, die zentral oder an mehreren Standorten geführt wird, Gegenstand einer automatisierten Verarbeitung ist oder, falls sie mittels nicht-automatisierter Verfahren verarbeitet werden, geordnet und in einer Sammlung zugänglich ist, die nach bestimmten Kriterien organisiert ist, die die Benutzung oder Verknüpfung der Daten erleichtern.“

[168] Vgl. *Monreal*, PinG 2017, 216 (219).

[169] *Art.-29-Datenschutzgruppe*, WP 169, S. 5; *Monreal*, CR 2019, 797 (800).

Anknüpfung der datenschutzrechtlichen Verantwortlichkeit an eine „statische Datei" bei automatisierten Datenverarbeitungsprozessen für zu eng und lehnte eine rein aus formalen Zuständigkeitsregelungen erwachsende und dadurch stark beschränkte datenschutzrechtliche Verantwortung ab.[170] Aus der Sicht des Europäischen Parlaments war eine solch statische und kompetenzrechtlich fixierte Konzeption der Verantwortung nicht dazu in der Lage, den umfassenden Schutz von Betroffenen bei der automatisierten Verarbeitung ihrer personenbezogenen Daten zu gewährleisten.[171] Diese Erkenntnis veranlasste das Europäische Parlament dazu, nicht von einem statischen und kompetenzrechtlich geprägten Verständnis auszugehen, sondern stattdessen einen flexibleren und weit gefassten Ansatz zu verfolgen. Im Rahmen dieses Konzepts stellte der Begriff der „Verarbeitung personenbezogener Daten" ein wesentliches Element dar.[172] Anstatt den englischen Begriff „controller" in direkte Beziehung zu einem statischen Objekt („the file"" – Datei/Datensammlung") zu setzen, wurde der Begriff nun im Zusammenhang mit Tätigkeiten verwendet, die den Lebenszyklus der Informationen ganzheitlich von der Erhebung bis zur Vernichtung umfassen sollten.[173]

Als verantwortliche Person oder Organisation wurde deshalb derjenige bestimmt, der aus rechtlichen oder faktischen Gegebenheiten heraus die Entscheidung über die Zwecke und Mittel der Verarbeitung treffen konnte.[174] Wegen des Verzichts auf ein kompetenzrechtliches Element, wie es noch der Vorschlag der Europäischen Kommission vorgesehen hatte, ist es für das Vorliegen einer datenschutzrechtlichen Verantwortlichkeit seitdem unerheblich, ob die getroffene Entscheidung zulässig bzw. rechtmäßig ergangen ist.[175] Aus dem „controller of the file" wurde der „controller (of the processing)".[176] Das Gesetzgebungsverfahren zur DSRL ist damit stark von einem konzeptionellen Wandel geprägt, der in dem Begriff des „controller" mündete und eine umfassende Verantwortungszuweisung ermöglicht. Während diese zentrale Begrifflichkeit in der deutschen Sprachfassung der DSRL als der „für die Verarbeitung Verantwortliche" (Art. 2 lit. d DSRL) bezeichnet wurde, wird seit der durch das Europäische Parlament beschlossenen Fassung der DSGVO der Begriff des „Verantwortlichen" verwandt.

---

[170] Vgl. dazu *Monreal*, CR 2019, 797 (800).
[171] *Art.-29-Datenschutzgruppe*, WP 169, S. 4 f.; *Monreal*, CR 2019, 797 (800).
[172] *Art.-29-Datenschutzgruppe*, WP 169, S. 5.
[173] *Art.-29-Datenschutzgruppe*, WP 169, S. 5; von einer „dynamischen Verarbeitung" sprechend *Monreal*, CR 2019, 797 (800); dazu Kap. D. II. 6.) b.) ee.).
[174] *Art.-29-Datenschutzgruppe*, WP 169, S. 11 f.
[175] *Art.-29-Datenschutzgruppe*, WP 169, S. 11.
[176] Vgl. dazu *Monreal*, CR 2019, 797 (800).

3.) Normgenese und Transformation

Nach dem Begriff des „für die Verarbeitung Verantwortlichen“, der vor Geltung der DSGVO in Art. 2 lit. d DSRL verwandt wurde, war eine Stelle verantwortlich, die „allein oder gemeinsam mit anderen über die Zwecke und Mittel der Verarbeitung von personenbezogenen Daten entscheidet“.

Bei der Transformation der DSRL in das nationale Recht durch das Gesetz zur Änderung des Bundesdatenschutzgesetzes und anderer Gesetze[177] im Jahr 2001 erfuhr der Art. 2 lit. d DSRL seine Umsetzung durch § 3 Abs. 7 BDSG a.F., in dem von der „verantwortliche[n] Stelle“ die Rede war.[178] Diese wurde in § 3 Abs. 7 BDSG a.F. als „[…] jede Person oder Stelle, die personenbezogene Daten für sich selbst erhebt, verarbeitet oder nutzt oder dies durch andere im Auftrag vornehmen lässt“ definiert. Weil nach dem BDSG a.F. das entscheidende Kriterium in der Interessenrichtung der Verarbeitung „für sich“ bestand,[179] lag der Definition im BDSG a.F. eine grundlegend andere Struktur zugrunde.[180] Weil die Transformation darüber hinaus auch keine gemeinsame Verantwortlichkeit vorsah und die Entscheidung über Zwecke und Mittel der Verarbeitung nicht übernommen wurde, unterschied sich die Definition im BDSG a.F. inhaltlich deutlich zu der europäischen Definition in der DSRL.[181]

Unabhängig von der Frage nach einer daraus folgenden Notwendigkeit einer entsprechenden richtlinienkonformen Auslegung des BDSG a.F.,[182] haben sich mit der Geltung der DSGVO und des BDSG n.F. die Rahmenbedingungen für den Datenschutz geändert. Im Gegensatz zur DSRL, die erst durch das BDSG a.F. in das deutsche Recht umgesetzt werden musste, gilt die DSGVO als Verordnung nun unmittelbar und zwingend (Art. 288 Abs. 2 AEUV). In der DSGVO wird schlicht der zu definierende Begriff des „datenschutzrechtlich Verantwortlichen“ in Art. 4 Nr. 7 DSGVO genannt. Während die im Laufe des Trilogverfahrens weitgehend unverändert gebliebene Bestimmung zunächst in Art. 4 Nr. 5 geführt worden war und im Wortlaut mit „für die Verarbeitung Verantwortlicher“ übertitelt wurde, wurde die konsolidierte Endfassung mit der gekürzten Überschrift „Verantwortlicher“ erst am Ende des Verfahrens eingeführt.[183] Das einzelne Wort des „Verantwortlichen“ entspricht besser dem in der englischen Sprachfassung der DSRL und der DSGVO verwendeten Begriff des „controller“.[184]

---

[177] BGBl. I 2001, 904.
[178] Ausführlich zu Gesetzeshistorie des Bundesdatenschutzgesetz 1977-2018 *Taeger/Schmidt,* in: Taeger/Gabel, DSGVO/BDSG/TTDSG, 4. Aufl. 2022, Einführung in die EU-Datenschutzgrundverordnung Rn. 14-19.
[179] Vgl. dazu *Monreal*, ZD 2014, 611 (614); *Petri*, ZD 2015, 305 (306).
[180] *Hartung*, in: Kühling/Buchner, DS-GVO/BDSG, 4. Aufl. 2024, Art. 4 Nr. 7 Rn. 3.
[181] *Monreal*, ZD 2014, 611 (611 und 614); siehe auch *Schwartmann/Mühlenbeck*, in: Schwartmann/Jaspers/Thüsing/Kugelmann, DS-GVO/BDSG, 3. Aufl. 2024, Art. 4 Nr. 7 Rn. 124 f.
[182] Siehe *Hartung*, in: Kühling/Buchner, DS-GVO/BDSG, 4. Aufl. 2024, Art. 4 Nr. 7 Rn. 3 m.w.N.
[183] *Raschauer*, in: Sydow/Marsch, DS-GVO/BDSG, 3. Aufl. 2022, Art. 4 Rn. 117 f.
[184] *Hartung*, in: Kühling/Buchner, DS-GVO/BDSG, 4. Aufl. 2024, Art. 4 Nr. 7 Rn. 2.

Nichtsdestotrotz basiert Art. 4 Nr. 7 DSGVO im Kern auf der Begriffsbestimmung des Art. 2 lit. d DSRL und folgt dabei demselben funktionellen Ansatz.[185] Inhaltlich ergeben sich ansonsten keine Änderungen zu Art. 2 lit. d DSRL.[186]

4.) Funktion und Zweck der datenschutzrechtlichen Verantwortlichkeit

Im europäischen Datenschutzkonzept nimmt der Begriff des „Verantwortlichen" die zentrale Rolle ein.[187] Sowohl auf nationaler als auch auf europäischer Ebene dient die Rolle des Begriffs des Verantwortlichen (sowie die damit eng verbundenen Begrifflichkeiten des Auftragsverarbeiters und des Dritten) dazu, die Verantwortung für die Einhaltung der Datenschutzbestimmungen zuzuweisen.[188] Die Verantwortungszuweisung erfolgt in der Weise, dass über den Begriff des „Verantwortlichen" der Adressat proaktiver und reaktiver Mittel zur Anregung eines verantwortungsvollen Verhaltens bestimmt wird.[189] Neben der gegenständlichen Anknüpfung an den dynamischen Begriff der „Verarbeitung"[190] und der Anknüpfung an den tatsächlichen Einfluss auf die Verarbeitung wird das europäische Verantwortlichkeitskonzept auf diese Weise durch umfangreiche Verpflichtungen abgerundet, die den für die Verarbeitung personenbezogener Daten Verantwortlichen treffen.[191]

Weil der Verantwortliche auch der direkte Ansprechpartner für die zuständige („federführende") Aufsichtsbehörde ist (siehe dazu Artt. 56 Abs. 6, 58 Abs. 1 lit. a DSGVO), handelt es sich bei dem Begriff des „Verantwortlichen" im Gesamtgefüge des Datenschutzrechts um einen funktionalen Zuweisungsbegriff für Pflichten, Haftung und Sanktionen.[192] Letztlich ist es der Verantwortliche, der im Regelungskonzept der DSGVO einer Direktwirkung unterliegt und dafür Sorge zu tragen hat, dass sämtliche Datenschutzbestimmungen eingehalten und personenbezogene Daten nur in Einklang mit der DSGVO verarbeitet werden.[193] Durch die Bestimmung, wer für die Einhaltung der Datenschutzbestimmungen verantwortlich ist und wie die betroffenen Personen ihre Rechte in der Praxis ausüben können, kommt dem Konzept der

---

[185] *Raschauer*, in: Sydow/Marsch, DS-GVO/BDSG, 3. Aufl. 2022, Art. 4 Rn. 115.

[186] Vgl. *Monreal*, CR 2019, 797 (798); *Gola*, in: Gola/Heckmann, DSGVO/BDSG, 3. Aufl. 2022, Art. 4 Rn. 63; *Hartung*, in: Kühling/Buchner, DS-GVO/BDSG, 4. Aufl. 2024, Art. 4 Nr. 7 Rn. 2; *Schwartmann/Mühlenbeck*, in: Schwartmann/Jaspers/Thüsing/Kugelmann, DS-GVO/BDSG, 3. Aufl. 2024, Art. 4 Nr. 7 Rn. 123.

[187] Vgl. *Maschmann*, NZA 2020, 1207 (1208); *Maschmann*, NZA 2021, 834; *Wittner*, Verantwortlichkeit in komplexen Daten-Ökosystemen, S. 111 f.

[188] Siehe bereits *Art.-29-Datenschutzgruppe*, WP 169, S. 6; *Hartung*, in: Kühling/Buchner, DS-GVO/BDSG, 4. Aufl. 2024, Art. 4 Nr. 7 Rn. 1 m.w.N.; *Monreal*, CR 2019, 797 (801); *Monreal*, ZD 2014, 611; *Maschmann*, NZA 2021, 834; *Maschmann*, NZA 2020, 1207 (1208).

[189] *Art.-29-Datenschutzgruppe*, WP 169, S. 6.

[190] Dazu Kap. D. II. 6.) b.) ee.).

[191] *Art.-29-Datenschutzgruppe*, WP 169, S. 5 f.; vgl. dazu *Monreal*, CR 2019, 797 (801).

[192] *Hanloser*, ZD 2019, 458; in diesem Sinne auch *Art.-29-Datenschutzgruppe*, WP 169, S. 20.

[193] *Raschauer*, in: Sydow/Marsch, DS-GVO/BDSG, 3. Aufl. 2022, Art. 4 Rn. 114; Hacker, Datenprivatrecht, S. 130; siehe dazu auch *Monreal*, CR 2019, 2019, 797 (801), der die individuellen Pflichten eines Verantwortlichen bildlich als „Rahmen der Verantwortung" bezeichnet.

datenschutzrechtlichen Verantwortlichkeit die zentrale Stellung für den Schutz betroffener Personen zu.[194] Nur wenn die für die Datenverarbeitung verantwortlichen Akteure durch rechtliche und andere Mittel hinreichend dazu veranlasst werden können, alle erforderlichen Maßnahmen zu ergreifen, um sicherzustellen, dass der Schutz betroffener Personen in der Praxis gewährleistet ist, kann das Ziel der Gewährleistung eines „hohe[n] Datenschutzniveau[s]"[195] zum Schutz natürlicher Personen bei der Verarbeitung ihrer personenbezogenen Daten erreicht werden.[196]

5.) Adressat von Pflichten, Ansprüchen und Maßnahmen

Die Relevanz einer klaren Verantwortlichkeitszuordnung wird mit Blick auf die Rechtsfolgen ersichtlich. Als zentraler „Dreh- und Angelpunkt des europäischen Datenschutzkonzepts"[197] wird der Verantwortliche auf der ersten Stufe zunächst zum Adressaten weitreichender Primärpflichten.[198] Ungeachtet eines vertraglichen oder sonstigen Schuldverhältnisses bestehen diese datenschutzrechtlichen Primärpflichten unmittelbar im Verhältnis zur betroffenen Person. Der Kern des Pflichtenkanons besteht daraus, dass dem Verantwortlichen für jedwede Verarbeitung, die durch ihn oder in seinem Namen erfolgt, die Verantwortung für eine rechtskonforme Verarbeitung auferlegt wird.[199] Dafür muss der Verantwortliche die in Art. 5 Abs. 1 DSGVO verankerten Grundsätze der Datenverarbeitung gewährleisten. Weil über die Zuteilung von Verantwortlichkeiten auch unmittelbar festgelegt wird, wer als Adressat der Rechenschaftspflicht aus Art. 5 Abs. 2 DSGVO anzusehen ist, obliegt es stets dem Verantwortlichen, nachzuweisen, dass bei der Verarbeitung der personenbezogenen Daten die Grundsätze für die Verarbeitung personenbezogener Daten geachtet werden.[200]
Am Maßstab des risikobasierten Ansatzes erfährt der Begriff des „Verantwortlichen" durch Art. 24 DSGVO und darauf aufbauend in den Artt. 25, 32 DSGVO eine weitere Konkretisierung.[201] Entsprechend der im Vorfeld zu ermittelnden Risiken der von ihm zu verantwortenden

[194] *Art.-29-Datenschutzgruppe*, WP 169, S. 6; *Janicki,* FS Taeger 2020, S. 216.
[195] DSGVO-Erwägungsgrund 6 S. 5.
[196] In diesem Sinne bereits Art.-29-Datenschutzgruppe, WP 169, S. 6.
[197] *Monreal*, CR 2019, 797 (801); *Conrad*, DuD 2019, 563; ähnlich *Schwartmann/Mühlenbeck*, in: Schwartmann/Jaspers/Thüsing/Kugelmann, DS-GVO/BDSG, 3. Aufl. 2024, Art. 4 Nr. 7 Rn. 127.
[198] Vgl. *Art.-29-Datenschutzgruppe*, WP 169, S. 6; Übersicht über wesentliche Pflichten des Verantwortlichen nach der DSGVO unter *Schwartmann/Mühlenbeck*, in: Schwartmann/Jaspers/Thüsing/Kugelmann, DS-GVO/BDSG, 3. Aufl. 2024, Art. 4 Nr. 7 Rn. 171.
[199] Vgl. dazu auch *Janicki,* FS Taeger 2020, S. 198; *Moos/Rothkegel*, MMR 2018, 596.
[200] Ausführlich zur Bedeutung des Grundsatzes der Rechenschaftspflicht *EDPB*, Guidelines 07/2020 (Version 2.1), Rn. 6 ff.; siehe auch *Schwartmann/Mühlenbeck*, in: Schwartmann/Jaspers/Thüsing/Kugelmann, DS-GVO/BDSG, 3. Aufl. 2024, Art. 4 Nr. 7 Rn. 127; *Hartung*, in: Kühling/Buchner, DS-GVO/BDSG, 4. Aufl. 2024, Art. 4 Nr. 7 Rn. 6 f.; *Hanloser*, ZD 2019, 458; *Klabunde/Horváth* in: Ehmann/Selmayr, DSGVO, 3. Aufl. 2024, Art. 4 Rn. 41; *Monreal*, CR 2019, 797 (801).
[201] Vgl. *Gola*, in: Gola/Heckmann, DSGVO/BDSG, 3. Aufl. 2022, Art. 4 Rn. 65; ähnlich *Raschauer*, in: Sydow/Marsch, DS-GVO/BDSG, 3. Aufl. 2022, Art. 4 Rn. 121.

Datenverarbeitung hat der Verantwortliche für die Sicherstellung der zulässigen Datenverarbeitung durch den Einsatz von „geeigneten" technischen und organisatorischen Maßnahmen einzustehen (vgl. DSGVO-Erwägungsgrund 74 S. 2).[202] Die individuellen Pflichten des Verantwortlichen sollen dabei unter Achtung der Art, der Umstände und der Zwecke der Verarbeitung sowie der unterschiedlichen Eintrittswahrscheinlichkeit und Schwere der Risiken für die Rechte und Freiheiten natürlicher Personen anzupassen sein.[203] Zu den originären Pflichten des Verantwortlichen zählt zudem die Gewährleistung sämtlicher Betroffenenrechte nach Art. 12 ff. DSGVO, die Durchführung der Datenschutz-Folgenabschätzung nach Art. 35 DSGVO sowie die Umsetzung der Meldepflichten bei sog. „Datenpannen" nach Artt. 33, 34 DSGVO.[204] Werden ergänzende Dienstleister einbezogen, schuldet der Verantwortliche zusätzlich die umfassende Dokumentation zur ausgelagerten Verarbeitungstätigkeit.[205] Insgesamt sind die durch die DSGVO eingeführten Pflichten sehr weitreichend und stellen den Verantwortlichen vor große Herausforderungen.[206]

Gesetzt den Fall, dass der Verantwortliche seinen Primärpflichten nicht nachkommt, finden auf ihn in einem zweiten Schritt die Vorschriften über Haftung und Schadensersatz nach Art. 82 DSGVO sowie die Vorschriften über Geldbußen nach Art. 83 DSGVO Anwendung.[207] Über die Zuweisung der Stellung als Verantwortlicher wird unmittelbar festgelegt, gegenüber welcher Stelle betroffene Personen auf der Sekundärebene ihre Rechte ausüben können.[208] Es ist der Verantwortliche, von dem die betroffene Person Auskunft, Berichtigung, Löschung oder Sperrung ihrer Daten verlangen kann (Artt. 12-21 DSGVO). Ihn treffen die Schadensersatzpflicht aus Art. 82 DSGVO sowie die behördlichen Abhilfemaßnahmen (Art. 58 DSGVO).

---

[202] Siehe dazu *Gola*, in: Gola/Heckmann, DSGVO/BDSG, 3. Aufl. 2022, Art. 4 Rn. 66.

[203] *Gola*, in: Gola/Heckmann, DSGVO/BDSG, 3. Aufl. 2022, Art. 4 Rn. 66.

[204] Vgl. *Seiter*, DuD 2019, 127 (131); *Scheja/Reibach/Reichert*, in: Leupold/Wiebe/Glossner, IT-Recht, Teil 6.6 Rn. 220; *Raschauer*, in: Sydow/Marsch, DS-GVO/BDSG, 3. Aufl. 2022, Art. 4 Rn. 120 ff.; die Betroffenenrechte firmieren offiziell unter dem Namen „Rechte der betroffenen Person" und sind in Kapitel 3 (Artikel 12 bis 23 DSGVO) aufgeführt. Geregelt werden die Rechte der von der Verarbeitung ihrer Daten betroffenen Personen. Der DSGVO lassen sich konkret die folgenden Rechte entnehmen: auf Auskunft (Art. 15 DSGVO), Berichtigung (Art. 16 DSGVO), Löschung (Art. 17 DSGVO), Einschränkung der Daten (Art. 18 DSGVO), Datenübertragbarkeit (Art. 20 DSGVO), Widerspruch (Art. 21 DSGVO), Widerruf (Wenn die Verarbeitung auf Art. 6 DSGVO Abs. 1 lit. a DSGVO oder Art. 9 Abs. 2 lit. a DSGVO beruht, besteht das Recht, die Einwilligung jederzeit zu widerrufen. Die Rechtmäßigkeit, der aufgrund der Einwilligung bis zum Widerruf erfolgten Verarbeitung, wird davon nicht berührt). Außerdem regelt das Kapitel die automatisierte Entscheidung im Einzelfall einschließlich Profiling (siehe Art. 22 DSGVO).

[205] *Scheja/Reibach/Reichert*, in: Leupold/Wiebe/Glossner, IT-Recht, Teil 6.6 Rn. 220.

[206] Im Hinblick auf die weitreichenden Pflichten des datenschutzrechtlich Verantwortlichen wird kritisch auch von einem „Übermaß an Pflichten" gesprochen *Veil*, Datenschutz, das zügellose Recht – Teil I, CROnline 2019.

[207] *Schwartmann/Mühlenbeck*, in: Schwartmann/Jaspers/Thüsing/Kugelmann, DS-GVO/BDSG, 3. Aufl. 2024, Art. 4 Nr. 7 Rn. 130; von „reaktiven Maßnahmen" sprechend *Hartung*, in: Kühling/Buchner, DS-GVO/BDSG, 4. Aufl. 2024, Art. 4 Nr. 7 Rn. 6; *Raschauer*, in: Sydow/Marsch, DS-GVO/BDSG, 3. Aufl. 2022, Art. 4 Rn. 114 und 120 f.

[208] Vgl. *Raschauer*, in: Sydow/Marsch, DS-GVO/BDSG, 3. Aufl. 2022, Art. 4 Rn. 120 ff.

Darüber hinaus ist es auch die Entität des Verantwortlichen, gegen die Bußgelder (Art. 83 DSGVO, § 41 BDSG) verhängt werden.

Es ist der Verantwortliche, der dazu verpflichtet ist, die Grundsätze für die Verarbeitung personenbezogener Daten zu erfüllen, die Betroffenenrechte zu gewährleisten, notwendige Abstimmungen mit Aufsichtsbehörden durchzuführen und erforderliche Meldungen bei der Aufsichtsbehörde zu machen sowie den durch eine rechtswidrige Verarbeitung entstandenen Schaden einer betroffenen Person zu ersetzen.[209] Der Grundsatz der Rechenschaftspflicht in Verbindung mit den anderen, spezifischeren Vorschriften über die Einhaltung des Datenschutzrechts verdeutlicht die Notwendigkeit, die verschiedenen Rollen von mehreren an der Verarbeitung personenbezogener Daten beteiligten Akteuren präzise festzulegen.[210]

6.) Die Komponenten des Verantwortlichkeitskonzepts

Ausgangspunkt für die Frage, an wen die DSGVO ihre proaktiven und reaktiven Mittel adressiert, ist die Legaldefinition aus Art. 4 Nr. 7 Hs. 1 DSGVO. Danach ist der datenschutzrechtlich „Verantwortliche“ jede „[…] natürliche oder juristische Person, Behörde, Einrichtung oder jede andere Stelle, die allein oder gemeinsam mit anderen über die Zwecke und Mittel der Verarbeitung von personenbezogenen Daten entscheidet“. Nach den „klassischen“ Kriterien der *Art.-29-Datenschutzgruppe* machen drei Hauptkomponenten der Definition einen Akteur zum Verantwortlichen. Die Komponenten lauten: „die natürliche oder juristische Person, Behörde, Einrichtung oder andere Stelle“, „die allein oder gemeinsam mit anderen“, „über die Zwecke und Mittel der Verarbeitung von personenbezogenen Daten entscheidet“.[211] Im Vergleich dazu verfolgt der *EDPB* in seinen aktualisierten Leitlinien einen granularen Ansatz, demzufolge die Definition des Begriffs des Verantwortlichen fünf Hauptbausteine umfasst. Die Begriffe der „Entscheidung“, der „Zwecke und Mittel“ und der „Verarbeitung personenbezogener Daten“ werden getrennt analysiert.[212]

Obgleich die Bestimmungsmerkmale des Verantwortlichen klar geregelt scheinen, lässt die Legaldefinition des Begriffs des Verantwortlichen jede Menge Raum zur Interpretation und ist

---

[209] Vgl. *Monreal*, CR 2019, 797 (801), der die Pflichten als den „Rahmen der Verantwortung“ bezeichnet.

[210] *EDPB*, Guidelines 07/2020 (Version 2.1), Rn. 10.

[211] *Art.-29-Datenschutzgruppe*, WP 169, S. 10; auch unter der Geltung der DSGVO wird die Stellungnahme der *Art.-29-Datenschutzgruppe* als Quelle herangezogen, der im Hinblick auf das tatbestandliche Verständnis der gemeinsamen Verantwortlichkeit eine maßgebliche Bedeutung beigemessen wird, dazu *Kartheuser/Nabulsi*, MMR 2018, 717 (718); siehe auch *Monreal*, ZD 2014, 611 (612); ausführlich zu den Kriterien der Aufsichtsbehörden *Hartung*, in: Kühling/Buchner, DS-GVO/BDSG, 4. Aufl. 2024, Art. 26 Rn. 16 ff.

[212] *EDPB*, Guidelines 07/2020 (Version 2.1), Rn. 16; den aktualisierten Guidelines des *EDSA* kommt vor allem bei Überprüfungen durch nationale Aufsichtsbehörden ein hohes Gewicht zu, dazu *Herbrich*, DSB 2020, 280 (282).

von einer großen Unbestimmtheit geprägt.[213] Weder die Begriffe „Zwecke und Mittel“ der Verarbeitung, „entscheidet“ noch der Begriff „gemeinsam“ werden in der DSGVO definiert. Aufgrund der tatbestandlichen Unbestimmtheit wurde bereits der Begriff des „für die Verarbeitung Verantwortlichen“ (Art. 2 lit. d DSRL) als „das unbekannte Wesen des deutschen Datenschutzrechts“[214] bezeichnet.

Der weite Interpretationsspielraum darf jedoch nicht dazu führen, dass die Bestimmungskriterien der Verantwortlichkeit konturlos bleiben. Den bedingt durch den Strukturwandel gewachsenen Herausforderungen für das Datenschutzrecht[215] kann nur begegnet werden, wenn Verantwortlichkeiten nach klaren Kriterien zugewiesen werden können. Den Bestimmungskriterien des Begriffs des datenschutzrechtlich Verantwortlichen kommt im Hinblick auf die Abgrenzung zu weiteren datenschutzrechtlichen Beteiligungsformen in multipolaren Verarbeitungsszenarien eine herausragende Bedeutung zu. Nur über eine präzise Konturierung der Bestimmungskriterien der Verantwortlichkeit kann eine klare Verantwortungszuordnung erfolgen und das Ziel eines hohen Datenschutzniveaus zum Schutz natürlicher Personen bei der Verarbeitung ihrer personenbezogenen Daten erreicht werden.

Die Begriffsbestimmung des datenschutzrechtlich Verantwortlichen ist dabei als Teil eines Gemeinschaftskonzepts zu verstehen, dem eine unabhängige Bedeutung zukommt.[216] Als eigenständige Schöpfung des europäischen Datenschutzrechts ist der Begriff des „controller“ autonom und nicht im Sinne etwaiger nationaler „Vorbilder“ oder „mitgliedstaatlicher Umsetzungen“ auszulegen.[217] Nur durch eine einheitliche und autonome Auslegung des zentralen Begriffs des „controller“ kann das europäische Recht ein hohes Schutzniveau innerhalb der Mitgliedstaaten gewährleisten.[218] Neben der für die Interpretation der Begrifflichkeiten des Unionsrechts anzuwendenden autarken Auslegungsmethodik[219] werden die Stellungnahmen der ehemaligen *Art.-29-Datenschutzgruppe*[220] (heute *Europäischer Datenschutzausschuss*) und die Leitlinien des *Europäischen Datenschutzausschusses (EDSA)*[221] in die Analyse einbezogen. Obwohl den Stellungnahmen und Leitlinien eine gewisse Bedeutung als Interpretationshilfe

---

213 In diesem Sinne auch *Janicki*, FS Taeger 2020, S. 197, 199.

214 *Monreal*, ZD 2014, 611; ähnlich *Möhle*, DÖV 2023, 101, der von der Verantwortlichkeit als die „große Unbekannte“ in der DSGVO spricht.

215 Dazu Kap. B. III.

216 *Art.-29-Datenschutzgruppe*, WP 169, S. 11.

217 Vgl. *Art.-29-Datenschutzgruppe*, WP 169, S. 11; *Monreal*, CR 2019, 797 (800); *Ziegenhorn/Fokken*, ZD 2019, 194 (196).

218 *Art.-29-Datenschutzgruppe*, WP 169, S. 11.

219 Dazu Kap. C. II.

220 *Art.-29-Dat*enschutzgruppe, WP 169: Stellungnahme 1/2010 zu den Begriffen „für die Verarbeitung Verantwortlicher“ sowie „Auftragsverarbeiter“, angenommen am 16.2.2010.

221 *EDPB*, Guidelines 07/2020 on the concepts of controller and processor in the GDPR, Version 1.0, v. 02.09.2020, aktualisiert durch *EDPB*, Guidelines 07/2020 (Version 2.1), angenommen am 07.07.2021.

zukommt,[222] vermag auch der *EDSA* bestehende Regelungsunschärfen nicht vollständig auflösen. Zwar steht es ihm im Rahmen seines Mandats (Art. 70 DSGVO) frei, die DSGVO zu konkretisieren, doch kann er ihren Aussagegehalt nicht mit normativer Kraft korrigieren.[223] Um die Entscheidungen des EuGH, die dieser zu der inhaltlich im Wesentlichen gleichen Regelung des Art. 2 lit. d DSRL getroffen hat,[224] einordnen, beurteilen und mit Anpassungsvorschlägen anreichern zu können, sind die Wesensmerkmale des Begriffs des datenschutzrechtlich Verantwortlichen daher zunächst als Teil eines Gemeinschaftskonzepts autark als methodengeleitete Konkretisierung zu bestimmen.

a.) Die personelle Begriffskomponente des Verantwortlichkeitskonzepts

Die personenbezogene bzw. personelle Komponente der Definition bestimmt, wer der Normadressat bzw. das Zurechnungssubjekt für datenschutzrechtliche Verpflichtungen und/oder Rechte sein kann.[225] Direkter Anknüpfungspunkt für die Adressatenfähigkeit ist der „neutral“[226] formulierte Art. 4 Nr. 7 Hs. 1 DSGVO (sowie die Definitionen in Art. 4 Nr. 8, 9, 10 DSGVO), demzufolge der Verantwortliche grundsätzlich jede natürliche oder juristische Person, Behörde, Einrichtung oder andere Stelle sein kann, unabhängig davon, ob sie privat- oder öffentlich-rechtlich tätig ist.[227] Der Begriff des „Verantwortlichen“ ist als Oberbegriff für verschiedene in Betracht kommende Normadressaten zu verstehen, die durch den Gesetzgeber durch eine enumerative Auswahl prototypischer Entitäten erfasst wurden.[228] Die Ermittlung der datenschutzrechtlichen Verantwortlichkeit erfolgt dabei unabhängig von der rechtlichen Organisationsform.[229] Um Schutzlücken vorzubeugen, ist das Merkmal der Adressatenfähigkeit bzw. des Adressatenkreises, unter der Prämisse der Garantie eines möglichst hohen

---

[222] Die „klassischen“ Kriterien der *Art.-29-Datenschutzgruppe* berücksichtigend *Bertermann*, in: Ehmann/Selmayr, DSGVO, 3. Aufl. 2024, Art. 26 Rn. 6; *Hartung*, in: Kühling/Buchner, DS-GVO/BDSG, 4. Aufl. 2024, Art. 26 Rn. 14 ff.

[223] Vgl. *Martini/Hohmann*, NJW 2020, 3573 (3577).

[224] EuGH [GK], Rs. C-210/16, ECLI:EU:C:2018:388 – *ULD Schleswig-Holstein/Wirtschaftsakademie Schleswig-Holstein*; EuGH [GK], Rs. C-25/17, ECLI:EU:C:2018:551 – *Zeugen Jehovas*; EuGH, Rs. C-40/17, ECLI:EU:C:2019:629 – *Fashion ID*.

[225] *Art.-29-Datenschutzgruppe*, WP 169, S. 19; ausführlich dazu *Schwartmann/Mühlenbeck*, in: Schwartmann/Jaspers/Thüsing/Kugelmann, DS-GVO/BDSG, 3. Aufl. 2024, Art. 4 Nr. 7 Rn. 132 ff; siehe zu möglichen Adressaten *Hartung*, in: Kühling/Buchner, DS-GVO/BDSG, 4. Aufl. 2024, Art. 4 Nr. 7 Rn. 9 ff.; *Möhle*, DÖV, 2023, 101 (102).

[226] *Raschauer*, in: Sydow/Marsch, DS-GVO/BDSG, 3. Aufl. 2022, Art. 4 Rn. 127.

[227] Dazu auch *Art.-29-Datenschutzgruppe*, WP 169, S. 19; ausführlich zu den in Betracht kommenden Verantwortlichen sowie deren Abgrenzungen *Raschauer*, in: Sydow/Marsch, DS-GVO/BDSG, 3. Aufl. 2022, Art. 4 Rn. 127 ff.; *Hartung*, in: Kühling/Buchner, DS-GVO/BDSG, 4. Aufl. 2024, Art. 4 Nr. 7 Rn. 9.

[228] *Schwartmann/Mühlenbeck*, in: Schwartmann/Jaspers/Thüsing/Kugelmann, DS-GVO/BDSG, 3. Aufl. 2024, Art. 4 Nr. 7 Rn. 132; *Schwartmann/Hermann*, in: Leupold/Wiebe/Glossner, IT-Recht, Teil 10.5 Rn. 30; *Möhle*, DÖV 2023, 101 (102).

[229] Vgl. *Raschauer*, in: Sydow/Marsch, DS-GVO/BDSG, 3. Aufl. 2022, Art. 4 Rn. 127 ff.; *Hartung*, in: Kühling/Buchner, DS-GVO/BDSG, 4. Aufl. 2024, Art. 4 Nr. 7 Rn. 9; *Janicki,* FS Taeger 2020, S. 199.

Schutzniveaus für betroffene Personen, weit zu verstehen.[230] Auch die Begrifflichkeit „andere Stelle“ dient dazu, einen möglichst umfassenden Gesetzesanwendungsbereich ohne Rechtslücken zu gewährleisten.[231]

aa.) Juristische Personen, Behörden, Einrichtungen oder andere Stellen

Im Hinblick auf mögliche Adressaten ist im Ausgang stets auf die datenverarbeitende rechtliche Einheit abzustellen.[232] Im Hinblick auf juristische Personen ist der Begriff autonom und „in völliger Unabhängigkeit“[233] von den Vorschriften der Mitgliedstaaten auszulegen.[234] Grundvoraussetzung ist nur, dass die Entität des in Betracht kommenden Verantwortlichen nach dem Völker-, dem Unions- bzw. EWR-Recht und den einzelstaatlichen Rechtsordnungen zulässigerweise gegründet werden kann.[235] Es werden sowohl juristische Personen öffentlichen Rechts als auch juristische Personen des privaten Rechts erfasst.[236]
Weil es faktisch jedoch stets die einzelnen natürlichen Personen sind, die in der Praxis handeln und personenbezogene Daten verarbeiten, muss jeweils ermittelt werden, wem das Handeln der natürlichen Personen zuzurechnen ist und wie die Verantwortlichkeiten zwischen einer natürlichen und einer juristischen Person voneinander abzugrenzen sind.[237] In Betracht kommen die natürlichen Personen selbst oder die Organisation, für die sie tätig sind. Im Hinblick auf die Frage, welchen Personen und Stellen die Verantwortlichkeiten zuzuweisen sind, erfolgt eine Orientierung an den üblichen Rechtsnormen im Zivil-, Verwaltungs- oder Strafrecht.[238] Um den betroffenen Personen eine zuverlässige Anlaufstelle für die Ausübung ihrer Rechte zu garantieren, ist es geboten, primär und bevorzugt auf den Rechtsträger der juristischen Person als

[230] Vgl. *Janicki,* FS Taeger 2020, S. 199; *Art.-29-Datenschutzgruppe*, WP 169, S. 19.
[231] Siehe ausführlich zum Terminus „andere Stelle“ *Möhle*, DÖV 2023, 101 (103).
[232] *Arning/Rothkegel*, in: Taeger/Gabel, DSGVO/BDSG/TTDSG, 4. Aufl. 2022, Art. 4 Rn. 177.
[233] Vgl. etwa EuGH, Rs. C-614/10, *Kommission/Österreich*, ECLI:EU:C:2012:631 Rn. 40.
[234] *Raschauer*, in: Sydow/Marsch, DS-GVO/BDSG, 3. Aufl. 2022, Art. 4 Rn. 129.
[235] *Raschauer*, in: Sydow/Marsch, DS-GVO/BDSG, 3. Aufl. 2022, Art. 4 Rn. 129, der beispielhaft Aktiengesellschaften, Anstalten, Fonds, Körperschaften des öffentlichen Rechts, Genossenschaften und Personengemeinschaften nennt.
[236] Vgl. *Raschauer*, in: Sydow/Marsch, DS-GVO/BDSG, 3. Aufl. 2022, Art. 4 Rn. 129; *Arning/Rothkegel*, in: Taeger/Gabel, DSGVO/BDSG/TTDSG, 4. Aufl. 2022, Art. 4 Rn. 176.
[237] Vgl. *Schwartmann/Mühlenbeck*, in: Schwartmann/Jaspers/Thüsing/Kugelmann, DS-GVO/BDSG, 3. Aufl. 2024, Art. 4 Nr. 7 Rn. 134 und 136.
[238] Vgl. dazu *Art.-29-Datenschutzgruppe*, WP 169, S. 19.

für die Verarbeitung Verantwortlichen zurückzugreifen.[239] Die datenschutzrechtliche Verantwortlichkeit ist im Grundsatz als Rechtsträgerprinzip zu interpretieren.[240]

In der Praxis ist es damit in der Regel die Organisation als solche und nicht eine Einzelperson innerhalb der Organisation (wie z.B. der CEO, ein anderes Vorstandsmitglied oder ein Angestellter), die als Kontrolleur im Sinne der DSGVO fungiert.[241] Verarbeitungsoperationen, die mit den natürlichen Rollen der Beteiligten im Zusammenhang stehen, nicht ausdrücklich und vollständig in ihrer konkreten Form vorgegeben werden, aber ausdrücklich oder stillschweigend von der kontrollierenden Entität zugelassen werden, sind in der Regel der Obereinheit zuzurechnen.[242] Weil die datenschutzrechtliche Verantwortlichkeit natürlicher Personen in einem Unternehmen hinter der jeweiligen juristischen Person zurücktritt, trifft auch die Haftung gegenüber betroffenen Personen und Aufsichtsbehörden in erster Linie die rechtliche Einheit.[243]

Das Handeln natürlicher Personen wird so lange der rechtlichen Einheit zugerechnet, wie die Verarbeitung für die Zwecke der jeweiligen rechtlichen Einheit und in Ausübung der innerorganisatorischen Tätigkeit des Mitarbeiters und damit unter der potenziellen Kontrolle der rechtlichen Einheit erfolgt.[244] Und selbst in Fällen, in denen eine Zuweisung einer Verantwortlichkeit durch ein Unternehmen auf eine Einzelperson erfolgt, ist grundsätzlich davon auszugehen, dass die natürliche Person selbst nicht der für die Verarbeitung Verantwortliche ist, sondern lediglich im Auftrag der juristischen Person tätig wird, die wiederum als Verantwortliche anzusehen ist.[245] Wird eine bestimmte Person mithin dazu ernannt, die Verarbeitungsvorgänge durchzuführen und damit betraut, die Einhaltung der Datenschutzbestimmungen zu gewährleisten, ist diese Person regelmäßig nicht der Verantwortliche im Sinne von Art 4 Nr. 7 DSGVO,

---

[239] Vgl. zur DSRL *Art.-29-Datenschutzgruppe*, WP 169, S. 19 f.; siehe auch *EDPB*, Guidelines 07/2020 (Version 2.1), Rn. 17 ff.; in diesem Sinne auch *Raschauer*, in: Sydow/Marsch, DS-GVO/BDSG, 3. Aufl. 2022, Art. 4 Rn. 129; *Schwartmann/Mühlenbeck*, in: Schwartmann/Jaspers/Thüsing/Kugelmann, DS-GVO/BDSG, 3. Aufl. 2024, Art. 4 Nr. 7 Rn. 134 f.; i.E. auch *Arning/Rothkegel*, in: Taeger/Gabel, DSGVO/BDSG/TTDSG, 4. Aufl. 2022, Art. 4 Rn. 177; *Golland*, ZD 2020, 397 (398); für die Bestimmung datenschutzrechtlicher Verantwortlichkeit staatlicher Stellen gilt ein Behörden- und kein Rechtsträgerprinzip *Schreiber*, in: Plath, DSGVO/BDSG/TTDSG, 4. Aufl. 2023, Art. 4 Rn. 31.

[240] *Golland*, Datenverarbeitung in sozialen Netzwerken, 2019, 119 f.; *Golland*, NJW 2021, 2238 (2239); *Golland*, ZD 2020, 397 (398).

[241] So auch *EDPB*, Guidelines 07/2020 (Version 2.1), Rn. 17.

[242] Vgl. *Klabunde/Horváth*, in: Ehmann/Selmayr, DSGVO, 3. Aufl. 2024, Art. 4 Rn. 26.

[243] *Golland*, NJW 2021, 2238 (2239); *Arning/Rothkegel*, in: Taeger/Gabel, DSGVO/BDSG/TTDSG, 4. Aufl. 2022, Art. 4 Rn. 177 f.

[244] *EDPB*, Guidelines 07/2020 (Version 2.1), Rn. 17 ff.; siehe ergänzend *Arning/Rothkegel*, in: Taeger/Gabel, DSGVO/BDSG, 4. Aufl. 2022, Art. 4 Rn. 177; in diesem Sinne bereits *Art.-29-Datenschutzgruppe*, WP 169, S. 19; siehe ausführlich zur Zurechnung des Verhaltens unterstellter Personen *Marosi*, (Gem-)Einsame Verantwortlichkeit im Datenschutzrecht, S. 81 ff., der zur Konturierung des Begriffs der Stelle überzeugend auf das Kriterium einer organisatorisch abgrenzbaren Entscheidungsautonomie abstellt.

[245] Vgl. *Art.-29-Datenschutzgruppe*, WP 169, S. 19; so auch *EDPB*, Guidelines 07/2020 (Version 2.1), Rn. 18.

sondern handelt im Namen der juristischen Person (Unternehmen oder öffentliche Körperschaft), die im Falle eines Regelverstoßes letztendlich verantwortlich ist.[246]
Im Übrigen verdeutlicht die Einbeziehung von „Einrichtung[en] oder andere[n] Stellen" neben „juristischen Personen" in den Kreis potenzieller Verantwortlicher gemäß Art. 4 Nr. 7 Hs. 1 DSGVO, dass die DSGVO die Existenz einer eigenen Rechtspersönlichkeit nicht als zwingende Voraussetzung für die Verantwortlicheneigenschaft normiert.[247] Vor dem Hintergrund dieses funktionalen Verständnisses können Adressaten der DSGVO demnach neben Unternehmen auch nicht rechtsfähige Vereine oder sonstige Vereinigungen sein.[248]

bb.) Natürliche Personen

Eine Ausnahme von dem Grundsatz, dass in erster Linie auf den Rechtsträger zurückzugreifen ist, ergibt sich dann, wenn die natürliche Person die personenbezogenen Daten für ihre eigenen Zwecke außerhalb des innerorganisatorischen Tätigkeitsbereichs und der möglichen Kontrolle der rechtlichen Einheit verarbeitet.[249] Die natürliche Person rückt dann selbst in den Fokus der datenschutzrechtlichen Verantwortlichkeit und wird zum Adressaten der proaktiven und reaktiven Mittel.
Grundvoraussetzung für die Adressatenfähigkeit einer natürlichen Person ist, dass sie Träger von Rechten und Pflichten sein kann.[250] Dass die natürliche Person auch unter der DSGVO nach dem Recht eines Mitgliedstaates bzw. dem Unionsrecht rechts- und prozessfähig sein muss, ergibt sich implizit aus den Art. 82 f. DSGVO, die unter anderem auf die „Verantwortlichkeit" des Verantwortlichen verweisen.[251] Unter Zugrundelegung des Wortlautes des Art. 4 Nr. 7 DSGVO erscheint es grundsätzlich möglich, dass auch der Betroffene, der lediglich Daten über sich selbst verarbeitet, als Verantwortlicher zu qualifizieren ist. Da das Datenschutzrecht den Betroffenen grundsätzlich jedoch nicht vor sich selbst schützen soll,[252] wird Art. 4 Nr. 7 DSGVO mitunter dahingehend teleologisch reduziert, dass nur Datenverarbeitungen von der

[246] *EDPB*, Guidelines 07/2020 (Version 2.1), Rn. 18.
[247] In diesem Sinne nunmehr auch ausdrücklich EuGH, Rs. C-231/22, *Moniteur belge*, ECLI:EU:C:2024:7 Rn. 36.
[248] Ausführlich dazu sowie zu der Frage, inwieweit unselbstständige Untergliederungen oder Teileinheiten einer Organisation (etwa eines Unternehmens oder einer Behörde) als andere Stellen i.S.d. Art. 4 Nr. 7 DSGVO und damit als Verantwortliche in Betracht kommen *Petri/Stief*, in: Simitis/Hornung/Spiecker gen. Döhmann, DSGVO, 2. Aufl. 2025; Art. 4 Nr. 7 Rn. 14 ff.
[249] Vgl. *Schantz*, in: Schantz/Wolff, Das neue Datenschutzrecht, Rn. 360; auf eine mögliche Mitverantwortung fahrlässig handelnder Organisationen hinweisend *Hartung*, in: Kühling/Buchner, DS-GVO/BDSG, 4. Aufl. 2024, Art. 4 Nr. 7 Rn. 10; siehe auch *Schwartmann/Mühlenbeck*, in: Schwartmann/Jaspers/Thüsing/Kugelmann, DS-GVO/BDSG, 3. Aufl. 2024, Art. 4 Nr. 7 Rn. 134; *EDPB*, Guidelines 07/2020 (Version 2.1), Rn. 19.
[250] Zur Rechtslage unter der DSRL *Jandt/Roßnagel*, ZD 2011, 160.
[251] *Raschauer*, in: Sydow/Marsch, DS-GVO/BDSG, 3. Aufl. 2022, Art. 4 Rn. 128.
[252] *Roßnagel*, in: Simitis/Hornung/Spiecker gen. Döhmann, DSGVO/BDSG, 2. Aufl. 2025, Art. 2 Rn. 18, der zutreffend betont, dass die Verarbeitung eigener personenbezogener Daten durch die betroffene Person nicht vom Schutzzweck der DSGVO erfasst ist.

DSGVO erfasst seien, in denen ein Drittbezug zu anderen Betroffenen besteht oder andere Datenverarbeiter involviert sind.[253] Der Befund, dass ein Betroffener nicht selbst Verantwortlicher sein kann, lässt sich im Kern bereits aus der systematischen Gegenüberstellung der Begrifflichkeiten ableiten.[254] Letztendlich zielt Art. 4 Nr. 7 DSGVO stets auf Entitäten ab, die Daten über eine dritte Person verarbeiten oder verarbeiten lassen.[255]
Weil die DSGVO im Bereich der Verantwortlichkeit nicht hinsichtlich des Alters differenziert, könnte auch ein Minderjähriger, der über die Zwecke und Mittel der Verarbeitung von personenbezogenen Daten Dritter entscheidet, zum Adressaten von Betroffenenrechten, Schadensersatzansprüchen und aufsichtsbehördlichen Maßnahmen werden.[256] Unter Berücksichtigung der Differenzierung und Wertung hinsichtlich des Alters Betroffener im Rahmen der Rechtmäßigkeit der Verarbeitung,[257] erscheint eine solche Ausweitung des Adressatenkreises jedoch systemwidrig und eine teleologische Reduktion dahingehend geboten, dass ein Kind, das das sechzehnte Lebensjahr noch nicht vollendet hat, als Adressat ausscheidet. Stattdessen erscheint es vorzugswürdig, auch im Bereich der Verantwortlichkeit auf den Träger der elterlichen Verantwortung für das Kind abzustellen.

(1.) Private als Adressaten des Datenschutzrechts

Getrieben durch den technischen Fortschritt und die sich ausbreitende Digitalisierung vollziehen sich im Hinblick auf die Verarbeitung personenbezogener Daten fundamentale Verschiebungen. Ein maßgebliches Charakteristikum des Wandels ist, dass an der Verarbeitung personenbezogener Daten in stark zunehmendem Maße auch Privatpersonen beteiligt sind.[258] Die Grenze zwischen öffentlichen und rein privaten Sphären verschwimmen dabei zunehmend, wodurch sich auch das klassische Bild zwischen „innerhalb“ und „außerhalb“ eines Haushalts verzerrt.[259] Die sich ausweitenden Rollen Privater in Kombination mit der sich beschleunigenden technischen Evolution potenzieren zugleich die Gefahren für die Grundrechte und Grundfreiheiten betroffener Personen.[260] Die Haushaltsausnahme, die im Wesentlichen unverändert

---

[253] Vgl. *Golland*, ZD 2020, 397 (398 f.); vgl. auch *Roßnagel*, in: Simitis/Hornung/Spiecker gen. Döhmann, DSGVO/BDSG, 2. Aufl. 2025, Art. 2 Rn. 18, der eine (ungeschriebene) Ausnahme zu Art. 2 DSGVO annimmt.
[254] Auf das Begriffsquartett „betroffene Person“, „Verantwortlicher“, „Auftragsverarbeiter“ und „Empfänger“ abstellend *Raschauer*, in: Sydow/Marsch, DS-GVO/BDSG, 3. Aufl. 2022, Art. 4 Rn. 119.
[255] *Raschauer*, in: Sydow/Marsch, DS-GVO/BDSG, 3. Aufl. 2022, Art. 4 Rn. 119.
[256] So etwa *Golland*, ZD 2020, 397 (399).
[257] Vgl. Art. 6 Abs. 1 S. 1 lit. f a.E. und Art. 8 DSGVO.
[258] Dazu Kap. B. II. 2.).
[259] *Chen/Edwards/Urquhart/McAuley*, International Data Privacy Law 2020 (Vol. 10, No. 4), S. 288 ff.
[260] Vgl. *Nebel*, FS Roßnagel 2020, S. 348.

in die DSGVO übernommen wurde,[261] wird durch diesen Wandel vor große Herausforderungen gestellt.

Vor diesem Hintergrund kommt der Frage, in welchem Umfang auch private Nutzer durch die DSGVO adressiert werden, eine steigende Bedeutung zu. Zunächst ist festzustellen, dass sich private Datenverarbeitungstätigkeiten in ihrer Ausführung nicht von Tätigkeiten im unternehmerischen Kontext unterscheiden.[262] Die Feststellung, dass grundsätzlich auch natürliche Personen als Verantwortliche zu Adressaten proaktiver und reaktiver Mittel werden können, ist angesichts der Regelung des Art. 2 Abs. 2 lit. c DSGVO sowie des DSGVO-Erwägungsgrundes 18 S. 1 DSGVO dennoch nicht selbstverständlich.[263] Denn ungeachtet der übrigen Verantwortlichkeitsvoraussetzungen stellt Art. 2 Abs. 2 lit. c DSGVO im Hinblick auf den persönlichen Anwendungsbereich klar, dass die DSGVO keine Anwendung auf natürliche Personen findet, die personenbezogene Daten zur Ausübung ausschließlich persönlicher oder familiärer Tätigkeiten verarbeiten. Fraglich ist allerdings, welche Konstellationen multipolaren Zusammenwirkens von der Haushaltsausnahme überhaupt erfasst werden. Die Frage nach der Reichweite des Haushaltsprivilegs steht dabei in einem engen inhaltlichen Zusammenhang zu der Frage nach der Zuordnung (gemeinsamer) Verantwortlichkeiten im Datenschutzrecht.

Insbesondere das Zusammenspiel zwischen dem Rechtsinstitut der gemeinsamen Verantwortlichkeit und der Reichweite des Haushaltsprivilegs bedingt, wie datenschutzrechtliche Primär- und Sekundärpflichten im Verhältnis zwischen den Nutzern und Anbietern informationstechnischer Systeme aufzuteilen sind. Wenngleich auf der ersten Stufe zunächst festzustellen ist, wie datenschutzrechtliche (Mit-)Verantwortlichkeiten zuzuordnen sind, um dem Risiko unverantworteter Datenverarbeitungsvorgänge vorzubeugen, kann das Haushaltsprivileg auf der zweiten Stufe dazu führen, dass Personen aus dem persönlichen Anwendungsbereich ausscheiden und von den umfassenden prozeduralen Anforderungen der Verordnung befreit werden.[264]

---

[261] Vgl. Kritik am europäischen Gesetzgeber wegen dessen Festhalten an der Haushaltsausnahme *Roßnagel/Kroschwald*, ZD 2014, 495 (496); *Roßnagel/Richter/Nebel*, ZD 2013, 103 (104); *Gola/Lepperhoff*, ZD 2016, 9 (11).

[262] *Gola/Lepperhoff*, ZD 2016, 9 (11).

[263] *Schwartmann/Mühlenbeck*, in: Schwartmann/Jaspers/Thüsing/Kugelmann, DS-GVO/BDSG, 3. Aufl. 2024, Art. 4 Nr. 7 Rn. 133.

[264] Vgl. *Golland*, ZD 2020, 397; *Wagner*, ZD 2018, 307 (311), der sich hinsichtlich der Frage, zu wessen Lasten die Privilegierung eines privaten Nutzers aufzulösen ist, dafür ausspricht, eine Lösung zu Lasten der betroffenen Person zugrunde zu legen; *Skistims*, Smart Homes, S. 368 f.

(2.) Persönlich familiäre Tätigkeiten

Wenngleich der Geltungsanspruch des Datenschutzrechts grundsätzlich umfassender Natur ist,[265] sieht die DSGVO auch Ausnahmen vom Anwendungsbereich vor, die den Geltungsanspruch beschränken.[266] Weil eine datenschutzrechtliche Durchregulierung auch sämtlicher persönlicher und familiärer Lebensbereiche wegen geringerer Gefährdungspotenziale für betroffene Personen weder erforderlich noch verhältnismäßig wäre, wurde das sog. „Familien- oder Haushaltsprivileg“[267] nach Art. 2 Abs. 2 lit. c DSGVO implementiert.[268] Der Vorschrift ist zu entnehmen, dass die Verordnung dann keine Anwendung findet, sofern die Verarbeitung personenbezogener Daten durch natürliche Personen „zur Ausübung ausschließlich persönlicher oder familiärer Tätigkeiten“ erfolgt. Die Anwendung des Haushaltsprivilegs beschränkt sich dabei auf natürliche Personen.[269]

Die EU-Kommission hatte im Zuge der Reform des neuen Datenschutzrechts noch den Vorschlag unterbreitet, alle Tätigkeiten „ohne jede Gewinnerzielungsabsicht“ aus dem Anwendungsbereich der DSGVO auszuschließen. Das EU-Parlament vertrat eine abweichende Sichtweise und wollte stattdessen eine Abgrenzung in den Erwägungsgründen anhand einer gewerblichen oder beruflichen Datenverarbeitung vornehmen. Weil auch ein privater, nicht gewerblicher Verkauf mit Gewinnerzielungsabsicht erfolge, sollte eine solche Handlung ebenfalls nicht von der Verordnung erfasst werden.[270] Die Freistellung sollte sich auf solche privaten Veröffentlichungen strecken, die nur von einer begrenzten Zahl von Personen zur Kenntnis genommen werden können (vgl. Art. 2 Abs. 2 lit. d S. 2 DSGVO-E (EP)). Letztendlich blieben jedoch beide Vorschläge unberücksichtigt.[271] Stattdessen wurde durch Art. 2 Abs. 2 lit. c DSGVO die Vorgängervorschrift aus Art. 3 Abs. 2 zweiter Gedankenstrich DSRL fast wortgleich übernommen.[272]

In Anbetracht der Tatsache, dass das Haushaltsprivileg trotz der Strukturverschiebungen[273] bei der Verarbeitung personenbezogener Daten nahezu unverändert übernommen und

---

[265] Siehe Art. 2 Abs. 1 DSGVO, wonach die datenschutzrechtlichen Vorgaben „für die ganz oder teilweise automatisierte Verarbeitung personenbezogener Daten sowie für die nichtautomatisierte Verarbeitung personenbezogener Daten, die in einem Dateisystem gespeichert sind oder gespeichert werden sollen“ gelten.

[266] Dazu ausführlich *Buchner*, FamRZ 2019, 665 f.

[267] *Gola*, in: Gola/Heckmann, DSGVO/BDSG, 3. Aufl. 2022, Art. 2 Rn. 19; *Gola/Lepperhoff*, ZD 2016, 9 (10).

[268] Vgl. *Buchner*, FamRZ 2019, 665; siehe auch *Albrecht*, CR 2016, 88 (90 f.).

[269] *Nebel*, FS Roßnagel 2020, 345; *Bäcker*, in: Wolff/Brink/v. Ungern-Sternberg, BeckOK Datenschutzrecht, 52. Edition Stand: 01.05.2025, Art. 2 Rn. 13.

[270] Vgl. EP(LIBE), 2012/0011(COD), S. 11; siehe dazu auch *Kühling/Raab*, in: Kühling/Buchner, DS-GVO/BDSG, 4. Aufl. 2024, Art. 2 Rn. 8.

[271] Siehe zum Reformprozess auch *Jotzo*, Der Schutz personenbezogener Daten in der Cloud, Teil 2. Rn. 87; *Kühling/Raab*, in: Kühling/Buchner, DS-GVO/BDSG, 4. Aufl. 2024, Art. 2 Rn. 8.

[272] Weitergehende Auslegungshinweise bezogen auf die Abgrenzung zur gewerblichen Abgrenzung finden sich lediglich in DSGVO-Erwägungsgrund 18.

[273] Dazu Kap. B. II.

gesetzgeberisch nicht angepasst wurde, sieht sich die Ausnahmeregelung einiger Kritik ausgesetzt.[274] Weil grundrechtliche Gefährdungspotenziale aufgrund gestiegener technischer Verarbeitungsmöglichkeiten von Privatpersonen auch bei der Verarbeitung durch diese drohten, wird das Festhalten an der Ausnahme vom Anwendungsbereich kritisiert.[275] Für einen effektiven Grundrechtsschutz betroffener Personen sei auch eine beschränkte Inpflichtnahme privater Nutzer notwendig.[276] Dies sei unter anderem damit zu erreichen, dass bestimmte Schutzvorschriften, wie z.B. Informationspflichten, auf Fälle der familiären und persönlichen Datenverarbeitung ausgedehnt werden müssten, um den Risiken für die Grundrechte und Grundfreiheiten betroffener Personen gerecht zu werden.[277]
Demgegenüber wird in der Diskussion um die Reichweite des Haushaltsprivilegs auch gefordert, dass einzelne Nutzungsbereiche umfassend aus dem Anwendungsbereich des Datenschutzrechts auszuklammern seien.[278] Vor dem Hintergrund umfangreicher Datenverarbeitungen im Alltag Privater verdeutlicht die Diskussion um die Reichweite und gegenwärtige Ausgestaltung des Haushaltsprivilegs dessen gesteigerte Bedeutung für die Bestimmung des Bereichs, in dem auch Private den prozeduralen Anforderungen der Verordnung unterworfen sind.

(3.) Intendierter Grundrechtsausgleich

Aus teleologischer Perspektive zielt die Ausnahmevorschrift auf einen Ausgleich zwischen den Grundrechten des Datenverarbeiters und den Grundrechten der betroffenen Personen ab.[279] Bezweckt wird ein Ausgleich zwischen dem besonderen grundrechtlichen Schutz persönlicher und familiärer Tätigkeiten (Art. 6, Art. 1 und Art. 2 Abs. 1 GG; Art. 8 Abs. 1 EMRK) auf der einen Seite und des Rechts auf Achtung des Privat- und Familienlebens (Art. 7 GRCh) und dem

---

[274] Siehe zu einzelnen Kritikpunkten *Gola*, in: Gola/Heckmann, DSGVO/BDSG, 3. Aufl. 2022, Art. 2 Rn. 24-27; *Gola/Lepperhoff*, ZD 2016, 9 (10 f.); *Kühling/Raab*, in: Kühling/Buchner, DS-GVO/BDSG, 4. Aufl. 2024, Art. 2 Rn. 28; siehe zu Kritik unter der DSRL *Roßnagel/Kroschwald*, ZD 2014, 495 (496).
[275] *Roßnagel/Kroschwald*, ZD 2014, 495 (496); *Roßnagel/Richter/Nebel*, ZD 2013, 103 (104); *Jandt/Roßnagel*, ZD 2011, 160; *Gola/Lepperhoff*, ZD 2016, 9 (10 f).
[276] So bereits *Roßnagel/Kroschwald*, ZD 2014, 495 (496); *Roßnagel/Richter/Nebel*, ZD 2013, 103 (104); *Jandt/Roßnagel*, ZD 2011, 160.
[277] *Roßnagel/Richter/Nebel*, ZD 2013, 103 (104).
[278] So etwa *Bäcker*, in: Wolff/Brink/v. Ungern-Sternberg, BeckOK Datenschutzrecht, 52. Edition Stand: 01.05.2025, Art. 2 Rn. 21, der sich dafür ausspricht, dass etwa die Nutzung von Social Media-Diensten durch Privatpersonen wegen der drohenden, weitreichenden Folgen umfassend aus dem Anwendungsbereich des Datenschutzrechts ausgeklammert werden müsse; siehe zu der Diskussion *Schmidt*, in: Taeger/Gabel, DSGVO/BDSG/TTDSG, 4. Aufl. 2022, Art. 2 Rn. 23 f.
[279] Vgl. *Jotzo*, Der Schutz personenbezogener Daten in der Cloud, Teil 2. Rn. 88; *Albrecht/Jotzo*, Datenschutzrecht, Teil 3 Rn. 30; *Roßnagel*, in: Simitis/Hornung/Spiecker gen. Döhmann, DSGVO/BDSG, 2. Aufl. 2025, Art. 2 Rn. 23 m.w.N.; *Gola/Lepperhoff*, ZD 2016, 9 (11).

Schutz der personenbezogenen Daten betroffener Dritter (Art. 8 GRCh) auf der anderen Seite.[280]

In der Systematik der DSGVO stellt das Haushaltsprivileg eine Ausnahme zu dem reglementierten Verbotsprinzip[281] dar. Mit ihr soll verhindert werden, dass die staatliche Regelungsbefugnis bezüglich personenbezogener Daten in Bereiche hineinwirkt, in denen die Verarbeitung dieser Daten im ausschließlich privaten Kontext und in Ausprägung des allgemeinen Persönlichkeitsrechts erfolgt.[282] Die Privatsphäre und die individuelle Reflexions- und Entscheidungsfähigkeit sollen vor einer die freie Entfaltung der Persönlichkeit beeinträchtigenden Regulierung und unverhältnismäßigen Eingriffen geschützt werden.[283] Aus rein persönlichen oder haushaltsbezogenen Tätigkeiten, die oft nur mit minimalen Datenschutzbedrohungen verbunden sind, sollen keine unangemessenen Verpflichtungen erwachsen. Einzelpersonen sollen insbesondere nicht zur Offenlegung vertraulicher Informationen gezwungen werden.[284] Aus diesem Grund werden besonders risikoarme Verarbeitungen durch die Haushaltsausnahme privilegiert und privaten Datenverarbeitungen mit „höchstpersönlichem" Charakter ein vorrangiger Schutz vor den Datenschutzansprüchen Dritter und einer staatlichen Kontrolle gewährt.[285]

Die Reichweite dieses vorrangigen Schutzes, der zugleich eine Schutzreduzierung für betroffene Personen bedeutet, wird wesentlich durch die Gefahren bedingt, die durch die Verarbeitung personenbezogener Daten für betroffene Personen entstehen.[286] Die Gefahrenlagen stehen wiederum in direktem Zusammenhang zu technologischen Neuerungen und bedürfen einer steten Überprüfung hinsichtlich ihres Ausmaßes. Der allgegenwärtige Strukturwandel bei der Verarbeitung personenbezogener Daten bedingt, dass an den Verarbeitungsprozessen in wachsendem Ausmaß auch private Akteure beteiligt sind. Mit den sich transformierenden Verfahren privater Datenverarbeitung und Kommunikation im digitalisierten Alltag geht eine gesteigerte

---

[280] Vgl. *Kühling/Raab*, in: Kühling/Buchner, DS-GVO/BDSG, 4. Aufl. 2024, Art. 2 Rn. 10; *Roßnagel*, in: Simitis/Hornung/Spiecker gen. Döhmann, DSGVO/BDSG, 2. Aufl. 2025, Art. 2 Rn. 23.

[281] Häufig auch als „Verbot mit Erlaubnisvorbehalt“ bezeichnet; ausführlich dazu *Buchner/Petri*, in: Kühling/Buchner, DS-GVO/BDSG, 4. Aufl. 2024, Art. 6 Rn. 11 ff.; *Leeb/Liebhaber*, JuS 2018, 534 (536).

[282] *Ennöckl*, in: Sydow/Marsch, DS-GVO/BDSG, 3. Aufl. 2022, Art. 2 Rn. 10; *Schwartmann/Pabst/Köhler*, in: Schwartmann/Jaspers/Thüsing/Kugelmann, DS-GVO/BDSG, 3. Aufl. 2024, Art. 2 Rn. 38; zur Rechtslage unter der DSRL *Ehmann/Helfrich*, in: Ehmann/Helfrich, Datenschutzrichtlinie, Art. 3 Anm. 23.

[283] Vgl. *Dammann/Simitis*, EG-Datenschutzrichtlinie, Einl. Rn. 22; siehe zu grund- und kompetenzrechtlichen Steuerungsvorgaben im Unionsrecht *Kühling/Raab*, in: Kühling/Buchner, DS-GVO/BDSG, 4. Aufl. 2024, Art. 2 Rn. 10; *Bäcker*, in: Wolff/Brink/v. Ungern-Sternberg, BeckOK Datenschutzrecht, 52. Edition Stand: 01.05.2025, Art. 2 Rn. 12; *Gola/Lepperhoff*, ZD 2016, 9 (11).

[284] Ausführlich zum historischen Hintergrund des Haushaltsprivilegs und dessen Zwecken *Chen/Edwards/Urquhart/McAuley*, International Data Privacy Law 2020 (Vol. 10, No. 4), S. 287 f. m.w.N.

[285] *Gola/Lepperhoff*, ZD 2016, 9 (11); *Ambrock*, ZD 2020, 492 (495); *Schwenke*, Private Nutzung von Smartglasses im öffentlichen Raum, S. 202 f. m.w.N.

[286] Vgl. *Gola/Lepperhoff*, ZD 2016, 9 (11).

Verarbeitungskapazität und -Intensität einher, die erhöhte Missbrauchsgefahren für die Persönlichkeitsrechte Betroffener mit sich bringt.[287]

Mit Blick auf den bezweckten Ausgleich zwischen den Grundrechten des Datenverarbeiters und der betroffenen Person gilt es diese Entwicklungen gebührend zu berücksichtigen und in die Abwägung einzubeziehen. Der Ausgleich zwischen den Grundrechten ist dabei nicht als starres Schema, sondern als flexibler Prozess zu verstehen, der sich an der tatsächlichen Lebenswirklichkeit und den reellen Gefährdungslagen orientiert.

(4.) Voraussetzungen und Grenzen

In der „*Lindqvist*"-Entscheidung[288] hatte der EuGH erstmals zu der nahezu wortgleichen Ausnahmevorschrift aus Art. 3 Abs. 2 zweiter Gedankenstrich DSRL Stellung genommen. Der Gerichtshof stellte zunächst fest, dass von der Privilegierung nur Tätigkeiten erfasst seien, die zum Privat- oder Familienleben von Einzelpersonen gehören. Dagegen könne eine Tätigkeit nicht als ausschließlich persönlich oder familiär im Sinne dieser Vorschrift angesehen werden, wenn sie zum Gegenstand hat, personenbezogene Daten Dritter im Internet zu veröffentlichen und dadurch einer unbegrenzten Zahl von Personen zugänglich zu machen, oder wenn sie sich auch nur teilweise auf den öffentlichen Raum erstreckt und dadurch auf einen Bereich außerhalb der privaten Sphäre desjenigen gerichtet ist, der die Daten verarbeitet.[289]

Aus der Rechtsprechung lässt sich die teleologisch begründete Wertung ableiten, dass obgleich gegenständlich betrachtet private Zwecke verfolgt werden, die weitreichende Zugänglichmachung der personenbezogenen Daten im Einzelfall so schwer wiegen kann, dass die durch die Haushaltsausnahme geschützten Interessen hinter den Interessen der betroffenen Personen zurücktreten müssen.[290] Tatbestandlich sind für das Haushaltsprivileg zwei konstituierende Komponenten entscheidend, die kumulativ vorliegen müssen, um eine Tätigkeit aus dem Anwendungsbereich der DSGVO auszuschließen. Der Ausnahmevorschrift unterfallen mithin nur solche Datenverarbeitungen, die sowohl zu privaten Zwecken als auch in privatem Umfang erfolgen.[291] Wegen ihres Ausnahmecharakters und des übergeordneten Ziels der Gewährleistung eines effektiven Datenschutzes ist die Ausnahmevorschrift aus Art. 2 Abs. 2 lit. c DSGVO

[287] Zu den neuen technischen Möglichkeiten privater Datenverarbeitung (z.B. Wearable Computing, Social Media oder der Upload von Fotos in unsichere Cloud-Dienste) siehe *Roßnagel/Kroschwald*, ZD 2014, 495 (496); *Zerdick*, in: Ehmann/Selmayr, DSGVO, 3. Aufl. 2024, Art. 2 Rn. 11.

[288] EuGH, Rs. C-101/01, ECLI:EU:C:2003:596 – *Lindqvist*.

[289] EuGH, Rs. C-101/01, *Lindqvist*, ECLI:EU:C:2003:596 Rn. 47; mehrfache Bestätigung dieser Wertung u.a. in EuGH [GK], Rs. C-73/07, *Satakunnan Markkinapörssi und Satamedia*, EU:C:2008:727 Rn. 44; EuGH, Rs. C-212/13, *Ryneš*, EU:C:2014:2428 Rn. 31 und 33; EuGH [GK], Rs. C-25/17, *Zeugen Jehovas*, ECLI:EU:C:2018:551 Rn. 42; EuGH, Rs. C-345/17, *Buivids*, ECLI:EU:C:2019:122 Rn. 43.

[290] In diesem Sinne auch *Jotzo*, Der Schutz personenbezogener Daten in der Cloud, Teil 2. Rn. 89.

[291] So auch *Jotzo*, Der Schutz personenbezogener Daten in der Cloud, Teil 2. Rn. 89; *Golland*, ZD 2020, 397.

restriktiv auszulegen.[292] Um einen verhältnismäßigen Grundrechtsausgleich zu erreichen und ein hohes Datenschutzniveau zu gewährleisten, müssen die durch technologische Neuerungen bedingten Missbrauchsgefahren im Rahmen der Auslegung eine wesentliche Berücksichtigung finden.

(a.) Inhalt und Zweck der Tätigkeit

Der Ausnahmetatbestand ist in qualitativer Hinsicht nur dann erfüllt, wenn ausschließlich familiäre und persönliche Tätigkeiten ausgeübt und damit einhergehende Zwecke verfolgt werden. Entscheidend ist, dass die ausgeübte Tätigkeit „[…] ohne Bezug zu einer beruflichen oder wirtschaftlichen Tätigkeit vorgenommen wird" (vgl. DSGVO-Erwägungsgrund 18 S. 1). Sobald zu den familiären und persönlichen Zwecken noch weitere politische, gewerkschaftliche, gewerbliche, gemeinnützige, ehrenamtliche, altruistische, religiöse, kulturelle oder sonstige weitergehende Zwecksetzungen kumulativ hinzutreten, greift die Ausnahmevorschrift nicht mehr.[293] Ob die persönlichen und familiären Zwecke im Einzelfall die weiteren Zwecksetzungen überwiegen, ist irrelevant.[294] Da es juristischen Personen nicht möglich ist, persönliche oder familiäre Tätigkeiten auszuüben bzw. zu verfolgen, scheidet für sie eine Berufung auf die Ausnahmevorschrift aus.[295]

---

[292] In diesem Sinne auch EuGH, Rs. C-212/13, *Ryneš*, EU:C:2014:2428 Rn. 29; EuGH, Rs. C-73/16, *Puškár*, ECLI:EU:C:2017:725 Rn. 38; EuGH [GK], Rs. C-25/17, *Zeugen Jehovas,* ECLI:EU:C:2018:551 Rn. 37; EuGH, Rs. C-345/17, *Buivids*, ECLI:EU:C:2019:122 Rn. 41; siehe dazu auch *Chen/Edwards/Urquhart/McAuley*, International Data Privacy Law 2020 (Vol. 10, No. 4), S. 285 ff.; *Ernst*, in: Paal/Pauly, DS-GVO/BDSG, 3. Aufl. 2021, Art. 2 Rn. 21; *Kühling/Raab*, in: Kühling/Buchner, DS-GVO/BDSG, 4. Aufl. 2024, Art. 2 Rn. 23 m.w.N.; *Wagner*, ZD 2018, 307 (311); *Roßnagel*, in: Simitis/Hornung/Spiecker gen. Döhmann, DSGVO/BDSG, 2. Aufl. 2025, Art. 2 Rn. 23 m.w.N., der davon ausgeht, dass die Bestimmung „besonders eng und streng" zu verstehen sei.

[293] Vgl. *Roßnagel*, in: Simitis/Hornung/Spiecker gen. Döhmann, DSGVO/BDSG, 2. Aufl. 2025, Art. 2 Rn. 26 m.w.N. und 34; *Ernst*, in: Paal/Pauly, DS-GVO/BDSG, 3. Aufl. 2021, Art. 2 Rn. 17 und 19, der betont, dass weitergehende Zwecksetzungen „ausnahmeschädlich" seien; *Zerdick*, in: Ehmann/Selmayr, DSGVO, 3. Aufl. 2024, Art. 2 Rn. 11 f.; auch als „Ausschließlichkeitsprinzip" bezeichnet *Gola*, in: Gola/Heckmann, DSGVO/BDSG, 3. Aufl. 2022, Art. 2 Rn. 23; *Kühling/Raab*, in: Kühling/Buchner, DS-GVO/BDSG, 4. Aufl. 2024, Art. 2 Rn. 26.

[294] *Ernst*, in: Paal/Pauly, DS-GVO/BDSG, 3. Aufl. 2021, Art. 2 Rn. 19; i.E. auch *Schmidt*, in: Taeger/Gabel, DSGVO/BDSG, 4. Aufl. 2022, Art. 2 Rn. 17; *Roßnagel*, in: Simitis/Hornung/Spiecker gen. Döhmann, DSGVO/BDSG, 2. Aufl. 2025, Art. 2 Rn. 28; a.A. noch *Gola/Lepperhoff*, ZD 2016, 9 (10 f.), die aus Praktikabilitätserwägungen eine Schwerpunktbetrachtung diskutieren; kritisch auch *Gola*, in: Gola/Heckmann, DSGVO/BDSG, 3. Aufl. 2022 Art. 2 Rn. 23 und 24 f., der die restriktive Handhabung des Ausnahmetatbestandes vor dem Hintergrund des Festhaltens an der „Ausschließlichkeit" der Verwendung zwar im Grundsatz anerkennt, aber mit der Begründung kritisiert, dass dieses Festhalten die zunehmende Verquickung dienstlicher und privater Aktivitäten im Bereich der Kommunikation verkenne und zu unrealistischen Ergebnissen führe. Bei der Verarbeitung personenbezogener Daten, die nur zur persönlichen Information einer Einzelperson bestimmt sind, sei es geboten, den Schwerpunkt privater Datenverwendungen genügen zu lassen. Ob sich eine Abgrenzung nach dem Schwerpunkt tatsächlich als praktikabler erweist, ist hingegen nicht nachweisbar. Im Gegenteil steht zu befürchten, dass im Zweifel noch mehr Beweisfragen im Einzelfall entstünden, vgl. dazu *Schwartmann/Pabst/Köhler*, in: Schwartmann/Jaspers/Thüsing/Kugelmann, DS-GVO/BDSG, 3. Aufl. 2024, Art. 2 Rn. 43.

[295] *Ernst*, in: Paal/Pauly, DS-GVO/BDSG, 3. Aufl. 2021, Art. 2 Rn. 14 f.; *Schmidt*, in: Taeger/Gabel, DSGVO/BDSG/TTDSG, 4. Aufl. 2022, Art. 2 Rn. 17; *Roßnagel*, in: Simitis/Hornung/Spiecker gen. Döhmann, DSGVO/BDSG, 2. Aufl. 2025, Art. 2 Rn. 35; *Kühling/Raab*, in: Kühling/Buchner, DS-GVO/BDSG, 4. Aufl. 2024,

Der DSGVO selbst ist keine Legaldefinition oder Abgrenzung der Begriffe „persönlich" oder „familiär" zu entnehmen. Die konkrete Bestimmung erfolgt autonom und nach der Verkehrsauffassung.[296] Der Vergleich mit den anderen Sprachfassungen der Ausnahmevorschrift verdeutlicht jedoch, dass keine streng familienrechtliche Auslegung vorzunehmen ist.[297] Grundsätzlich ist von „persönlichen Tätigkeiten" dann auszugehen, wenn die Tätigkeiten der eigenen Selbstentfaltung und Freiheitsausübung in der Freizeit oder im privaten Raum dienen.[298] Unter „familiäre Tätigkeiten" fallen alle Tätigkeiten, die der Pflege familiärer Beziehungen und des familiären Zusammenhalts dienen.[299] Als Indiz für die Bestimmung persönlicher oder familiärer Tätigkeiten ist auch an die Heranziehung einer geographischen Komponente zu denken.[300] Eine Bestimmung des persönlichen bzw. familiären Bereichs aufgrund rein räumlicher Gegebenheiten ist hingegen nicht geboten.[301]

Entscheidend ist, dass die Ausnahmevorschrift auf die Verarbeitung als Vorgang abstellt und nicht auf das Objekt rekurriert, bezüglich dessen die Verarbeitung stattfindet.[302] Bei dem Objekt selbst kann es sich auch um mehrere, sich außerhalb des persönlichen bzw. familiären Bereichs befindliche Personen handeln, deren personenbezogene Daten verarbeitet werden. Entscheidend ist der ausschließlich persönliche oder familiäre Kontext der Verarbeitung.[303] Das

Art. 2 Rn. 23; *Bäcker*, in: Wolff/Brink/v. Ungern-Sternberg, BeckOK Datenschutzrecht, 52. Edition Stand: 01.05.2025, Art. 2 Rn. 13.

[296] *Ernst*, in: Paal/Pauly, DS-GVO/BDSG, 3. Aufl. 2021, Art. 2 Rn. 18; *Schmidt*, in: Taeger/Gabel, DSGVO/BDSG/TTDSG, 4. Aufl. 2022, Art. 2 Rn. 17.

[297] So heißt es in der englischen Version „personal or household activity", in der französischen Sprachfassung heißt es „activité strictement personnelle ou domestique", die italienische Version spricht von „attività a carattere esclusivamente personale o domestico", die niederländische Sprachfassung von „persoonlijke of huishouldelijke activiteit und die spanische Sprachfassung von „actividades exclusivamente personales o deméstica"; lediglich die dänische Sprachfassung enthält vergleichbar zur deutschen Sprachfassung einen Bezug zum Begriff der Familie: „personlige eller familiemæssige aktiviteter", siehe zum Vergleich der Sprachfassungen *Kühling/Raab*, in: Kühling/Buchner, DS-GVO/BDSG, 4. Aufl. 2024, Art. 2 Rn. 23; *Schmidt*, in: Taeger/Gabel, DSGVO/BDSG/TTDSG, 4. Aufl. 2022, Art. 2 Rn. 17; insbesondere die englische und die französische Sprachfassung dürften den Regelungscharakter der Norm besser widerspiegeln, weil sie stärker als die deutsche Fassung auf die häusliche Privatsphäre abstellen, vgl. dazu *Schwartmann/Pabst/Köhler*, in: Schwartmann/Jaspers/Thüsing/Kugelmann, DS-GVO/BDSG, 3. Aufl. 2024, Art. 2 Rn. 39.

[298] *Roßnagel*, in: Simitis/Hornung/Spiecker gen. Döhmann, DSGVO/BDSG, 2. Aufl. 2025, Art. 2 Rn. 24; *Nebel*, FS Roßnagel 2020, S. 346 m.w.N.

[299] *Roßnagel*, in: Simitis/Hornung/Spiecker gen. Döhmann, DSGVO/BDSG, 2. Aufl. 2025, Art. 2 Rn. 25.

[300] Siehe dazu *Schmidt*, in: Taeger/Gabel, DSGVO/BDSG/TTDSG, 4. Aufl. 2022, Art. 2 Rn. 25 f.; *Fuchs*, ZD 2015, 212 (217).

[301] Dies ausführlich begründend *Schmidt*, in: Taeger/Gabel, DSGVO/BDSG/TTDSG, 4. Aufl. 2022, Art. 2 Rn. 25 f., der überzeugend darlegt, dass z.B. private Foto- und Filmaufnahmen in der Öffentlichkeit, einschließlich des „privaten Schnappschusses" von der Haushaltsausnahme ausgenommen werden; zustimmend auch *Fuchs*, ZD 2015, 212 (217), der maßgeblich darauf abstellt, ob sich die Verarbeitung im Rahmen der „persönlichen Sphäre" des Privaten abspielt; vgl. auch *Kühling/Raab*, in: Kühling/Buchner, DS-GVO/BDSG, 4. Aufl. 2024, Art. 2 Rn. 27, die zwar unter Verweis auf die Rechtsprechung in EuGH, Rs. C-212/13, *Ryneš*, EU:C:2014:2428 Rn. 33 grundsätzlich von einer Anwendbarkeit des Datenschutzrechts ausgehen, sofern die Öffentlichkeit erfasst wird und das Recht am eigenen Bild anderer betroffen ist, nun jedoch - im Unterschied zur Vorauflage - ergänzend auch auf den Zweck bzw. die Zielsetzung abstellen.

[302] *Ehmann*, ZD 2020, 65 (66).

[303] *Ehmann*, ZD 2020, 65 (66).

bedeutet, dass der Haushaltsausnahme auch außerhalb des engsten familiären Bereichs eine erhebliche praktische Relevanz zukommt, wenn Video- oder Bildaufnahmen in der Öffentlichkeit zu persönlichen oder familiären Zwecken gemacht werden und Dritte unvermeidlich auch erfasst werden. So sollten auch private Foto- und Filmaufnahmen in der Öffentlichkeit grundsätzlich unter das Haushaltsprivileg fallen können.[304] Eine ausschließlich räumliche Betrachtung vernachlässigt den sozialen Zweck und den Kontext, in dessen Rahmen private Datenverarbeitungen erfolgen können. Eine an räumlichen Gegebenheiten orientierte und mithin sehr pauschale Betrachtung führt zudem dazu, dass die tatsächlich bestehenden Gefahrenpotenziale, die von der Datenverarbeitung im Einzelfall ausgehen können, im Rahmen des gebotenen Grundrechtsausgleichs nicht berücksichtigt werden. Weil sich der Bereich der „Privatsphäre" auch in den öffentlichen Raum erstrecken kann,[305] kommt der Erhebung personenbezogener Daten außerhalb der Grenzen des eigenen Grundstücks nur eine Indizwirkung zu, die gegen das Vorliegen des Ausnahmetatbestandes spricht.[306] Weder die Art oder der Inhalt der Daten noch die Verwendungsform oder der räumliche Kontext sollten im Rahmen der qualitativen Komponente von alleiniger Bedeutung sein.[307]

Ausschlaggegend für die Bestimmung ist stattdessen der soziale Zweck und der Kontext der konkreten Tätigkeit, im Rahmen dessen danach zu fragen ist, ob sich die Verarbeitung personenbezogener Daten für einen objektiven verständigen Dritten anhand des subjektiven Handlungszwecks als ausschließlich zu persönlichen/familiären Zwecken darstellt.[308] Erst die anschließende Weiterverbreitung der personenbezogenen Daten kann im Anschluss an die Erhebung dazu führen, dass eine Entkopplung aus dem persönlich-familiären Kontext anzunehmen ist.[309]

(b.) Kontext der Tätigkeit

Neben der zweckorientierten Komponente ist auch der Kontext der Verarbeitung in die Wertung einzubeziehen.[310] Mit Blick auf das Umfeld der Verarbeitung sind Szenarien zu

---

[304] Als Beispiel können Fotoaufnahmen bei der Übergabe eines Examenszeugnisses genannt werden, vgl. *Ehmann*, ZD 2020, 65 (66).

[305] Siehe beispielsweise EGMR, Urt. v. 28.01.2003 – Nr. 44647/98, Rn. 59 ff.; EGMR, Urt. v. 24.06.2004 – Nr. 59320/00, Rn. 50 ff.

[306] *Schmidt*, in: Taeger/Gabel, DSGVO/BDSG/TTDSG, 4. Aufl. 2022, Art. 2 Rn. 26 m.w.N.

[307] Vgl. *Ennöckl*, in: Sydow/Marsch, DS-GVO/BDSG, 3. Aufl. 2022, Art. 2 Rn. 10 f.

[308] Vgl. *Ennöckl*, in: Sydow/Marsch, DS-GVO/BDSG, 3. Aufl. 2022, Art. 2 Rn. 11; Siehe dazu auch *Ernst*, in: Paal/Pauly, DS-GVO BDSG, 3. Aufl. 2021, Art. 2 Rn. 17: „wenn der gewählte Rahmen [...] die entspr. Zweckverfolgung erkennen lässt"; *Schmidt*, in: Taeger/Gabel, DSGVO/BDSG/TTDSG, 4. Aufl. 2022, Art. 2 Rn. 26.

[309] Vgl. *Ehmann*, ZD 2020, 65 (66).

[310] Siehe insbesondere *Golland*, ZD 2020, 397 (397 f.), der dem Haushaltsprivileg eine qualitative und eine quantitative Komponente zuweist; *Ambrock*, ZD 2020, 492 (494), der betont, dass persönliche Tätigkeiten nicht gleichbedeutend mit persönlichen Zwecken sind; *Jotzo*, Der Schutz personenbezogener Daten in der Cloud, Teil 2. Rn. 89.

berücksichtigen, in denen die Zugänglichmachung von personenbezogenen Daten und eine etwaige Kenntnisnahme Dritter so schwer wiegt, dass die durch die Haushaltsausnahme geschützten Interessen hinter den Interessen der betroffenen Personen zurücktreten müssen.[311] Der Zugriff bzw. die Ermöglichung des Zugriffs und eine damit einhergehende Kenntnisnahme Dritter auf personenbezogene Daten Betroffener kann dazu führen, dass es zu einer Entkopplung der Datenverarbeitung aus dem persönlichen/familiären Kontext kommt.[312] Diese Feststellung deckt sich insoweit mit den Aussagen des Gerichtshofs, wonach es aufgrund des (potenziellen) Zugriffs Dritter auf die personenbezogenen Daten Betroffener infolge von uneingeschränkten, unbestimmten oder unbegrenzten Veröffentlichungshandlungen im Internet nicht mehr möglich sei, von Tätigkeiten zu sprechen, die weiterhin zum Privat- oder Familienleben von Privatpersonen gehören.[313]

Die Komponente des subjektiven Handlungszwecks wird auf diese Weise um ein objektivierbares Kriterium ergänzt, das insbesondere die Zugriffsmöglichkeit und die allgemeine Beherrschbarkeit der personenbezogenen Daten in den Blick nimmt und berücksichtigt, inwieweit die Kontrolle über personenbezogene Daten aus der Hand gegeben wird, wenn die technische Einflusssphäre verlassen wird.[314] Aus teleologischer Sicht findet die Komponente ihre Begründung in den Risiken für die Grundrechte und Grundfreiheiten betroffener Personen (Art. 7 und 8 GRCh), die in wesentlichem Ausmaß durch den Umfang bzw. das Umfeld der Verarbeitung personenbezogener Daten bestimmt werden. Durch einen weiten und unter Umständen sogar unbegrenzten Adressatenkreis wird das Risiko für die Grundrechte und Grundfreiheiten betroffener Personen erhöht. Der Adressatenkreis, dem die personenbezogenen Daten (potenziell) zugänglich gemacht werden, stellt ein maßgebliches Kriterium dar, anhand dessen objektivierbar zu ermitteln ist, von wem und in welchem Ausmaß die personenbezogenen Daten zur Kenntnis genommen und weiterverarbeitet werden können und ob ein Rückgriff auf die Ausnahmebestimmung gerechtfertigt ist.[315]

Die allgemeine Zugänglichmachung von Daten an eine unbestimmte Anzahl von Personen löst stets die Anwendbarkeit des Datenschutzrechts aus und führt dazu, dass eine

---

311 Vgl. *Jotzo*, Der Schutz personenbezogener Daten in der Cloud, Teil 2. Rn. 89.

312 In diesem Sinne auch *Ennöckl*, in: Sydow/Marsch, DS-GVO/BDSG, 3. Aufl. 2022, Art. 2 Rn. 13; *Ehmann*, ZD 2020, 65 (66).

313 Vgl. EuGH, Rs. C-101/01, *Lindqvist*, ECLI:EU:C:2003:596 Rn. 47; siehe dazu auch *Ennöckl*, in: Sydow/Marsch, DS-GVO/BDSG, 3. Aufl. 2022, Art. 2 Rn. 13.

314 Vgl. *Gola/Lepperhoff*, ZD 2016, 9 (11); *Buchner*, FamRZ 2019, 665 (666); *Kühling/Raab*, in: Kühling/Buchner, DS-GVO/BDSG, 4. Aufl. 2024, Art. 2 Rn. 25 m.w.N., die insbesondere auf das Kriterium der Zugriffsmöglichkeit abstellen.

315 Ausführlich zur Diskussion um die Bestimmung einer Obergrenze *Golland*, Datenverarbeitung in sozialen Netzwerken, S. 91 ff.

Privilegierungswirkung nicht eintritt.[316] Darunter fällt insbesondere das öffentliche Zugänglichmachen von personenbezogenen Daten auf Internetplattformen ohne Zugangshindernisse.[317] Vom Wirksamwerden der Ausnahmevorschrift ist in der Regel nur dann auszugehen, wenn die Akteure in geschlossenen Gruppen Daten austauschen, die keinen Bezug zu ihren beruflichen oder wirtschaftlichen Tätigkeiten haben und deren Zugriff sich nicht unbeschränkt erweitern lässt.[318] Gesetzt den Fall, dass jedoch auch ausgehend von diesen Gruppen eine nicht absehbare Weiterverbreitung der Informationen droht, kann die Kenntnisnahme durch bestimmte Adressatengruppen ebenfalls nicht unter die Ausnahme fallen.[319] Die nicht-intendierte Zugänglichmachung personenbezogener Daten an einen faktisch größeren Adressatenkreis als zunächst gedacht, schließt die Anwendbarkeit des Ausnahmetatbestandes ebenfalls aus.[320] Welche konkrete Adressatenanzahl noch als persönlich oder familiär anzusehen ist, bestimmt sich nach der Verkehrsauffassung und mit Blick auf den faktischen Adressatenkreis im konkreten Fall.[321]

(c.) Verarbeitungen außerhalb der informationstechnischen Systeme des Privatnutzers

Unter Berücksichtigung des Umfelds der Tätigkeit ist nicht zu fordern, dass stets eine persönliche oder familiäre Datenverarbeitung in dem Sinne erfolgen muss, dass die Daten in der eigenen Sphäre des Datenverarbeiters und auf eigenen informationstechnischen Systemen verarbeitet werden.[322] Auch im Kontext persönlicher oder familiärer Tätigkeiten kann eine Inanspruchnahme von Anbietern erfolgen, die die Dienste für persönliche oder familiäre Tätigkeiten bereitstellen. Wenngleich die Datenverarbeitung des einbezogenen Anbieters zu dessen eigenen Zwecken grundsätzlich losgelöst von der Verarbeitung des Nutzers zu sehen ist,[323] muss unter Achtung der gebotenen restriktiven Geltendmachung der Ausnahmevorschrift jedoch stets im Einzelfall abgewogen werden, ob die Zugänglichmachung von personenbezogenen Daten und

[316] *Nebel*, FS Roßnagel 2020, S. 346; *Ernst*, in: Paal/Pauly, DS-GVO/BDSG, 3. Aufl. 2021, Art. 2 Rn. 21; *Ennöckl*, in: Sydow/Marsch, DS-GVO/BDSG, 3. Aufl. 2022, Art. 2 Rn. 13.
[317] Siehe nur EuGH, Rs. C-345/17, *Buivids*, ECLI:EU:C:2019:122 Rn. 43 m.w.N.
[318] *Albrecht/Jotzo*, Datenschutzrecht, Teil 3 Rn. 30; *Kühling/Raab*, in: Kühling/Buchner, DS-GVO/BDSG, 4. Aufl. 2024, Art. 2 Rn. 25; *Ennöckl*, in: Sydow/Marsch, DS-GVO/BDSG, 3. Aufl. 2022, Art. 2 Rn. 13.
[319] *Gola/Lepperhoff*, ZD 2016, 9 (11); vgl. *Kühling/Raab*, in: Kühling/Buchner, DS-GVO/BDSG, 4. Aufl. 2024, Art. 2 Rn. 25, die darauf verweisen, dass sich der Zugriff durch Funktionen wie „Teilen" potenzieren könne.
[320] *Golland*, ZD 2020, 397 (398).
[321] Vgl. *Ernst*, in: Paal/Pauly, DS-GVO/BDSG, 3. Aufl. 2021, Art. 2 Rn. 18; *Kühling/Raab*, in: Kühling/Buchner, DS-GVO/BDSG, 4. Aufl. 2024, Art. 2 Rn. 24: „entscheidet die Verkehrsanschauung"; *Schmidt*, in: Taeger/Gabel, DSGVO/BDSG/TTDSG, 3. Aufl. 2019, Art. 2 Rn. 17; *Golland*, ZD 2020, 397 (398).
[322] Vgl. *Roßnagel*, in: Simitis/Hornung/Spiecker gen. Döhmann, DSGVO/BDSG, 2. Aufl. 2025, Art. 2 Rn. 36; *Golland*, ZD 2020, 397 (398); a.A. *Skistims*, Smart Homes, S. 397, der einer externen Speicherung und Verarbeitung keine Privilegierung zubilligt.
[323] *Wagner*, ZD 2018, 307 (311).

eine etwaige Kenntnisnahme Dritter so schwer wiegt, dass die durch die Haushaltsausnahme geschützten Interessen hinter den Interessen der betroffenen Personen zurücktreten müssen.[324] Im Rahmen der erforderlichen Interessenabwägung ist zu berücksichtigen, ob von einem eigenen Zugriff des einbezogenen Dienstleisters auf die personenbezogenen Daten auszugehen ist und ob die Daten für eigene, von der Ursprungstätigkeit losgelöste Zwecke (etwa zur Profilbildung, Tracking etc.) verarbeitet werden.[325] Eigene Rechte zur Nutzung der Daten begründen eine eigene Zwecksetzungsmacht und erweitern die Zugriffsberechtigung auf die Daten potenziell unbegrenzt.[326] Erfolgen Verarbeitungsvorgänge unter Einbeziehung von externen Akteuren, die weisungsgebunden tätig werden, muss die Anzahl der involvierten Akteure eindeutig bestimmt sein und zu der verfolgten familiären und persönlichen Tätigkeit in einem angemessenen Verhältnis stehen.

Gesteigerte Missbrauchsgefahren entstehen, wenn sensible Daten an Dienstleister weitergegeben werden. Geeignete Garantien zum Schutz der betroffenen Personen müssen gewährleistet werden. Insbesondere bei der Einbeziehung internationaler Diensteanbieter besteht die zusätzliche Gefahr, dass ausländische Geheimdienste Zugriffsmöglichkeiten auf die personenbezogenen Daten erhalten.[327] Gesetzt den Fall, dass die entsprechenden Nutzungsbeschränkungen nicht sichergestellt werden können, liegt in der Regel keine risikoarme Verarbeitung mehr vor, die unter die Privilegierung des Art. 2 Abs. 2 lit. c DSGVO fallen könnte, sodass im Zweifel von einer Anwendung der DSGVO auszugehen ist.[328]

(d.) Zwischenergebnis

Aus der Zusammenschau der beiden Elemente ergibt sich, dass der privilegierte Bereich auch in Szenarien verlassen werden kann, in denen originär persönliche bzw. familiäre Interessen und Zwecke verfolgt werden. Neben den Fällen uneingeschränkter und unbegrenzter Veröffentlichungshandlungen im Internet, in denen sich bereits mit Blick auf das qualitative, zweckorientierte Kriterium argumentieren ließe, dass schon der subjektive Handlungswille aus der

---

[324] Vgl. *Roßnagel*, in: Simitis/Hornung/Spiecker gen. Döhmann, DSGVO/BDSG, 2. Aufl. 2025, Art. 2 Rn. 29; in diesem Zusammenhang ist zu berücksichtigen, dass die technische Einflusssphäre des Ausgangsnutzers oft dadurch verlassen wird, dass insbesondere die Anbieter von Social Networks regelmäßig auf die personenbezogenen Daten zugreifen können, die auf der eigenen Profilseite, in Chatgruppen oder auch in persönlichen Nachrichten zwischen Nutzern ausgetauscht werden, dazu *von Au*, in: SZ.de v. 10.04.2018, Wie Facebook private Nachrichten durchleuchtet.

[325] Eine enge Auslegung vertretend *Roßnagel*, in: Simitis/Hornung/Spiecker gen. Döhmann, DSGVO/BDSG, 2. Aufl. 2025, Art. 2 Rn. 29 m.w.N., der für alle Daten, die bei Dienstleistern gespeichert werden und bei denen nicht garantiert ist, dass ausschließlich der Nutzer Zugriff auf die personenbezogenen Daten hat, die Anwendung der DSGVO annimmt und dies auch auf Bilder in einer Cloud überträgt; *Schwenke*, Private Nutzung von Smartglasses im öffentlichen Raum, S. 208 f.

[326] In diesem Sinne auch *Ernst*, in: Paal/Pauly, DS-GVO/BDSG, 3. Aufl. 2021, Art. 2 Rn. 21.

[327] Vgl. *Nebel*, FS Roßnagel 2020, S. 347.

[328] *Roßnagel*, in: Simitis/Hornung/Spiecker gen. Döhmann, DSGVO/BDSG, 2. Aufl. 2025, Art. 2 Rn. 30 m.w.N.

Sicht eines objektiven Dritten daraufhin deutet, dass die Verarbeitung in ihrer Grundausrichtung nicht auf einen persönlichen/familiären Zweck schließen lässt, können Szenarien vorliegen, in denen der verfolgte Zweck zwar deutlich stärker auf ein familiäres/persönliches Tätigwerden ausgerichtet ist, die eingriffsintensiven Datenverarbeitungen jedoch dennoch außerhalb des privilegierten Bereichs des Privaten erfolgen und im Rahmen der Grundrechtsabwägung ein Ausschluss der Ausnahmebestimmung gerechtfertigt ist. Die Missbrauchsgefahren, die aus Zugänglichmachungen folgen, können beträchtlich sein und im Rahmen der Grundrechtsabwägung die Entkopplung der Datenverarbeitung aus dem persönlichen/familiären Bereich rechtfertigen.

(5.) Die Haushaltsausnahme in digitalisierten Sachverhalten

Bedingt durch die Digitalisierung zahlreicher Lebenssachverhalte, in denen vermehrt Privatpersonen an umfangreichen und datenintensiven Verarbeitungen beteiligt sind, entstehen für die betroffenen Personen gesteigerte Grundrechtsgefährdungen.[329] Dem Ausnahmetatbestand kommt vor diesem Hintergrund die bedeutende Aufgabe zu, regelnd auf den Ausgleich zwischen den Interessen der Verantwortlichen und der Betroffenen zu wirken und dabei die weit verbreitete Akzeptanz moderner Informationstechnologien zu berücksichtigen. Über die Reichweite der Ausnahmevorschrift wird bestimmt, in welchem Ausmaß datenschutzrechtliche Vorschriften auch auf Private Anwendung finden. Einerseits werden verantwortliche Stellen über eine Eröffnung des Anwendungsbereichs zu einem verantwortungsvollen Umgang mit personenbezogenen Daten bewegt und dadurch die Grundrechte und Grundfreiheiten Betroffener auch in den im Strukturwandel begriffenen Verarbeitungsstrukturen gestärkt. Andererseits gilt es persönliche oder haushaltsbezogene Tätigkeiten, mit verminderten Datenschutzbedrohungen auch in der modernen Informationsgesellschaft[330] zu privilegieren. Für die praxisnahe Illustration der Reichweite des Ausnahmetatbestandes werden die Digitalisierung prägende Szenarien in den Blick genommen und untersucht, inwieweit der Anwendungsbereich des Datenschutzrechts auf der Primärebene für Private eröffnet ist und in welchem Umfang eine Zuordnung datenschutzrechtlicher Verpflichtungen auf der Sekundärebene auch auf Privatpersonen in Betracht kommt.

---

[329] Dazu bereits *Roßnagel/Kroschwald*, ZD 2014, 495 f.; *Gola/Lepperhoff*, ZD 2016, 9 (11).
[330] Zur Begriffsdefinition der Informationsgesellschaft siehe *Schwenke*, Private Nutzung von Smartglasses im öffentlichen Raum, S. 9.

(a.) Reichweite der Haushaltsausnahme in Social Networks

In qualitativer Hinsicht ist jeweils der konkret verfolgte Zweck entscheidend, der mit der Nutzung des Social Networks verfolgt wird.[331] Die Nutzung von Social Networks im objektiv gewerblich-unternehmerischen Bereich und einer dahingehenden Intention wird nicht privilegiert und unterfällt dem Anwendungsbereich der Verordnung.[332] Dem Umstand, ob es sich bei dem genutzten Social Network um ein speziell berufliches Netzwerk handelt, kommt hingegen nur eine Indizwirkung zu.[333] Wegen der zunehmenden Konvergenz von Individual- und Massenkommunikation, die die von der Ausnahmevorschrift geforderte Abgrenzung von Privat- und Sozialsphäre erschwert, bestehen unter quantitativen Gesichtspunkten jedoch erhebliche Abgrenzungsprobleme im Hinblick auf die durch neue Informationstechnologien geprägten Sachverhalte.[334]

Auch im Zusammenhang mit sozialen Netzwerken ist eine differenzierte Betrachtung erforderlich, der im Kern eine Abwägung der Interessen der Verantwortlichen als Datenverarbeiter auf der einen Seite und der Interessen der Betroffenen auf der anderen Seite zugrunde liegt und die wesentlich durch das Kriterium der Zugriffsmöglichkeit als Ausdruck der technischen Beherrschbarkeit beeinflusst wird.[335] Hingegen ist die Ansicht, nach der die Nutzung von Social Media-Diensten durch Privatpersonen wegen der drohenden, weitreichenden Folgen umfassend aus dem Anwendungsbereich des Datenschutzrechts auszuklammern sei,[336] mit der Konzeption des Datenschutzrechts, die wesentlich durch einen einzelfallbezogenen Grundrechtsausgleich geprägt ist, nicht vereinbar. Auch DSGVO-Erwägungsgrund 18 S. 2, dem explizit zu entnehmen ist, dass „die Nutzung sozialer Netze und Online-Tätigkeiten“ als persönliche oder familiäre Tätigkeiten i.S.d. Art. 2 Abs. 2 lit. c DSGVO gelten „könnte“, kann nicht dazu führen, dass sich eine öffentliche Zugänglichmachung personenbezogener Daten auf Internetplattformen unter die Ausnahme für persönliche oder familiäre Tätigkeiten subsumieren lässt. Denn es werden nur Online-Tätigkeiten freigestellt, die im „Rahmen solcher Tätigkeiten“, erfolgen. Umfasst werden Tätigkeiten, die im „Führen eines Schriftverkehrs oder von Anschriftenverzeichnissen“ bestehen. Der Anwendungsausschluss beschränkt sich dementsprechend auf

---

[331] *Piltz*, Soziale Netzwerke im Internet, S. 102.

[332] Ausführlich zu Aktivitäten in berufsbezogenen sozialen Netzwerken und der Anwendung des Haushaltsprivilegs *Golland*, Datenverarbeitung in sozialen Netzwerken, S. 86 und 94 f.; siehe dazu auch *Nebel*, FS Roßnagel 2020, S. 345.

[333] *Piltz*, Soziale Netzwerke im Internet, S. 102; *Nebel*, FS Roßnagel 2020, S. 345; *Golland*, Datenverarbeitung in sozialen Netzwerken, S. 86 m.w.N.

[334] Auf erhebliche Abgrenzungsprobleme hinweisend *Bäcker*, in: Wolff/Brink/v. Ungern-Sternberg, BeckOK Datenschutzrecht, 52. Edition Stand: 01.05.2025, Art. 2 Rn. 17.

[335] So auch *Kühling/Raab*, in: Kühling/Buchner, DS-GVO/BDSG, 4. Aufl. 2024, Art. 2 Rn. 25 m.w.N.

[336] In diesem Sinne etwa *Bäcker*, in: Wolff/Brink/v. Ungern-Sternberg, BeckOK Datenschutzrecht, 52. Edition Stand: 01.05.2025, Art. 2 Rn. 21.

Nutzungsvorgänge außerhalb der allgemeinen Verbreitung und stellt keine Abweichung von der bisherigen Rechtsprechung dar.[337]

Bei Social Media-Diensten und sonstigen Online-Aktivitäten beschränkt sich die Ausnahmeregelung auf Kommunikationsmöglichkeiten, bei denen durch Nutzungsbeschränkungen sichergestellt ist, dass nur ein begrenzter Personenkreis auf die Daten zugreifen und davon Kenntnis nehmen kann oder der Kommunikationsaustausch ausschließlich zwischen Familienangehörigen oder engsten Freunden[338] erfolgt (beispielsweise private Mails, geschlossene Chats, etc.).[339] Werden Fotos, Videos oder sonstige personenbezogene Daten einem potenziell unbegrenzten Adressatenkreis zugänglich gemacht oder uneingeschränkt potenziert (beispielsweise durch öffentliche Posts oder das „Teilen" von Inhalten), greift das Haushaltsprivileg nicht mehr.[340] Können personenbezogene Daten ohne Zugangshindernisse abgerufen werden, wird die technische Einflusssphäre verlassen, die quantitative Schwelle überschritten und eine Privilegierung scheidet aus. Die durch die Haushaltsausnahme intendierte Differenzierung zwischen persönlich-familiärem Bereich und öffentlichem Bereich würde ihre Konturierung vollends verlieren, wollte man Online-Veröffentlichungen noch unter die Ausnahmevorschrift subsumieren.[341] Selbst wenn Fotos, Videos oder sonstige Daten mit Personenbezug „nur" mit sog. „Freunden" geteilt werden, kann der privilegierte Bereich der Ausnahmevorschrift verlassen sein.[342] Dies liegt daran, dass in Social Media-Diensten Missbrauchsgefahren oft über die Möglichkeit der Speicherung eines jeden veröffentlichten Fotos potenziert werden.[343]

Insgesamt würde eine Teilrevision des Lindqvist-Urteils[344] die im Verhältnis zwischen Verarbeiter und Betroffenem immanenten Informationsasymmetrien unberücksichtigt lassen, den gebotenen Grundrechtsausgleich und den Ausnahmecharakter der Norm verkennen und den Umstand ignorieren, dass es unter den Bedingungen automatisierter Verarbeitung kein belangloses

---

[337] So auch *Wagner*, ZD 2018, 307 (311); *Schantz*, NJW 2016, 1841 (1843); a.A. *Bäcker*, in: Wolff/Brink/v. Ungern-Sternberg, BeckOK Datenschutzrecht, 52. Edition Stand: 01.05.2025, Art. 2 Rn. 21.

[338] Vgl. *Roßnagel*, in: Simitis/Hornung/Spiecker gen. Döhmann, DSGVO/BDSG, 2. Aufl. 2025, Art. 2 Rn. 29, der die tatsächliche individuelle Kommunikation in regelmäßigen Abständen als Kriterium heranzieht, um die Grenze echter persönlicher Tätigkeiten festzustellen.

[339] *Albrecht/Jotzo*, Datenschutzrecht, Teil 3 Rn. 30; *Kühling/Raab*, in: Kühling/Buchner, DS-GVO/BDSG, 4. Aufl. 2024, Art. 2 Rn. 25; *Roßnagel*, in: Simitis/Hornung/Spiecker gen. Döhmann, DSGVO/BDSG, 2. Aufl. 2025, Art. 2 Rn. 29; *Gola/Lepperhoff*, ZD 2016, 9 (10).

[340] So auch *Buchner*, FamRZ, 2019, 665 (666); *Kühling/Raab*, in: Kühling/Buchner, DS-GVO/BDSG, 4. Aufl. 2024, Art. 2 Rn. 25; siehe auch *Gola/Lepperhoff*, ZD 2016, 9 (11).

[341] Vgl. *Buchner*, FamRZ, 2019, 665 (666).

[342] So auch *Buchner*, FamRZ, 2019, 665 (666); *Schwenke*, Private Nutzung von Smartglasses im öffentlichen Raum, S. 208 f.

[343] Vgl. *Gola/Lepperhoff*, ZD 2016, 9 (11).

[344] Diesen Ansatz verfolgend *Bäcker*, in: Wolff/Brink/v. Ungern-Sternberg, BeckOK Datenschutzrecht, 52. Edition Stand: 01.05.2025, Art. 2 Rn. 20 f., der sich gegen differenzierende Lösungsansätze ausspricht, da diese überkomplex und wenig praktikabel seien. Stattdessen sei eine Teilrevision des Lidqvist-Urteils erforderlich, um generell jede Social Media-Veröffentlichung durch Privatpersonen der Haushalsausnahme zu unterstellen.

personenbezogenes Datum gibt, unabhängig davon ob die betroffenen Personen Kenntnis davon haben oder dagegen vorgehen wollen.[345]

(b.) Reichweite der Haushaltsausnahme in cloudbasierten Anwendungen

In Bezug auf cloudbasierte Anwendungen[346] scheiden pauschale Aussagen hinsichtlich der Anwendbarkeit bzw. Nichtanwendbarkeit des Datenschutzrechts bei Datenverarbeitungen im Konsumentenbereich ebenfalls aus. Weder führt die Hinzuziehung externer Dienstleister, die nicht zum häuslich-familiären Kreis gehören (z.B. Cloud-Provider), automatisch dazu, dass die Tätigkeit auch außerhalb des Anwendungsbereichs des Haushaltsprivilegs zu verorten ist,[347] noch ist in Bezug auf personenbezogene Daten, die mit einem Cloud-Dienst synchronisiert werden, kategorisch davon auszugehen, dass diese Tätigkeiten stets aus dem Anwendungsbereich des Datenschutzrechts auszuklammern sind.[348]

Wenngleich auch im Hinblick auf die Back-Up-Speicherung personenbezogener Daten in einem Cloud-Speicher von einer durch familiäre/persönliche Zwecke gedeckten Tätigkeit ausgegangen werden kann, verkennt eine rein interessenfixierte Sichtweise das Zusammenspiel aus qualitativer und quantitativer Komponente.[349] Auch bei cloudbasierten Anwendungen kann das Überschreiten der quantitativen Grenze zu einer Entkopplung der Tätigkeit aus dem persönlich-familiären Bereich führen. Von einer solchen Überschreitung ist auszugehen, wenn die Synchronisation personenbezogener Daten in einem Cloud-Speicher dazu führt, dass eine unbestimmte Anzahl von Adressaten Zugriff auf die Daten erhält. Die Hinzuziehung externer Dienstleister und die Übermittlung der Daten an diese führt auch dann zu einer Anwendung der DSGVO, wenn sich der Cloud-Provider bezüglich der nicht öffentlich sichtbaren Sammlungen personenbezogener Daten über seine Vertragsbestimmungen weitere Rechte zur Nutzung dieser Daten einräumen lässt.[350]

Demgegenüber sind die Grundrechte und Grundfreiheiten der betroffenen Person nicht in einer Weise berührt, die eine Anwendbarkeit des Datenschutzrechts verlangen würde, wenn nur der Nutzer und dessen familiäres und persönliches Umfeld auf die Daten zugreifen können.[351]

---

345 Vgl. *Golland*, ZD 2020, 397 (398); kritisch auch *Buchner*, FamRZ, 2019, 665 (666).

346 Ausführlich zum Begriff des „Cloud Computing" *Petri*, in: Simitis/Hornung/Spiecker gen. Döhmann, DSGVO/BDSG, 2. Aufl. 2025, Art. 28 Rn. 18 ff.; zu den technischen Grundlagen und den Merkmalen des Cloud Computing *Jotzo*, Der Schutz personenbezogener Daten in der Cloud, Teil 1. Rn. 14-21.

347 A.A. *Chen/Edwards/Urquhart/McAuley*, International Data Privacy Law 2020 (Vol. 10, No. 4), S. 283.

348 Eine sehr weite Auslegung des Haushaltsprivilegs vertretend etwa *Jotzo*, Der Schutz personenbezogener Daten in der Cloud, Teil 2. Rn. 90, der bei der Synchronisation von privaten Fotos, Mails und Kontaktdaten mit einem Cloud-Dienst und in Bezug auf die Verwaltung von privaten Dokumenten mit einer Office-App davon ausgeht, dass dieses Tätigwerden stets außerhalb des Anwendungsbereichs des Datenschutzrechts liege.

349 Dazu Kap. D. II. 6.) a.) bb.) (4.).

350 *Ernst*, in: Paal/Pauly, DS-GVO/BDSG, 3. Aufl. 2021, Art. 2 Rn. 21.

351 So auch *Jotzo*, Der Schutz personenbezogener Daten in der Cloud, Teil 2. Rn. 90.

Missbrauchsrisiken sinken beim Vorliegen von Auftragsverarbeitungskonstellationen im Bereich des Cloud Computing. Eine solche ist anzunehmen, wenn private Nutzer einen weisungsgebundenen Anbieter in Anspruch nehmen, um personenbezogene Daten Dritter zu speichern, ohne dass dieser Dienst die Daten für eigene Zwecke verarbeitet.[352] Voraussetzung ist, dass der Dienstleister, der die Software, die Datenbanken oder den Speicherplatz bereitstellt, nach Maßgabe der persönlich-familiären Zwecke des Kunden handelt.[353]

(c.) Reichweite der Haushaltsausnahme im Internet der Dinge

Eine weitere Entwicklung, die das Haushaltsprivileg aus Art. 2 Abs. 2 lit. c DSGVO vor Herausforderungen stellt, ist in der sich ausweitenden Verdatung privater Lebensbereiche im Kontext vernetzter Gegenstände zu sehen.[354] Auch die durch eine private Nutzung vernetzter Gegenstände bedingten Datenverarbeitungsvorgänge können im Grundsatz vom Haushaltsprivileg erfasst sein, wenn sie sowohl innerhalb der quantitativen als auch qualitativen Grenzen des Ausnahmetatbestandes erfolgen.

Betrifft die Datenerhebung im Smart Home nur die personenbezogenen Daten des Wohnungsinhabers, enger Freunde oder Familienangehöriger und finden die Folgeverarbeitungen in der technischen Einflusssphäre des privaten Nutzers statt, fallen diese Vorgänge nicht in den Anwendungsbereich des Datenschutzrechts.[355] Werden Kamerasysteme im eigenen Haushalt genutzt, um ausschließlich die eigene Wohnung oder das eigene Grundstück sowie den Wohnungsinhaber und Personen innerhalb des häuslich-familiären Kreises aufzunehmen, ist von einer Privilegierung auszugehen.[356] Gleiches gilt im Hinblick auf Datenverarbeitungsvorgänge durch Computertechnologien, die am eigenen Körper (oder Kopf) getragen werden (sog. „Wearables“[357]), wie etwa Smartglasses[358] oder Smartwatches[359], wenn die smarten

---

[352] *Schmid/Kahl*, ZD 2017, 54 (56); siehe zur Auftragsverarbeitung im Bereich des Cloud-Computings *Heckmann/Scheurer*, in: Heckmann/Paschke, jurisPK-Internetrecht, 8. Aufl., Kap. 9 (Stand: 15.04.2025) Rn. 339 f.

[353] Vgl. *Härting*, ITRB, 2018, 167 (168).

[354] Dazu Kap. B. II. 3.).

[355] Siehe bereits zur Regelung unter dem BDSG a.F. *Geminn*, DuD 2016, 575 (579); *Skistims*, Smart Homes, S. 395 f.; *Roßnagel*, in: Simitis/Hornung/Spiecker gen. Döhmann, DSGVO/BDSG, 2. Aufl. 2025, Art. 2 Rn. 24 f.

[356] Vgl. *Gola*, in: Gola/Heckmann, DSGVO/BDSG, 3. Aufl. 2022, Art. 2 Rn. 19; *Roßnagel*, in: Simitis/Hornung/Spiecker gen. Döhmann, DSGVO/BDSG, 2. Aufl. 2025, Art. 2 Rn. 30.

[357] Siehe zum Begriff der „Wearables“ *Wilmer*, DSRITB 2015, 1 ff.; siehe im Einzelnen *Roßnagel*, Datenschutz im informatisierten Alltag, S. 68 ff.

[358] Der Begriff „Smartglasses“ umfasst tragbare (wearable) Computer, deren grundlegende technische Voraussetzung darin besteht, das Blickfeld des Trägers um virtuelle Informationen erweitern zu können, um Augmented Reality bzw. mixed Reality-Anwendungen zu ermöglichen, ausführlich dazu *Schwenke*, Private Nutzung von Smartglasses im öffentlichen Raum, S. 26 f.

[359] Der Begriff der „Smartwatch“ umfasst ist eine elektronische Armbanduhr, die über zusätzliche Sensoren und Computerfunktionalitäten und -konnektivitäten verfügt und dadurch ein tragbares Computersystem aus dem Bereich des Wearable Computing darstellt, siehe dazu *Gard/Singler*, NZW 2015, 569 m.w.N.

Gegenstände ausschließlich die Fitness- und Gesundheitsdaten für den privaten Nutzer erheben und nur dieser sie zur Kenntnis nehmen und auswerten kann.[360]

Die weitreichende Vernetzung smarter Gegenstände über das Internet hat jedoch oftmals auch zur Folge, dass personenbezogene Daten in großem Umfang den häuslich-familiären Bereich verlassen und in die technische Einflusssphäre externer Diensteanbieter gelangen, um von diesen für die Optimierung des angebotenen Dienstes ausgewertet und weiterverarbeitet zu werden.

Als Beispiel ist die Einbindung eines Smart Home-Device, wie etwa eines Smart Speakers, zu nennen. Die Einbindung eines mit Spracherkennungssoftware ausgestatteten und mit dem Internet vernetzten Lautsprechers führt dazu, dass personenbezogene Daten erhoben, an den Diensteanbieter weitergeleitet und von diesem zu vornehmlich wirtschaftlichen Zwecken weiterverarbeitet werden. Die Zugänglichmachung personenbezogener Daten beschränkt sich dabei häufig nicht auf die zum häuslich-familiären Kreis gehörenden Personen, sondern kann auch die personenbezogenen Daten von Betroffenen, die diesem Kreis nicht selbst angehören (z.B. Besucher, Bekannte oder sonstige Dritte), umfassen.

Während im Hinblick auf Erhebungsvorgänge durch die Sensorik eines vernetzten Produkts noch von einer Privilegierung auszugehen ist, wenn der Betreiber zum Familien- oder Freundeskreis gehört,[361] ist der Anwendungsbereich des Datenschutzrechts eröffnet, wenn die Verarbeitung durch mobile Endgeräte erfolgt, die von Personen betrieben werden, die nicht dem familiären oder persönlichen Kreis angehören.[362] Im Zweifel überschreitet die Nutzung vernetzter Geräte auch dann die Grenzen des Haushaltsprivilegs, wenn infolge der Einbindung die personenbezogenen Daten von Betroffenen den häuslich-familiären Kreis verlassen und die Daten auf Servern des Diensteanbieters gespeichert, analysiert, in sonstiger Weise weiterverarbeitet oder an andere Hersteller, Versicherungen oder andere Interessenten weitergeleitet werden.[363] An diesem Befund ändert sich selbst dann nichts, wenn die jeweiligen Nutzer des informationstechnischen Systems im Grundsatz einen familiären oder persönlichen Zweck durch die Nutzung des Dienstes verfolgen.[364]

---

[360] *Jandt*, DuD 2016, 571 (572); *Roßnagel*, in: Simitis/Hornung/Spiecker gen. Döhmann, DSGVO/BDSG, 2. Aufl. 2025, Art. 2 Rn. 30.

[361] So auch *Skistims*, Smart Homes, S. 395.

[362] *Skistims*, Smart Homes, S. 396.

[363] *Chen/Edwards/Urquhart/McAuley*, International Data Privacy Law 2020 (Vol. 10, No. 4), S. 285 ff.; *Solmecke/Kocatepe*, ZD 2014, 22 (24); *Roßnagel*, in: Simitis/Hornung/Spiecker gen. Döhmann, DSGVO/BDSG, 2. Aufl. 2025, Art. 2 Rn. 29 ff.; *Skistims*, Smart Homes, S. 395 f.; siehe zu Anwendungsbereich des Datenschutzrechts bei Smart Cars *Roßnagel/Geminn/Jandt/Richter*, Datenschutzrecht 2016 „Smart“ genug für die Zukunft?, S. 59 f.

[364] Vgl. *Skistims*, Smart Homes, S. 395; i.E. auch *Wilmer*, DSRITB 2015, 1 (6).

Die Entkopplung ist damit zu begründen, dass sich die Grundrechte und Grundfreiheiten Betroffener erheblichen Missbrauchsgefahren ausgesetzt sehen, wenn die mittels der smarten Gegenstände erhobenen Daten innerhalb von Cloud-Diensten gespeichert werden, deren Schutzniveau einen unbefugten Datenzugriff befürchten lassen.[365] Solange durch Nutzungsbeschränkungen nicht wirksam sichergestellt werden kann, dass der weitere Datenumgang begrenzt ist oder der Diensteanbieter streng weisungsgebunden tätig wird, steht zu befürchten, dass personenbezogene Daten nicht nur zum Zwecke der originären Darbringung des Dienstes sowie dessen Optimierung genutzt werden, sondern auch dazu, um die Gewohnheiten betroffener Personen zu überwachen, auszuwerten und monetarisierbare Profile zu erstellen.[366]

Besonders ausgeprägt ist der Drittbezug bei Datenverarbeitungen durch Wearables. Im Gegensatz zu vernetzten Gegenständen aus dem Smart Home werden Wearables typischerweise auch außerhalb des räumlichen Bereichs des eigenen Heims und damit in der Öffentlichkeit getragen. Dies führt dazu, dass der Nutzer seine gesamte Umgebung und damit Personen außerhalb des persönlich/familiären Bereichs sensorgestützt erfasst, um die Funktionalitäten des Produkts umfassend zu nutzen. Wegen des von ihnen ausgehenden Überwachungs- und Anpassungsdrucks sowie wegen der Gefahr des Verfügungsverlustes personenbezogener Daten entstehen durch die öffentliche Nutzung von Wearables, die auch andere Menschen erfassen, erhebliche Gefährdungen für die Grundrechte und Grundfreiheiten Betroffener, die eine Privilegierung dieser Verarbeitungsvorgänge in der Regel ausschließen.[367] Eine rein lokale Speicherung der Nutzerdaten ist oftmals schon technisch nicht möglich.[368]

(6.) Wechselwirkung von Privilegierung und Verantwortungszuordnung

Im Kontext multipolarer Verarbeitungsszenarien ist fraglich, wie sich eine etwaige Privilegierung der Tätigkeit eines privaten Nutzers auf die Zuordnung datenschutzrechtlicher Verantwortlichkeiten im Verhältnis zu anderen Beteiligten auswirkt.

Unsicherheiten entstehen im Verhältnis zwischen privaten Nutzern und den Anbietern, deren Dienste in Anspruch genommen werden. Unter der Bedingung, dass der bereitstellende Dienstleister einer Software, von Datenbanken oder Speicherplatz keine eigenen Zwecke verfolgt, sondern nach Maßgabe der Zwecke, die der Kunde verfolgt, weisungsgebunden handelt und das Tätigwerden des privaten Nutzers lediglich technisch ausgestaltet, kommt den Anbietern von Webmail-Diensten, Cloud-Speicher-Diensten und anderen Backup-Systemen

[365] Siehe zu der Problematik *Piltz*, Soziale Netzwerke im Internet, S. 96; *Schwenke*, Private Nutzung von Smartglasses im öffentlichen Raum, S. 208 f. m.w.N.

[366] Vgl. *Art.-29-Datenschutzgruppe*, WP 223, S. 4 f.

[367] Ausführlich dazu *Schwenke*, Private Nutzung von Smartglasses im öffentlichen Raum, S. 208 f. m.w.N.

[368] *Wilmer*, DSRITB 2015, 1 (6).

grundsätzlich die Rolle als Auftragsverarbeiter i.S.d. Art. 4 Nr. 8 DSGVO zu.[369] Wird der private Nutzer als Auftraggeber und der Diensteanbieter als Auftragsverarbeiter tätig und kann sich der Auftraggeber zugleich auf das Haushaltsprivileg aus Art. 2 Abs. 2 lit. c DSGVO berufen, entsteht eine Konstellation, in der das Tätigwerden der an sich verantwortlichen Stelle aus dem Anwendungsbereich des Datenschutzrechts fällt und lediglich der Diensteanbieter als Adressat datenschutzrechtlicher Vorgaben verbleibt.[370]

Weil der Auftragsverarbeiter ausweislich des Wortlautes des Art. 4 Nr. 8 DSGVO jedoch selbst kein Verantwortlicher i.S.d. Art. 4 Nr. 7 DSGVO ist, solange er die Verarbeitung nicht inhaltlich steuert und keine Daten für eigene Zwecke verarbeitet, hat eine ersatzweise Inanspruchnahme und eine Pflichtenerweiterung auf Seiten des Beauftragten auszuscheiden.[371] Wollte man den Diensteanbieter ungeachtet seiner faktischen Stellung dennoch zum Verantwortlichen machen, stünde dieser auch vor der praktisch kaum lösbaren Herausforderung, sämtlichen Primärpflichten nachzukommen.[372] Letztlich hinge die Möglichkeit einer Auftragsverarbeitung von dem Vorliegen bzw. Nichtvorliegen einer für den Diensteanbieter kaum nachzuvollziehenden Privilegierung auf Seiten des Nutzers ab.[373]

Im Hinblick auf die vom Gesetzgeber offensichtlich nicht bedachte Situation ist es stattdessen vorzugwürdig, von einem Sonderfall auszugehen, in dem es insgesamt an einer verantwortlichen Stelle fehlt.[374] Als eng zu begrenzende Ausnahme von dem Grundsatz, dass es in der Konzeption des europäischen Datenschutzrechts keine unverantwortete Datenverarbeitung

---

[369] Vgl. *Heckmann/Scheurer*, in: Heckmann/Paschke, jurisPK-Internetrecht, 8. Aufl., Kap. 9 (Stand: 15.04.2025) Rn. 339 f.; ausführlich zur Auftragsverarbeitung bei Cloud Computing-Diensten *Schmid/Kahl*, ZD 2017, 54 (56); *Golland*, ZD 2020, 397 (400); *Härting*, ITRB, 2018, 167 (168); zur Rolle des Auftragsverarbeiters Kap. D. III. 3.) a.) bb.) (4.).

[370] Diese Problematik bereits aufgreifend *Art.-29-Datenschutzgruppe*, WP 168, S. 21 Rn. 71; siehe dazu auch *Spindler/Dalby*, in: Spindler/Schuster, Recht der elektronischen Medien, 4. Aufl. 2019, 3. Teil DSGVO Art. 2 Rn. 6.

[371] Vgl. zur Rechtslage unter dem BDSG a.F *Borges*, in: Borges/Meents, Cloud Computing, § 8 Rn. 67; siehe zu der Konstellation auch *Kühling/Raab*, in: Kühling/Buchner, DS-GVO/BDSG, 4. Aufl. 2024, Art. 2 Rn. 25; *Golland*, Datenverarbeitung in sozialen Netzwerken, S. 129; *Spindler/Dalby*, in: Spindler/Schuster, Recht der elektronischen Medien, 4. Aufl. 2019, 3. Teil DSGVO Art. 2 Rn. 6; a.A. noch in der früheren Fassung der Kommentierung *Bäcker*, in: Wolff/Brink, BeckOK Datenschutzrecht, 42. Edition Stand: 01.11.2022, Art. 2 Rn. 23.

[372] Siehe dazu ausführlich *Golland*, ZD 2020, 397 (400), der zurecht darauf hinweist, dass der Diensteanbieter auch ohne einen inhaltlichen Ausgestaltungsspielraum hinsichtlich der Daten eine Rechtsgrundlage vorweisen müsste; dies nunmehr ebenfalls anerkennend *Bäcker*, in: Wolff/Brink/v. Ungern-Sternberg, BeckOK Datenschutzrecht, 52. Edition Stand: 01.05.2025, Art. 2 Rn. 23.

[373] *Golland*, ZD 2020, 397 (400).

[374] Instruktiv dazu *Borges*, in: Borges/Meents, Cloud Computing, § 8 Rn. 68 ff.; eine ähnliche Auffassung vertretend *Art.-29-Datenschutzgruppe*, WP 168, S. 21 Rn. 71, die ebenfalls vom Fehlen einer verantwortlichen Stelle ausgeht, soweit der Anbieter im Rahmen der Weisungen des Verbrauchers handelt; *Grzeszick/Rauber*, ZD 2018, 560 (563); *Spindler/Dalby*, in: Spindler/Schuster, Recht der elektronischen Medien, 4. Aufl. 2019, 3. Teil DSGVO Art. 2 Rn. 6; *Golland*, ZD 2020, 397 (400).

geben soll,[375] ähnelt die Situation einer Verarbeitung personenbezogener Daten auf eigenen informationstechnischen Systemen, für die es ebenfalls keine verantwortliche Stelle gibt.[376] Unter der Prämisse des Fehlens einer verantwortlichen Stelle ist darüber hinaus fraglich, ob sich der Auftragnehmer ebenfalls auf das Haushaltsprivileg berufen kann, mit der Folge, dass auch sein Tätigwerden aus dem sachlichen Anwendungsbereich des Datenschutzrechts fällt.[377] Mit Blick auf die DSGVO-Erwägungsgründe scheint eine solche Privilegierung durch den Gesetzgeber jedoch nicht vorgesehen zu sein. Diesen Schluss legt DSGVO-Erwägungsgrund 18 S. 3 nahe, demzufolge „[d]iese Verordnung […] jedoch für die Verantwortlichen oder Auftragsverarbeiter [gilt], die die Instrumente für die Verarbeitung personenbezogener Daten für solche persönlichen und familiären Tätigkeiten bereitstellen".[378] Unabhängig davon, ob eine Privatperson in den Genuss der Privilegierung kommt oder nicht, handelt es sich für den Anbieter der Dienstleistung nicht um eine persönliche oder familiäre Tätigkeit, wenn er die Dienste für solche Tätigkeiten bereitstellt.[379] Auf die Verantwortlichen oder Auftragsverarbeiter, die die Dienste für persönliche oder familiäre Tätigkeiten bereitstellen, findet die DSGVO damit Anwendung.[380] Dabei sind die Verarbeitungsvorgänge auf Seiten der Anbieter streng von den Vorgängen im Einflussbereich der Privatpersonen zu trennen und separat zu beurteilen.[381] Die Folge dieser Annahme ist, dass Konstellationen auftreten können, in denen dem Auftragsverarbeiter mit der privilegierten Privatperson kein Verantwortlicher als entsprechendes Pendant gegenübersteht. Dem Umstand geschuldet, dass die Regelungen der DSGVO zur Auftragsverarbeitung ihrem Inhalt nach und der Systematik folgend jedoch nach einem hinter dem Auftragsverarbeiter stehenden Verantwortlichen verlangen,[382] der für die Einhaltung der datenschutzrechtlichen Primärpflichten einzustehen hat und die DSGVO für die Datenverarbeitung

[375] Diesen Grundsatz als letztgültig verstehend *Monreal*, CR 2019, 797 (803); in diesem Sinne auch *Baumann/Hamm*, InTer 2021, 208 (211).
[376] *Borges*, in: Borges/Meents, Cloud Computing, § 8 Rn. 69.
[377] Vgl. zur Problematik *Spindler/Dalby*, in: Spindler/Schuster, Recht der elektronischen Medien, 4. Aufl. 2019, 3. Teil DSGVO Art. 2 Rn. 6.
[378] Siehe dazu *Kühling/Raab*, in: Kühling/Buchner, DS-GVO/BDSG, 4. Aufl. 2024, Art. 2 Rn. 25; in diesem Sinne auch *Zerdick*, in: Ehmann/Selmayr, DSGVO, 3. Aufl. 2024, Art. 2 Rn. 12; a.A. *Grzeszick/Rauber*, ZD 2018, 560 (563 f.), die im Ergebnis davon ausgehen, dass auch die Tätigkeit des mit der Datenverarbeitung Beauftragten nicht in den Anwendungsbereich der DSGVO fällt; *Spindler/Dalby*, in: Spindler/Schuster, Recht der elektronischen Medien, 4. Aufl. 2019, 3. Teil DSGVO Art. 2 Rn. 6.
[379] *Roßnagel*, in: Simitis/Hornung/Spiecker gen. Döhmann, DSGVO/BDSG, 2. Aufl. 2025, Art. 2 Rn. 36; a.A. *Grzeszick/Rauber*, ZD 2018, 560 (563 f.).
[380] Vgl. *Roßnagel*, in: Simitis/Hornung/Spiecker gen. Döhmann, DSGVO/BDSG, 2. Aufl. 2025, Art. 2 Rn. 36; *Zerdick*, in: Ehmann/Selmayr, DSGVO, 3. Aufl. 2024, Art. 2 Rn. 12; *Kühling/Raab*, in: Kühling/Buchner, DS-GVO/BDSG, 4. Aufl. 2024, Art. 2 Rn. 25; *Jotzo*, Der Schutz personenbezogener Daten in der Cloud, Teil 2. Rn. 91, der klarstellt, dass sich auch Cloud Provider in aller Regel nicht auf das Haushaltsprivileg berufen können.
[381] Vgl. *Golland*, Datenverarbeitung in sozialen Netzwerken, S. 83.
[382] *Grzeszick/Rauber*, ZD 2018, 560 (562 f.); *Spindler/Dalby*, in: Spindler/Schuster, Recht der elektronischen Medien, 4. Aufl. 2019, 3. Teil DSGVO Art. 2 Rn. 6.

im Auftrag von privilegierten Privatpersonen keine gesetzliche Sonderregelung enthält, finden die Vorschriften über die Auftragsverarbeitung keine direkte Anwendung.[383]
Um diese vom Gesetzgeber offensichtlich nicht bedachte Problematik aufzulösen, wird nachvollziehbarerweise eine analoge Anwendung der Regelungen zur Auftragsverarbeitung erwogen.[384] Auf diese Weise kann die technische Ausgestaltung dem privaten Nutzer zugerechnet werden[385] und der Beauftragte zugleich von dem Erfordernis einer eigenen Rechtsgrundlage freigestellt bleiben. Gleichzeitig wird sichergestellt, dass die mit der Auftragsverarbeitung verbundenen Pflichten entsprechend einzuhalten sind.[386] Aufgrund dessen, dass der Diensteanbieter, der weisungswidrig die personenbezogenen Daten zu eigenen Zwecken verarbeitet, unter entsprechender Anwendung des Art. 4 Nr. 7 DSGVO sowie des Art. 28 Abs. 10 DSGVO selbst zum Verantwortlichen wird, sind keine der Konzeption der DSGVO wiedersprechenden Schutzlücken im Betroffenenschutz zu befürchten.[387] Die außerhalb des Haushaltsprivilegs agierenden Diensteanbieter unterfallen im Rahmen ihres Einflussbereichs vollumfänglich den datenschutzrechtlichen Vorgaben.

(7.) Zusammenfassung

Um diejenigen Personen, deren personenbezogene Daten verarbeitet werden, nicht schutzlos zu stellen, fällt nicht jede scheinbar „private" Datenverarbeitung unter das Haushaltsprivileg.[388] Der Abwägung widerspräche es aber ebenso, alle Tätigkeiten dem Datenschutzrecht zu unterwerfen, denen Privatpersonen online nachgehen.[389] Die Analyse des Haushaltsprivilegs verdeutlicht, dass pauschale Aussagen hinsichtlich der An- bzw. Nichtanwendbarkeit des Datenschutzrechts nicht dazu in der Lage sind, die tatsächlichen Gefahren und Risiken für die Grundrechte und Grundfreiheiten der betroffenen Personen in einen verhältnismäßigen Ausgleich zu den Interessen des Datenverarbeiters zu bringen. Im Kern beruht das Haushaltsprivileg auf einer Interessenabwägung, um einzelfallbezogen einen Grundrechtsausgleich zwischen den Beteiligten zu erwirken und den Gefahrenlagen des Einzelfalls gerecht zu werden.[390]

[383] Zur Rechtslage unter dem BDSG a.F. bereits *Borges*, in: Borges/Meents, Cloud Computing, § 8 Rn. 62-65; zur Rechtslage unter der DSGVO *Golland*, Datenverarbeitung in sozialen Netzwerken, S. 120 f.
[384] *Borges*, in: Borges/Meets, Cloud Computing, § 8 Rn. 68 ff.; *Golland*, ZD 2020, 397 (400).
[385] *Borges*, in: Borges/Meets, Cloud Computing, § 8 Rn. 68.
[386] *Golland*, ZD 2020, 397 (400); *Borges*, in: Borges/Meets, Cloud Computing, § 8 Rn. 69; dazu Kap. D. III. 3.) a.).
[387] Zur Rechtslage unter dem BDSG a.F. bereits *Borges*, in: Borges/Meets, Cloud Computing, § 8 Rn. 70; in diesem Sinne auch *Grzeszick/Rauber,* ZD 2018, 560 (563); *Golland*, ZD 2020, 397 (400).
[388] Vgl. *Golland*, ZD 2020, 397.
[389] *Jotzo*, Der Schutz personenbezogener Daten in der Cloud, Teil 2. Rn. 89; a.A. wohl *Jandt/Roßnagel*, ZD 2011, 160 (162), die das Haushaltsprivileg bereits dann ablehnen, wenn der Netzwerkbetreiber potenziell Zugriff auf die Daten erlangen kann.
[390] *Albrecht/Jotzo*, Datenschutzrecht, Teil 3 Rn. 30.

Im Rahmen der Interessenabwägung sind Inhalt, Zweck und Kontext der Tätigkeit zu berücksichtigen. Weil die Gefahren und Risiken für die Grundrechte und Grundfreiheiten betroffener Personen stark davon beeinflusst werden, welche Akteure Zugriff auf die Daten erhalten und inwieweit die Folgeverarbeitungen für den Privaten technisch beherrschbar bleiben, ist der quantitativen Grenze des Haushaltsprivilegs eine besondere Bedeutung beizumessen. Dies gilt insbesondere im Hinblick auf das Tätigwerden natürlicher Personen, die Online-Anwendungen als Nutzer in ihre Lebenswirklichkeit einbinden. Wenngleich die Hinzuziehung Externer nicht zwangsläufig die Grenzen des Haushaltsprivilegs überschreitet, etwa wenn Nutzungsbeschränkungen eine begrenzte und vertrauliche Weiterverarbeitung absichern, können Datenverarbeitungshandlungen in der Regel nicht mehr unter die Ausnahmevorschrift subsumiert werden, wenn die technische Beherrschbarkeit aufgegeben wird. Die enorme Verarbeitungskapazität und die für die Betroffenen nicht absehbaren Gefährdungen bedingen, dass eine Privilegierung dieser Datenverarbeitungen im Zweifel nicht mehr zu rechtfertigen ist.
Wenngleich das Datenschutzrecht klassischerweise auf das Verhältnis zwischen Staat und Bürger abzielt und verstärkt finanzstarke Unternehmen aus der Digitalwirtschaft in den Blick nimmt,[391] offenbart die Untersuchung, dass durch die gebotene Auslegung des Haushaltsprivilegs auch private Akteure zu Adressaten des Datenschutzrechts werden, wenn ihr Tätigwerden außerhalb der skizzierten Grenzen erfolgt. Für die Zuordnung datenschutzrechtlicher Verantwortlichkeiten ist diese Erkenntnis von wesentlicher Bedeutung. Aufgrund der gesteigerten Gefährdungspotenziale, die für Betroffene in Internetsachverhalten bestehen, ist dieser Befund insgesamt nachvollziehbar. Unter Beachtung der geschilderten Grundsätze ist das Haushaltsprivileg auch weiterhin dazu in der Lage, sich verändernden Lebenswirklichkeiten anzupassen und einen angemessenen Interessenausgleich zwischen den beteiligten Personen zu erwirken.

b.) Die sachliche Begriffskomponente des Verantwortlichkeitskonzepts

Das zentrale Merkmal für die Bestimmung des datenschutzrechtlich Verantwortlichen ist, dass dieser über die Zwecke und Mittel eines Datenverarbeitungsvorgangs entscheidet.[392] Sowohl die Verantwortlichkeitsbegründung als auch deren Beendigung richtet sich nach diesem konstitutiven Element. Zudem dient das Merkmal als wesentliches Kriterium, anhand dessen zwischen Verantwortlichen und Auftragsverarbeitern, Verantwortlichen untereinander sowie

---

391 Dazu Kap. B. III.

392 Vgl. *Arning/Rothkegel*, in: Taeger/Gabel, DSGVO/BDSG/TTDSG, 4. Aufl. 2022, Art. 4 Rn. 181; *Hartung*, in: Kühling/Buchner, DS-GVO/BDSG, 4. Aufl. 2024, Art. 4 Nr. 7 Rn. 13; *Monreal*, ZD 2014, 611 (613); zwischen den Aspekten der Form des Verantwortlichen, der Entscheidungskompetenz, der Festlegung von Zweck und Mittel der Verarbeitung und der gemeinsamen Entscheidungsfindung differenzierend *Klabunde/Horváth*, in: Ehmann/Selmayr, DSGVO, 3. Aufl. 2024, Art. 4 Rn. 37.

sonstigen involvierten Entitäten eine Abgrenzung erfolgt.[393] Das Element stellt den entscheidenden Teil der Prüfung dar, nämlich die Frage, wie und worüber eine Partei zu entscheiden hat, um als datenschutzrechtlich Verantwortlicher zu gelten.[394] Die „Zwecke und Mittel der Verarbeitung" beinhalten die Elemente, über die eine Partei inhaltlich zu entscheiden hat und stellen damit den Objektbezug her.[395] Sie bilden den Ausgangspunkt, auf den sich die Entscheidungsfähigkeit bezieht. Ungeachtet der herausragenden Bedeutung des Merkmals sind jedoch weder der DSRL noch der DSGVO Legaldefinitionen der zentralen Begrifflichkeiten zu entnehmen.

aa.) Zweckbegriff

In der DSGVO selbst findet sich keine Definition des Begriffs des „Zwecks". Aufgrund der fehlenden Legaldefinition hat bereits die *Art.-29-Datenschutzgruppe* den Begriff des „Zwecks" der Verarbeitung als „erwartetes Ergebnis, das beabsichtigt ist oder die geplanten Aktionen leitet"[396] beschrieben. Vereinfacht ist damit das faktische Ergebnis, das mit der Verarbeitung angestrebt wird, also das „Warum" bzw. das „Wozu" und das „Ob" der Verarbeitung gemeint.[397] Der Zweck selbst kann das Ziel, der Grund oder das Wesen der Verarbeitung sein.[398]

(1.) Der Zweckbegriff als Fixpunkt im Datenschutzrecht

Um den abstrakten Begriff des „Zwecks" zu konkretisieren, ist dessen Ausgestaltung und Bedeutung in der Konzeption des Datenschutzrechts zu betrachten. Grundsätzlich nimmt die Kontrolle der Zwecke einer Datenverarbeitung in der DSGVO eine zentrale Rolle ein. Sie stellt den Fixpunkt dar, der die Datenverarbeitung ermöglicht und ergänzt.[399] Mit Blick auf die Erforderlichkeit, Angemessenheit, Vollständigkeit und Dauer einer Verarbeitung handelt es sich bei der Orientierung an dem einer Datenverarbeitung zugrunde liegenden Zweck um das beherrschende Konstruktionsprinzip des Datenschutzrechts.[400] Die DSGVO legt fest, dass Daten für festgelegte, eindeutige und rechtmäßige Zwecke erhoben werden müssen und nicht in einer

---

[393] Vgl. *Arning/Rothkegel*, in: Taeger/Gabel, DSGVO/BDSG/TTDSG, 4. Aufl. 2022, Art. 4 Rn. 184.
[394] *EDPB*, Guidelines 07/2020 (Version 2.1), Rn. 32.
[395] Vgl. *Monreal*, CR 2019, 797 (801); *Monreal*, ZD 2014, 611 (612); *EDPB*, Guidelines 07/2020 (Version 2.1), Rn. 32.
[396] *Art.-29-Datenschutzgruppe*, WP 169, S. 16; in diesem Sinne auch *EDPB*, Guidelines 07/2020 (Version 2.1), Rn. 33.
[397] *Art.-29-Datenschutzgruppe*, WP 169, S. 16; in diesem Sinne auch *EDPB*, Guidelines 07/2020 (Version 2.1), Rn. 35; siehe dazu auch *Nebel*, FS Roßnagel 2020, S. 342; *Monreal*, ZD 2014, 611 (612).
[398] *Frenzel*, in: Paal/Pauly, DS-GVO/BDSG, 3. Aufl. 2021, Art. 5 Rn. 23 m.w.N.
[399] *Golland*, K&R 2018, 433 (435).
[400] Vgl. *Dammann*, ZD 2016, 307 (311 f.); *Frenzel*, in: Paal/Pauly, DS-GVO/BDSG, 3. Aufl. 2021, Art. 5 Rn. 23: „Dreh- und Angelpunkt"; *Schantz*, in: Wolff/Brink/v. Ungern-Sternberg, BeckOK Datenschutzrecht, 52. Edition Stand: 01.05.2025, Art. 5 Rn. 13.

Weise weiterverarbeitet werden dürfen, die mit diesen Zwecken unvereinbar ist.[401] Auf erster Stufe entscheidet der Zweck bereits über die Anwendbarkeit des Datenschutzrechts (insb. Art. 2 Abs. 2 lit. c DSGVO). Zudem findet sich der Zweckbegriff in einem Großteil der Grundsätze wieder (vgl. Art. 5 DSGVO). Darüber hinaus ist der Zweck bestimmend für die Reichweite der Erlaubnistatbestände (Art. 6 Abs. 1 DSGVO). Im Kern legitimiert der Zweck die Verarbeitung der personenbezogenen Daten.[402] Dabei korreliert der Zweck unmittelbar mit einer der in Art. 6 Abs. 1 DSGVO aufgeführten Rechtsgrundlagen der Verarbeitung.[403] Des Weiteren ist er Gegenstand von Betroffenenrechten (insb. Artt. 13 bis 15 DSGVO) und Maßstab für erforderliche technische und organisatorische Maßnahmen (Artt. 24, 32, 37 Abs. 1 lit. b DSGVO).[404]

(a.) Grundsatz der Zweckbindung

Eine hervorgehobene Stellung kommt dem Zweckbindungsgrundsatz zu, der dem Verordnungsgeber erkennbar ein großes Anliegen war und einen der tragenden Grundsätze darstellt.[405] Das dem Grundsatz der Zweckbindung zugrundeliegende Erfordernis, dass die Daten nur für festgelegte Zwecke erhoben werden dürfen, ergibt sich unmittelbar aus dem europäischen Primärrecht. Entscheidend ist der Wortlaut des Art. 8 Abs. 2 S. 1 GRCh, wonach die „Daten nur nach Treu und Glauben für festgelegte Zwecke […] verarbeitet werden [dürfen]“.[406] Das Zweckverständnis wird durch diesen prägenden Grundsatz wesentlich beeinflusst. Der Anwendungsbereich des Zweckbindungsgrundsatzes reicht dabei hinein bis in den

---

[401] *EDPB*, Guidelines 07/2020 (Version 2.1), Rn. 34.
[402] Vgl. *Frenzel*, in: Paal/Pauly, DS-GVO/BDSG, 3. Aufl. 2021, Art. 5 Rn. 23.
[403] *Monreal*, CR 2019, 797 (801).
[404] Vgl. *Golland*, K&R 2018, 433 (435); *Schantz*, in: Wolff/Brink/v. Ungern-Sternberg, BeckOK Datenschutzrecht, 52. Edition Stand: 01.05.2025, Art. 5 Rn. 13; ausführlich dazu *Dammann*, ZD 2016, 307 (311 f.): im Rahmen der DSGVO fungiert der Zweck als Maßstab für die Erforderlichkeit und die Angemessenheit (Art. 5 Abs. 1 lit. c, Art. 35 Abs. 7 lit. b DSGVO), die Richtigkeit und Vollständigkeit (Art. 5 Abs. 1 lit. d, Art. 16 DSGVO) und die Dauer der Verarbeitung (Art. 5 Abs. 1 lit. e, Art. 11 Abs. 1, Art. 17 Abs. 1 lit. a, Art. 18 Abs. 1 lit. c DSGVO). Und auch im Hinblick auf die für die Legitimation einer Datenverarbeitung entscheidende Rechtsgrundlage stellt die Zweckbindung einen notwendigen Bestandteil dar. Sowohl der Gesetzgeber (Art. 6 Abs. 3 Satz 2, Art. 23 Abs. 2 lit. a und f DSGVO), eine Unternehmensgruppe (Art. 47 Abs. 2 lit. b und d) als auch ein einwilligender Betroffener (Art. 6 Abs. 1 lit. a, Art. 9 Abs. 2 lit. a DSGVO) müssen den/die zugrunde liegenden Zweck[e] determinieren. Den datenschutzrechtlich Verantwortlichen einer Verarbeitung personenbezogener Daten trifft zudem die Pflicht den Betroffenen über den Zweck der Verarbeitung in Kenntnis zu setzen (Art. 13 Abs. 1 lit. b, Art. 14 Abs. 1 lit. c, Art. 15 Abs. 1 lit. a DSGVO). Darüber hinaus ist der Zweck der Verarbeitung im „Verzeichnis der Verarbeitungstätigkeiten” darzustellen (Art. 30 Abs. 1 lit. b DSGVO), das der Aufsichtsbehörde auf Anfrage vorzulegen ist (Art. 30 Abs. 4 DSGVO).
[405] Vgl. *Dammann*, ZD 2016, 307 (311); siehe dazu auch die ausführliche Stellungnahme der *Art.-29-Datenschutzgruppe,* Opinion 03/2013 on purpose limitation, WP 203, 02.04.2013, die anlässlich des Kommissionsvorschlags zur DSGVO verfasst wurde und den Zweckbindungsgrundsatz zum Gegenstand hat.
[406] Seine erstmalige Konturierung hat der Grundsatz der Zweckbindung im Volkszählungsurteil des Bundesverfassungsgerichts - BVerfGE 65, 1 – *Volkszählungsurteil* - erfahren, in dem eine erste Herausarbeitung der Eckpunkte erfolgte. Europarechtlich erfuhr der Grundsatz seine Verankerung bereits in Art. 6 Abs. 1 lit. b DSRL, in dem festgelegt war, dass personenbezogene Daten nur „für festgelegte eindeutige und rechtmäßige Zwecke erhoben und nicht in einer mit diesen Zweckbestimmungen nicht zu vereinbarenden Weise weiterverarbeitet werden“ dürfen; siehe dazu *Wolff*, in: Schantz/Wolff, Das neue Datenschutzrecht, Rn. 397 ff.

Privatrechtsverkehr, weil auch die EU-Gesetzgebung, die den Rahmen für den Privatrechtsverkehr festlegt, selbst der Zweckbindung verpflichtet ist (vgl. Artt. 51 Abs. 1 S. 1, 8 Abs. 2 S. 1 GRCh).[407]

Inhalt des europäischen Zweckbindungsgrundsatzes[408] ist, dass bereits bei der Erhebung personenbezogener Daten der Zweck (auch eine begrenzte Mehrheit von Zwecken kann vorliegen) festgelegt werden muss, zu dem die Daten verarbeitet werden und dass personenbezogene Daten nur für die Zwecke verwendet werden dürfen, die nicht unvereinbar, d.h. kompatibel mit dem Zweck sind, für den sie rechtmäßig erhoben wurden.[409] Für die Zulässigkeit einer Verarbeitung stellt nunmehr Art. 5 Abs. 1 lit. b. Hs. 1 DSGVO klar, dass personenbezogene Daten „[…] für festgelegte, eindeutige und legitime Zwecke erhoben werden [müssen] und […] nicht in einer mit diesen Zwecken nicht zu vereinbarenden Weise weiterverarbeitet werden [dürfen]". Strukturell unterteilt sich der Zweckbindungsgrundsatz in zwei Untergrundsätze mit leicht unterschiedlichen Zielrichtungen. Neben dem Gebot der Zweckfestlegung, welches eine Datenerhebung zu festgelegten, eindeutigen und legitimen Zwecken erfordert und im Umkehrschluss ein Verbot der Datenerhebung zu noch unbekannten Zwecken zur Folge hat (Abs. 1 lit. b Hs. 1 Var. 1), enthält der Zweckbindungsgrundsatz auch das Gebot der Zweckbeachtung bzw. der Zweckbindung im engeren Sinne, wonach jeder Verarbeitungsvorgang den bei der Erhebung der Daten festgelegten Zwecken entsprechen muss (Abs. 1 lit. b Hs. 1 Var. 2).[410]

Sinn und Zweck ist es, sinnlose Datenverarbeitungen zu verhindern und ziellosen Anhäufungen von Daten entgegenzuwirken, die ein potenzielles Risiko für die Rechte der betroffenen Personen darstellen, dem kein rechtfertigendes, legitimes Nutzungsinteresse gegenübersteht.[411]

Weiterverarbeitungen zu einem anderen Zweck als zu demjenigen, zu dem die personenbezogenen Daten erhoben wurden (Zweckänderung), sind nach Art. 5 Abs. 1 lit. b Hs. 1 DSGVO grundsätzlich unzulässig und nur unter erweiterten Voraussetzungen möglich (vgl. Art. 6 Abs.

---

[407] *Frenzel*, in: Paal/Pauly, DS-GVO/BDSG, 3. Aufl. 2021, Art. 5 Rn. 25.

[408] Zu den unterschiedlichen Nuancen des Zweckbindungsgrundsatzes im deutschen und europäischen Recht siehe *Wolff*, in: Schantz/Wolff, Das neue Datenschutzrecht, Rn. 398 f.

[409] *Herbst*, in: Kühling/Buchner, DS-GVO/BDSG, 4. Aufl. 2024, Art. 5 Rn. 21; *Wolff*, in: Schantz/Wolff, Das neue Datenschutzrecht, Rn. 400.

[410] Vgl. *Wolff*, in: Schantz/Wolff, Das neue Datenschutzrecht, Rn. 400 ff.; *Schantz*, in: Wolff/Brink/v. Ungern-Sternberg, BeckOK Datenschutzrecht, 52. Edition Stand: 01.05.2025, Art. 5 Rn. 12; siehe zum Grundsatz der Zweckbindung *Heberlein*, in: Ehmann/Selmayr, DSGVO, 3. Aufl. 2024, Art. 5 Rn. 20 ff.; *Culik/Döpke*, ZD 2017, 226 (227).

[411] *Freund*, in: Schuster/Grützmacher, IT-Recht, Art. 6 DSGVO Rn. 52; in diesem Sinne auch *Frenzel*, in: Paal/Pauly, DS-GVO/BDSG, 3. Aufl. 2021, Art. 5 Rn. 24.

4 DSGVO).[412] Im Hinblick auf das Erfordernis der Zweckvereinbarkeit[413], aber auch in der Gesamtschau zu den übrigen durch den Zweckbegriff geprägten Vorschriften, ist die vorangestellte Frage entscheidend, wann überhaupt von einer Zweckänderung auszugehen ist. Die Beantwortung der Frage hängt maßgeblich davon ab, wie weit oder eng der ursprüngliche Zweck auszulegen ist und wie präzise der Zweck vom Verarbeiter bestimmt werden muss.[414] Als Faustformel gilt dabei: „Je konkreter die Zweckbestimmung ist, umso eher ergibt sich eine Zweckänderung, die einer neuen rechtlichen Rechtfertigung durch eine Einwilligung oder einen (anderen) Rechtfertigungsgrund i.S.v. Art. 6 Abs. 4 DSGVO bedarf."[415]
Der an den Zweckbegriff anzulegende Abstraktionsgrad stellt damit die Weichen, ob erweiterte datenschutzrechtliche Voraussetzungen einzuhalten sind und wirkt sich unmittelbar auf die Rechtmäßigkeitsvoraussetzungen einzelner Datenverarbeitungen aus. Je nachdem, welcher Abstraktionsgrad zugrunde gelegt wird, hat dies unmittelbaren Einfluss auf die konkrete Vereinbarkeitsprüfung. Letztlich hängt die Wirkkraft des Zweckbindungsgrundsatzes und damit verbunden auch des gesamten Datenschutzrechts wesentlich davon ab, wie konkret die Zweckfestlegung zu erfolgen hat. Obwohl die Frage nach dem Abstraktionsgrad des datenschutzrechtlichen Zweckbegriffs damit die „kardinale Frage"[416] darstellt und sich auf das Zweckverständnis im gesamten Datenschutzrecht auswirkt, trifft die DSGVO keine klare Aussage, sondern beschränkt sich auf eine offene Regelungsform.[417] Die Unbestimmtheit der Norm wird lediglich dadurch etwas reduziert, dass die DSGVO Kriterien anbietet, die bei der Abwägungsentscheidung einer Vereinbarkeitsprüfung zu berücksichtigen sind.[418]

(b.) Der Abstraktionsgrad des Zweckbegriffs in der Gesamtschau

Anhaltspunkte hinsichtlich des Abstraktionsgrades des Zweckbegriffs ergeben sich aus der Ausgestaltung des Untergrundsatzes der Zweckfestlegung gemäß Art. 5 Abs. 1 lit. b Hs. 1 Var.

---

412 *Wolff*, in: Schantz/Wolff, Das neue Datenschutzrecht, Rn. 400; siehe ausführlich zum Erfordernis der Zweckvereinbarkeit *Herbst*, in: Kühling/Buchner, DS-GVO/BDSG, 4. Aufl. 2024, Art. 5 Rn. 45 ff.; *Voigt*, in: Taeger/Gabel, DSGVO/BDSG/TTDSG, 4. Aufl. 2022, Art. 5 Rn. 26; *Pötters*, in: Gola/Heckmann, DSGVO/BDSG, 3. Aufl. 2022, Art. 5 Rn. 19.

413 Ausführlich dazu *Herbst*, in: Kühling/Buchner, DS-GVO/BDSG, 4. Aufl. 2024, Art. 5 Rn. 43.

414 *Schantz*, NJW 2016, 1841 (1843); *Schantz*, in: Wolff/Brink/v. Ungern-Sternberg, BeckOK Datenschutzrecht, 52. Edition Stand: 01.05.2025, Art. 5 Rn. 15.

415 *Wolff*, in: Schantz/Wolff, Das neue Datenschutzrecht, Rn. 405.

416 Vgl. *Dammann*, ZD 2016, 307 (312).

417 Ausführlich dazu *Dammann*, ZD 2016, 307 (312).

418 Bezogen auf die konkrete Vereinbarkeitsprüfung gibt die DSGVO dem Verantwortlichen Kriterien vor, die dieser bei der Vereinbarkeitsprüfung zu beachten hat. Zu berücksichtigen ist das Verhältnis des ursprünglichen zum anderen Zweck (Art. 6 Abs. 4 lit. a DSGVO), der Erhebungszusammenhang (Art. 6 Abs. 4 lit. b DSGVO), die Art der personenbezogenen Daten (Art. 6 Abs. 4 lit. c DSGVO), die möglichen Folgen der beabsichtigten Weiterverarbeitung (Art. 6 Abs. 4 lit. d DSGVO) und das Vorliegen von Garantien oder Schutzmaßnahmen wie Verschlüsselung und Pseudonymisierung (Art. 6 Abs. 4 lit. e DSGVO), ausführlich dazu *Buchner/Petri*, in: Kühling/Buchner, DS-GVO/BDSG, 4. Aufl. 2024, Art. 6 Rn. 187 ff.

1 DSGVO. Dessen Grundvoraussetzung ist, dass der Zweck der Verarbeitung personenbezogener Daten festgelegt (anders als im Entwurf nicht mehr ausdr.: „genau“) wird. Art. 5 DSGVO enthält darüber hinaus ergänzende, materiell-rechtliche Vorgaben im Hinblick auf die Zweckfestlegung.[419] So muss die durch den Verantwortlichen ausdrücklich oder konkludent erfolgende Zweckfestlegung eindeutig sein.[420] Zudem ist es erforderlich, dass legitime Zwecke verfolgt werden.[421] Die Anforderungen verweisen jeweils aufeinander und ergänzen sich gegenseitig.

Während die erste Voraussetzung „festgelegt“ (englisch: „specified“; französisch: „déterminée“) die formale Komponente darstellt, die auf das bezogen wird, was eindeutig und als solches festzulegen ist, stellt die zweite Voraussetzung an den Inhalt der Festlegung die Anforderung der Eindeutigkeit und ist damit materiell-rechtlich zu verstehen.[422] Von einer Eindeutigkeit ist dann auszugehen, wenn der Zweck ausdrücklich als Zweck bezeichnet wird, inhaltlich eine gewisse begrenzende und einschränkende Funktion erfüllt und hinreichend bestimmt ist.[423] Dem materiellen Erfordernis der Bestimmtheit kommt dabei hinsichtlich der Frage nach dem Abstraktionsgrad des Zweckbegriffs eine gesteigerte Bedeutung zu. Um nicht in den rechtfertigungsbedürftigen Bereich einer Zweckänderung zu gelangen, liegt es regelmäßig im Interesse des datenschutzrechtlich Verantwortlichen, die Zweckbestimmung bei der Erhebung möglichst vage und unbestimmt zu halten.[424] Für den Schutz der Grundrechte und Grundfreiheiten Betroffener ist es jedoch von entscheidender Bedeutung, dass der Verarbeitung ihrer personenbezogenen Daten eine möglichst konkrete Zweckbestimmung vorangestellt wird.[425] Nur unter dieser Voraussetzung kann die Datenverarbeitung in einer sowohl für die betroffene Person als auch für die Aufsichtsbehörden nachvollziehbaren Weise begrenzt und so der Funktion des Zweckbindungsgrundsatzes entsprochen werden.[426]

Aus teleologischer Sicht spricht die Vorgabe, dass Zwecke „eindeutig“ festzulegen sind, daher für ein enges Verständnis.[427] Diese Sichtweise wird auch durch den Normtext gestützt. Der

[419] Ausführlich dazu *Wolff*, in: Schantz/Wolff, Das neue Datenschutzrecht, Rn. 401 ff.
[420] Vgl. *Wolff*, in: Schantz/Wolff, Das neue Datenschutzrecht, Rn. 402.
[421] Zur „Legitimität“ der Verarbeitungszwecke *Herbst*, in: Kühling/Buchner, DS-GVO/BDSG, 4. Aufl. 2024, Art. 5 Rn. 37.
[422] *Frenzel*, in: Paal/Pauly, DS-GVO/BDSG, 3. Aufl. 2021, Art. 5 Rn. 27; siehe dazu auch *Grafenstein*, DuD 2015, 789 (792), wonach der Zweckbindungsgrundsatz als ein Selbstregulierungsinstrument verstanden werden kann, das den Verantwortlichen zu einer Reflexion über die Ziele seiner Datenverarbeitung zwingt.
[423] Vgl. *Freund*, in: Schuster/Grützmacher, IT-Recht, Art. 6 DSGVO Rn. 52; *Wolff*, in: Schantz/Wolff, Das neue Datenschutzrecht, Rn. 404 f.; *Reimer*, in: Sydow/Marsch, DS-GVO/BDSG, 3. Aufl. 2022, Art. 5 Rn. 21 f.
[424] *Wolff*, in: Schantz/Wolff, Das neue Datenschutzrecht, Rn. 405.
[425] *Wolff*, in: Schantz/Wolff, Das neue Datenschutzrecht, Rn. 405.
[426] Vgl. *Herbst*, in: Kühling/Buchner, DS-GVO/BDSG, 4. Aufl. 2024, Art. 5 Rn. 35.
[427] In diesem Sinne auch *Schantz*, NJW 2016, 1841 (1843 f.); *Schantz*, in: Wolff/Brink/v. Ungern-Sternberg, BeckOK Datenschutzrecht, 52. Edition Stand: 01.05.2025, Art. 5 Rn. 15 f.; siehe dazu auch den Vergleich zum nationalstaatlichen Recht BVerfGE 120, 351 (366) – Bundeszentralamt für Steuern, demzufolge „eine hinreichend

Vergleich mit der englischen (englisch: „explicit“) und der französischen (französisch: „explicities“) Sprachfassung verdeutlicht, dass der Zweck hinreichend konkret und zweifelsfrei bestimmt sein muss.[428] Systematische Bezüge zum Transparenzgrundsatz stützen diese Sichtweise. Durch gehaltlos weite Zweckfestlegungen würde das Prinzip der Transparenz gefährdet.[429] Die Dokumentations- und Informationspflichten sind davon geprägt, dass der Zweck der Verarbeitung möglichst exakt zu erfassen ist (vgl. Art. 13 Abs. 1 lit. c, Art. 14 Abs. 1 lit. c, Art. 30 Abs. 1 lit. b DSGVO). Aus dem Umkehrschluss zu DSGVO-Erwägungsgrund 33, demzufolge im Kontext der Forschung eine weitere Zweckfestlegung ausnahmsweise gestattet wird, lässt sich schließen, dass als Regelfall ein enges Zweckverständnis in der DSGVO zugrunde gelegt wird.[430] Allgemein gehaltene Angaben hinsichtlich der Zielsetzung entsprechen folglich nicht dem notwendigen Detaillierungsgrad und sind nicht dazu in der Lage, das Gebot der Zweckfestlegung zu erfüllen.[431] Aus diesen Gründen erfüllt ein allgemeiner Zweck wie z. B. „Verbesserung der Nutzererfahrung“, „Werbe- oder Marketingzwecke“ oder Zweckbestimmungen für „Auskunfteien“ oder „Big-Data-Anwendungen“ in der Regel nicht die Vorgaben an die Bestimmtheit.[432]

(2.) Zwischenergebnis

Wenngleich eine konkrete Zwecksetzung, wie sie als Anknüpfungspunkt für die Rechtmäßigkeit einer Verarbeitung und die Rechte und Pflichten nach der DSGVO zugrunde zu legen ist, nicht automatisch und deckungsgleich für den Bereich der Verantwortlichkeitszuordnung übernommen werden kann, sollten die Wertungen aus der Gesamtschau der DSGVO nicht unberücksichtigt gelassen werden.[433] Um systematischen Inkohärenzen innerhalb der Verordnung vorzubeugen, ist es sinnvoll, den konzeptionellen Gesamtzusammenhang im Rahmen der Auslegung zu berücksichtigen. Im Gesamtkonzept der DSGVO umfasst der sehr abstrakte, schwer zu fassende Zweckbegriff die mit der konkreten Verarbeitung intendierte Zielsetzung. Sowohl im Hinblick auf den Tatbestand der Alleinverantwortlichkeit als auch hinsichtlich des

---

präzise Umgrenzung des Verwendungszwecks […] verlangt“ wird; ein weiteres Verständnis zugrunde legend *Culik/Döpke*, ZD 2017, 226 (228 f.).

[428] *Voigt*, in: Taeger/Gabel, DSGVO/BDSG/TTDSG, 4. Aufl. 2022, Art. 5 Rn. 24; *Heberlein*, in: Ehmann/Selmayr, DSGVO, 3. Aufl. 2024, Art. 5 Rn. 21; *Pötters*, in: Gola/Heckmann, DSGVO/BDSG, 3. Aufl. 2022, Art. 5 Rn. 15.

[429] *Schantz*, NJW 2016, 1841 (1843 f.).

[430] Vgl. *Schantz*, NJW 2016, 1841 (1843 f.).

[431] Vgl. *Heberlein*, in: Ehmann/Selmayr, DSGVO, 3. Aufl. 2024, Art. 5 Rn. 21; *Voigt*, in: Taeger/Gabel, DSGVO/BDSG/TTDSG, 4. Aufl. 2022, Art. 5 Rn. 24; *Wolff*, in: Schantz/Wolff, Das neue Datenschutzrecht, Rn. 401 und 406; gegen „nichtssagend weite Zweckfestlegungen“ *Schantz,* NJW 2016, 1841 (1844).

[432] Siehe bereits *Art.-29-Datenschutzgruppe*, WP 203, S. 16; siehe dazu *Heberlein*, in: Ehmann/Selmayr, DSGVO, 3. Aufl. 2024, Art. 5 Rn. 21; *Herbst*, in: Kühling/Buchner, DS-GVO/BDSG, 4. Aufl. 2024, Art. 5 Rn. 35; *Voigt*, in: Taeger/Gabel, DSGVO/BDSG/TTDSG, 4. Aufl. 2022, Art. 5 Rn. 24.

[433] A.A. *Lang*, in: Taeger/Gabel, DSGVO/BDSG/TTDSG, 4. Aufl. 2022, Art. 26 Rn. 42, der den Zweckbegriff losgelöst vom systematischen Gesamtzusammenhang der DSGVO interpretiert.

Rechtsinstituts der gemeinsamen Verantwortlichkeit ist es rechtlich möglich und sachlich naheliegend, den Verarbeitungszweck möglichst konkret zu bestimmen, um einer Beliebigkeit entgegenzuwirken.[434]

bb.) Mittelbegriff

Auch der Begriff des „Mittels“ wird durch die DSGVO nicht näher bestimmt. Anhaltspunkte auf dessen Bedeutungsgehalt sind abermals den Ausführungen der *Art.-29-Datenschutzgruppe* zu entnehmen. Das Mittel wird als „Art und Weise, wie ein Ergebnis oder Ziel erreicht wird“[435] beschrieben. Vereinfacht sind damit die Modalitäten der Verarbeitung gemeint, also das „wie“ der Verarbeitung.[436] Es werden dabei sowohl technische als auch organisatorische Maßnahmen und Verarbeitungsverfahren umfasst.[437] Wenngleich der Begriff des „Mittels“ zunächst auf ein rein instrumentales Verständnis hindeutet, sind nicht nur die Hilfsmittel einer Verarbeitung umfasst, sondern auch weitere datenschutzrechtlich relevante Umstände, die sich auf die Risiken der Verarbeitung für die betroffenen Personen auswirken können. Im Kontext der konkreten technischen und organisatorischen Gegebenheiten ist insbesondere die Festlegung des Umfangs der Verarbeitung zu berücksichtigen. Die Festlegung des Umfangs der Verarbeitung umfasst die betroffenen Personenkategorien, die zu erhebenden Datenkategorien oder bestehende Gewährungen des Zugangs für Dritte sowie weitere Festlegungen, die die Risikogeneigtheit einer Verarbeitung beeinflussen.[438]

In seinen aktualisierten Leitlinien greift auch der *EDSA* dieses risikoorientierte Verständnis hinsichtlich der Mittel der Verarbeitung („means of processing“) auf und unterscheidet anhand der Risikogeneigtheit zwischen „wesentlichen Mitteln“ und „unwesentlichen Mitteln“ („essential means“ und „non-essential means“).[439] Kennzeichnend für die traditionell und von Natur aus der Entscheidung des Verantwortlichen vorbehaltenen, wesentlichen Mittel einer Verarbeitung ist, dass diese in einem engen Zusammenhang mit dem Zweck und dem Umfang der Verarbeitung stehen.[440] Zusammen mit dem Zweck der Verarbeitung sind die wesentlichen Mittel eng mit der Frage verbunden, ob die Verarbeitung rechtmäßig, erforderlich und verhältnismäßig

---

434 In diesem Sinne auch *Dammann*, ZD 2016, 307 (312).

435 *Art.-29-Datenschutzgruppe*, WP 169, S. 16.; in diesem Sinne auch *EDPB*, Guidelines 07/2020 (Version 2.1), Rn. 33.

436 *Art.-29-Datenschutzgruppe*, WP 169, S. 16; *EDPB*, Guidelines 07/2020 (Version 2.1), Rn. 35.

437 Vgl. *Nebel*, FS Roßnagel 2020, S. 342; *Maschmann*, NZA 2021, 834.

438 Vgl. *Arning/Rothkegel*, in: Taeger/Gabel, DSGVO/BDSG/TTDSG, 4. Aufl. 2022, Art. 4 Rn. 181.

439 *EDPB*, Guidelines 07/2020 (Version 2.1), Rn. 39 ff.; zuvor *EDPB*, Guidelines 07/2020 on the concepts of controller and processor in the GDPR, Version 1.0, Rn. 38; siehe dazu *Vasella*, Verantwortliche und Auftragsverarbeiter, S. 1 f.

440 *EDPB*, Guidelines 07/2020 (Version 2.1), Rn. 40.

ist.[441] Wesentliche Mittel betreffen etwa die Fragen nach der Art der personenbezogenen Daten, die verarbeitet werden („Welche personenbezogenen Daten sollen verarbeitet werden?“), nach der Dauer der Verarbeitung („Wie lange sollen die personenbezogenen Daten verarbeitet werden?“), nach den Kategorien der Empfänger („Wer soll Zugang zu den personenbezogenen Daten erhalten?“) und nach den Kategorien der betroffenen Personen („Wessen personenbezogene Daten werden verarbeitet?“).[442] Demgegenüber betreffen die nicht wesentlichen bzw. unwesentlichen Mittel der Verarbeitung eher praktische Aspekte der technischen Umsetzung, die in keinem engeren Zusammenhang mit dem Zweck und dem Umfang der Verarbeitung stehen.[443]

cc.) Charakteristika und Maßstab der Entscheidung

Das zentrale Element für die Begründung einer datenschutzrechtlichen Verantwortlichkeit ist, dass ein Akteur über die Zwecke und Mittel der Verarbeitung von personenbezogenen Daten *entscheidet* (vgl. Art. 4 Nr. 7 Hs. 1 DSGVO). Wenngleich das Erfordernis der Entscheidung über die Schlüsselelemente der Verarbeitung in der Legaldefinition des Begriffs des Verantwortlichen verankert ist, sind der Verordnung keine direkten Aussagen dahingehend zu entnehmen, an welchem Maßstab die Entscheidung zu bemessen ist, was genau den Einfluss indiziert und welchen Grad an Einwirkungsmöglichkeit ein Akteur auf die Datenverarbeitung haben muss, um als datenschutzrechtlich Verantwortlicher zu gelten.[444]

(1.) Entscheidungsbegriff

Den direkten Ansatzpunkt für die Begriffsbestimmung bietet der Wortlaut des Verordnungstextes. In der deutschen Sprachfassung wird der Entscheidungsvorgang mit drei unterschiedlichen Verben, nämlich „entscheiden über“ (Art. 4 Nr. 7 Hs. 1 DSGVO), „bestimmen“ (Art. 28 Abs. 10 DSGVO) und „festlegen“ (Art. 26 Abs. 1 S. 1 DSGVO), beschrieben. Als Teil der Auslegung des Unionsrechts ist zusätzlich ein Vergleich der unterschiedlichen Sprachfassungen des Verordnungstextes einzubeziehen. Die aus der Mehrsprachigkeit folgende Unschärfe des Unionsrechts eröffnet die Möglichkeit für Auslegungen, die die Wortlautgrenze gegenüber einer einzigen Sprachfassung erweitern oder beschränken können.[445] Der Vergleich mit der

441 *EDPB*, Guidelines 07/2020 (Version 2.1), Rn. 40.
442 *EDPB*, Guidelines 07/2020 (Version 2.1), Rn. 40; *Art.-29-Datenschutzgruppe*, WP 169, S. 17; ausführlich dazu *Gierschmann*, ZD 2020, 69 (70).
443 *EDPB*, Guidelines 07/2020 (Version 2.1), Rn. 40.
444 Siehe zu der Problematik *Janicki,* FS Taeger 2020, S. 199; *Gierschmann*, ZD 2020, 69 (70 f.); *Arning/Rothkegel*, in: Taeger/Gabel, DSGVO/BDSG/TTDSG, 4. Aufl. 2022, Art. 4 Rn. 182.
445 Ausführlich zur Bedeutung unterschiedlicher Sprachfassungen im Unionsrecht *Sobotta*, Die Mehrsprachigkeit als Herausforderung und Chance bei der Auslegung des Unionsrechts, ZERL 2015.

spanischen („determine"), der französischen („détermine") und der englischen Sprachfassung, in der mit „determine" ebenfalls eine einheitliche Begrifflichkeit benutzt wird, deutet darauf hin, dass auch die unterschiedlichen Begrifflichkeiten in der deutschen Sprachfassung synonym zu verstehen sind.[446] Aus gesetzeshistorischer Sicht sind die terminologischen Unterschiede innerhalb der deutschen Sprachfassung insbesondere auf die semantischen und grammatikalischen Eigenarten der deutschen Sprache zurückzuführen.[447]

Dem Wortsinn nach bedeutet „entscheiden", dass eine Zweifelsfrage endgültig geklärt wird, dass ein Zweifelsfall einem finalen und festlegenden Urteil zugeführt oder dass ein Entschluss zu bzw. über eine (Aus-)Wahl getroffen wird.[448] Die englische Sprachversion der DSGVO spricht hingegen nicht von „decide", sondern von „determine", was klassischerweise mit „bestimmen", „festlegen" oder „determinieren"[449] zu übersetzen ist. Auch der Wortlaut der spanischen („determine") und der französischen („détermine") Sprachversion deckt sich mit dieser Sprachfassung der DSGVO. Der Wortlaut der englischen Version lässt zugleich ein weiteres Begriffsverständnis zu, das nicht auf ein finales, festlegendes Urteil beschränkt ist. Die Übersetzung als „verursachen" bzw. „veranlassen"[450] deutet auf ein Begriffsverständnis hin, demzufolge auch vorgelagerte Entscheidungsprozesse mit einem abgeschwächten Maß an Endgültigkeit vom Wortlaut umfasst sein könnten. Unter Verweis auf die Zweckbestimmung des Begriffs des Verantwortlichen wird deshalb angeregt, den Begriff „entscheiden" in der Terminologie des europäischen Datenschutzrechts extensiv im Sinne von „verantworten" zu verstehen.[451] Diesem Ansatz liegt der Gedanke zugrunde, dass die relevante Datenverarbeitung im Wesentlichen auf das bewusste Tätigwerden eines Akteurs zurückzuführen ist.

Ein sehr weites Begriffsverständnis birgt jedoch die Gefahr, dass Verantwortlichkeiten in unverhältnismäßigem Ausmaß auch auf untergeordnete Akteure übertragen werden, deren Einflussnahmemöglichkeiten im Einzelfall eng begrenzt sind. Um das Begriffsverständnis nicht in einen konturlosen Bereich zu verrücken, ist eine einschränkende Auslegung vorzugwürdig, der zufolge die Möglichkeit der Einflussnahme eines Beteiligten auch so ausgeprägt und signifikant sein muss, dass eine (umfassende) Verpflichtung zur Einhaltung sämtlicher

---

[446] Vgl. *Freund*, in: Schuster/Grützmacher, IT-Recht, Art. 26 Rn. 13.

[447] Vgl. *Monreal*, CR 2019, 797 (799).

[448] In diesem Sinne Wörterbuch Duden Online, Stichwort: „entscheiden", abrufbar unter https://www.duden.de/rechtschreibung/entscheiden (zuletzt abgerufen am 31.07.2025).

[449] Siehe Wörterbuch Pons Online, Stichwort: „determine", abrufbar unter https://de.pons.com/%C3%BCbersetzung/englisch-deutsch/determine (zuletzt abgerufen am 31.07.2025).

[450] Wörterbuch LEO Online, Stichwort: „determine", abrufbar unter https://dict.leo.org/englisch-deutsch/determine (zuletzt abgerufen am 31.07.2025).

[451] Ein weites Begriffsverständnis annehmend *Monreal*, CR 2019, 797 (802).

datenschutzrechtlicher Vorgaben und eine damit einhergehende Haftung auch gerechtfertigt erscheint.[452] Um die Zuweisung datenschutzrechtlicher Verantwortlichkeit rechtfertigen zu können, muss sich aus der Zweck- und Mittelentscheidung eine gewisse Kontrolle über die Verarbeitung ableiten lassen.[453] Der Begriff des „Verantwortlichen" ist damit untrennbar mit dem Begriff der „Verarbeitung" personenbezogener Daten verbunden, der das Objekt der Kontrolle darstellt.[454]

Im datenschutzrechtlichen Kontext wird diese Kontrolle durch die Entscheidung über die Zwecke und Mittel der Verarbeitung ausgeübt (Art. 4 Nr. 7 Hs. 1 DSGVO).[455] Erst die durch die Zweck- und Mittelentscheidung ausgeübte Kontrolle über die Verarbeitung personenbezogener Daten vermag die Zuweisung der Verantwortlichkeit zu rechtfertigen.[456] Das Pflichten-, Haftungs- und Sanktionsregime der DSGVO kann folglich nur den Akteur treffen, der die Verarbeitung tatsächlich kontrolliert. Weil der Begriff der Entscheidung in der Terminologie des europäischen Datenschutzrechts weniger mit einer formalisierten, bewussten Auswahl gleichzusetzen ist, sondern eine „Entscheidungsgewalt"[457] beschreibt, der durch eine gewichtige Einflussnahme auf einen Verarbeitungsvorgang Ausdruck verliehen wird, sich auf das Gesamtgepräge der Verarbeitung faktisch und signifikant auswirkt und eine gewisse Kontrolle voraussetzt, ist die Begrifflichkeit im Sinne von „steuernd beeinflussen" zu verstehen.[458]

Um in die Rolle des datenschutzrechtlich Verantwortlichen überzugehen, ist es wesentlich, dass sich eine Entität für die Verarbeitung personenbezogener Daten entschieden hat (Ob) und befähigt ist, den Zweck (Warum), mithin das von definierten Beweggründen getragene, erwartete und beabsichtigte Ergebnis einer Datenverarbeitung, sowie die hierzu eingesetzten (wesentlichen) Mittel (Wie), mithin die Art und Weise, wie das beabsichtigte Ergebnis erreicht werden soll, substanziell und steuernd zu beeinflussen.[459] Im Kern ergibt sich die Rolle des datenschutzrechtlich Verantwortlichen aus dem Entschluss zur Verarbeitung personenbezogener Daten mit

---

[452] Siehe zu diesem „Legitimationsgedanken" *Arning/Rothkegel*, in: Taeger/Gabel, DSGVO/BDSG/TTDSG, 4. Aufl. 2022, Art. 4 Rn. 182; *Moos/Rothkegel*, MMR 2018, 595 (597); *Hacker*, MMR 2018, 779 (780).

[453] Vgl. *Hanloser*, ZD 2019, 458; in diesem Sinne auch *EDPB*, Guidelines 07/2020 (Version 2.1), Rn. 20 ff.; siehe zum Begriff der Entscheidung auch *Kosmider*, Die Verantwortlichkeit im Datenschutz, S. 30 ff.

[454] Vgl. *Monreal*, CR 2019, 797 (799); dazu Kap. D. II. 6.) b.) ee.).

[455] Vgl. *Hanloser*, ZD 2019, 458.

[456] Vgl. *Hanloser*, ZD 2019, 458.

[457] *Klabunde*, in: Ehmann/Selmayr, DSGVO, 3. Aufl. 2024, Art. 4 Rn. 39; *Maschmann*, NZA 2021, 834; *Hacker*, Datenprivatrecht, S. 130; *Möhle*, DÖV 2023, 101 (104); siehe *EDPB*, Guidelines 07/2020 (Version 2.1), Rn. 20: „exercise of decision-making power".

[458] In diesem Sinne auch *EDPB*, Guidelines 07/2020 (Version 2.1), Rn. 30.

[459] In diesem Sinne auch *EDPB*, Guidelines 07/2020 (Version 2.1), Rn. 20 ff.; *Nebel*, FS Roßnagel 2020, S. 342; *Martini*, in: Paal/Pauly, DS-GVO/BDSG, 3. Aufl. 2021, Art. 26 Rn. 19; *Kroschwald*, ZD 2013, 388; missverständlich *Böllhoff/Rataj*, WRP 2019, 1536 (1537), die aus der EuGH-Rechtsprechung ableiten, dass es auf eine wirkliche Beeinflussbarkeit der Datenverarbeitung gar nicht ankomme.

Drittbezug einschließlich der Festlegung ihres Zwecks und ihrer näheren Ausgestaltung.[460] Ein faktischer Gestaltungsspielraum hinsichtlich der Rahmenbedingungen der operativen Datenverarbeitung stellt dabei eine zwingende gesetzliche Voraussetzung für die Annahme einer verantwortlichkeitsbegründenden Entscheidungsgewalt dar.[461]

Unter Zugrundelegung dieses faktischen Ansatzes, der auf die tatsächlich ausgeübte Entscheidungsgewalt ausgerichtet ist, kann der bloßen Befugnis zu einer Entscheidung nur eine untergeordnete Bedeutung beigemessen werden. Verantwortlicher ist, wer über die Zwecke und wesentlichen Mittel „entscheidet", und nicht derjenige Akteur, der „rechtmäßig entscheidet".[462] Ausschlaggebend ist nicht, wer eine Entscheidung treffen darf, sondern wer diese Entscheidung faktisch trifft.[463] Das Abstellen auf eine Entscheidungsbefugnis im Sinne einer Zuständigkeit würde dazu führen, dass Aufsichtsbehörden im Einzelfall prüfen müssten, ob der Handelnde nach seiner Funktion überhaupt dazu befugt war, zu entscheiden.[464] Weil ein effizienter Datenschutz durch ein solches Vorgehen gefährdet würde, spielt es für die Zuordnung datenschutzrechtlicher Verantwortlichkeit keine Rolle, ob die Entscheidungsgewalt rechtmäßig oder unrechtmäßig ausgeübt wird.[465] Der Begriff des „datenschutzrechtlich Verantwortlichen" ist im Kern ein funktionaler Begriff, sodass auch die Verantwortungszuordnung primär auf einer faktischen und nicht auf einer formellen Analyse fußt.[466]

(2.) Umstände einer verantwortlichkeitsbegründenden Kontrolle

Ausweislich des Wortlautes der Legaldefinition des Verantwortlichen in Art. 4 Nr. 7 DSGVO kann sich die verantwortlichkeitsbegründende Kontrolle aus unterschiedlichen Gesichtspunkten ergeben. Im Kern können zwei Kategorien von Situationen unterschieden werden, anhand derer zu ermitteln ist, ob eine Entität die durch die Entscheidungsgewalt erwachsende Kontrolle über einen Verarbeitungsvorgang ausübt. Eine datenschutzrechtliche Verantwortlichkeit kann sowohl aus faktischen Umständen (vgl. Art. 4 Nr. 7 Hs. 1 DSGVO) als auch aus rechtlichen Bestimmungen (vgl. Art. 4 Nr. 7 Hs. 2 DSGVO) erwachsen.[467] Ob eine Stelle auf die wesentlichen Elemente einer Verarbeitung tatsächlich Einfluss nimmt, ist dabei stets mit Blick auf die

---

[460] Vgl. *Freund*, in: Schuster/Grützmacher, IT-Recht, Art. 26 Rn. 13; in diesem Sinne bereits *Art.-29-Datenschutzgruppe,* WP 169, 11.

[461] *Scheja/Reibach/Reichert*, in: Leupold/Wiebe/Glossner, IT-Recht, Teil 6.6 Rn. 237 f.

[462] Siehe bereits zur Rechtlage unter der DSRL *Art.-29-Datenschutzgruppe,* WP 169, S. 11.

[463] Vgl. *Art.-29-Datenschutzgruppe,* WP 169, S. 11 f.; *Maschmann*, NZA 2021, 834.

[464] *Maschmann*, NZA 2021, 834; missverständlich *Arning/Rothkegel*, in: Taeger/Gabel, DSGVO/BDSG/TTDSG, 4. Aufl. 2022, Art. 4 Rn. 181; *Hartung*, in: Kühling/Buchner, DS-GVO/BDSG, 4. Aufl. 2024, Art. 4 Nr. 7 Rn. 13, der wesentlich auf die „Entscheidungsbefugnis" abstellt.

[465] Vgl. *Art.-29-Datenschutzgruppe*, WP 169, S. 11 f.; *Maschmann*, NZA 2021, 834.

[466] *EDPB*, Guidelines 07/2020 (Version 2.1), Rn. 21; *Art.-29-Datenschutzgruppe*, WP 169, S. 12.

[467] Siehe dazu *EDPB*, Guidelines 07/2020 (Version 2.1), Rn. 20 f.

Verhältnisse des konkreten Sachverhalts im Rahmen einer umfassenden, wertenden Betrachtung zu evaluieren.[468] In die Betrachtung sind diverse Faktoren einzubeziehen und entsprechend abzuwägen. Die Ermittlung der tatsächlichen Einflussnahme kann anhand der faktischen und/oder rechtlichen Umstände erfolgen.[469] Die Herausforderung besteht darin, im Hinblick auf die mitunter komplexe Frage nach der Verantwortung für Berechenbarkeit zu sorgen und auf diese Weise einen wirksamen Datenschutz zu gewährleisten. Um der wertenden Betrachtung des Einzelfalls Kontur zu verleihen, bedarf es eines möglichst praktikablen und stringenten Konzepts.[470]

(a.) Verantwortung aufgrund rechtlicher Zuweisung

Auch innerhalb des funktionellen Konzepts der Verantwortlichkeit kann die Möglichkeit zur Einflussnahme aus einer rechtlichen Zuständigkeit erwachsen. Trotz des Anwendungsvorrangs des Unionsrechts gestattet die Verordnung dem nationalen Gesetzgeber in beschränktem Maße eigene Regelungen zur Verantwortlichkeit zu treffen. Entscheidungen bestimmter Entitäten können dadurch vorgezeichnet werden. Voraussetzung dafür ist, dass die Verordnung über entsprechende Öffnungsklauseln selbst Regelungsspielräume für die Mitgliedstaaten eröffnet, um die Zwecke und Mittel der Verarbeitung vorzugeben.[471] Durch die Ausgestaltung fakultativer Öffnungsklauseln können die Mitgliedstaaten auf das starre Rollenkonzept selbst Einfluss nehmen und die Verantwortlichkeit auf bestimmte Entitäten konzentrieren.[472] Einzelne Stellen können rechtlich zu Verarbeitungen verpflichtet oder für die Beaufsichtigung oder Überwachung von Verarbeitungen zuständig sein, wenn ein Gesetz den Verantwortlichen ernennt oder ihm eine Aufgabe oder Pflicht zur Erhebung und Verarbeitung bestimmter Daten überträgt.[473] Eine zentrale Öffnungsklausel zur unmittelbaren Bestimmung des Verantwortlichen oder der Festlegung von Kriterien zu dessen Bestimmung findet sich nunmehr in Art. 4 Nr. 7 Hs. 2 DSGVO (ehemals Art. 2 lit. d S. 2 DSRL).[474] Ohne eine inhaltliche Änderung gegenüber Art. 2 lit. d DSRL vorzunehmen, steht es den nationalen Gesetzgebern auch unter der Geltung der

---

[468] Vgl. *Arning/Rothkegel*, in: Taeger/Gabel, DSGVO/BDSG/TTDSG, 4. Aufl. 2022, Art. 4 Rn. 182 f.; *Skistims*, Smart Homes, S. 371; *Borges*, in: Borges/Hilber, BeckOK IT-Recht, 18. Edition Stand: 01.04.2025, Art. 4 DSGVO Rn. 79.
[469] *Art.-29-Datenschutzgruppe*, WP 169, S. 12.
[470] Einen systematischen Ansatz für Kategorien, aus denen sich eine Entscheidungsgewalt ableiten lässt, verfolgt die Einteilung in „Verantwortung aufgrund einer ausdrücklichen rechtlichen Zuständigkeit“, „Verantwortung aufgrund einer implizierten Zuständigkeit“ und „Verantwortung aufgrund eines tatsächlichen Einflusses“, siehe dazu *Art.-29-Datenschutzgruppe,* WP 169, 12 ff.
[471] Vgl. *Martini*, in: Paal/Pauly, DS-GVO/BDSG, 3. Aufl. 2021, Art. 26 Rn. 27a.
[472] *Martini*, in: Paal/Pauly, DS-GVO/BDSG, 3. Aufl. 2021, Art. 26 Rn. 27a.; *Möhle*, DÖV 2023, 101 (105).
[473] Vgl. *Art.-29-Datenschutzgruppe*, WP 169, S. 12; *EDPB*, Guidelines 07/2020 (Version 2.1), Rn. 22 ff.
[474] Siehe ausführlich zu den Voraussetzungen der Öffnungsklausel in Art. 4 Nr. 7 Hs. 2 DSGVO *Möhle*, DÖV 2023, 101 (106 f.).

Verordnung über Art. 4 Nr. 7 Hs. 2 DSGVO frei, zu bestimmen, wer datenschutzrechtlich Verantwortlicher ist, wenn zugleich die Zwecke und Mittel der Verarbeitung vorgegeben werden können.[475] Wenngleich der Begriff des „Verantwortlichen" in Art. 4 Nr. 7 Hs. 2 DSGVO nur eine Erwähnung im Singular findet, gestattet der Freiraum dem nationalen Gesetzgeber sowohl Verantwortliche als auch gemeinsam Verantwortliche zu benennen.[476]

Der Vergleich mit der englischen Sprachfassung („[…] *where* the purposes and means of such processing are determined by […] Member Stete law […]") verdeutlicht, dass die rechtliche Zuweisung von Verantwortung nur dort in Betracht kommt, wo die DSGVO Öffnungsklauseln für die Bestimmung von Zwecken und Mitteln der Verarbeitung bereithält und der nationale Gesetzgeber dahingehend entscheidungsbefugt ist.[477] Die Regelungsspielräume beschränken sich deshalb auf den Anwendungsbereich von Art. 6 Abs. 1 lit. c und e i.V.m. Art. 6 Abs. 2 und 3 DSGVO.

Aus der Zusammenschau von Art. 4 Nr. 7 DSGVO und Art. 6 Abs. 3 S. 2 DSGVO folgt, dass die Zwecke und Mittel der Verarbeitung nur dann „vorgegeben" sind, wenn sie entweder gesetzlich ausdrücklich festgelegt sind oder zumindest klar aus der Aufgabe hervorgehen, die der Gesetzgeber dem Verantwortlichen übertragen hat.[478]

Über das Unionsrecht oder das Recht eines Mitgliedstaates (vgl. DSGVO-Erwägungsgrund 41 DSGVO) können auch die Kriterien der Benennung eines Verantwortlichen festgelegt werden. Auf diese Weise kann auch über Verfahrensregeln indirekt festgelegt werden, wer Verantwortlicher ist.[479] Hinsichtlich der Zuweisung von Verantwortlichkeiten durch Rechtsvorschriften ist zu berücksichtigen, dass die Möglichkeit der rechtlichen Ausgestaltung nicht von der Pflicht entbindet, die tatsächlichen Einflussnahmemöglichkeiten auf die Datenverarbeitung zu würdigen und das Tätigwerden an Art. 4 Nr. 7 Hs. 1 DSGVO zu messen.[480] Wird die Rolle eines Verantwortlichen ausdrücklich gesetzlich bestimmt, setzt dies stets voraus, dass der Gesetzgeber auch wirklich diejenige Stelle bestimmt, die tatsächlich dazu in der Lage ist, faktische Kontrolle auszuüben.[481] Auch die Grenzen des rechtlich Zulässigen werden durch Art. 4 Nr. 7 Hs.

---

[475] Ausführlich dazu *Kühling/Martini et al.,* Die DSGVO und das nationale Recht, S. 25 f., *Hartung*, in: Kühling/Buchner, DS-GVO/BDSG, 4. Aufl. 2024, Art. 4 Nr. 7 Rn. 14; *Petri/Stief*, in: Simitis/Hornung/Spiecker gen. Döhmann, DSGVO/BDSG, 2. Aufl. 2025, Art. 4 Nr. 7 Rn. 26-32; *EDPB*, Guidelines 07/2020 (Version 2.1), Rn. 22 ff.

[476] Siehe dazu *EDPB*, Guidelines 07/2020 (Version 2.1), Rn. 22 f.

[477] *Kühling/Martini et al.*, Die DSGVO und das nationale Recht, S. 25 f.; *Petri/Stief*, in: Simitis/Hornung/Spiecker gen. Döhmann, DSGVO/BDSG, 2. Aufl. 2025, Art. 4 Nr. 7 Rn. 27.

[478] *Petri/Stief*, in: Simitis/Hornung/Spiecker gen. Döhmann, DSGVO/BDSG, 2. Aufl. 2025, Art. 4 Nr. 7 Rn. 26; siehe ausführlich zu der Zweckfestlegung der Datenverarbeitung durch den Verantwortlichen *Spies*, ZD 2022, 75.

[479] Vgl. *Petri/Stief*, in: Simitis/Hornung/Spiecker gen. Döhmann, DSGVO/BDSG, 2. Aufl. 2025, Art. 4 Nr. 7 Rn. 26 und 28.

[480] In diesem Sinne auch *EDPB*, Guidelines 07/2020 (Version 2.1), Rn. 23.

[481] *EDPB*, Guidelines 07/2020 (Version 2.1), Rn. 23.

1 DSGVO abgesteckt.[482] Zudem ist zu beachten, dass sich auch etwaige Haftungsbefreiungen oder -erweiterungen an den tatsächlichen Umständen orientieren müssen. Nur weil der gesetzliche Rahmen das Handeln einer Entität in einem gewissen Ausmaß beschränkt und einzelnen Restriktionen unterwirft, ändern diese inhaltlichen Vorgaben nicht zwingend etwas an der tatsächlichen Entscheidungsgewalt einer Entität.[483] Ein Akteur kann nur dann in der Rolle des Verantwortlichen agieren, wenn er in der Realität dazu in der Lage ist, auf die (wesentlichen) Mittel und Zwecke der Verarbeitung Einfluss zu nehmen.[484]

Anstatt den Verantwortlichen direkt zu benennen oder die Kriterien für dessen Benennung festzulegen, wird durch ein Gesetz häufig „nur" eine Aufgabe festlegt oder jemandem die Pflicht auferlegt, bestimmte Daten zu erheben und zu verarbeiten.[485] Auf diese Weise kann der Zweck einer Verarbeitung durch das Gesetz determiniert werden. Der Verantwortliche ist dann derjenige, der durch das Gesetz für die Verwirklichung dieses Zwecks bzw. dieser öffentlichen Aufgabe bestimmt wurde. Dies betrifft vor allem Einrichtungen, die mit bestimmten öffentlichen Aufgaben betraut werden, die nicht erfüllt werden können, ohne dass personenbezogene Daten Dritter verarbeitet werden.[486] An der im nationalen Recht verankerten Aufgabenverteilung knüpft dann die Zuweisung einer entsprechenden Funktionsweisung als Verantwortlicher an.[487]

(b.) Verantwortung aufgrund faktischer Umstände

Wenngleich die Entscheidungsfähigkeit durch spezifische gesetzliche Zuweisungen festgelegt und durch ausdrückliche oder implizite Zuständigkeitsregelungen bedingt sein kann, erwächst die verantwortlichkeitsbegründende Kontrolle über einen Verarbeitungsvorgang im Kern aus der ausgeübten Entscheidungsgewalt. In Ermangelung einer aus Rechtsvorschriften abgeleiteten Kontrolle muss die Qualifikation einer Entität als datenschutzrechtlich Verantwortlicher stets auf der Grundlage einer Bewertung der tatsächlichen Elemente und Umstände der Verarbeitung festgestellt werden.[488] Die hervorgehobene Bedeutung der faktenbasierten Bestimmung datenschutzrechtlicher Verantwortlichkeit ist insbesondere mit der allgemeinen Konzeption des Verantwortlichkeitsgefüges im europäischen Datenschutzrecht zu begründen.

---

[482] *Böllhoff/Botta*, NVwZ 2021, 425 (429).
[483] Kritisch zum Versuch einer Haftungsbefreiung durch § 79 BetrVG *Maschmann*, NZA 2021, 834 ff.
[484] *Kroschwald*, ZD 2013, 388 (389); in diesem Sinne auch *Art.-29-Datenschutzgruppe*, WP 169, S. 15.
[485] *EDPB*, Guidelines 07/2020 (Version 2.1), Rn. 24.
[486] Siehe dazu das Beispiel „Legal Provisions" *EDPB*, Guidelines 07/2020 (Version 2.1), Rn. 24, welches verdeutlicht, dass eine zur Gewährleistung von Sozialleistungen verpflichtete kommunale Behörde auch implizit dazu verpflichtet wird, personenbezogene Daten der Antragssteller zu verarbeiten.
[487] *Raschauer*, in: Sydow/Marsch, DS-GVO/BDSG, 3. Aufl. 2022, Art. 4 Rn. 141.
[488] *EDPB*, Guidelines 07/2020 (Version 2.1), Rn. 25.

Das Konzept beruht auf dem Ansatz einer umfassenden Verantwortung und wird von der Prämisse geprägt, dass unverantwortete Datenverarbeitungsvorgänge nicht vorgesehen sind.[489] Um Verantwortlichkeitslücken entgegenzuwirken, ist es konsequent und nachvollziehbar, die datenschutzrechtliche Verantwortung für eine konkrete Verarbeitung primär an die diesbezüglich ausgeübte, tatsächliche Einflussnahme zu knüpfen. Dabei erfordert die Verifizierung und Bewertung des faktischen Einflusses auf einen Datenverarbeitungsvorgang eine umfassende und wertende Betrachtung der relevanten Umstände des Einzelfalls.[490] Im Rahmen der Gesamtbetrachtung sind diverse Indizien einzubeziehen, um zu eruieren, ob von einem bestimmenden Einfluss (englisch: „determinative influence“) in Bezug auf die Datenverarbeitung auszugehen ist.[491]

Mitunter können die natürlichen Rollen der Beteiligten einen ersten Anhaltspunkt dahingehend liefern, wer die tatsächliche Entscheidungsgewalt innehat.[492] Die Fähigkeit auf einen Datenverarbeitungsvorgang steuernd einzuwirken, kann in Einzelfällen aus der natürlichen Verknüpfung mit der funktionellen Rolle einer Entität erwachsen und eine Verantwortlichkeit implizit begründen. In der Praxis können bestimmte Verarbeitungstätigkeiten von Natur aus mit der Rolle oder den Tätigkeiten einer Stelle verbunden sein, die letztlich Verantwortlichkeiten unter dem Gesichtspunkt des Datenschutzes mit sich bringen (z.B. ein Arbeitgeber in Bezug auf die Verarbeitung der Mitarbeiterdaten oder ein Verein, der personenbezogene Daten über seine Mitglieder oder Beitragszahler verarbeitet).[493]

Wenngleich vertragliche Ausgestaltungen zwischen verschiedenen beteiligten Entitäten, die den tatsächlichen Gegebenheiten nicht entsprechen, keine zwingenden Rückschlüsse auf bestehende Rollenzuweisungen zulassen, kann eine Betrachtung und Bewertung bestehender Vertragsbedingungen ergänzende Indizien liefern, die eine nachvollziehbarere Rollenzuweisung erleichtern. Selbst wenn ein Vertrag keine ausdrücklichen Angaben dahingehend beinhaltet, wer der datenschutzrechtlich Verantwortliche ist, können ihm Elemente zu entnehmen sein, die auf eine bestehende Entscheidungsfunktion und -fähigkeit eines Beteiligten hindeuten.[494] Dies kann der Fall sein, wenn allgemeinen Geschäftsbedingungen Aussagen hinsichtlich der Erfüllung bestimmter Aufgaben zu entnehmen sind. Für den Fall, dass es keinen Grund gibt, zu

---

[489] Dazu Kap. D. I.

[490] *EDPB*, Guidelines 07/2020 (Version 2.1), Rn. 25; *Arning/Rothkegel*, in: Taeger/Gabel, DSGVO/BDSG/TTDSG, 4. Aufl. 2022, Art. 4 Rn. 182 f.; *Monreal*, CR 2019, 797 (802).

[491] In diesem Sinne auch *EDPB*, Guidelines 07/2020 (Version 2.1), Rn. 25; *Arning/Rothkegel*, in: Taeger/Gabel, DSGVO/BDSG/TTDSG, 4. Aufl. 2022, Art. 4 Rn. 183.

[492] *EDPB*, Guidelines 07/2020 (Version 2.1), Rn. 27.

[493] Vgl. *EDPB*, Guidelines 07/2020 (Version 2.1), Rn. 27; in diese Richtung auch EuGH [GK], Rs. C-25/17, *Zeugen Jehovas,* ECLI:EU:C:2018:551 Rn. 70.

[494] Vgl. *Art.-29-Datenschutzgruppe*, WP 169, S. 14; *EDPB*, Guidelines 07/2020 (Version 2.1), Rn. 28.

bezweifeln, dass die Vertragsbestimmungen die Realität korrekt abbilden, kann eine Orientierung an den Vertragsbedingungen die Rollenzuteilung erleichtern.[495]

Unter Einbeziehung des DSGVO-Erwägungsgrundes 47 S. 1 DSGVO demzufolge auch die „[...] vernünftigen Erwartungen der betroffenen Personen, die auf ihrer Beziehung zu dem Verantwortlichen beruhen, zu berücksichtigen [sind]“, ist in Zweifelsfällen auch das Erfordernis der Transparenz bzw. Nachvollziehbarkeit in die Wertung mit einzubeziehen.[496] Neben der Betrachtung der Vertragsbedingungen sind als ergänzende Elemente auch der den betroffenen Personen vermittelte Gesamteindruck und die berechtigten Erwartungen der betroffenen Personen aufgrund der erzeugten Außenwirkung im Rahmen der Gesamtbetrachtung zu berücksichtigen.[497]

Abseits dieser „weichen“ Faktoren ist entscheidend, wer die Entscheidungsgewalt final ausübt und auf diese Weise steuernd auf die Datenverarbeitung wirkt. Ist eine Entität dazu befähigt, einen Verarbeitungsvorgang zu veranlassen und festzulegen, warum die Verarbeitung in der konkretisierten Ausgestaltung überhaupt stattfindet, ist dies Ausdruck einer verantwortlichkeitsbegründenden Einflussnahme.[498] Die Frage nach dem „Ob“ und dem „Wie“ korreliert dabei stark mit der Kontrolle über die zugrundeliegende Technik. Der ausgeübte technische Einfluss steht in direktem Zusammenhang zu den Mitteln der Verarbeitung. Die Kontrolle über die eingesetzte Hard- und Software stellt ein gewichtiges Indiz für die eigene Verantwortlichkeit dar. Derjenige Akteur, der die technischen Komponenten, wie etwa die Sensorik oder die Speichermedien aus Eigeninteresse kontrolliert, ist eher als Verantwortlicher anzusehen, als Akteure, denen ein solcher Einfluss verwehrt bleibt.[499]

Eine Eigenverantwortlichkeit liegt nahe, wenn über technische Einstellungen die Eingabe, Veröffentlichung oder anderweitige Distribution drittbezogener Daten administriert werden kann. Die datenschutzrechtliche Verantwortlichkeit aus einer faktischen Einflussnahme ist mit der Beherrschbarkeit der Datenverarbeitung durch einen administrierenden Akteur verknüpft.[500] Wenngleich die physische Kontrolle über eine Verarbeitung ein gewichtiges Indiz für eine verantwortlichkeitsbegründende Entscheidungsgewalt darstellt,[501] muss eine technische Einflussnahme nicht zwangsweise direkt wahrgenommen werden, sondern kann auch auf organisatorischen Vorgaben beruhen, wenn durch diese wiederum die technische Ausgestaltung

[495] *Art.-29-Datenschutzgruppe*, WP 169, S. 14.
[496] Das Erfordernis der Transparenz bzw. Nachvollziehbarkeit im Rahmen der Rollenzuteilung in den Fokus stellend *Radtke*, Gemeinsame Verantwortlichkeit unter der DSGVO, S. 75 ff.
[497] Vgl. *Art.-29-Datenschutzgruppe*, WP 169, S. 14 f.
[498] *Janicki*, FS Taeger 2020, S. 200; *Art.-29-Datenschutzgruppe*, WP 169, S. 11.
[499] *Skistims*, Smart Homes, S. 371.
[500] Vgl. *Golland*, ZD 2020, 397 (400 f.).
[501] *Freund*, in: Schuster/Grützmacher, IT-Recht, Art. 26 Rn. 17.

verbindlich vorgegeben wird. Im Gegensatz zum alten BDSG, das für die Verantwortlichkeitszuordnung unmittelbar an die technische Durchführung einer Verarbeitung anknüpfte, ist es für die Einstufung als Verantwortlicher nach der europäischen Konzeption der DSRL und der DSGVO nicht notwendig, dass ein Beteiligter die genauen technischen Abläufe im Detail determiniert und die physische Kontrolle direkt ausübt. Dieser konzeptionelle Wandel darf indes nicht darüber hinwegtäuschen, dass eine gewisse faktische Kontrolle über die zugrundeliegende Technik zwingend auch aus der organisatorischen Entscheidungsgewalt ableitbar sein muss. Denn die direkte oder indirekte Kontrolle über die Technik stellt letztlich die ermöglichende und limitierende Bedingung des Umgangs mit personenbezogenen Daten dar.[502]

(c.) Datenzugriff als Ausdruck faktischer Kontrolle

Über technische und/oder organisatorische Vorgaben kann die Entscheidungsgewalt eines Verantwortlichen über die Schlüsselelemente einer Datenverarbeitung bis in den Handlungsbereich eines anderen Akteurs wirken. Mit den detaillierten Umständen einer Verarbeitung personenbezogener Daten muss der Verantwortliche selbst nicht zwingend befasst sein. Im Hinblick auf die konkrete Ausgestaltung der Verarbeitung durch eine andere Stelle kann eine im Vorhinein getroffene, abstrakte Entscheidung genügen, wenn sich aus dieser die konkrete Ausgestaltung ableitet. Auch der faktische Direktzugriff auf die Daten liegt dann regelmäßig bei der hinzugezogenen Entität. Aufgrund dessen scheint auch ein unmittelbarer Zugriff auf die personenbezogenen Daten keine zwingende Voraussetzung der Verantwortlichkeit zu sein.[503]
Im Hinblick darauf ist jedoch zu bedenken, dass ein Zugriff auf die personenbezogenen Daten für die Erfüllung diverser Betroffenenrechte eine Grundvoraussetzung darstellt. Zugriffsmöglichkeiten sind sowohl für Berichtigungen oder Löschungen von Daten als auch für die Einschränkung der Verarbeitung notwendig (vgl. Artt. 16-18 DSGVO). Und auch das Betroffenenrecht auf eine Kopie der personenbezogenen Daten (Art. 15 Abs. 3 DSGVO) setzt eine solche Möglichkeit voraus. Um zu gewährleisten, dass Verantwortliche auch diejenigen Betroffenenrechte erfüllen können, die einen direkten Datenzugriff voraussetzen, sollte sich die übergeordnete, faktische Entscheidungsgewalt wenigstens in einer (potenziellen) Zugriffsmöglichkeit auf die Verarbeitung bzw. die Daten manifestieren.[504] Dem Verantwortlichen muss die

[502] *Skistims*, Smart Homes, S. 371.
[503] Vgl. *EDPB*, Guidelines 07/2020 (Version 2.1), Rn. 45; in diesem Sinne auch *Rothkegel/Strassemeyer*, CRi 2019, 161 (169), wonach der Datenzugriff einen lediglich unwesentlichen Faktor darstelle; siehe auch *Marosi*, (Gem-)Einsame Verantwortlichkeit im Datenschutzrecht, S. 118; siehe allgemein zum Zugang zu den Daten *Ernst*, Gemeinsame Verantwortlichkeit bei arbeitsteiliger Datenverarbeitung – Ein europäisch-nationaler Vergleich, S. 243.
[504] Vgl. *Hacker*, Datenprivatrecht, S. 130, der für die Annahme einer Entscheidungsgewalt stets einen Zugriff auf die Daten voraussetzt, um alle Betroffenenrechte auch erfüllen zu können; in diesem Zusammenhang prägnant

Fähigkeit zukommen, auf den Akteur mit dem unmittelbaren Datenzugriff tatsächlich einzuwirken. Nur unter dieser Prämisse kann eine Stelle auch dann in der Rolle des (Mit-)Verantwortlichen agieren, wenn der Verarbeitungsvorgang im primären Einflussbereich einer anderen Stelle durchgeführt wird.[505] Besteht hingegen keine Möglichkeit, auf die personenbezogenen Daten direkt oder mittelbar über Formen einer gesteigerten Einflussnahme bzw. Beeinflussung zuzugreifen, scheidet eine Stellung als Alleinverantwortlicher aus.

(3.) Kognitive und voluntative Elemente

Ausgehend von dem Befund, dass der Begriff der Entscheidung bzw. der Festlegung wesentlich durch den Entschluss zur Verarbeitung und deren zielgerichtete Ausgestaltung gekennzeichnet ist, ergibt sich, dass die Begründung einer datenschutzrechtlichen Verantwortlichkeit stets das Vorliegen eines voluntativen bzw. kognitiven Elements voraussetzt.[506] Um gezielt und den eigenen Interessen entsprechend auf einen Datenverarbeitungsvorgang einwirken zu können, ist jedenfalls das grundsätzliche Bewusstsein über die ausgeübte Entscheidungsgewalt erforderlich.[507] Das subjektive Wissenselement muss sich dabei auf die nähere Ausgestaltung der durch die eigene Entscheidungsgewalt beeinflussten Datenverarbeitungsvorgänge erstrecken und eine Grundkenntnis der die Betroffenen gefährdenden Abläufe beinhalten.[508] Die Entscheidung über eine Datenverarbeitung erfordert insoweit eine Zielgerichtetheit des Handelns, die über die bloße faktische Beeinträchtigung von Persönlichkeitsrechten aufgrund einer Datenverarbeitung hinausgeht.[509] Der im Einzelfall objektiv zu ermittelnden, tatsächlich ausgeübten Einflussnahme auf eine Datenverarbeitung ist insoweit eine indizielle Wirkung im Hinblick auf die Zielgerichtetheit des Handels beizumessen. Nur unter der begründeten Annahme, dass die

von einem „Prinzip der Korrespondenz von Kontrolle und Verantwortung" sprechend *Hacker*, MMR 2018, 779 (780); siehe zum Erfordernis des Datenzugriffs auch *Radtke*, Gemeinsame Verantwortlichkeit unter der DSGVO, S. 135 und 139 f.

[505] Siehe dazu *Arning/Rothkegel*, in: Taeger/Gabel, DSGVO/BDSG/TTDSG, 4. Aufl. 2022, Art. 4 Rn. 227; siehe dazu das Beispiel „Market research 1" *EDPB*, Guidelines 07/2020 (Version 2.1), Rn. 45.

[506] In diesem Sinne auch *Freund*, in: Schuster/Grützmacher, IT-Recht, Art. 26 Rn. 34; *Spittka/Mantz*, NJW 2019, 2742 (2744); *Radtke*, Gemeinsame Verantwortlichkeit unter der DSGVO, S. 135; *Marosi*, (Gem-)Einsame Verantwortlichkeit im Datenschutzrecht, S. 102 ff.; *Ernst*, Gemeinsame Verantwortlichkeit bei arbeitsteiliger Datenverarbeitung – Ein europäisch-nationaler Vergleich, S. 219 ff; *Lang*, in: Taeger/Gabel, DSGVO/BDSG/TTDSG, 4. Aufl. 2022, Art. 26 Rn. 51; *Borges*, in: Borges/Hilber, BeckOK IT-Recht, 18. Edition Stand: 01.04.2025, Art. 26 DSGVO Rn. 15.

[507] Hingegen von einer „bewusst oder unbewusst ausgewählten Entscheidungsgewalt" sprechend *Hartung*, in: Kühling/Buchner, DS-GVO/BDSG, 4. Aufl. 2024, Art. 4 Nr. 7 Rn. 13 m.w.N.

[508] Ähnlich *Radtke*, Gemeinsame Verantwortlichkeit unter der DSGVO, S. 135, der ein Wissen oder Wissenmüssen um stattfindende Verarbeitungen fordert; siehe dazu auch *Marosi*, (Gem-)Einsame Verantwortlichkeit im Datenschutzrecht, S. 103 f., der überzeugend darlegt, dass eine notwendige Absicht oder Kenntnis hinsichtlich des konkreten Personenbezugs hingegen nicht erforderlich ist.

[509] *Scheja,* FS Taeger 2020, S. 420 f.

Datenverarbeitung auf ein vollkommen unbewusstes Tätigwerden zurückzuführen ist, kann eine Verantwortlichkeitsbegründung im Einzelfall ausscheiden.

Agieren mehrere Akteure gemeinschaftlich, ist keine umfassende Kenntnis über die Verarbeitungsschritte des jeweils anderen Verantwortlichen erforderlich.[510] Das Bewusstsein muss folglich nicht jedes Detail der Datenverarbeitung erfassen.[511] Ausreichend ist das abstrakte Bewusstsein hinsichtlich der stattfindenden Verarbeitung und der diesbezüglich ausgeübten Entscheidungsgewalt.[512] Letztlich muss die kontrollierte Verarbeitung auch eigenen Zwecken dienen, um eine (Mit-)Verantwortlichkeit auszulösen.[513]

dd.) Verhältnis von Zweck- und Mittelentscheidung

(1.) Kumulatives Verständnis

Ausweislich des Wortlautes des Art. 4 Nr. 7 Hs. 1 DSGVO ist die konstituierende Voraussetzung für die Begründung einer datenschutzrechtlichen Verantwortlichkeit, dass sich die Entscheidungsgewalt kumulativ über beide objektbezogenen Merkmale erstreckt. In seinen Leitlinien hat auch der *EDSA* dieses Verständnis ausdrücklich bestätigt und herausgestellt, dass nur derjenige Akteur ein datenschutzrechtlich Verantwortlicher sein kann, der sowohl die Zwecke als auch die (wesentlichen) Mittel der Verarbeitung bestimmt.[514] Je nach Kontext der Verarbeitung können dabei die Zwecke oder die Mittel stärker im Vordergrund stehen.[515] Ist die faktische Entscheidungsgewalt hingegen darauf beschränkt, nur auf eines der Schlüsselelemente steuernd einzuwirken, genügt diese isolierte Einflussnahme grundsätzlich nicht aus, um eine datenschutzrechtliche Verantwortlichkeit zu begründen.[516] Eine für die Verantwortlichkeitszuordnung zentrale Erkenntnis dieses Grundverständnisses ist, dass die Befähigung eines Akteurs einen eigenen Beitrag zur operativen Umsetzung der konkretisierten Verarbeitung zu bewirken, als konstituierende Voraussetzung für die Verantwortlichkeitsbegründung anzusehen ist.

---

[510] Vgl. *Lurtz/Schindler,* VuR 2019, 471 (474); *Marosi*, (Gem-)Einsame Verantwortlichkeit im Datenschutzrecht, S. 105.

[511] Vgl. *Lurtz/Schindler,* VuR 2019, 471 (474); *Monreal*, CR 2019, 797 (802); *Radtke*, Gemeinsame Verantwortlichkeit unter der DSGVO, S. 136; ein sehr extensives Verständnis befürwortend *Monreal*, CR 2019, 797 (804), wonach es im Hinblick auf das Rechtsinstitut der gemeinsamen Verantwortlichkeit nicht einmal zwingend sei, dass eine Kenntnis der gegenseitigen Existenz besteht; siehe ausführlich zu notwendigen Kenntniselementen und dem Kennenmüssen bei gemeinsam Verantwortlichen *Marosi*, (Gem-)Einsame Verantwortlichkeit im Datenschutzrecht, S. 111 ff., der hinsichtlich des Kennenmüssens nachvollziehbar auf einen individualisierten Sorgfaltsmaßstab unter Einbeziehung des Risikos der Verarbeitung abstellt.

[512] *Radtke*, Gemeinsame Verantwortlichkeit unter der DSGVO, S. 136 f.; *Lang*, in: Taeger/Gabel, DSGVO/BDSG/TTDSG, 4. Aufl. 2022, Art. 26 Rn. 51 und 60.

[513] *Freund*, in: Schuster/Grützmacher, IT-Recht, Art. 26 Rn. 34.

[514] *EDPB*, Guidelines 07/2020 (Version 2.1), S. 3: „The controller must decide on both purposes and means. However, some more practical aspects of implementation ("non-essential means") can be left to the processor."

[515] *Art.-29-Datenschutzgruppe*, WP 169, S. 17.

[516] *EDPB*, Guidelines 07/2020 (Version 2.1), Rn. 36; siehe dazu *Scheja/Reibach/Reichert*, in: Leupold/Wiebe/Glossner, IT-Recht, Teil 6.6 Rn. 237; *Janicki,* FS Taeger 2020, S. 202.

(2.) Rangverhältnis

Der Entscheidungsfähigkeit über die Zwecke und Mittel einer Datenverarbeitung wird rechtstatsächlich nicht das gleiche Gewicht beigemessen.[517] Der Kompetenz die Zwecke einer Datenverarbeitung zu determinieren, kommt klassischerweise eine hervorgehobene Stellung zu, die ausschließlich dem datenschutzrechtlich Verantwortlichen zusteht.[518] Der Entscheidung über die Zwecke der Verarbeitung wird deshalb eine gewichtigere Bedeutung zugemessen, weil diese als maßgeblicher Ausdruck einer rechtlichen und tatsächlichen Entscheidungsfähigkeit in Bezug auf einen konkreten Datensatz angesehen wird.[519] Durch die Festlegung der Zwecke wird nicht nur bestimmt, für welche Ziele personenbezogene Daten verarbeitet werden sollen, sondern letztlich wird erst über dieses Element der Entschluss gefasst, dass eine Verarbeitung in Gang gesetzt wird, die sich in der Folge beeinträchtigend auf die Rechte und Freiheiten betroffener Personen auswirkt.[520] Im Vergleich dazu ist der Entscheidungsfähigkeit über die Mittel einer Verarbeitung eine in Teilbereichen verminderte Bedeutung beizumessen. Die Bestimmung der Mittel einer Verarbeitung kann in begrenztem Ausmaß auch durch externe Entitäten erfolgen.[521] Gewisse technische und organisatorische Verarbeitungsverfahren können an externe Organisationen delegiert werden, ohne dass diese selbst in die Rolle des Verantwortlichen übergehen.[522] Die Tatsache, dass die Durchführung bestimmter Verarbeitungsverfahren auf externe Akteure delegiert werden können, darf allerdings nicht darüber hinwegtäuschen, dass die finale Letztentscheidungskompetenz hinsichtlich der operativen Umsetzung auch weiterhin beim Verantwortlichen verbleiben muss.

Im Hinblick auf die scheinbar eindeutige Differenzierung zwischen den beiden Schlüsselelementen ist zudem anzumerken, dass sich die objektbezogenen Komponenten gegenseitig wesentlich bedingen und nur schwer voneinander zu trennen sind. Nimmt ein Akteur Einfluss auf Verarbeitungsmethoden, mithilfe derer auch die Art der personenbezogenen Daten, die Dauer der Verarbeitung, die Kategorien der Empfänger oder die Kategorien der betroffenen Personen

---

[517] Vgl. *Janicki,* FS Taeger 2020, S. 202; im Hinblick auf die Entscheidungsfähigkeit über Zwecke und Mittel einer Datenverarbeitung von einem „Rangverhältnis" zwischen den Komponenten sprechend *Arning/Rothkegel*, in: Taeger/Gabel, DSGVO/BDSG/TTDSG, 4. Aufl. 2022, Art. 4 Rn. 184; ähnlich *Skistims*, Smart Homes, S. 370.

[518] Vgl. *EDPB*, Guidelines 07/2020 (Version 2.1), Rn. 36; in diesem Sinne bereits *Art.-29-Datenschutzgruppe*, WP 169, S. 17 f.; siehe dazu *Arning/Rothkegel*, in: Taeger/Gabel, DSGVO/BDSG/TTDSG, 4. Aufl. 2022, Art. 4 Rn. 184 und 251; *Janicki,* FS Taeger 2020, S. 202; *Nebel*, FS Roßnagel 2020, S. 342.

[519] Vgl. *Schreiber*, ZD 2019, 55 (56); *Hartung*, in: Kühling/Buchner, DS-GVO/BDSG, 4. Aufl. 2024, Art. 4 Nr. 7 Rn. 13.

[520] Vgl. *Janicki,* FS Taeger 2020, S. 202.

[521] Vgl. *Art.-29-Datenschutzgruppe*, WP 169, S. 17; *Hartung*, in: Kühling/Buchner, DS-GVO/BDSG, 4. Aufl. 2024, Art. 28 Rn. 30 und 41 ff.; einschränkend *Klabunde/Horváth*, in Ehmann/Selmayr, DSGVO, 3. Aufl. 2024, Art. 4 Rn. 45, die dem Auftragsverarbeiter keine erheblichen Gestaltungs- oder Wahlmöglichkeiten bezüglich der Mittel der Verarbeitung zubilligen.

[522] *EDPB*, Guidelines 07/2020 (Version 2.1), Rn. 39 ff.; *Art.-29-Datenschutzgruppe*, WP 169, S. 17; *Arning/Rothkegel*, in: Taeger/Gabel, DSGVO/BDSG/TTDSG, 4. Aufl. 2022, Art. 4 Rn. 253.

determiniert werden, tangiert dies zugleich auch materiellrechtliche Fragen, die die Rechtmäßigkeit der Verarbeitung betreffen.[523] Sofern einem Akteur die Entscheidung über inhaltliche Fragen möglich ist, die den Kern der Rechtmäßigkeit einer Datenverarbeitung betreffen, ist dieser jedoch in aller Regel selbst als Verantwortlicher zu klassifizieren.[524]

Auch der *EDSA* erkennt diesen logischen Wirkungszusammenhang zwischen den beiden Elementen und differenziert in seinem Verantwortlichkeitskonzept nachvollziehbar anhand der Risikogeneigtheit zwischen wesentlichen und anderen Mitteln.[525] Demzufolge stehen wesentliche Mittel in einem engen Zusammenhang zu dem Umfang und dem Zweck der Verarbeitung. Die Bestimmung wesentlicher Mittel prägt das Risiko der Verarbeitung so stark, dass diese nicht externen Organisationen überlassen werden können und folglich „auslagerungsfeindlich"[526] sind. Deren steuernde Beeinflussung ist traditionell und naturgemäß allein dem Verantwortlichen vorbehalten.[527] Die Festlegung unwesentlicher Mittel wirkt sich dagegen nicht auf inhaltlichen Fragen aus, die den Kern der Rechtmäßigkeit einer Datenverarbeitung betreffen.[528]

Aus dieser Systematik folgt, dass eine Einflussnahme auf die Ausgestaltung eines Verarbeitungsverfahrens so signifikant sein kann, dass auch die Zweckebene tangiert wird.[529] Über technische oder organisatorische Maßnahmen kann mittelbar auch die der Verarbeitung zugrundeliegende Zweckausrichtung beeinflusst werden. Der Einfluss auf die Mittel einer Verarbeitung kann im Einzelfall so signifikant sein, dass sich die Zweckausrichtung wandelt und eine Eigenverantwortlichkeit gerechtfertigt ist. Wirkt sich die Einflussnahme steuernd auf den Verarbeitungsumfang aus, kann auch ohne eine Befassung mit dem konkreten Inhalt einer Verarbeitung eine technisch geprägte Verantwortung erwachsen.[530] Die Begriffe der wesentlichen Mittel und der Zwecke stehen in einem direkten Bedingungszusammenhang und sind praktisch gleichgewichtet in die Beurteilung einzubeziehen.[531]

---

[523] In diesem Sinne bereits *Art.-29-Datenschutzgruppe*, WP 169, S. 17.

[524] Vgl. *Art.-29-Datenschutzgruppe*, WP 169, S. 18; dazu *Arning/Rothkegel*, in: Taeger/Gabel, DSGVO/BDSG/TTDSG, 4. Aufl. 2022, Art. 4 Rn. 184.

[525] *EDPB*, Guidelines 07/2020 (Version 2.1), Rn. 37 f.; siehe dazu *Nebel*, FS Roßnagel 2020, S. 342 f.; kritisch zu den Kriterien "essential menas" und non-essential means" *Scheja/Reibach/Reichert*, in: Leupold/Wiebe/Glossner, IT-Recht, Teil 6.6 Rn. 239; dazu Kap. D. II. 6.) b.) bb.).

[526] *Vasella*, Verantwortliche und Auftragsverarbeiter, S. 2.

[527] In diesem Sinne auch *Gierschmann*, ZD 2020, 69 (70); *Nebel*, FS Roßnagel 2020, S. 342 f.

[528] So bereits *Art.-29-Datenschutzgruppe*, WP 169, S. 17; *Gierschmann*, ZD 2020, 69 (72).

[529] Vgl. *Rothkegel/Strassemeyer*, CRi 2019, 161 (166): the "how" is already inherent in the "why"; *Arning/Rothkegel*, in: Taeger/Gabel, DSGVO/BDSG/TTDSG, 4. Aufl. 2022, Art. 4 Rn. 184.

[530] In diesem Sinne auch EuGH [GK], Rs. C-131/12, *Google Spain SL u. Google Inc./Agencia Española de Protección de Datos (AEPD) u. Mario Costeja Conzález,* ECLI:EU:C:2014:317 Rn. 28 ff.; siehe dazu *Nebel*, FS Roßnagel 2020, S. 342 f.

[531] Einen abweichenden Ansatz verfolgend *Radtke*, Gemeinsame Verantwortlichkeit unter der DSGVO, S. 125, der den Begriff des Mittels gegenüber dem der Zwecke als Auffangtatbestand für weitere Verarbeitungsumstände ansieht; in diesem Sinne auch *Golland*, Datenverarbeitung in sozialen Netzwerken, S. 124 f.

ee.) Gegenständlicher Anknüpfungspunkt der Verantwortlichkeit

Untrennbar verbunden mit dem Begriff des „Verantwortlichen" ist der zentrale Begriff der „Verarbeitung". Diese in Art. 4 Nr. 2 DSGVO definierte Begrifflichkeit stellt den gegenständlichen Anknüpfungspunkt der (gemeinsamen) Verantwortlichkeit dar, auf den sich die Entscheidungshoheit in Form der steuernden Einflussnahme auf die Zwecke und (wesentlichen) Mittel erstreckt.[532] Die konkrete Verarbeitung stellt das Objekt der „(gemeinsamen) Kontrolle"[533] dar.[534] Das Begriffsverständnis dieses zentralen Anknüpfungspunktes hat wesentliche Auswirkungen auf den Umfang der Handlungspflichten, die jeder Verantwortliche individuell zu erfüllen hat.[535]

(1.) Wandel des Verarbeitungsbegriffs

Auf dem Weg hin zu dem einheitlichen und umfassenden Verarbeitungsbegriff aus der DSGVO waren in der Entstehungsgeschichte der Vorschrift verschiedene konzeptionelle Modelle vorgebracht worden. So hatte die Konvention Nr. 108 des Europarates noch das einschränkende Konzept verfolgt, die Verarbeitung erst ab der Speicherung der personenbezogenen Daten beginnen zu lassen.[536] Im Entstehungsprozess zur DSRL hat sich der europäische Gesetzgeber jedoch bewusst von diesem Modell abgewandt.[537] Das Anliegen des Gesetzgebers war es stattdessen, den gesamten Lebenszyklus von Informationen[538] dynamisch und ganzheitlich zu erfassen.[539] Um diesem Anliegen nachzukommen, wurde der Begriff der „Verarbeitung" in der DSRL so konstruiert, dass er nunmehr von der Erhebung bis zur Vernichtung jeden ausgeführten Vorgang oder jede Vorgangsreihe im Zusammenhang mit personenbezogenen Daten ganzheitlich und einheitlich erfassen sollte (vgl. Art. 2 lit. b DSRL).[540] Die wesentliche strukturelle Änderung des Konzepts bestand in der Anknüpfung des Schutzes an jedwede Verarbeitung personenbezogener Daten unabhängig von deren technischer Zuordnung zu einer statischen Datei.[541]

---

[532] Vgl. *EDPB*, Guidelines 07/2020 (Version 2.1), Rn. 42; siehe dazu auch *Arning/Rothkegel*, in: Taeger/Gabel, DSGVO/BDSG/TTDSG, 4. Aufl. 2022, Art. 4 Rn. 185; *Raschauer*, in: Sydow/Marsch, DS-GVO/BDSG, 3. Aufl. 2022, Art. 4 Rn. 121; *Lentz*, ArbRB 2021, 28 (30); *Golland*, K&R 2019, 533 (534).
[533] Zur Rechtslage unter der DSRL bereits *Art.-29-Datenschutzgruppe*, WP 169, S. 22; *EDPB*, Guidelines 07/2020 (Version 2.1), Rn. 42.
[534] *Raschauer*, in: Sydow/Marsch, DS-GVO/BDSG, 3. Aufl. 2022, Art. 4 Rn. 121.
[535] Siehe dazu *Monreal*, CR 2019, 797 (799), der von einem „Rahmen der Verantwortung" spricht.
[536] Vgl. Art. 2 lit. c der Konvention Nr. 108 des Europarates; siehe dazu *Monreal*, CR 2019, 797 (800).
[537] Vgl. *Monreal*, CR 2019, 797 (800).
[538] *Art.-29-Datenschutzgruppe*, WP 169, S. 5.
[539] Bildlich von „von der Wiege bis zur Bahre" sprechend *Monreal*, PinG 2017, 216 (217).
[540] *Monreal*, CR 2019, 797 (800); *Monreal*, PinG 2017, 216 (217).
[541] Dazu in der Vorauflage *Brühmann*, in: Grabitz/Hilf, Das Recht der Europäischen Union, 40. EL 2009, A 30. Richtlinie 95/46/EG Art. 2 Rn. 3.

Während des Transformationsprozesses der DSRL in das nationalstaatliche Recht (BDSG a.F.) wurde diese konzeptionelle Weiterentwicklung durch den deutschen Gesetzgeber indes nur unzureichend aufgegriffen.[542] In dem mangelnden Bewusstsein für die konzeptionelle Wandlung des europäischen Verarbeitungsbegriffs ist der primäre Grund dafür zu sehen, weshalb ein an einzelnen schutzrelevanten Verarbeitungsphasen orientiertes Modell[543] im BDSG a.F. fortbestand und nicht durch den einheitlichen Verarbeitungsbegriff der DSRL ersetzt wurde.[544] Im Rahmen dieses nationalen Konzepts wurden einzelne Phasen der Verarbeitung weiterhin definiert (vgl. § 3 Abs. 3-5 BDSG a.F.). In jeder Erlaubnisnorm und in jeder Einwilligung musste nach Phasen unterschieden werden und die Durchführung einer jeden Phase, sei es die Erhebung, Verarbeitung oder Nutzung, bedurfte jeweils eines legitimierenden Erlaubnistatbestandes (vgl. § 4 BDSG a.F.).[545]

Durch die Einführung der DSGVO wurden diese konzeptionellen Divergenzen zwischen nationalem und europäischem Datenschutzrecht beseitigt. Aufgrund des Umstandes, dass nunmehr jede der „Phasen" unter dem Verbot mit Erlaubnisvorbehalt steht, wurde eine Ausgestaltung, welche die einzelnen Phasen der Verarbeitung ausdrücklich definiert, entbehrlich.[546] Es ist nunmehr allein auf den einheitlichen Verarbeitungsbegriff aus dem europäischen Datenschutzrecht abzustellen. Anknüpfungspunkt für Verantwortlichkeitszuordnung ist pauschal „die Verarbeitung" (vgl. Art. 4 Nr. 2 DSGVO), die als einziger Begriff zur Beurteilung datenschutzrelevanter Vorgänge heranzuziehen ist.[547] Gleichwohl werden nachfolgend auch weiterhin einzelne Verarbeitungsschritte konkret angesprochen.

Konzeptionell folgt der Verarbeitungsbegriff aus der DSGVO dem einheitlichen Verarbeitungsbegriff aus Art. 2 lit. b DSRL. Der Vergleich der korrespondierenden Vorschriften (Art. 4 Nr. 2 DSGVO und Art. 2 lit. b DSRL) in ihrer englischen Sprachfassung, in denen jeweils der Begriff „Verarbeitung" (englisch: „processing") definiert wird, verdeutlicht, dass die beiden Vorschriften in ihrem Wortlaut weitestgehend identisch sind.[548] Die in Art. 4 Nr. 2 DSGVO implementierte Verarbeitungsart des „structuring" dient lediglich der Verdeutlichung.[549] Und

---

[542] Sehr kritisch *Monreal*, CR 2019, 797 (800 f.).

[543] Siehe dazu *Riegel*, Datenschutz in der Bundesrepublik Deutschland, S. 64 ff.; *Conrad/Treeger*, in: Auer-Reinsdorff/Conrad, IT- und Datenschutzrecht, 3. Aufl. 2019, Teil F. § 34 Rn. 80.

[544] Vgl. BT-Drucks., 14/4329, S. 29; siehe dazu *Monreal*, CR 2019, 797 (800 f.).

[545] Vgl. dazu *Gola*, in: Gola/Heckmann, DSGVO/BDSG, 3. Aufl. 2022, Art. 4 Rn. 36 f.; *Conrad/Treeger*, in: Auer-Reinsdorff/Conrad, IT- und Datenschutzrecht, 3. Aufl. 2019, Teil F. § 34 Rn. 80; *Monreal*, ZD. 2016, 507 (510).

[546] *Gola*, in: Gola/Heckmann, DSGVO/BDSG, 3. Aufl. 2022, Art. 4 Rn. 37.

[547] *Conrad/Treeger*, in: Auer-Reinsdorff/Conrad, IT- und Datenschutzrecht, 3. Aufl. 2019, Teil F. § 34 Rn. 81 m.w.N.

[548] Siehe zur Entstehungsgeschichte *Herbst*, in: Kühling/Buchner, DS-GVO/BDSG, 4. Aufl. 2024, Art. 4 Nr. 2 Rn. 5 ff.

[549] *Herbst*, in: Kühling/Buchner, DS-GVO/BDSG, 4. Aufl. 2024, Art. 4 Nr. 2 Rn. 8.

auch die scheinbar größeren Unterschiede in der deutschen Sprachfassung[550] beschränken sich durchweg auf Klarstellungen bzw. Korrekturen, die die englischen Begriffe noch deutlicher wiedergeben.[551] Der Gesetzgeber hat sich bewusst dafür entschieden, den Begriff der „Verarbeitung" aus der DSRL in seiner Konzeption zu übernehmen und nicht zu verändern.[552] Beginnend mit der Erhebung und endend mit der Löschung erfasst der umfassende und einheitliche Begriff der „Verarbeitung" nunmehr jeden datenschutzrechtlich relevanten Vorgang des Umgangs mit personenbezogenen Daten.[553] Kennzeichnend ist, dass ein einheitlicher Lebensvorgang aus einer Reihe von Verarbeitungsaktivitäten bestehen kann.[554] Der im Vergleich zum BDSG a.F. weiter gefasste Begriff der „Verarbeitung" aus der DSGVO[555] fungiert als zentrales Strukturelement, um Schutzlücken im europäischen Verantwortlichkeitskonzept effektiv vorzubeugen und auf diese Weise den Schutz der Rechte und Freiheiten betroffener Personen zu stärken.

(2.) Die Merkmale des einheitlichen Verarbeitungsbegriffs

Konkret definiert die DSGVO die „Verarbeitung" (englisch: „processing") als „jeden mit oder ohne Hilfe automatisierter Verfahren ausgeführten Vorgang oder jede solche Vorgangsreihe im Zusammenhang mit personenbezogenen Daten" (vgl. Art. 4 Nr. 2 DSGVO).[556] Im Anschluss an die abstrakte Legaldefinition des Oberbegriffs folgt eine nicht auf bestimmte Modalitäten beschränkte, nicht abschließende Aufzählung von einzelnen Verarbeitungsarten, die die übergeordnete Begrifflichkeit illustrieren.[557] Neben den typischen Datenverwendungen, wie der

[550] Gegenüber der korrespondierenden Vorschrift in Art. 2 lit. b DSRL wurden in Art. 4 Nr. 2 DSGVO „das Speichern" durch „das Erfassen" (englisch: „recording") ersetzt sowie „die Aufbewahrung" durch „die Speicherung" (englisch: „storage"), „die Benutzung" durch „die Verwendung" (englisch: „use"), „die Weitergabe" durch „die Offenlegung" (englisch: „disclosure"), „die Kombination" durch „den Abgleich" (englisch: „alignment") und „das Sperren" durch „die Einschränkung" (englisch: „restriction"); siehe zu der Gegenüberstellung *Herbst*, in: Kühling/Buchner, DS-GVO/BDSG, 4. Aufl. 2024, Art. 4 Nr. 2 Rn. 9; *Reimer*, in: Sydow/Marsch, DS-GVO/BDSG, 3. Aufl. 2022, Art. 4 Rn. 45 f.
[551] *Herbst*, in: Kühling/Buchner, DS-GVO/BDSG, 4. Aufl. 2024, Art. 4 Nr. 2 Rn. 9.
[552] Vgl. *Monreal*, CR 2019, 797 (800 f.).
[553] *Gola*, in: Gola/Heckmann, DSGVO/BDSG, 3. Aufl 2022, Art. 4 Rn. 35; *Herbst*, in: Kühling/Buchner, DS-GVO/BDSG, 4. Aufl. 2024, Art. 4 Nr. 2 Rn. 3.
[554] Unter Bezugnahme auch die Entscheidung Fashion ID *Hartung*, in: Kühling/Buchner, DS-GVO/BDSG, 4. Aufl. 2024, Art. 26 Rn. 41.
[555] Siehe zu dem Vergleich *Ernst*, in: Paal/Pauly, DS-GVO/BDSG, 3. Aufl. 2021, Art. 4 Nr. 2 Rn. 20.
[556] Ausführlich zu den einzelnen Merkmalen der abstrakten Legaldefinition *Herbst*, in: Kühling/Buchner, DS-GVO/BDSG, 4. Aufl. 2024, Art. 4 Nr. 2 Rn. 12 ff.; *Steidle*, in: Jandt/Steidle, Datenschutz und Internet, 2. Aufl. 2025, Kap. III. Rn. 20-23.
[557] *Monreal*, ZD 2016, 507 (510); *Reimer*, in: Sydow/Marsch, DS-GVO/BDSG, 3. Aufl. 2022, Art. 4 Rn. 43 und 55 ff.; ausführlich zu der Aufzählung von Beispielen für Verarbeitungsarten *Herbst*, in: Kühling/Buchner, DS-GVO/BDSG, 4. Aufl. 2024, Art. 4 Nr. 2 Rn. 20 ff.; in der nicht abschließenden Aufzählung werden die folgenden Nutzungsvorgänge exemplarisch aufgeführt: das Erheben (englisch: „collection"), das Erfassen (englisch: „recording"), die Organisation (englisch: „organisation"), das Ordnen (englisch: „structuring"), die Speicherung (englisch: „storage"), die Anpassung (englisch: „adaption") oder Veränderung (englisch: „alteration"), das Auslesen (englisch: „retrieval"), das Abfragen (englisch: „consultation"), die Verwendung (englisch: „use"), die Offenlegung durch Übermittlung (englisch: „disclosure by transmission"), Verbreitung (englisch: „dissemination") oder

Speicherung, Übermittlung oder Veränderung von Daten, werden auch sämtliche weitere Formen des Umgangs mit personenbezogenen Daten erfasst.[558]

(a.) Zusammenhang mit personenbezogenen Daten

Ein wesentlicher Bestandteil der abstrakten und weit gefassten Verarbeitungsdefinition ist, dass Vorgänge nur dann nach Art. 4 Nr. 2 DSGVO als Verarbeitung gelten, wenn sie „im Zusammenhang mit personenbezogenen Daten" ausgeführt werden (englisch: „any operation or set of operations which is performed on personal data or on sets of personal data").[559] Weil der Begriff der „Verarbeitung" nur Verarbeitungen erfasst, die im Zusammenhang mit personenbezogenen Daten i.S.d. Art. 4 Nr. 1 DSGVO erfolgen, ist der Begriff der „Verarbeitung" deshalb mit „Verarbeitung personenbezogener Daten" gleichzusetzen.[560]

(b.) Ausführung eines Vorgangs oder einer Vorgangsreihe

Kernelement der Verarbeitungsdefinition ist, dass es sich um einen Vorgang (englisch: „operation") oder eine Vorgangsreihe (englisch: „set of operations") handeln muss, die „ausgeführt" (englisch: „performed") wird. Im Hinblick auf die explizit genannten Handlungen ist es dabei irrelevant, ob nur eine der Handlungen durchgeführt wird, oder ob mehrere Verarbeitungsvorgänge in Form einer Vorgangsreihe hintereinander erfolgen.[561] Auch eine Aneinanderreihung von mehreren Verarbeitungsvorgängen kann eine „Verarbeitung" darstellen.[562] Prägend für die Konzeption des Begriffs ist, dass ein Verarbeitungsvorgang keinen Zustand erfasst, sondern stets eine Handlung voraussetzt, die einen Umgang mit den Daten zur Folge hat und damit eine Zustandsveränderung erzeugt.[563] Dies ist z.B. der Fall, wenn personenbezogene Daten, die vorher nicht bei einer Stelle vorlagen, dort nun vorliegen. Ob diese Zustandsveränderung mit oder

eine andere Form der Bereitstellung (englisch: „otherwise making available"), der Abgleich (englisch: „alignment") oder die Verknüpfung (englisch: „combination"), die Einschränkung (englisch: „restriction"), das Löschen (englisch: „erasure") oder die Vernichtung (englisch: „destruction").

[558] Vgl. *Herbst*, in: Kühling/Buchner, DS-GVO/BDSG, 4. Aufl. 2024, Art. 4 Nr. 2 Rn. 4; *Roßnagel*, in: Simitis/Hornung/Spiecker gen. Döhmann, DSGVO/BDSG, 2. Aufl. 2025, Art. 4 Nr. 2 Rn. 11 m.w.N.

[559] Siehe dazu *Reimer*, in: Sydow/Marsch, DS-GVO/BDSG, 3. Aufl. 2022, Art. 4 Rn. 51; *Arning/Rothkegel*, in: Taeger/Gabel, DSGVO/BDSG/TTDSG, 4. Aufl. 2022, Art. 4 Rn. 66.

[560] Vgl. *Herbst*, in: Kühling/Buchner, DS-GVO/BDSG, 4. Aufl. 2024, Art. 4 Nr. 2 Rn. 1; *Arning/Rothkegel*, in: Taeger/Gabel, DSGVO/BDSG/TTDSG, 4. Aufl. 2022, Art. 4 Rn. 61 und 66; *Roßnagel*, in: Simitis/Hornung/Spiecker gen. Döhmann, DSGVO/BDSG, 2. Aufl. 2025, Art. 4 Nr. 2 Rn. 12; *Reimer*, in: Sydow/Marsch, DS-GVO/BDSG, 3. Aufl. 2022, Art. 4 Rn. 51 f.

[561] Vgl. *Ernst*, in: Paal/Pauly, DS-GVO/BDSG, 3. Aufl. 2021, Art. 4 Rn. 21.

[562] *Ernst*, in: Paal/Pauly, DS-GVO/BDSG, 3. Aufl. 2021, Art. 4 Rn. 21; *Herbst*, in: Kühling/Buchner, DS-GVO/BDSG, 4. Aufl. 2024, Art. 4 Nr. 2 Rn. 15.

[563] Siehe *Reimer*, in: Sydow/Marsch, DS-GVO/BDSG, 3. Aufl. 2022, Art. 4 Rn. 47 m.w.N.; *Arning/Rothkegel*, in: Taeger/Gabel, DSGVO/BDSG/TTDSG, 4. Aufl. 2022, Art. 4 Rn. 62; *Herbst*, in: Kühling/Buchner, DS-GVO/BDSG, 4. Aufl. 2024, Art. 4 Nr. 2 Rn. 14; bestätigt durch OVG Hamburg, ZD 2021, 278 (Rn. 21); siehe dazu *Freund*, ZD 2021, 282 (282 ff.).

ohne automatisierte Verfahren erfolgt, ist unerheblich. Der diesbezüglichen gesetzlichen Normierung kommt insoweit nur eine klarstellende Funktion zu.[564]

Im Kontext automatisierter Verfahren ist streitig, ob unter die Handlung auch rein naturgesetzliche Abläufe subsumiert werden können,[565] oder nur Vorgänge zu erfassen sind, die auf eine menschliche Aktivität zurückzuführen sind.[566] Dem erstgenannten Ansatz liegt der übergeordnete Gedanke zugrunde, dass grundsätzlich auch Maschinen einen Vorgang ausführen könnten.[567] Es wird darauf verwiesen, dass sich aus dem Wortlaut der Definition eine den Verarbeitungsbegriff einschränkende Anforderung nicht herauslesen lasse.[568] Und auch aus systematischen Gesichtspunkten sei nicht ersichtlich, warum ein Mensch den relevanten Verarbeitungsvorgang zwangsläufig initiieren müsse.[569] Die Definition der Verarbeitung bilde lediglich die weitreichende Basis, die nicht durch die Definition des Verantwortlichen zu beschränken sei.[570] Stattdessen sei ausgehend vom feststehenden Sachverhalt zu ermitteln, wer für die jeweilige Verarbeitung Verantwortung trägt.[571]

Für die gegenteilige Ansicht spricht bei genauerer Betrachtung indes der Wortlaut der Vorschrift, demzufolge eine Verarbeitung einen „ausgeführten Vorgang oder jede solche Vorgangsreihe“ bezeichnet.[572] Die Verbindung mit dem Verb „ausführen“ deutet auf das Erfordernis eines menschlichen Handelns hin.[573] Sowohl die englische („processing means any operation or set of operations which is performed“) als auch die französische Sprachfassung („traitement, toute opération ou tout ensemble d`opérations effectuées“) bestätigen dieses Verständnis. Gestützt wird diese Auffassung auch durch systematische Erwägungen. Weil der Art. 30 Abs. 1 und 2 DSGVO sogar ausdrücklich von einem „Verzeichnis aller Verarbeitungstätigkeiten“ bzw. einem „Verzeichnis zu allen Kategorien von im Auftrag eines Verantwortlichen durchgeführten Tätigkeiten der Verarbeitung“ spricht, ist davon auszugehen, dass auch eine „Verarbeitung“ im Sinne von Art. 4 Nr. 2 DSGVO eine Handlung im Sinne einer menschlichen Aktivität

564 Ausführlich dazu *Herbst*, in: Kühling/Buchner, DS-GVO/BDSG, 4. Aufl. 2024, Art. 4 Nr. 2 Rn. 16 ff.; *Arning/Rothkegel*, in: Taeger/Gabel, DSGVO/BDSG/TTDSG, 4. Aufl. 2022, Art. 4 Rn. 63.

565 In diesem Sinne insbesondere *Arning/Rothkegel*, in: Taeger/Gabel, DSGVO/BDSG/TTDSG, 4. Aufl. 2022, Art. 4 Rn. 64.

566 In diesem Sinne *Herbst*, in: Kühling/Buchner, DS-GVO/BDSG, 4. Aufl. 2024, Art. 4 Nr. 2 Rn. 14 m.w.N.; *Reimer*, in: Sydow/Marsch, DS-GVO/BDSG, 3. Aufl. 2022, Art. 4 Rn. 50; siehe auch OVG Hamburg, ZD 2021, 278 (Rn. 21).

567 *Arning/Rothkegel*, in: Taeger/Gabel, DSGVO/BDSG/TTDSG, 4. Aufl. 2022, Art. 4 Rn. 64.

568 *Arning/Rothkegel*, in: Taeger/Gabel, DSGVO/BDSG/TTDSG, 4. Aufl. 2022, Art. 4 Rn. 64.

569 *Arning/Rothkegel*, in: Taeger/Gabel, DSGVO/BDSG/TTDSG, 4. Aufl. 2022, Art. 4 Rn. 64.

570 *Arning/Rothkegel*, in: Taeger/Gabel, DSGVO/BDSG/TTDSG, 4. Aufl. 2022, Art. 4 Rn. 64.

571 *Arning/Rothkegel*, in: Taeger/Gabel, DSGVO/BDSG/TTDSG, 4. Aufl. 2022, Art. 4 Rn. 64.

572 *Herbst*, in: Kühling/Buchner, DS-GVO/BDSG, 4. Aufl. 2024, Art. 4 Nr. 2 Rn. 14; bestätigt durch OVG Hamburg, ZD 2021, 278 (Rn. 21).

573 *Herbst*, in: Kühling/Buchner, DS-GVO/BDSG, 4. Aufl. 2024, Art. 4 Nr. 2 Rn. 14 m.w.N.

erfordert.[574] Das Element des „Ausführens" wird deshalb nur dann erfüllt, wenn auch automatisierte Verarbeitungsvorgänge auf eine „menschliche Aktivität" zurückführbar sind.[575]
Der konkrete Vorgang kann selbst in einem menschlichen Handeln bestehen (diese Möglichkeit liegt etwa bei der Erhebung, Verwendung oder Vernichtung nahe), oder er kann wie bei einer automatisierten Verarbeitung ohne weiteres menschliches Zutun ablaufen, nachdem er durch eine menschliche Handlung initiiert worden ist.[576] An Ausnahmen könnte allenfalls bei sog. „starken"[577] KI-Systemen zu denken sein, die sich durch ein hohes Maß an Autonomie auszeichnen.[578] Allgemein ist mit Blick auf den zuvor skizzierten Meinungsstreit jedoch anzumerken, dass auch jeder automatisiert ablaufende Vorgang im Ausgangspunkt auf ein menschliches Tätigwerden zurückzuführen ist. Wenngleich festzustellen ist, dass mit zunehmender Autonomie der entwickelten Systeme der Einfluss des KI-Anbieters sowie der Nutzer auf die konkret stattfindenden Verarbeitungsvorgänge sinkt, ist unter Geltung der DSGVO auch weiterhin unzweifelhaft, dass mindestens ein Akteur in der Rolle eines datenschutzrechtlich Verantwortlichen agieren muss, sobald personenbezogene Daten unter Einsatz künstlicher Intelligenz verarbeitet werden.
Ebenso ist klarzustellen, dass KI-Systeme selbst, ungeachtet des technischen Fortschritts und ihrer vermeintlichen Intelligenz[579], nach der gegenwärtigen Rechtslage nicht als datenschutzrechtlich Verantwortliche im Sinne von Art. 4 Nr. 7 DSGVO qualifiziert werden können. Diese Funktion ist nämlich ausschließlich natürlichen oder juristischen Personen, Behörden, Einrichtungen oder anderen Stellen vorbehalten.[580] Insofern bleibt es auch im Zusammenhang mit KI-Anwendungen bei den skizzierten Zuordnungsgrundsätzen. Auch im Rahmen von Verarbeitungsvorgängen unter Einsatz solcher Systeme ist darauf abzustellen, welche Stelle die Verarbeitung initiiert und die tatsächliche Kontrolle über deren Ablauf ausübt. Der Umstand, dass einem einflussnehmenden Akteur einzelne Verarbeitungsschritte im Detail nicht vollständig bekannt sind, führt nicht dazu, dass diese Vorgänge nicht mehr einer menschlichen Handlung zugerechnet werden könnten.[581] Sie bleiben grundsätzlich der verantwortlichen Stelle

---

[574] OVG Hamburg, ZD 2021, 278 (Rn. 21).
[575] Vgl. *Herbst*, in: Kühling/Buchner, DS-GVO/BDSG, 4. Aufl. 2024, Art. 4 Nr. 2 Rn. 14; in diesem Sinne auch *Reimer*, in: Sydow/Marsch, DS-GVO/BDSG, 3. Aufl. 2022, Art. 4 Rn. 50, der stets eine zurechenbare, willensgetragene und menschliche Aktivität voraussetzt.
[576] *Herbst*, in: Kühling/Buchner, DS-GVO/BDSG, 4. Aufl. 2024, Art. 4 Nr. 2 Rn. 14; *Freund*, ZD 2021, 282 (283); *Steidle*, in: Jandt/Steidle, Datenschutz und Internet, 2. Aufl. 2025, Kap. III. Rn. 20.
[577] Siehe zur Differenzierung zwischen schwacher und starker KI *Bues*, in: Hartung/Bues/Halbleib, Legal Tech, 1. Aufl. 2018, Rn. 1165 ff.
[578] Vertiefend zu „starker" KI und datenschutzrechtlicher Verantwortlichkeit *Kremer,* FS Taeger 2020, S. 266.
[579] Siehe zum „Hype um KI" *Baum*, in: Leupold/Wiebe/Glossner, IT-Recht, Teil 9.1 Rn. 1 ff.
[580] Siehe dazu *Chi/Baghal-Schmid/Esser*, KI-Nutzung und datenschutzrechtliche Verantwortlichkeit, CMS 2023.
[581] Vgl. *Chi/Baghal-Schmid/Esser*, KI-Nutzung und datenschutzrechtliche Verantwortlichkeit, CMS 2023.

zurechenbar und können somit weiterhin als gegenständlicher Anknüpfungspunkt für datenschutzrechtliche Rollenzuweisungen dienen.
Zugleich hat das Erfordernis einer menschlichen Aktivität Einfluss auf die Problematik „aufgedrängter" Daten. Diese schon vor der DSGVO bekannte Konstellation ist dahingehend aufzulösen, dass jemandem, dem personenbezogene Daten unaufgefordert zugehen und der kein Interesse an einer Verarbeitung dieser Informationen erkennen lässt, keine datenschutzrechtliche Verantwortlichkeit zugeordnet werden kann.[582] Erhält eine Stelle ohne aktives Zutun und unaufgefordert personenbezogene Daten, mangelt es bereits an einer Verarbeitung durch denjenigen, dem die Daten zugehen.[583]

(c.) Begrenzte Bedeutung subjektiver Elemente

Aufgrund des Umstandes, dass das Vorliegen einer Verarbeitung nach Art. 4 Nr. 2 DSGVO grundsätzlich objektiv zu bestimmen ist, ist es für die Charakterisierung einer Handlung als datenschutzrechtlich relevanter Vorgang auch unerheblich, ob die den Verarbeitungsvorgang tragende oder auslösende menschliche Aktivität zugleich mit einem subjektiven Verarbeitungswillen zusammenfällt.[584] Ein subjektiver Verarbeitungswille als Ausdruck oder Indiz für eine bestimmte Zwecksetzung einer verarbeitenden Stelle wird erst im Hinblick auf die kognitive Komponente auf der Ebene der Verantwortlichkeitszuordnung relevant.[585] Es ist deshalb irrelevant, ob die Handlung bewusst auf personenbezogene Daten abzielt, als datenschutzrechtlich relevanter Vorgang intendiert ist oder die Verarbeitung nur die Konsequenz der Handlung ist.[586] Erst auf der Stufe der Verantwortlichkeitszuordnung muss im Hinblick auf jeden stattfindenden Vorgang im Einzelfall untersucht werden, wer die Zwecke und (wesentlichen) Mittel der Verarbeitung wesentlich beeinflusst und inwieweit das objektive Tätigwerden eine Entsprechung auf subjektiver Ebene erfährt.[587]

---

[582] *Freund*, ZD 2021, 282.
[583] Siehe dazu *Freund*, ZD 2021, 282; bestätigt durch OVG Hamburg, ZD 2021, 278 (Rn. 22 f.), demzufolge eine „willensgetragene menschliche Aktivität" als notwendige Bedingung einer Verarbeitung angesehen wird.
[584] Vgl. *Arning/Rothkegel*, in: Taeger/Gabel, DSGVO/BDSG/TTDSG, 4. Aufl. 2022, Art. 4 Rn. 67; bestätigt durch OVG Hamburg, ZD 2021, 278 (Rn. 22 f.), wonach eine Verarbeitung i.S.d. Art. 4 Nr. 2 DSGVO zwar eine willensgetragene menschliche Aktivität voraussetze, doch sei davon der subjektive Verarbeitungswille zu unterscheiden, der eben keine Bedingung für das Vorliegen einer Verarbeitung darstelle; ähnlich auch *Reimer*, in: Sydow/Marsch, DS-GVO/BDSG, 3. Aufl. 2022, Art. 4 Rn. 50, der eine zurechenbare, willensgetragene (nicht willkürliche) Aktivität fordert.
[585] *Arning/Rothkegel*, in: Taeger/Gabel, DSGVO/BDSG/TTDSG, 4. Aufl. 2022, Art. 4 Rn. 67.
[586] *EDPB*, Guidelines 07/2020 (Version 2.1), Rn. 44; *Ernst*, in: Paal/Pauly, DS-GVO/BDSG, 3. Aufl. 2021, Art. 4 Rn. 21.
[587] In diesem Sinne auch *Arning/Rothkegel*, in: Taeger/Gabel, DSGVO/BDSG/TTDSG, 4. Aufl. 2022, Art. 4 Rn. 64.

(3.) Vorgangsbezogene Betrachtung der Verantwortlichkeit

Ausgehend von der weiten Verarbeitungsdefinition sind die Rollen eines jeden Beteiligten je Datenverarbeitungsverfahren bzw. -vorgang zu bestimmen.[588] Gegenständlich knüpft die Bestimmung der datenschutzrechtlichen Verantwortlichkeit an den einzelnen datenschutzrelevanten Verarbeitungsvorgang an.[589] Grundlage für die Verantwortlichkeit gemäß Art. 4 Nr. 7 DSGVO ist wiederum das mit dem gegenständlichen Anknüpfungspunkt verbundene menschliche Handeln.[590] Vor allem die konzeptionelle Weiterentwicklung vom statischen Begriff „Verantwortlicher für die Datei/Datensammlung" im Übereinkommen Nr. 108 zum dynamischen Begriff des „für die Verarbeitung Verantwortlichen" in Art. 2 lit. d DSRL und des „Verantwortlichen" in Art. 4 Nr. 7 DSGVO stützt dieses streng vorgangsbezogene Verständnis im europäischen Datenschutzrecht.[591] Zudem ist es auch Ausdruck des Wandels hin zu einem dynamischen Verarbeitungsbegriff.[592]

Während die Verantwortlichkeitszuordnung anhand eines einzelnen Vorgangs die Ausnahme darstellt, betrifft die Bestimmung in der Praxis oft komplexe Vorgangsreihen. Als „Vorgangsreihe" wird die Gesamtheit der Tätigkeiten erfasst, die den Lebenszyklus der Information von der Erhebung bis zur Vernichtung erfassen.[593] Innerhalb einer „Verarbeitung" kann sich die konkrete (gemeinsame) Verantwortlichkeit verschiedener Akteure sowohl auf den gesamten Lebenszyklus als auch lediglich auf einzelne Abschnitte bzw. Phasen einer Verarbeitung erstrecken.[594] Die Folge dieses Modells ist, dass eine Handlung im tatsächlichen Sinne, die mehrere Verarbeitungsschritte zur Folge hat, in Abhängigkeit der jeweiligen sequentiellen Verarbeitungsschritte (innerhalb der Verarbeitungskette) verschiedene Verantwortliche haben kann.[595] Ferner können mehrere Akteure für gewisse Abschnitte gemeinsam oder getrennt voneinander Verantwortung tragen. Die präzise Zuordnung datenschutzrechtlicher (Mit-

---

[588] *EDPB*, Guidelines 07/2020 (Version 2.1), Rn. 42; *Arning/Rothkegel*, in: Taeger/Gabel, DSGVO/BDSG/TTDSG, 4. Aufl. 2022, Art. 4 Rn. 185; siehe zur phasenbezogenen Betrachtungsweise auch *Ernst*, Gemeinsame Verantwortlichkeit bei arbeitsteiliger Datenverarbeitung – Ein europäisch-nationaler Vergleich, S. 165 ff.; mit Kritik am streng vorgangsorientierten Ansatz *Marosi*, (Gem-)Einsame Verantwortlichkeit im Datenschutzrecht, S. 313 f.

[589] Bestätigt durch EuGH, Rs. C-40/17, *Fashion ID*, ECLI:EU:C:2019:629 Rn. 76, der zwischen dem Erheben, der Weitergabe durch Übermittlung und den nach der Übermittlung vorgenommen Datenverarbeitungsvorgängen unterscheidet; zur alten Rechtslage unter der RL 95/46/EG *Art.-29-Datenschutzgruppe*, WP 169, S. 5; siehe dazu *Monreal*, ZD 2014, 611 (614); vgl. auch EuGH, Rs. C-101/01, ECLI:EU:C:2003:596 – *Lindqvist*, der zwischen Erstübermittlung, Speicherung und späterer Übermittlung differenziert.

[590] *Kremer*, FS Taeger 2020, S. 266.

[591] Vgl. *Golland*, Datenverarbeitung in sozialen Netzwerken, S. 117 f.; *Golland*, ZD 2020, 397 (399); *Golland*, ZD 2019, 381 (382).

[592] Vgl. *Golland*, K&R 2019, 533 (534).

[593] Vgl. *Gierschmann*, ZD 2020, 69 (72).

[594] *EDPB*, Guidelines 07/2020 (Version 2.1), Rn. 42; vgl. bereits *Art.-29-Datenschutzgruppe*, WP 169, S. 22.

[595] Konferenz der Datenschutzbeauftragten des Bundes und der Länder, Orientierungshilfe soziale Netzwerke, S. 10; *Golland*, ZD 2020, 397 (399); *Golland*, K&R 2018, 433 (434); *Lurtz/Schindler*, VuR 2019, 471 (473).

)Verantwortlichkeit wird sodann an einzelne Verarbeitungsvorgänge wie etwa eine Erhebung, Speicherung oder Übermittlung geknüpft und betrachtet, inwieweit tatsächliche Einflussmöglichkeiten der Beteiligten darauf bestehen.
Die Feststellung, dass die DSGVO im Rahmen der Verarbeitungsdefinition von einem „Vorgang“ oder einer „Vorgangsreihe“ spricht und an anderer Stelle auf „Verarbeitungstätigkeiten“ (vgl. Art. 30 Abs. 1 DSGVO), „Kategorien von Tätigkeiten der Verarbeitung“ (vgl. Art. 30 Abs. 2 DSGVO) oder „Kategorien von Verarbeitungen“ (vgl. Art. 30 Abs. 2 lit. b DSGVO) abstellt, offenbart begriffliche Unterschiede innerhalb der Verordnung.[596] Weil die „Verarbeitungstätigkeit“ alle Maßnahmen umfasst, die Verarbeitungen i.S.d. Art. 4 Nr. 2 DSGVO repräsentieren, sind die begrifflichen Differenzen dahingehend aufzulösen, dass die Begriffe „Verarbeitung“ und „Verarbeitungstätigkeit“ keine inhaltliche Abweichung beinhalten.[597]

ff.) Zusammenfassung

Die Fähigkeit, über eine bewusst ausgeübte, faktische Entscheidungsgewalt die Zwecke und (wesentlichen) Mittel einer Verarbeitung personenbezogener Daten steuernd zu beeinflussen, stellt das charakterisierende Wesensmerkmal für die Feststellung des Verantwortlichen dar.[598] Der datenschutzrechtlich Verantwortliche ist letztlich der Akteur, der die Schlüsselelemente der Verarbeitung festlegt und deren Umsetzung bewirken kann.[599] Die Schlüsselelemente der Zwecke und (wesentlichen) Mittel stehen dabei in einem direkten Bedingungszusammenhang. Die gesamte Zuweisung der datenschutzrechtlichen Verantwortlichkeit wird durch die tatsächliche Einflussnahme auf den konkreten Verarbeitungsvorgang sowohl legitimiert als auch begrenzt. Dem Verantwortlichen obliegt das dominierende Einwirken auf das Stattfinden der konkreten Verarbeitung.[600] Pointiert wird der Verantwortliche deshalb auch als „Herr der Daten“[601] umschrieben.

---

[596] Kritisch dazu *Conrad/Treeger*, in: Auer-Reinsdorff/Conrad, IT- und Datenschutzrecht, 3. Aufl. 2019, Teil F. § 34 Rn. 86.
[597] Vgl. *Martini*, in: Paal/Pauly, DS-GVO/BDSG, 3. Aufl. 2021, Art. 30 Rn. 5; *Bertermann*, in: Ehmann/Selmayr, DSGVO, 3. Aufl. 2024, Art. 30 Rn. 8; *Spoerr*, in: Wolff/Brink/v. Ungern-Sternberg, BeckOK Datenschutzrecht, 52. Edition Stand: 01.05.2025, Art. 30 Rn. 6 m.w.N.; a.A. *Hartung*, in: Kühling/Buchner, DS-GVO/BDSG, 4. Aufl. 2024, Art. 30 Rn. 14 f., der davon ausgeht, dass der in Art. 30 DSGVO verwendete Begriff der „Verarbeitungstätigkeit“ als prozessorientierte Zusammenfassung mehrerer einem gemeinsamen Zweck dienenden Verarbeitungen fungiert, um kleinschrittige Verarbeitungen unter dem Oberbegriff einer Verarbeitungstätigkeit zusammenzufassen; ähnlich *Petri*, in: Simitis/Hornung/Spiecker gen. Döhmann, DSGVO/BDSG, 2. Aufl. 2025, Art. 30 Rn. 17.
[598] In diesem Sinne auch *Maschmann*, NZA 2021, 834; *Klabunde/Horváth*, in: Ehmann/Selmayr, DSGVO, 3. Aufl. 2024, Art. 4 Rn. 39.
[599] Vgl. *EDPB*, Guidelines 07/2020 (Version 2.1), Rn. 20.
[600] Vgl. *Janicki,* FS Taeger 2020, S. 199.
[601] *Martini*, in: Paal/Pauly, DS-GVO/BDSG, 3. Aufl. 2021, Art. 26 Rn. 19; *Raschauer*, in: Sydow/Marsch, DS-GVO/BDSG, 3. Aufl. 2022, Art. 4 Rn. 123; ähnlich auch *Golland*, K&R 2018, 433: „Herr der Verarbeitung“.

Den gegenständlichen Anknüpfungspunkt bildet der umfassende, dynamische und einheitliche Begriff der „Verarbeitung", der alle durchgeführten, datenschutzrechtlich relevanten Vorgänge in Bezug auf personenbezogene Daten umfasst, unabhängig davon, ob sie von einem oder mehreren Verantwortlichen zu verantworten sind.[602] Die bloße Anzahl von Tätigkeiten, die unter den Begriff der „Verarbeitung" i.S.d. Art. 4 Nr. 2 DSGVO fallen, ist durch die Digitalisierung exponentiell gestiegen und wird sich im Kontext sozialer Medien und der vermehrten Nutzung digitaler Assistenzsysteme weiter vervielfachen. Unter Berücksichtigung der gesamten Umstände des Einzelfalls ist hinsichtlich jeder Verarbeitungsphase zu betrachten, ob die Einflussmöglichkeiten eines jeden Akteurs im Einzelfall tatsächlich auch so ausgeprägt und signifikant sind, um eine (Mit-)Verantwortlichkeit und die damit einhergehende Pflichtenbelastung für einen Verarbeitungsvorgang rechtfertigen zu können.[603] Hat eine Stelle weder rechtlich noch tatsächlich Einfluss auf eine Verarbeitung personenbezogener Daten, kann sie hierfür keine datenschutzrechtliche Verantwortung i.S.v. Art. 4 Nr. 7 DSGVO tragen.[604]

III. Pluralität im datenschutzrechtlichen Verantwortlichkeitskonzept

Die Zuordnung datenschutzrechtlicher Verantwortlichkeit nimmt bedeutend an Komplexität zu, wenn verschiedene Akteure an Datenverarbeitungsvorgängen beteiligt sind und potenziell Einfluss auf diese ausüben können. Die Möglichkeit, dass der Verantwortliche „allein oder gemeinsam mit anderen" handelt, wurde explizit in die Definition des Art. 4 Nr. 7 Hs. 1 DSGVO übernommen. Neben den Verantwortlichen und deren Beziehungen zueinander treten vermehrt auch weitere Akteure hinzu, die auf die Datenverarbeitungen potenziell Einfluss nehmen und deshalb ebenfalls in das Verantwortlichkeitsgefüge eingeordnet werden müssen. Voneinander abzugrenzen sind betroffene Personen, Auftragsverarbeiter, den Auftragsverarbeitern oder Verantwortlichen unterstellte Personen sowie Dritte (vgl. Art. 4 Nr. 10 DSGVO).[605]

Im Kern ergeben sich mit der betroffenen Person, mit deren Daten umgegangen wird, dem (gemeinsam) Verantwortlichen und dem Dritten drei grundlegende Rollen, die eine Entität im

---

[602] Vgl. *Monreal*, CR 2019, 797 (800); *Herbst*, in: Kühling/Buchner, DS-GVO/BDSG, 4. Aufl. 2024, Art. 4 Nr. 2 Rn. 3.

[603] *Moos/Rothkegel*, MMR 2018, 595 (597); *Arning/Rothkegel*, in: Taeger/Gabel, DSGVO/BDSG/TTDSG, 4. Aufl. 2022, Art. 4 Rn. 182.

[604] Vgl. *EDPB*, Guidelines 07/2020 (Version 2.1), Rn. 68 ff.; *Art.-29-Datenschutzgruppe*, WP 169, S. 15 und S. 39; siehe dazu auch *Arning/Rothkegel*, in: Taeger/Gabel, DSGVO/BDSG/TTDSG, 4. Aufl. 2022, Art. 4 Rn. 182; *Janicki*, FS Taeger 2020, S. 200.

[605] *EDPB*, Guidelines 07/2020 (Version 2.1), Rn. 86.

datenschutzrechtlichen Verantwortlichkeitsgefüge einnehmen kann.[606] Hinzutreten ggf. sonstige Empfänger, die als Auftragsverarbeiter personenbezogene Daten verarbeiten können.[607]
Die Wahrscheinlichkeit, dass mehrere Akteure an der Verarbeitung personenbezogener Daten beteiligt sind, hängt naturgemäß mit der Vielzahl von Tätigkeiten zusammen, die nach der DSGVO eine „Verarbeitung" darstellen können.[608] Tatsächlich gibt es eine wachsende Anzahl von Fällen, in denen personenbezogene Daten nicht allein im Verantwortungsbereich eines Akteurs verarbeitet werden, sondern im Zusammenwirken mit anderen Beteiligten.[609] Bedingt durch die fortschreitende Digitalisierung, die bewirkt, dass die Verarbeitung personenbezogener Daten zunehmend durch die Vernetzung und arbeitsteilige bzw. ineinandergreifende Zusammenarbeit mehrerer Akteure geprägt ist, kann sich auch die Zusammenarbeit auf einen an sich einheitlich zu betrachtenden, jedoch mehrere Akteure überspannenden, Datenverarbeitungsvorgang beziehen.[610]
In der Folge entstehen komplexe Datenverarbeitungsszenarien, im Rahmen derer mehrere Akteure als Verantwortliche handeln oder handeln könnten. Die rechtssichere Identifizierung und Zuteilung klarer Rollenbilder sowie des Umfangs der jeweiligen Verantwortungszuweisung gestaltet sich in Verarbeitungsszenarien mit mehreren Beteiligten als besonders schwierig. Speziell in komplexen Online-Akteursnetzwerken muss die Komplexität von Situationen berücksichtigt werden, in denen gerade nicht alle potenziell Verantwortlichen in Bezug auf ein und dieselbe Verarbeitung gleichermaßen Einfluss nehmen. Sowohl die rechtlichen und tatsächlichen Einflussmöglichkeiten als auch die Interessenlagen der Beteiligten können hinsichtlich eines Verarbeitungsvorgangs stark variieren.

1.) Spannungsverhältnis datenschutzrechtlicher Beteiligungsformen

Das europäische Datenschutzrecht begegnet den immer komplexer werdenden Verarbeitungskonstellationen mit einem vielschichtigen Rechtsrahmen. Bei der Beteiligung von mindestens zwei Parteien an einer Verarbeitung personenbezogener Daten einer betroffenen Person unterscheidet die DSGVO abstrakt drei wesentliche Szenarien.[611]

---

[606] Vgl. *Arning/Rothkegel*, in: Taeger/Gabel, DSGVO/BDSG/TTDSG, 4. Aufl. 2022, Art. 4 Rn. 277, die ergänzend noch auf den „Empfänger" nach Art. 4 Nr. 9 DSGVO verweisen.
[607] Siehe zu den unterschiedlichen Rollen *Kramer*, in: Paschke/Berlit/Meyer/Kröner, Gesamtes Medienrecht, 4. Aufl. 2021, 77. Abschn. Rn. 21.
[608] *Art.-29-Datenschutzgruppe*, WP 169, S. 22.
[609] Dazu auch *Janicki*, FS Taeger 2020, S. 200.
[610] *Arning/Rothkegel*, in: Taeger/Gabel, DSGVO/BDSG/TTDSG, 4. Aufl. 2022, Art. 4 Rn. 186.
[611] Siehe dazu *Kremer*, CR 2019, 225 (226 f.); *Lehmann/Rettig*, VersR 2020, 464 (466); *DSK*, Kurzpapier Nr. 16, S. 3.

Zunächst können die Beteiligten als mehrere voneinander getrennt Verantwortliche agieren. In diesem Fall legt ein allein Verantwortlicher personenbezogene Daten gegenüber einem oder mehreren allein Verantwortlichen offen. Der Austausch der Daten zwischen den beteiligten Akteuren ohne gemeinsame Zwecke- und Mittelgrundlage in einer gemeinsamen Vorgangsreihe bzw. Verarbeitungskette ist dann als Offenlegung i.S.d. Art. 4 Nr. 2 DSGVO zwischen getrennt Verantwortlichen anzusehen.[612] Die getrennt voneinander Verantwortlichen stehen sich in der Regel als Dritte i.S.v. Art. 4 Nr. 10 DSGVO gegenüber.[613] Jede Partei entscheidet letztendlich eigenständig über die Zwecke und Mittel der Verarbeitung der offengelegten Daten.[614] Jede Partei ist demzufolge alleiniger Verantwortlicher i.S.d. Art. 4 Nr. 7 DSGVO und in der Folge dazu verpflichtet, für die Einhaltung der Pflichten aus der Verordnung zu sorgen und so den Betroffenenschutz für in der eigenen Einflusssphäre erfolgende Datenverarbeitungen zu gewährleisten.[615]

Demgegenüber entscheiden bei der gemeinsamen Verantwortlichkeit (Art. 4 Nr. 7, Art. 26 DSGVO; englisch: „joint control") zwei oder mehrere Verantwortliche gemeinsam über die Zwecke und Mittel einer Verarbeitung, legen hierfür personenbezogene Daten gegenüber den jeweils anderen Verantwortlichen offen und tragen für gewisse Abschnitte gemeinsam die Verantwortlichkeit.[616] Die Grenzziehung zwischen einer gemeinsamen Verantwortlichkeit und einer getrennten bzw. separaten Verantwortlichkeit, bei der die verantwortlichkeitsbegründende Einflussnahme auf die Datenverarbeitung lediglich nacheinander oder parallel erfolgt, ist bislang unscharf und bedarf einer Präzisierung.[617]

Als besonders herausfordernd gestaltet sich auch die Rollenabgrenzung von einer datenschutzrechtlich gemeinsamen Verantwortlichkeit zu Auftragsverarbeitungskonstellationen (vgl. Art. 4 Nr. 8, Art. 28 DSGVO), in denen ein datenschutzrechtlich Verantwortlicher personenbezogene Daten gegenüber einem Auftragsverarbeiter offenlegt, damit dieser die Daten in dessen Auftrag verarbeitet.[618] Aus der Systematik des Art. 4 Nr. 8 DSGVO folgt, dass hinsichtlich ein und derselben Datenverarbeitung ein Akteur entweder nur Verantwortlicher oder

---

[612] Vgl. *Art.-29-Datenschutzgruppe*, WP 169, S. 24; *Gierschmann*, ZD 2020, 69 (70); siehe auch *Kremer*, CR 2019, 225 (226), der zutreffend darauf hinweist, dass dies eine weitere Verarbeitung i.S.d. Art. 4 Nr. 2 DSGVO darstellt, da auch die „Offenlegung durch Übermittlung, Verbreitung oder andere Form der Bereitstellung" erfasst wird.

[613] *Arning/Rothkegel*, in: Taeger/Gabel, DSGVO/BDSG/TTDSG, 4. Aufl. 2022, Art. 4 Rn. 174; siehe zur Rolle des „Dritten" nach der DSGVO *Piltz*, in: De Lege Data-Blog v. 19.10.2020, Der „Dritte" nach der DSGVO.

[614] *Kremer*, CR 2019, 225 (226).

[615] Vgl. *Iber*, DSRITB 2020, 57 (60); *Freund*, in: Schuster/Grützmacher, IT-Recht, Art. 26 Rn. 54.

[616] Vgl. *Kremer*, CR 2019, 225 (226).

[617] *Czajkowski/Mainz*, ZVertriebsR 2019, 159 (163).

[618] Siehe zu der Problematik beispielhaft *Schwiering/Lachenmann*, in: Koreng/Lachenmann, DatenschutzR-Form-HdB, 4. Aufl. 2025, Kap. G. I. 1.; *Scheja/Reibach/Reichert*, in: Leupold/Wiebe/Glossner, IT-Recht, Teil 6.6 Rn. 236 ff.; *Martini*, in: Paal/Pauly, DS-GVO/BDSG, 3. Aufl. 2021, Art. 28 Rn. 7; *Kremer*, CR 2019, 225 ff.

Auftragsverarbeiter sein kann, sodass sich die beiden Rollen im Hinblick auf denselben Verarbeitungsvorgang gegenseitig ausschließen.[619] Während der Weisungsgeber als Verantwortlicher zu charakterisieren ist, kann der Weisungsempfänger hinsichtlich eines bestimmten Vorgangs nur Auftragsverarbeiter sein.[620] Die Abgrenzungsproblematik zwischen den Rechtsinstituten wird zusätzlich dadurch verschärft, dass dieselbe Stelle zugleich als (gemeinsam) Verantwortlicher für bestimmte Verarbeitungsvorgänge angesehen werden kann und im Hinblick auf andere Verarbeitungsvorgänge in die Rolle eines Auftragsverarbeiters wechseln kann.[621] Zugleich darf nicht verkannt werden, dass die Annahme einer Doppelfunktion als Auftragsverarbeiter und Verantwortlicher hinsichtlich bestimmter Verarbeitungen nur möglich ist, so lange es sich im Rahmen der Bewertung von spezifischen Daten- und Vorgangsreihen nicht um einen einheitlichen Vorgang handelt und eine Zerlegung der Datenverarbeitung in verschiedene rechtlich eigenständige Teile praktikabel ist.[622] Sowohl die Qualifikation als (gemeinsam) Verantwortlicher als auch die Rollenzuweisung eines Auftragsverarbeiters muss in letzter Konsequenz im Hinblick auf jede spezifische Datenverarbeitungsaktivität gesondert beurteilt werden.[623]

2.) Grundlegende Abgrenzungskonzeption

a.) Gewillkürte Rollenzuteilung

Verstärkt vor dem Geltungsbeginn der DSGVO wurde, vornehmlich in der wirtschaftsfreundlichen Literatur, der Ansatz verfolgt, die Abgrenzungsschwierigkeiten hinsichtlich der präzisen Rollenzuteilung innerhalb komplexer Mehrpersonenverhältnisse über gewillkürte Verantwortlichkeitszuordnungen zu lösen.[624] Entsprechend der auch im deutschen Datenschutzrecht verbreiteten Vorstellung wurde, anstatt auf faktische Gegebenheiten zu schauen, im Rahmen der sog. „Vertragstheorie“ an rein formale Kriterien angeknüpft, um datenschutzrechtliche Rollen

[619] Vgl. *Franzen*, in: Franzen/Gallner/Oetker, EuArbRK, 5. Aufl. 2024, VO (EU) 2016/679 Art. 4 Rn. 13; *Arning/Rothkegel*, in: Taeger/Gabel, DSGVO/BDSG/TTDSG, 4. Aufl. 2022, Art. 4 Rn. 238; wonach der Auftragsverarbeiter den Gegenbegriff zum Verantwortlichen darstelle; *Ziegenhorn/Fokken*, ZD 2019, 194 (196).
[620] *Freund*, in: Schuster/Grützmacher, IT-Recht, Art. 26 Rn. 11.
[621] Vgl. *Golland*, ZD 2020, 397 (399), unter Verweis auf das Beispiel, dass sich private Nutzer über einen Dienst Nachrichten schicken, die vom Plattformbetreiber rein weisungsgebunden verarbeitet werden und andere Nutzerdaten zugleich auch für eigene Zwecke verarbeitet werden.
[622] Vgl. *EDPB*, Guidelines 07/2020 (Version 2.1), Rn. 43; siehe zur Einheitlichkeit eines Vorgangs VG Bayreuth, Beschl. v. 08.05.2018 – Az. B 1 S 18.105, ZD 2018, 382 Rn. 49; siehe dazu *Spoerr*, in: Wolff/Brink/v. Ungern-Sternberg, BeckOK Datenschutzrecht, 52. Edition Stand: 01.05.2025, Art. 28 Rn. 18c.
[623] *EDPB*, Guidelines 07/2020 (Version 2.1), Rn. 26 und Rn. 82.
[624] Siehe zum Verständnis der „Verantwortlichkeit“ vor dem geltungsbeginn der DSGVO *Härting*, ITRB 2018, 167 (168); *Petri*, ZD 2015, 305 (307 f.).

zuzuweisen und eine Abgrenzung im Mehrpersonenverhältnis zu erleichtern.[625] Im Kern fußt dieser Ansatz auf der verbreiteten Vorstellung, dass sich die Rollenzuteilung vertraglich dadurch regeln ließe, dass man eine Partei als Auftraggeber bezeichnet und dieser Partei in einem Vertrag weitgehende Weisungsrechte gegenüber der anderen Partei einräumt.[626] So handele es sich etwa bei einem Dienstleister um einen Auftragsverarbeiter, wenn zwischen ihm und dem Verantwortlichen ein Auftragsverarbeitungsvertrag geschlossen würde. Auf diesem Wege unterwarfen sich vor allem große amerikanische Dienstleister (z.B. Cloud-Dienstleister und Betreiber von Analyse- und Trackingtools) vertraglich den Weisungsrechten ihrer Auftraggeber, obwohl diese Weisungsrechte in der Realität faktisch gar nicht bestanden oder von den Beteiligten ausgeübt wurden.[627]

Ungeachtet der konzeptionellen Neuausrichtung des europäischen Datenschutzrechts wird vereinzelt auch weiterhin auf die Vertragstheorie zurückgegriffen. Im Hinblick auf die gemeinsame Verantwortlichkeit wird mitunter vorgebracht, dass dieses Rechtsinstitut eine vertragliche Vereinbarung voraussetze.[628] Weil die gemeinsame Verantwortlichkeit nach Art. 26 DSGVO für die Beteiligten (haftungs-)rechtliche Folgen hat, sei diese vertragliche Vereinbarung auch konstitutiv für die Begründung des Rechtsinstituts.[629] Der große Vorteil dieses Ansatzes besteht darin, dass er für eine eindeutige und einfache Abgrenzung in Mehrpersonenkonstellationen sorgt.[630] Letztendlich wird den an der Datenverarbeitung beteiligten Akteuren die Entscheidung überlassen, wie die datenschutzrechtliche Verantwortung unter ihnen aufgeteilt sein soll.[631]

Trotz ihrer praktischen Vorzüge ist eine weitere Bezugnahme auf die Vertragstheorie abzulehnen. Der konzeptionelle Ansatz, datenschutzrechtliche Rollen ausschließlich anhand der zugrunde liegenden Vertragsbedingungen zu bewerten, ist nicht mit dem Wortlaut, der Systematik und dem Sinn und Zweck der DSGVO zu vereinbaren.[632] Bereits der Abgleich mit dem Wortlaut des Art. 28 Abs. 3 DSGVO verdeutlicht, dass der Abschluss eines

[625] In diesem Sinne noch in der Vorauflage *Gabel*, in: Taeger/Gabel, BDSG, 2. Aufl. 2013, § 11 Rn. 15 f.; siehe zu der veralteten „Vertragstheorie" *Eisenschmid*, NZM 2019, 313 (326) m.w.N.; *Ziegenhorn/Fokken*, ZD 2019, 194 (196).
[626] Vgl. OVG Schleswig, ZD 2014, 643 (644); kritisch dazu *Ziegenhorn/Fokken*, ZD 2019, 194 (196); *Härting*, ITRB 2018, 167 (168); *Petri*, ZD 2015, 305 (307).
[627] Dieses Vorgehen kritisierend *Härting*, ITRB 2018, 167 (168).
[628] *Brüggemann*, CR 2018, 581.
[629] In diesem Sinne *Brüggemann*, CR 2018, 581.
[630] *Ziegenhorn/Fokken*, ZD 2019, 194 (196).
[631] Vgl. *Ziegenhorn/Fokken*, ZD 2019, 194 (196).
[632] Vgl. *Kremer*, CR 2019, 225 (227); *Ziegenhorn/Fokken*, ZD 2019, 194 (196); *Nink*, in: Spindler/Schuster, Recht der elektronischen Medien, 4. Aufl. 2019, 3. Teil DSGVO Art. 29 Rn. 7; in diesem Sinne auch bereits *Petri*, ZD 2015, 305 (307 f.); missverständlich *Plath*, in: Plath, DSGVO/BDSG/TTDSG, 4. Aufl. 2023, Art. 28 Rn. 55, der den Parteien die „freie Wahlmöglichkeit" geben will, ob sie ihre Kooperation als Auftragsverarbeitung zwischen Verantwortlichem und Auftragsverarbeiter oder als Datenübermittlung zwischen zwei jeweils Verantwortlichen ausgestalten; a.A. *Brüggemann*, CR 2018, 581, der eine konstitutive Wirkung der Vereinbarung gem. Art. 26 Abs. 1 S. 2 DSGVO annimmt und damit die Wertungen der „Vertragstheorie" zugrunde legt.

Auftragsverarbeitungsvertrages keine konstitutive Voraussetzung der Auftragsverarbeitung ist.[633] Stattdessen stellt die Verpflichtung zum Abschluss eines Auftragsverarbeitungsvertrages nur die zwingende, bußgeldbewehrte Rechtsfolge dar, deren tatbestandliche Voraussetzung wiederum die Auftragsverarbeitung ist.[634] Dem Umstand geschuldet, dass unabhängig von seiner konkreten Form oftmals ohnehin irgendein Vertrag besteht, würden in Bezug auf die Vertragstheorie relevante Inkohärenzen zu der Regelung des Art. 6 Abs. 1 lit. b DSGVO entstehen, die die Verarbeitung von Daten zu Zwecken der Vertragserfüllung regelt.[635] Verwaltungs- oder zivilrechtlichen Beziehungen der beteiligten Akteure zueinander ist deshalb nur eine untergeordnete Bedeutung beizumessen.[636]

Und auch die durch Art. 26 Abs. 1 S. 2 DSGVO geforderte Vereinbarung zwischen den beteiligten Akteuren einer gemeinsamen Verantwortlichkeit wirkt nicht konstitutiv.[637] Sie ist weder Voraussetzung für das Vorliegen einer gemeinsamen Verantwortlichkeit, noch kann sie eine solche begründen.[638] Der Abschluss eines bestimmten zivilrechtlichen Vertrages bzw. einer Vereinbarung stellt lediglich die rechtliche Pflicht und das Resultat dar, das sich aus einer tatsächlichen Gestaltung ergibt und an das Vorliegen des jeweiligen Tatbestandes anschließt.[639] Zuordnungskonzepte, die im Kern auf zivilrechtliche Vereinbarungen abstellen, stehen deshalb diametral im Widerspruch zum Verantwortlichkeitskonzept in der DSGVO.[640] Eine ausschließlich an Vertragsbedingungen orientierte Betrachtung verkennt, dass die Funktionen und Pflichten der Beteiligten nicht zur freien Disposition stehen. Andernfalls hätten es die Vertragsparteien selbst in der Hand, die rechtlichen Rahmenbedingungen für die Datenverarbeitung nach eigenem Dafürhalten, im Widerspruch zur Realität und zulasten der Betroffenen, festzulegen.[641]

---

[633] So auch *Ziegenhorn/Fokken*, ZD 2019, 194 (196); ein abweichendes Konzept zugrunde legend *Schneider*, in: Forgó/Helfrich/Schneider, Betrieblicher Datenschutz, 3. Aufl. 2019, Teil VII. Kap. 2.

[634] Vgl. *Ziegenhorn/Fokken*, ZD 2019, 194 (196).

[635] *Seiter*, DuD 2019, 127 (128).

[636] So *Seiter*, DuD 2019, 127.

[637] *Schneider/Forgó/Helfrich*, in: Forgó/Helfrich/Schneider, Betrieblicher Datenschutz, 3. Aufl. 2019, Teil VI. Kap. 1 Rn. 25; *Piltz*, in: Gola/Heckmann, DSGVO/BDSG, 3. Aufl. 2022, Art. 26 Rn. 20; *Lang*, in: Taeger/Gabel, DSGVO/BDSG/TTDSG, 4. Aufl. 2022, Art. 26 Rn. 13 und 72; *Hartung*, in: Kühling/Buchner, DS-GVO/BDSG, 4. Aufl. 2024, Art. 26 Rn. 52; *Martini*, in: Paal/Pauly, DS-GVO/BDSG, 3. Aufl. 2021, Art. 26 Rn. 20 und 22; *Kremer*, CR 2019, 225 (226 f.); *Ziegenhorn/Fokken*, ZD 2019, 194 (199); *Wagner*, ZD 2018, 307 (309); a.A. *Brüggemann*, CR 2018, 581, der der Vereinbarung gem. Art. 26 Abs. 1 S. 2 DSGVO eine konstitutive Wirkung beimisst.

[638] Vgl. *Lang*, in: Taeger/Gabel, DSGVO/BDSG/TTDSG, 4. Aufl. 2022, Art. 26 Rn. 13 und 72; *Piltz*, in: Gola/Heckmann, DSGVO/BDSG, 3. Aufl. 2022, Art. 26 Rn. 20; *Piltz*, K&R 2016, 709 (711).

[639] Vgl. *Lehmann/Rettig*, VersR 2020, 464 (465); *Kremer*, CR 2019, 225 (227); *Engeler*, MMR 2017, 651 (654); *Lang*, in: Taeger/Gabel, DSGVO/BDSG/TTDSG, 4. Aufl. 2022, Art. 26 Rn. 13 und 71 ff.

[640] Vgl. *Ziegenhorn/Fokken*, ZD 2019, 194 (196), die bildlich davon sprechen, dass die Vertragstheorie versuche, „das Pferd von Hinten aufzuzäumen".

[641] Vgl. *EDPB*, Guidelines 07/2020 (Version 2.1), Rn. 28; *Art.-29-Datenschutzgruppe*, WP 169, S. 14; bestätigt durch VGH München, NVwZ 2019, 171 (Rn. 14).

b.) Funktionelle Abgrenzung

Die Rollenverteilung im europäischen Datenschutzrecht fußt stattdessen auf einem objektiv geprägten, faktenbasierten, sachbezogenen und funktionellen Konzept.[642] Sofern die in der Realität existierenden Einflussmöglichkeiten der Beteiligten nicht widergespiegelt werden, kommt es für die Rollenzuteilung nicht darauf an, welche formalen Vereinbarungen und Benennungen zwischen einzelnen Akteuren geschlossen wurden.[643] Bloße Vereinbarungen unter den beteiligten Parteien (sog. „Single-Control-Clauses“) sind nicht dazu geeignet, über die Rollen der Beteiligten im Außenverhältnis zu disponieren.[644] Zivilrechtliche Ausgestaltungen können für sich genommen nicht als Rechtsgrundlage für die Herleitung datenschutzrechtlicher Verantwortlichkeit dienen.[645] Werden in Vereinbarungen datenschutzrechtliche „Schlagworte“ verwendet, kann dies zwar einen Anhaltspunkt, nicht aber den entscheidenden Gesichtspunkt für die Bewertung darstellen.[646] Auch eine vertraglich dokumentierte Selbstbezeichnung beteiligter Stellen kann allenfalls ein Indiz für eine (gemeinsame) Verantwortlichkeit darstellen.[647] Nur dann, wenn sich die Beteiligten auch tatsächlich an den vorgegebenen Umständen orientieren, können vertragliche Ausgestaltungen zur Einordnung beitragen und diese strukturieren.[648]

Auch im Hinblick auf das Rechtskonstrukt der gemeinsamen Verantwortlichkeit erfolgt die Bewertung der gemeinsamen Einflussnahme in gleicher Weise wie die Bewertung der „alleinigen“ Kontrolle nach den tatsächlichen Umständen.[649] Insoweit ist die funktionelle Betrachtungsweise auch im Zusammenhang mit Art. 4 Nr. 7 Hs. 2, Art. 26 Abs. 1 S. 2 a.E. DSGVO zu sehen, wonach der Gesetzgeber unter gewissen Grenzen (gemeinsame) Verantwortlichkeiten

---

[642] Vgl. *EDPB*, Guidelines 07/2020 (Version 2.1), Rn. 12, Rn. 21, Rn. 28, Rn. 52 und Rn. 163; *Art.-29-Datenschutzgruppe*, WP 169, S. 12 und 22; *Möhle*, DÖV 2023, 101 (104); *Schmidt/Schmidt*, in: BeckRA-HdB, 12. Aufl. 2022, § 50 Rn. 38; *Gierschmann*, ZD 2020, 69 (71); *Kremer*, CR 2019, 225 (227); *Czajkowski/Mainz,* ZVertriebsR 2019, 159 (162); *Golland*, Datenverarbeitung in sozialen Netzwerken, S. 123; *Klug*, in: Gola/Heckmann, DSGVO/BDSG, 3. Aufl. 2022, Art. 28 Rn. 5; *Seiter*, DuD 2019, 127 (131); *Ingold*, in: Sydow/Marsch, DS-GVO/BDSG, 3. Aufl. 2022, Art. 4 Rn. 146; *Hartung*, in: Kühling/Buchner, DS-GVO/BDSG, 4. Aufl. 2024, Art. 28 Rn. 27; *Klabunde/Horváth*, in: Ehmann/Selmayr, DSGVO, 3. Aufl. 2024, Art. 4 Rn. 39; *Gündel*, ZWE 2018, 429 (431); *Thomale*, in: Auernhammer DSGVO/BDSG, 8. Aufl. 2023, Art. 26 Rn. 4; bestätigt durch VG Mainz, ZD 2020, 376 (Rn. 21 und 23), das die Frage nach einer Auftragsverarbeitung faktisch allein danach beurteilt, ob die tatbestandlichen Anforderungen des Art. 28 DSGVO vorliegen; ähnlich VGH München, NVwZ 2019, 171 (Rn. 14).

[643] *EDPB*, Guidelines 07/2020 (Version 2.1), Rn. 28 f.; *Art.-29-Datenschutzgruppe*, WP 169, S. 14 f.; *Arning/Rothkegel*, in: Taeger/Gabel/, DSGVO/BDSG/TTDSG, 4. Aufl. 2022, Art. 4 Rn. 183 und 194; *Lang*, in: Taeger/Gabel, DSGVO/BDSG/TTDSG, 4. Aufl. 2022, Art. 26 Rn. 13.

[644] Vgl. *Golland*, K&R 2019, 533; *Martini*, in: Paal/Pauly, DS-GVO/BDSG, 3. Aufl. 2021, Art. 26 Rn. 4.

[645] *Lehmann/Rettig*, VersR 2020, 464 (465); *Kremer*, CR 2019, 225 (227); *Reif*, RDV 2019, 30 (31).

[646] Vgl. *Kremer*, CR 2019, 225 (227); *Lehmann/Rettig*, VersR 2020, 464 (466).

[647] Vgl. *EDPB*, Guidelines 07/2020 (Version 2.1), Rn. 28.

[648] In diesem Sinne auch VGH München, NVwZ 2019, 171 (Rn. 14); siehe dazu auch *Radtke*, Gemeinsame Verantwortlichkeit unter der DSGVO, S. 148, der vertragliche Vereinbarungen als wichtiges Indiz für die Prüfung der Verantwortlichkeit ansieht.

[649] *EDPB*, Guidelines 07/2020 (Version 2.1), Rn. 52; *Art.-29-Datenschutzgruppe*, WP 169, S. 22; *Czajkowski/Mainz,* ZVertriebsR 2019, 159 (162).; *Schmidt/Schmidt*, in: BeckRA-HdB, 12. Aufl. 2022, § 50 Rn. 38.

zuweisen kann. Werden formale Vorgaben getroffen und von den Beteiligten faktisch umgesetzt sowie ausgeübt, kann es zu einem Gleichlauf der formalen Verantwortlichkeitszuweisungen und dem streng funktionalen Zuordnungskonzept kommen.[650]

Ungeachtet dessen, dass eine Entität vertraglich zum Auftragsverarbeiter deklariert wird, agiert ein Akteur deshalb in der Rolle des Verantwortlichen, wenn von ihm die Schlüsselelemente einer Verarbeitung tatsächlich steuernd beeinflusst werden.[651] Im Umkehrschluss bedingt diese Feststellung, dass die falsche Bezeichnung eines Rechtsinstituts durch die beteiligten Akteure insoweit irrelevant ist, als dass die datenschutzrechtlichen Verpflichtungen durch die Beteiligten erfüllt werden.[652] Dem Umstand geschuldet, dass sich die Dispositionsbefugnis der Beteiligten, die Aufgaben und Funktionen untereinander zuzuweisen, nicht aus zivilrechtlichen Vorgaben ableiten lässt, hat jeweils eine eigenständige datenschutzrechtliche Betrachtung zu erfolgen, im Rahmen derer das objektive Vorliegen der unterschiedlichen Tatbestände entscheidend ist.[653] Dabei setzt der datenschutzrechtliche Verantwortlichkeitstatbestand den Ausgangspunkt für von ihm ausgehende Abgrenzungen anderer Beteiligungsformen.

3.) Die Auftragsverarbeitung im europäischen Verantwortlichkeitsgefüge

Für die Zuordnung datenschutzrechtlicher Rollen bei der Verarbeitung personenbezogener Daten ist neben der Beteiligungsform der alleinigen bzw. separaten Verantwortlichkeit sowie der pluralistischen Variante des Rechtsbegriffs die Auftragsverarbeitung als wichtigste Form des kooperativen Zusammenwirkens mehrerer Beteiligter zu berücksichtigen.

Die Rechtsfigur trägt dem Umstand Rechnung, dass datenschutzrechtlich verantwortliche Akteure häufig wenig Interesse daran haben, die konkreten Verarbeitungsmittel samt aller dazugehöriger Verfahren und Modalitäten selbst festzulegen. Oftmals mangelt es im Kontext komplexer Datenverarbeitungsprozesse bereits an der nötigen Expertise, um die Gesamtheit aller Verarbeitungsvorgänge im Detail selbst durchführen zu können. Einhergehend mit der zunehmenden Spezialisierung und Vernetzung vieler Unternehmen steigt das Bedürfnis, Teilprozesse und Aufgaben an externe Dienstleister zu delegieren sowie outzusourcen, um Effizienzvorteile

---

650 So auch *Radtke*, Gemeinsame Verantwortlichkeit unter der DSGVO, S. 115.

651 *EDPB*, Guidelines 07/2020 (Version 2.1), Rn. 29.

652 Vgl. unter Verweis auf den Grundsatz „falsa demonstratio non nocet“ Schulz/Kugelmann/*Sommer*, PinG 2019, 241 (242).

653 Vgl. *Lang*, in: Taeger/Gabel, DSGVO/BDSG/TTDSG, 4. Aufl. 2022, Art. 26 Rn. 13 und 71 ff.; siehe auch *Chen/Edwards/Urquhart/McAuley*, International Data Privacy Law 2020 (Vol. 10, No. 4), S. 291, die ebenfalls darauf verweisen, dass die Begründung einer gemeinsamen Verantwortlichkeit letztlich nicht von dem Abschluss einer Vereinbarung abhängig ist, sondern anhand eines faktenbasierten, sachbezogenen und funktionellen Konzepts zu bestimmen ist.

aus aufgeteilten Verarbeitungsfunktionen zu generieren.[654] Um der in der Praxis häufig genutzten Möglichkeit des arbeitsteiligen und spezialisierten Vorgehens bei der Verarbeitung personenbezogener Daten Rechnung zu tragen, enthält die DSGVO explizite Vorschriften, in denen die Voraussetzungen und Folgen von Auftragsverarbeitungskonstellationen differenziert ausgestaltet wurden.[655]

a.) Eckpunkte der Auftragsverarbeitung

Ausweislich der Legaldefinition in Art. 4 Nr. 8 DSGVO handelt es sich bei dem „Auftragsverarbeiter" um die „[...] natürliche oder juristische Person, Behörde, Einrichtung oder andere Stelle, die personenbezogene Daten im Auftrag des Verantwortlichen verarbeitet". Charakteristisch für die Auftragsverarbeitung ist, dass personenbezogene Daten als „verlängerter Arm"[656] des Verantwortlichen verarbeitet und Aufgaben übernommen werden, die ansonsten der Verantwortliche selbst ausführen müsste.[657] Im Kern betrifft die Auftragsverarbeitung gegenständlich nicht beschränkte, fremdbestimmte Tätigkeiten, die unter fremder Kontrolle erfolgen und der Erreichung fremder Zwecke dienen.[658]
Die Kehrseite dieses fremdbestimmten Handelns ist, dass sich der anweisende, die Verarbeitung administrierende Verantwortliche als „Herr über die Datenverarbeitung"[659] das Handeln des Auftragsverarbeiters materiell-rechtlich zurechnen lassen muss, die Zulässigkeit der Verarbeitung nebst der Überwachungspflicht des Kooperationspartners zu gewährleisten hat[660] und grundsätzlich für alle Aspekte des rechtskonformen Umgangs mit den personenbezogenen Daten im Außenverhältnis einzustehen hat.[661]
Obgleich in Auftragsverarbeitungskonstellationen primär der Verantwortliche für die Einhaltung datenschutzrechtlicher Vorschriften zu adressieren ist, darf dessen Inanspruchnahme nicht

---

[654] Vgl. *Martini*, in: Paal/Pauly, DS-GVO/BDSG, 3. Aufl. 2021, Art. 28 Rn. 8; *Petri*, in: Simitis/Hornung/Spiecker gen. Döhmann, DSGVO/BDSG, 2. Aufl. 2025, Art. 28 Rn. 2; *Thalhofer/Żdanowiecki*, in: Auer-Reinsdorff/Conrad, IT- und Datenschutzrecht, 3. Aufl. 2019, Teil C. § 19 Rn. 1.
[655] Siehe zur Entstehungsgeschichte und dem Vergleich zur DSRL *Gabel/Lutz*, in: Taeger/Gabel, DSGVO/BDSG/TTDSG, 4. Aufl. 2022, Art. 28 Rn. 3 f.
[656] *Martini*, in: Paal/Pauly, DS-GVO/BDSG, 3. Aufl. 2021, Art. 28 Rn. 2.
[657] *Petri*, in: Simitis/Hornung/Spiecker gen. Döhmann, DSGVO/BDSG, 2. Aufl. 2025, Art. 28 Rn. 3; vgl. dazu AG Mannheim, Urt. v. 11.09.2019 - 5 C 1733/19, WEG, NZM 2020, 70 Rn. 24: „datenverarbeitende Hilfsfunktion".
[658] *Scheja/Reibach/Reichert*, in: Leupold/Wiebe/Glossner, IT-Recht, Teil 6.6 Rn. 206.
[659] *Martini*, in: Paal/Pauly, DS-GVO/BDSG, 3. Aufl. 2021, Art. 28 Rn. 2.
[660] Zur Auswahl und Überwachung des Auftragsverarbeiters ausführlich *Gabel/Lutz*, in: Taeger/Gabel, DSGVO/BDSG/TTDSG, 4. Aufl. 2022, Art. 28 Rn. 27-32; *Ingold*, in: Sydow/Marsch, DS-GVO/BDSG, 3. Aufl. 2022, Art. 28 Rn. 12 f.
[661] Vgl. *Petri*, in: Simitis/Hornung/Spiecker gen. Döhmann, DSGVO/BDSG, 2. Aufl. 2025, Art. 28 Rn. 3; *Scheja/Reibach/Reichert*, in: Leupold/Wiebe/Glossner, IT-Recht, Teil 6.6 Rn. 207 und 220; siehe zur Verantwortlichkeit in Auftragsverarbeitungsszenarien *Ingold*, in: Sydow/Marsch, DS-GVO/BDSG, 3. Aufl. 2022, Art. 4 Rn. 11; unter Verweis auf den allgemeinen Rechtsgrundsatz: „Qui facit alium, facit per se" (deutsch: „wer durch einen anderen handelt, handelt selbst") *Martini*, in: Paal/Pauly, DS-GVO/BDSG, 3. Aufl. 2021, Art. 28 Rn. 2.

darüber hinwegtäuschen, dass auch den Auftragsverarbeiter unter der DSGVO weitreichende Pflichten bezüglich der im Auftrag verarbeiteten Daten treffen.[662] Das zwischen dem Auftraggeber sowie Auftragsverarbeiter bestehende Auftragsverhältnis unterliegt den ergänzenden Vorgaben des Art. 28 DSGVO, der die Anforderungen an Auftragsverhältnisse sowie die Rechte und Pflichten der Beteiligten festlegt und dabei auch originäre datenschutzrechtliche Verhaltensanforderungen für die Auftragsverarbeitenden beinhaltet.[663] Um datenschutzrechtliche Standards auch in Outsourcing-Konstellationen zu gewährleisten (vgl. DSGVO-Erwägungsgrund 81), wird der Auftragsverarbeiter durch die Adressierung spezieller datenschutzrechtlicher Verhaltenspflichten, zu denen auch die Abhängigkeit des Auftragsverarbeiters von den Weisungen des Verantwortlichen (Art. 28 Abs. 3 lit. a DSGVO) zählt, selbst zur Einhaltung erforderlicher technischer und organisatorischer Maßnahmen verpflichtet.[664]

Für den Fall, dass das Tätigwerden des Auftragsverarbeiter nicht den gesetzlichen Vorgaben entspricht, kann der Auftragsverarbeiter für eigene Rechtsverstöße selbst haftbar gemacht werden und es besteht die Möglichkeit zur Ahndung dieser Verstöße über die Artt. 83, 84 DSGVO.[665] Dabei ist zu beachten, dass ein Auftragsverarbeiter nach Art. 82 Abs. 2 S. 2 DSGVO für den durch eine Verarbeitung verursachten Schaden nur dann haftet, wenn den speziell durch die DSGVO übertragenen Pflichten aus Art. 28 DSGVO nicht Folge geleistet wird. Ausweislich des Art. 83 Abs. 4 lit. a DSGVO drohen sowohl dem Verantwortlichen als auch dem Auftragsverarbeiter signifikante Geldbußen, wenn den Verpflichtungen nicht nachgekommen wird.

Jenseits dieser Ahndungsmöglichkeiten wird durch die Neubestimmung in Art. 28 Nr. 10 DSGVO nunmehr ausdrücklich festgelegt, dass derjenige Auftragsverarbeiter, der unter Verstoß gegen die DSGVO die Schlüsselelemente der Verarbeitung selbst bestimmt, – „in Bezug

[662] Ein eigenständiges Merkmal der DSGVO sind die Bestimmungen, die auch Auftragsverarbeitern unmittelbar Pflichten auferlegen, wie bspw. Art. 27 Abs. 1 DSGVO (Vertreterbenennung), Art. 28 Abs. 3 DSGVO (Vertraulichkeitsverpflichtung), Art. 30 Abs. 2 DSGVO (Verzeichnis von Verarbeitungstätigkeiten), Art. 31 DSGVO (Pflicht zur Zusammenarbeit); Art. 32 Abs. 1 DSGVO (Sicherheit der Verarbeitung), Art. 33 Abs. 2 DSGVO (Meldung von Datenschutzverletzungen), Art. 37 Abs. 1 DSGVO (Benennung eines Datenschutzbeauftragten), Art. 44 S. 1 Hs. 1 DSGVO (Datenübermittlung an Drittländer); siehe zu den Rechtsfolgen der Auftragsverarbeitung *Martini*, in: Paal/Pauly, DS-GVO/BDSG, 3. Aufl. 2021, Art. 28 Rn. 5 f.; *EDPB*, Guidelines 07/2020 (Version 2.1), Rn. 74 und Rn. 93 ff.; ausführlich zu den Pflichten des Auftragsverarbeiters *Gabel/Lutz*, in: Taeger/Gabel, DSGVO/BDSG/TTDSG, 4. Aufl. 2022, Art. 28 Rn. 2 und 76 f.; *Arning/Rothkegel*, in: Taeger/Gabel, DSGVO/BDSG/TTDSG, 4. Aufl. 2022, Art. 4 Rn. 238.

[663] *Ingold*, in: Sydow/Marsch, DS-GVO/BDSG, 3. Aufl. 2022, Art. 28 Rn. 13.

[664] *Scheja/Reibach/Reichert*, in: Leupold/Wiebe/Glossner, IT-Recht, Teil 6.6 Rn. 203; *Ingold*, in: Sydow/Marsch, DS-GVO/BDSG, 3. Aufl. 2022, Art. 28 Rn. 13; siehe zum Zweck des Art. 28 DSGVO *Gabel/Lutz*, in: Taeger/Gabel, DSGVO/BDSG/TTDSG, 4. Aufl. 2022, Art. 28 Rn. 1 f.; *Ingold*, in: Sydow/Marsch, DS-GVO/BDSG, 3. Aufl. 2022, Art. 28 Rn. 1.

[665] Vgl. *Ingold*, in: Sydow/Marsch, DS-GVO/BDSG, 3. Aufl. 2022, Art. 28 Rn. 24; *EDPB*, Guidelines 07/2020 (Version 2.1), Rn. 74; siehe zur Haftung des Auftragsverarbeiters für eigene Rechtsverstöße *Moos/Schefzig*, in: Taeger/Gabel, DSGVO/BDSG/TTDSG, 4. Aufl. 2022, Art. 82 Rn. 68; siehe indes zum Providerprivileg des Auftragsverarbeiters im Haftungskontext *Bergt*, in: Kühling/Buchner, DS-GVO/BDSG, 4. Aufl. 2024, Art. 82 Rn. 40.

auf diese Verarbeitung“ – selbst in die Rolle des Verantwortlichen rückt, die daran anknüpfenden datenschutzrechtlichen Verpflichtungen zu erfüllen hat und mit Sanktionen belegt werden kann.[666]

In der Zusammenschau lässt sich mit Blick auf DSGVO-Erwägungsgrund 13 S. 1, der auf die Erforderlichkeit hinweist, „dieselben Pflichten und Zuständigkeiten für die Verantwortlichen und Auftragsverarbeiter [vorzusehen]“, schlussfolgern, dass eine stärkere Annäherung der Pflichten des Auftragsverarbeiters sowie des Verantwortlichen durch den Gesetzgeber intendiert ist.[667] Das Rechtsinstitut wird wesentlich durch die Prämisse geprägt, wonach sich die Rechtsposition des Betroffenen durch die Einbeziehung von Auftragsverarbeitern nicht verschlechtern darf.[668]

Die an den Auftragsverarbeiter adressierten Verpflichtungen zum Schutze des Betroffenen dienen wiederum als Rechtfertigung für die Privilegierung des verantwortlichen Auftraggebers gegenüber den allgemeinen datenschutzrechtlichen Vorschriften.[669] Aufgrund dessen, dass der Auftragsverarbeitende im Verhältnis zum auftraggebenden Verantwortlichen zwar Empfänger i.S.v. Art. 4 Nr. 9 DSGVO, nicht aber Dritter i.S.v. Art. 4 Nr. 10 DSGVO ist, stellt eine Weitergabe personenbezogener Daten vom Verantwortlichen an einen Auftragsverarbeiter keine erlaubnistatbestandsbedürftige Datenübermittlung dar.[670]

b.) Bestimmungskriterien

Die möglichst präzise Rollenzuordnung im datenschutzrechtlichen Verantwortlichkeitsgefüge erfordert die exakte und schlüssige Bestimmung des Auftragsverarbeitungstatbestandes im Einklang mit den im europäischen Datenschutzrecht geltenden Grundsätzen. Auch im Kontext potenzieller Auftragsverarbeitungskonstellationen können nationale Rechtsvorschriften nur ergänzend zur Auslegung der aus sich heraus geltenden europäischen Regelungen herangezogen werden.[671] Die bloße Subsumtion unter den Auftragsbegriff nach § 662 BGB reicht für die

---

[666] *EDPB*, Guidelines 07/2020 (Version 2.1), Rn. 81; *Art.-29-Datenschutzgruppe*, WP 169, S. 17; *Gabel/Lutz*, in: Taeger/Gabel, DSGVO/BDSG/TTDSG, 4. Aufl. 2022, Art. 28 Rn. 75; von einer „Rechtsfigur der fehlerhaften Auftragsverarbeitung“ sprechend *Ingold*, in: Sydow/Marsch, DS-GVO/BDSG, 3. Aufl. 2022, Art. 28 Rn. 24 ff.

[667] *Gabel/Lutz*, in: Taeger/Gabel, DSGVO/BDSG/TTDSG, 4. Aufl. 2022, Art. 28 Rn. 2.

[668] *Scheja/Reibach/Reichert*, in: Leupold/Wiebe/Glossner, IT-Recht, Teil 6.6 Rn. 220.

[669] *Blasek*, ZD 2020, 378 (379); siehe ausführlich zu der Diskussion rund um die Privilegierung der Auftragsverarbeitung *Gabel/Lutz*, in: Taeger/Gabel, DSGVO/BDSG/TTDSG, 4. Aufl. 2022, Art. 28 Rn. 8-11 m.w.N.; *Gola*, in: Gola/Heckmann, DSGVO/BDSG, 3. Aufl. 2022, Art. 4 Rn. 90; *Seiter*, DuD 2019, 127 (131).

[670] Vgl. *EDPB*, Guidelines 07/2020 (Version 2.1), Rn. 92; *Scheja/Reibach/Reichert*, in: Leupold/Wiebe/Glossner, IT-Recht, Teil 6.6 Rn. 201; *Bertermann/Peintinger*, in: Ehmann/Selmayr, DSGVO, 3. Aufl. 2024, Art. 28 Rn. 3; *Arning/Rothkegel*, in: Taeger/Gabel, DSGVO/BDSG/TTDSG, 4. Aufl. 2022, Art. 4 Rn. 174 und 239; in diesem Sinne auch *Ingold*, in: Sydow/Marsch, DS-GVO/BDSG, 3. Aufl. 2022, Art. 4 Rn. 152; *Blasek*, ZD 2020, 378 (378 f.).

[671] Vgl. *Eckhardt*, CCZ 2017, 111 (113).

tatbestandliche Bestimmung eines Auftragsverarbeiters i.S.d. Art. 28 DSGVO nicht aus.[672] Stattdessen ist als Leitlinie maßgeblich auf die Legaldefinition in Art. 4 Nr. 8 DSGVO abzustellen, wonach die Auftragsverarbeitung im Wesentlichen durch zwei Voraussetzungen geprägt ist.[673]

aa.) Unabhängigkeitserfordernis

Um in der Rolle eines Auftragsverarbeiters agieren zu können, muss es sich bei dem in Rede stehenden Akteur zunächst um eine von dem Verantwortlichen getrennte bzw. unabhängige Stelle (eigenständige juristische Person) handeln. Das Erfordernis der rechtlichen Eigenständigkeit dient als Abgrenzungsmerkmal zu Personen, die direkt in die Organisationsstrukturen des Verantwortlichen eingebunden sind.[674] Dem Unabhängigkeitserfordernis entsprechend muss sich der Entschluss des Verantwortlichen darauf beziehen, die Verarbeitungstätigkeiten ganz oder teilweise an eine externe Organisation zu delegieren.[675]
Am Beispiel von Datenverarbeitungsvorgängen im Unternehmenskontext lässt sich dieses Rollenverhältnis veranschaulichen. Während innerhalb einer Unternehmensgruppe ein Einzelunternehmen als Auftragsverarbeiter für ein anderes Unternehmen agieren kann, da es sich bei beiden Entitäten um getrennte Einheiten handelt, kann eine Abteilung innerhalb desselben Unternehmens mangels eigener Unabhängigkeit nicht als Auftragsverarbeiter für eine andere Abteilung innerhalb dieses Unternehmens agieren.[676] Auch unternehmenseigene Mitarbeiter und andere unter der direkten Autorität und Aufsicht des Verantwortlichen handelnde Personen (vgl. Art. 29 DSGVO) sind nicht als Auftragsverarbeiter anzusehen, da sie personenbezogene Daten als Teil der Einheit des Verantwortlichen verarbeiten.[677]

[672] Vgl. *Seiter*, DuD 2019, 127.
[673] Vgl. *EDPB*, Guidelines 07/2020 (Version 2.1), Rn. 76; siehe zu der deckungsgleichen Rechtslage unter der DSRL *Art.-29-Datenschutzgruppe*, WP 169, S. 40; neben den Normierungen in Art. 4 Nr. 8 DSGVO und Art. 28 DSGVO sind für das Verständnis der Auftragsverarbeitung ergänzend die DSGVO-Erwägungsgründe 79, 81, 91 und 101 sowie die Art. 26, 79 und 82 DSGVO als Auslegungshilfen einzubeziehen, siehe dazu *Eckhardt*, CCZ 2017, 111 (113).
[674] *EDPB*, Guidelines 07/2020 (Version 2.1), Rn. 76 f.; siehe zur Person des Auftragsverarbeiters *Arning/Rothkegel*, in: Taeger/Gabel, DSGVO/BDSG/TTDSG, 4. Aufl. 2022, Art. 4 Rn. 246 f.; *Spoerr*, in: Wolff/Brink/v. Ungern-Sternberg, BeckOK Datenschutzrecht, 52. Edition Stand: 01.05.2025, Art. 28 Rn. 17.
[675] *EDPB*, Guidelines 07/2020 (Version 2.1), Rn. 77.
[676] *EDPB*, Guidelines 07/2020 (Version 2.1), Rn. 77.
[677] *EDPB*, Guidelines 07/2020 (Version 2.1), Rn. 78; siehe zu unterstellten Personen i.S.d. Art. 29 DSGVO *Gabel/Lutz*, in: Taeger/Gabel, DSGVO/BDSG/TTDSG, 4. Aufl. 2022, Art. 29 Rn. 9 f.; dazu ausführlich *Kosmider*, Die Verantwortlichkeit im Datenschutz, S. 88 f.

bb.) Datenverarbeitung in Entsprechung der Auftragsgebundenheit

Neben dem Unabhängigkeitserfordernis stellt die auftragsgebundene Verarbeitung personenbezogener Daten das Hauptcharakteristikum der Auftragsverarbeitung dar.[678] Ein Tätigwerden „im Auftrag" erfordert stets die zugunsten eines Verantwortlichen erfolgende Verarbeitung personenbezogener Daten, um dem originären Eigeninteresse des Auftraggebers zu dienen.[679]

(1.) Weisungsgebundenheit

Der Umstand, dass die Verarbeitung personenbezogener Daten tatsächlich im Auftrag des Verantwortlichen erfolgt, wird durch eine direkte Weisungsgebundenheit des Auftragnehmers zum Ausdruck gebracht.[680] Der bereits im BDSG a.F. verwendete, nicht definierte Rechtsbegriff der Weisung wird in der DSGVO an verschiedenen Stellen aufgegriffen (z.B. Art. 28 Abs. 3 S. 2 lit. a, lit. h und Art. 29 DSGVO) und umfasst im Kern jede an den Normadressaten gerichtete Anordnung, die sich auf den Gegenstand und die Art des Umgangs mit personenbezogenen Daten sowie die darauf gerichteten technischen und organisatorischen Maßnahmen bezieht.[681] In Anbetracht des tatbestandlichen Erfordernisses einer Weisungsgebundenheit ist zu konstatieren, dass nicht jeder Diensteanbieter, der bei der Erbringung einer Dienstleistung personenbezogene Daten verarbeitet, auch zwangsläufig in der Rolle eines Auftragsverarbeiters agiert. Nicht die Erbringung einer vertragsgegenständlichen Leistung, sondern die Art und Weise der Verarbeitung der personenbezogenen Daten stellt den direkten Anknüpfungspunkt für die Weisungsgebundenheit dar.[682] Dienstleistungen anderer Art, denen zwar eine Datenverarbeitung immanent ist, jedoch nicht als weisungsgebundene Unterstützungshandlungen bei der Verarbeitung personenbezogener Daten durchgeführt werden, stellen keine Auftragsverarbeitung dar.[683] Die Weisungsgebundenheit erstreckt sich nur auf die Dienstleistungen, die speziell auf

[678] Vgl. *EDPB*, Guidelines 07/2020 (Version 2.1), Rn. 76; ausführlich dazu *Spoerr*, in: Wolff/Brink/v. Ungern-Sternberg, BeckOK Datenschutzrecht, 52. Edition Stand: 01.05.2025, Art. 28 Rn. 18 ff.; *Monreal*, ZD 2014, 611 (612); *Härting/Gössling*, NJW 2018, 2523 (2524).

[679] *EDPB*, Guidelines 07/2020 (Version 2.1), Rn. 79 f., unter Bezugnahme auf den Rechtsbegriff der „Delegation"; siehe ausführlich zu Art und Umfang des Auftrags *Gabel/Lutz*, in: Taeger/Gabel, DSGVO/BDSG/TTDSG, 4. Aufl. 2022, Art. 28 Rn. 12.

[680] *Spoerr*, in: Wolff/Brink/v. Ungern-Sternberg, BeckOK Datenschutzrecht, 52. Edition Stand: 01.05.2025, Art. 28 Rn. 18; *Gabel/Lutz*, in: Taeger/Gabel, DSGVO/BDSG/TTDSG, 4. Aufl. 2022, Art. 28 Rn. 13; *EDPB*, Guidelines 07/2020 (Version 2.1), Rn. 80.

[681] Ausführlich zum Begriff der Weisung *Martini*, in: Paal/Pauly, DS-GVO/BDSG, 3. Aufl. 2021, Art. 29 Rn. 18 ff.; *Nink*, in: Spindler/Schuster, Recht der elektronischen Medien, 4. Aufl. 2019, 3. Teil DSGVO Art. 29 Rn. 6; siehe zu der Thematik ausführlich *Kosmider*, Die Verantwortlichkeit im Datenschutz, S. 52 ff.

[682] Vgl. Wortlaut des Art. 29 DSGVO: „Der Auftragsverarbeiter und jede dem Verantwortlichen oder dem Auftragsverarbeiter unterstellte Person [...] dürfen diese Daten ausschließlich auf Weisungen des Verantwortlichen verarbeiten [...]."; siehe dazu *Arning/Rothkegel*, in: Taeger/Gabel, DSGVO/BDSG/TTDSG, 4. Aufl. 2022, Art. 4 Rn. 255.

[683] *Klug*, in: Gola/Heckmann, DSGVO/BDSG, 3. Aufl. 2022, Art. 28 Rn. 5 m.w.N.

die Verarbeitung personenbezogener Daten abzielen bzw. ein Schlüsselelement der Dienstleistung darstellen.[684]

Aufgrund dessen, dass sich die Verarbeitung personenbezogener Daten nach dem Willen des Auftraggebers zu richten hat,[685] schließt das bewusste Hinwegsetzen über das zugrundeliegende Weisungsverhältnis durch die Anmaßung einer eigenen Entscheidungsgewalt über die Schlüsselelemente der Verarbeitung eine Auftragsverarbeitung konsequenterweise aus und mündet in einer Eigenverantwortlichkeit des exzessiv handelnden Akteurs (vgl. Art. 28 Abs. 10 DSGVO).[686]

(2.) Notwendigkeit einer Datenverarbeitung

Das Tätigwerden im Auftrag des Verantwortlichen setzt ferner voraus, dass die getrennte Stelle tatsächlich personenbezogene Daten zugunsten des Verantwortlichen verarbeitet.[687] Ausweislich des Wortlautes impliziert die Legaldefinition aus Art. 4 Nr. 8 DSGVO mit dem Begriff „verarbeitet", dass eine Auftragsverarbeitungskonstellation von vornherein nur dann in Betracht kommt, wenn tatsächlich ein aktiver Verarbeitungsvorgang i.S.v. Art. 4 Nr. 2 DSGVO[688] im Auftrag des Verantwortlichen durchgeführt wird.[689]

In Anbetracht dessen, dass eine eigene Einflussnahme auf den Informationsgehalt personenbezogener Daten für die Annahme einer durch den Auftragsverarbeiter durchgeführten Datenverarbeitung nicht zwingend ist,[690] wird die weiterführende Frage aufgeworfen, ob bereits die bloße Zugriffsmöglichkeit auf personenbezogene Daten die Notwendigkeit einer datenschutzrechtlichen Rechtfertigung auslöst.[691] Hinsichtlich dieser Fragestellung ist zunächst

---

[684] Siehe dazu das Beispiel „Bank payments" *EDPB*, Guidelines 07/2020 (Version 2.1), Rn. 40; in diesem Sinne auch das Beispiel „Taxi service" *EDPB*, Guidelines 07/2020 (Version 2.1), Rn. 82.

[685] *EDPB*, Guidelines 07/2020 (Version 2.1), Rn. 80 und 82; *Arning/Rothkegel*, in: Taeger/Gabel, DSGVO/BDSG/TTDSG, 4. Aufl. 2022, Art. 4 Rn. 255.

[686] Vgl. *Petri*, in: Simitis/Hornung/Spiecker gen. Döhmann, DSGVO/BDSG, 2. Aufl. 2025, Art. 28 Rn. 3 und 93; *Gabel/Lutz*, in: Taeger/Gabel, DSGVO/BDSG/TTDSG, 4. Aufl. 2022, Art. 28 Rn. 75; *Ingold*, in: Sydow/Marsch, DS-GVO/BDSG, 3. Aufl. 2022, Art. 28 Rn. 25; siehe dazu das Beispiel „Service provider referred to as data processor but acting as controller" *EDPB*, Guidelines 07/2020 (Version 2.1), Rn. 81; ausführlich zum Auftragsverarbeiterexzess *Marosi*, (Gem-)Einsame Verantwortlichkeit im Datenschutzrecht, S. 296 ff.

[687] *EDPB*, Guidelines 07/2020 (Version 2.1), Rn. 79; *Spoerr*, in: Wolff/Brink/v. Ungern-Sternberg, BeckOK Datenschutzrecht, 52. Edition Stand: 01.05.2025, Art. 28 Rn. 21 und 24b; *Arning/Rothkegel*, in: Taeger/Gabel, DSGVO/BDSG/TTDSG, 4. Aufl. 2022, Art. 4 Rn. 257 ff.; *Nink*, in: Spindler/Schuster, Recht der elektronischen Medien, 4. Aufl. 2019, 3. Teil DSGVO Art. 28 Rn. 8; *Hartung*, in: Kühling/Buchner, DS-GVO/BDSG, 4. Aufl. 2024, Art. 28 Rn. 52.

[688] Dazu Kap. D. II. 6.) b.) ee.).

[689] Siehe allgemein zum Bezugspunkt der Auftragsverarbeitung *Ingold*, in: Sydow/Marsch, DS-GVO/BDSG, 3. Aufl. 2022, Art. 4 Rn. 146 f.; *Arning/Rothkegel*, in: Taeger/Gabel, DSGVO/BDSG/TTDSG, 4. Aufl. 2022, Art. 4 Rn. 257.

[690] Vgl. *Borges*, in: Borges/Hilber, BeckOK IT-Recht, 18. Edition Stand: 01.04.2025, Art. 28 DSGVO Rn. 18; jedoch die Möglichkeit zur inhaltlichen Kenntnisnahme als zwingende Voraussetzung erachtend *Arning/Rothkegel*, in: Taeger/Gabel, DSGVO/BDSG/TTDSG, 4. Aufl. 2022, Art. 4 Rn. 260.

[691] Siehe stellvertretend *Borges*, in: Borges/Hilber, BeckOK IT-Recht, 18. Edition Stand: 01.04.2025, Art. 28 DSGVO Rn. 13, 21 und 23.

anzuerkennen, dass der DSGVO eine dem § 11 Abs. 5 BDSG a.F. vergleichbare Regelung, wonach die Rechtsfolgen der Auftragsverarbeitung auch dann Anwendung finden, wenn die Prüfung (z.B. Online-Überwachung) oder Wartung (z.B. Fernwartung als Prüfung von Speicher-Dumps, Support-Arbeiten in Systemen des Verantwortlichen etc.) automatisierter Verfahren oder von Datenverarbeitungsanlagen durch andere Stellen im Auftrag vorgenommen wird und dabei ein Zugriff auf personenbezogene Daten nicht ausgeschlossen werden kann, nicht zu entnehmen ist.[692]

Aufgrund dessen, dass eine von den tatsächlichen Voraussetzungen losgelöste Rechtsfolgenanordnung unter der DSGVO nicht angedacht ist, hat die Rollenzuweisung ausschließlich am Maßstab der Voraussetzungen des Art. 4 Nr. 8 DSGVO zu erfolgen. Ohne die faktische Vornahme einer Datenverarbeitung, die beispielsweise das Auslesen, Abfragen oder Verwenden von Daten betreffen kann, scheidet ein Agieren als Auftragsverarbeiter sowie die Anwendung von Art. 28 DSGVO a priori aus.[693] Eine bloß abstrakt bestehende Zugriffsmöglichkeit ist für sich genommen nicht tatbestandlich.[694]

Einen Sonderfall bilden Szenarien, in denen trotz des Vorliegens einer aktiven Datenverarbeitung keine Möglichkeit zur inhaltlichen Kenntnisnahme dieser Daten besteht. Gesetzt den Fall, dass ein Auftragnehmer ausschließlich verschlüsselte Daten verarbeitet und eine Entschlüsselung faktisch ausscheidet, ist anzuerkennen, dass es sich aus dessen Perspektive mangels eines Personenbezuges schon nicht um personenbezogene Daten handelt.[695] Unter der Prämisse, dass der Auftragnehmer keine personenbezogenen, schutzbedürftigen Daten im Auftrag verarbeitet, besteht auch kein das einer Auftragsverarbeitung inhärente Risiko einer Offenlegung für die jeweils betroffenen Personen,[696] sodass es im Ergebnis sachgerecht erscheint, weder eine Auftragsverarbeitung noch eine datenschutzrechtlich relevante Verarbeitung durch bzw. Übermittlung an einen Auftragnehmer anzunehmen.[697]

---

[692] Siehe dazu *Petri*, in: Simitis/Hornung/Spiecker gen. Döhmann, DSGVO/BDSG, 2. Aufl. 2025, Art. 28 Rn. 22.
[693] *Petri*, in: Simitis/Hornung/Spiecker gen. Döhmann, DSGVO/BDSG, 2. Aufl. 2025, Art. 28 Rn. 22; *Spoerr*, in: Wolff/Brink/v. Ungern-Sternberg, BeckOK Datenschutzrecht, 52. Edition Stand: 01.05.2025, Art. 28 Rn. 21.
[694] *Arning/Rothkegel*, in: Taeger/Gabel, DSGVO/BDSG/TTDSG, 4. Aufl. 2022, Art. 4 Rn. 259; *Spoerr*, in: Wolff/Brink/v. Ungern-Sternberg, BeckOK Datenschutzrecht, 52. Edition Stand: 01.05.2025, Art. 28 Rn. 21; i.E. auch *Borges*, in: Borges/Hilber, BeckOK IT-Recht, 18. Edition Stand: 01.04.2025, Art. 28 DSGVO Rn. 23; missverständlich *Nink*, in: Spindler/Schuster, Recht der elektronischen Medien, 4. Aufl. 2019, 3. Teil DSGVO Art. 28 Rn. 9, wonach auch die bloße Zugriffsmöglichkeit auf Daten eine Datenverarbeitung darstelle und somit ein Auftragsverarbeitungsverhältnis erforderlich machen könne.
[695] EuGH, Rs. C-582/14, *Breyer*, ECLI:EU:C:2016:779 Rn. 46.
[696] Auf die Risiken für Betroffene im Rahmen der Auftragsverarbeitung hinweisend *Spoerr*, in: Wolff/Brink/v. Ungern-Sternberg, BeckOK Datenschutzrecht, 52. Edition Stand: 01.05.2025, Art. 28 Rn. 2.
[697] Vgl. *Arning/Rothkegel*, in: Taeger/Gabel, DSGVO/BDSG/TTDSG, 4. Aufl. 2022, Art. 4 Rn. 260; ähnlich *Hartung*, in: Kühling/Buchner, DS-GVO/BDSG, 4. Aufl. 2024, Art. 28 Rn. 52; siehe auch *Spoerr*, in: Wolff/Brink/v. Ungern-Sternberg, BeckOK Datenschutzrecht, 52. Edition Stand: 01.05.2025, Art. 28 Rn. 24h; a.A. *EDPB*, Guidelines 07/2020 (Version 2.1), Rn. 40, wonach eine Auftragsverarbeitung auch im Zusammenhang mit verschlüsselten Daten anzunehmen sei.

Unter Berücksichtigung des Gegenstandes der Datenverarbeitung können nur die Fälle als Auftragsverarbeitungskonstellationen erfasst werden, in denen die Beteiligung des externen Dienstleisters tatsächlich eine Verarbeitung personenbezogener Daten für den Verantwortlichen darstellt und dessen Tätigwerden deshalb als Teil der Leistung des Vertragspartners anzusehen ist, weil ein systematischer Datenzugang für die Erbringung der durch die Vereinbarung adressierten Dienstleistung typischerweise unvermeidlich ist bzw. eine Kenntnisnahme der Daten ausdrücklich gewünscht ist.[698]

Gesetzt den Fall, dass eine aktive Verarbeitung personenbezogener Daten vorliegt, ist ergänzend zu prüfen, ob es sich im Einzelfall um eine weisungsgebundene, auftragsgegenständliche Verarbeitungstätigkeit oder um eine eigenverantwortliche, datenschutzrechtlich getrennt zu rechtfertigende Verarbeitungstätigkeit des Dienstleisters handelt.[699] Logischerweise kann ein Auftragnehmer nur dann den Weisungen des Auftraggebers in Bezug auf eine bestimmte Datenverarbeitung unterliegen, wenn eine solche Verarbeitung auch als Gegenstand der vertraglichen Leistung anzusehen ist.[700] Darüber hinausgehende Zugriffe, die für die auftragsgegenständliche Leistungserbringung weder notwendig noch sinnvoll sind bzw. außerhalb des auftragsgebundenen Tätigwerdens erfolgen, lassen sich nicht unter den Begriff der Auftragsverarbeitung subsumieren.[701] Personen, die in Diskrepanz zu dem Inhalt der Vereinbarung die faktische Möglichkeit zur Kenntnisnahme nutzen, agieren nicht in der Rolle eines Auftragsverarbeiters. Es obliegt dem Verantwortlichen, geeignete Maßnahmen gemäß Art. 32 DSGVO zu ergreifen, um irregulären Zugriffen vorzubeugen.[702]

c.) Abgrenzungsmaßstab zur Verantwortlichenstellung

Neben der Definition des Verantwortlichen nach Art. 4 Nr. 7 DSGVO dient auch die Begriffsbestimmung des Auftragsverarbeiters nach Art. 4 Nr. 8 DSGVO dazu, die Rollen der an einem Datenverarbeitungsvorgang Beteiligten im Hinblick auf deren Verantwortung zur Einhaltung datenschutzrechtlicher Vorschriften voneinander zu unterscheiden.[703] Aufgrund dessen, dass die Zuweisung der Rolle als datenschutzrechtlich Verantwortlicher unmittelbar bestimmt, wer

---

[698] Siehe dazu das Beispiel „General IT support" *EDPB*, Guidelines 07/2020 (Version 2.1), Rn. 83; *Borges*, in: Borges/Hilber, BeckOK IT-Recht, 18. Edition Stand: 01.04.2025, Art. 28 DSGVO Rn. 16 und 23; *Petri*, in: Simitis/Hornung/Spiecker gen. Döhmann, DSGVO/BDSG, 2. Aufl. 2025, Art. 28 Rn. 23; *Nink*, in: Spindler/Schuster, Recht der elektronischen Medien, 4. Aufl. 2019, 3. Teil DSGVO Art. 28 Rn. 8; *Arning/Rothkegel*, in: Taeger/Gabel, DSGVO/BDSG/TTDSG, 4. Aufl. 2022, Art. 4 Rn. 259.

[699] *Arning/Rothkegel*, in: Taeger/Gabel, DSGVO/BDSG/TTDSG, 4. Aufl. 2022, Art. 4 Rn. 259 m.w.N.

[700] *Arning/Rothkegel*, in: Taeger/Gabel, DSGVO/BDSG/TTDSG, 4. Aufl. 2022, Art. 4 Rn. 258.

[701] Vgl. *Spoerr*, in: Wolff/Brink/v. Ungern-Sternberg, BeckOK Datenschutzrecht, 52. Edition Stand: 01.05.2025, Art. 28 Rn. 24b f.

[702] *EDPB*, Guidelines 07/2020 (Version 2.1), Rn. 83.

[703] *Arning/Rothkegel*, in: Taeger/Gabel, DSGVO/BDSG/TTDSG, 4. Aufl. 2022, Art. 4 Rn. 238.

primär für die verordnungskonforme Verarbeitung personenbezogener Daten sowie den Schutz der Rechte und Freiheiten betroffener Personen Verantwortung trägt und mit den verschärften Haftungs- und Bußgeldfolgen der DSGVO konfrontiert wird, kommt der tatbestandlichen Abgrenzung der in einem engen Wirkungs- und Bedingungszusammenhang stehenden Beteiligungsformen eine gewichtige Bedeutung zu.[704]

Angesichts der Erkenntnis, dass das alleinige Vorliegen irgendeines (Haupt-)Vertrages wegen der konzeptionellen Unzulänglichkeiten der Vertragstheorie kein hinreichendes Kriterium für die Tatbestandsabgrenzung darstellt[705] und vertragliche Vereinbarungen, die eine den tatsächlichen Gegebenheiten widersprechende „Auftragsverarbeitung" ausweisen, viel eher die Rollenzuweisung erschweren als diese zu erleichtern,[706] hat die Differenzierung zwischen Auftragsverarbeitungsszenarien und Konstellationen der Datenübermittlung zwischen eigenständig Verantwortlichen grundsätzlich streng am Maßstab des funktionalen Zuordnungsansatzes zu erfolgen.[707] Auch im Kontext potenzieller Auftragsverarbeitungskonstellationen muss sich die Rollenzuweisung und -abgrenzung aus einer objektiven Qualifikation der tatsächlich stattfindenden Abläufe in Anbetracht der konkreten Tätigkeiten in einem bestimmten Kontext ergeben und sich nach dem rechtlich und tatsächlich ausgeübten Einfluss auf die Verarbeitung personenbezogener Daten richten.[708] Dabei gilt es im Rahmen der autonom europarechtlichen Tatbestandsauslegung stets den übergeordneten Sinn und Zweck der gesetzlichen Differenzierung zwischen der privilegierten Auftragsverarbeitung sowie der legitimationsbedürftigen Zusammenarbeit von eigenverantwortlich und selbstbestimmt handelnden Kooperationspartnern zu berücksichtigen.[709]

Aus gesetzessystematischer Perspektive ist für die Rollendifferenzierung das Alternativitätsverhältnis der Beteiligungsformen prägend, wonach hinsichtlich eines bestimmten Datenverarbeitungsvorgangs ein datenverarbeitendes Tätigwerden von vornherein nur in der Rolle eines

---

[704] *Ingold*, in: Sydow/Marsch, DS-GVO/BDSG, 3. Aufl. 2022, Art. 28 Rn. 15; siehe zu der Abgrenzung datenschutzrechtlicher Beteiligungsformen *Lezzi/Oberlin*, ZD 2018, 398 (400 f.); *Schulz*, PinG 2019, 241 ff.; *Klug*, in: Gola/Heckmann, DSGVO/BDSG, 3. Aufl. 2022, Art. 28 Rn. 5; siehe auch *Borges*, in: Borges/Hilber, BeckOK IT-Recht, 18. Edition Stand: 01.04.2025, Art. 28 DSGVO Rn. 24 ff.; *Petri*, in: Simitis/Hornung/Spiecker gen. Döhmann, DSGVO/BDSG, 2. Aufl. 2025, Art. 28 Rn. 21; *Martini*, in: Paal/Pauly, DS-GVO/BDSG, 3. Aufl. 2021, Art. 26 Rn. 3 f.; *Scheja/Reibach/Reichert*, in: Leupold/Wiebe/Glossner, IT-Recht, Teil 6.6 Rn. 206 ff.

[705] Vgl. *EDPB*, Guidelines 07/2020 (Version 2.1), Rn. 29; *Seiter*, DuD 2019, 127 (128); *Gündel*, ZWE 2018, 429 (431); dazu Kap. D. III. 2.) a.).

[706] Vgl. *Petri*, in: Simitis/Hornung/Spiecker gen. Döhmann, DSGVO/BDSG, 2. Aufl. 2025, Art. 28 Rn. 21.

[707] Vgl. *Klug*, in: Gola/Heckmann, DSGVO/BDSG, 3. Aufl. 2022, Art. 28 Rn. 5; *Ziegenhorn/Fokken*, ZD 2019, 194 (199); VG Mainz, ZD 2020, 376 (Rn. 21 und 23).

[708] Vgl. VGH München, NVwZ 2019, 171 (Rn. 14); *EDPB*, Guidelines 07/2020 (Version 2.1), Rn. 82; *Klug*, in: Gola/Heckmann, DSGVO/BDSG, 3. Aufl. 2022, Art. 28 Rn. 5.

[709] *Scheja/Reibach/Reichert*, in: Leupold/Wiebe/Glossner, IT-Recht, Teil 6.6 Rn. 206.

Verantwortlichen oder eines Auftragsverarbeiters in Betracht kommt.[710] Aufgrund dessen, dass das Agieren als Auftragsverarbeiter in der Ausgangslage voraussetzt, dass ein anderer Beteiligter für die Datenverarbeitung verantwortlich ist, wird auch die Reichweite des schwach ausgeprägten Auftragsverarbeitungstatbestandes unmittelbar durch den Verantwortlichkeitstatbestand vorgezeichnet.[711] Die Abgrenzung zwischen (gemeinsam) Verantwortlichen und Auftragsverarbeitern hat insofern am Maßstab des Verantwortlichkeitstatbestandes zu erfolgen. Letzten Endes wird die prägende Grundstruktur jeder Auftragsverarbeitungskonstellation wesentlich durch die Zuschreibung datenschutzrechtlicher Verantwortlichkeiten vorbestimmt.[712]

aa.) Grenzziehung am Maßstab delegationsfähiger Entscheidungsspielräume

Im Gegensatz zu pluralistischen Formen der Verantwortung, die durch eine gewisse Gleichberechtigung (wenn auch nicht zwingend Gleichwertigkeit) und Gemeinsamkeit hinsichtlich des Zusammenwirkens geprägt sind, zeichnet sich das Zusammenwirken zweier oder mehrerer Stellen innerhalb der Auftragsverarbeitung durch ein faktisches Hierarchieverhältnis zwischen den beteiligten Akteuren aus, im Rahmen dessen die eigenen Wertungs- und Entscheidungsspielräume erheblich eingeschränkt sind.[713] Tatbestandliche Abgrenzungsschwierigkeiten zwischen Auftragsverarbeitungskonstellationen und Verarbeitungsszenarien, in denen die beauftragte Stelle selbst allein oder gemeinsam mit anderen Beteiligten die Verantwortung trägt, resultieren indes aus dem Umstand, dass auch der Auftragsverarbeiter in gewissem Ausmaß (mit-)entscheiden kann, welche Art und Weise der Verarbeitung das gewünschte Ergebnis rechtskonform verwirklichen soll.[714] Der DSGVO sind keine kategorischen Beschränkungen der Beauftragung auf bestimmte inhaltliche Tätigkeiten, wie etwa die Erbringung rein technischer Hilfsleistungen, zu entnehmen.[715]

Die rechtssichere Auflösung des tatbestandlichen Spannungsverhältnisses zwischen den Rollenbildern erfordert die kohärente Absteckung delegationsfähiger Entscheidungsspielräume, die als Abgrenzungsmaßstab determinieren, welche Bereiche der Auftragsverarbeiter

---

[710] Vgl. *Franzen*, in: Franzen/Gallner/Oetker, EuArbRK, 4. Aufl. 2022, VO (EU) 2016/679 Art. 4 Rn. 13; *Ziegenhorn/Fokken*, ZD 2019, 194 (196).

[711] Vgl. *Arning/Rothkegel*, in: Taeger/Gabel, DSGVO/BDSG/TTDSG, 4. Aufl. 2022, Art. 4 Rn. 238 und 249; siehe *Ingold*, in: Sydow/Marsch, DS-GVO/BDSG, 3. Aufl. 2022, Art. 4 Rn. 149, wonach der Verarbeitungsverantwortliche den Ankerpunkt für die Bestimmung des Auftragsverarbeiters setzt; *Gierschmann*, ZD 2020, 69 (72); *Seiter*, DuD 2019, 127 (128); *Art.-29-Datenschutzgruppe*, WP 169, S. 39.

[712] *Ingold*, in: Sydow/Marsch, DS-GVO/BDSG, 3. Aufl. 2022, Art. 28 Rn. 11.

[713] Vgl. *Martini*, in: Paal/Pauly, DS-GVO/BDSG, 3. Aufl. 2021, Art. 28 Rn. 7; *Freund*, in: Schuster/Grützmacher, IT-Recht, Art. 26 Rn. 11.

[714] Siehe *EDPB*, Guidelines 07/2020 (Version 2.1), Rn. 80: „gewisser Ermessensspielraum"; siehe zu den verschwimmenden Grenzen bei der Rollenzuweisung *Arning/Rothkegel*, in: Taeger/Gabel, DSGVO/BDSG/TTDSG, 4. Aufl. 2022, Art. 4 Rn. 248.

[715] Vgl. *EDPB*, Guidelines 07/2020 (Version 2.1), Rn. 83; siehe dazu *Arning/Rothkegel*, in: Taeger/Gabel, DSGVO/BDSG/TTDSG, 4. Aufl. 2022, Art. 4 Rn. 248.

selbstständig ausfüllen darf, ohne selbst in den Fokus der Verantwortlichkeit zu geraten.[716] Notwendig ist eine Grenzziehung zwischen Entscheidungen, die dem Verantwortlichen vorbehalten sind und Entscheidungen, die dem Ermessen des Auftragsverarbeiters überlassen werden können.[717]

(1.) Nicht delegierbare Elemente

(a.) Zweckebene

Für die Differenzierung zwischen delegationsfähigen und nicht delegierbaren Entscheidungsspielräumen wird klassischerweise zuvorderst auf die Zweckebene rekurriert.[718] Diese Schwerpunktsetzung ist insofern nachvollziehbar, als dass der Auftragsverarbeiter, im Gegensatz zum selbstständig handelnden Verantwortlichen, die ihm zur Verfügung gestellten personenbezogenen Daten im ausdrücklichen Interesse des Anweisenden verarbeitet. Obgleich es für Auftragsverarbeitungskonstellationen kennzeichnend ist, dass personenbezogenen Daten in den direkten Einfluss- und Machtbereich des Auftragsverarbeiter gelangen, um dort weiterverarbeitet zu werden, muss die Verarbeitung dem Willen des Verantwortlichen entsprechend ausgestaltet werden. Eine auf die eigenen Interessen ausgerichtete Datenverarbeitung widerspräche hingegen dem weisungsgebundenen Charakter der Auftragsverarbeitung.[719] Aufgrund dessen, dass die Fähigkeit zur Zweckfestlegung hinsichtlich der Verarbeitung eines konkreten Datensatzes allein dem Verantwortlichen obliegt, stellt die diesbezügliche Entscheidungsgewalt einen nicht delegierbaren Bereich dar.[720] Inhaltlich erstreckt sich der nicht delegierbare Entscheidungsspielraum auf alle Fragen, die den Kern der Rechtmäßigkeit der Verarbeitung betreffen.[721]

---

716 Siehe zu der Abgrenzung unterschiedlicher Beteiligungsformen *Lezzi/Oberlin*, ZD 2018, 398 (400 f.); *Schulz*, PinG 2019, 241 ff.; *Klug*, in: Gola/Heckmann, DSGVO/BDSG, 3. Aufl. 2022, Art. 28 Rn. 5; siehe auch *Petri*, in: Simitis/Hornung/Spiecker gen. Döhmann, DSGVO/BDSG, 2. Aufl. 2025, Art. 28 Rn. 21; dazu auch *Martini*, in: Paal/Pauly, DS-GVO/BDSG, 3. Aufl. 2021, Art. 26 Rn. 3 f.; *Scheja/Reibach/Reichert*, in: Leupold/Wiebe/Glossner, IT-Recht, Teil 6.6 Rn. 206 ff.

717 In diesem Sinne auch *EDPB*, Guidelines 07/2020 (Version 2.1), Rn. 37; ähnlich *Arning/Rothkegel*, in: Taeger/Gabel, DSGVO/BDSG/TTDSG, 4. Aufl. 2022, Art. 4 Rn. 249.

718 Siehe dazu *Arning/Rothkegel*, in: Taeger/Gabel, DSGVO/BDSG/TTDSG, 4. Aufl. 2022, Art. 4 Rn. 253, wonach die Entscheidungsbefugnis über die Mittel der Verarbeitung im Vergleich zur Zwecksetzungsbefugnis „zweitrangig" sei; *Borges*, in: Borges/Hilber, BeckOK IT-Recht, 18. Edition Stand: 01.04.2025, Art. 28 DSGVO Rn. 32 f., wonach es sinnvoll sei, die Entscheidung über die Mittel der Datenverarbeitung nicht zum Ausschlusskriterium für die Annahme einer Auftragsverarbeitung zu machen; ähnlich *Scheja/Reibach/Reichert*, in: Leupold/Wiebe/Glossner, IT-Recht, Teil 6.6 Rn. 208 f.; siehe zu der Thematik auch *Spoerr*, in: Wolff/Brink/v. Ungern-Sternberg, BeckOK Datenschutzrecht, 52. Edition Stand: 01.05.2025, Art. 28 Rn. 18 f.

719 Siehe dazu LG Stuttgart, Urt. v. 13.08.1998 – Az. 17 O 329/98, wonach der Schwerpunkt des Verarbeitungsinteresses ausschlaggebend sei; siehe auch *Spoerr*, in: Wolff/Brink/v. Ungern-Sternberg, BeckOK Datenschutzrecht, 52. Edition Stand: 01.05.2025, Art. 28 Rn. 20 m.w.N.

720 Vgl. *Spoerr*, in: Wolff/Brink/v. Ungern-Sternberg, BeckOK Datenschutzrecht, 52. Edition Stand: 01.05.2025, Art. 28 Rn. 18 f.

721 Vgl. *EDPB*, Guidelines 07/2020 (Version 2.1), Rn. 80; siehe dazu *Arning/Rothkegel*, in: Taeger/Gabel, DSGVO/BDSG/TTDSG, 4. Aufl. 2022, Art. 4 Rn. 251; siehe dazu AG Mannheim, Urt. v. 11.09.2019 - 5 C

Zwar haben auch Auftragsverarbeiter wegen ihres Vergütungsinteresses ein legitimes Eigeninteresse an der Verarbeitung personenbezogener Daten, doch beschränkt sich dieses Interesse auf das bloße Stattfinden der vergüteten Verarbeitungshandlung, die die entlohnte Werkleistung darstellt.[722] An dem konkreten Verarbeitungsergebnis darf hingegen kein originäres Eigeninteresse bestehen.[723] Aus dem „informatorischen Gehalt" der verarbeiteten personenbezogenen Daten darf keine Wertschöpfung für eigene Zwecke generiert werden.[724] Daraus folgt, dass ein Auftragnehmer zwar abstrakt einen Verarbeitungszweck in dem Sinne festlegen kann, dass er eine bestimmte Tätigkeit am Markt anbietet und diese geschuldete Datenverarbeitung optimiert, doch ist es letztlich der Auftraggeber, der durch die Inanspruchnahme der Tätigkeit des Auftragnehmers konkret über die Verarbeitung der in seiner datenschutzrechtlichen Verantwortlichkeit stehenden personenbezogenen Daten entscheidet und ein originäres Eigeninteresse an dem informatorischen Gehalt dieser Daten innehat.[725] Die Ausgestaltung und Optimierung einer geschuldeten Datenverarbeitung ist dann lediglich ein Mittel zum Zweck und dient letztlich dem Fremdinteresse des verantwortlichen Auftraggebers.[726]

Sonstige über den konkreten Verarbeitungsauftrag und dessen monetärer Kompensation hinausgehende, inhaltliche Verarbeitungsinteressen, die außerhalb der Erfüllung der Verpflichtungen gegenüber dem Verantwortlichen liegen, dürfen auf Seiten des Auftragnehmers nicht bestehen.[727] Bezieht sich das Eigeninteresse dennoch auf das inhaltliche Verarbeitungsergebnis sowie den Personenbezug und erfolgt gleichzeitig eine Beförderung weiterer, außerhalb des geschuldeten Auftrags liegender Zwecke, scheidet eine Auftragsverarbeitung aus.[728]

(b.) Die grundlegenden Verarbeitungsdimensionen betreffende Mittelfestlegungen

Die Fixierung auf die isolierte Betrachtung des Schwerpunktes des Verarbeitungsinteresses darf indes nicht darüber hinwegtäuschen, dass sich der nicht delegierbare Entscheidungsspielraum auch auf die Ebene der Verarbeitungsmittel bzw. -modalitäten erstreckt. Für die

---

1733/19, WEG, NZM 2020, 70 Rn. 23, wonach es allein dem Verantwortlich obliegt, über das „Wie" und „Warum" der Datenverarbeitung zu entscheiden.

[722] Vgl. *Hanloser*, ZD 2019, 458 (459); ähnlich *Spoerr*, in: Wolff/Brink/v. Ungern-Sternberg, BeckOK Datenschutzrecht, 52. Edition Stand: 01.05.2025, Art. 28 Rn. 19; *EDPB*, Guidelines 07/2020 (Version 2.1), Rn. 62.

[723] Vgl. *Hanloser*, ZD 2019, 458 (459).

[724] *Scheja/Reibach/Reichert*, in: Leupold/Wiebe/Glossner, IT-Recht, Teil 6.6 Rn. 208.

[725] Vgl. *EDPB*, Guidelines 07/2020 (Version 2.1), Rn. 84; *Arning/Rothkegel*, in: Taeger/Gabel, DSGVO/BDSG/TTDSG, 4. Aufl. 2022, Art. 4 Rn. 252; *Scheja/Reibach/Reichert*, in: Leupold/Wiebe/Glossner, IT-Recht, Teil 6.6 Rn. 208; das Eigeninteresse als Indiz für die Verfolgung eigener Zwecke berücksichtigend *Marosi*, (Gem-)Einsame Verantwortlichkeit im Datenschutzrecht, S. 155.

[726] *Scheja/Reibach/Reichert*, in: Leupold/Wiebe/Glossner, IT-Recht, Teil 6.6 Rn. 208.

[727] Vgl. *EDPB*, Guidelines 07/2020 (Version 2.1), Rn. 80; siehe dazu *Spoerr*, in: Wolff/Brink/v. Ungern-Sternberg, BeckOK Datenschutzrecht, 52. Edition Stand: 01.05.2025, Art. 28 Rn. 18 f.; *Arning/Rothkegel*, in: Taeger/Gabel, DSGVO/BDSG/TTDSG, 4. Aufl. 2022, Art. 4 Rn. 251; *Petri*, in: Simitis/Hornung/Spiecker gen. Döhmann, DSGVO/BDSG, 2. Aufl. 2025, Art. 28 Rn. 3.

[728] Vgl. *Petri*, ZD 2015, 305 (306).

Rollenbestimmung und -abgrenzung ist es entscheidend, auf welche Aspekte der Mittelfestlegung sich die Entscheidungsgewalt beteiligter Akteure auswirkt. Tatbestandlich ist auf die Differenzierung zwischen nicht wesentlichen Mitteln, die zuvorderst die rein technische Ebene betreffen, und wesentlichen Verarbeitungsmittel abzustellen.[729] Obgleich der DSGVO keine explizite Beschränkung der Auftragsverarbeitung auf die Erbringung technischer Hilfsleistungen zu entnehmen ist, folgt die Bezugnahme dieser Unterscheidung der Erkenntnis, dass die Mittel als Art und Weise der Ergebnisverwirklichung nicht nur determinieren, wie die Datenverarbeitung technisch und organisatorisch durchgeführt werden soll, sondern sich unmittelbar risikoerhöhend auf die Rechtsposition des Betroffenen sowie die grundlegenden Verarbeitungsdimensionen auswirken können.[730] Werden die Verarbeitungsmethoden und -verfahren in einem solchen Ausmaß verändert, dass durch dieses Einwirken implizit ein mit der ursprünglichen Intention des Weisungsgebers nicht mehr deckungsgleiches Ziel verfolgt bzw. bewirkt wird, bedingt die Mittelfestlegung zugleich eine eigenständige, dem Weisungscharakter der Auftragsverarbeitung widersprechende Zweckausrichtung.

Auch unter der Berücksichtigung verbleibender Ermessensspielräume rechtfertigt sich die Begrenzung des delegationsfähigen Entscheidungsbereichs vor dem Hintergrund der durch Auslagerungen erwachsenden Gefahr, dass ein anderer Akteur als der ursprünglich Verantwortliche maßgeblich die grundlegenden Dimensionen der Verarbeitung determiniert, implizit Einfluss auf das Ausmaß der Verarbeitung nimmt und dadurch die Beeinträchtigungen der Rechte und Freiheiten der betroffenen Personen verursacht. Legt ein Auftragnehmer beispielsweise autonom und damit weisungswidrig fest, welche Datenkategorien erfasst werden, wie lange Daten aufbewahrt werden oder wer Zugang zu den personenbezogenen Daten erhält, beeinflusst er das Gesamtgepräge der Verarbeitung sowie dessen Risikogeneigtheit, überschreitet die Schwelle einer (Mit-)Verantwortlichkeit und rückt hinsichtlich dieses Teils der Datennutzung selbst in die Rolle des Verantwortlichen.[731] Statt einer Verarbeitung im Auftrag entstehen in der Folge Kooperationsverhältnisse zwischen mehreren Verantwortlichen.[732]

[729] Vgl. *EDPB*, Guidelines 07/2020 (Version 2.1), Rn. 39 f. und 80; *Art.-29-Datenschutzgruppe*, WP 169, S. 17; dazu Kap. D. II. 6.) b.) bb.).

[730] In diesem Sinne auch *Hartung*, in: Kühling/Buchner, DS-GVO/BDSG, 4. Aufl. 2024, Art. 28 Rn. 48; *Janicki*, FS Taeger 2020, S. 203.

[731] Vgl. *Martini*, in: Paal/Pauly, DS-GVO/BDSG, 3. Aufl. 2021, Art. 28 Rn. 76; *Kremer*, in: Schwartmann/Jaspers/Thüsing/Kugelmann, DS-GVO/BDSG, 3. Aufl. 2024, Art. 26 Rn. 61 m.w.N., der aus der Entscheidung über „wesentliche Mittel" der Verarbeitung eine eigene Verantwortlichkeit ableitet; a.A. *Vasella*, Verantwortliche und Auftragsverarbeiter, S. 3, der aus dem Erfordernis einer kumulativen Festlegung von Zwecken und Mitteln schlussfolgert, dass ein Auftragsverarbeiter, der außerhalb seiner Rolle bzw. seiner Kompetenzen auch „wesentliche Mittel" der Verarbeitung festlegt, nicht automatisch zum Verantwortlichen werde, sondern grundsätzlich ein Auftragsverarbeiter bleibe, der allerdings seine Pflichten verletze. Erst wenn zusätzlich auch über die Zwecke der Verarbeitung entschieden werde, gelte ein Auftragsverarbeiter in Bezug auf diese Verarbeitung als Verantwortlicher.

[732] Vgl. *Scheja/Reibach/Reichert*, in: Leupold/Wiebe/Glossner, IT-Recht, Teil 6.6 Rn. 210.

(2.) Der delegationsfähige Entscheidungsspielraum

Abseits der nicht delegierbaren Entscheidungsbereiche eröffnet sich auf der Mittelebene ein Ermessens- bzw. Ausgestaltungsspielraum, dessen Ausformung für die Rechtsstellung des Auftragsverarbeiters unschädlich ist.[733] Die delegierbaren Handlungsspielräume resultieren aus dem Umstand, dass personenbezogene Daten für die Begründung einer datenschutzrechtlichen Verantwortlichkeit nicht unmittelbar selbst verarbeitet werden müssen und ein direkter Zugang zu den Daten keine zwingende Voraussetzung für eine Verantwortlichenstellung darstellt.[734] Aufgrund dessen, dass die im Auftrag eines Verantwortlichen durchgeführten Verarbeitungsvorgänge nicht unter dessen allumfassender Aufsicht bzw. direkter Kontrolle ablaufen müssen, erstreckt sich der delegationsfähige Entscheidungsspielraum im Wesentlichen auf die technisch-infrastrukturelle Umsetzung eines Verarbeitungsvorgangs.[735] Innerhalb des Weisungsrahmens steht es dem Auftragsverarbeiter frei, die Ausführung bestimmter Datenverarbeitungsvorgänge auf technischer und organisatorischer Detailebene nach eigenem Ermessen selbst auszugestalten.[736] Dabei hat sich die direkte Ausgestaltung stets danach auszurichten, wie den Interessen des Verantwortlichen durch die Wahl der geeignetsten technischen und organisatorischen Mittel gedient werden kann.[737] Im Vergleich zur Zweckentscheidung sowie der Festlegung wesentlicher Verarbeitungsmittel kommt der Auswahl und Festlegung der geeignetsten technischen sowie organisatorischen Mittel eine untergeordnete Bedeutung zu und kann ausschließlich dem Auftragsverarbeiter obliegen. Konkret geht es um praktische Aspekte der Umsetzung, deren eigenständige Ausgestaltung nicht in einer relevant anderen Risikobewertung mündet.[738]

bb.) Zwischenergebnis

Während die Diskussion um die Rollenzuweisung und -abgrenzung zwischen (gemeinsam) Verantwortlichen und Auftragsverarbeitern mit dem EuGH-Urteil zur gemeinsamen

---

[733] Vgl. *EDPB*, Guidelines 07/2020 (Version 2.1), Rn. 80; siehe bereits *Art.-29-Datenschutzgruppe*, WP 169, S. 17 f. und 31; *Spoerr*, in: Wolff/Brink/v. Ungern-Sternberg, BeckOK Datenschutzrecht, 52. Edition Stand: 01.05.2025, Art. 28 Rn. 18a; *Arning/Rothkegel*, in: Taeger/Gabel, DSGVO/BDSG/TTDSG, 4. Aufl. 2022, Art. 4 Rn. 253; *Schreiber*, ZD 2019; *Janicki,* FS Taeger 2020, S. 203; *Scheja/Reibach/Reichert*, in: Leupold/Wiebe/Glossner, IT-Recht, Teil 6.6 Rn. 209; *Kremer*, CR 2019, 225 (227 ff.); *Jung/Hansch*, ZD 2019, 143 (148); *Härting/Gössling*, NJW 2018, 2523 (2525).

[734] Vgl. EuGH [GK], Rs. C-25/17, *Zeugen Jehovas,* ECLI:EU:C:2018:551 Rn. 69; in diesem Sinne EuGH [GK], Rs. C-210/16, *ULD Schleswig-Holstein/Wirtschaftsakademie Schleswig-Holstein,* ECLI:EU:C:2018:388 Rn. 38.

[735] *Paal*, ZD 2020, 119 (122).

[736] Siehe dazu das Beispiel „Payroll administration" *EDPB*, Guidelines 07/2020 (Version 2.1), Rn. 40.

[737] *EDPB*, Guidelines 07/2020 (Version 2.1), Rn. 80.

[738] Vgl. *Hartung*, in: Kühling/Buchner, DS-GVO/BDSG, 4. Aufl. 2024, Art. 28 Rn. 48; siehe zu praktischen Aspekten der Umsetzung, wie etwa der Wahl einer bestimmten Hard- oder Software oder detaillierter Sicherheitsmaßnahmen *EDPB*, Guidelines 07/2020 (Version 2.1), Rn. 40.

Verantwortlichkeit zwischen Diensteanbietern und Betreibern von Fanpages[739] wegen des sehr weit gezogenen Kreises der (Mit-)Verantwortlichkeit an Bedeutung zugenommen hat und Rechtsunsicherheiten bedingte, kann ausgehend von dem skizzierten Verantwortlichkeitsrahmen, der zugleich den Abgrenzungsmaßstab zum Tatbestand der Auftragsverarbeitung darstellt, ein kohärentes Konzept für die Rollenzuweisung abgeleitet werden.
Ausweislich der Analyse des datenschutzrechtlichen Verantwortlichkeitstatbestandes stehen dabei die Elemente der wesentlichen Mittel mit der Zweckebene in einem derart engen Bedingungszusammenhang, dass sie praktisch gleichgewichtet in die Beurteilung einzubeziehen sind. Für das Verhältnis zum Auftragsverarbeiter bedeutet dieser Befund, dass er dazu aufgerufen ist, die Weisungen des Verantwortlichen zumindest in Bezug auf den Zweck der Verarbeitung sowie die wesentlichen Elemente der Mittel umzusetzen.[740] Jedenfalls dann, wenn das Ergebnis der Datenverarbeitung auch im Eigeninteresse liegt und die Einflussnahme auf die Mittel der Verarbeitung dahingehend ausgerichtet wird, scheidet eine Auftragsverarbeitung aus.[741]

4.) Das Rechtsinstitut der gemeinsamen Verantwortlichkeit

Ausgehend von den Wesensmerkmalen der alleinigen Verantwortlichkeit, die als methodengeleitete Konkretisierung des Konzepts der Verantwortlichkeit die Basis des Verantwortlichkeitsgefüges darstellen, ist als wichtigste pluralistische Beteiligungsform auf den Tatbestand der gemeinsamen Verantwortlichkeit zu verweisen. Kodifiziert ist das Rechtsinstitut der gemeinsamen Verantwortlichkeit (englisch: „Joint Controllers“) ausdrücklich in Art. 4 Nr. 7, Art. 26 DSGVO. Durch dieses Rechtsinstitut trägt der europäische Gesetzgeber dem Umstand Rechnung, dass, bedingt und beschleunigt durch den strukturellen Wandel bei der Verarbeitung personenbezogener Daten, viele Datenverarbeitungsvorgänge nicht isoliert, sondern in arbeitsteiligen, komplexen Prozessen und im Zusammenwirken diverser Beteiligter erfolgen. Auch in multipolaren Verarbeitungsszenarien soll den Betroffenen die Möglichkeit gegeben werden, ihre Rechte effektiv auszuüben.[742] Die Ausgestaltung der Beziehung zwischen gemeinsam Verantwortlichen wurde in Art. 26 Abs. 1 S. 1 DSGVO dahingehend festgelegt, dass eine

[739] EuGH [GK], Rs. C-210/16, ECLI:EU:C:2018:388 – *ULD Schleswig-Holstein/Wirtschaftsakademie Schleswig-Holstein*.
[740] *EDPB*, Guidelines 07/2020 (Version 2.1), Rn. 80; ähnlich *Arning/Rothkegel*, in: Taeger/Gabel, DSGVO/BDSG/TTDSG, 4. Aufl. 2022, Art. 4 Rn. 255, wonach es im Rahmen der Leistungserbringung dem Verantwortlichen vorbehalten ist, einen wesentlichen Einfluss auf die Verarbeitung durch den Auftragnehmer zu nehmen.
[741] Vgl. zum Beispiel eines Dienstleisters, der als Auftragsverarbeiter bezeichnet wird, aber als Verantwortlicher handelt *EDPB*, Guidelines 07/2020 (Version 2.1), Rn. 81.
[742] Vgl. *Kartheuser/Nabulsi*, MMR 2018, 717.

gemeinsame Verantwortlichkeit stets dort vorliegt, wo „zwei oder mehr Verantwortliche gemeinsam die Zwecke der und die Mittel zur Verarbeitung [festlegen]".

a.) Normgenese

aa.) Vergleich zur „alten" Rechtslage

Das Rechtsinstitut der gemeinsamen Verantwortlichkeit stellt in seinen Grundzügen keine fundamentale Neuerung zur alten Rechtslage dar.[743] Schon die Datenschutzrichtlinie sah in Art. 2 lit. d DSRL den Umstand vor, dass es für eine Verarbeitungstätigkeit mehrere Verantwortliche geben kann, die „gemeinsam mit anderen über die Zwecke und Mittel der Verarbeitung von personenbezogenen Daten entscheide[n]".[744] Ohne das Rechtsinstitut der gemeinsamen Verantwortlichkeit konkret zu benennen, beinhaltete bereits diese Formulierung den Hinweis auf die Möglichkeit der gemeinsamen Verantwortlichkeit.[745] Konkrete Regelungen zum Verhältnis der Verantwortlichen untereinander und besondere Rechtsfolgen sah die DSRL hingegen nicht vor, sodass jeder gemeinsam Verantwortliche sämtliche gesetzlichen Pflichten eines Verantwortlichen trug, soweit sich seine Entscheidungsspielräume auf die Verarbeitungstätigkeit erstreckten.[746]

Auf nationaler Ebene wurde das Rechtsinstitut hingegen nicht unmittelbar normiert. Der abstrakte Grundgedanke, dass gegenüber einer betroffenen Person auch mehrere Akteure gemeinsam Verantwortung für einen Datenverarbeitungsvorgang tragen können, fand sich lediglich in § 10 BDSG a.F. zur Einrichtung gemeinsamer Abrufverfahren und in § 6 Abs. 2 BDSG a.F. für den Fall der sog. Verbundverfahren wieder.[747] Abgesehen davon wurde die „verantwortliche Stelle" nach § 3 Abs. 7 BDSG a.F. als die Stelle definiert, die personenbezogene Daten „für sich selbst erhebt, verarbeitet oder nutzt". Das Element „allein oder gemeinsam mit anderen" wurde indes nicht übernommen. Weil sich die nationale Umsetzung auch weiterhin an der veralteten Konzeption des BDSG a.F. orientierte, blieb das Rechtsinstitut der gemeinsamen

---

743 Ausführlich zur Normgenese und zum Vergleich zur DSRL und zum BDSG a.F. *Dovas*, ZD 2016, 512 (513 f.); *Kremer*, in: Schwartmann/Jaspers/Thüsing/Kugelmann, DS-GVO/BDSG, 3. Aufl. 2024, Art. 26 Rn. 5 ff.; *Hartung*, in: Kühling/Buchner, DS-GVO/BDSG, 4. Aufl. 2024, Art. 26 Rn. 2 ff.; *Bertermann*, in: Ehmann/Selmayr, DSGVO, 3. Aufl. 2024, Art. 26 Rn. 3.

744 Vgl. *Scheja/Reibach/Reichert*, in: Leupold/Wiebe/Glossner, IT-Recht, Teil 6.6 Rn. 229.

745 *Dovas*, ZD 2016, 512 (513), auch mit Vergleichen zur Rechtslage in UK nach der DSRL; die Möglichkeit einer gemeinsamen Verantwortlichkeit würdigend *Art.-29-Datenschutzgruppe*, WP 169, 21 ff.

746 Vgl. *Art.-29-Datenschutzgruppe*, WP 169, 27; *Scheja/Reibach/Reichert*, in: Leupold/Wiebe/Glossner, IT-Recht, Teil 6.6 Rn. 229; *Dovas*, ZD 2016, 512 (513 f.); *Bertermann*, in: Ehmann/Selmayr, DSGVO, 3. Aufl. 2024, Art. 26 Rn. 3.

747 Vgl. *Gola*, in: Gola/Heckmann, DSGVO/BDSG, 3. Aufl. 2022, Art. 4 Rn. 71; *Bertermann*, in: Ehmann/Selmayr, DSGVO, 3. Aufl. 2024, Art. 26 Rn. 4; ausführlich dazu *Dovas*, ZD 2016, 512 (513 f.).

Verantwortlichkeit weitestgehend unberücksichtigt.[748] Aufgrund dieser erheblichen Abweichungen konnte nicht von einer richtlinienkonformen Transformation der DSRL in das nationale Datenschutzrecht gesprochen werden.[749] Weil das Strukturelement einer gemeinsamen Verantwortlichkeit nicht vorgesehen wurde, scheidet bei der Interpretation des jetzigen Tatbestandes auch eine Gleichsetzung mit § 3 Abs. 7 BDSG a.F.[750] oder eine unmittelbare Bezugnahme auf § 6 Abs. 2 BDSG a.F.[751] aus.[752]

Wenngleich der Rechtsfigur der gemeinsamen Verantwortlichkeit infolge der mangelnden Ausgestaltung im deutschen wie auch im europäischen Recht kaum praktische Relevanz zukam, hat sich dies mit der Geltung der DSGVO, in der mit Art. 26 DSGVO nun erstmalig eine Regelung in das europäische Datenschutzrecht aufgenommen wurde, die explizit auf die gemeinsame Verantwortlichkeit mehrerer Stellen abzielt und die Rechtsfolgen ausgestaltet, fundamental geändert.[753]

bb.) Gesetzgebungsverfahren

Im Vergleich zur Ausgangsfassung wurde die Vorschrift des jetzigen Art. 26 DSGVO im Laufe des Gesetzgebungsverfahrens deutlich erweitert und detaillierter ausgestaltet.[754] Der DSGVO-E(KOM) vom 25.01.2012 war in seinem Inhalt noch wesentlich beschränkter und konnte unter dem Gesichtspunkt eines effektiven Datenschutzes nicht überzeugen.[755] Die detaillierten Vorgaben des Art. 26 Abs. 2 und 3 DSGVO sowie die heutige Öffnungsklausel des Art. 26 Abs. 1 S. 2 a.E. DSGVO fehlten in dem Vorschlag der Europäischen Kommission noch vollständig.[756] Diesem Ansatz folgend hätten es die Beteiligten letztlich selbst in der Hand gehabt, die Verteilung der Verantwortlichkeit beliebig und völlig unabhängig von den tatsächlichen Gegebenheiten festzulegen.[757]

Diesen Missstand berücksichtigend verfolge der Vorschlag des Europäischen Parlaments vom 12.03.2014 den Ansatz, dass die Vereinbarung die jeweiligen tatsächlichen Funktionen und

[748] Vgl. *Schantz*, in: Schantz/Wolff, Das neue Datenschutzrecht, Rn. 367; siehe auch *Dovas*, ZD 2016, 512 (513 f.), wonach die Formulierung in § 3 Abs. 7 BDSG a.F. richtlinienkonform auszulegen gewesen sei.

[749] Dazu *Nebel*, FS Roßnagel 2020, S. 352; *Monreal*, ZD 2014, 611 (611 und 614); *Hartung*, in: Kühling/Buchner, DS-GVO/BDSG, 4. Aufl. 2024, Art. 26 Rn. 3.

[750] In diesem Sinne aber BVerwG, ZD 2016, 393 Rn. 24, 31.

[751] In diesem Sinne *Dovas*, ZD 2016, 512 (514).

[752] *Monreal*, CR 2019, 797 (798).

[753] *DSK*, Kurzpapier Nr. 16, S. 1; *Scheja/Reibach/Reichert*, in: Leupold/Wiebe/Glossner, IT-Recht, Teil 6.6 Rn. 229.

[754] Siehe zur Gesetzesgenese *Lang*, in: Taeger/Gabel, DSGVO/BDSG/TTDSG, 4. Aufl. 2022, Art. 26 Rn. 4 ff.; *Hartung*, in: Kühling/Buchner, DS-GVO/BDSG, 4. Aufl. 2024, Art. 26 Rn. 4-8; *Specht-Riemenschneider/Schneider*, MMR 2019, 503 (504).

[755] Vgl. *Petri/Stief*, in: Simitis/Hornung/Spiecker gen. Döhmann, DSGVO/BDSG, 2. Aufl. 2025, Art. 26 Rn. 9.

[756] Vgl. Art. 24 DSGVO-E(KOM) v. 25.01.2012, KOM(2012) 11 endgültig, S. 64 f.

[757] *Petri/Stief*, in: Simitis/Hornung/Spiecker gen. Döhmann, DSGVO/BDSG, 2. Aufl. 2025, Art. 26 Rn. 9.

Beziehungen der gemeinsam Verantwortlichen im Verhältnis zu den betroffenen Personen gebührend widerspiegeln müsse.[758] In der legislativen Entschließung wurde zudem die normative Pflicht zur Bereitstellung der internen Haftungsvereinbarung statuiert (heute in Art. 26 Abs. 2 DSGVO verankert). Ebenso geht der Art. 26 Abs. 3 DSGVO auf diese Entschließung des Europäischen Parlaments zurück, wenngleich der Regelungsansatz der gesamtschuldnerischen Verantwortlichkeit auf Fälle „unklarer Verantwortlichkeit" begrenzt werden sollte (Art. 24 S. 3 a.E. DSGVO-E(EP)).[759]

Die umfangreichsten Veränderungen erfuhr Art. 26 DSGVO im Laufe des Gesetzgebungsprozesses durch den Vorschlag des Rates der Europäischen Union vom 11.06.2015. So definierte der DSGVO-E(Rat) den Begriff entsprechend dem heutigen Wortlaut des Art. 26 Abs. 1 S. 1 DSGVO, fügte den Verweis auf die Informationspflichten der heutigen Artt. 13 und 14 DSGVO ein, verpflichtete die Verantwortlichen festzulegen, wer als Anlaufstelle der gemeinsamen Verantwortlichen anzusehen ist (Art. 24 Abs. 1 S. 3 DSGVO-E(Rat)) und normierte die heutige Öffnungsklausel (vgl. Art. 26 Abs. 1 S. 2 Hs. 2 DSGVO) für ergänzende mitgliedstaatliche Regelungen.[760] Des Weiteren wurde die im Parlamentsentwurf statuierte gesamtschuldnerische Haftung in das Recht der Betroffenen abgewandelt, dass diese alle ihre Recht bei und gegenüber jedem Verantwortlichen geltend machen können.[761]

Einschränkend sah der Rat der Europäischen Union einen Ausschlusstatbestand vor, nach dem Betroffene, soweit sie diesbezüglich hinreichend informiert wurden und sich die Zuständigkeitsverteilung nicht als „unbillig" erweist, ihre Rechte nicht gegenüber jedem, sondern nur gegenüber dem zuständigen Verantwortlichen geltend machen können (Art. 24 Abs. 3 S. 2 DS-GVO-E(Rat)).[762] Im Trilog zwischen der Europäischen Kommission, dem Europäischen Parlament und dem Rat der Europäischen Union wurde dieser Ausschlusstatbestand jedoch wieder gestrichen.[763] Die gesamtschuldnerische Haftung wird nunmehr ausdrücklich in Art. 82 Abs. 4 DSGVO geregelt.

---

[758] *Petri/Stief*, in: Simitis/Hornung/Spiecker gen. Döhmann, DSGVO/BDSG, 2. Aufl. 2025, Art. 26 Rn. 10.

[759] Vgl. Art. 24 DSGVO-E(EP) v. 12.03.2014, S. 164; siehe dazu *Lang*, in: Taeger/Gabel, DSGVO/BDSG/TTDSG, 4. Aufl. 2022, Art. 26 Rn. 4; *Martini*, in: Paal/Pauly, DS-GVO/BDSG, 3. Aufl. 2021, Art. 26 Rn. 12.

[760] Vgl. Art. 24 DSGVO-E(Rat) v. 11.06.2015, 9565/15, S. 111; siehe dazu ausführlich *Martini*, in: Paal/Pauly, DS-GVO/BDSG, 3. Aufl. 2021, Art. 26 Rn. 13.

[761] Vgl. DSGVO-E(Rat) v. 11.06.2015, 9565/15, S. 111, 185; *Lang*, in: Taeger/Gabel, DSGVO/BDSG/TTDSG, 4. Aufl. 2022, Art. 26 Rn. 4; *Martini*, in: Paal/Pauly, DS-GVO/BDSG, 3. Aufl. 2021, Art. 26 Rn. 14; *Petri/Stief*, in: Simitis/Hornung/Spiecker gen. Döhmann, DSGVO/BDSG, 2. Aufl. 2025, Art. 26 Rn. 10.

[762] Siehe dazu *Martini*, in: Paal/Pauly, DS-GVO/BDSG, 3. Aufl. 2021, Art. 26 Rn. 15; siehe dazu auch *Petri/Stief*, in: Simitis/Hornung/Spiecker gen. Döhmann, DSGVO/BDSG, 2. Aufl. 2025, Art. 26 Rn. 9.

[763] Zum Trilog zwischen Kommission, EP und Rat *Martini*, in: Paal/Pauly, DS-GVO/BDSG, 3. Aufl. 2021, Art. 26 Rn. 16.

b.) Terminologische Differenzen und systematische Folgen

Der Wortlautvergleich zwischen Art. 4 Nr. 7 Hs. 1 DSGVO und Art. 26 Abs. 1 S. 1 DSGVO offenbart terminologische Differenzen, die Zweifel an der inhaltlichen Identität der Rechtsbegriffe aufkommen lassen.[764] Während in Art. 4 Nr. 7 Hs. 1 DSGVO normiert ist, dass Personen „gemeinsam mit anderen entscheiden“, wird in Art. 26 Abs. 1 S. 1 DSGVO von „gemeinsam festlegen“ gesprochen. Der Abgleich mit den übrigen Sprachfassungen des Verordnungstextes verdeutlicht jedoch, dass die terminologische Divergenz zwischen einer „Entscheidung“ und einer „Festlegung“ eine auf die deutsche Version beschränkte Ausnahme darstellt, der keine eigenständige Bedeutung zuzumessen ist.[765]

Weitere Unterschiede bestehen dahingehend, dass in Art. 4 Nr. 7 Hs. 1 DSGVO geregelt ist, dass eine Entscheidung über die Zwecke und Mittel „der“ Verarbeitung herbeigeführt werden muss, während Art. 26 Abs. 1 S. 1 DSGVO bestimmt, dass gemeinsam die Zwecke der und die Mittel „zur“ Verarbeitung festzulegen sind. Der Abgleich mit der englischen Sprachfassung, die von „of the processing“ (Art. 4 Nr. 7 Hs. 1 DSGVO) bzw. „of processing“ (Art. 26 Abs. 1 S. 1 DSGVO) spricht, verdeutlicht, dass die auf ein weiteres Begriffsverständnis hindeutende terminologische Unterscheidung erneut eine auf die deutsche Sprachfassung beschränkte Eigenart darstellt.[766]

Übergeordnet setzt Art. 26 Abs. 1 S. 1 DSGVO zudem fest, dass es sich um „gemeinsam Verantwortliche“ handelt, wenn „zwei oder mehr Verantwortliche gemeinsam die Zwecke der und die Mittel zur Verarbeitung festlegen“ (englisch: „Where two or more controllers jointly determine“). Im Vergleich dazu ist in Art. 4 Nr. 7 Hs. 1 DSGVO normiert, dass „die natürliche oder juristische Person, Behörde oder Stelle, die gemeinsam mit anderen über die Zwecke und Mittel der Verarbeitung personenbezogener Daten entscheidet“ (englisch: „‘controller’ means the natural or legal person […] which, alone or jointly with others, determines“), ein „Verantwortlicher“ ist.

Diese auch in den anderen Sprachfassungen zugrunde gelegte Systematik deutet darauf hin, dass Art. 26 Abs. 1 S. 1 DSGVO die Existenz der Verantwortlichen bereits voraussetzt.[767] Wie schon in Art. 2 lit. d DSRL ist in der Definition des Verantwortlichen bereits die Möglichkeit für eine gemeinsame Verantwortlichkeit angelegt. Das Merkmal „alleine oder gemeinsam mit anderen“ aus der Legaldefinition des Art. 4 Nr. 7 Hs. 1 DSGVO betrifft explizit sowohl die

---

[764] Siehe zum Vergleich von Art. 26 Abs. 1 S. 1 DSGVO und Art. 4 Nr. 7 Hs. 1 DSGVO *Monreal*, CR 2019, 797 (799).

[765] *Golland*, Datenverarbeitung in sozialen Netzwerken, S. 123; dazu Kap. D. II. 6.) a.) cc.) (1.).

[766] Vgl. *Monreal*, CR 2019, 797 (799).

[767] In diesem Sinne auch *Freund*, in: Schuster/Grützmacher, IT-Recht, Art. 26 Rn. 9.

„singuläre“ als auch die „pluralistische“ Kontrolle einer Datenverarbeitung.[768] Das Verhältnis der beiden Normen zeichnet sich dadurch aus, dass es sich bei dem Rechtsinstitut der gemeinsamen Verantwortlichkeit um die pluralistische Variante des Rechtsbegriffs des Verantwortlichen handelt.[769] Zusammen mit der alleinigen Verantwortlichkeit bildet die gemeinsame Verantwortlichkeit die beiden Unterfälle der in Art. 4 Nr. 7 Hs. 1 DSGVO definierten Rolle als Verantwortlicher.[770] Für beide Unterfälle ist es jeweils entscheidend, dass die Beteiligten Akteure dazu befähigt sind, die Zwecke und (wesentlichen) Mittel der Verarbeitung steuernd zu beeinflussen.[771] Um zu einer gemeinsamen Verantwortlichkeit zu gelangen, muss die Eigenschaft eines jeden Akteurs als Verantwortlicher und deren Beziehung zu der Datenverarbeitung nachvollzogen werden. Erst wenn mehrere Akteure bei einer rein funktionellen Betrachtung als gemeinsam Verantwortliche anzusehen sind, stellt Art. 26 DSGVO weitere Anforderungen für die Beteiligten auf.[772]

c.) Zweck und Bedeutung der Vorschrift

Mit der Normierung des Art. 26 DSGVO verfolgt der europäische Gesetzgeber das Ziel einer klaren Verantwortlichkeitszuordnung in Verarbeitungsszenarien, in denen mehrere Verantwortliche die Zwecke und Mittel einer Verarbeitung gemeinsam festlegen.[773] Über die Implementierung einer normativen Zurechnungsregel, die sowohl für die Aufsichtsbehörden als auch die betroffenen Personen eine nach außen sichtbare Zuteilung der Verantwortlichkeiten ermöglicht, soll drohenden Verantwortungsdiffusionen entgegengewirkt werden.[774] Art. 26 DSGVO bewegt sich dabei in dem Spannungsverhältnis zwischen einem möglichst umfassenden Schutz natürlicher Personen bei der Verarbeitung personenbezogener Daten einerseits und der Offenheit für neue Kollaborationsformen sowie neue Verantwortlichkeitsstrukturen der digitalen Welt andererseits.[775]

Die Implementierung des Art. 26 DSGVO ist als direkte Antwort auf den strukturellen Wandel bei der Verarbeitung personenbezogener Daten und daraus erwachsenden Zuordnungsproblemen zu sehen. Unsicherheiten hinsichtlich der rechtssicheren Zuordnung datenschutzrechtlicher Rollenbilder entstehen vorwiegend dann, wenn eine schnell wachsende Anzahl von

---

[768] Vgl. *Art.-29-Datenschutzgruppe*, WP 169, S. 5 und 10.

[769] Vgl. *Art.-29-Datenschutzgruppe*, WP 169, S. 5; *Monreal*, CR 2019, 797 (799); siehe dazu auch *Golland*, Datenverarbeitung in sozialen Netzwerken, S. 122 f.

[770] Vgl. *Freund*, in: Schuster/Grützmacher, IT-Recht, Art. 26 Rn. 7.

[771] In diesem Sinne auch *Freund*, in: Schuster/Grützmacher, IT-Recht, Art. 26 Rn. 7.

[772] Vgl. dazu *Golland*, Datenverarbeitung in sozialen Netzwerken, S. 123.

[773] Siehe dazu *Lang*, in: Taeger/Gabel, DSGVO/BDSG/TTDSG, 4. Aufl. 2022, Art. 26 Rn. 1.

[774] Siehe zum Zweck der Vorschrift *Piltz*, in: Gola/Heckmann, DSGVO/BDSG, 3. Aufl. 2022, Art. 26 Rn. 2; *Martini*, in: Paal/Pauly, DS-GVO/BDSG, 3. Aufl. 2021, Art. 26 Rn. 1, 8.

[775] *Martini*, in: Paal/Pauly, DS-GVO/BDSG, 3. Aufl. 2021, Art. 26 Rn. 41.

personenbezogenen Daten in immer unüberschaubareren Verarbeitungsszenarien und im kooperativen Zusammenwirken mehrerer Beteiligter erhoben, gespeichert und genutzt werden. Weil sich das Ausmaß der Einflussausübung zwischen den Beteiligten in der Praxis oftmals stark unterscheidet, fällt auch eine transparente und rechtssichere Rollenzuteilung schwer. Der Frage nach der Zurechnung unterschiedlicher Mitwirkungsbeiträge kommt eine steigende Bedeutung zu.[776] Entsprechend der wachsenden Anzahl, Vielfalt und Komplexität neuer Geschäftsmodelle in der digitalen Welt wächst auch das Bedürfnis nach transparenten Verantwortungsstrukturen.[777] Können Betroffene die sie betreffenden Datenflüsse nicht nachvollziehen, drohen Intransparenzen und Verschleierungen im Hinblick auf die Adressaten von Rechten und Pflichten, die sich risikoerhöhend auf die Grundrechte und Grundfreiheiten der natürlichen Personen auswirken.[778]

Insgesamt wird es Betroffenen in komplexen Kooperationsformen deutlich erschwert „[...] zu erkennen und nachzuvollziehen, ob, von wem und zu welchem Zweck sie betreffende personenbezogene Daten erfasst werden" (DSGVO-Erwägungsgrund 58 S. 3). In Anbetracht dieser Bedrohungen bezweckt die Vorschrift, negative Auswirkungen für Betroffene zu verhindern.[779] Konsequenterweise erfährt die Zweckausrichtung des Rechtsinstituts in DSGVO-Erwägungsgrund 79 eine diesbezügliche Präzisierung. Um die Rechte und Freiheiten der betroffenen Personen zu schützen und effektive Maßnahmen von Aufsichtsbehörden gegenüber den „richtigen" Verantwortlichen zu ermöglichen, wird eine „klare Zuteilung der Verantwortlichkeiten" gefordert.[780] Um diesem Bedürfnis nach transparenten Verantwortungsstrukturen Rechnung zu tragen, wurde mit Art. 26 DSGVO die Grundlage für eine normative Verantwortungszuordnung in komplexen Akteursnetzwerken geschaffen.[781]

Im Rahmen des Rechtsfolgenregimes knüpft die Vorschrift sodann konkrete, normative Pflichten und Handlungsbefehle an die Rollenzuteilung, über die die Konstellationen kumulativer Verantwortlichkeit rechtlich weiter strukturiert und koordiniert werden.[782] Art. 26 DSGVO adressiert die drohenden Informationsasymmetrien und implementiert ein informationelles Schutzprinzip zugunsten Betroffener.[783] Informations- und Entscheidungsasymmetrien sollen

---

776 Vgl. *Martini*, in: Paal/Pauly, DS-GVO/BDSG, 3. Aufl. 2021, Art. 26 Rn. 1.
777 *Martini*, in: Paal/Pauly, DS-GVO/BDSG, 3. Aufl. 2021, Art. 26 Rn. 1.
778 *Petri/Stief*, in: Simitis/Hornung/Spiecker gen. Döhmann, DSGVO/BDSG, 2. Aufl. 2025, Art. 26 Rn. 2; *Martini*, in: Paal/Pauly, DS-GVO/BDSG, 3. Aufl. 2021, Art. 26 Rn. 8.
779 Vgl. *Martini*, in: Paal/Pauly, DS-GVO/BDSG, 3. Aufl. 2021, Art. 26 Rn. 1; *Lang*, in: Taeger/Gabel, DSGVO/BDSG/TTDSG, 4. Aufl. 2022, Art. 26 Rn. 1; *DSK*, Kurzpapier Nr. 16, S. 2 f.
780 Vgl. *Lang*, in: Taeger/Gabel, DSGVO/BDSG/TTDSG, 4. Aufl. 2022, Art. 26 Rn. 1; *Bertermann*, in: Ehmann/Selmayr, DSGVO, 3. Aufl. 2024, Art. 26 Rn. 1.
781 *Martini*, in: Paal/Pauly, DS-GVO/BDSG, 3. Aufl. 2021, Art. 26 Rn. 1.
782 *Martini*, in: Paal/Pauly, DS-GVO/BDSG, 3. Aufl. 2021, Art. 26 Rn. 1.
783 *Hacker*, MMR 2018, 779 (780); *Hacker*, Datenprivatrecht, S. 138.

dadurch ausgeglichen werden, dass die der Zielsetzung des Transparenzgrundsatzes aus Art. 5 Abs. 1 lit. a DSGVO folgende Vorschrift dem Betroffenen einen möglichst präzisen Einblick in die ihn betreffende arbeitsteilige Verantwortungsstruktur gewährt.[784] Die oft intransparent zusammenwirkenden Beteiligten in komplexen Ökosystemen werden dazu verpflichtet, ihre Rollen und Verantwortlichkeiten im Vorhinein zu diskutieren, zu klären und zu beschreiben.[785] Die aus der Vorschrift erwachsenden Handlungspflichten vermitteln dem Betroffenen auf diese Weise weitergehende Informationen über seine potenziellen Anspruchsgegner und deren interne Aufgabenverteilung.[786] Durch die eindeutige Zuweisung datenschutzrechtlicher Verantwortlichkeit ermöglicht die Rechtsfigur die transparente Auswahl eines Adressaten durch die betroffene Person (Art. 26 Abs. 3, Art. 82. Abs. 4 DSGVO) und steigert über das Pflichtenprogramm mittelbar die Effektivität des Betroffenenschutzes (vgl. Art. 8 Abs. 2 GRCh).

d.) Das Rechtsfolgenregime

Liegt eine gemeinsame Verantwortlichkeit tatbestandlich vor, werden die Rechtsfolgen und insbesondere die Einzelheiten der Kooperation zwischen den Beteiligten ausdrücklich durch Art. 26 DSGVO geregelt. Auf der Primärebene werden den Beteiligten weitreichende Pflichten auferlegt. Weil die mit der gemeinsamen Verantwortlichkeit einhergehende Komplexität insgesamt nicht zu Lasten der Betroffenen gehen darf, muss abseits des Art. 26 DSGVO auch die vollständige Einhaltung aller weiteren datenschutzrechtlichen Anforderungen gewährleistet sein.[787]

Trotz des Vorliegens einer gemeinsamen Verantwortlichkeit ist es den gemeinsam Verantwortlichen nicht gestattet, personenbezogene Daten beliebig untereinander auszutauschen.[788] Dem Umstand geschuldet, dass der Art. 26 DSGVO keine Privilegierung des Datenaustausches zwischen gemeinsam Verantwortlichen vorsieht, benötigen auch die gemeinsam Verantwortlichen für die Datenübermittlung und die gemeinsame Datennutzung einen gesonderten Erlaubnistatbestand.[789] Auch durch den weit gefassten Verarbeitungsbegriff des Art. 4 Nr. 2 DSGVO, der

---

[784] Vgl. *Radtke*, Gemeinsame Verantwortlichkeit unter der DSGVO, S. 199; *Martini*, in: Paal/Pauly, DS-GVO/BDSG, 3. Aufl. 2021, Art. 26 Rn. 8.

[785] Siehe zum Zweck der Regelung *Hartung*, in: Kühling/Buchner, DS-GVO/BDSG, 4. Aufl. 2024, Art. 26 Rn. 10 m.w.N.

[786] *Martini*, in: Paal/Pauly, DS-GVO/BDSG, 3. Aufl. 2021, Art. 26 Rn. 9.

[787] Vgl. *Art.-29-Datenschutzgruppe*, WP 169, S. 29; *Monreal*, CR 2019, 797 (801); siehe ausführlich zu den Rechtsfolgen der gemeinsamen Verantwortlichkeit *Laue/Nink/Kremer*, in: Laue/Nink/Kremer, Das neue Datenschutzrecht in der betrieblichen Praxis, 3. Aufl. 2024, § 5 Rn. 26 ff.

[788] Vgl. *Arning/Rothkegel*, in: Taeger/Gabel, DSGVO/BDSG/TTDSG, 4. Aufl. 2022, Art. 4 Rn. 274; *Laue/Nink/Kremer*, in: Laue/Nink/Kremer, Das neue Datenschutzrecht in der betrieblichen Praxis, 3. Aufl. 2024, § 5 Rn. 26.

[789] Die Normgenese ergänzend in die Begründung einbeziehend *Lang*, in: Taeger/Gabel, DSGVO/BDSG/TTDSG, 4. Aufl. 2022, Art. 26 Rn. 111 f.; *Bertermann*, in: Ehmann/Selmayr, DSGVO, 3. Aufl. 2024, Art. 26 Rn. 23.

jeden „Vorgang" im Zusammenhang mit personenbezogenen Daten erfasst, wird das Erfordernis eines gesonderten Erlaubnistatbestandes gestützt.[790] Für jeden Verarbeitungsvorgang, der Gegenstand einer gemeinsamen Verantwortlichkeit ist, benötigen die an der gemeinsamen Verantwortlichkeit Beteiligten deshalb jeweils einen eigenständigen Erlaubnistatbestand i.S.d. Art. 6 Abs. 1 DSGVO.[791] Der Art. 26 DSGVO stellt für sich genommen keinen solchen Erlaubnistatbestand dar und dient nicht als Rechtsgrundlage, über die eine Verarbeitung personenbezogener Daten legitimiert werden kann.[792] Indem der EuGH für die Rechtmäßigkeit der Verarbeitung nunmehr festgestellt hat, dass jeder Akteur einer gemeinsamen Verarbeitung jeweils ein eigenes berechtigtes Interesse nachweisen muss, wurde *en passant* bestätigt, dass Übermittlungen im Rahmen einer gemeinsamen Verantwortlichkeit einer Rechtsgrundlage bedürfen.[793]

aa.) Primärebene - Transparente Vereinbarung

Ausgehend von DSGVO-Erwägungsgrund 79, demzufolge es zum Schutz der Rechte und Freiheiten der betroffenen Personen einer klaren Zuteilung der Verantwortlichkeiten bedarf, muss die klare Verantwortungszuteilung auch nach außen erkennbar sein.[794] Art. 26 Abs. 1 S. 2 DSGVO fordert deshalb von den gemeinsam Verantwortlichen, dass diese „in einer Vereinbarung in transparenter Form fest[legen], wer von ihnen welche Verpflichtung gemäß [der DSGVO] erfüllt, insbesondere was die Wahrnehmung der Rechte der Betroffenen angeht und wer welchen Informationspflichten gemäß den Artikeln 13 und 14 nachkommt". Über die Pflicht zum Abschluss einer gesonderten Vereinbarung soll sichergestellt werden, dass

---

[790] *Arning/Rothkegel*, in: Taeger/Gabel, DSGVO/BDSG/TTDSG, 4. Aufl. 2022, Art. 4 Rn. 274; *Laue/Nink/Kremer*, in: Laue/Nink/Kremer, Das neue Datenschutzrecht in der betrieblichen Praxis, 3. Aufl. 2024, § 5 Rn. 26.

[791] *Lang*, in: Taeger/Gabel, DSGVO/BDSG/TTDSG, 4. Aufl. 2022, Art. 26 Rn. 111; *Piltz*, in: Gola/Heckmann, DSGVO/BDSG, 3. Aufl. 2022, Art. 26 Rn. 17 (a.A. noch in der Vorauflage, siehe *Piltz*, in: Gola, DSGVO, Art. 26 Rn. 8); *Hartung*, in: Kühling/Buchner, DS-GVO/BDSG, 4. Aufl. 2024, Art. 26 Rn. 62; *Bertermann*, in: Ehmann/Selmayr, DSGVO, 3. Aufl. 2024, Art. 26 Rn. 23; *Heckmann/Scheurer*, in: Heckmann/Paschke, jurisPK-Internetrecht, 8. Aufl., Kap. 9 (Stand: 15.04.2025) Rn. 278 m.w.N.; bestätigt durch EuGH, Rs. C-40/17, *Fashion ID*, ECLI:EU:C:2019:629 Rn. 96; siehe zur „Fashion ID"-Entscheidung und deren Auswirkungen auf die unter dem Stichwort der „Privilegierung der Verarbeitung" geführte Meinungsstreitigkeit *Golland*, K&R 2019, 533 (534) und *Kollmar*, NVwZ 2019, 1740 (1742); a.A. *Monreal*, ZD 2014, 611 (613, 616), der im Hinblick auf die Rechtslage unter der DSRL davon ausgeht, dass sich Übermittlungen an andere gemeinsam Verantwortliche aus der Rolle des Verantwortlichen legitimieren ließen. Die Legitimation könne aber nur so weit reichen, wie der Austausch und die Verarbeitung der gemeinsamen Verantwortung entsprechen; von einem Verarbeitungsprivileg ausgehend *Martini*, in: Paal/Pauly, DS-GVO/BDSG, 3. Aufl. 2021, Art. 26 Rn. 3a.

[792] So bereits *Dovas*, ZD 2016, 512 (515); *EDPB*, Guidelines 07/2020 (Version 2.1), Rn. 167; *Hartung*, in: Kühling/Buchner, DS-GVO/BDSG, 4. Aufl. 2024, Art. 26 Rn. 1; *Bertermann*, in: Ehmann/Selmayr, DSGVO, 3. Aufl. 2024, Art. 26 Rn. 23; *Petri/Stief*, in: Simitis/Hornung/Spiecker gen. Döhmann, DSGVO/BDSG, 2. Aufl. 2025, Art. 26 Rn. 1; DSK Kurzpapier Nr. 16, S. 1; a.A. *Monreal*, ZD 2014, 611 (613); missverständlich *Plath*, in: Plath, DSGVO/BDSG/TTDSG, 4. Aufl. 2023, Art. 26 Rn. 22, wonach das Konstrukt des Art. 26 DSGVO die Möglichkeit biete, bestimmte Datenverarbeitungen zwischen mehreren Unternehmen zu ermöglichen.

[793] EuGH, Rs. C-40/17, *Fashion ID*, ECLI:EU:C:2019:629 Rn. 96 f.; siehe dazu *Kollmar*, NVwZ 2019, 1740 (1742); *Golland*, ZD 2019, 381 (382).

[794] Vgl. zur Rechtslage unter der DSRL bereits *Art.-29-Datenschutzgruppe*, WP 169. S. 29; siehe zur Rechtslage unter der DSGVO *Laue/Nink/Kremer*, in: Laue/Nink/Kremer, Das neue Datenschutzrecht in der betrieblichen Praxis, 3. Aufl. 2024, § 5 Rn. 28 und 30.

betroffene Personen dazu befähigt werden, ihre Rechte effektiv wahrzunehmen. Zudem dient die gesonderte Vereinbarung dazu, dass die Aufsichtsbehörden ihre Kontroll- und Überwachungsmaßnahmen zielgerichtet durchführen können (vgl. DSGVO-Erwägungsgrund 79).[795] Dabei steht die Schaffung von Transparenz bezüglich der Tätigkeiten und Rollen der gemeinsam Verantwortlichen im Zentrum. Gleichzeitig kann der Abschluss einer gesonderten Vereinbarung auch im unmittelbaren Eigeninteresse der gemeinsam Verantwortlichen liegen. Eine detaillierte und präzise ausgearbeitete Vereinbarung trägt substanziell dazu bei, Haftungsfragen im Innenverhältnis zwischen den gemeinsam Verantwortlichen zu klären[796] und kann zu Entlastungen bei der Erfüllung von Informations- und Haftungspflichten in arbeitsteiligen und komplexen Verarbeitungsszenarien beitragen.[797]

(1.) Reichweite der Dispositionsfreiheit

Für die gemeinsam Verantwortlichen bedeutet die Pflicht zum Abschluss einer gesonderten Vereinbarung, dass die jeweiligen Rollen eines jeden Verantwortlichen klar definiert werden müssen.[798] Dabei steht die Aufteilung und Zuweisung von Pflichten grundsätzlich zur Disposition der gemeinsam Verantwortlichen.[799] Aufgrund der erhöhten Risikogeneigtheit komplexer Verarbeitungsszenarien für die Rechte und Freiheiten Betroffener darf die weite Dispositionsbefugnis allerdings nicht im Sinne einer beliebigen Auf- und Zuteilungsfreiheit von datenschutzrechtlichen Pflichten missverstanden werden.[800]

Dem Telos der Norm folgend, dessen Kerninhalt darin besteht, durch eine klare Zuteilung von Verantwortlichkeiten die Rechte und Freiheiten der betroffenen Personen zu schützen, ist es entscheidend, dass die Rechte und Freiheiten der Betroffen auch tatsächlich gewährleistet werden können.[801] Nur solange die vollständige Einhaltung sämtlicher Pflichten in Bezug auf die jeweilige Verarbeitung konfliktfrei abgedeckt und sichergestellt ist, steht die Aufteilung und Zuweisung zur freien Disposition der gemeinsam Verantwortlichen.[802] Dabei sollte stets den Faktoren Rechnung getragen werden, wer faktisch dazu befähigt ist, die Rechte der betroffenen

---

[795] Siehe dazu *Bertermann*, in: Ehmann/Selmayr, DSGVO, 3. Aufl. 2024, Art. 26 Rn. 24.
[796] Vgl. DSK Kurzpapier Nr. 16, S. 2, 4.
[797] *Freund*, in: Schuster/Grützmacher, IT-Recht, Art. 26 Rn. 38 f.
[798] *Bertermann*, in: Ehmann/Selmayr, DSGVO, 3. Aufl. 2024, Art. 26 Rn. 24.
[799] Von einem „gewissen Grad an Flexibilität" sprechend *EDPB*, Guidelines 07/2020 (Version 2.1), Rn. 168; *Martini*, in: Paal/Pauly, DS-GVO/BDSG, 3. Aufl. 2021, Art. 26 Rn. 26; die Dispositionsbefugnis sehr weit verstehend *Lang*, in: Taeger/Gabel, DSGVO/BDSG/TTDSG, 4. Aufl. 2022, Art. 26 Rn. 79, der auch eine Zuweisung der Erfüllung sämtlicher Pflichten an einen der gemeinsam Verantwortlichen für zulässig erachtet; siehe zu der Thematik auch *Kremer*, in: Schwartmann/Jaspers/Thüsing/Kugelmann, DS-GVO/BDSG, 3. Aufl. 2024, Art. 26 Rn. 77, wonach Art. 26 DSGVO mit seiner Ordnungsfunktion ausschließlich der Pflichtenzuordnung im Verhältnis der gemeinsam Verantwortlichen zueinander diene.
[800] *Lang*, in: Taeger/Gabel, DSGVO/BDSG/TTDSG, 4. Aufl. 2022, Art. 26 Rn. 79.
[801] *Lang*, in: Taeger/Gabel, DSGVO/BDSG/TTDSG, 4. Aufl. 2022, Art. 26 Rn. 79.
[802] *Lang*, in: Taeger/Gabel, DSGVO/BDSG/TTDSG, 4. Aufl. 2022, Art. 26 Rn. 79.

Person wirksam zu schützen und die einschlägigen Verpflichtungen aus der Verordnung zu erfüllen.[803] Wenngleich die Verpflichtungen nicht gleichmäßig auf die gemeinsam Verantwortlichen verteilt werden müssen,[804] scheidet eine Übertragung sämtlicher Pflichten auf Akteure, die zu deren Erfüllung tatsächlich gar nicht in der Lage sind, aus.[805] Diese vom Sinn und Zweck der Norm getragene Begrenzung der Dispositionsfreiheit garantiert, dass die flexible Aufteilung und Zuweisung von Pflichten nicht zu Lasten der Betroffenen ausfällt.[806]
Weitere Einschränkungen der Ausgestaltungsfreiheit können sich aus Art. 26 Abs. 1 S. 2 Hs. 2 DSGVO ergeben, wonach eine Vereinbarung zwischen den Beteiligten nur geboten ist „[…], sofern und soweit die jeweiligen Aufgaben der Verantwortlichen nicht durch Rechtsvorschriften der Union oder der Mitgliedstaaten, denen die Verantwortlichen unterliegen, festgelegt sind“. Über die fakultative Öffnungsklausel kann das unionale oder nationale Recht selbst eine zwingende Aufgabenaufteilung vornehmen, die Vorrang vor den individualvertraglichen Absprachen der gemeinsam Verantwortlichen in der Vereinbarung genießt und die Dispositionsbefugnis beteiligter Akteure beschränkt.[807] Ist die Aufgabenverteilung durch Unionsrecht oder einzelstaatliches Recht festgelegt, entfällt im Gegenzug die Notwendigkeit einer vertraglichen Vereinbarung zwischen den gemeinsam Verantwortlichen.[808] Die Formulierung „sofern und soweit“ verdeutlicht indes, dass die Dispositionsbefugnis der gemeinsam Verantwortlichen nur innerhalb der mitgliedstaatlichen Regelungen eingeschränkt wird und jenseits der Regelungen im unionalen oder nationalen Recht Platz für ergänzende Regelungen durch die Beteiligten an einer gemeinsamen Verantwortlichkeit verbleibt.[809]

(2.) Transparente Beschreibung der Funktionen und Beziehungen

Der Mindestinhalt der geforderten Vereinbarung ergibt sich aus Art. 26 Abs. 1 S. 2 und Abs. 2 S. 1 DSGVO. Im Innenverhältnis geht es darum festzulegen, „wer was tut“, indem die gemeinsam Verantwortlichen untereinander organisieren und vereinbaren, wer welche Verpflichtungen zu erfüllen hat, um sicherzustellen, dass die Verarbeitung den geltenden Verpflichtungen aus der Verordnung im Hinblick auf die gemeinsame Verarbeitung entspricht.[810]

---

[803] *EDPB*, Guidelines 07/2020 (Version 2.1), Rn. 168.
[804] *EDPB*, Guidelines 07/2020 (Version 2.1), Rn. 169.
[805] Vgl. *Wagner*, ZD 2018 307 (311), der davon ausgeht, dass eine unangemessene Benachteiligung eines privaten Nutzers i.S.v. § 307 Abs. 1 BGB auch im Wege der AGB-Klauselkontrolle zu überprüfen sei, vgl. zur AGB-rechtlichen Prüfung von Datenschutzverstößen *Wendehorst/Graf von Westphalen*, NJW 2016, 3745 (3747 ff.).
[806] *Lang*, in: Taeger/Gabel, DSGVO/BDSG/TTDSG, 4. Aufl. 2022, Art. 26 Rn. 79.
[807] *Martini*, in: Paal/Pauly, DS-GVO/BDSG, 3. Aufl. 2021, Art. 26 Rn. 26; *Kühling/Martini et al.*, Die DSGVO und das nationale Recht, S. 77; *Lang*, in: Taeger/Gabel, DSGVO/BDSG/TTDSG, 4. Aufl. 2022, Art. 26 Rn. 80.
[808] *Petri/Sief*, in: Simitis/Hornung/Spiecker gen. Döhmann, DSGVO/BDSG, 2. Aufl. 2025, Art. 26 Rn. 32.
[809] *Martini*, in: Paal/Pauly, DS-GVO/BDSG, 3. Aufl. 2021, Art. 26 Rn. 26.
[810] Vgl. *EDPB*, Guidelines 07/2020 (Version 2.1), Rn. 162 ff.; *Freund*, in: Schuster/Grützmacher, IT-Recht, Art. 26 Rn. 38 f.

Durch die gesonderte Vereinbarung muss insbesondere geklärt werden, wie und von wem die erforderlichen Informationen gemäß den Artt. 13 und 14 DSGVO bereitgestellt werden und wie und von wem die Wahrnehmung von Rechten der Betroffenen aus Artt. 15 bis 22 DSGVO gewährleistet wird.[811] Die Verwendung des Adverbs „insbesondere" weist darauf hin, dass die Verpflichtungen nicht auf die in Art. 26 Abs. 1 DSGVO explizit hervorgehobenen Aspekte beschränkt sind, sondern auch sämtliche weitere Verpflichtungen umfassen, denen ein Verantwortlicher i.S.d. Art. 4 Nr. 7 DSGVO unterworfen ist.[812] Dieses Verständnis deckt sich auch mit der Gesamtsystematik des Verantwortlichkeitskonzepts. Letztlich ergänzt die Pflicht zum Abschluss einer gesonderten Vereinbarung lediglich die sonstigen Pflichten von Verantwortlichen, die im Wesentlichen in Kapitel 4 der DSGVO normiert sind.[813]

Mehrere gemeinsam Verantwortliche müssen in der gesonderten Vereinbarung daher sämtliche Compliance-Pflichten so klar untereinander aufteilen, dass die Verarbeitung in vollem Umfang sämtlichen Verpflichtungen aus der DSGVO entspricht und keine negativen Kompetenzkonflikte bestehen.[814]

Ausweislich des Art. 26 Abs. 1 S. 2 DSGVO müssen die Pflichtinhalte der Vereinbarung zudem in „transparenter Form" festgelegt werden. Wenngleich der verwandte DSGVO-Erwägungsgrund 58 primär auf die allgemeine Regelung der transparenten Informationserteilung bei der Datenverarbeitung in Art. 12 Abs. 1 S. 1 DSGVO ausgerichtet ist, kann dessen Inhalt auch bei der Auslegung des Begriffs „transparent" in Art. 26 Abs. 1 S. 2 DSGVO fruchtbar gemacht werden.[815] Die von DSGVO-Erwägungsgrund 58 S. 1 normierte Voraussetzung, wonach der Grundsatz der Transparenz voraussetzt, dass eine für die Öffentlichkeit oder die betroffene Person bestimmte Information „präzise, leicht zugänglich und verständlich sowie in klarer und einfacher Sprache abgefasst" sein muss, kann unter adressatenspezifischen Gesichtspunkten

---

[811] *EDPB*, Guidelines 07/2020 (Version 2.1), Rn. 165 und Rn. 177.

[812] Siehe zu den in Kapitel 4 der DSGVO normierten Pflichten *Lang*, in: Taeger/Gabel, DSGVO/BDSG/TTDSG, 4. Aufl. 2022, Art. 26 Rn. 76, ähnlich *EDPB*, Guidelines 07/2020 (Version 2.1), Rn. 165, Rn. 166 und Rn. 177, der darüber hinaus auch die Implementierung der Datenschutzgrundsätze gem. Art. 5 DSGVO, die Rechtsgrundlage für die Verarbeitung und die Organisation des Kontakts mit betroffenen Personen und Aufsichtsbehörden erfasst sieht; einschränkend *Lang*, in: Taeger/Gabel, DSGVO/BDSG/TTDSG, 4. Aufl. 2022, Art. 26 Rn. 77 m.w.N., plausibel darlegt, dass Pflichten, die nicht delegierbar bzw. aufteilbar sind und keine eigenständige Relevanz im Rahmen der gemeinsamen Verantwortlichkeit haben (z.B. die Pflichten in Bezug auf die allgemeinen Grundsätze für die Verarbeitung personenbezogener Daten gem. Art. 5 DSGVO), auch nicht als zwingender Gegenstand der Vereinbarung angesehen werden können.

[813] Vgl. *Lang*, in: Taeger/Gabel, DSGVO/BDSG/TTDSG, 4. Aufl. 2022, Art. 26 Rn. 8.

[814] Vgl. *EDPB*, Guidelines 07/2020 (Version 2.1), Rn. 162 f. und 165 f.

[815] *Martini*, in: Paal/Pauly, DS-GVO/BDSG, 3. Aufl. 2021, Art. 26 Rn. 24 f.; *Lang*, in: Taeger/Gabel, DSGVO/BDSG/TTDSG, 4. Aufl. 2022, Art. 26 Rn. 86.

jedoch nur für die Informationen gelten, die auch tatsächlich für die Öffentlichkeit oder betroffene Personen bestimmt sind.[816]

Diese Auslegung deckt sich mit dem Telos der Norm, der darin besteht, über die geforderte Transparenz die Grundfreiheiten und Grundrechte der betroffenen Personen zu schützen und eine wirksame Durchsetzung der Überwachungs- und sonstigen Maßnahmen von Aufsichtsbehörden zu gewährleisten (vgl. DSGVO-Erwägungsgrund 79). Nur im Hinblick auf diesen Adressatenkreis ist es entscheidend, dass die transparente Beschreibung der Funktionen und Beziehungen der Verantwortlichen verständlich ist.[817]

Einhergehend mit dem normativ geforderten Transparenzerfordernis des Art. 26 Abs. 1 S. 2 DSGVO (vgl. auch Art. 5 Abs. 1 lit. a DSGVO) verlangt Art. 26 Abs. 2 S. 1 DSGVO hinsichtlich der Aufteilung und Zuweisung von Pflichten zusätzlich, dass die Vereinbarung die jeweiligen tatsächlichen Funktionen und Beziehungen der gemeinsam Verantwortlichen gegenüber der betroffenen Person gebührend widerspiegelt (englisch: „duly reflect the respective roles and relationships of the joint controllers *vis-à-vis* the data subjects"). Während unter den tatsächlichen Funktionen die Aufgabenverteilung zwischen den gemeinsam Verantwortlichen und deren Einflussnahmemöglichkeiten auf die Schlüsselelemente der Verarbeitung zu verstehen sind, beinhaltet das Merkmal der Beziehung der gemeinsam Verantwortlichen gegenüber den betroffenen Personen die konkrete Verteilung der gegenüber den Betroffenen zu erfüllenden, datenschutzrechtlichen Pflichten.[818] Die Vorschrift fordert eine inhaltlich korrekte und nachvollziehbare Darstellung der datenschutzrechtlichen Rollen der jeweils beteiligten Verantwortlichen, die sich tatsächlich mit der Realität deckt.[819] Nur unter diesen Voraussetzungen kann die gesonderte Vereinbarung die „klare Zuteilung der Verantwortlichkeiten" wiedergeben (vgl. DSGVO-Erwägungsgrund 79).[820]

Bis auf die in Art. 26 Abs. 2 S. 1 DSGVO implementierte Vorgabe, dass sich die tatsächlichen Funktionen und Beziehungen gegenüber betroffenen Personen „gebührend widerspiegeln" müssen, sind der Vorschrift keine weiteren Informationen zu entnehmen, wie konkret die Angaben in der Vereinbarung ausgestaltet werden müssen. Erforderlich ist jedenfalls eine Beschreibung der Verarbeitungsvorgänge einschließlich des Gegenstandes und Zwecks der

[816] *Lang*, in: Taeger/Gabel, DSGVO/BDSG/TTDSG, 4. Aufl. 2022, Art. 26 Rn. 86; im Ergebnis auch *Freund*, in: Schuster/Grützmacher, IT-Recht, Art. 26 Rn. 47.

[817] *Piltz*, in: Gola/Heckmann, DSGVO/BDSG, 3. Aufl. 2022, Art. 26 Rn. 30.

[818] Vgl. *Piltz*, in: Gola/Heckmann, DSGVO/BDSG, 3. Aufl. 2022, Art. 26 Rn. 31.

[819] Vgl. *EDPB*, Guidelines 07/2020 (Version 2.1), Rn. 163 und Rn. 178; *Petri/Stief*, in: Simitis/Hornung/Spiecker gen. Döhmann, DSGVO/BDSG, 2. Aufl. 2025, Art. 26 Rn. 30; *Hartung*, in: Kühling/Buchner, DS-GVO/BDSG, 4. Aufl. 2024, Art. 26 Rn. 55; zum Wahrheitsgebot der Vereinbarung *Martini*, in: Paal/Pauly, DS-GVO/BDSG, 3. Aufl. 2021, Art. 26 Rn. 30; *Specht-Riemenschneider/Schneider*, MMR 2019, 503 (506).

[820] Siehe dazu *Piltz*, in: Gola/Heckmann, DSGVO/BDSG, 3. Aufl. 2022, Art. 26 Rn. 22.

Verarbeitung, der Arten der Daten, der Kategorien der betroffenen Personen, der Zwecke und Mittel sowie der insoweit erfolgten Aufteilung der Verantwortlichkeiten.[821] Die erforderliche Detailtiefe der Vereinbarung korreliert dabei mit der Komplexität des relevanten Verarbeitungsszenarios, des Verarbeitungsumfangs und der für die betroffenen Personen einhergehenden Risiken.[822] Dem Umstand geschuldet, dass Risiken für die Grundrechte und Grundfreiheiten Betroffener in komplexen und für sie nur schwer zu durchschauenden Verarbeitungsszenarien erhöht sind, muss sich auch der Grad an Detailtiefe und Präzision nach den tatsächlichen Umständen richten und in einem angemessenen Verhältnis zum Umfang der Verarbeitung stehen.[823]

Sowohl die transparente Festlegung nach Art. 26 Abs. 1 S. 2 DSGVO als auch die inhaltlich zutreffende Abbildung der tatsächlichen Funktionen und Beziehungen der gemeinsam Verantwortlichen gemäß Art. 26 Abs. 2 S. 1 DSGVO sind Wirksamkeitsvoraussetzungen für die Vereinbarung, deren Nichteinhaltung einen nach Art. 83 Abs. 4 lit. a DSGVO zu sanktionierenden Verstoß darstellen.[824] Das Nichtzustandekommen der Vereinbarung ändert an dem faktischen Bestehen einer gemeinsamen Verantwortlichkeit allerdings nichts und entbindet die Beteiligten nicht von ihren umfassenden Verpflichtungen.[825]

In Ergänzung zu den erforderlichen Pflichtangaben steht es den gemeinsam Verantwortlichen frei, der gesonderten Vereinbarung optionale Inhalte hinzuzufügen.[826] So ist es den Beteiligten gemäß Art. 26 Abs. 1 S. 3 DSGVO insbesondere möglich, eine Anlaufstelle für die Betroffenen anzugeben. Wenngleich eine solche Benennung nicht zwingend ist, empfiehlt sich die Benennung einer Kontaktstelle speziell bei dem Zusammenwirken einer großen Anzahl an

---

[821] *Lang*, in: Taeger/Gabel, DSGVO/BDSG/TTDSG, 4. Aufl. 2022, Art. 26 Rn. 78; sehr weitgehend *Petri/Stief*, in: Simitis/Hornung/Spiecker gen. Döhmann, DSGVO/BDSG, 2. Aufl. 2025, Art. 26 Rn. 26 m.w.N., der mit Blick auf Art. 26 Abs. 2 S. 1 DSGVO eine spezifische Erfassung der tatsächlichen logischen Infrastruktur, also der Anwendungsprogramme, ihrer Schnittstellen und der ihnen zu Grunde liegenden physikalischen Infrastrukturen als unerlässlich erachtet; in diesem Sinne auch *Freund*, in: Schuster/Grützmacher, IT-Recht, Art. 26 Rn. 42; in missverständlicher Weise eine Unverbindlichkeit vermittelnd *EDPB*, Guidelines 07/2020 (Version 2.1), Rn. 175, der einerseits davon ausgeht, dass es für die Aufteilung der Verantwortlichkeiten zwischen den Parteien zu empfehlen sei, dass die Vereinbarung auch allgemeine Informationen über die gemeinsame Verarbeitung enthält, wie etwa hinsichtlich des Gegenstandes und Zwecks der Verarbeitung, der Art der personenbezogenen Daten und der Kategorien der betroffenen Personen („To better frame the allocation of responsibilities between the parties, the *EDPB* recommends that the arrangement also provide […]") und an anderer Stelle zugleich davon spricht, dass diese Informationen als wesentlicher Bestandteil der Vereinbarung auch von der Pflicht zur Zurverfügungstellung erfasst seien (Rn. 180).

[822] *Lang*, in: Taeger/Gabel, DSGVO/BDSG/TTDSG, 4. Aufl. 2022, Art. 26 Rn. 89 m.w.N.

[823] *Lang*, in: Taeger/Gabel, DSGVO/BDSG/TTDSG, 4. Aufl. 2022, Art. 26 Rn. 88.

[824] *Lang*, in: Taeger/Gabel, DSGVO/BDSG/TTDSG, 4. Aufl. 2022, Art. 26 Rn. 90; *Ingold*, in: Sydow/Marsch, DS-GVO/BDSG, 3. Aufl. 2022, Art. 26 Rn. 9; hinsichtlich der Wirksamkeitsvoraussetzung der transparenten Festlegung *Specht-Riemenschneider/Schneider*, MMR 2019, 503 (505 f.); a.A. *Freund*, in: Schuster/Grützmacher, IT-Recht, Art. 26 Rn. 48, der die korrekte Wiedergabe von Funktionen und Beziehungen zwischen den Verantwortlichen nicht als Wirksamkeitsvoraussetzung für die Vereinbarung ansieht.

[825] *EDPB*, Guidelines 07/2020 (Version 2.1), Rn. 163.

[826] Ausführlich zu sonstigen vertraglichen Regelungen *Lang*, in: Taeger/Gabel, DSGVO/BDSG/TTDSG, 4. Aufl. 2022, Art. 26 Rn. 84 f.

Verantwortlichen.[827] Über eine zentrale Anlaufstelle lässt sich die Kommunikation mit den betroffenen Personen effizienter koordinieren und den Betroffenen werden auf diese Weise wertvolle Bündelungsdienste zur Verfügung gestellt.[828]

(3.) Zurverfügungstellung des Wesentlichen der Vereinbarung

Die Notwendigkeit zum Abschluss gegenseitiger, verbindlicher Vereinbarungen zwischen den Verantwortlichen wird durch die Verpflichtung in Art. 26 Abs. 2 S. 2 DSGVO ergänzt, wonach die Verantwortlichen der betroffenen Person „das wesentliche der Vereinbarung […] zur Verfügung" stellen müssen. Als Umsetzung des Grundsatzes der Transparenz aus Art. 5 Abs. 1 lit. a DSGVO soll mit dieser Bestimmung sichergestellt werden, dass die Betroffenen über den Kerninhalt der Vereinbarung informiert sind und einen Einblick in die Aufteilung der Verantwortlichkeitsstrukturen erhalten.[829]

Was unter dem Begriff „das Wesentliche der Vereinbarung" (englisch: „the essence of the arrangement") fällt, wird in der DSGVO nicht näher erläutert. Ausgehend vom Wortlaut der Vorschrift, demzufolge sich die Pflicht der Zurverfügungstellung explizit nur auf „das Wesentliche" erstreckt, ergibt sich im Umkehrschluss, dass eine vollständige Veröffentlichung der gesamten Vereinbarung im Originalwortlaut jedenfalls nicht erforderlich ist, um der Verpflichtung nachzukommen.[830] Unter einer teleologischen Betrachtung kommt es darauf an, die Kernelemente der tatsächlichen Funktionen und Beziehungen abzubilden, die für die Rechte und Freiheiten der betroffenen Personen von maßgeblicher Bedeutung sind und die Betroffenen dazu befähigen, ihre Rechte effektiv auszuüben.[831] Für die betroffene Person muss es durch die Zurverfügungstellung des wesentlichen Inhalts der Vereinbarung möglich sein, die

[827] *EDPB*, Guidelines 07/2020 (Version 2.1), Rn. 182; ausführlich zu den Anforderungen an die Anlaufstelle *Lang*, in: Taeger/Gabel, DSGVO/BDSG/TTDSG, 4. Aufl. 2022, Art. 26 Rn. 81 ff.

[828] *EDPB*, Guidelines 07/2020 (Version 2.1), Rn. 183 f.; von einem „Serviceangebot" sprechend *Martini*, in: Paal/Pauly, DS-GVO/BDSG, 3. Aufl. 2021, Art. 26 Rn. 28.

[829] *EDPB*, Guidelines 07/2020 (Version 2.1), Rn. 179; siehe dazu *Hartung*, in: Kühling/Buchner, DS-GVO/BDSG, 4. Aufl. 2024, Art. 26 Rn. 60 f.; *Martini*, in: Paal/Pauly, DS-GVO/BDSG, 3. Aufl. 2021, Art. 26 Rn. 31; *Specht-Riemenschneider/Schneider*, MMR 2019, 503 (506).

[830] Vgl. *Laue/Nink/Kremer*, in: Laue/Nink/Kremer, Das neue Datenschutzrecht in der betrieblichen Praxis, 3. Aufl. 2024, § 5 Rn. 33 f; *Spittka*, DSRITB 2020, 41 (51); *Martini*, in: Paal/Pauly, DS-GVO/BDSG, 3. Aufl. 2021, Art. 26 Rn. 31.

[831] Vgl. *Lang*, in: Taeger/Gabel, DSGVO/BDSG/TTDSG, 4. Aufl. 2022, Art. 26 Rn. 96; *Martini*, in: Paal/Pauly, DS-GVO/BDSG, 3. Aufl. 2021, Art. 26 Rn. 32; *Specht-Riemenschneider/Schneider*, MMR 2019, 503 (506); *Kremer*, in: Schwartmann/Jaspers/Thüsing/Kugelmann, DS-GVO/BDSG, 3. Aufl. 2024, Art. 26 Rn. 89; *Hartung*, in: Kühling/Buchner, DS-GVO/BDSG, 4. Aufl. 2024, Art. 26 Rn. 61; *Laue/Nink/Kremer*, in: Laue/Nink/Kremer, Das neue Datenschutzrecht in der betrieblichen Praxis, 3. Aufl. 2024, § 5 Rn. 33 („Mindestinhalt der Vereinbarung nach Art. 26 Abs. 2 S. 1").

tatsächlichen Funktionen eines jeden Verantwortlichen sowie seine Beziehung gegenüber den Betroffenen nachzuvollziehen.[832]

Der Grundsatz einer fairen und transparenten Vereinbarung bedingt dabei, dass den Betroffenen Informationen zur Verfügung gestellt werden müssen, anhand derer sie nachvollziehen können, wer von den gemeinsam Verantwortlichen welchen Verarbeitungsvorgang durchführt und wie die Verarbeitungsvorgänge zusammenhängen.[833] Für die Betroffenen muss unmittelbar ersichtlich sein, welcher für die Datenverarbeitung Verantwortliche als Ansprechpartner für die Ausübung der Betroffenenrechte dient.[834] Der Verpflichtung wird deshalb nur dann Genüge getan, wenn neben den Namen der Beteiligten auch die klare Zuteilung der jeweiligen Pflichten an einen der Verantwortlichen, die Verantwortung für die Informationspflichten aus Artt. 13 und 14 DSGVO sowie die Verantwortlichkeiten, die erforderlich sind, um Betroffenenrechten aus Artt. 15-22 DSGVO entsprechen zu können, angegeben werden.[835] Ergänzend muss, soweit benannt, auch eine Kontaktstelle angegeben werden.[836] Welcher Grad an Transparenz im Einzelfall notwendig ist, richtet sich nach dem konkreten Betroffenenkreis und dessen Verständnishorizont.[837]

Die Art und Weise, wie das Wesentliche der Vereinbarung den betroffenen Personen „zur Verfügung gestellt"[838] werden muss, wird durch die Verordnung nicht festgelegt.[839] Im Grundsatz obliegt es den gemeinsam Verantwortlichen festzulegen, wie sie den betroffenen Personen den wesentlichen Inhalt der Vereinbarung am wirksamsten zur Verfügung stellen.[840] Neben der Schriftform kommt deshalb auch eine elektronische Form in Betracht.[841] Vor allem die englische Sprachfassung (englisch: „shall be made available") spricht zudem für die Möglichkeit, den wesentlichen Inhalt in die allgemeine Information der betroffenen Personen im Rahmen

---

[832] Vgl. *Piltz*, in: Gola/Heckmann, DSGVO/BDSG, 3. Aufl. 2022, Art. 26 Rn. 30 ff., der hinsichtlich des wesentlichen Inhalts der Vereinbarung auf die Sichtweise der betroffenen Personen abstellt; *Lang*, in: Taeger/Gabel, DSGVO/BDSG/TTDSG, 4. Aufl. 2022, Art. 26 Rn. 88.

[833] Vgl. *Hartung*, in: Kühling/Buchner, DS-GVO/BDSG, 4. Aufl. 2024, Art. 26 Rn. 61; *Lang*, in: Taeger/Gabel, DSGVO/BDSG/TTDSG, 4. Aufl. 2022, Art. 26 Rn. 97; *Petri/Stief*, in: Simitis/Hornung/Spiecker gen. Döhmann, DSGVO/BDSG, 2. Aufl. 2025, Art. 26 Rn. 29; weitergehend *Bertermann*, in: Ehmann/Selmayr, DSGVO, 3. Aufl. 2024, Art. 26 Rn. 28, der vom Umfang der Verpflichtung alle Regelungen erfasst sieht, die den Umgang mit personenbezogenen Daten und die entsprechende Organisation der Verantwortlichen betreffen.

[834] *EDPB*, Guidelines 07/2020 (Version 2.1), Rn. 179.

[835] *Martini*, in: Paal/Pauly, DS-GVO/BDSG, 3. Aufl. 2021, Art. 26 Rn. 32; ähnlich *Scheja/Reibach/Reichert*, in: Leupold/Wiebe/Glossner, IT-Recht, Teil 6.6 Rn. 235.

[836] *EDPB*, Guidelines 07/2020 (Version 2.1), Rn. 180.

[837] *Freund*, in: Schuster/Grützmacher, IT-Recht, Art. 26 Rn. 50; *Piltz*, in: Gola/Heckmann, DSGVO/BDSG, 3. Aufl. 2022, Art. 26 Rn. 30 ff.; *Lang*, in: Taeger/Gabel, DSGVO/BDSG/TTDSG, 4. Aufl. 2022, Art. 26 Rn. 101.

[838] Sinngleich die französische und italienische Fassung (französisch: „sont mise á la disposition", italienisch: „è messo a disposizione").

[839] *EDPB*, Guidelines 07/2020 (Version 2.1), Rn. 181.

[840] Vgl. *Lang*, in: Taeger/Gabel, DSGVO/BDSG/TTDSG, 4. Aufl. 2022, Art. 26 Rn. 99 f., wonach bei der Wahl der Form jedoch stets die Nachweisbarkeit zu berücksichtigen ist.

[841] *Petri/Stief*, in: Simitis/Hornung/Spiecker gen. Döhmann, DSGVO/BDSG, 2. Aufl. 2025, Art. 26 Rn. 28; *Hartung*, in: Kühling/Buchner, DS-GVO/BDSG, 4. Aufl. 2024, Art. 26 Rn. 60.

von Datenschutzhinweisen aufnehmen zu können und durch die Veröffentlichung auf einer Webseite, die den Zugang zu der Information ermöglicht, in allgemeiner Weise zur Kenntnis zu bringen (vgl. auch DSGVO-Erwägungsgrund 58 S. 2).[842]

Eine Einschränkung der Verpflichtung in der Form, dass die Vereinbarung der betroffenen Person erst auf Antrag zur Verfügung gestellt werden muss, ergibt sich aus dem Wortlaut der Vorschrift nicht.[843] Im Gegensatz zu den Rechten nach Artt. 15 ff. DSGVO wird die Zurverfügungstellung nicht von einem „Verlangen" oder einem ähnlichen aktiven Verhalten der betroffenen Person abhängig gemacht.[844] Der Verzicht auf die Notwendigkeit eines expliziten Anforderns des Wesentlichen der Vereinbarung deckt sich insoweit auch mit dem Sinn und Zweck der Norm, der darin besteht, die Rechte und Freiheiten der betroffenen Personen umfassend zu schützen.[845] Um den wirksamen Betroffenenschutz konsequent zu gewährleisten, muss zugleich ein möglichst frühzeitiger Zugang zu den Informationen ermöglicht werden.[846] Um dem Risiko einer unter zeitlichen Gesichtspunkten verspäteten und rechtswidrigen Informationserteilung vorzubeugen, bietet es sich in der Praxis an, die Zurverfügungstellung des Wesentlichen der Vereinbarung in die Informationserteilung nach Art. 13 und Art. 14 DSGVO zu integrieren und zeitgleich zu erteilen.[847]

---

[842] Vgl. *EDPB*, Guidelines 07/2020 (Version 2.1), Rn. 181; *Martini*, in: Paal/Pauly, DS-GVO/BDSG, 3. Aufl. 2021, Art. 26 Rn. 34 f.; *Hartung*, in: Kühling/Buchner, DS-GVO/BDSG, 4. Aufl. 2024, Art. 26 Rn. 60; *Lang*, in: Taeger/Gabel, DSGVO/BDSG/TTDSG, 4. Aufl. 2022, Art. 26 Rn. 99; *Laue/Nink/Kremer*, in: Laue/Nink/Kremer, Das neue Datenschutzrecht in der betrieblichen Praxis, 3. Aufl. 2024, § 5 Rn. 34, wonach eine aktive Übermittlung („Push") der Informationen nicht erforderlich sei; *Spittka*, DSRITB 2020, 41 (50 f.); ebenso DSK Kurzpapier Nr. 16, S. 4.

[843] *Piltz*, in: Gola/Heckmann, DSGVO/BDSG, 3. Aufl. 2022, Art. 26 Rn. 32.

[844] Vgl. *Piltz*, in: Gola/Heckmann, DSGVO/BDSG, 3. Aufl. 2022, Art. 26 Rn. 33; *Lang*, in: Taeger/Gabel, DSGVO/BDSG/TTDSG, 4. Aufl. 2022, Art. 26 Rn. 100, der ebenfalls darauf verweist, dass Art. 26 DSGVO im Gegensatz zu den Art. 15 ff. DSGVO gerade kein gesondertes Anfordern vorsehe; in diesem Sinne auch *Specht-Riemenschneider/Schneider*, MMR 2019, 503 (506); *Kremer*, in: Schwartmann/Jaspers/Thüsing/Kugelmann, DS-GVO/BDSG, 3. Aufl. 2024, Art. 26 Rn. 93; offengelassen von *Hartung*, in: Kühling/Buchner, DS-GVO/BDSG, 4. Aufl. 2024, Art. 26 Rn. 60; missverständlich *EDPB*, Guidelines 07/2020 (Version 2.1), Rn. 181, der darauf verweist, dass im Gegensatz zu anderen Bestimmungen der Verordnung wie etwa Art. 30 Abs. 4 DSGVO für das Verzeichnis von Verarbeitungstätigkeiten oder Art. 40 Abs. 11 DSGVO für das Register der genehmigten Verhaltensregeln in Art. 26 Abs. 2 S. 2 DSGVO nicht angegeben sei, dass die Zurverfügungstellung „auf Anfrage" erfolgen müsse oder eine Veröffentlichung „in geeigneter Weise" erforderlich sei.

[845] *Specht-Riemenschneider/Schneider*, MMR 2019, 503 (506).

[846] *Lang*, in: Taeger/Gabel, DSGVO/BDSG/TTDSG, 4. Aufl. 2022, Art. 26 Rn. 100, wonach ein wirksamer Schutz einen frühzeitigen Zugang zu diesen Informationen voraussetzt, der jedenfalls nicht nach dem Zeitpunkt für die allgemeine Informationspflicht liegt.

[847] *EDSB*, Leitlinien des EDSB zu den Begriffen „Verantwortlicher", „Auftragsverarbeiter" und „gemeinsam Verantwortliche" nach der Verordnung (EU) 2018/1725, 07.11.2019, S. 33; *EDPB*, Guidelines 07/2020 (Version 2.1), Rn. 181; dazu *Bertermann*, in: Ehmann/Selmayr, DSGVO, 3. Aufl. 2024, Art. 26 Rn. 26; ähnlich *Piltz*, in: Gola/Heckmann, DSGVO/BDSG, 3. Aufl. 2022, Art. 26 Rn. 33, der hinsichtlich des Zeitpunktes jedoch darauf abstellt, dass Art. 13 DSGVO keine Information gem. Art. 26 Abs. 2 DSGVO vorsieht.

(4.) Form

In formaler Hinsicht wird zwischen den Akteuren der Abschluss einer „Vereinbarung" (englisch: „an arrangement") gefordert. Im Gegensatz zu Art. 28 Abs. 9 DSGVO (Auftragserteilung), Art. 28 Abs. 2 S. 1 DSGVO (Genehmigung der Unterbeauftragung) und Art. 4 Nr. 17 DSGVO (Bestellung des Vertreters) verlangt der Wortlaut der Vorschrift keine bestimme Form.[848] Im Grundsatz steht es den gemeinsam Verantwortlichen deshalb frei, sich auf eine Form der Vereinbarung zu einigen.[849] Darüber hinaus ist die Vereinbarung über die Aufteilung und Zuteilung der Pflichten jedoch für jeden der gemeinsam Verantwortlichen bindend.[850] Das Ziel der Regelung, durch eine klare Zuteilung von Verantwortlichkeiten die Grundrechte und Grundfreiheiten der Betroffenen zu schützen, verlangt neben der Bindungswirkung im Außenverhältnis auch die Verbindlichkeit im Verhältnis zwischen den gemeinsam Verantwortlichen.[851] Um Rechtssicherheit zu gewährleisten und Kompetenzkonflikte zu verhindern, ist es wichtig, dass die Art und Weise der Aufteilung des Beziehungs- und Verantwortungsgefüges klar und deutlich angegeben wird.[852]

Im Falle der Nichteinhaltung der in der Vereinbarung vorgesehenen Aufteilung der Pflichten führt die rechtlich bindende Wirkung dazu, dass ein gemeinsam Verantwortlicher den anderen Verantwortlichen für die in der Vereinbarung als in seiner Zuständigkeit liegenden Pflichten haftbar machen kann.[853] Diese Verbindlichkeit spricht dafür, dass auch die Vereinbarung auf dem Erfordernis übereinstimmender Willenserklärungen fußt.[854]

Wenngleich ausdrücklich keine bestimmte Form vorgeschrieben ist, muss aber in der Praxis entsprechend Art. 5 Abs. 2 DSGVO der Nachweis bezüglich des Vorliegens der Vereinbarung sowie der vereinbarten Inhalte von den gemeinsam Verantwortlichen geführt werden können.[855] Dies wird in der Regel eine Vereinbarung zwischen den Akteuren in Schriftform oder Textform erfordern.[856] Aus Gründen der Rechtssicherheit, als Nachweis der Transparenzpflicht

---

[848] *Martini*, in: Paal/Pauly, DS-GVO/BDSG, 3. Aufl. 2021, Art. 26 Rn. 25a; so auch das AG Mannheim, Urt. v. 11.09.2019 - 5 C 1733/19, WEG, NZM 2020, 70 Rn. 24.
[849] *EDPB*, Guidelines 07/2020 (Version 2.1), Rn. 171.
[850] *EDPB*, Guidelines 07/2020 (Version 2.1), Rn. 171.
[851] *EDPB*, Guidelines 07/2020 (Version 2.1), Rn. 172; *Lang*, in: Taeger/Gabel, DSGVO/BDSG/TTDSG, 4. Aufl. 2022, Art. 26 Rn. 73; *Martini*, in: Paal/Pauly, DS-GVO/BDSG, 3. Aufl. 2021, Art. 26 Rn. 10.
[852] *EDPB*, Guidelines 07/2020 (Version 2.1), Rn. 174.
[853] *EDPB*, Guidelines 07/2020 (Version 2.1), Rn. 173.
[854] Vgl. *Martini*, in: Paal/Pauly, DS-GVO/BDSG, 3. Aufl. 2021, Art. 26 Rn. 22; *Lang*, in: Taeger/Gabel, DSGVO/BDSG/TTDSG, 4. Aufl. 2022, Art. 26 Rn. 73; von einem Vertrag ausgehend *Gierschmann*, ZD 2020, 69 ff.; *Härting/Gössling*, NJW 2018, 2523 (2525); siehe auch *Kremer*, in: Schwartmann/Jaspers/Thüsing/Kugelmann, DS-GVO/BDSG, 3. Aufl. 2024, Art. 26 Rn. 81, der präzisierend darauf hinweist, dass auch einseitig von einem Beteiligten vorgegebene Richtlinien denkbar seien, denen sich die anderen Beteiligten durch Leisten ihres Beitrages zur Verarbeitung konkludent unterwerfen.
[855] AG Mannheim, Urt. v. 11.09.2019 - 5 C 1733/19, WEG, NZM 2020, 70 Rn. 24.
[856] Vgl. *Petri/Stief*, in: Simitis/Hornung/Spiecker gen. Döhmann, DSGVO/BDSG, 2. Aufl. 2025, Art. 26 Rn. 28.

und Rechenschaftspflicht (Art. 5 Abs. 2 DSGVO) und in Anbetracht drohender Bußgelder aus Art. 83 Abs. 4 lit. a DSGVO empfiehlt auch der *EDSA*, dass eine solche Vereinbarung in Form eines verbindlichen Dokuments wie eines Vertrages oder eines anderen verbindlichen Rechtsaktes ausgestaltet wird.[857]

(5.) Rechtswirkung der Vereinbarung im Außenverhältnis

Ausweislich des Art. 26 Abs. 3 DSGVO ist eine betroffene Person nicht an die Bedingungen der Vereinbarung gebunden und kann ihre Rechte nach der DSGVO „bei und gegenüber jedem einzelnen der Verantwortlichen geltend machen".[858] Ungeachtet einer abweichenden Vereinbarung müssen die gemeinsam Verantwortlichen die Wahrnehmbarkeit der Betroffenenrechte gemeinsam ermöglichen.[859] Die Stellung jedes Beteiligten als Verantwortlicher bedingt zudem, dass grundsätzlich sämtliche Pflichten eines Verantwortlichen nach der DSGVO jeden Einzelnen der (gemeinsam) Verantwortlichen treffen.[860] Der Sinn und Zweck von Art. 26 Abs. 3 DSGVO besteht darin, Nachteile für Betroffene zu verhindern, die aus Informationsasymmetrien resultieren und dadurch erwachsen, dass die Verantwortlichen ihre Arbeitsteilung zu Lasten des Betroffenen organisieren.[861]

(a.) Konstruktion eines unbeschränkten Forderungsrechts

Unter Berufung auf den Telos der Norm wird vielfach davon ausgegangen, dass gemeinsam Verantwortliche gegenüber den betroffenen Personen nach Art. 26 Abs. 3 DSGVO im Außenverhältnis streng gesamtschuldnerisch für alle Ansprüche der betroffenen Personen aus der Verordnung haften und die den Betroffenen zur Verfügung gestellte Vereinbarung keinerlei Außenwirkung entfalte.[862] Die Regelungsstruktur des Art. 26 DSGVO führe insoweit zu einer klaren Trennung zwischen dem Innenverhältnis und dem Außenverhältnis. Während alle

[857] *EDPB*, Guidelines 07/2020 (Version 2.1), Rn. 173; so auch das AG Mannheim, Urt. v. 11.09.2019 - 5 C 1733/19, WEG, NZM 2020, 70 Rn. 24.
[858] Siehe dazu *EDSB*, Leitlinien des EDSB zu den Begriffen „Verantwortlicher", „Auftragsverarbeiter" und „gemeinsam Verantwortliche" nach der Verordnung (EU) 2018/1725, 07.11.2019, S. 33 f.; *EDPB*, Guidelines 07/2020 (Version 2.1), Rn. 165 und Rn. 186-189.
[859] Vgl. *Kollmar*, NVwZ 2019, 1740 (1742).
[860] *Hartung*, in: Kühling/Buchner, DS-GVO/BDSG, 4. Aufl. 2024, Art. 26 Rn. 9; *Monreal*, CR 2019, 797 (801).
[861] *Martini*, in: Paal/Pauly, DS-GVO/BDSG, 3. Aufl. 2021, Art. 26 Rn. 36; ähnlich *EDPB*, Guidelines 07/2020 (Version 2.1), Rn. 189; wonach es für die Betroffenen eine übermäßige Belastung darstellen könnte, die dem Ziel der Erleichterung der Ausübung ihrer Rechte nach der DSGVO widerspräche, wenn von ihnen gefordert würde, sich an die Kontaktstelle oder einen speziellen Verantwortlichen zu wenden; siehe in ähnlicher Weise bereits *Art.-29-Datenschutzgruppe*, WP 169. S. 27.
[862] Vgl. *Bertermann*, in: Ehmann/Selmayr, DSGVO, 3. Aufl. 2024, Art. 26 Rn. 29; *Martini*, in: Paal/Pauly, DS-GVO/BDSG, 3. Aufl. 2021, Art. 26 Rn. 22, 36; *Ingold*, in: Sydow/Marsch, DS-GVO/BDSG, 3. Aufl. 2022, Art. 26 Rn. 10; *Petri/Stief*, in: Simitis/Hornung/Spiecker gen. Döhmann, DSGVO/BDSG, 2. Aufl. 2025, Art. 26 Rn. 39; *Heckmann/Scheurer*, in: Heckmann/Paschke, jurisPK-Internetrecht, 8. Aufl., Kap. 9 (Stand: 15.04.2025) Rn. 284; *Monreal*, CR 2019, 797.

gemeinsam Verantwortlichen im Außenverhältnis gegenüber den betroffenen Personen jeweils in vollem Umfang und ohne Dispositionsbefugnis verantwortlich seien (diese Systematik entspräche der rechtlichen Konstruktion eines unbeschränkten Forderungsrechts gegenüber Gesamtschuldnern i.S.d. § 421 S. 1 BGB[863]), würden die Beteiligten im Innenverhältnis zum Abschluss von Zuständigkeitsvereinbarungen verpflichtet.[864]
Unter der Prämisse, dass die Unfähigkeit, alle Verpflichtungen eines Verantwortlichen direkt erfüllen zu können, die Einstufung als datenschutzrechtlich Verantwortlicher nicht ausschließe und zu einer Haftung für jede Pflichtverletzung führe,[865] droht durch die Annahme des Instituts der gemeinsamen Verantwortlichkeit eine deutliche Ausweitung der (zivilrechtlichen) Haftung der einzelnen Verantwortlichen gegenüber den betroffenen Personen.[866]

(b.) Gestaltungsmöglichkeiten hinsichtlich der Erfüllungsverpflichtung

In Anbetracht drohender Haftungserweiterungen wird einschränkend vorgebracht, dass sich die Aufteilung des Beziehungs- und Verantwortungsgefüges auch haftungsexkulpierend auswirken könne.[867] Über die Aufteilung und Zuweisung von Pflichten in der verbindlichen Vereinbarung komme eine Befreiung von der direkten Erfüllungspflicht in Betracht.[868] Die Begründung dieser neuen Gestaltungsmöglichkeiten basiert wesentlich auf der Differenzierung zwischen der Geltendmachung und der eigentlichen Erfüllung der Rechte der betroffenen Personen. So sei zwar weiterhin davon auszugehen, dass die betroffenen Personen ungeachtet der Pflichtzuweisung in der Vereinbarung ihre Rechte nach der DSGVO bei und gegenüber jedem einzelnen der Verantwortlichen geltend machen könnten, doch müsse aus dieser Regelung gerade nicht geschlussfolgert werden, dass ein entsprechend in Anspruch genommener Verantwortlicher die ihm angetragene Pflicht auch selbst zu erfüllen habe.[869]

---

[863] Vgl. *Martini*, in: Paal/Pauly, DS-GVO/BDSG, 3. Aufl. 2021, Art. 26 Rn. 22, 36; *Petri/Stief*, in: Simitis/Hornung/Spiecker gen. Döhmann, DSGVO/BDSG, 2. Aufl. 2025, Art. 26 Rn. 39; *Heckmann/Scheurer*, in: Heckmann/Paschke, jurisPK-Internetrecht, 8. Aufl., Kap. 9 (Stand: 15.04.2025) Rn. 284; siehe dazu *Hacker*, Datenprivatrecht, S. 132, 137 f.; a.A. *Härting/Gössling*, NJW 2018, 2523 (2525), wonach es bei Art. 26 Abs. 3 DSGVO weder um Haftung noch um eine Gesamtschuld i.S.d. § 421 BGB gehe.
[864] Vgl. dazu *Martini*, in: Paal/Pauly, DS-GVO/BDSG, 3. Aufl. 2021, Art. 26 Rn. 4.
[865] In diesem Sinne bereits *Art.-29-Datenschutzgruppe*, WP 169. S. 27.
[866] Vgl. *Hartung*, in: Kühling/Buchner, DS-GVO/BDSG, 4. Aufl. 2024, Art. 26 Rn. 63.
[867] Instruktiv dazu *Scheja/Reibach/Reichert*, in: Leupold/Wiebe/Glossner, IT-Recht, Teil 6.6 Rn. 231.
[868] *Scheja/Reibach/Reichert*, in: Leupold/Wiebe/Glossner, IT-Recht, Teil 6.6 Rn. 230 f.; siehe zur Aufteilung von Pflichten auch *Marosi*, (Gem-)Einsame Verantwortlichkeit im Datenschutzrecht, S. 330 ff.; *Schneider*, Gemeinsame Verantwortlichkeit, S. 148 ff.
[869] *Scheja/Reibach/Reichert*, in: Leupold/Wiebe/Glossner, IT-Recht, Teil 6.6 Rn. 231; ebenfalls zwischen der Geltendmachung und der Erfüllung differenzierend *Piltz*, in: Gola/Heckmann, DSGVO/BDSG, 3. Aufl. 2022, Art. 26 Rn. 35 f.; ähnlich *Härting/Gössling*, NJW 2018, 2523 (2525); *Kollmar*, NVwZ 2019, 1740 (1742); *Chen/Edwards/Urquhart/McAuley*, International Data Privacy Law 2020 (Vol. 10, No. 4), S. 292; a.A. *Kremer*, CR 2019, 225 (232), der davon ausgeht, dass es dem gemeinsam Verantwortlichen nur möglich sei, eine Freistellung durch den/die anderen gemeinsam Verantwortlichen im Innenverhältnis zu verlangen.

Stattdessen stehe es dem in Anspruch genommenen Akteur zu, auf den Inhalt der Vereinbarung zu vertrauen und im Verhältnis zu den Betroffenen auf die Verteilung der Erfüllungszuständigkeit zu verweisen.[870] In diesem Zusammenhang diene Art. 26 Abs. 3 DSGVO primär der Klarstellung, dass die betroffene Person stets jeden einzelnen der gemeinsam Verantwortlichen kontaktieren dürfe.[871] Für den Fall, dass ein anderer gemeinsam Verantwortlicher die in Frage stehende Pflicht vertraglich übernommen hat, sei der in Anspruch genommene Akteur jedoch lediglich dazu verpflichtet, die Erfüllung von dem vertraglich verpflichteten Akteur einzufordern.[872] Wer nicht direkte Anlaufstelle ist, könne die Betroffenenanfragen insoweit an die anderen gemeinsam Verantwortlichen weiterleiten, die die Erfüllung der Verpflichtungen vertraglich übernommen haben.[873]

Während die Geltendmachung der Rechte gegenüber jedem der gemeinsam Verantwortlichen möglich sei, beschränke sich die Durchsetzung der eigentlichen Erfüllung der Betroffenenrechte auf das Verhältnis zwischen dem Betroffenen und dem vertraglich verpflichteten Akteur.[874] Insofern resultiere aus Art. 26 Abs. 3 DSGVO gerade kein konkreter Erfüllungsanspruch gegenüber einem bestimmten Akteur, der etwa zur Erteilung einer Auskunft (Art. 15 DSGVO) oder zur Übertragung personenbezogener Daten (Art. 20 DSGVO) verpflichtet wäre.[875] Mitunter wird die Möglichkeit der Freizeichnung von den konkreten Erfüllungsverpflichtungen derart weitreichend verstanden, dass (nahezu) sämtliche Pflichten nach der DSGVO im Rahmen einer transparenten Zuständigkeitsmatrix vertraglich auf einen einzigen gemeinsam Verantwortlichen übertragbar seien.[876]

(c.) Grenzen der Gestaltungsfreiheit

Hinsichtlich der Gestaltungsmöglichkeiten gemeinsam Verantwortlicher ist zu konstatieren, dass die Differenzierung zwischen der Wahrnehmung und der Erfüllung der Betroffenenrechte systematisch nachvollziehbar ist. Art. 26 Abs. 3 DSGVO betrifft vor allem die Wahrnehmung von Betroffenenrechten und sollte weitestgehend unabhängig von der Frage nach der Haftung

[870] *Scheja/Reibach/Reichert*, in: Leupold/Wiebe/Glossner, IT-Recht, Teil 6.6 Rn. 231, 235.
[871] *Piltz*, in: Gola/Heckmann, DSGVO/BDSG, 3. Aufl. 2022, Art. 26 Rn. 37.
[872] *Scheja/Reibach/Reichert*, in: Leupold/Wiebe/Glossner, IT-Recht, Teil 6.6 Rn. 231.
[873] Vgl. *Redeker*, in: Redeker, IT-Recht, 8. Aufl. 2023, Kap. D. Rn. 1062.
[874] *Piltz*, in: Gola/Heckmann, DSGVO/BDSG, 3. Aufl. 2022, Art. 26 Rn. 36; *Kollmar*, NVwZ 2019, 1740 (1742).
[875] In diesem Sinne noch in der Vorauflage *Lang*, in: Taeger/Gabel, DSGVO/BDSG, 3. Aufl. 2019, Art. 26 Rn. 51.
[876] *Scheja/Reibach/Reichert*, in: Leupold/Wiebe/Glossner, IT-Recht, Teil 6.6 Rn. 230 ff.; a.A. *Petri/Stief*, in: Simitis/Hornung/Spiecker gen. Döhmann, DSGVO/BDSG, 2. Aufl. 2025, Art. 26 Rn. 26 f., der eine Freizeichnung von Verantwortlichkeit und Haftung gegenüber den betroffenen Personen im Außenverhältnis grundsätzlich ausschließt; siehe dazu auch *Kremer*, in: Schwartmann/Jaspers/Thüsing/Kugelmann, DS-GVO/BDSG, 3. Aufl. 2024, Art. 26 Rn. 24 und 97; *Schreiber*, ZD 2019, 55 (58), wonach nach Art. 26 Abs. 3 DSGVO jeder gemeinsam Verantwortliche im Außenverhältnis voll verantwortlich sei, also nicht nur nach seinem Grad an Verantwortung im Vergleich zum Mitverantwortlichen.

und einer etwaigen Gesamtschuld betrachtet werden.[877] Die dargestellte Normgenese verdeutlicht, dass die noch im Parlamentsentwurf statuierte gesamtschuldnerische Haftung in das Recht der Betroffenen abgewandelt wurde, alle ihre Recht bei und gegenüber jedem Verantwortlichen geltend machen zu können. Die gesamtschuldnerische Haftung wurde ausdrücklich in Art. 82 Abs. 4 DSGVO geregelt. Darüber hinaus ist zu erkennen, dass das Bedürfnis nach neuen Gestaltungsmöglichkeiten unmittelbar durch die Reichweite der (gemeinsamen) Verantwortlichkeit bedingt wird. Werden Verantwortlichkeiten auf Akteure ohne bzw. mit beschränkten Datenzugriffsmöglichkeiten ausgeweitet, wird es dem konkret in Anspruch genommenen Verantwortlichen faktisch oftmals unmöglich sein, die Pflicht selbst zu erfüllen.[878] Je weiter das Rechtsinstitut der gemeinsamen Verantwortlichkeit verstanden wird, desto eher sind die Verantwortlichen ohnehin auf die (Mit-)Hilfe der oder eines anderen Verantwortlichen angewiesen.[879]

Wenngleich eine Freizeichnung von datenschutzrechtlichen Pflichten über die gesonderte Vereinbarung plausibel begründet werden kann, stößt ein zu weitreichendes Freistellungskonzept zugleich auf rechtliche Bedenken. Von vornherein ist die Dispositionsfreiheit in Fällen begrenzt, in denen nicht alle Pflichten verteilt werden können und alle gemeinsam Verantwortlichen unter Berücksichtigung der Art und des Kontexts der gemeinsamen Verarbeitung dieselben Anforderungen aus der DSGVO erfüllen müssen.[880] Unter Beachtung des Telos der Norm werden der Gestaltungsfreiheit jedenfalls durch das Prinzip des Schutzes vor Informationsasymmetrien Grenzen gesetzt. Unklarheiten hinsichtlich der internen Verantwortungsaufteilung dürfen grundsätzlich nicht zu Lasten des Betroffenen gehen.[881] Eine etwaige Freizeichnung kommt deshalb von vornherein nur unter der Bedingung in Betracht, dass die beschränkten Einfluss- und Kontrollmöglichkeiten durch die Veröffentlichung der wesentlichen Teile der internen Vereinbarung den Betroffenen transparent zugänglich gemacht wurden und diesen

[877] So auch *Härting/Gössling*, NJW 2018, 2523 (2525).
[878] *Scheja/Reibach/Reichert*, in: Leupold/Wiebe/Glossner, IT-Recht, Teil 6.6 Rn. 231.
[879] Diesen Umstand erkennend *Wagner*, ZD 2018, 307 (311), der im Kontext der gemeinsamen Verantwortlichkeit zwischen Nutzern und Diensteanbietern davon ausgeht, dass es möglich sei, dem Nutzer die Einholung einer Einwilligung oder die Information der betroffenen Person zu überlassen, während der Diensteanbieter im Gegenzug für die „technische" Pflichtenseite einstehen müsse.
[880] Siehe dazu *EDPB*, Guidelines 07/2020 (Version 2.1), Rn. 169, wonach die gesonderte Vereinbarung nichts daran ändern könne, dass gemeinsam Verantwortliche, die gemeinsame Datenverarbeitungsinstrumente oder -systeme verwenden, jeweils die Einhaltung der Grundsätze der Datenverarbeitung sicherstellen müssen und geeignete Maßnahmen ergreifen müssen, um die Sicherheit der im Rahmen der gemeinsam genutzten Instrumente verarbeiteten personenbezogenen Daten zu gewährleisten.
[881] Instruktiv zum informationellen Schutzprinzip *Hacker*, Datenprivatrecht, S. 138 und 141; *Hacker*, MMR, 2018, 779 (780), der zugleich jedoch davon ausgeht, dass die Regelung des Art. 26 Abs. 3 DSGVO einer gesamtschuldnerischen Haftung entspreche und Freistellungen ausschließlich über eine teleologische Reduktion des Art. 26 Abs. 3 DSGVO für möglich erachtet.

zumindest potentiell bekannt sind.[882] Dieses Vorgehen ist insoweit sinnhaft, als dass die gemeinsam Verantwortlichen regelmäßig selbst am besten wissen, wer welche Aspekte der Datenverarbeitung kontrollieren kann und welche Pflichten von welchem Akteur am besten erfüllbar sind. Sind dem Betroffenen in Folge der Zugänglichmachung die tatsächlichen Einflussmöglichkeiten und Pflichtenzuweisungen bekannt, kann das informationelle Schutzprinzip gewahrt bleiben.

Um die Betroffenen effektiv vor unklaren Aufgabenverteilungen zu schützen, muss die gesonderte Vereinbarung tatsächlich abgeschlossen werden. Zudem muss die Vereinbarung die tatsächlichen Funktionen und Beziehungen der gemeinsam Verantwortlichen gebührend widerspiegeln und schließlich muss das Wesentliche der Vereinbarung den Betroffenen auch zugänglich gemacht werden.[883] Die wahrheitsgemäße Wiedergabe von Funktionen und Beziehungen zwischen den Verantwortlichen ist dabei essentiell, um im Falle eines gravierenden Machtungleichgewichts der Verhandlungspositionen zwischen den gemeinsam Verantwortlichen eine willkürliche Haftungsüberleitung auf den unterlegenen Teil und eine ungebührliche Freizeichnung des überlegenen Akteurs zu verhindern.[884] Wird eine Vereinbarung nicht oder nicht entsprechend den tatsächlichen Rollen der Beteiligten abgeschlossen, scheidet die Freistellung von datenschutzrechtlichen Pflichten aus. Speziell in multipolaren Verarbeitungskonstellation, in denen aufgrund divergierender Möglichkeiten zur Einflussnahme auf die Verarbeitung hohe Machtasymmetrien zwischen den Beteiligten bestehen, ist eine Übertragung sämtlicher Pflichten auf untergeordnete Akteure nicht statthaft.

In der Zusammenschau verdeutlicht die Analyse, dass eine Freistellung von datenschutzrechtlichen Erfüllungsverpflichtungen innerhalb des Rechtsinstituts der gemeinsamen Verantwortlichkeit unter engen Grenzen in Betracht kommt. Während durch die Differenzierung zwischen der Geltendmachung und der Erfüllung von Ansprüchen in symmetrischen Konstellationen, in denen gemeinsam Verantwortliche in klaren Rollen miteinander agieren und deren gesonderte Vereinbarung die tatsächlichen Funktionen und Beziehungen entsprechend widerspiegelt, eine Freistellung von einzelnen Verpflichtungen nachvollziehbar begründet werden kann,[885] ist zu konstatieren, dass im Hinblick auf Beschränkungen und Freistellungen von Verpflichtungen in

---

[882] Vgl. *Hacker*, Datenprivatrecht, S. 141, der Freistellungen in letzter Konsequenz ausschließlich über eine teleologische Reduktion des Art. 26 Abs. 3 DSGVO für möglich erachtet.

[883] Siehe dazu auch *Chen/Edwards/Urquhart/McAuley*, International Data Privacy Law 2020 (Vol. 10, No. 4), S. 292.

[884] Vgl. *Ingold*, in: Sydow/Marsch, DS-GVO/BDSG, 3. Aufl. 2022, Art. 26 Rn. 9.

[885] Vgl. *Scheja/Reibach/Reichert*, in: Leupold/Wiebe/Glossner, IT-Recht, Teil 6.6 Rn. 230, 233, wonach eine Freizeichnung innerhalb von Unternehmensgruppen in Betracht komme, wenn die Konzernmutter für eine Verarbeitungstätigkeit entsprechend der Vereinbarung nahezu sämtliche datenschutzrechtliche Verpflichtungen übernimmt.

von Machtasymmetrien geprägten Verarbeitungskonstellationen eine große Zurückhaltung geboten ist. Werden Vereinbarungen nicht getroffen oder entsprechen diese nicht den tatsächlichen Funktionen, scheiden Beschränkungen im Außenverhältnis prinzipiell aus.

bb.) Sekundärebene - Rechtsfolgen bei Pflichtverletzungen

Aussagen hinsichtlich der Haftung gemeinsam Verantwortlicher enthält Art. 26 DSGVO nicht. Abweichend vom Parlamentsentwurf, der diesbezüglich noch vorsah, dass die Verantwortlichen im Fall unklarer Verantwortungsregelungen „gesamtschuldnerisch" haften, wurde diese Regelung in Art. 26 DSGVO nicht übernommen.[886]

(1.) Haftung (mehrerer) Verantwortlicher

Stattdessen ist auf der Sekundärebene Art. 82 Abs. 4 DSGVO maßgeblich, der die Haftung mehrerer Verantwortlicher und damit auch die Haftung gemeinsam Verantwortlicher regelt.[887] Aus Art. 82 Abs. 4 DSGVO folgt, dass jeder an derselben Verarbeitung beteiligte Verantwortliche oder Auftragsverarbeiter im Außenverhältnis für den gesamten aus einer nicht verordnungskonformen Verarbeitung entstanden Schaden haftet, sodass sich der Geschädigte gegen jeden der Beteiligten wenden kann.[888]

Aus der Haftungsnorm in Art. 82 Abs. 2 S. 1 DSGVO sowie aus Art. 82 Abs. 4 DSGVO, in denen von „jedem an einer Verarbeitung beteiligten Verantwortlichen" bzw. „mehr als einem Verantwortlichen" die Rede ist, ergibt sich ein System der gesamtschuldnerischen Haftung bei Pflichtverletzungen in Fällen gemeinsamer Verantwortlichkeit.[889] Die Regelung entspricht in ihrer Wirkung § 840 Abs. 1 BGB und ist in ihrer Ausgestaltung mit der Gesamtschuld gemäß § 421 BGB vergleichbar.[890]

Tatbestandlich ist jedoch nicht ohne Weiteres davon auszugehen, dass jeder Verstoß gegen die Bestimmungen der DSGVO für sich genommen auch einen Schadensersatzanspruch der

---

[886] Siehe zum Gesetzgebungsverfahren *Hartung*, in: Kühling/Buchner, DS-GVO/BDSG, 4. Aufl. 2024, Art. 26 Rn. 8 und 64.

[887] Vgl. *Laue/Nink/Kremer*, in: Laue/Nink/Kremer, Das neue Datenschutzrecht in der betrieblichen Praxis, 3. Aufl. 2024, § 5 Rn. 32; *Schreiber*, ZD 2019, 55 (58); *Lang*, in: Taeger/Gabel, DSGVO/BDSG/TTDSG, 4. Aufl. 2022, Art. 26 Rn. 115; *DSK*, Kurzpapier Nr. 16, S. 4.

[888] Siehe dazu *Gola/Piltz*, in: Gola/Heckmann, DSGVO/BDSG, 3. Aufl. 2022, Art. 82 Rn. 7 f.; *Hartung*, in: Kühling/Buchner, DS-GVO/BDSG, 4. Aufl. 2024, Art. 26 Rn. 64; *Lang*, in: Taeger/Gabel, DSGVO/BDSG/TTDSG, 4. Aufl. 2022, Art. 26 Rn. 115; siehe zur Geltendmachung von Rechten betroffener Personen *Kremer*, in: Schwartmann/Jaspers/Thüsing/Kugelmann, DS-GVO/BDSG, 3. Aufl. 2024, Art. 26 Rn. 87.

[889] Vgl. *Böllhoff/Botta*, NVwZ 2021, 425 (430); *Hartung*, in: Kühling/Buchner, DS-GVO/BDSG, 4. Aufl. 2024, Art. 26 Rn. 64; *Lang*, in: Taeger/Gabel, DSGVO/BDSG/TTDSG, 4. Aufl. 2022, Art. 26 Rn. 115; *Laue/Nink/Kremer*, in: Laue/Nink/Kremer, Das neue Datenschutzrecht in der betrieblichen Praxis, 3. Aufl. 2024, § 5 Rn. 32.

[890] *Laue/Nink/Kremer*, in: Laue/Nink/Kremer, Das neue Datenschutzrecht in der betrieblichen Praxis, 3. Aufl. 2024, § 13 Rn. 17.

betroffenen Person gemäß Art. 82 Abs. 1 DSGVO begründet.[891] Vielmehr setzt ein solcher Anspruch kumulativ das Vorliegen eines tatsächlichen Schadens, einen Verstoß gegen die DSGVO sowie einen Kausalzusammenhang zwischen beiden voraus.[892]

Einschränkungen erfährt die Haftungsnorm ferner durch die Exkulpationsmöglichkeit gemäß Art. 82 Abs. 3 DSGVO, über die auch eine gesamtschuldnerische Haftung gemeinsam Verantwortlicher im Außenverhältnis begrenzt werden kann.[893] Danach wird ein in Anspruch genommener Verantwortlicher von der Haftung befreit, wenn er nachweist, dass er in keinerlei Hinsicht für den schadensverursachenden Umstand verantwortlich ist.

In Anknüpfung an diese Vorschrift wird in der Literatur mitunter die Ansicht vertreten, es handle sich insgesamt nicht um eine Haftung aufgrund vermuteten Verschuldens, sondern um eine Gefährdungshaftung, bei der Art. 82 Abs. 3 DSGVO als rechtsvernichtender Einwand ausgestaltet ist.[894]

Der Vergleich mit dem Wortlaut der englischen Sprachfassung der Verordnung (englisch: „A controller or processor shall be exempt from liability under paragraph 2 if it proves that it is not in any way responsible for the event giving rise to the damage.") verdeutlicht indes die sprachliche Ungenauigkeit in der deutschen Sprachfassung. Statt auf den Begriff der Verantwortlichkeit abzustellen, der mit der datenschutzrechtlichen Verantwortlichkeit i.S.d. Art. 4 Nr. 7 DSGVO verwechselt werden kann, verdeutlicht die begriffliche Nuancierung in der englischen Fassung, dass im Rahmen des Art. 82 Abs. 3 DSGVO auf ein Verschulden i.S.d. deutschen Rechtsterminologie abzustellen ist.[895]

---

[891] EuGH, Rs. C-300/21, *Österreichische Post,* ECLI:EU:C:2023:370 Rn. 33 und 42; EuGH, Rs. C-456/22, *Gemeinde Ummendorf,* ECLI:EU:C:2023:988 Rn. 21.

[892] EuGH, Rs. C-300/21, *Österreichische Post,* ECLI:EU:C:2023:370 Rn. 32; EuGH, Rs. C-456/22, *Gemeinde Ummendorf,* ECLI:EU:C:2023:988 Rn. 14; siehe weitergehend zur Beweislastverteilung bei Verletzung des Schutzes personenbezogener Daten *Laue/Nink/Kremer*, in: Laue/Nink/Kremer, Das neue Datenschutzrecht in der betrieblichen Praxis, 3. Aufl. 2024, § 13 Rn. 4, wonach die Darlegungslast bezüglich des Verstoßes, des Schadens und der Kausalität des Verstoßes für den Schaden beim Antragsteller liege.

[893] Vgl. *Lang*, in: Taeger/Gabel, DSGVO/BDSG/TTDSG, 4. Aufl. 2022, Art. 26 Rn. 116; ausführlich dazu *Quaas*, in: Wolff/Brink/v. Ungern-Sternberg, BeckOK Datenschutzrecht, 52. Edition Stand: 01.05.2025, Art. 82 Rn. 17-22.

[894] Vgl. *Frenzel*, in: Paal/Pauly, DS-GVO/BDSG, 3. Aufl. 2021, Art. 82 Rn. 6, der eine Gefährdungshaftung mit Exkulpationsmöglichkeit in Betracht zieht; ähnlich noch *Wybitul*, ZD 2016 (253 f.); siehe auch *Geissler/Ströbel*, NJW 2019, 3414 (3415), die von einer Gefährdungshaftung ausgehen und zugleich aufzeigen, dass „verantwortlich" nicht im datenschutzrechtlichen Sinne zu verstehen ist; siehe auch *Nemitz*, in: Ehmann/Selmayr, DSGVO, 3. Aufl. 2024, Art. 82 Rn. 19; i.E. wohl auch *Kreße*, in: Sydow/Marsch, DS-GVO/BDSG, 3. Aufl. 2022, Art. 82 Rn. 18.

[895] Vgl. *Quaas*, in: Wolff/Brink/v. Ungern-Sternberg, BeckOK Datenschutzrecht, 52. Edition Stand: 01.05.2025, Art. 82 Rn. 17; *Laue/Nink/Kremer*, in: Laue/Nink/Kremer, Das neue Datenschutzrecht in der betrieblichen Praxis, 3. Aufl. 2024, § 13 Rn. 14; ausführlich dazu *Paal*, MMR 2020, 14 (17 f.); ebenfalls mit Hinweis auf den Wortlaut der englischen Sprachfassung „responsible for the event giving rise to the damage" *Bergt*, in: Kühling/Buchner, DS-GVO/BDSG, 4. Aufl. 2024, Art. 82 Rn. 49; *Moos/Schefzig*, in: Taeger/Gabel, DSGVO/BDSG/TTDSG, 4. Aufl. 2022, Art. 82 Rn. 74; im Ergebnis auch *Spindler*, DB 2016, 937 (947); i.E. auch *Boehm*, in: Simitis/Hornung/Spiecker gen. Döhmann, DSGVO/BDSG, 2. Aufl. 2025, Art. 82 Rn. 23; a.A. *Nemitz*, in: Ehmann/Selmayr, DSGVO, 3. Aufl. 2024, Art. 82 Rn. 23 ff., der unter Berufung auf die EuGH-Rechtsprechung in der Rechtssache

Auch systematische Erwägungen stützen diesen Befund. Während die Gefährdungshaftung durch das Fehlen einer rechtswidrigen Handlung und die Verschuldensfreiheit gekennzeichnet ist, verlangt Art. 82 Abs. 1 DSGVO ausdrücklich einen Verstoß gegen die Verordnung als haftungsbegründendes Element.[896]

Gelingt dem Anspruchsteller der Nachweis, dass ihm infolge eines Verstoßes gegen die DSGVO ein Schaden entstanden ist, so wird zugleich ein Verschulden der in Anspruch genommenen Verantwortlichen bzw. Auftragsverarbeiter vermutet.[897] Die Möglichkeit einer Haftungsbefreiung bezieht sich insofern auf das Verschulden hinsichtlich des den Schaden auslösenden Ereignisses bzw. die Zurechenbarkeit der schadensauslösenden Handlung.[898] Art. 82 Abs. 3 DSGVO beinhaltet damit eine widerlegbare Verschuldensvermutung zulasten des Anspruchsgegners eines Schadensersatzanspruchs.[899]

Im Hinblick auf das Vorliegen einer gemeinsamen Verantwortlichkeit führt diese Beweislastumkehr dazu, dass eine Exkulpation aufgrund der hohen Hürden des strengen Haftungsmaßstabs nur selten möglich sein wird. Die Voraussetzung für eine vollständige Exkulpation ist der Nachweis des Beteiligten, dass er in keinerlei Hinsicht für den Umstand, durch den der Schaden eingetreten ist, verantwortlich ist.[900] Die Beweislastumkehr zu Lasten des Verantwortlichen bedeutet im Umkehrschluss, dass eine Haftung bereits dann zu bejahen ist, wenn der Verantwortliche in „irgendeiner Hinsicht" für einen schadensursächlichen Zustand (mit-) verantwortlich ist.[901]

Österreichische Post (EuGH, Rs. C-300/21, ECLI:EU:C:2023:370– *Österreichische Post*) nunmehr davon ausgeht, dass ein Verschulden keine Voraussetzung der Haftung nach Art. 82 DSGVO ist.

[896] *Quaas*, in: Wolff/Brink/v. Ungern-Sternberg, BeckOK Datenschutzrecht, 52. Edition Stand: 01.05.2025, Art. 82 Rn. 17.1.

[897] EuGH, Rs. C-667/21, *Medizinischer Dienst*, ECLI:EU:C:2023:1022 Rn. 103; siehe dazu *Laue/Nink/Kremer*, in: Laue/Nink/Kremer, Das neue Datenschutzrecht in der betrieblichen Praxis, 3. Aufl. 2024, § 13 Rn. 14.

[898] *Bergt*, in: Kühling/Buchner, DS-GVO/BDSG, 4. Aufl. 2024, Art. 82 Rn. 51; EuGH, Rs. C-667/21, *Medizinischer Dienst*, ECLI:EU:C:2023:1022 Rn. 103.

[899] Vgl. *Quaas*, in: Wolff/Brink/v. Ungern-Sternberg, BeckOK Datenschutzrecht, 52. Edition Stand: 01.05.2025, Art. 82 Rn. 17 f.; *Moos/Schefzig*, in: Taeger/Gabel, DSGVO/BDSG/TTDSG, 4. Aufl. 2022, Art. 82 Rn. 74 ff.; *Gola/Piltz*, in: Gola/Heckmann, DSGVO/BDSG, 3. Aufl. 2022, Art. 82 Rn. 24 m.w.N.

[900] Siehe dazu DSGVO-Erwägungsgrund 146 S. 2, demzufolge sich ein Verantwortlicher von der Haftung befreien kann, „[…] wenn er nachweist, dass er in keiner Weise für den Schaden verantwortlich ist"; ausführlich zum Haftungsmaßstab *Bergt*, in: Kühling/Buchner, DS-GVO/BDSG, 4. Aufl. 2024, Art. 82 Rn. 54 ff.; *Scheja/Reibach/Reichert*, in: Leupold/Wiebe/Glossner, IT-Recht, Teil 6.6 Rn. 224; ähnlich *Nemitz*, in: Ehmann/Selmayr, DSGVO, 3. Aufl. 2024, Art. 82 Rn. 52, der eine Verschuldensquote von 0 verlangt, die dann angenommen wird, wenn schon keine kausale Verbindung zwischen der Verletzung der DSGVO und dem Schaden vorliegt oder die Verletzung auf einem unvermeidbaren Ereignis beruht; abweichend *Paal*, MMR 2020, 14 (18), wonach es bei der Berücksichtigung eines Mitverschuldens nicht um einen vollständigen Ausschluss der Verantwortlichkeit gehe.

[901] Vgl. *Scheja/Reibach/Reichert*, in: Leupold/Wiebe/Glossner, IT-Recht, Teil 6.6 Rn. 224.

Ein Verschulden der in Anspruch genommenen Verantwortlichen bzw. Auftragsverarbeiter, selbst in Form geringster Fahrlässigkeit, darf nicht vorliegen.[902] Dies erfordert praktisch den Nachweis, dass der Anspruchsgegner sämtliche Sorgfaltsanforderungen erfüllt hat.[903]

Wenngleich eine derart vereinfachte Inanspruchnahme des (potenziellen) Schädigers gewollt und im Hinblick auf die Gewährleistung eines möglichst umfassenden Betroffenenschutzes im Grundsatz auch gerechtfertigt ist, muss die Gesamtschuld dennoch konsequent auf Schäden begrenzt werden, die im Zusammenhang mit einer Datenverarbeitung verursacht werden, für die eine gemeinsame Verantwortlichkeit auch tatsächlich besteht.[904] Ein Verschuldensvorwurf kann nur dann erhoben werden, wenn der Betroffene nicht nur über den weiten Begriff der Beteiligung mit einer Handlung verbunden ist, sondern tatsächlich eine verantwortlichkeitsbegründende Einflussnahme auf die konkrete Verarbeitung ausgeübt hat.[905]

In der Zusammenschau bleibt festzuhalten, dass (gemeinsam) Verantwortliche, die sich nicht vollständig exkulpieren können, im Außenverhältnis grundsätzlich unabhängig vom Ausmaß ihres Mitverschuldens für den gesamten Schaden haften.[906] Potenziell haftet daher jeder Beteiligte an einer gemeinsamen Verantwortlichkeit im Außenverhältnis auch für Datenschutzverstöße der anderen Akteure.[907] Ein quotaler, in Abhängigkeit zum Grad des Mitverschuldens stehender Ausgleich kann auf der Grundlage von Art. 82 Abs. 5 DSGVO nur im Innenverhältnis von den anderen schadensursächlich beteiligten Mitverantwortlichen über Regressansprüche verlangt werden.[908] Sowohl im Hinblick auf den Gesamtschuldnerausgleich als auch für die Haftungsbefreiung kommt dabei der transparenten Vereinbarung zwischen gemeinsam Verantwortlichen gemäß Art. 26 Abs. 1 S. 2 DSGVO und Art. 26 Abs. 2 S. 1 DSGVO eine wichtige Rolle bei der Zurechnung und der Beweislast zu.[909]

---

902 *Laue/Nink/Kremer*, in: Laue/Nink/Kremer, Das neue Datenschutzrecht in der betrieblichen Praxis, 3. Aufl. 2024, § 13 Rn. 17; ähnlich *Wybitul/Haß/Albrecht*, NJW 2018, 113 (115 f.).

903 *Bergt*, in: Kühling/Buchner, DS-GVO/BDSG, 4. Aufl. 2024, Art. 82 Rn. 54; unter Verweis auf die am allgemeinen Schutzinteresse orientierte erforderliche Sorgfalt i.S.v. § 276 Abs. 2 DSGVO *Quaas*, in: Wolff/Brink/v. Ungern-Sternberg, BeckOK Datenschutzrecht, 52. Edition Stand: 01.05.2025, Art. 82 Rn. 18.

904 *Freund*, in: Schuster/Grützmacher, IT-Recht, Art. 26 Rn. 55 und 57; *Kremer*, in: Schwartmann/Jaspers/Thüsing/Kugelmann, DS-GVO/BDSG, 3. Aufl. 2024, Art. 26 Rn. 98; *Bergt*, in: Kühling/Buchner, DS-GVO/BDSG, 4. Aufl. 2024, Art. 82 Rn. 51 f.

905 In diesem Sinne auch *Bergt*, in: Kühling/Buchner, DS-GVO/BDSG, 4. Aufl. 2024, Art. 82 Rn. 52.

906 *Gola/Piltz*, in: Gola/Heckmann, DSGVO/BDSG, 3. Aufl. 2022, Art. 82 Rn. 7 f.

907 Vgl. *Scheja/Reibach/Reichert*, in: Leupold/Wiebe/Glossner, IT-Recht, Teil 6.6 Rn. 243; *Lang*, in: Taeger/Gabel, DSGVO/BDSG/TTDSG, 4. Aufl. 2022, Art. 26 Rn. 117.

908 Vgl. *Scheja/Reibach/Reichert*, in: Leupold/Wiebe/Glossner, IT-Recht, Teil 6.6 Rn. 225; *Lang*, in: Taeger/Gabel, DSGVO/BDSG/TTDSG, 4. Aufl. 2022, Art. 26 Rn. 117; *Gola/Piltz*, in: Gola/Heckmann, DSGVO/BDSG, 3. Aufl. 2022, Art. 82 Rn. 9.

909 *Lang*, in: Taeger/Gabel, DSGVO/BDSG/TTDSG, 4. Aufl. 2022, Art. 26 Rn. 118.

(2.) Berücksichtigungsfähigkeit ergänzender Haftungsprivilegierungen

Auf der Haftungsebene ist zugleich darauf hinzuweisen, dass die Übernahme von sonstigen in den datenschutzrechtlichen Haftungsmechanismus wirkenden Privilegierungen auf rechtliche Bedenken stößt. Obgleich Art. 2 Abs. 4 DSGVO vorgibt, dass die DSGVO die Anwendung der Richtlinie 2000/31/EG[910] und speziell die Vorschriften der Artikel 12 bis 15 zur Verantwortlichkeit der Vermittler – im deutschen Recht zunächst umgesetzt in den §§ 7-10 TMG[911] – unberührt lässt (siehe auch DSGVO-Erwägungsgrund 21 S. 1), ist umgekehrt anzuerkennen, dass sich die Richtlinie 2000/31/EG nach ihrem Art. 1 Abs. 5 lit. b und entsprechend ihres Erwägungsgrundes 14 für nicht anwendbar erklärt, soweit die DSRL (bzw. jetzt die DSGVO) Regelungen trifft. Auch mit Blick auf den Digital Services Act (DSA)[912] ist zu erkennen, dass dieser die bereits bestehenden spezifischen unionsrechtlichen Regelungen des Datenschutzrechts gemäß Art. 2 Abs. 4 lit. g DSA unberührt lässt (siehe auch DSA-Erwägungsgründe 32 und 34).[913] Ergänzt um die Wertung des Art. 26 Abs. 3 DSGVO sowie des Umstandes, dass es für die Begründung einer (Mit-)Verantwortlichkeit weder auf selbst ausgeführte Datenverarbeitungsvorgänge noch auf die Zurverfügungstellung eigener Inhalte ankommt, ist zu konstatieren, dass sich die Regelungswerke wechselseitig nicht beeinflussen und eine sachliche Ausnahme vom Anwendungsbereich der DSGVO durch Art. 2 Abs. 4 DSGVO nicht geschaffen wird.[914]

---

[910] RL 2000/31/EG des Europäischen Parlaments und des Rates v. 08.06.2000 über bestimmte rechtliche Aspekte der Dienste der Informationsgesellschaft, insbesondere des elektronischen Geschäftsverkehrs, im Binnenmarkt ("Richtlinie über den elektronischen Geschäftsverkehr"), ABl. L 178 v. 17.07.2000, S. 1.

[911] Seit dem 17.02.2024 ist der Digital Services Act (DSA) in der Europäischen Union unmittelbar anwendbar, sodass es keiner weiteren nationalen Umsetzung bedarf. Die in den Artikeln 5, 6 und 8 enthaltenen Regelungen zur Haftungsprivilegierung für fremde Inhalte entsprechen inhaltlich weitgehend den bisherigen Vorschriften der §§ 7 bis 10 TMG, wodurch sich keine wesentlichen materiell-rechtlichen Änderungen ergeben. Die hierzu ergangene Rechtsprechung bleibt daher in weiten Teilen weiterhin einschlägig. Ergänzend trat in Deutschland das Digitale-Dienste-Gesetz (DDG) in Kraft, welches das Telemediengesetz (TMG) ablöst und die erforderlichen nationalen Ausführungsbestimmungen zum DSA enthält; siehe dazu ausführlich *Redeker*, in: Redeker, IT-Recht, 8. Aufl. 2023, Kap. D. Rn. 1462 ff.; siehe zur Entstehungsgeschichte und dem unionsrechtlichen Hintergrund der Haftungsbeschränkungen in der Vorauflage *Hennemann*, in: Gersdorf/Paal, BeckOK InfoMedienR, 39. Edition Stand: 01.02.2023, TMG § 7 Rn. 2 ff.

[912] VO (EU) 2022/2065 des Europäischen Parlaments und des Rates v. 19.10.2022 über einen Binnenmarkt für digitale Dienste und zur Änderung der RL 2000/31/EG (Gesetz über digitale Dienste), Abl. L 277 v. 27.10.2022, 1 ff.

[913] Ausführlich zum Verhältnis von DSGVO und DSA *Marosi*, (Gem-)Einsame Verantwortlichkeit im Datenschutzrecht, S. 160 ff.

[914] Siehe dazu *Zerdick*, in: Ehmann/Selmayr, DSGVO, 3. Aufl. 2024, Art. 2 Rn. 19 f.; *Wagner*, ZD 2018 307 (310); siehe auch *Bäcker*, in: Wolff/Brink/v. Ungern-Sternberg, BeckOK Datenschutzrecht, 52. Edition Stand: 01.05.2025, Art. 2 Rn. 34; siehe zu potenziellen Einschränkungen durch das „Provider-Privileg" *Radtke*, Gemeinsame Verantwortlichkeit unter der DSGVO, S. 312 f. m.w.N.; a.A. *Kühling/Raab*, in: Kühling/Buchner, DS-GVO/BDSG, 4. Aufl. 2024, Art. 2 Rn. 32, die im Widerspruch zum Wortlaut von einem *lex specialis* Vorrang der Richtlinie 2000/31/EG gegenüber der DSGVO ausgehen; so auch *Gola*, in: Gola/Heckmann, DSGVO/BDSG, 3. Aufl. 2022, Art. 2 Rn. 33; siehe auch *Quaas*, in: Wolff/Brink/v. Ungern-Sternberg, BeckOK Datenschutzrecht, 52. Edition Stand: 01.05.2025, Art. 82 Rn. 42, wonach das Providerprivileg in Art. 12 RL 2000/31/EG von der DSGVO nicht überlagert werde, mit der Folge, dass Access-Provider generell von der Haftung freizustellen seien und sich die Privilegierung von Host-Provider nach Art. 14 RL 2000/31/EG richte.

Auch im Falle der (gemeinsamen) Verantwortlichkeit lässt sich eine über Art. 82 Abs. 3 DSGVO hinausgehende Haftungsbefreiung über die Privilegierung von Providern in Fällen der Durchleitung, des Cachings sowie des Hostings nicht schlüssig begründen. Aufgrund dessen, dass datenschutzrechtliche Normen und zivil- oder strafrechtliche Regelungen samt etwaiger Haftungsprivilegierungen grundsätzlich unabhängig voneinander zu prüfen sind, lässt sich erst aus einer Gesamtschau aller anwendbarer Rechtsregime absehen, welchen Pflichten Informationsintermediäre hinsichtlich der von ihnen übermittelten Drittinhalte unterliegen.[915] Ein direkter Widerspruch zwischen dem Datenschutzrecht sowie den Haftungsprivilegierungen wird indes von vornherein oftmals nicht bestehen. Gesetzt den Fall, dass ein Akteur zielgerichtet eine eigene Entscheidungsgewalt auf die Schlüsselelemente einer Datenverarbeitung ausübt, verlässt er in der Regel auch seine neutrale Position in Bezug auf (ursprünglich fremde) Informationen, sodass eine Privilegierung ausscheidet und eine Haftung nach den allgemeinen Regeln verbleibt.[916]

e.) Wesensmerkmale der gemeinsamen Verantwortlichkeit

Den Anknüpfungspunkt für das sich anschließende Rechtsfolgensystem bildet der Tatbestand des Rechtsinstituts der gemeinsamen Verantwortlichkeit. Wer konkret gemeinsam Verantwortlicher (joint controller) ist, richtet sich nach der zentralen Begriffsdefinition in Art. 26 Abs. 1 S. 1 i.V.m Art. 4 Nr. 7 Hs. 1 DSGVO. Schon in Art. 4 Nr. 7 Hs. 1 DSGVO ist ausdrücklich normiert, dass eine Person dann ein datenschutzrechtlich Verantwortlicher im Sinne der DSGVO ist, wenn sie „allein oder gemeinsam mit anderen“ über die Zwecke und Mittel der Verarbeitung von personenbezogenen Daten entscheidet.

In der allgemeinen Definition des Verantwortlichen ist die Möglichkeit einer gemeinsamen Verantwortlichkeit daher bereits angelegt (wie zuvor auch im Rahmen der DSRL).[917] Art. 26 Abs. 1 S. 1 DSGVO greift diese Definition aus Art. 4 Nr. 7 Hs. 1 DSGVO auf und stellt sinngleich heraus, dass zwei oder mehrere Verantwortliche dann unter die Legaldefinition fallen, wenn sie gemeinsam die Zwecke der und die Mittel zur Verarbeitung festlegen. Systematisch bildet die Definition des datenschutzrechtlich Verantwortlichen in Art. 4 Nr. 7 Hs. 1 DSGVO auch den Ausgangspunkt für die Bestimmung der gemeinsamen Verantwortlichkeit.[918] Die Wesensmerkmale des Rechtsinstituts stehen als methodengeleitete Konkretisierung des Konzepts

[915] Vgl. *Zerdick*, in: Ehmann/Selmayr, DSGVO, 3. Aufl. 2024, Art. 2 Rn. 19; *Bäcker*, in: Wolff/Brink/v. Ungern-Sternberg, BeckOK Datenschutzrecht, 52. Edition Stand: 01.05.2025, Art. 2 Rn. 34.
[916] Siehe dazu bereits *Piltz*, K&R 2014, 80 (82 f.) m.w.N.
[917] Siehe zur Systematik innerhalb der DSGVO *Hartung*, in: Kühling/Buchner, DS-GVO/BDSG, 4. Aufl. 2024, Art. 26 Rn. 9.
[918] *EDPB*, Guidelines 07/2020 (Version 2.1), Rn. 50.

der Verantwortlichkeit in einem direkten Zusammenhang zu den Tatbestandsvoraussetzungen der singulären Verantwortlichkeit. Für die Konturierung des Tatbestandes der gemeinsamen Verantwortlichkeit sind die entwickelten Erkenntnisse hinsichtlich der allgemeinen Verantwortlichkeitsbegründung von großer Bedeutung und müssen berücksichtigt werden.[919]

Ebenso wie Art. 4 Nr. 7 Hs. 1 DSGVO lässt jedoch auch Art. 26 Abs. 1 S. 1 DSGVO die Frage nach den konkreten Tatbestandsvoraussetzungen weitestgehend unbeantwortet. Der in hohem Maße abstrakten Legaldefinition ist nicht zu entnehmen, welche Formen des Zusammenwirkens tatbestandlich zu einem „gemeinsamen Festlegen" führen. Ob allen Beteiligten für die Begründung einer gemeinsamen Verantwortlichkeit dasselbe Maß an Entscheidungskompetenz zukommen muss und ob alle Beteiligten sowohl über Zwecke als auch über Mittel zu entscheiden haben, ist unklar. Auch im Hinblick auf die Frage, wie stark ausgeprägt der Prozess der gemeinsamen Entscheidungsfindung sein muss und welches Maß an Kongruenz auf der Mittel- und Zweckebene vorauszusetzen ist, wird aus der Verordnung nicht ersichtlich.[920]

Aufgrund der stark gestiegenen Relevanz des Rechtsinstituts im Kontext zunehmend multipolarer Verarbeitungsszenarien in dezentralisierten Strukturen wächst zugleich jedoch das Bedürfnis nach einem kongruenten und nachvollziehbaren Verantwortlichkeitskonzept. Speziell für die Praxis ist es entscheidend, möglichst konkrete Kriterien und Eckpunkte zu entwickeln, um die Rollen der Beteiligten rechtssicher zuzuordnen. Es muss sichergestellt werden, dass die Komplexität der gemeinsamen Kontrolle keine unpraktikablen Verantwortlichkeitsverteilungen mit sich bringt, durch die die Wirksamkeit des Datenschutzrechts insgesamt beeinträchtigt würde.[921]

aa.) Das gemeinsame Festlegen von Zwecken und Mitteln

Für die Begründung einer gemeinsamen Verantwortlichkeit i.S.d. Artt. 4 Nr. 7 Hs. 1, 26 Abs. 1 S. 1 DSGVO bedarf es einer gemeinsamen Festlegung bzw. Entscheidung hinsichtlich der Zwecke und Mittel der Verarbeitung durch zwei oder mehr Verantwortliche. Wenngleich die Konturierung des Tatbestandes für die Bestimmung der Reichweite des Rechtsinstituts und die Abgrenzung zu Konstellationen anderweitiger Zusammenarbeit von großer Bedeutung ist,

---

[919] *EDPB*, Guidelines 07/2020 (Version 2.1), Rn. 50; *Lang*, in: Taeger/Gabel, DSGVO/BDSG/TTDSG, 4. Aufl. 2022, Art. 26 Rn. 107, demzufolge Art. 4 Nr. 7 DSGVO die Legaldefinition des Verantwortlichen enthält, auf den die Legaldefinition für die gemeinsam Verantwortlichen in Art. 26 Abs. 1 S. 1 DSGVO aufbaut; ähnlich *Hartung*, in: Kühling/Buchner, DS-GVO/BDSG, 4. Aufl. 2024, Art. 26 Rn. 13 f.; *Arning/Rothkegel*, in: Taeger/Gabel, DSGVO/BDSG/TTDSG, 4. Aufl. 2022, Art. 4 Rn. 191.

[920] Vgl. *Kartheuser/Nabulsi*, MMR 2018, 717 (718); siehe dazu *Iber*, DSRITB 2020, 57, wonach die abstrakte Definition der gemeinsamen Verantwortlichkeit aufgrund der fortschreitenden Digitalisierung und der damit einhergehenden Vielfältigkeit von Datenflüssen große Schwierigkeiten bereitet.

[921] Vgl. *Art.-29-Datenschutzgruppe*, WP 169. S. 22.

bestehen Unsicherheiten dahingehend, welche konkreten Merkmale eine gemeinsame Festlegung der Zwecke und Mittel im Detail kennzeichnen und welche Relevanzschwellen der Einflussnahme bei den (potenziell) Verantwortlichen jeweils vorliegen müssen.

(1.) Komplexität einer tatbestandlichen Konkretisierung

Die Schwierigkeiten hinsichtlich der präzisen Bestimmung des Tatbestandes beruhen auf dem Umstand, dass die Formen des datenschutzrechtlich relevanten Zusammenwirkens und der Beteiligungen äußerst vielfältig ausgestaltet sein können.[922] Die individuellen Entscheidungsbeiträge zusammenwirkender Beteiligter auf eine Datenverarbeitung können von Fall zu Fall stark variieren.[923] Die Herausforderung besteht darin, diese Komplexität der tatsächlichen Möglichkeiten einer Datenverarbeitung und der verschiedenen Möglichkeiten einer kumulativen Zusammenarbeit auch auf tatbestandlicher Ebene zu berücksichtigen.[924]

Bereits die *Art.-29-Datenschutzgruppe* betonte, dass die Zusammenarbeit und Beteiligung der an einem Verarbeitungsvorgang Beteiligten bei einer gemeinsamen Verantwortung ganz verschiedene Formen aufweisen könne.[925] Am offensichtlichsten liege die Ausübung gemeinsamer Kontrolle und damit einhergehend die gemeinsame Beziehung in Konstellationen vor, in denen das Verhältnis der Beteiligten sehr eng ist und die Zwecke und Mittel vollständig übereinstimmen. Als klassische Beispiele gemeinsamer Verantwortlichkeit werden gemeinsam verwaltete Plattformen, Datenbanken und Projekte genannt.[926] In Verarbeitungsszenarien, in denen mehrere Akteure über alle Schlüsselelemente der Verarbeitungstätigkeiten gemeinsam, gleichermaßen und aus Eigeninteresse entscheiden und dabei identische Mittel für die Erreichung gemeinsamer Zwecke willentlich einsetzen, ist eine gemeinsame Verantwortlichkeit unzweideutig zu begründen.[927]

Neben den Fallkonstellationen der vollständig übereinstimmenden Kontrolle wird die Begründung einer gemeinsamen Verantwortlichkeit darüber hinaus auch in „lockeren" Konstellationen

[922] Vgl. *Freund*, in: Schuster/Grützmacher, IT-Recht, Art. 26 Rn. 14; siehe zu den unterschiedlichen Ausprägungen von „gemeinsamer" Verantwortlichkeit *Hartung*, in: Kühling/Buchner, DS-GVO/BDSG, 4. Aufl. 2024, Art. 26 Rn. 16-19 m.w.N.

[923] Siehe zu verschiedenen Konstellationen *Ingold*, in: Sydow/Marsch, DS-GVO/BDSG, 3. Aufl. 2022, Art. 26 Rn. 4, der beispielhaft zwischen einer tatsächlichen Mitwirkung, einer direktiven Mitgestaltung und einer Veranlassung eines Datenverarbeitungsvorgangs unterscheidet.

[924] Siehe dazu *Dovas*, ZD 2016, 512 (513); *Hartung*, in: Kühling/Buchner, DS-GVO/BDSG, 4. Aufl. 2024, Art. 26 Rn. 16.

[925] *Art.-29-Datenschutzgruppe*, WP 169, S. 22 f.

[926] Siehe etwa die Beispiele des *EDPB* zu einer gemeinsam betriebenen Reisebuchungsplattform eines Reisebüros, einer Hotelkette und einer Fluggesellschaft und zu gleichberechtigten Forschungskooperationen, *EDPB*, Guidelines 07/2020 (Version 2.1), Rn. 68; dazu auch *Radtke*, Gemeinsame Verantwortlichkeit unter der DSGVO, S. 218 ff.; vgl. auch DSGVO-Erwägungsgrund 92.

[927] *EDPB*, Guidelines 07/2020 (Version 2.1), Rn. 54 f.; *Art.-29-Datenschutzgruppe*, WP 169, S. 26; dazu *Arning/Rothkegel*, in: Taeger/Gabel, DSGVO/BDSG/TTDSG, 4. Aufl. 2022, Art. 4 Rn. 192; *Janicki*, FS Taeger 2020, S. 207 f.

in Betracht gezogen, in denen die einzelnen Parteien lediglich die Fähigkeit dazu besitzen, nur auf Zwecke, nur auf Mittel oder nur auf Teile davon einzuwirken.[928] Diese Interpretation ist Ausdruck eines „pragmatischen" Ansatzes, demzufolge der wachsenden Komplexität der mannigfaltigen Beziehungen von datenverarbeitenden Stellen untereinander durch eine dynamische Definition des „gemeinsamen Festlegens" begegnet werden müsse, um möglichst unterschiedliche Fallgestaltungen einer „pluralistischen Kontrolle" tatbestandlich abzudecken.[929] Die Realität zeige, dass zahlreiche kooperative Verarbeitungsszenarien gerade nicht als Ausfluss eines machsymmetrischen Entscheidungsprozesses anzusehen seien.[930] Dem Umstand geschuldet, dass die Beteiligung der Akteure an den gemeinsamen Entscheidungen und die Beziehung der Mitwirkenden ganz verschiedene Formen aufweisen könne, sei eine gleichmäßige und gleichberechtigte Verteilung der Entscheidungsbefugnisse keine Voraussetzung der gemeinsamen Verantwortlichkeit.[931]

Auch Beteiligte an einem Datenverarbeitungsvorgang, die nur einen verhältnismäßig kleinen Beitrag zu einer Datenverarbeitung leisten, könnten demgemäß zu datenschutzrechtlich Verantwortlichen im Rahmen einer gemeinsamen Verantwortlichkeit werden. Prinzipiell könnten auf diese Weise nahezu alle Formen des kumulativen Zusammenwirkens mindestens zweier Akteure hinsichtlich einer Datenverarbeitung vom Tatbestand des Rechtsinstituts erfasst sein.[932] Durch die weite Auslegung des Tatbestandes würden auf vielerlei Art gestaltete Konstellationen erfassen werden, in denen die Anzahl der gemeinsam Verantwortlichen theoretisch beliebig groß sein könnte.[933] Aufgrund der vielfältigen Formen der „gemeinsamen Kontrolle" wird bisweilen eine abschließende Kategorisierung ausgeschlossen und stattdessen ein pragmatischer Ansatz mit Faustregeln zugrunde gelegt.[934]

---

[928] Zur Rechtslage unter der DSRL *Art.-29-Datenschutzgruppe*, WP 169, S. 23 f.; ausführlich zu den unterschiedlichen Ausprägungen von „gemeinsamer" Verantwortlichkeit *Hartung*, in: Kühling/Buchner, DS-GVO/BDSG, 4. Aufl. 2024, Art. 26 Rn. 16-19; vgl. auch *Dovas*, ZD 2016, 512 (513); siehe zu der Diskussion auch *Kartheuser/Nabulsi*, MMR 2018, 717 (718); *Lezzi/Oberlin*, ZD 2018, 398 (400).

[929] Vgl. *Art.-29-Datenschutzgruppe*, WP 169. S. 12, 22 ff. und 39; darauf Bezug nehmend Schlussanträge GA *Bot*, Rs. C-210/16, *ULD Schleswig-Holstein/Wirtschaftsakademie Schleswig-Holstein,* ECLI:EU:C:2017:796 Rn. 75 f. siehe auch *Kartheuser/Nabulsi*, MMR 2018, 717 (718).

[930] Siehe dazu *Janicki,* FS Taeger 2020, S. 208.

[931] Vgl. *EDPB*, Guidelines 07/2020 (Version 2.1), Rn. 54 ff.; *Art.-29-Datenschutzgruppe*, WP 169, S. 22 ff.; siehe dazu *Monreal*, ZD 2014, 611 (612); *Dovas*, ZD 2016, 512 (513).

[932] Einen weiten Ansatz bekräftigend *Ingold*, in: Sydow/Marsch, DS-GVO/BDSG, 3. Aufl. 2022, Art. 26 Rn. 4, der „potenziell alle Formen kumulativen Zusammenwirkens" erfasst sieht, sobald die Datenverarbeitung ohne den direktiven Input einer Stelle potenziell andersartig gestaltet worden wäre.

[933] Vgl. *Art.-29-Datenschutzgruppe*, WP 169, S. 22, 30; *Monreal*, ZD 2014, 611 (613); *Monreal*, CR 2019, 797 (804).

[934] Vgl. *Art.-29-Datenschutzgruppe*, WP 169, S. 12, 22 f., wonach es aufgrund der Vielzahl möglicher Konfigurationen nicht möglich sei, eine „geschlossene" Liste oder Kategorisierung der verschiedenen Formen der „gemeinsamen Kontrolle" zu erstellen; dazu auch *DSK*, Kurzpapier Nr. 16, S. 2; wegen der Komplexität möglicher Verarbeitungskonstellationen wird mitunter auch auf ein schematisches Konzept und eine abstrakte Definition der gemeinsamen Verantwortlichkeit verzichtet, in diesem Sinne *Rothkegel/Strassemeyer*, Cri 2019, 161 (166) („no schematic concept").

Wenngleich im Grundsatz anzuerkennen ist, dass auch der Art. 26 DSGVO eine flexible Handhabung der gemeinsamen Verantwortlichkeit bezweckt, um der zunehmenden Komplexität der heutigen Gegebenheiten im Bereich der Datenverarbeitung Rechnung zu tragen,[935] benötigen die (potenziellen) Adressaten datenschutzrechtlicher Vorschriften dennoch handhabbare Regeln, anhand derer beurteilt werden kann, ob ein handelnder Akteur hinsichtlich einer Datenverarbeitung als Verantwortlicher, gemeinsam Verantwortlicher oder Auftragsverarbeiter auftritt.[936] Auch wenn sich ein starres und umfassendes Konzept der gemeinsamen Verantwortlichkeit aufgrund der Komplexität kaum aufstellen lässt, müssen allgemeingültige Grundsätze gelten, die eine rechtssichere Handhabung des Rechtsinstituts erst ermöglichen. Die große Bandbreite und Varianz an möglichen Beteiligungskonstellationen darf im Ergebnis nicht dazu führen, dass bei dem Zusammenwirken und der Zusammenarbeit mehrerer Beteiligter an einem Verarbeitungsvorgang pauschalisierend von einer gemeinsamen Verantwortlichkeit ausgegangen wird.[937] Die präzise Rollenzuteilung erfordert stets eine präzise, zwischen den datenschutzrechtlichen Rollenbildern differenzierende Analyse der jeweiligen Datenverarbeitung und der Beteiligungen der einzelnen Stellen sowie deren Beziehungen zueinander.[938]

(2.) Das Grundelement des „Gemeinsamen"

Im Gegensatz zur singulären Verantwortlichkeit wird das Rechtsinstitut der gemeinsamen Verantwortlichkeit durch ein Element der „Gemeinsamkeit" geprägt.[939] Innerhalb der Legaldefinition liegt der Schwerpunkt der juristischen Betrachtung auf dem Terminus „gemeinsam mit anderen" (vgl. Art. 4 Nr. 7 Hs. 1 DSGVO) bzw. „gemeinsam" (vgl. Art. 26 Abs. 1 S. 1 DSGVO).[940] Dieses Merkmal stellt die entscheidende Voraussetzung dar, um das Wirken verschiedener Akteure zu einer gemeinsamen Verantwortlichkeit zu verbinden und dient zugleich als Abgrenzungskriterium zu Szenarien, in denen die Beteiligten als mehrere voneinander getrennt Verantwortliche agieren.

[935] Zu der Rechtslage unter der DSRL *Art.-29-Datenschutzgruppe*, WP 169, S. 23 f.
[936] Vgl. *Jung/Hansch*, ZD 2019, 143 (147), die auf die Unverzichtbarkeit der Konturierung der abstrakten Legaldefinition hinweisen, um die gemeinsame Entscheidung von der alleinigen Entscheidung mehrerer unabhängig voneinander verarbeitender, jeweils allein Verantwortlicher sowie der Auftragsverarbeitung abzugrenzen; siehe zur Abgrenzung zur Auftragsverarbeitung und zu unterstellten Personen *Kremer*, in: Schwartmann/Jaspers/Thüsing/Kugelmann, DS-GVO/BDSG, 3. Aufl. 2024, Art. 26 Rn. 52 und 68 ff.
[937] Vgl. *EDPB*, Guidelines 07/2020 (Version 2.1), Rn. 53 und Rn. 69; diesen Umstand bereits erkennend und darauf hinweisend, dass aus der reinen Tatsache, dass Akteure bei der Verarbeitung personenbezogener Daten zusammenarbeiten, nicht automatisch auf eine gemeinsame Verantwortlichkeit zu schließen ist *Art.-29-Datenschutzgruppe*, WP 169, S. 24.
[938] Vgl. *EDPB*, Guidelines 07/2020 (Version 2.1), Rn. 69.
[939] Vgl. *Kartheuser/Nabulsi*, MMR 2018, 717 (720).
[940] Siehe zu der juristischen Diskussion um das Begriffsverständnis der „Gemeinsamkeit" *Monreal*, CR 2019, 797 (803).

Unter der Prämisse, dass die jeweiligen Verantwortlichen gemeinsam die Zwecke der Verarbeitung festlegen müssen, um als gemeinsam Verantwortliche zu agieren, könnte der Terminus „gemeinsam mit anderen“ als „miteinander vereinbaren“, „miteinander abstimmen“ oder in Anlehnung an Art. 26 Abs. 1 S. 1 DSGVO als „gemeinsam festlegen“ verstanden werden.[941] Diesem Begriffsverständnis liegt die Annahme zugrunde, dass sich mehrere Akteure untereinander ausdrücklich auf bestimmte Zwecke und Mittel einigen müssen und diese Einigung als eine gemeinsam getroffene Entscheidung ansehen.[942] Um in den Rollen gemeinsam Verantwortlicher zu agieren, müssten die Beteiligten eine ausdrückliche Absprache darüber treffen, aus welchem Grund und mit welchem Ziel eine Verarbeitung personenbezogener Daten durchgeführt werden soll.[943] In Analogie zum zivilrechtlichen Verständnis entspräche diese Konzeption dem Erfordernis zweier sich deckender Willenserklärungen im Rahmen eines Entscheidungsprozesses.[944]

Demgegenüber steht ein Begriffsverständnis, demzufolge „gemeinsam mit anderen“ nicht wörtlich, sondern abstrahierend im Sinne von „zusammen mit“ oder „nicht alleine“ verstanden wird.[945] Dieser extensivere Auslegungsansatz verzichtet im Kern auf eine explizite Einigung oder Absprache zwischen den an einer Verarbeitung Beteiligten als Voraussetzung für eine gemeinsame Verantwortlichkeit und legt den Fokus stattdessen auf die Beiträge, die die involvierten Akteure zur Verwirklichung der gemeinsamen Verarbeitung der personenbezogenen Daten leisten.[946] In der Begründung dieses Auslegungsansatzes wird primär teleologisch argumentiert, dass der Grundgedanke des europäischen Datenschutzrechts darin bestehe, ein möglichst hohes Niveau des Schutzes der Grundfreiheiten und Grundrechte natürlicher Personen bei der Verarbeitung ihrer personenbezogenen Daten zu gewährleisten.[947] Hinge die gemeinsame Verantwortlichkeit von einer expliziten Einigung oder Abstimmung der beteiligten Akteure ab, würde dieses einengende Tatbestandsverständnis dem Ziel eines umfassenden Betroffenenschutzes durch eine klare Rollenzuteilung (vgl. DSGVO-Erwägungsgrund 79) entgegenstehen und die Gefahr von Schutzlücken erhöhen.[948]

---

941 Diese Auslegungsmöglichkeit diskutierend *Monreal*, CR 2019, 797 (803).

942 Vgl. dazu *Janicki,* FS Taeger 2020, S. 208; kritisch *Monreal*, CR 2019, 797 (803).

943 So etwa *Piltz*, in: Gola/Heckmann, DSGVO/BDSG, 3. Aufl. 2022, Art. 26 Rn. 12.

944 Kritisch dazu *Monreal*, CR 2019, 797 (803) m.w.N.

945 *EDPB*, Guidelines 07/2020 (Version 2.1), Rn. 51; zur Rechtslage unter der DSRL bereits *Art.-29-Datenschutzgruppe*, WP 169. S. 22; siehe dazu *Monreal*, CR 2019, 797 (803 f.); *Monreal*, ZD 2014, 611 (612).

946 Vgl. *Art.-29-Datenschutzgruppe*, WP 169. S. 23; *Monreal*, CR 2019, 797 (803); *Lang*, in: Taeger/Gabel, DSGVO/BDSG/TTDSG, 4. Aufl. 2022, Art. 26 Rn. 46.

947 *Monreal*, CR 2019, 797 (803).

948 Vgl. *Lang*, in: Taeger/Gabel, DSGVO/BDSG/TTDSG, 4. Aufl. 2022, Art. 26 Rn. 46; *Monreal*, CR 2019, 797 (803), der im Rahmen der Argumentation jedoch nicht hinreichend berücksichtigt, dass auch ohne das Rechtsinstitut der gemeinsamen Verantwortlichkeit die Möglichkeit verbleibt, den gesamten Lebenszyklus einer Datenverarbeitung über die Zuordnung von Alleinverantwortlichkeiten abzudecken.

Hinsichtlich der divergierenden Auslegungsansätze ist zu konstatieren, dass es aus systematischen und teleologischen Erwägungen plausibel ist, die explizite Absprache zwischen mehreren Entitäten als bloß eine von mehreren Möglichkeiten für das Vorliegen eines „gemeinsamen Festlegens" anzusehen, um dem Ziel eines umfassenden Schutzes der betroffenen Personen bestmöglich Genüge zu tun.[949] Zugleich kann aber auch der bloße Umstand, dass mehrere Verantwortliche in Bezug auf einen oder mehrere Verarbeitungsvorgänge über eine Zusammenarbeit, Mitwirkung oder den Austausch von personenbezogenen Daten involviert sind, für sich genommen noch keine gemeinsame Verantwortlichkeit begründen.[950] Nicht alle Arten von Partnerschaften oder Kooperationen implizieren auch die Einordnung als gemeinsam Verantwortliche.[951] Die Häufung von zwei oder mehreren Verantwortlichen ist zwar notwendige, aber nicht hinreichende Bedingung für eine gemeinsame Verantwortlichkeit.[952] Ein rein faktisches oder gar zufälliges Zusammenwirken von mehreren Verantwortlichen genügt gemeinhin nicht, um eine gemeinsame Verantwortlichkeit zu begründen.[953]

Stattdessen spricht der Wortsinn der Vorschrift dafür, dass die „Gemeinsamkeit" zumindest ein willentliches Element im Sinne eines übereinstimmenden, bewussten und gewollten Zusammenwirkens erfordert.[954] Prägend für eine gemeinsame Verantwortlichkeit ist das bewusste Profitieren vom gegenseitigen Wirken. Eine abgestimmte Entscheidungsfindung der Akteure ist dabei keine notwendige Bedingung. Auch ein gemeinsamer Entscheidungsprozess, eine konkrete Willenseinigung oder ein sonstiges konsensuales Band zwischen den Akteuren ist für die Begründung einer gemeinsamen Verantwortlichkeit entbehrlich. Handeln Mitwirkende allerdings gegen den ausdrücklichen Willen anderer Verantwortlicher, ist die Annahme einer gemeinsamen Verantwortlichkeit untereinander von vornherein fernliegend.[955] Fehlt es an einem

---

[949] Vgl. *Lang*, in: Taeger/Gabel, DSGVO/BDSG/TTDSG, 4. Aufl. 2022, Art. 26 Rn. 46.

[950] Vgl. *Art.-29-Datenschutzgruppe*, WP 169. S. 24; siehe auch *Martini*, in: Paal/Pauly, DS-GVO/BDSG, 3. Aufl. 2020, Art. 26 Rn. 21; *Freund*, in: Schuster/Grützmacher, IT-Recht, Art. 26 Rn. 17; *Arning/Rothkegel*, in: Taeger/Gabel, DSGVO/BDSG/TTDSG, 4. Aufl. 2022, Art. 4 Rn. 190; *Haußmann/Dolde*, NZA 2020, 1588 (1590); *DSK*, Kurzpapier Nr. 16, S. 3.

[951] *EDPB*, Guidelines 07/2020 (Version 2.1), Rn. 69.

[952] *Freund*, in: Schuster/Grützmacher, IT-Recht, Art. 26 Rn. 10.

[953] In diesem Sinne auch *Borges*, in: Borges/Hilber, BeckOK IT-Recht, 18. Edition Stand: 01.04.2025, Art. 26 DSGVO Rn. 14 ff.; *Martini*, in: Paal/Pauly, DS-GVO/BDSG, 3. Aufl. 2021, Art. 26 Rn. 21; *Hartung*, in: Kühling/Buchner, DS-GVO/BDSG, 4. Aufl. 2024, Art. 26 Rn. 12; *Freund*, in: Schuster/Grützmacher, IT-Recht, Art. 26 Rn. 13; *Janicki,* FS Taeger 2020, S. 208 f.

[954] Vgl. *Janicki,* FS Taeger 2020, S. 208; in diesem Sinne auch *Borges*, in: Borges/Hilber, BeckOK IT-Recht, 18. Edition Stand: 01.04.2025, Art. 26 DSGVO Rn. 15 („Mitwirkung mit Wissen und Wollen"); vgl. *Martini*, in: Paal/Pauly, DS-GVO/BDSG, 3. Aufl. 2021, Art. 26 Rn. 21: „Übereinkunft über die Motive und Instrumente der Datenverarbeitung"; *Hartung*, in: Kühling/Buchner, DS-GVO/BDSG, 4. Aufl. 2024, Art. 26 Rn. 12; *Heckmann/Scheurer*, in: Heckmann/Paschke, jurisPK-Internetrecht, 8. Aufl., Kap. 9 (Stand: 15.04.2025) Rn. 276; missverständlich hingegen *Monreal*, CR 2019, 797 (804), wonach es im Hinblick auf das Rechtsinstitut der gemeinsamen Verantwortlichkeit nicht einmal zwingend sei, dass eine Kenntnis der gegenseitigen Existenz besteht.

[955] Vgl. *Borges*, in: Borges/Hilber, BeckOK IT-Recht, 18. Edition Stand: 01.04.2025, Art. 26 DSGVO Rn. 14 und 16, der diesbezüglich zu Recht anmerkt, dass aus kriminellen Eingriffen Dritter keine gemeinsame Verantwortlichkeit zwischen dem Verantwortlichen und dem Angreifer erwachsen könne; ähnlich *Arning/Rothkegel*, in:

intendierten Zusammenwirken, wird auch keine „Gemeinsamkeit“ vorliegen. Stattdessen ist ein eigenverantwortliches Handeln der jeweils Verantwortlichen in Betracht zu ziehen. Die in diesem Zusammenhang häufig zitierte Formulierung der *Art.-29-Datenschutzgruppe*, nach der „gemeinsam“ auch als „nicht allein“ zu verstehen sei, greift insgesamt zu kurz und vermittelt ein missverständliches und unvollständiges Bild des Rechtsinstituts.[956]

(3.) Zweck- und Mittelgrundlage

Unzweifelhaft kann der Tatbestand einer gemeinsamen Verantwortlichkeit erfüllt sein, wenn die an der gleichen Verarbeitung beteiligten Akteure die personenbezogenen Daten zu denselben bzw. identischen Zwecken verarbeiten und sich die Entscheidungsbeiträge umfassend und in gleichem Maße auf jedes der in Frage stehenden Mittel derselben Verarbeitung erstrecken.[957] Fallen die Entscheidungsbeiträge der Beteiligten hingegen zeitlich, inhaltlich und/oder ihrem Umfang nach auseinander, ist fraglich, welches Maß an Übereinstimmung für eine gemeinsame Festlegung der Zwecke und Mittel zu verlangen ist, um eine gemeinsame Verantwortlichkeit zu begründen.[958]

(a.) Kongruenz der Zwecke

Ein Fokus der juristischen Diskussion liegt auf den Voraussetzungen, die an eine etwaige gemeinsame Zweckgrundlage des Rechtsinstituts zu stellen sind. Im Hinblick auf die Anforderungen an eine gemeinsame Zweckgrundlage ist umstritten, welcher Grad an Übereinstimmung erforderlich ist. Es ist fraglich, welches Zweckungleichgewicht noch für das Vorliegen einer gemeinsamen Verantwortlichkeit genügt, respektive ab welchem Auseinanderfallen der Zielsetzungen und Interessenlagen der Tatbestand der gemeinsamen Verantwortlichkeit nicht mehr angenommen werden kann.

(aa.) Zweckidentität

Unter der Prämisse, dass der Entscheidung über die Zwecke der Verarbeitung für die Begründung einer Verantwortlichkeit eine hervorgehobene Bedeutung zukomme, wird auch im Hinblick auf die gemeinsame Verantwortlichkeit zuweilen davon ausgegangen, dass das

---

Taeger/Gabel, DSGVO/BDSG/TTDSG, 4. Aufl. 2022, Art. 4 Rn. 221; einen abweichenden Ansatz verfolgend *Ingold*, in: Sydow/Marsch, DS-GVO/BDSG, 3. Aufl. 2022, Art. 28 Rn. 24, wonach auch Fälle einer fehlerhaften Auftragsverarbeitung nach Maßgabe von Art. 26 DSGVO zu behandeln seien.

[956] Kritisch zur häufig zitierten Formulierung der *Art.-29-Datenschutzgruppe* auch *Freund*, in: Schuster/Grützmacher, IT-Recht, Art. 26 Rn. 10.

[957] Vgl. *EDPB*, Guidelines 07/2020 (Version 2.1), Rn. 59; vgl. auch *Lang*, in: Taeger/Gabel, DSGVO/BDSG/TTDSG, 4. Aufl. 2022, Art. 26 Rn. 53 und 61.

[958] Siehe zu der Problematik *Freund*, in: Schuster/Grützmacher, IT-Recht, Art. 26 Rn. 24.

Rechtsinstitut von dem Erfordernis übereinstimmender Zwecke für eine konkrete Verarbeitungstätigkeit geprägt sei.[959] Weil die Gleichartigkeit und Kongruenz zugrunde liegender Zwecke entsprechend dieser Ansicht und Argumentation unmittelbar durch den Abstraktionsgrad beeinflusst wird, unter dem die mit der Verarbeitung verfolgten Zwecke betrachtet und verglichen werden, wird der Bestimmung des erforderlichen Übereinstimmungsgrades eine große Bedeutung zugemessen.[960] Dieser Logik folgend steigert ein hoher Abstraktionsgrad zwangsläufig auch die Kongruenz verfolgter Zwecke. So wird auf einer abstrahierenden, hohen Makroebene wesentlich häufiger eine gewisse Kongruenz und eine Zweckeinheit vorliegen, während auf Mikroebene viel seltener eine Gleichartigkeit der Zwecke anzunehmen sein wird.[961] Anhaltspunkte hinsichtlich des relevanten Abstraktionsgrades setzen dabei insbesondere am systematischen Abgleich mit dem Verständnis des Zweckbegriffs innerhalb des Gesamtgefüges der Verordnung an. Die Analyse des Zweckbegriffs verdeutlicht, dass der Begriff innerhalb der DSGVO tendenziell eng zu verstehen ist und als konkrete, nach Situation und Handlungsfolge abgrenzbare Motivationslage zu verstehen ist.[962] Ein in hohem Maße abstraktes Zweckverständnis könnte im Widerspruch zu Art. 5 Abs. 1 lit. b DSGVO stehen, der eindeutige und präzise formulierte Zwecke erfordert.[963] Ausgehend von diesen systematischen Bezügen erscheint es naheliegend, auch im Hinblick auf den Tatbestand der gemeinsamen Verantwortlichkeit ein konkretes Zweckverständnis anzulegen und eine Zweckidentität als konstituierendes Merkmal vorauszusetzen, um ausgehend von dieser identischen Zweckgrundlage auch eine gemeinsame Verantwortlichkeit zu begründen.[964] Diesem engen Tatbestandsverständnis folgend würde das Verständnis über den Zweck bzw. die Zwecke der zugrunde liegenden Verarbeitung wesentlich darüber entscheiden, wann eine übereinstimmende Zweckgrundlage überhaupt vorliegen kann, die in der Folge dazu geeignet ist, eine gemeinsame Verantwortlichkeit zu begründen.[965]

Dem Umstand geschuldet, dass es speziell in Konstellationen mit einer Vielzahl von (potenziell) Beteiligten schwerfällt, die erwarteten oder beabsichtigten Ergebnisse der

[959] In diesem Sinne insbesondere *Golland*, Datenverarbeitung in sozialen Netzwerken, S. 127 f., *Golland*, K&R 2018, 433 (435); *Kremer*, CR 2019, 225 (227).
[960] So etwa *Golland*, Datenverarbeitung in sozialen Netzwerken, S. 127 f.
[961] Siehe dazu *Golland*, K&R 2018, 433 (435); vgl. *Art.-29-Datenschutzgruppe*, WP 169. S. 25, wonach eine gemeinsame Festlegung zu bejahen sei, wenn die auf der „Mikroebene" voneinander isolierten Verarbeitungsschritte der Beteiligten auf der „Makroebene" in den Zwecken oder Mitteln übereinstimmten und daher als „Vorgangsreihe" einzustufen seien; kritisch dazu *Kartheuser/Nabulsi*, MMR 2018, 717 (719).
[962] Vgl. *Golland*, K&R 2018, 433 (436); dazu Kap. D. II. 6.) a.) aa.).
[963] Vgl. dazu *Lee/Cross*, MMR 2019, 559 (561 f.); *Kremer*, CR 2019, 225 (227); *Janicki,* FS Taeger 2020, S. 210; *Golland*, K&R 2018, 433 (436).
[964] In diesem Sinne insbesondere *Golland*, K&R 2018, 433 (435); *Kremer*, CR 2019, 225 (227); ähnlich *Lee/Cross*, MMR 2019, 559 (561 f.).
[965] Vgl. dazu *Golland*, K&R 2018, 433 (435), der einen gemeinsamen Zweck zugrunde legt, um eine gemeinsame Verantwortlichkeit zu begründen.

Datenverarbeitung im Detail zu erfassen, birgt die scheinbar eindeutige, zweckorientierte Konzeption des Rechtsinstituts in der Praxis jedoch erhebliche Schwierigkeiten. Weil die beabsichtigten Ergebnisse und Zielsetzungen der Akteure maßgeblich mit der individuellen Erwartungshaltung bzw. Absicht der Zwecksetzenden korrelieren, hängen sie auch wesentlich von deren Weitsicht ab. Bei mehreren Beteiligten müssten regelmäßig eine Mehrzahl von Zwecken betrachtet werden, die teils gleichlaufend, teils verschieden sind.[966] Dass sich die konkreten Motivationslagen beteiligter Stellen im Detail unterscheiden, ist notwendigerweise dem Umstand geschuldet, dass es sich bei gemeinsam Verantwortlichen isoliert betrachtet, um jeweils eigenständig Verantwortliche handelt, deren Zwecksetzungen sich in den seltensten Fällen exakt überschneiden werden.

Für unabhängige, selbstständig handelnde Entitäten ist es schlechthin kennzeichnend, dass diese im differenzierten Eigeninteresse handeln. Die individuelle Willensbildung kann dabei zunächst unabhängig von den anderen Beteiligten im jeweiligen Innenverhältnis erfolgen.[967] Das aus Teilzwecken bestehende Eigeninteresse kann zu dem Interesse der anderen Beteiligten gleichlaufen, ist mit diesem aber regelmäßig nicht identisch.[968] Insgesamt würde das Erfordernis einer exakten Zweckidentität zur Begründung einer gemeinsamen Verantwortlichkeit den Anwendungsbereich des Rechtsinstituts stark beschränken und diffizile Analysen der einzelnen Motive und Beweggründe erfordern.[969] Das vom europäischen Gesetzgeber ausdrücklich verfolgte Ziel eines umfassenden Schutzes der betroffenen Personen durch eine klare Zuteilung von Verantwortlichkeiten (vgl. DSGVO-Erwägungsgrund 79) würde durch diese Konzeption bedeutsam gefährdet werden.

(bb.) Abstrakte Zweckeinheit

Der primär zweckorientierten Sichtweise steht ein ausgedehnteres Tatbestandsverständnis entgegen, demzufolge deutlich geringere Anforderungen an die gemeinsame Zweckgrundlage gestellt werden. Um in multipolaren Verarbeitungsszenarien eine leichte Rollenzuteilung zu gewährleisten, hatte sich bereits die *Art.-29-Datenschutzgruppe* unter der Geltung der DSRL

---

[966] Diese Problematik erkennend *Golland*, K&R 2018, 433 (435); siehe dazu *Mantz/Marosi*, in: Specht/Mantz, Europäisches und deutsches Datenschutzrecht, 1. Aufl. 2019, Teil A. § 3 Rn. 20, wonach ein „gemeinsamer Teilzweck“ für die Begründung einer gemeinsamen Verantwortlichkeit erforderlich sei; siehe zum kongruenten oder teilkongruenten Zweck auch *Ernst*, Gemeinsame Verantwortlichkeit bei arbeitsteiliger Datenverarbeitung – Ein europäisch-nationaler Vergleich, S. 238.

[967] Kritisch dazu *Kremer*, CR 2019, 225 (227).

[968] *Freund*, in: Schuster/Grützmacher, IT-Recht, Art. 26 Rn. 28; siehe auch *Marosi*, (Gem-)Einsame Verantwortlichkeit im Datenschutzrecht, S. 219 f.

[969] *Freund*, in: Schuster/Grützmacher, IT-Recht, Art. 26 Rn. 28; in diesem Sinne aber *Golland*, Datenverarbeitung in sozialen Netzwerken, S. 128, *Golland*, K&R 2018, 433 (437), der eine vollständige inhaltliche Kongruenz in der Zwecksetzung für die Begründung einer gemeinsamen Verantwortlichkeit voraussetzt; ähnlich *Kremer*, CR 2019, 225 (227), der eine Zweckidentität fordert.

dafür ausgesprochen, dass es für die Begründung einer gemeinsamen Verantwortlichkeit bereits ausreichend sei, dass die Akteure gemeinsam über wesentliche Elemente der einzusetzenden Mittel entscheiden, selbst wenn sie nicht notwendigerweise die gleichen Zwecke verfolgen.[970]
Für die Rechtslage unter der DSGVO hat die *Datenschutzkonferenz (DSK)* diese Konzeption aufgegriffen und präzisiert. Eine gemeinsame Zweckgrundlage könne auch dann vorliegen, wenn im Innenverhältnis zwar verschiedene Zwecke von den jeweiligen Beteiligten verfolgt werden, eine Zweckverfolgung im Rahmen der konkreten Datenverarbeitung jedoch nicht ohne die andere möglich ist.[971] Es genüge bereits, wenn die Beteiligten die Mittel und die (ggfs. differenzierten) Zweckbestimmungen der Verarbeitung gegenseitig akzeptieren.[972] Es sei somit auch denkbar, dass ein Akteur im Voraus die Zwecke und Mittel festlegt und sich die verwendende Stelle diesen Festlegungen lediglich anschließt.[973] Sofern die verfolgten Zwecke der Beteiligten eng zusammenhingen, genüge dies. Eine vollständige Deckungsgleichheit der von den Beteiligten verfolgten Zwecke sei im Ganzen nicht vonnöten.[974]
Ausweilich der jüngst aktualisierten Guidelines folgt auch der *EDSA* einer gleichartigen Konzeption. Auf das Erfordernis einer Zweckidentität wird verzichtet. Wenngleich der *EDSA* zunächst betont, dass die beteiligten Stellen die Daten für dieselben oder gemeinsame Zwecke verarbeiten müssten,[975] wird im Ergebnis davon ausgegangen, dass bereits eine Verbundenheit und Ergänzung von Einzelzwecken als Zweckgrundlage ausreichend sein könne.[976]
Für den Fall, dass verschiedene Akteure nicht dieselben Zwecke mit der Verarbeitung verfolgen, könne eine gemeinsame Verantwortlichkeit auch dann anzunehmen sein, wenn die beteiligten Stellen eigene Zwecke verfolgen, die eng miteinander verbunden sind oder sich wechselseitig ergänzen (englisch: „closely linked or complementary").[977] Eng miteinander verbundene oder komplementäre Zwecke könnten bereits dann vorliegen, wenn ein gegenseitiger Nutzen aus derselben Verarbeitung entsteht. Aus dem Bestehen eines gegenseitigen Nutzens wird auf das Vorliegen einer gemeinsamen Verantwortlichkeit geschlossen, wenn von den Beteiligten zugleich jeweils eine im Eigeninteresse liegende Kontrolle über die Verarbeitung ausgeübt wird.[978] Auch eine Zweckeinheit auf einer abstrakten Ebene wird damit als ausreichende Grundlage für eine gemeinsame Verantwortlichkeit erachtet.

---

[970] Vgl. *Art.-29-Datenschutzgruppe*, WP 169. S. 23 f.; vgl. dazu *Gierschmann*, ZD 2020, 69 (70).
[971] *DSK*, Kurzpapier Nr. 16, S. 2.
[972] *DSK*, Kurzpapier Nr. 16, S. 3.
[973] *DSK*, Kurzpapier Nr. 16, S. 3.
[974] *DSK*, Kurzpapier Nr. 16, S. 3.
[975] *EDPB*, Guidelines 07/2020 (Version 2.1), Rn. 59.
[976] *EDPB*, Guidelines 07/2020 (Version 2.1), Rn. 60 f.
[977] *EDPB*, Guidelines 07/2020 (Version 2.1), Rn. 60.
[978] *EDPB*, Guidelines 07/2020 (Version 2.1), Rn. 62.

(cc.) Grenzen der abstrahierenden Betrachtung

Die Verbindung singulärer Einzelzwecke auf einer abstrakten Makroebene wird wesentlich durch ein kausales Verständnis geprägt. Von einer Konnexität der individuell verfolgten Teilzwecke könnte bereits dann auszugehen sein, wenn sich das Tätigwerden der Beteiligten lediglich kausal ergänzt. Aus dem bloßen Umstand, dass beteiligte Akteure von dem Tätigwerden eines anderen Akteurs Profit schlagen, könnte bereits auf eine Zweckverbundenheit geschlossen werden. Nahezu alle Formen des kumulativen Zusammenwirkens wären erfasst, sofern sie durch eine Conditio-sine-qua-non gekennzeichnet wären.

Das abstrahierende Zweckverständnis birgt dabei die Gefahr einer extensiven Ausdehnung des Anwendungsbereichs des Rechtsinstituts der gemeinsamen Verantwortlichkeit. Je abstrakter die Ebene der Zweckeinheit gefasst wird, desto schwieriger fällt die Abgrenzung zu anderen datenschutzrechtlichen Beteiligungsformen, wie etwa der getrennten Verantwortlichkeit.[979] Auch der *EDSA* hat diese Bedenken hinsichtlich der Weite des Rechtsinstituts an einzelnen Stellen aufgegriffen. Einschränkend wird anerkannt, dass der Begriff des gegenseitigen Nutzens für sich genommen nicht entscheidend sein könne. Ein gegenseitiger Nutzen stelle lediglich ein weiteres Indiz dar.[980] Aus dem Vorliegen eines gegenseitigen (z.B. kommerziellen) Nutzens bzw. eines Vorteils aus einer Verarbeitungstätigkeit könne nicht zwangsläufig eine gemeinsame Verantwortlichkeit erwachsen.[981]

Wenngleich eine gewisse Inkongruenz der Motivationslagen zu tolerieren ist, sollten die unabhängigen Teilziele in ihrer Gesamtschau in der Verfolgung eines gemeinsamen Zielzustandes münden, den die Beteiligten durch die Verarbeitung im Rahmen legitimer Verarbeitungsgründe anstreben (Art. 5 Abs. 1 lit. b DSGVO).[982] Die verantwortlichkeitsbegründende Voraussetzung bleibt die bewusste und auf das Tätigwerden der anderen Partei ausgerichtete Determinierung eines übergeordneten und übereinstimmenden Zielzustandes. Die Übereinkunft zwischen den Beteiligten muss sich sowohl auf die Instrumente als auch die Motive erstrecken.[983] Komplementäre Verarbeitungsinteressen, die sich auch aus konvergierenden Einzelentscheidungen ergeben, können dafür genügen.

[979] Vgl. *Kremer*, CR 2019, 225 (227); *Lee/Cross*, MMR 2019, 559 (561 f.).
[980] *EDPB*, Guidelines 07/2020 (Version 2.1), Rn. 60.
[981] *EDPB*, Guidelines 07/2020 (Version 2.1), Rn. 62; siehe dazu *Herbrich*, DSB 2020, 280.
[982] Vgl. *Martini*, in: Paal/Pauly, DS-GVO/BDSG, 3. Aufl. 2021, Art. 26 Rn. 21; ähnlich *Arning/Rothkegel*, in: Taeger/Gabel, DSGVO/BDSG/TTDSG, 4. Aufl. 2022, Art. 4 Rn. 220: „ein gleichgelagertes Interesse"; ähnlich *Lentz*, ArbRB 2021, 28 (30), wonach „gleichlaufende Interessen der Verantwortlichen" erforderlich seien; anhand des Kriteriums der Zweckkomplementarität differenzierend *Marosi*, (Gem-)Einsame Verantwortlichkeit im Datenschutzrecht, S. 219.
[983] *Martini*, in: Paal/Pauly, DS-GVO/BDSG, 3. Aufl. 2021, Art. 26 Rn. 21.

Berufen sich verschiedene Entitäten im Einzelfall allerdings auf gänzlich unterschiedliche Erlaubnistatbestände, stellt dies ein gewichtiges Indiz für eine unzulässige Inkongruenz dar. Als Orientierungshilfe dafür, ob von einem unzulässigen Auseinanderfallen der Zwecke auszugehen ist oder ausschließlich gleichgerichtete Partikularinteressen verfolgt werden, zieht *Hacker* in Erwägung, ergänzend auf die im Gesellschaftsrecht entwickelten Kriterien zum gemeinsamen Gesellschaftszweck Bezug zu nehmen.[984] § 705 BGB setzt einen gemeinsamen Zweck voraus, wobei damit ein überindividueller Verbandszweck gemeint ist. Dieser schließt nicht aus, dass die einzelnen Gesellschafter daneben auch persönliche oder eigennützige Absichten verfolgen.[985] Zwar ist für die Annahme einer gemeinsamen datenschutzrechtlichen Verantwortlichkeit nicht erforderlich, dass die Beteiligten, auch nicht konkludent, eine Gesellschaft im Sinne des BGB zur Durchführung der Datenverarbeitung gegründet haben. Da jedoch eine gemeinsame Verantwortung nur bei Vorliegen einer gemeinsamen Organisations- und Entscheidungsstruktur bestehen sollte und auch im Gesellschaftsrecht eine gleichartige sowie umfassende Außenhaftung der Gesellschafter nur bei hinreichender Übereinstimmung der verfolgten Zweckgrundlage angenommen wird, erscheinen die gesellschaftsrechtlichen Maßstäbe als geeigneter Referenzrahmen zur Auslegung.[986]

Wenngleich eine Zweckidentität keine zwingende Voraussetzung für die Begründung einer gemeinsamen Verantwortlichkeit ist, stellen stark divergierende Interessen- und Erkenntnislagen ein Indiz gegen das Vorliegen des Rechtsinstituts der gemeinsamen Verantwortlichkeit dar.[987] Denn mit stark abweichenden Zwecksetzungen gehen regelmäßig auch stark divergierende Einflussmöglichkeiten einher. Gänzlich abweichende oder diametral entgegenstehende Interessenlagen deuten darauf hin, dass durch die jeweilige Einflussnahme tatsächlich unterschiedliche Verarbeitungsphasen betroffen sind.[988] Werden in mehrgliedrigen Verarbeitungsszenarien voneinander unabhängige und vollständig inkongruente Zwecke mit der Verarbeitung verfolgt, auf die andere Akteure keinerlei Einfluss nehmen können, spricht dies gegen das Vorliegen einer gemeinsamen Verantwortlichkeit. Eine hohe Zweckinkongruenz deutet stattdessen darauf hin,

---

[984] *Hacker*, Datenprivatrecht, S. 131 ff.

[985] Siehe dazu *Fleischer*, in: MünchKomm-HGB, 5. Aufl. 2022, § 105 Rn. 39 m.w.N.

[986] Instruktiv dazu *Hacker*, Datenprivatrecht, S. 131.

[987] In diesem Sinne auch *EDSB*, Leitlinien des EDSB zu den Begriffen „Verantwortlicher", „Auftragsverarbeiter" und „gemeinsam Verantwortliche" nach der Verordnung (EU) 2018/1725, 07.11.2019, S. 26 f.

[988] Ähnlich *Arning/Rothkegel*, in: Taeger/Gabel, DSGVO/BDSG/TTDSG, 4. Aufl. 2022, Art. 4 Rn. 221, die bei dem Vorliegen gegenläufiger Interessen eine getrennte Verantwortlichkeit zwischen den Beteiligten auch dann vorziehen, wenn die Voraussetzungen an eine gemeinsame Verantwortlichkeit (formal) vorliegen.

dass eigenständige Einfluss- und Verantwortlichkeitsräume verbleiben.[989] In der Folge bestehen partikulare Ansprüche gegen die einzelnen an einem Projekt beteiligten Entitäten.[990]

(b.) Mittelgrundlage

Grundlage einer gemeinsamen Verantwortlichkeit ist stets, dass zwei oder mehr Akteure Einfluss auf die Art und Weise der Verarbeitung personenbezogener Daten nehmen.[991] Die gemeinsame Mittelgrundlage besteht dabei typischerweise in der Nutzung eines gemeinsamen Datenverarbeitungssystems oder einer gemeinsamen Infrastruktur, auf die von den Beteiligten eingewirkt werden kann.[992] Wenngleich es für die Begründung einer gemeinsamen Verantwortlichkeit nicht zwingend ist, dass jeder Beteiligte in jedem Fall alle Mittel in exakt gleichem Ausmaß bestimmt,[993] ist es dennoch erforderlich, dass die tatsächliche Einflussnahme die derselben Verarbeitung zugrunde liegenden (wesentlichen) Mittel betrifft.[994] Der über technische oder organisatorische Maßnahmen ausgeübte Einfluss muss miteinander in Verbindung stehende Mittel betreffen, die sich jedenfalls teilweise decken und gegenseitig bedingen.[995]
Stehen die Mittel bzw. deren Ausgestaltung unabhängig nebeneinander, wird auch eine gemeinsame Festlegung ausscheiden, die wiederum Voraussetzung für eine gemeinsame Verantwortlichkeit ist.[996] Die Nutzung völlig unterschiedlicher Mittel stellt ein starkes Indiz gegen das Vorliegen einer gemeinsamen Verantwortlichkeit dar und deutet vielmehr darauf hin, dass die mittelbezogene Einflussnahme verschiedene Vorgänge bzw. Phasen einer Datenverarbeitung betrifft.[997] Ein die gemeinsame Verantwortlichkeit ausschließendes Auseinanderfallen des Mitteleinsatzes kann selbst bei der Nutzung eines gemeinsamen Datenverarbeitungssystems oder einer gemeinsamen Infrastruktur vorliegen. Aus dem Umstand, dass Verarbeitungsvorgänge auf einer gemeinsamen und übergeordneten Mittelgrundlage erfolgen, kann nicht zwangsläufig auf eine gemeinsame Verantwortlichkeit hinsichtlich der daran anschließenden, konkreten Vorgänge geschlossen werden, wenn die Art und Weise der konkreten Ausgestaltung von den Beteiligten selbstbestimmt, unabhängig und getrennt voneinander festgelegt werden kann.[998]

---

[989] In diesem Sinne auch *Arning/Rothkegel*, in: Taeger/Gabel, DSGVO/BDSG/TTDSG, 4. Aufl. 2022, Art. 4 Rn. 220, die im Hinblick auf eine gemeinsame Verantwortlichkeit darauf abstellen, ob ein gleichgelagertes Interesse von den Akteuren verfolgt wird.
[990] Vgl. *Hacker*, Datenprivatrecht, S. 131.
[991] Vgl. *EDPB*, Guidelines 07/2020 (Version 2.1), Rn. 63.
[992] *EDPB*, Guidelines 07/2020 (Version 2.1), Rn. 65 ff.
[993] *EDPB*, Guidelines 07/2020 (Version 2.1), Rn. 63.
[994] Siehe dazu *Freund*, in: Schuster/Grützmacher, IT-Recht, Art. 26 Rn. 27.
[995] Restriktiv *Freund*, in: Schuster/Grützmacher, IT-Recht, Art. 26 Rn. 26 f., demzufolge die Mittel von den Verantwortlichen identisch gewählt werden müssten; in diesem Sinne auch *Kremer*, CR 2019, 225 (227).
[996] Vgl. *Kremer*, CR 2019, 225 (227); in diesem Sinne auch *EDPB*, Guidelines 07/2020 (Version 2.1), Rn. 68.
[997] Vgl. *Kremer*, CR 2019, 225 (227); *Kremer*, in: Schwartmann/Jaspers/Thüsing/Kugelmann, DS-GVO/BDSG, 3. Aufl. 2024, Art. 26 Rn. 61.
[998] Siehe dazu *EDPB*, Guidelines 07/2020 (Version 2.1), Rn. 68.

(c.) Zwischenergebnis

Ein Wesensmerkmal des Rechtsinstituts der gemeinsamen Verantwortlichkeit besteht darin, dass zwischen den Entscheidungsbeiträgen der gemeinsam Verantwortlichen eine gewisse Kongruenz besteht. Die der Verarbeitung zugrunde liegenden Zwecke und Mittel müssen sich jedenfalls zum Teil inhaltlich decken.[999] Ohne eine gewisse inhaltliche Überlagerung und Übereinstimmung der Schlüsselkomponenten kann nicht von einer „gemeinsamen" Festlegung gesprochen werden.[1000] Die erforderliche Übereinstimmung kann auch dann vorliegen, wenn die Beteiligten mit der Verarbeitung im Detail eigenständige Zwecke verfolgen, die sich gegenseitig ergänzen. Profitieren die Akteure von den Zwecksetzungen des jeweils anderen, stellt dies ein Indiz für eine Konnexität der Zwecke dar. Als übergeordneter Kongruenzmaßstab ist der Schwerpunkt der verfolgten Interessen in den Blick zu nehmen, der das Tätigwerden der Akteure leitet. Je stärker die Einzelinteressen voneinander abweichen, desto eher ist auch davon auszugehen, dass die Festlegung nicht gemeinsam, sondern gänzlich getrennt voneinander erfolgt.[1001]

(4.) Das gemeinsame Festlegen

(a.) Kumulatives Festlegen von Zwecken und Mitteln

Innerhalb der Konzeption der gemeinsamen Verantwortlichkeit ist umstritten, ob die Begründung des Rechtsinstituts die gemeinsame Festlegung sowohl von den Zwecken als auch von den Mitteln der Verarbeitung oder nur eines dieser Schlüsselelemente voraussetzt.[1002] Im Kern betrifft die Diskussion die Frage, ob hinsichtlich der Mittel- bzw. Zweckfestlegung ein kumulatives oder ein alternatives Verständnis für die Begründung einer gemeinsamen Verantwortlichkeit heranzuziehen ist. Die Konjunktion „und" in der Wendung „die Zwecke der und die Mittel zur Verarbeitung" aus Art. 26 Abs. 1 S. 1 DSGVO wird unterschiedlich weit verstanden.[1003]

Im Ergebnis hat sich vornehmlich die *Art.-29-Datenschutzgruppe* für die Rechtslage unter der DSRL für ein alternatives Verständnis ausgesprochen. Die Verbindung der Entscheidung über die Zwecke und Mittel sei nicht wörtlich als kumulatives Erfordernis zu verstehen. Stattdessen ließ das unabhängige Beratungsgremium der Europäischen Kommission letztlich entweder die gemeinsame Festlegung der Mittel oder der Zwecke in der Form einer alternativen Bestimmung

---

[999] Vgl. *Freund*, in: Schuster/Grützmacher, IT-Recht, Art. 26 Rn. 26.
[1000] Vgl. *Freund*, in: Schuster/Grützmacher, IT-Recht, Art. 26 Rn. 26.
[1001] In diesem Sinne auch *EDSB*, Leitlinien des EDSB zu den Begriffen „Verantwortlicher", „Auftragsverarbeiter" und „gemeinsam Verantwortliche" nach der Verordnung (EU) 2018/1725, 07.11.2019, S. 26.
[1002] Siehe zur Diskussion *Kartheuser/Nabulsi*, MMR 2018, 717 (718 ff.).
[1003] Vgl. *Martini*, in: Paal/Pauly, DS-GVO/BDSG, 3. Aufl. 2021, Art. 26 Rn. 21a.

genügen und hielt zugleich einen übergeordneten Zweck für ausreichend, um Teilschritte der Verarbeitung zu verbinden.[1004] Von sehr engen Beziehungen mit vollständig übereinstimmenden Zwecken und Mitteln der Verarbeitung bis hin zu sehr lockeren Bindungen, in denen einzelne Parteien sich nur für Zwecke, nur für Mittel oder nur Teile davon verantwortlich zeichnen, seien diverse Konstellationen denkbar, die in einer gemeinsamen Verantwortlichkeit münden könnten.[1005] Die Verarbeitungskonstellation, in der kumulativ sowohl die Zwecke als auch die Mittel der Verarbeitung gemeinsam festgelegt werden, stelle nur eine Möglichkeit der Ausformung dar.[1006]

Dieses extensive Verständnis der Konjunktion „und" ist mit dem Wortlaut, der Regelungssystematik und der Normgenese indes kaum zu vereinbaren. Stattdessen ist es vorzugswürdig, die Entscheidung über nur eines der Merkmale, wie etwa die isolierte Mittelentscheidung, ohne gleichzeitige Zwecksetzungsmacht, *ipso iure* nicht als ausreichend zu erachten, um eine gemeinsame Verantwortlichkeit zu begründen.[1007] Gestützt wird dieses Verständnis hauptsächlich durch die Wortlautauslegung. Ausweislich des Art. 26 Abs. 1 S. 1 DSGVO sind zwei oder mehr Verantwortliche dann gemeinsam verantwortlich, wenn sie die Zwecke der „und" die Mittel zur Verarbeitung gemeinsam festlegen. Der maßgebliche Einfluss der Beteiligten muss sich danach auf die „Zwecke und Mittel" beziehen. Der Wortlaut spricht eindeutig dafür, dass nur bei einem kumulativen Festlegen beider Schlüsselelemente eine gemeinsame Verantwortlichkeit begründet werden kann.[1008]

[1004] *Art.-29-Datenschutzgruppe*, WP 169, S. 23; in diesem Sinne auch *Borges*, in: Borges/Hilber, BeckOK IT-Recht, 18. Edition Stand: 01.04.2025, Art. 26 DSGVO Rn. 10; in diesem Sinne noch der Autor in der Vorauflage *Lang*, in: Taeger/Gabel, DSGVO/BDSG, 3. Aufl. 2019, Art. 26 Rn. 20; ähnlich *Plath,* in: Plath, DSGVO/BDSG/TTDSG, 4. Aufl. 2023, Art. 26 Rn. 11, wonach es auch genügen könne, wenn nur eine Partei die Verarbeitungsmittel festlegt.

[1005] Vgl. *Art.-29-Datenschutzgruppe*, WP 169, S. 23; siehe dazu *Dovas*, ZD 2016, 512 (513).

[1006] In diesem Sinne noch der Autor in der Vorauflage *Lang*, in: Taeger/Gabel, DSGVO/BDSG, 3. Aufl. 2019, Art. 26 Rn. 20; in diesem Sinne auch *Borges*, in: Borges/Hilber, BeckOK IT-Recht, 18. Edition Stand: 01.04.2025, Art. 26 DSGVO Rn. 10.

[1007] *Freund*, in: Schuster/Grützmacher, IT-Recht, Art. 26 Rn. 21-23; mit Verweis auf die Genese der Norm *Petri/Stief*, in: Simitis/Hornung/Spiecker gen. Döhmann, DSGVO/BDSG, 2. Aufl. 2025, Art. 26 Rn. 15; *Lang*, in: Taeger/Gabel, DSGVO/BDSG/TTDSG, 4. Aufl. 2022, Art. 26 Rn. 41; *Hacker*, Datenprivatrecht, S. 131; *Kartheuser/Nabulsi*, MMR 2018, 717 (720); *Janicki,* FS Taeger 2020, S. 207; *Scheja/Reibach/Reichert*, in: Leupold/Wiebe/Glossner, IT-Recht, Teil 6.6 Rn. 237; *Martini*, in: Paal/Pauly, DS-GVO/BDSG, 3. Aufl. 2021, Art. 26 Rn. 21a; *Kremer*, CR 2019, 225 (227); *Piltz*, in: Gola/Heckmann, DSGVO/BDSG, 3. Aufl. 2022, Art. 26 Rn. 4; jedenfalls dafür, dass beide auch an der Entscheidung über den Zweck beteiligt werden müssen *Gola*, in: Gola/Heckmann, DSGVO/BDSG, 3. Aufl. 2022, Art. 4 Rn. 67 f.; siehe auch *DSK*, Kurzpapier Nr. 16, S. 1 ff., demzufolge aber auch flexible Ausgestaltungsmöglichkeiten für ausreichend erachtet werden, im Rahmen derer die Beteiligten die jeweils verfolgten Zwecke und eingesetzten Mittel „gegenseitig akzeptieren"; ein davon abweichendes Verständnis vertretend *Marosi*, (Gem-)Einsame Verantwortlichkeit im Datenschutzrecht, S. 289, wonach ein hinreichender Entscheidungsbeitrag für eine gemeinsame Verantwortlichkeit auch dann anzunehmen sei, wenn dieser sich auf die Zwecke oder Mittel der Verarbeitung beziehe, wobei hinsichtlich des jeweils anderen Aspekts eine bloße Billigung ausreiche.

[1008] So auch *Kartheuser/Nabulsi*, MMR 2018, 717 (720); *Janicki,* FS Taeger 2020, S. 200; *Piltz*, in: Gola/Heckmann, DSGVO/BDSG, 3. Aufl. 2022, Art. 26 Rn. 4; *Gola*, in: Gola/Heckmann, DSGVO/BDSG, 3. Aufl. 2022, Art. 4 Rn. 67 f.; *Martini*, in: Paal/Pauly, DS-GVO/BDSG, 3. Aufl. 2021, Art. 26 Rn. 21a; *Lang*, in: Taeger/Gabel,

Die Entstehungsgeschichte der Norm verdeutlicht ergänzend, dass es sich bei dem Wesensmerkmal der kumulativen Verknüpfung um eine bewusste Entscheidung des Gesetzgebers handelt. So wurde im Rahmen des Gesetzgebungsverfahren zu Art. 4 Nr. 7 DSGVO und zu Art. 26 DSGVO sowohl eine Ausweitung[1009] als auch eine Einschränkung[1010] der Voraussetzungen politisch diskutiert, final jedoch nicht in der Form umgesetzt.[1011]

Darüber hinaus spricht auch die Gesetzessystematik für das Erfordernis einer kumulativen Verknüpfung. Dem Umstand geschuldet, dass es sich bei mehreren gemeinsam Verantwortlichen um mehrere jeweils selbstständig verantwortliche Akteure handelt und die Definition des datenschutzrechtlich Verantwortlichen in Art. 4 Nr. 7 Hs. 1 DSGVO auch den Ausgangspunkt für die Bestimmung der gemeinsamen Verantwortlichkeit darstellt, wäre es systemwidrig, im Kontext von Art. 26 Abs. 1 S. 1 DSGVO von einem abweichenden, alternativen Zusammenhang zwischen den Schlüsselelementen auszugehen. Die Entscheidungsgewalt jedes Beteiligten muss im Endeffekt kumulativ beide objektbezogenen Merkmale betreffen, um eine gemeinsame Verantwortlichkeit begründen zu können.[1012] In Anbetracht des logischen Wirkungszusammenhangs zwischen der Zweck- und der Mittelebene kann die Einflussnahme auf die Ausgestaltung eines Verarbeitungsverfahrens im Einzelfall so signifikant sein, dass die Zweckebene tangiert wird und das Erfordernis einer kumulativen Festlegung erfüllt ist.[1013]

Auslegungsansätze, die sich gegen diese systematischen Zusammenhänge sowie den klaren Gesetzeswortlaut stellen, sind auch wegen der hohen Bußgeldandrohung des Art. 83 Abs. 4 lit. a DSGVO als problematisch zu bewerten und ließen sich nur durch gewichtige teleologische Argumente rechtfertigen.[1014] Derart gewichtige Argumente sind nicht ersichtlich. Dem Umstand geschuldet, dass auch bei einer Einordnung der Beteiligten als alleinige Verantwortliche die Betroffenen auf ein Haftungssubjekt zurückgreifen können und die gesamtschuldnerische Haftung nach Art. 82 Abs. 4 DSGVO auch dann eintritt, wenn mehrere allein Verantwortliche an einer Verarbeitung beteiligt sind, entstehen für die betroffenen Personen keine

DSGVO/BDSG/TTDSG, 4. Aufl. 2022, Art. 26 Rn. 41; siehe auch den korrespondierenden DSGVO-Erwägungsgrund 79 DSGVO, der ebenfalls eine kumulative Verknüpfung voraussetzt.

1009 Vgl. bereits Art. 4 Nr. 5 Hs. 1 und Art. 24 Abs. 1 DSGVO-E(KOM), wonach ein Verantwortlicher bzw. gemeinsame Verantwortliche sowohl die Zwecke, Bedingungen und Mittel der Verarbeitung gemeinsam festlegen mussten.

1010 Ausweislich des Änderungsantrages 1748 (MdEP Valean, Rohde) sollten bereits diejenigen als gemeinsame Verantwortliche gelten, die über die Zwecke der Verarbeitung entscheiden.

1011 Siehe zur Genese der Norm *Petri/Stief*, in: Simitis/Hornung/Spiecker gen. Döhmann, DSGVO/BDSG, 2. Aufl. 2025, Art. 26 Rn. 8 ff.

1012 In diesem Sinne auch *Jung/Hansch*, ZD 2019, 143 (147).

1013 Siehe zum Rangverhältnis der Schlüsselelemente Kap. D. II. 6.) b.) dd.) (2.).

1014 Vgl. *Kartheuser/Nabulsi*, MMR 2018, 717 (720).

Haftungslücken, die eine Auslegung contra legem rechtfertigen könnten.[1015] Eine teleologische Erweiterung der Norm ist nicht geboten.[1016]

Vor dem Hintergrund dieses Befundes ist es erfreulich, dass sich sowohl der *Europäische Datenschutzbeauftragte (EDSB)*[1017] als auch der *EDSA*[1018] von der Sichtweise der *Art.-29-Datenschutzgruppe* abgewandt haben. Aus der Anerkennung, dass die gemeinsame Verantwortung voraussetzt, dass jeder der gemeinsam Verantwortlichen sowohl den Zweck als auch die wesentlichen Mittel der Verarbeitung mitbestimmen muss, folgt, dass das Zusammentreffen mehrerer Stellen bei der Verarbeitung personenbezogener Daten nicht automatisch eine gemeinsame Verantwortlichkeit zur Folge hat.[1019] Das Erfordernis einer kumulativen Festlegung von Zwecken und Mittel stellt eine Einschränkung des Anwendungsbereichs der gemeinsamen Verantwortlichkeit dar und ermöglicht die Abgrenzung zu anderen datenschutzrechtlichen Beteiligungsformen.[1020]

(b.) Qualität der Entscheidungsverbindung

Das Rechtsinstitut der gemeinsamen Verantwortlichkeit ist maßgeblich davon geprägt, dass alle involvierten Stellen wesentliche Entscheidungen über die Zwecke und (wesentlichen) Mittel einer Datenverarbeitung treffen bzw. daran maßgeblich beteiligt sind.[1021] Sofern zwei oder mehrere Verantwortliche identifiziert wurden, ist daran anschließend der Frage nachzugehen, ob die Entscheidung bzw. die Einzelentscheidungen über die wesentlichen Mittel und/oder Zwecke auch gemeinsam erfolgen.[1022] Im offensichtlichsten Fall ergibt sich die gemeinsame Verantwortlichkeit für eine Verarbeitung in Kooperationsverhältnissen aus einer gemeinsam getroffenen Entscheidung („common decision“[1023]), die mehrere Beteiligte zusammen fällen. Das Tätigwerden beruht dabei auf einem gemeinsamen Willensbildungsprozess.[1024] Die beteiligten Akteure entscheiden zusammen, gleichberechtigt und gleichermaßen über das „Warum“ und das „Wie“ der Datenverarbeitung.

[1015] *Kartheuser/Nabulsi*, MMR 2018, 717 (720).

[1016] *Freund*, in: Schuster/Grützmacher, IT-Recht, Art. 26 Rn. 22; *Kartheuser/Nabulsi*, MMR 2018, 717 (720).

[1017] *EDSB*, Leitlinien des EDSB zu den Begriffen „Verantwortlicher“, „Auftragsverarbeiter“ und „gemeinsam Verantwortliche“ nach der Verordnung (EU) 2018/1725, 07.11.2019, S. 25 f.

[1018] *EDPB*, Guidelines 07/2020 (Version 2.1), Rn. 53.

[1019] Vgl. *EDPB*, Guidelines 07/2020 (Version 2.1), Rn. 53.

[1020] A.A. *Freund*, in: Schuster/Grützmacher, IT-Recht, Art. 26 Rn. 23, demzufolge der Anwendungsbereich des Rechtsinstituts durch das Erfordernis einer kumulativen Festlegung von Zwecken und Mitteln keine wesentliche Einschränkung erfahre.

[1021] Siehe zu verschiedenen Konstellationsmöglichkeiten *Ingold*, in: Sydow/Marsch, DS-GVO/BDSG, 3. Aufl. 2022, Art. 26 Rn. 4.

[1022] Vgl. *Jung/Hansch*, ZD 2019, 143 (147).

[1023] *EDPB*, Guidelines 07/2020 (Version 2.1), Rn. 54 f.

[1024] Vgl. *Janicki,* FS Taeger 2020, S. 207; *EDPB*, Guidelines 07/2020 (Version 2.1), Rn. 55.

(aa.) Verbundene Entscheidungen

Die Lebenswirklichkeit offenbart indessen, dass sich die Formen des kooperativen Zusammenwirkens mitunter stark unterscheiden. In den durch technologische Transformationen immer komplexer werdenden Verarbeitungskonstellationen stellt die gleichberechtigte und übereinstimmende Entscheidung mehrerer Beteiligter die Ausnahme dar. Den Regelfall bilden Szenarien, in denen die Entscheidungsbeiträge von Akteuren zeitlich, inhaltlich und/oder ihrem Umfang nach auseinanderfallen.[1025] In diversen Konstellationen kollidieren einzelne Entscheidungsbeiträge verschiedener Entscheidungsträger. In diesem Zusammenhang ist es irreführend und unpräzise ausschließlich von „einer" (gemeinsamen) Entscheidung bzw. Festlegung zu sprechen. Auch mehrere für sich betrachtet verantwortungsbegründende Festlegungen, die miteinander verbunden sind, können tatbestandlich sein und in einer gemeinsamen Verantwortlichkeit münden. Eine gemeinsame Willensbildung sowie eine gemeinsame und gleichermaßen erfolgende Festlegung in Form eines „miteinander entscheiden" wird von der Verordnung nicht gefordert.

Auch der *EDSA* verfolgt diese systematische Differenzierung und konstatiert, dass sich die gemeinsame Verantwortlichkeit in diversen Konstellationen auch aus mehreren kollidierenden Einzelentscheidungen ergeben könne, wenn diese zur Folge haben, dass mehr als eine Stelle einen steuernden Einfluss auf das „Ob" und das „Wie" der Verarbeitung besitzen.[1026] Dabei wird im Hinblick auf die Gemeinschaftlichkeit bei der Bestimmung von Zwecken und Mitteln eine neue Terminologie eingeführt. Es erfolgt eine explizite Unterscheidung zwischen einer gemeinsamen Entscheidung (englisch: „common decision") und konvergierenden Entscheidungen (englisch: „converging decisions").[1027] Während bei einer gemeinsamen Entscheidung eine einzige Entscheidung über die Schlüsselelemente der Verarbeitung vorliegt, die mehrere Stellen gemeinsam fällen, sei von konvergierenden Entscheidungen dann auszugehen, wenn die beteiligten Stellen jeweils für sich und ohne einen gemeinsamen Entscheidungsprozess entscheiden. Als tatbestandliche Hauptvoraussetzung wird gefordert, dass die Entscheidungen der Beteiligten miteinander „konvergieren" müssen, um auf diese Weise miteinander verbunden zu sein.[1028]

Was unter dem Terminus „konvergieren" genau zu verstehen ist bzw. unter welchen Voraussetzungen Einzelentscheidungen zu einer gemeinsamen Verantwortlichkeit verschmelzen, wird

[1025] Vgl. *Freund*, in: Schuster/Grützmacher, IT-Recht, Art. 26 Rn. 22.
[1026] Vgl. *EDPB*, Guidelines 07/2020 (Version 2.1), Rn. 54 ff.
[1027] *EDPB*, Guidelines 07/2020 (Version 2.1), Rn. 54 ff.
[1028] Siehe dzu *Vasella*, Verantwortliche und Auftragsverarbeiter: Zu den Leitlinien des *EDSA* (Entwurf) zum „Controller" und „Processor", S. 5.

aus den Leitlinien des *EDSA* nur in Grundzügen ersichtlich. So sei von konvergierenden Entscheidungen allgemein dann auszugehen, wenn diese untrennbar miteinander verbunden sind (englisch: „inseparable, i.e. inextricably linked“[1029]). Entscheidungen seien hinsichtlich der Zwecke und Mittel als konvergierend und untrennbar anzusehen, wenn sie sich gegenseitig ergänzen und für die Verarbeitung erforderlich sind, so dass sie einen spürbaren Einfluss auf die Festlegung der Zwecke und Mittel der Verarbeitung haben.[1030] Als wichtiges Kriterium zur Ermittlung konvergierender Entscheidungen wird darauf abgestellt, ob die konkrete Verarbeitung ohne die Mitwirkung beider Parteien nicht möglich wäre.[1031]

Im Kern ist dem Ansatz der konvergierenden Entscheidungen insoweit zuzustimmen, als dass bezüglich eines Verarbeitungsvorgangs zwei oder mehrere Einzelentscheidungen in der Form vorliegen können, dass sie erst in ihrem wechselseitigen Zusammenwirken die konkrete Verarbeitung bedingen. Um mehrere Einzelentscheidungen zu einer gemeinsamen Verantwortlichkeit zu verbinden, ist insbesondere darauf abzustellen, ob eine gegenseitige Abhängigkeit zwischen den Akteuren vorliegt.[1032] Dem Umstand geschuldet, dass das Ergebnis eines Verarbeitungsvorgangs nur durch das Zusammenwirken der Akteure erzielt werden kann, wird das Rechtsinstitut der gemeinsamen Verantwortlichkeit wesentlich durch einen Kausalitätszusammenhang i.S.d. Conditio-sine-qua-non-Formel geprägt.[1033] Würde die konkrete Datenverarbeitung dadurch gestört werden, dass ein oder mehrere Akteure unkoordiniert wesentliche Verarbeitungsumstände wie die Art der verarbeiteten Daten, die Speicherdauer und/oder den Datenzugriff ändern, stellt dies ein gewichtiges Indiz für ein die gemeinsame Verantwortlichkeit kennzeichnendes Abhängigkeitsverhältnis zwischen den Akteuren dar.[1034] Der Umstand, dass die konkrete Datenverarbeitung ohne den steuernden Beitrag der anderen Stelle signifikant andersartig gestaltet worden wäre, spricht für das Vorliegen einer gemeinsamen Verantwortlichkeit.[1035]

[1029] *EDPB*, Guidelines 07/2020 (Version 2.1), Rn. 55.

[1030] *EDPB*, Guidelines 07/2020 (Version 2.1), Rn. 55, siehe dazu *Lang*, in: Taeger/Gabel, DSGVO/BDSG/TTDSG, 4. Aufl. 2022, Art. 26 Rn. 46.

[1031] *EDPB*, Guidelines 07/2020 (Version 2.1), Rn. 55; ähnlich auch *DSK*, Kurzpapier Nr. 16, S. 2; die davon ausgeht, dass sich ein bestimmender Einfluss auch dadurch ergeben könne, dass bei verschiedenen Zwecken, die von den jeweiligen Beteiligten verfolgt werden, eine Zweckverfolgung im Rahmen dieser konkreten Datenverarbeitung nicht ohne die andere möglich ist; siehe dazu *Vasella*, Verantwortliche und Auftragsverarbeiter: Zu den Leitlinien des *EDSA* (Entwurf) zum „Controller“ und „Processor“, S. 5.

[1032] Vgl. *Hoffmann/Schmidt*, GRUR 2021, 679 (683); *Specht-Riemenschneider/Schneider*, MMR 2019, 503 (504).

[1033] Vgl. *Schneider*, Gemeinsame Verantwortlichkeit, S. 50 f.; *Marosi*, (Gem-)Einsame Verantwortlichkeit im Datenschutzrecht, S. 282.

[1034] *Hoffmann/Schmidt*, GRUR 2021, 679 (683); ähnlich auch *Specht-Riemenschneider/Schneider*, MMR 2019, 503 (504 f.), die eine gemeinsame Verantwortlichkeit automatisch dann annehmen, wenn eine Datenverarbeitung ohne den direkten, die Modalitäten der Datenverarbeitung regelnden Input einer anderen Stelle potenziell anders ausfallen würde.

[1035] Bereits die potenziell andersartige Gestaltung als ausreichend erachtend *Ingold*, in: Sydow/Marsch, DS-GVO/BDSG, 3. Aufl. 2022, Art. 26 Rn. 4; *Freund*, in: Schuster/Grützmacher, IT-Recht, Art. 26 Rn. 29.

Die zentrale Grundlage für eine „gemeinsame Festlegung“ ist folglich in dem positiven Bedingungszusammenhang des gegenseitigen Wirkens zu sehen, im Rahmen dessen sich die Interessen der Beteiligten wechselseitig unterstützen und ergänzen.[1036] Im Umkehrschluss scheidet eine gemeinsame Verantwortlichkeit aus, wenn einzelne Verarbeitungsvorgänge voneinander trennbar sind und auch ohne die Intervention anderer Beteiligter durchführbar wären.[1037] Würde sich das Gesamtgepräge der konkreten Verarbeitung trotz des Fehlens des Konterparts nicht wesentlich verändern, spräche dieser Befund gegen die Eigenverantwortlichkeit des entbehrlichen Akteurs, mit der Folge, dass sich auch eine gemeinsame Verantwortlichkeit nicht begründen ließe.

Neben der Voraussetzung, dass personenbezogene Daten ganz oder teilweise im gemeinsamen Interesse verarbeitet werden, ist zudem der bewusst gewählte Wirkungszusammenhang entscheidend, der zwischen dem Tätigwerden der jeweils Verantwortlichen und dem Einfluss auf einen konkreten Datenverarbeitungsvorgang besteht. Auch die gemeinsame Festlegung der Schlüsselelemente setzt die willentliche Beeinflussung der Verarbeitung durch jede der beteiligten Stellen voraus. Wenngleich eine umfassende Kenntnis aller Details des gegenseitigen Wirkens nicht erforderlich ist, erfordert die gemeinsame Festlegung jedoch zumindest die Kenntnis der Gesamtumstände und eine bewusste Billigung der Entscheidungsbeiträge der jeweiligen anderen Stellen.[1038] Vor allem dann, wenn die an der konkreten Verarbeitung beteiligten Akteure mit ihrem Wirken im Detail unterschiedliche Zwecke verfolgen, kommt der „subjektiven Komponente“ eine gesteigerte Bedeutung zu, um von einer Verbundenheit der Einzelbeiträge auszugehen.[1039]

(bb.) Grenzen des Konzepts konvergierender Entscheidungen

Abseits der im Grundsatz folgerichtigen Konzeption der sich gegenseitig ergänzenden und verschmelzenden Einzelentscheidungen bedingen die weiten Voraussetzungen, unter denen der *EDSA* zu der Annahme einer gemeinsamen Verantwortlichkeit gelangt, jedoch im Detail relevante Risiken und Unsicherheiten für Betroffene und potenziell Verantwortliche. Das Konzept der konvergierenden Einzelentscheidungen bedarf klarer Begrenzungen, um eine sinnhafte und verhältnismäßige Verantwortlichkeitszuordnung zu garantieren und den diversen Formen des vermehrt digitalen Zusammenwirkens gerecht zu werden.

[1036] Vgl. *Böllhoff/Rataj*, WRP 2019, 1536 (1538).

[1037] Dazu *Herbrich*, DSB 2020, 280 (281).

[1038] Vgl. *Lurtz/Schindler*, VuR 2019, 471 (474); *Lang*, in: Taeger/Gabel, DSGVO/BDSG/TTDSG, 4. Aufl. 2022, Art. 26 Rn. 51; der Billigung eine hohe Bedeutung zumessend *Marosi*, (Gem-)Einsame Verantwortlichkeit im Datenschutzrecht, S. 238; siehe vor dem Hintergrund der Rechtssache *Fashion ID* auch *Schneider*, Gemeinsame Verantwortlichkeit, S. 64 ff.; siehe allgemein zum subjektiven Element Kap. D. II. 6.) b.) cc.) (3.).

[1039] Vgl. *Lang*, in: Taeger/Gabel, DSGVO/BDSG/TTDSG, 4. Aufl. 2022, Art. 26 Rn. 60.

(aaa.) Relevanzschwelle einer Teilentscheidung

In Anbetracht der multipolaren, komplexen Datenverarbeitungsprozesse in digitalisierten Umgebungen wird es immer schwieriger, konkrete Relevanzschwellen zu bestimmen, die Beteiligte im Zusammenwirken mit anderen Akteuren überschreiten müssen, um selbst in der Rolle eines Mitverantwortlichen zu agieren.[1040] Die tatsächliche Einflussgewalt der Beteiligten auf die Zwecke und Mittel einer Datenverarbeitung unterscheiden sich mitunter stark.

Wie bei der singulären Verantwortlichkeit wird auch im Kontext der zu einer gemeinsamen Verantwortlichkeit führenden, konvergierenden Einzelentscheidungen die Zuweisung der Verantwortlichkeit erst durch den tatsächlichen Einfluss legitimiert, den ein Akteur auf die konkretisierte Verarbeitung von personenbezogenen Daten hat. Die faktische Entscheidungsgewalt über die Verarbeitung setzt auch den notwendigen Ausgangspunkt für ein gemeinsames Festlegen.[1041] Dem in der Legaldefinition des Rechtsinstituts der gemeinsamen Verantwortlichkeit normierten Verb „festlegen" aus Art. 26 Abs. 1 S. 1 DSGVO kommt insoweit die gleiche Bedeutung zu wie dem Verb „entscheiden" in der korrespondierenden Begriffsbestimmung des Verantwortlichen aus Art. 4 Nr. 7 Hs. 1 DSGVO.[1042] Weil die konkrete Verarbeitung letztendlich das Bezugsobjekt darstellt, vermag erst deren „gemeinsame Kontrolle" eine gemeinsame Verantwortlichkeit zu begründen.[1043] Eine gemeinsame Festlegung bzw. Entscheidung über die Zwecke und Mittel der Verarbeitung wird nur dann vorliegen, wenn die beteiligten Akteure jeweils auch tatsächlich die konkrete Verarbeitung bezogen auf das Ob, Warum und Wie beeinflussen können.[1044] Bildlich gesprochen, muss jeder der Beteiligten als „Herr der Daten" die Stellung eines Verantwortlichen einnehmen.[1045]

Für die Einnahme dieser Stellung ist die gemeinsame Festlegung der Zwecke und wesentlichen Mittel entscheidend, von der wiederum nur dann auszugehen ist, wenn die potenziell

---

[1040] Siehe zu der Problematik *Freund*, in: Schuster/Grützmacher, IT-Recht, Art. 26 Rn. 29 ff.; siehe auch zur Entscheidungshöhe *Ernst*, Gemeinsame Verantwortlichkeit bei arbeitsteiliger Datenverarbeitung – Ein europäisch-nationaler Vergleich, S. 182 ff.

[1041] *Lang*, in: Taeger/Gabel, DSGVO/BDSG/TTDSG, 4. Aufl. 2022, Art. 26 Rn. 47.

[1042] *Lang*, in: Taeger/Gabel, DSGVO/BDSG/TTDSG, 4. Aufl. 2022, Art. 26 Rn. 45; siehe auch *EDPB*, Guidelines 07/2020 (Version 2.1), Rn. 50, demzufolge für die Bewertung der gemeinsamen Kontrolle die entwickelten Grundsätze der „alleinigen" Kontrolle zugrunde zu legen sind; dazu Kap. D. III. 4.) b.).

[1043] Vgl. *EDPB*, Guidelines 07/2020 (Version 2.1), Rn. 50; *Piltz*, in: Gola/Heckmann, DSGVO/BDSG, 3. Aufl. 2022, Art. 26 Rn. 9; in diesem Sinne bereits *Art.-29-Datenschutzgruppe*, WP 169, S. 22.

[1044] Vgl. *Rothkegel/Strassemeyer*, CRi 2019, 161 (167); *Kremer*, CR 2019, 225 (227); *Martini*, in: Paal/Pauly, DS-GVO/BDSG, 3. Aufl. 2021, Art. 26 Rn. 19.

[1045] Vgl. *Martini*, in: Paal/Pauly, DS-GVO/BDSG, 3. Aufl. 2021, Art. 26 Rn. 19; in diesem Sinne auch *Hartung*, in: Kühling/Buchner, DS-GVO/BDSG, 4. Aufl. 2024, Art. 26 Rn. 11; ähnlich *Jung/Hansch*, ZD 2019, 143 (147); a.A. wohl *Kremer*, in: Schwartmann/Jaspers/Thüsing/Kugelmann, DS-GVO/BDSG, 3. Aufl. 2024, Art. 26 Rn. 53 und 56, der infolge der EuGH-Rechtsprechung eine isolierte Verantwortlichkeit (also ohne die ihm zugerechnete Verarbeitung des anderen Verantwortlichen) für entbehrlich erachtet und eine gemeinsame Verantwortlichkeit bereits dann in Betracht zieht, wenn bloß irgendein Beitrag geleistet wird, der sich auf die Entscheidung über Zwecke und Mittel der Verarbeitung auswirkt.

Verantwortlichen durch ihr selbstbestimmtes Tätigwerden jeweils die grundlegenden Dimensionen, die wesentlich durch die zugrundeliegenden Technologien - einschließlich aller insoweit bestehenden technischen und organisatorischen Maßnahmen - bedingt werden, diktieren können, sich diese Einflussnahme auf das Ausmaß der konkreten Verarbeitung auswirkt und zu einer Beeinträchtigung der Rechte und Freiheiten der betroffenen Personen führt.[1046]

Um sowohl den Wortlaut zu achten als auch unter teleologischen Gesichtspunkten das Erfordernis der Korrespondenz von Kontrolle und Verantwortung zu wahren, ist die signifikante (Mit-)Entscheidungsgewalt über die Zwecke und wesentlichen Mittel der Verarbeitung entscheidend, die mindestens zwei Entitäten innehaben.[1047] Der verantwortlichkeitsbegründende Einfluss eines jeden Mitverantwortlichen auf die Verarbeitungsmittel muss so ausgeprägt sein, dass sich daraus jeweils eine implizite Zwecksetzungsmacht ableiten lässt. Dem Legitimationsgedanken folgend können nur unter diesen gesteigerten Voraussetzungen alle Akteure zur Einhaltung datenschutzrechtlicher Anforderungen verpflichtet werden.[1048]

Obgleich das Rechtsinstitut der gemeinsamen Verantwortlichkeit wesentlich durch ein äquivalent-kausales Abhängigkeitsverhältnis gekennzeichnet ist, erwächst aus einer bloßen Mitursächlichkeit in einer Kausalkette nicht zwangsläufig auch eine Mitverantwortlichkeit.[1049] Neben dem Erfordernis eines voluntativen Elements muss sich die Fähigkeit zur signifikanten Einflussnahme stets auf die operative Ausgestaltung einer konkreten Datenverarbeitung und eines bestimmten Datensatzes beziehen. Abweichende Interpretationsansätze, denen zufolge auch alle anderen Formen der Beeinflussung, die sich auf das Persönlichkeitsrecht der betroffenen Person risikoerhöhend auswirken, als für eine (Mit-)Verantwortlichkeit ausreichend erachtet werden,[1050] lassen sich mit diesen Grundsätzen nicht vereinbaren und sind in ihrer Abstraktheit nicht dazu geeignet, dem Rechtsinstitut weitere Kontur zu verleihen.[1051] Dem Umstand

[1046] Vgl. *Janicki,* FS Taeger 2020, S. 203; *Scheja/Reibach/Reichert*, in: Leupold/Wiebe/Glossner, IT-Recht, Teil 6.6 Rn. 237.

[1047] Vgl. *Hacker*, Datenprivatrecht, S. 130 und S. 134; *Freund*, in: Schuster/Grützmacher, IT-Recht, Art. 26 Rn. 17; siehe auch *Kremer*, CR 2019, 225 (227); *Lang*, in: Taeger/Gabel, DSGVO/BDSG/TTDSG, 4. Aufl. 2022, Art. 26 Rn. 45 a.A. *Ingold*, in: Sydow/Marsch, DS-GVO/BDSG, 3. Aufl. 2022, Art. 26 Rn. 4, der eine „Entscheidungshöhe" bereits dann bejaht, wenn die Datenverarbeitung ohne den direktiven Input einer Stelle potenziell andersartig gestaltet worden wäre.

[1048] Vgl. *Moos/Rothkegel*, MMR 2018, 596 (597); *Hacker*, Datenprivatrecht, S. 134; *Hacker*, MMR 2018, 779 (780); *Piltz*, ZD 2017, 336 (337); siehe dazu auch *Janicki,* FS Taeger 2020, S. 208.

[1049] Vgl. *Freund*, in: Schuster/Grützmacher, IT-Recht, Art. 26 Rn. 34; *Martini*, in: Paal/Pauly, DS-GVO/BDSG, 3. Aufl. 2021, Art. 26 Rn. 19; a.A. wohl unter Bezugnahme auf die EuGH-Rechtsprechung sowie die Rechtsprechung des BVerwG *Kremer*, in: Schwartmann/Jaspers/Thüsing/Kugelmann, DS-GVO/BDSG, 3. Aufl. 2024, Art. 26 Rn. 56.

[1050] In diesem Sinne *Petri*, EuZW 2018, 902 (903); ähnlich bereits EuGH [GK], Rs. C-131/12, *Google Spain SL u. Google Inc./Agencia Española de Protección de Datos (AEPD) u. Mario Costeja Conzález,* ECLI:EU:C:2014:317 Rn. 35-38.

[1051] Kritisch dazu *Lang*, in: Taeger/Gabel, DSGVO/BDSG/TTDSG, 4. Aufl. 2022, Art. 26 Rn. 49, der zutreffend darauf hinweist, dass die Diskussion um die Relevanzschwelle einer Teilentscheidung mit einer Anknüpfung an

geschuldet, dass in der Realität jede Datenverarbeitung mit einem gewissen Risiko verbunden ist, würde durch die isolierte Betrachtung der Risikogeneigtheit einer Verarbeitung und deren Auswirkungen auf Betroffene eine kaum mehr nachzuvollziehende Tatbestandsausweitung drohen.[1052]

(bbb.) Würdigung der Gesamtumstände

Die Frage danach, ob jeder potenziell Mitverantwortliche auch tatsächlich dazu befähigt ist, über die jeweiligen Zwecke und wesentlichen Mittel einer bestimmten Datenverarbeitung zu entscheiden, ist im Rahmen einer holistischen Gesamtbetrachtung anhand der faktischen Umstände des Einzelfalls zu beurteilen.[1053] Bezogen auf das Konzept konvergierender Einzelentscheidungen ist dabei zu konstatieren, dass innerhalb der Gesamtwürdigung bislang weitgehend auf eine inhaltliche Überlagerung und Übereinstimmung der Schlüsselkomponenten verzichtet wird und stattdessen isolierte Kausalitätserwägungen in das Zentrum der Betrachtung gesetzt werden.

Das konsequente Verfolgen dieses Ansatzes birgt in der Praxis allerdings die Gefahr, dass primär in machtasymmetrischen Entscheidungsprozessen, wie sie vor allem im Anbieter-Nutzer-Verhältnis zwischen Privaten und international tätigen Digitalkonzernen vorzufinden sind, der dominierende Akteur die Verarbeitung nach diametral entgegenstehenden Interessen und losgelöst von den anderen Beteiligten ausrichten könnte, solange sich aus dem Zusammenwirken der Akteure ein irgendwie gearteter positiver Bedingungszusammenhang ergibt.

Speziell im digitalen Kontext entstehen zunehmend strukturelle Machtasymmetrien zwischen den weltweit tätigen Digitalkonzernen und den Nutzern bzw. Anwendern, insbesondere im Bereich der Verarbeitung personenbezogener Daten. Zentraler Ausgangspunkt ist häufig eine ausgeprägte Informationsasymmetrie. Vor allem Plattformanbieter verfügen in der Regel über weitreichende Möglichkeiten zur Erhebung und anschließenden Auswertung personenbezogener Daten, während die Nutzer sowie andere betroffene Personen regelmäßig weder den genauen Umfang noch die genauen Ziele der Verarbeitung oder eine etwaige Weitergabe an Dritte überblicken können. Diese Informationsungleichheit wird durch die ansteigende technologische Überlegenheit der Unternehmen weiter verstärkt. Der Einsatz algorithmischer Systeme und KI-Anwendungen ermöglicht häufig eine umfassende Profilbildung und gezielte

---

die Auswirkungen auf die betroffenen Personen lediglich auf ein weiteres auslegungsbedürftiges Abgrenzungskriterium verlagert wird.

[1052] Vgl. *Lang*, in: Taeger/Gabel, DSGVO/BDSG/TTDSG, 4. Aufl. 2022, Art. 26 Rn. 49.

[1053] *Freund*, in: Schuster/Grützmacher, IT-Recht, Art. 26 Rn. 16; *Lang*, in: Taeger/Gabel, DSGVO/BDSG/TTDSG, 4. Aufl. 2022, Art. 26 Rn. 49; *Piltz*, in: Gola/Heckmann, DSGVO/BDSG, 3. Aufl. 2022, Art. 26 Rn. 9; *Kremer*, CR 2019, 225 (227); *Rothkegel/Strassemeyer*, CRi 2019, 161 (166 f.).

Verhaltensbeeinflussung, ohne dass die zugrunde liegenden Prozesse für die Betroffenen transparent oder kontrollierbar wären.[1054] Algorithmen können im Einzelfall diskriminierend wirken, wenn sie Vorurteile aus Trainingsdaten übernehmen und dadurch bestimmte Gruppen benachteiligen.[1055] Hinzu treten häufig einseitige Einwilligungs- und Vertragsstrukturen, da die Inanspruchnahme digitaler Dienste vielfach an die pauschale Zustimmung zu einseitig gesetzten Geschäftsbedingungen gebunden ist.[1056] Diese allgegenwärtigen Umstände illustrieren das strukturelle Ungleichgewicht zugunsten datenverarbeitender Unternehmen im digitalen Raum. Um die angestrebte Ausgewogenheit des Verhältnisses aus Macht, Einfluss und Verantwortlichkeit auch im Kontext konvergierender Einzelentscheidungen aufrechtzuerhalten, sollten diese allgegenwärtigen Macht- und Einflussgefälle zwischen potenziell Mitverantwortlichen in gesteigertem Maße berücksichtigt werden. Wenngleich anzuerkennen ist, dass die Entscheidungsbeiträge beteiligter Akteure nicht exakt gleichförmig ausgestaltet sein müssen,[1057] sprechen eine ausgeprägte Unausgewogenheit bei der faktischen Ausübung von Entscheidungsgewalt sowie stark divergierende Zielvorstellungen gegen das Vorliegen verschiedener, die Relevanzschwelle einer Teilentscheidung jeweils überschreitende Einflussbeiträge und damit auch gegen das Vorliegen einer gemeinsamen Verantwortlichkeit.[1058]

Anders als in Auftragsverarbeitungskonstellationen besteht bei der gemeinsamen Verantwortlichkeit gerade keine hierarchische Aufteilung der Entscheidungsmacht. Von kollidierenden Einzelentscheidungen geprägte Sachverhaltskonstellationen, in denen die Beteiligten in stark abweichendem Ausmaß auf eine Datenverarbeitung einwirken, bergen die Gefahr einer Verschleierung des Umstandes, wem die eigentliche Letztentscheidungskompetenz obliegt.[1059] Speziell in von Machtasymmetrien geprägten Datenverarbeitungsszenarien, in denen auch die Zielvorstellungen der Beteiligten erheblich divergieren, sollte daher besonders präzise betrachtet werden, ob auf der Seite des unterlegenen Akteurs überhaupt von einem steuernden Beitrag bzw. einer wesentlichen Beeinflussung sowie einer faktischen Kontrolle über die konkrete Verarbeitung auszugehen ist. Oftmals wird die Letztentscheidungskompetenz bei der strukturell überlegenen Partei verbleiben. Anstatt pauschal von gemeinsamen Verantwortlichkeiten auszugehen, rückt bei einer vollständigen Unterordnung eines Akteurs indes die Annahme eines

---

[1054] Vgl. *Hoffmann-Riem*, JuS 2023, 617 (623).

[1055] Siehe zu diskriminierenden Algorithmen *Däubler*, in: Däubler/Beck/Wolfgang, AGG, § 7 Rn 66.

[1056] Vgl. *Hoffmann-Riem*, JuS 2023, 617 (622 f.)

[1057] In diesem Sinne bereits *Art.-29-Datenschutzgruppe*, WP 169. S. 23; siehe dazu *Petri/Stief*, in: Simitis/Hornung/Spiecker gen. Döhmann, DSGVO/BDSG, 2. Aufl. 2025, Art. 26 Rn. 18 f.; *Kremer*, CR 2019, 225 (228); *DSK*, Kurzpapier Nr. 16, S. 2.

[1058] Vgl. auch *Hacker*, Datenprivatrecht, S. 130, der davon ausgeht, dass die Beteiligten an einer gemeinsamen Verantwortlichkeit selbstständig und im Wesentlichen gleichrangig über Zwecke und Mittel bestimmen sollten.

[1059] Vgl. *Janicki,* FS Taeger 2020, S. 200.

Auftragsverarbeitungsverhältnisses in den Fokus, im Rahmen dessen nur der dominierende Akteur in der Rolle des Verantwortlichen agiert.[1060] Vor allem im Kontext kollidierender Einzelentscheidungen ist die Begründung von Mitverantwortlichkeiten daher auf Konstellationen zu beschränken, in denen die Beteiligten selbstständig und im Wesentlichen gleichrangig sowie gleichberechtigt Einfluss ausüben können.[1061]
Ergänzend sind weitere Umstände in die Gesamtwürdigung einzubeziehen. Wenngleich die Tatsache, dass eine Stelle keinen direkten Zugang zu den verarbeiteten personenbezogenen Daten hat, nicht genügt, um die gemeinsame Kontrolle kategorisch auszuschließen,[1062] stellen Konstellationen, in denen sich die Möglichkeit eines direkten Datenzugriffs auf einen Akteur konzentriert, ein weiteres gewichtiges Indiz für signifikante Machtasymmetrien dar, die darauf hindeuten, dass die alleinige Kontrolle über die konkrete Verarbeitung eher bei dem zugriffsberechtigten Akteur liegt.[1063] Faktisch beschränkte Zugriffsmöglichkeiten einer Stelle lassen sich nur über gesteigerte Kontroll- und Einflussmöglichkeiten kompensieren.

(cc.) Zwischenergebnis

Insgesamt erhöht sich durch die vorschnelle Annahme konvergierender Entscheidungen die Gefahr, dass vermehrt Akteure in den Fokus der datenschutzrechtlichen Mitverantwortlichkeit rücken, die lediglich eine zeitlich und sachlich getrennt zu betrachtende, kausale Vorbedingung für die primär durch einen anderen Akteur vorgenommene Verarbeitung setzen. Das Abstellen auf ein wechselseitiges Zusammenwirken und die Fokussierung auf isolierte Kausalitätserwägungen bergen die Gefahr der extensiven Ausdehnung des Tatbestandes der gemeinsamen Verantwortlichkeit und erschweren die Abgrenzung zu weiteren datenschutzrechtlichen Beteiligungsformen. Speziell in vernetzten Umgebungen vermag die isolierte Betrachtung äquivalent kausaler Wirkzusammenhänge in ihrer Pauschalität die diversen Möglichkeiten und unterschiedlichen Grade der Einflussnahme kaum zu berücksichtigen. Durch die Fixierung auf die Anforderungen an eine wechselseitige Förderungswirkung, im Rahmen derer sich die Zwecksetzungen der Beteiligten jeweils im Sinne eines wechselseitig positiven Nutzens ergänzen, droht auch deshalb eine kaum handhabbare Extensivität des Tatbestandes, weil diese

[1060] Vgl. *Hacker*, Datenprivatrecht, S. 130.
[1061] So auch *Hacker*, Datenprivatrecht, S. 130; in diesem Sinne auch *Martini*, in: Paal/Pauly, DS-GVO/BDSG, 3. Aufl. 2021, Art. 28 Rn. 7; a.A. *Radtke*, Gemeinsame Verantwortlichkeit unter der DSGVO, S. 205, der den Tatbestand extensiv auslegt und den Grad der Verantwortlichkeit stattdessen nur auf Rechtsfolgen- und Letzthaftungsebene berücksichtigt; *Monreal*, ZD 2014, 611 (612); *Härting/Gössling*, NJW 2018, 2523 (2524 f.).
[1062] *EDPB*, Guidelines 07/2020 (Version 2.1), Rn. 56.
[1063] In diesem Sinne auch *Scheja/Reibach/Reichert*, in: Leupold/Wiebe/Glossner, IT-Recht, Teil 6.6 Rn. 236 f., wonach die gemeinsame Nutzung und der Zugriff auf dieselben Daten für eine gemeinsame Verantwortlichkeit als kennzeichnend anzusehen sei.

Förderungswirkung typischerweise bei jedem freiwilligen Austauschverhältnis vorliegt und sich in unzähligen Fällen der digitalen Zusammenarbeit konstruieren ließe.[1064] Missverständlich wird der Eindruck vermittelt, dass bereits aus einem gegenseitigen Nutzen stets eine gemeinsame Verantwortlichkeit erwachse.

Unter teleologischen Gesichtspunkten und mit Blick auf die Rechtsfolgen einer gemeinsamen Verantwortlichkeit ist diesbezüglich zu konstatieren, dass eine Vereinbarung zwischen gemeinsam Verantwortlichen von vornherein jedoch nur dann sinnhaft ist, wenn alle beteiligten Parteien einen bestimmenden Einfluss auf die Datenverarbeitung ausüben und eine Klärung der Verantwortlichkeiten aus Transparenzgesichtspunkten auch tatsächlich erforderlich ist. Werden die Schlüsselelemente einer Verarbeitung einseitig festgelegt und schließt sich ein anderer Akteur diesen Festlegungen lediglich an, ist eine detaillierte Klärung der Zuständigkeiten weder geboten noch zielführend.[1065]

Um die Einzelentscheidungen verschiedener Entitäten zu einer gemeinsamen Verantwortlichkeit zu verbinden, sollten deshalb neben dem äquivalent kausalen Wirkungszusammenhang weitere Umstände in die Beurteilung mit einbezogen werden. Nur auf diese Weise kann der Anwendungsbereich des Rechtsinstituts in verhältnismäßiger Weise begrenzt werden. Ob ein gemeinsames Festlegen vorliegt, ist im Rahmen einer Gesamtbetrachtung anhand objektiver Faktoren zu beurteilen, die es den einzelnen Beteiligten ermöglichen, Einfluss auf die Zwecke und wesentlichen Mittel der Verarbeitung auszuüben.[1066] Je eher die Einzelfallbetrachtung ergibt, dass die Leitfragen nach dem Warum, dem Veranlasser und dem Profiteur einer konkreten Verarbeitung durch mehr als einen Akteur determiniert werden, umso größer ist die Wahrscheinlichkeit für das Vorliegen einer gemeinsamen Verantwortlichkeit.[1067]

Vor allem das Vorliegen faktischer Machtasymmetrien muss in relevantem Maße in die Bewertung mit einfließen. Zusätzlich ist im Hinblick auf verbundene Einzelentscheidungen eine gewisse Kongruenz der Zielvorstellungen zu fordern. Werden konträre Interessen von den Beteiligten verfolgt, stellt dies ein gewichtiges Indiz dafür dar, dass der Einfluss der Beteiligten faktisch unterschiedliche Verarbeitungsabschnitte betrifft.

[1064] Vgl. *Hanloser*, ZD 2019, 122 (123); *Hacker*, Datenprivatrecht, S. 131; ähnlich *Rothkegel/Strassemeyer*, CRi 2019, 161 (167).

[1065] *Kartheuser/Nabulsi*, MMR 2018, 717 (720).

[1066] Vgl. *Freund*, in: Schuster/Grützmacher, IT-Recht, Art. 26 Rn. 16 m.w.N.; *Rothkegel/Strassemeyer*, CRi 2019, 161 (166).

[1067] Vgl. *Rothkegel/Strassemeyer*, CRi 2019, 161 (167); *Freund*, in: Schuster/Grützmacher, IT-Recht, Art. 26 Rn. 26; ein ergebnisbezogenes Verständnis der gemeinsamen Entscheidung betonend *Marosi*, (Gem-)Einsame Verantwortlichkeit im Datenschutzrecht, S. 265.

bb.) Umfang und Reichweite

Datenverarbeitungen können einzelne Verarbeitungsvorgänge oder ganze Abläufe umfassen. Auch im Hinblick auf die das Rechtsinstitut der gemeinsamen Verantwortlichkeit prägende gemeinsame Kontrolle darf eine Vielzahl von Verarbeitungsvorgängen und -abläufen nicht pauschalisierend als Ganzes bewertet werden.[1068] Die Bestimmung der gemeinsamen Verantwortlichkeit knüpft gegenständlich ebenfalls an den einzelnen datenschutzrelevanten Verarbeitungsvorgang an.[1069] Die Verbindung mit diesem Bezugspunkt bedingt, dass auch das Vorliegen einer gemeinsamen Verantwortlichkeit auf einzelne Vorgänge bzw. Phasen beschränkt sein kann und mitunter nur punktuell vorliegt.[1070] Sowohl für die gemeinsame Festlegung der Mittel als auch der Zwecke ist der konkrete Vorgang bzw. die konkrete Vorgangsreihe einer Verarbeitung der relevante Bezugspunkt, für den die Entscheidungsgewalt vorliegen muss.[1071] Das Rechtsinstitut kann sich nur so weit erstrecken, wie die gemeinsame Festlegung der Zwecke und Mittel der Verarbeitung auch tatsächlich reicht.[1072] Über das Merkmal der verantwortlichkeitsbegründenden Relevanzschwelle von Entscheidungsbeiträgen wird die Reichweite der gemeinsamen Verantwortlichkeit bestimmt und begrenzt. Weil auch im Rahmen der gemeinsamen Verantwortlichkeit jeder Akteur die Relevanzschwelle zu einer Mitverantwortlichkeit überschreiten muss, kann die Rollenzuteilung nur mit Verarbeitungsvorgängen korrespondieren, für die entsprechende Einflussmöglichkeiten auch faktisch vorliegen.[1073]

Das Konstrukt der „converging decisions“ darf nicht darüber hinwegtäuschen, dass sich unterschiedliche Zwecksetzungen vielfach auch auf unterschiedliche Verarbeitungsphasen beziehen. Aus der bloßen Zusammenarbeit mehrerer Beteiligter bei der Verarbeitung personenbezogener Daten kann nicht automatisch auf eine gemeinsame Verantwortlichkeit geschlossen werden. Agieren die Akteure unabhängig voneinander und beschränkt sich die Ausübung der operativen Entscheidungsgewalt auf voneinander getrennte Bereiche, wird der Austausch von Daten zwischen zwei oder mehreren Parteien ohne gemeinsame Zwecke oder Mittel in einer Vorgangsreihe nur als Datenübermittlung zwischen getrennt Verantwortlichen anzusehen sein.[1074] Ist eine gemeinsame Verantwortlichkeit nicht zu begründen, müssen die Akteure jeweils selbst

---

1068 *Rothkegel/Strassemeyer*, CRi 2019, 161 (168).

1069 *Lang*, in: Taeger/Gabel, DSGVO/BDSG/TTDSG, 4. Aufl. 2022, Art. 26 Rn. 47.

1070 *Lang*, in: Taeger/Gabel, DSGVO/BDSG/TTDSG, 4. Aufl. 2022, Art. 26 Rn. 47.

1071 *Lang*, in: Taeger/Gabel, DSGVO/BDSG/TTDSG, 4. Aufl. 2022, Art. 26 Rn. 65.

1072 *Lang*, in: Taeger/Gabel, DSGVO/BDSG/TTDSG, 4. Aufl. 2022, Art. 26 Rn. 69.

1073 *Lang*, in: Taeger/Gabel, DSGVO/BDSG/TTDSG, 4. Aufl. 2022, Art. 26 Rn. 70; als maßgebliche Entscheidungshöhe auf einen sog. „Tipping Point“ abstellend *Ernst*, Gemeinsame Verantwortlichkeit bei arbeitsteiliger Datenverarbeitung – Ein europäisch-nationaler Vergleich, S. 213 ff.

1074 In diesem Sinne bereits *Art.-29-Datenschutzgruppe*, WP 169, S. 24; *Rothkegel/Strassemeyer*, CRi 2019, 161 (168); ähnlich *Kremer*, CR 2019, 225 (228).

und unabhängig voneinander für die Rechtmäßigkeit der von ihnen jeweils kontrollierten Abschnitte einer Datenverarbeitung einstehen.[1075]

Die Bestimmung der Reichweite des Rechtsinstituts wird zusätzlich erschwert, wenn sich die Einflusssphären mehrerer Akteure nicht stringent entlang einer Verarbeitungskette trennen lassen, sondern miteinander verschränkt sind und sich teilweise überlagern. Betroffen sind etwa Verarbeitungsszenarien, in deren Rahmen personenbezogene Daten während der Nutzung eines gemeinsamen Datenverarbeitungssystems oder einer gemeinsamen Datenverarbeitungsinfrastruktur verarbeitet werden.[1076] Praxisrelevante Beispiele des *Europäischen Datenschutzausschusses* betreffen unter anderem die Verarbeitung personenbezogener Kundendaten imRahmen einer gemeinsamen Internetplattform eines Reisebüros, einer Hotelkette und einer Fluggesellschaft; die Verarbeitung personenbezogener Forschungsdaten auf einer von mehreren Instituten gemeinsam genutzten Plattform; die gemeinsame Nutzung von Kundendaten durch mehrere Akteure zu Werbezwecken; die Durchführung klinischer Studien auf Grundlage eines gemeinsam von einem Gesundheitsdienstleister und einer Hochschule entwickelten Studienprotokolls; die Verarbeitung personenbezogener Daten in einer gemeinsam genutzten Bewerberdatenbank sowie die Analyse von Gesundheitsdaten im Zusammenhang mit einer von mehreren Akteuren entwickelten Online-Applikation.[1077]

Wenngleich eine gemeinsame Mittelgrundlage bereits in der Nutzung eines gemeinsamen Datenverarbeitungssystems oder einer gemeinsamen Infrastruktur gesehen werden kann, die ein Beteiligter einem anderen Beteiligten für die Verarbeitung zu gemeinsamen Zwecken zur Verfügung stellt,[1078] führt allein die Errichtung einer gemeinsamen Infrastruktur nicht per se zu einer gemeinsamen Verantwortlichkeit.[1079] Sind die Verarbeitungsvorgänge trennbar und ohne das Eingreifen der anderen Stelle durchführbar, wird eine gemeinsame Verantwortlichkeit nicht vorliegen.[1080] Eine gemeinsame Verantwortlichkeit innerhalb eines bereits bestehenden technischen Systems kommt nur dann in Betracht, wenn auch die Nutzer die über das System ablaufenden Verarbeitungsvorgänge faktisch beeinflussen können.[1081] Dies ist beispielsweise der Fall, wenn mehrere Stellen an der Errichtung und dem Betrieb einer gemeinsamen Datenbank in der Art beteiligt sind, dass die Akteure jeweils einen bestimmenden Einfluss auf die

---

[1075] *Arning/Rothkegel*, in: Taeger/Gabel, DSGVO/BDSG/TTDSG, 4. Aufl. 2022, Art. 4 Rn. 190; *Borges*, in: Borges/Hilber, BeckOK IT-Recht, 18. Edition Stand: 01.04.2025, Art. 26 DSGVO Rn. 16.
[1076] Siehe dazu *Hartung*, in: Kühling/Buchner, DS-GVO/BDSG, 4. Aufl. 2024, Art. 26 Rn. 20 f.
[1077] Vgl. *EDPB*, Guidelines 07/2020 (Version 2.1), Rn. 68; dazu im Einzelnen in Kap. K.
[1078] Vgl. *EDPB*, Guidelines 07/2020 (Version 2.1), Rn. 64 f.; siehe dazu *Herbrich*, DSB 2020, 280.
[1079] *EDPB*, Guidelines 07/2020 (Version 2.1), Rn. 68; *Kremer*, in: Schwartmann/Jaspers/Thüsing/Kugelmann, DS-GVO/BDSG, 3. Aufl. 2024, Art. 26 Rn. 61 m.w.N.
[1080] Vgl. *EDPB*, Guidelines 07/2020 (Version 2.1), Rn. 68.
[1081] In diesem Sinne auch *EDPB*, Guidelines 07/2020 (Version 2.1), Rn. 65.

betroffenen Personenkategorien, die zu erhebenden Datenkategorien oder bestehende Gewährungen des Zugangs für Dritte und weitere Festlegungen, die die Risikogeneigtheit einer Verarbeitung für die Betroffenen betreffen, nehmen können.[1082]
In zeitlicher Hinsicht ist es möglich, dass die Entscheidungen der Beteiligten auseinanderfallen.[1083] Zeitliche Grenzen sind erst dort zu ziehen, wo sich das Tätigwerden eines Beteiligten auf den Beitritt zu einer bereits erfolgten Verarbeitung beschränkt. Die operative Einflussnahme muss vor oder während der Verarbeitung ausgeübt werden.[1084] Entscheidet eine Stelle allein über die Zwecke und Mittel von Vorgängen, die in einer Verarbeitungskette vorausgehen oder nachfolgen, so ist diese Stelle als der alleinige Verantwortliche für diesen Verarbeitungsabschnitt anzusehen.[1085]

[1082] Siehe dazu die Beispiele „Travel agency“ und „Research project by institutes“ *EDPB*, Guidelines 07/2020 (Version 2.1), Rn. 68.
[1083] Vgl. *Freund*, in: Schuster/Grützmacher, IT-Recht, Art. 26 Rn. 22.
[1084] Vgl. *DSK*, Kurzpapier Nr. 16, S. 3; siehe dazu auch *Freund*, in: Schuster/Grützmacher, IT-Recht, Art. 26 Rn. 22.
[1085] *EDPB*, Guidelines 07/2020 (Version 2.1), Rn. 57; *Kremer*, CR 2019, 225 (227 f.).

E. Einzelfallbezogene Rollenzuweisungen durch den EuGH

Konkrete Aussagen hinsichtlich der praktischen Anwendung des europäischen Verantwortlichkeitskonzepts auf spezifische Verarbeitungskonstellationen lassen sich aktuellen Entscheidungen entnehmen, in denen sich der EuGH ausdrücklich mit der datenschutzrechtlichen (Mit-)Verantwortlichkeit auseinandergesetzt und diese im Kontext spezieller Sachverhalte konkretisiert hat. Die weitere Konturierung und Präzisierung der tatbestandlichen Bestimmungsmerkmale wurde wesentlich der Gerichtsbarkeit überantwortet, die der Thematik der datenschutzrechtlichen Verantwortlichkeitszuordnung eine große Aufmerksamkeit gewidmet hat.[1086] Die Feststellung, ob eine singuläre oder eine gemeinsame Kontrolle zwischen zwei oder mehreren Parteien besteht, die an der Verarbeitung personenbezogener Daten beteiligt sind, ist dabei stark vom Einzelfall abhängig.[1087] Der ergangenen Rechtsprechung sind insoweit konkrete Anhaltspunkte dahingehend zu entnehmen, wie der Europäische Gerichtshof datenschutzrechtliche Verantwortlichkeiten im Einzelfall zuordnet und von welchen Prämissen die Entscheidungen dabei geleitet werden. Um aus der ergangenen Rechtsprechung ein kohärentes System abzuleiten, ist es wichtig, die individuellen Besonderheiten der jeweiligen Sachverhalte herauszustellen.[1088] Die adäquate rechtliche Einschätzung erfordert stets die präzise Betrachtung der Faktenlage (wer verarbeitet wie, wann, wozu und welche personenbezogenen Daten?).[1089]

Ausgehend von dem Urteil des EuGH in der Rechtssache *Google Spain*[1090] wurde das Verantwortlichkeitskonzept kontinuierlich präzisiert. In bislang sechs zentralen Urteilen hat der EuGH konkrete Aussagen zum Konstrukt der (gemeinsamen) Verantwortlichkeit im europäischen Datenschutzrecht getroffen. Während sich die ersten drei Entscheidungen[1091] auf eine Phase beziehen, in der der EuGH primär die Rechtslage unter der Richtlinie 95/46/EG auslegte, markieren die jüngeren Urteile[1092] den Beginn einer neuen Phase der Rechtsprechung. In dieser konnte der EuGH erstmals in substanziellem Umfang auf die bisherige Anwendungspraxis der DSGVO zurückgreifen, um die Anforderungen an (gemeinsame) Verantwortlichkeiten weiter

---

[1086] *Arning/Rothkegel*, in: Taeger/Gabel, DSGVO/BDSG/TTDSG, 4. Aufl. 2022, Art. 4 Rn. 189.
[1087] *Rothkegel/Strassemeyer*, CRi 2019, 161 (171).
[1088] *Rothkegel/Strassemeyer*, CRi 2019, 161 (178).
[1089] *Piltz*, ZD 2017, 336 (336).
[1090] EuGH [GK], Rs. C-131/12, *Google Spain SL u. Google Inc./Agencia Española de Protección de Datos (AEPD) u. Mario Costeja Conzález,* ECLI:EU:C:2014:317 insb. Rn. 34 und 38.
[1091] EuGH [GK], Rs. C-210/16, ECLI:EU:C:2018:388 – *ULD Schleswig-Holstein/Wirtschaftsakademie Schleswig-Holstein*; EuGH [GK], Rs. C-25/17, ECLI:EU:C:2018:551 – *Zeugen Jehovas*; EuGH, Rs. C-40/17, ECLI:EU:C:2019:629 – *Fashion ID*; Urteile zur RL 95/46/EG des Europäischen Parlaments und des Rates vom 24.10.1995 zum Schutz natürlicher Personen bei der Verarbeitung personenbezogener Daten und zum freien Datenverkehr.
[1092] EuGH [GK], Rs. C-683/21, ECLI:EU:C:2023:949 – *Nacionalinis visuomenės sveikatos centras*; EuGH, Rs. C-231/22, ECLI:EU:C:2024:7 – *Moniteur belge*; EuGH, Rs. C-604/22, ECLI:EU:C:2024:214 – *IAB Europe*.

R. A. Hagen, *Datenschutzrechtliche Rollenzuweisungen*, DuD-Fachbeiträge,
https://doi.org/10.1007/978-3-658-49718-7_5

zu konturieren. Weil die Richtlinie 95/46/EG durch die Verordnung (EU) 2016/679 aufgehoben und ersetzt wurde und die maßgeblichen Bestimmungen dieser Verordnung inhaltlich im Wesentlichen mit denen dieser Richtlinie übereinstimmen, ist die zur Richtlinie ergangene Rechtsprechung des Gerichtshofs auch für die Verordnung einschlägig und auf diese zu übertragen.[1093] Die Rechtsprechung des EuGH bietet insoweit weitere Anhaltspunkte hinsichtlich des Verständnisses der zentralen Rechtsvorschriften.[1094] Insbesondere das Rechtsinstitut der gemeinsamen Verantwortlichkeit hat durch den EuGH eine besondere Berücksichtigung erfahren. Inwieweit die durch den Gerichtshof getätigten Aussagen auch mit den konzeptionellen Grundsätzen im europäischen Datenschutzrecht vereinbar sind und dieses sinnvoll ergänzen, wo etwaige Inkohärenzen bestehen und wie diese zu beheben sind, ist Kernbestandteil der weitergehenden Prüfung.

I. Die Rechtssache *Wirtschaftsakademie Schleswig-Holstein*

1.) Hintergrund, Sachverhalt und Gang des Verfahrens

Bezugnehmend auf den Vorlagebeschluss des BVerwG[1095] vom 25.02.2016 hat der EuGH am 05.06.2018 in der vielbeachteten Entscheidung *ULD Schleswig-Holstein/Wirtschaftsakademie Schleswig-Holstein*[1096] zur datenschutzrechtlichen Verantwortlichkeit der Betreiber sog. „Fanpages" auf sozialen Netzwerken Stellung genommen.[1097]

Konkret handelt es sich bei den Facebook-Fanpages um Seiten innerhalb eines sozialen Netzwerks über Unternehmen, gemeinsame Interessen oder Personen des öffentlichen Lebens. Diese Seiten werden von Einzelpersonen oder Unternehmen administriert, um sich als Teil des sozialen Netzwerkes zu inszenieren und den Bekanntheitsgrad zu fördern. Über das „Liken" einer Fanpage kann durch die Nutzer des Netzwerkes aktiv eine Sympathie für den Betreiber

---

[1093] Die Entscheidungen zur ersten Phase ergingen zwar zur „alten" EU-Datenschutzrichtlinie, haben aber gleiche Bedeutung unter der DSGVO, deren Begrifflichkeiten sich an den relevanten Stellen nicht wesentlich unterscheiden. So entspricht die Begriffsbestimmung des datenschutzrechtlich Verantwortlichen in Art. 2 lit. d DSRL überwiegend der des Art. 4 Nr. 7 DSGVO; der Erlaubnistatbestand des Art. 7 lit. f DSRL ähnelt Art. 6 Abs. 1 lit. f DSGVO. Die Maßstäbe des EuGH sind dementsprechend auf die geltende Rechtslage übertragbar. Dies bestätigend EuGH, Rs. C-597/19, *M.I.C.M.*, ECLI:EU:C:2021:492 Rn. 107; vgl. entsprechend auch EuGH, Rs. C-42/19, *Sonaecom*, ECLI:EU:C:2020:913 Rn. 29; siehe auch *Arning/Rothkegel*, in: Taeger/Gabel, DSGVO/BDSG/TTDSG, 4. Aufl. 2022, Art. 4 Rn. 189; *Härting/Gössling*, NJW 2018, 2523 (2525), *Golland*, ZD 2019, 381 (382), *Monreal*, CR 2019, 797 (798); *Janicki,* FS Taeger 2020, S. 201; *Lurtz/Schindler,* VuR 2019, 471 (472).

[1094] Vgl. *Uecker*, ZD-Aktuell 2018, 06247, der von einer „Indizwirkung" für die neuen Regelungen der DSGVO spricht.

[1095] BVerwG, ZD 2016, 393.

[1096] EuGH [GK], Rs. C-210/16, ECLI:EU:C:2018:388 – *ULD Schleswig-Holstein/Wirtschaftsakademie Schleswig-Holstein*; siehe zu dem Verfahren *DSK*, Entschließung Fanpage, S. 1 f.; *DSK*, Beschl. Fanpage, S. 1 ff.; *DSK*, Positionierung Fanpage, S. 1 ff.

[1097] Ausführlich zu den Benutzeraccounts in sozialen Netzwerken *Heckmann/Scheurer*, in: Heckmann/Paschke, jurisPK-Internetrecht, 8. Aufl., Kap. 9 (Stand: 15.04.2025) Rn. 912 ff.

der Fanpage bekundet werden. Die Fanpage-Besucher werden daraufhin von dem US-amerikanischen Technologieunternehmen Facebook analysiert, die erhobenen Daten aggregiert und in anonyme Berichte (sog. „Page Insights“) transformiert, die dem Fanpage-Betreiber zur Verfügung gestellt werden, um statistische Schlüsse über die Zusammensetzung seiner Community ziehen zu können.[1098] Aus rechtlicher Perspektive ging es in dem Verfahren im Wesentlichen um die Frage, ob neben dem sozialen Netzwerk, das unzweifelhaft für die Datenverarbeitungen verantwortlich ist, mit denen es Daten direkt vom Netzwerknutzer erhebt und weiterverarbeitet,[1099] auch die Betreiber von Facebook-Fanpages in der Rolle eines (gemeinsam) Verantwortlichen für diejenigen Datenverarbeitungen agieren, die sich an Daten vollziehen, die von Besuchern der Fanpages über von Facebook installierte Cookies gesammelt werden.

Den Ausgangspunkt des gerichtlichen Verfahrens hatte das Unabhängige Landeszentrum für Datenschutz in Schleswig-Holstein (ULD) mit einer technischen und rechtlichen Analyse der Angebote von Facebook (nunmehr Meta Platforms) im Jahr 2011 gesetzt. Im Rahmen der Zulässigkeitsprüfung der Nutzung von Social Media durch Unternehmen und öffentliche Stellen konstatierte das ULD, dass die Einrichtung einer Fanpage datenschutzrechtlich unzulässig sei, die jeweiligen Seitenbetreiber für diesen Verstoß Verantwortung trügen und sprach eine Untersagungsverfügung nach § 38 Abs. 5 BDSG a.F. im nicht-öffentlichen Bereich aus.

Nachdem in dem sich anschließenden gerichtlichen Verfahren keine finale Klärung der streitigen Rechtsfragen erwirkt werden konnte, stellte sich der EuGH mit seinem Urteil klar gegen die Aussagen des erstinstanzlich mit der Sache befassten Verwaltungsgerichts[1100] und des für die Berufung zuständigen Oberverwaltungsgerichts[1101], die eine Verantwortlichkeit des Betreibers einer Fanpage mit der Begründung verneint hatten, dass dieser keinen Einfluss auf die Datenverarbeitung durch den jeweiligen Plattformanbieter habe. In beiden Fällen begründeten die Gerichte das gefundene Ergebnis damit, dass eine Verantwortlichkeit i.S.d. § 3 Abs. 7 BDSG a.F. nur für die „Herrin der Daten“ gegeben sei.[1102]

Demgegenüber stellte der EuGH klar, dass der Betreiber einer Facebook-Fanpage zusammen mit Facebook für die Verarbeitung der personenbezogenen Daten der Besucher der Seite, insbesondere in Bezug auf die seitens Facebook durchgeführte Analyse des Nutzerverhaltens auf der jeweiligen Fanpage, Verantwortung trage. Art. 2 lit. d DSRL sei dahingehend auszulegen, dass der Begriff des „für die Verarbeitung Verantwortlichen“ (auch) den Betreiber einer bei

---

[1098] Ausführlich zur Funktionsweise von Fanpages und der Page Insights *Golland*, K&R 2018, 433; *Hoffmann/Schmidt*, GRUR 2021, 679 (681).
[1099] Siehe dazu *Hoffmann/Schmidt*, GRUR 2021, 679 (682).
[1100] VG Schleswig, ZD 2014, 51.
[1101] OVG Schleswig-Holstein, NordÖR 2014, 525.
[1102] OVG Schleswig-Holstein, NordÖR 2014, 525 (526); VG Schleswig, ZD 2014, 51 (53).

einem sozialen Netzwerk unterhaltenen Fanpage umfasst.[1103] Der EuGH verweist auf seine Entscheidung *Google Spain*[1104], nach der der Begriff des „Verantwortlichen" weit auszulegen sei.

2.) Feststellungen des EuGH

Dem EuGH zufolge machen drei Faktoren den Betreiber einer Fanpage zum datenschutzrechtlichen (Mit-)Verantwortlichen. Erstens veranlasse der Betreiber mit der Einrichtung der Fanseite Personen dazu, sein Informationsangebot in Anspruch zu nehmen. Der Betreiber ermögliche dadurch dem Plattformbetreiber das Platzieren von Cookies auf den IT-Geräten der Fanseiten-Besucher, um diese auszulesen und dadurch personenbezogene Daten zu sammeln, unabhängig davon, ob der Nutzer selbst über ein Konto bei Facebook verfügt.[1105] Der Betreiber setze daher die notwendige Voraussetzung für die Verarbeitung durch Facebook. Zweitens wirke der Betreiber der Fanpage unmittelbar auf die Datenauswertung von Facebook ein, indem er die Kriterien von Auswertestatistiken seiner Seite für Facebook bestimmt. Der EuGH spricht insoweit von einer „Parametrierung"[1106]. Und drittens könne der Betreiber einer Fanseite von Facebook verlangen, dass der Plattformbetreiber ihm demografische Daten seiner Zielgruppe mitteilt, die ihm ganz allgemein ermöglichen, sein Informationsangebot so zielgerichtet wie möglich zu gestalten. Dabei sei es unerheblich, ob die Mitteilung selbst in anonymisierter Form erfolgt oder nicht, da für die Auswertung seitens Facebook personenbezogene Daten verarbeitet werden.[1107] Der Fanpage-Betreiber sei sich des Weiteren der Datenverarbeitung bewusst, „akzeptiere" diese durch den Abschluss eines entsprechenden Vertrages[1108] und profitiere selbst von der Nutzungsanalyse.[1109]

[1103] Die zur DSRL ergangene Entscheidung hat eine gleiche Bedeutung unter der DSGVO, deren Begrifflichkeiten sich an diesen Stellen nicht wesentlich unterscheiden. Nach Art. 2 lit. d DSRL ist datenschutzrechtlich verantwortlich, wer „allein oder gemeinsam mit anderen über die Zwecke und Mittel der Verarbeitung von personenbezogenen Daten entscheidet". Im Kern ist diese Definition in Art. 4 Nr. 7 und Art. 26 DSGVO inhaltsgleich übernommen worden. Legen zwei oder mehr Verantwortliche gemeinsam die Zwecke der und die Mittel zur Verarbeitung fest, sind sie also „gemeinsame Verantwortliche", wie dies jetzt Art. 26 Abs. 1 S. 1 DSGVO ausdrücklich festhält; siehe zum Verhältnis der beiden Regelungssysteme Schlussanträge GA *Bobek*, Rs. C-40/17, *Fashion ID*, ECLI:EU:C:2018:1039 Rn. 87.

[1104] EuGH [GK], Rs. C-131/12, *Google Spain SL u. Google Inc./Agencia Española de Protección de Datos (AEPD) u. Mario Costeja Conzález,* ECLI:EU:C:2014:317 Rn. 34.

[1105] EuGH [GK], Rs. C-210/16, *ULD Schleswig-Holstein/Wirtschaftsakademie Schleswig-Holstein,* ECLI:EU:C:2018:388 Rn. 35.

[1106] EuGH [GK], Rs. C-210/16, *ULD Schleswig-Holstein/Wirtschaftsakademie Schleswig-Holstein,* ECLI:EU:C:2018:388 Rn. 36.

[1107] EuGH [GK], Rs. C-210/16, *ULD Schleswig-Holstein/Wirtschaftsakademie Schleswig-Holstein,* ECLI:EU:C:2018:388 Rn. 37-39.

[1108] EuGH [GK], Rs. C-210/16, *ULD Schleswig-Holstein/Wirtschaftsakademie Schleswig-Holstein,* ECLI:EU:C:2018:388 Rn. 32.

[1109] EuGH [GK], Rs. C-210/16, *ULD Schleswig-Holstein/Wirtschaftsakademie Schleswig-Holstein,* ECLI:EU:C:2018:388 Rn. 34 und 37.

In der Zusammenschau der Teilaspekte gelangt der Gerichtshof zu dem Ergebnis, dass der betreffende Betreiber durch „die von ihm vorgenommene Parametrierung“ an der Entscheidung über Zwecke und Mittel der Verarbeitung von personenbezogenen Daten der Besucher seiner Fanpage beteiligt gewesen sei.[1110] Der Betreiber der Fanpage sei daher als gemeinsam mit Facebook Ireland für diese Verarbeitung als Verantwortlicher anzusehen, wobei die Verantwortlichkeit hinsichtlich der personenbezogenen Daten von Personen, die keine Facebook-Nutzer sind, „noch höher“ sei .[1111] Die DSRL verlange auch nicht, dass bei einer gemeinsamen Verantwortlichkeit mehrerer Betreiber für dieselbe Verarbeitung jeder Zugang zu den betreffenden personenbezogenen Daten hat.[1112]
Unter Bezugnahme auf die Schlussanträge des Generalanwalts[1113], in denen sich der GA *Bot* maßgeblich auf die Ausführungen der *Art.-29-Datenschutzgruppe* gestützt hatte, betonte der EuGH in einem weiteren Schritt, dass eine gemeinsame Verantwortung „nicht zwangsläufig auch eine gleichwertige Verantwortlichkeit der verschiedenen Akteure zur Folge [habe]“.[1114] Beteiligte Akteure könnten in die Verarbeitung personenbezogener Daten in verschiedenen Phasen und in unterschiedlichem Ausmaß in der Weise einbezogen sein, dass der Grad der Verantwortlichkeit eines jeden von ihnen unter Berücksichtigung aller maßgeblichen Umstände des Einzelfalls zu beurteilen sei.[1115]

3.) Einordnung

Mit dem Urteil spricht sich der EuGH für eine weite Auslegung der für das Verantwortlichkeitsgefüge im europäischen Datenschutzrecht zentralen Begrifflichkeiten aus und überträgt die Rechtsfigur der gemeinsamen Verantwortlichkeit im Bereich sozialer Netzwerke auf das Verhältnis zwischen Fanpage-Betreiber und Netzwerkbetreiber.[1116] Der EuGH verfolgt in seiner Entscheidung einen umfassenden Ansatz, der die Reichweite der datenschutzrechtlichen Verantwortlichkeit ausdehnt und demzufolge erstmals anerkannt wurde, dass für Datenverarbeitungen im Umfeld von Plattformen eine teilweise gemeinsame Verantwortlichkeit von

[1110] EuGH [GK], Rs. C-210/16, *ULD Schleswig-Holstein/Wirtschaftsakademie Schleswig-Holstein,* ECLI:EU:C:2018:388 Rn. 39.
[1111] EuGH [GK], Rs. C-210/16, *ULD Schleswig-Holstein/Wirtschaftsakademie Schleswig-Holstein,* ECLI:EU:C:2018:388 Rn. 39 und 41.
[1112] EuGH [GK], Rs. C-210/16, *ULD Schleswig-Holstein/Wirtschaftsakademie Schleswig-Holstein,* ECLI:EU:C:2018:388 Rn. 38.
[1113] Schlussanträge GA *Bot*, Rs. C-210/16, *ULD Schleswig-Holstein/Wirtschaftsakademie Schleswig-Holstein,* ECLI:EU:C:2017:796 Rn. 75 f.
[1114] EuGH [GK], Rs. C-210/16, *ULD Schleswig-Holstein/Wirtschaftsakademie Schleswig-Holstein,* ECLI:EU:C:2018:388 Rn. 43.
[1115] EuGH [GK], Rs. C-210/16, *ULD Schleswig-Holstein/Wirtschaftsakademie Schleswig-Holstein,* ECLI:EU:C:2018:388 Rn. 43.
[1116] Einen anderen Ansatz verfolgend *Golland*, Datenverarbeitung in sozialen Netzwerken, S. 125, der eine restriktive Auslegung der gemeinsamen Verantwortlichkeit befürwortet.

Plattformbetreibern und den Nutzern in Betracht kommt.[1117] Der EuGH lässt dabei geringe Mitwirkungsbeiträge zu einer Datenverarbeitung eines anderen Verantwortlichen genügen, um eine gemeinsame Verantwortlichkeit zu begründen. Trotz dessen der Betreiber der Fanpage keinen direkten Zugang zu den anonymisierten Daten der Besucher hat, bestimme er nach der Rechtsansicht des EuGH dennoch mit, dass und insbesondere welche Statistiken erstellt werden und welche Kategorien von Betroffenen dabei betroffen sind. Aufgrund dieser niedrigschwelligen Einflussnahme sei der Betreiber auch an der Entscheidung über die Zwecke und Mittel der Verarbeitung der personenbezogenen Daten direkt beteiligt.[1118]

Der Begründungsansatz des EuGH fußt zugleich auf einer Gesamtschau der dem Sachverhalt zugrundeliegenden Umstände. In der Würdigung der Vorlagefragen stellt der EuGH nicht allein auf die kausale Ermöglichung der Datenverarbeitung durch die Entscheidungen des Fanpage-Betreibers ab, sondern berücksichtigt darüber hinaus auch eine unmittelbare Beeinflussung der Datenverarbeitung („Parametrierung“) und das unmittelbare Profitieren von der Datenverarbeitung selbst, welches in der Erlangung der Statistiken zu sehen sei.[1119] Begründet wird die weite Auslegung mit dem bezweckten Betroffenenschutz, wonach ein hohes Datenschutzniveau gewährleistet werden soll. Den betroffenen Personen müsse ein umfassender Schutz ihrer Rechte zukommen.[1120]

Der inklusive Ansatz des Gerichts stellt eine Abkehr von der restriktiven Betrachtung von Einflussmöglichkeiten dar und positioniert sich in wesentlichen Aspekten gegen die nationale Rechtsprechung, der zufolge nur derjenige als Verantwortlicher gelten könne, der personenbezogene Daten selbst erhebt oder erheben lässt und damit zumindest einen mittelbaren Zugriff auf die Daten und Kontakt zu den betroffenen Personen hat.[1121]

Bemerkenswert sind zudem die Aussagen des EuGH hinsichtlich der Gewichtung der Verantwortung bei einer gemeinsamen Verantwortlichkeit, wonach eine gemeinsame Verantwortlichkeit nicht zwangsläufig auch eine gleichwertige Verantwortlichkeit zu Folge habe.[1122] Während der EuGH bei der Bestimmung des Begriffs der (gemeinsamen) Verantwortlichkeit insgesamt eine weite Auslegung vertritt, verweist er in einem zweiten Schritt auf die Notwendigkeit, auch die Verantwortung und Haftung eines (gemeinsam) Verantwortlichen unter Umständen zu

---

[1117] Vgl. *Kollmar*, NVwZ 2019, 1740.

[1118] EuGH [GK], Rs. C-210/16, *ULD Schleswig-Holstein/Wirtschaftsakademie Schleswig-Holstein*, E-CLI:EU:C:2018:388 Rn. 36-38.

[1119] Vgl. *Hartung*, in: Kühling/Buchner, DS-GVO/BDSG, 4. Aufl. 2024, Art. 26 Rn. 32.

[1120] Vgl. EuGH [GK], Rs. C-210/16, *ULD Schleswig-Holstein/Wirtschaftsakademie Schleswig-Holstein*, E-CLI:EU:C:2018:388 Rn. 42.

[1121] Vgl. VG Schleswig, ZD 2014, 51 (53); siehe dazu *Kollmar*, NVwZ 2019, 1740; kritisch zum deutschen Verständnis der datenschutzrechtlichen Verantwortlichkeit *Monreal*, CR 2019, 797 (798).

[1122] EuGH [GK], Rs. C-210/16, *ULD Schleswig-Holstein/Wirtschaftsakademie Schleswig-Holstein*, E-CLI:EU:C:2018:388 Rn. 43.

begrenzen. Der Grad der Verantwortlichkeit müsse für jeden Beteiligten unter Berücksichtigung aller maßgeblichen Umstände des Einzelfalls beurteilt werden.[1123]

Ohne die Aussage dogmatisch zu begründen oder zu präzisieren, erkennt der EuGH damit an, dass es sich im konkreten Fall nicht um eine Fallgruppe der gleichwertigen gemeinsamen Verantwortung handele. Dem Umstand geschuldet, dass der EuGH die sich anschließenden Fragen danach, wie der jeweilige Grad der Verantwortlichkeit im Einzelfall zu bestimmen ist und welche konkreten Konsequenzen sich daraus für die Reichweite datenschutzrechtlicher Pflichten und Haftung ergeben, unbeantwortet ließ, erwies sich der Ansatz gradueller Verantwortlichkeit jedoch als weitgehend impraktikabel.[1124] Die dogmatisch nachvollziehbare Umsetzung und die Konsequenz einer flexiblen Verantwortungsaufteilung blieben weitestgehend unbeantwortet.[1125]

4.) Befassung im Nachgang zur EuGH-Entscheidung

Im Nachgang an das Urteil des EuGH wurden die Ausführungen erneut durch das BVerwG aufgegriffen. In dem Urteil vom 11.09.2019[1126] folgte das BVerwG im Wesentlichen den Feststellungen des EuGH und verwies die Sache unter Aufhebung des Berufungsurteils zur weiteren Entscheidung an das OVG Schleswig-Holstein zurück.[1127] Angesichts der Bindung des BVerwG an die Auslegung des Unionsrechts durch den EuGH im Rahmen eines Vorabentscheidungsverfahren war das Gericht nicht dazu befugt, eine abweichende Reichweite der datenschutzrechtlichen Verantwortlichkeit anzunehmen, selbst wenn das Urteil des EuGH auf einem unzutreffenden Sachverhalt beruhen sollte.[1128] Das Gericht betonte die unionsrechtskonforme Auslegung von § 3 Abs. 7 BDSG a.F., die aufgrund der Abweichung gegenüber der den Entscheidungsmaßstab setzenden Legaldefinition in Art. 2 lit. d DSRL geboten sei.[1129] Das Urteil des BVerwG liest sich insoweit wie eine Zusammenfassung der Feststellungen des EuGH, ohne jedoch ausdrücklich und präzisierend auf verbleibende Unklarheiten einzugehen.[1130]

[1123] EuGH [GK], Rs. C-210/16, *ULD Schleswig-Holstein/Wirtschaftsakademie Schleswig-Holstein,* ECLI:EU:C:2018:388 Rn. 43; siehe dazu *Härting/Gössling*, NJW 2018, 2523 (2524 f.); *Hartung*, in: Kühling/Buchner, DS-GVO/BDSG, 4. Aufl. 2024, Art. 26 Rn. 32.

[1124] Vgl. *Kollmar*, NVwZ 2019, 1740.

[1125] *Hacker*, Datenprivatrecht, S. 133.

[1126] BVerwG, NJW 2020, 414.

[1127] Siehe zu den nationalen Entscheidungen *Hartung*, in: Kühling/Buchner, DS-GVO/BDSG, 4. Aufl. 2024, Art. 26 Rn. 32a.

[1128] BVerwG, NJW 2020, 414 (Rn. 22); siehe dazu *Kremer*, in: Schwartmann/Jaspers/Thüsing/Kugelmann, DS-GVO/BDSG, 3. Aufl. 2024, Art. 26 Rn. 30 und 34.

[1129] BVerwG, NJW 2020, 414 (Rn. 23).

[1130] Vgl. *Petri*, ZD 2020, 264 (267 f.).

Mit dem Urteil vom 25.11.2021 hat das OVG Schleswig[1131] schließlich der Berufung der schleswig-holsteinischen Datenschutzbehörde stattgegeben und entschieden, dass die Wirtschaftsakademie Schleswig-Holstein ihre Facebook-Fanpage wegen schwerwiegender Verstöße gegen datenschutzrechtliche Vorschriften deaktivieren muss. Das OVG Schleswig bestätigt in der Entscheidung im Grundsatz die gemeinsame Verantwortlichkeit des Betreibers der Fanpage in Bezug auf die Verarbeitung personenbezogener Daten im Zusammenhang mit der Verwendung von Cookies und konstatierte einen schwerwiegenden Verstoß in der Verwendung der personenbezogenen Daten von im Facebook-Netzwerk registrierten und angemeldeten Personen.[1132] Der Betreiber der Fanpage sei für die verbotene Verwendung der Registrierungsdaten und der übrigen vorhandenen Daten von im Facebook-Netzwerk registrierten und angemeldeten Personen zur Erstellung der auf die Fanpage der Klägerin bezogenen Insights-Statistik durch Facebook auch (mit)verantwortlich.[1133]
Einschränkend geht das OVG Schleswig jedoch davon, dass sich mit der Rechtsprechung des EuGH keine Verantwortlichkeit für die Speicherung der Verknüpfung dieser Daten mit dem Fanpageaufruf zur Erstellung in Profilen und zu Werbezwecken begründen lasse. Nach Ansicht des Gerichts fehle es insoweit jedenfalls an einer gemeinsamen Entscheidung über den Zweck der Datenverarbeitung. Die Datenverarbeitung erfolge nicht im Interesse der Klägerin und biete für die Klägerin auch keinerlei Vorteile.[1134] Im Übrigen verwies das OVG Schleswig darauf hin, dass alle anderen zu Beginn des Verfahrens noch streitigen Rechtsfragen durch die Entscheidungen des EuGH und des BVerwG bereits verbindlich geklärt worden seien.

II. Die Rechtssache *Zeugen Jehovas*

1.) Hintergrund, Sachverhalt und Gang des Verfahrens

In der weniger beachteten Entscheidung in der Rechtssache *Zeugen Jehovas*[1135] vom 10.07.2018 hatte sich der EuGH mit dem Thema zu befassen, ob und inwiefern die Zeugen Jehovas als Religionsgemeinschaft bei Hausbesuchen den besonderen Bestimmungen des europäischen Datenschutzrechts unterliegen. Bei der Beklagten handelt es sich um die Gemeinschaft der Zeugen Jehovas, deren Mitglieder im Rahmen ihrer von Tür zu Tür durchgeführten Verkündigungstätigkeit Notizen über Besuche bei Personen, die weder den Betroffen noch der

---

[1131] OVG Schleswig-Holstein, ZD 2022, 344.
[1132] OVG Schleswig, ZD 2022, 344 (Rn. 148); siehe dazu *DSK*, Kurzgutachten zur datenschutzrechtlichen Konformität des Betriebs von Facebook-Fanpages, S. 15 f.
[1133] OVG Schleswig, ZD 2022, 344 (Rn. 148 ff.).
[1134] OVG Schleswig, ZD 2022, 344 (Rn. 147).
[1135] EuGH [GK], Rs. C-25/17, ECLI:EU:C:2018:551 – *Zeugen Jehovas*.

Gemeinschaft bekannt sind, machen.[1136] Zu den erhobenen Daten können unter anderem die Namen und Adressen der aufgesuchten Personen sowie Informationen über ihre religiösen Überzeugungen und Familienverhältnisse gehören.[1137] Die Erhebung der Daten erfolgt ohne Einwilligung oder vorherige Information der betroffenen Personen.[1138]

Für die Anfertigung solcher Notizen hat die Gemeinschaft der Zeugen Jehovas ihren verkündenden Mitgliedern zuvor abgedruckte Anleitungen gegeben.[1139] Zur Organisation und Koordination der Verkündigungstätigkeit ihrer Mitglieder erstellen die Gemeinschaft und ihre Gemeinden Gebietskarten und führen Verzeichnisse über die Verkündiger und die Anzahl der von ihnen verbreiteten Publikationen sowie eine Liste der Personen, die nicht mehr von den Verkündigern aufgesucht werden möchten. Die in dieser Liste, der sog. „Verbotsliste", enthaltenen personenbezogenen Daten werden von den Mitgliedern der Gemeinschaft verwendet.[1140]

Als Reaktion auf dieses Vorgehen erließ die zuständige Datenschutzkommission auf Antrag des Datenschutzbeauftragten am 17.09.2013 eine Entscheidung, mit der sie der Gemeinschaft der Zeugen Jehovas verbot, im Rahmen der von ihren Mitgliedern durchgeführten Verkündigungstätigkeit personenbezogene Daten zu erheben oder zu verarbeiten. Gegen diese Entscheidung erhob die Gemeinschaft der Zeugen Jehovas daraufhin Klage beim Helsingin hallinto-oikeus (Verwaltungsgericht Helsinki, Finnland). Mit Urteil vom 18.12.2014 hob das Verwaltungsgericht die Entscheidung der Datenschutzkommission auf. Der Datenschutzbeauftragte focht dieses Urteil wiederum vor dem Korkein hallinto-oikeus (Oberster Verwaltungsgerichtshof, Finnland) an.[1141] Der Oberste VGH Finnlands, der die Auslegung der europarechtlich determinierten Normen im vorliegenden Fall für entscheidungserheblich i.S.d. Art. 267 Abs. 2 AEUV hielt, entschied sich daraufhin dazu, das Verfahren auszusetzen und dem EuGH das Verfahren am 19.01.2017 zur Vorabentscheidung vorzulegen. Als Prüfprogramm des Vorabentscheidungsverfahrens hatte der Oberste VGH Finnlands dem EuGH insgesamt vier Fragen vorgelegt.

Neben der Frage, ob das Datenschutzrecht in Anbetracht der in Art. 3 Abs. 2 DSRL erster Gedankenstrich vorgesehenen Anwendungsbereichsausnahme für Tätigkeiten staatlicher Stellen oder der im zweiten Gedankenstrich normierten Haushaltsausnahme zur Ausübung ausschließlich persönlicher oder familiärer Tätigkeiten überhaupt auf die Erhebung und Verarbeitung personenbezogener Daten durch die Religionsgemeinschaft anwendbar ist und der Frage, ob der

[1136] EuGH [GK], Rs. C-25/17, *Zeugen Jehovas,* ECLI:EU:C:2018:551 Rn. 15.
[1137] EuGH [GK], Rs. C-25/17, *Zeugen Jehovas,* ECLI:EU:C:2018:551 Rn. 15.
[1138] EuGH [GK], Rs. C-25/17, *Zeugen Jehovas,* ECLI:EU:C:2018:551 Rn. 15.
[1139] EuGH [GK], Rs. C-25/17, *Zeugen Jehovas,* ECLI:EU:C:2018:551 Rn. 16.
[1140] EuGH [GK], Rs. C-25/17, *Zeugen Jehovas,* ECLI:EU:C:2018:551 Rn. 16.
[1141] EuGH [GK], Rs. C-25/17, *Zeugen Jehovas,* ECLI:EU:C:2018:551 Rn. 11-14.

Begriff der „Datei" aus Art. 2 lit. c DSRL auch eine manuelle Sammlung personenbezogener Daten umfasst, befassten sich speziell die Vorlagefragen 3 und 4 ausdrücklich mit einer etwaigen (gemeinsamen) Verantwortlichkeit der Religionsgemeinschaft und ihrer Mitglieder.
Das vorlegende Gericht wollte zunächst wissen, ob die Definition des Verantwortlichen aus Art. 2 lit. d DSRL dahingehend auszulegen ist, dass eine Religionsgemeinschaft in Bezug auf die Tätigkeit ihrer Mitglieder als für die Verarbeitung Verantwortlicher betrachtet werden kann. In der letzten Frage zur Vorabentscheidung wollte der Oberste VGH Finnlands schließlich wissen, ob der für die Verarbeitung Verantwortliche andere spezifische Maßnahmen wie Aufträge oder schriftliche Anweisungen ergreifen muss, um das Erheben der personenbezogenen Daten zu steuern, oder ob es für die Einstufung als Verantwortlicher genügt, dass er nur eine tatsächliche Rolle bei der Steuerung der Tätigkeit seiner Mitglieder spielt.[1142]
Neben Ausführungen zur Haushaltsausnahme gemäß Art. 3 Abs. 2 DSRL (nunmehr Art. 2 Abs. 2 lit. c DSGVO) und zum Begriff der „Datei bzw. des Dateisystems" i.S.d. Art. 2 lit. c DSRL (nunmehr Art. 2 Abs. 1 DSGVO) musste sich der EuGH insbesondere mit der Verteidigungslinie der Gemeinschaft auseinandersetzen, nach der sie nicht für die Verarbeitungstätigkeiten ihrer Mitglieder verantwortlich sei. Zu ihrer Verteidigung machte die Religionsgemeinschaft der Zeugen Jehovas vor allem geltend, dass nur einzelne Mitglieder Zugriff zu den personenbezogenen Daten haben.[1143] Das Handeln der Gemeinschaft beschränke sich auf das Organisieren einer Tätigkeit, in deren Rahmen personenbezogene Daten erhoben werden. Diese, die gemeinsame Verantwortlichkeit bestreffenden Fragen, boten dem EuGH erneut die Gelegenheit, das europäische Verantwortlichkeitskonzept zu konkretisieren.

2.) Feststellungen des EuGH

In der Auseinandersetzung mit den Vorlagefragen stellt der EuGH fest, dass die Verkündigungstätigkeit, in deren Rahmen personenbezogene Daten erhoben werden, nicht zum Haushalt der verkündenden Mitglieder gehört, sodass diese Tätigkeit auf einen Bereich außerhalb der privaten Sphäre der Mitglieder gerichtet ist und dass zumindest ein Teil der erhobenen Daten einem potenziell unbegrenzten Personenkreis zugänglich gemacht wird.[1144] Die

---

[1142] Vgl. EuGH [GK], Rs. C-25/17, *Zeugen Jehovas,* ECLI:EU:C:2018:551 Rn. 24; die Fragen zur Vorabentscheidung zusammenfassend *Dovas*, ITRB 2019, 3 f.
[1143] Vgl. EuGH [GK], Rs. C-25/17, *Zeugen Jehovas,* ECLI:EU:C:2018:551 Rn. 24.
[1144] EuGH [GK], Rs. C-25/17, *Zeugen Jehovas,* ECLI:EU:C:2018:551 Rn. 44-45; in diesem Sinne bereits Schlussanträge GA *Mengozzi*, Rs. C-25/17, *Zeugen Jehovas,* ECLI:EU:C:2018:57 Rn. 40, wonach die Verkündigungstätigkeit, bei der die personenbezogenen Daten der besuchten Personen erhoben werden, zumindest über die familiäre Sphäre desjenigen, der die Daten verarbeitet, hinausgeht, da sich die Verkündigung wesensgemäß dadurch auszeichnet, dass der Verkündiger mit Personen in Kontakt tritt, die er in der Regel nicht kennt und die seinen Glauben nicht teilen.

Haushaltsausnahme für ausschließlich persönliche oder familiäre Tätigkeiten (vgl. Art . 3 Abs. 2 DSRL zweiter Gedankenstrich) scheide daher aus.[1145] Nach der ergänzenden, den Anwendungsbereich der DSRL für eröffnet erklärenden Feststellung, dass der in Art. 2 lit. c DSRL verwendete Begriff der „Datei“ auch analoge Sammlungen personenbezogener Daten umfasst, sofern diese Daten nach bestimmten Kriterien so strukturiert sind, dass sie in der Praxis zur späteren Verwendung leicht wiederauffindbar sind,[1146] musste sich der EuGH im Schwerpunkt mit der Verteidigungslinie der Gemeinschaft der Zeugen Jehovas auseinandersetzen, wonach sie nicht für die Verarbeitungstätigkeiten ihrer Mitglieder verantwortlich sei.

Vertieft geht der EuGH in der Beantwortung der beiden Vorlagefragen 3 und 4 auf die Reichweite der (gemeinsamen) Verantwortlichkeit im europäischen Datenschutzrecht ein. In ähnlicher Art und Weise wie bereits in der Rechtssache *Wirtschaftsakademie Schleswig-Holstein*[1147] plädiert der EuGH für ein weites Verständnis der Definition des Verantwortlichen. Ergänzend werden weitere wichtige Fragen aufgegriffen, die für die Beurteilung des Vorliegens einer gemeinsamen Verantwortlichkeit relevant sind. Der EuGH stellt ausdrücklich klar, dass dem Begriff des „für die Verarbeitung Verantwortlichen“ keine quantitative Beschränkung zu entnehmen sei und jeder der an der Verarbeitung beteiligten Akteure den Datenschutzvorschriften unterliege.[1148]

Des Weiteren geht der EuGH näher auf die Anforderungen an die Entscheidung über Zwecke und Mittel der Verarbeitung ein. Der EuGH konstatiert, dass der DSRL keine strikten Vorgaben diesbezüglich zu entnehmen seien. Es sei daher gerade nicht erforderlich, dass die Entscheidung über Zwecke und Mittel der Verarbeitung mittels schriftlicher Anleitungen oder Anweisungen seitens des für die Verarbeitung Verantwortlichen erfolge.[1149] Bereits eine aus Eigeninteresse auf die Verarbeitung personenbezogener Daten vorgenommene Einflussnahme könne für eine Mitwirkung an der Entscheidung über die Schlüsselelemente der Verarbeitung genügen und mithin das verantwortlichkeitsbegründende Element darstellen.[1150]

Sodann stellt der EuGH dar, welche aus Eigeninteresse vorgenommene Einflussnahme die Gemeinschaft konkret trifft, aus der wiederum eine Mitwirkung in Bezug auf die Entscheidung über Zweck und Mittel der Verarbeitung erwachse. Zwar sei es ausweislich der

---

[1145] EuGH [GK], Rs. C-25/17, *Zeugen Jehovas,* ECLI:EU:C:2018:551 Rn. 51.

[1146] EuGH [GK], Rs. C-25/17, *Zeugen Jehovas,* ECLI:EU:C:2018:551 Rn. 62; ausführlich zur Beantwortung der zweiten Vorlagefrage *Thüsing/Rombey*, NZA 2019, 6 (8 f.).

[1147] EuGH [GK], Rs. C-210/16, ECLI:EU:C:2018:388 – *ULD Schleswig-Holstein/Wirtschaftsakademie Schleswig-Holstein.*

[1148] EuGH [GK], Rs. C-25/17, *Zeugen Jehovas,* ECLI:EU:C:2018:551 Rn. 65; in diesem Sinne bereits EuGH [GK], Rs. C-210/16, *ULD Schleswig-Holstein/Wirtschaftsakademie Schleswig-Holstein,* ECLI:EU:C:2018:388 Rn. 29.

[1149] EuGH [GK], Rs. C-25/17, *Zeugen Jehovas,* ECLI:EU:C:2018:551 Rn. 67.

[1150] EuGH [GK], Rs. C-25/17, *Zeugen Jehovas,* ECLI:EU:C:2018:551 Rn. 68.

Vorlageentscheidung konkret Sache der verkündenden Mitglieder der Gemeinschaft zu entscheiden, welche personenbezogenen Daten genau erhoben und weiterverarbeitet werden,[1151] doch erfolge die Verarbeitung in dem übergeordneten Rahmen der Ausübung der Verkündigungstätigkeit, die eine wesentliche Betätigungsform der Gemeinschaft darstelle und die von ihr organisiert und koordiniert wird und zu der sie ermuntert.[1152] Die konkrete Koordination und Organisation erfolge durch die Einteilung der Tätigkeitsbezirke der verschiedenen Verkündiger.[1153] Die Gemeinschaft stelle mithin eine höhere und übergeordnete Organisationseinheit dar, die den Rahmen für die konkrete Mitwirkung durch die Mitglieder vorgibt und zentral steuert.[1154]

Zugleich diene die konkret durch die Mitglieder vorgenommene Verarbeitung personenbezogener Daten unmittelbar der Umsetzung der Ziele der Gemeinschaft und erfolge in ihrem Interesse.[1155] Dass diese Datenverarbeitungen der Mitglieder zum Zwecke der Verbreitung ihres Glaubens erfolgen, sei der Gemeinschaft dabei allgemein bekannt.[1156] Insgesamt komme es damit zu einer gemeinsamen Entscheidung der Gemeinschaft und ihrer Mitglieder über den Zweck und die Mittel der Verarbeitung personenbezogener Daten.[1157]

Der Gerichtshof betont erneut, dass eine gemeinsame Verantwortlichkeit mehrerer Akteure für dieselbe Verarbeitung personenbezogener Daten nicht voraussetze, dass jeder von ihnen Zugang zu den betreffenden Daten habe.[1158] Dementsprechend könne eine Religionsgemeinschaft auch in den Fällen ein gemeinsam für die Verarbeitung Verantwortlicher sein, in denen die Gemeinschaft selbst offenbar keinen direkten Zugang zu den betreffenden erhobenen Daten hatte.

Nachgelagert stellt der EuGH abermals heraus, dass das Bestehen einer gemeinsamen Verantwortlichkeit nicht zwangsläufig eine gleichwertige Verantwortlichkeit der verschiedenen Akteure für dieselbe Verarbeitung personenbezogener Daten zur Folge habe. Je nachdem in welche Phasen und in welchem Ausmaß die Akteure in die Verarbeitung personenbezogener Daten einbezogen sind, könne der Grad der Verantwortlichkeit unter Berücksichtigung aller

[1151] So bereits Schlussanträge GA *Mengozzi*, Rs. C-25/17, *Zeugen Jehovas,* ECLI:EU:C:2018:57 Rn. 72; wonach der geschilderte Sachverhalt den Schluss nahelege, dass die verkündenden Mitglieder konkret auf die Mittel der Verarbeitung Einfluss nehmen können, indem sie die zu besuchenden Personen auswählen, über die Zweckmäßigkeit der Anfertigung von Notizen entscheiden, den Datenträger für diese Notizen auswählen und den Umfang der erhobenen Daten bestimmen; siehe dazu auch *Hoeren*, ZD 2018, 472 (473).

[1152] EuGH [GK], Rs. C-25/17, *Zeugen Jehovas,* ECLI:EU:C:2018:551 Rn. 70.

[1153] EuGH [GK], Rs. C-25/17, *Zeugen Jehovas,* ECLI:EU:C:2018:551 Rn. 71.

[1154] In diesem Sinne auch GA *Mengozzi*, Rs. C-25/17, *Zeugen Jehovas,* ECLI:EU:C:2018:57 Rn. 65, wonach eine zebtrale Organisation der Verkündigungstätigkeit durch die Gemeinschaft vorliege.

[1155] EuGH [GK], Rs. C-25/17, *Zeugen Jehovas,* ECLI:EU:C:2018:551 Rn. 71.

[1156] EuGH [GK], Rs. C-25/17, *Zeugen Jehovas,* ECLI:EU:C:2018:551 Rn. 71.

[1157] EuGH [GK], Rs. C-25/17, *Zeugen Jehovas,* ECLI:EU:C:2018:551 Rn. 73.

[1158] EuGH [GK], Rs. C-25/17, *Zeugen Jehovas,* ECLI:EU:C:2018:551 Rn. 69; in diesem Sinne bereits EuGH [GK], Rs. C-210/16, *ULD Schleswig-Holstein/Wirtschaftsakademie Schleswig-Holstein,* ECLI:EU:C:2018:388 Rn. 38.

maßgeblichen Umstände des Einzelfalls variieren.[1159] Auch diese Aussage ist im Zusammenhang mit der Entscheidung in der Rechtssache *Wirtschaftsakademie Schleswig-Holstein* zu sehen, in der der EuGH bereits für eine flexible Verantwortungsaufteilung plädierte.[1160]

3.) Einordnung

In der Rechtssache *Zeugen Jehovas* beschäftigte sich der EuGH ein weiteres Mal intensiv mit der Zuordnung datenschutzrechtlicher Verantwortlichkeiten. Für die Einordnung der Entscheidung ist zunächst herauszustellen, dass der faktische Hintergrund dieses Urteils für sich genommen einzigartig ist. Das gesamte Urteil beruht auf der Prämisse, dass die predigenden und verkündenden Mitglieder der Gemeinschaft der Zeugen Jehovas selbst in der Rolle von Verantwortlichen agieren. Insofern hatte der EuGH lediglich zu entscheiden, ob die Gemeinschaft der Zeugen Jehovas als zusätzlicher (Mit-)Verantwortlicher anzusehen ist.[1161]

In der Entscheidung, die weitestgehend im Einklang mit den Schlussanträgen von GA *Mengozzi*[1162] steht, plädiert der EuGH erneut für eine weite Definition des Begriffs des Verantwortlichen und sieht die Stellung des für die Datenverarbeitung Verantwortlichen unter geringen Voraussetzungen als gegeben an, um einen wirksamen und umfassenden Schutz der betroffenen Personen zu gewährleisten.[1163] Die Aussagen des Gerichtshofs legen den Schluss nahe, dass es für die Begründung einer (Mit-)Verantwortlichkeit bereits ausreichen könne, wenn eine Stelle die Zwecke und Mittel einer Verarbeitung so beeinflussen kann, dass sich diese Einflussnahme für das Persönlichkeitsrecht der betroffenen Personen risikoerhöhend auswirkt.[1164]

Bemerkenswert ist die Feststellung, dass es dem Anschein nach für unerheblich angesehen wird, dass die verkündenden Mitglieder in letzter Konsequenz frei entscheiden können, auf welche Art und Weise und unter welchen konkreten Umständen welche personenbezogenen Daten erhoben und weiterverarbeitet werden.[1165] Für die Annahme eines positiven Bedingungszusammenhangs und die operative Beeinflussung der Schlüsselelemente der Verarbeitung lässt

---

[1159] EuGH [GK], Rs. C-25/17, *Zeugen Jehovas,* ECLI:EU:C:2018:551 Rn. 66; in diesem Sinne bereits EuGH [GK], Rs. C-210/16, *ULD Schleswig-Holstein/Wirtschaftsakademie Schleswig-Holstein,* ECLI:EU:C:2018:388 Rn. 28, 43 und 44.

[1160] Vgl. in diesem Sinne EuGH [GK], Rs. C-210/16, *ULD Schleswig-Holstein/Wirtschaftsakademie Schleswig-Holstein,* ECLI:EU:C:2018:388 Rn. 43; Schlussanträge GA *Bot*, Rs. C-210/16, *ULD Schleswig-Holstein/Wirtschaftsakademie Schleswig-Holstein,* ECLI:EU:C:2017:796 Rn. 75 f.

[1161] Vgl. *Rothkegel/Strassemeyer*, CRi 2019, 161 (168).

[1162] Schlussanträge GA *Mengozzi*, Rs. C-25/17, ECLI:EU:C:2018:57 - *Zeugen Jehovas.*

[1163] Vgl. EuGH [GK], Rs. C-25/17, *Zeugen Jehovas,* ECLI:EU:C:2018:551 Rn. 66; siehe dazu *Thüsing/Rombey*, NZA 2019, 6.

[1164] Siehe dazu *Petri*, EuZW 2018, 902 (903); ähnlich bereits EuGH [GK], Rs. C-131/12, *Google Spain SL u. Google Inc./Agencia Española de Protección de Datos (AEPD) u. Mario Costeja Conzález,* ECLI:EU:C:2014:317 Rn. 35-38; kritisch dazu *Lang*, in: Taeger/Gabel, DSGVO/BDSG/TTDSG, 4. Aufl. 2022, Art. 26 Rn. 49.

[1165] Vgl. *Gierschmann*, ZD 2020, 69 (70).

der EuGH schon eine oberflächliche Anleitung der Religionsgemeinschaft ausreichen.[1166] In gleicher Weise hatte bereits der GA *Mengozzi* in seinem Gutachten darauf verwiesen, dass die Gemeinschaft die Verkündigungstätigkeit ihrer Mitglieder zentral organisiere und damit auch deren Verarbeitung personenbezogener Daten beeinflusse. Zum Nachweis des Vorliegens einer zentralen Steuerung wurde konkretisierend darauf abgestellt, dass die Gemeinschaft die Tätigkeit ihrer Mitglieder in dem Sinne organisiere, dass sie die Aktionsradien der Verkündiger aufteilt, die Verkündigungstätigkeit verfolgt und Register über Personen, die nicht besucht werden möchten, führt.[1167]

Da weder dem Wortlaut des Art. 2 lit. d DSRL noch der restlichen Datenschutzrichtlinie zu entnehmen ist, wie die Entscheidung über die Zwecke und Mittel der Verarbeitung konkret ausgestaltet sein muss, erachtet der EuGH auch die Nachweisbarkeit von ausführlich, ausdrücklich oder schriftlich verfassten Anleitungen oder Anweisungen für irrelevant.[1168] Abermals wird es für die Rollenzuteilung als unbeachtlich angesehen, ob ein (potenziell) Verantwortlicher Zugriff auf die betreffenden personenbezogenen Daten hat.[1169] Zum ersten Mal stellt der EuGH im Rahmen des holistischen Begründungsansatzes auf das Kriterium des Eigeninteresses und die übereinstimmenden Interessen der handelnden Beteiligten ab.[1170] Eine gewisse Kongruenz der zugrundeliegenden Verarbeitungszwecke wird mithin als verantwortlichkeitsbegründendes Indiz berücksichtigt. Dass diese Datenverarbeitungen der Mitglieder zum Zwecke der Verbreitung ihres Glaubens erfolgen, sei der Gemeinschaft dabei auch allgemein bekannt.[1171] Der EuGH berücksichtigt damit auch ausdrücklich das Vorliegen eines kognitiven Elements.

Aus der Zusammenschau dieser Kriterien leitet der EuGH abermals eine gemeinsame Verantwortlichkeit zwischen den Akteuren ab. Der EuGH bestätigt mit diesen Ausführungen die vorangegangene Rechtsprechung zur weiten Auslegung der Verantwortlichenstellung in der Rechtssache *Wirtschaftsakademie Schleswig-Holstein*. Die Verantwortlichkeit müsse so weit verstanden werden, dass keine Schutzlücken für die Personen entstehen, die von der

[1166] Vgl. EuGH [GK], Rs. C-25/17, *Zeugen Jehovas,* ECLI:EU:C:2018:551 Rn. 67; siehe dazu *Hartung*, in: Kühling/Buchner, DS-GVO/BDSG, 4. Aufl. 2024, Art. 26 Rn. 35.

[1167] Schlussanträge GA *Mengozzi*, Rs. C-25/17, *Zeugen Jehovas,* ECLI:EU:C:2018:57 Rn. 65; siehe dazu *Hoeren*, ZD 2018, 472 (473).

[1168] Vgl. EuGH [GK], Rs. C-25/17, *Zeugen Jehovas,* ECLI:EU:C:2018:551 Rn. 75.

[1169] EuGH [GK], Rs. C-25/17, *Zeugen Jehovas,* ECLI:EU:C:2018:551 Rn. 69 und 75; in diesem Sinne bereits EuGH [GK], Rs. C-210/16, *ULD Schleswig-Holstein/Wirtschaftsakademie Schleswig-Holstein,* E-CLI:EU:C:2018:388 Rn. 38.

[1170] EuGH [GK], Rs. C-25/17, *Zeugen Jehovas,* ECLI:EU:C:2018:551 Rn. 68, 70 und 71; siehe dazu *Hartung*, in: Kühling/Buchner, DS-GVO/BDSG, 4. Aufl. 2024, Art. 26 Rn. 36.

[1171] EuGH [GK], Rs. C-25/17, *Zeugen Jehovas,* ECLI:EU:C:2018:551 Rn. 71.

Verarbeitung betroffen sind.[1172] In der Begründung stellt der EuGH an diversen Stellen unmittelbare Bezüge zu der wegweisenden Entscheidung in der Rechtssache *Wirtschaftsakademie Schleswig-Holstein* her. Insgesamt fügt sich das Urteil in weiten Teilen in die bisherige EuGH-Rechtsprechung ein.[1173]

Zugleich ist aber auch zu konstatieren, dass der EuGH letzten Endes eine konkrete technische Einflussnahme oder eine eigene unmittelbare Nutzung der Ergebnisse der Datenverarbeitung nicht mehr verlangt.[1174] Im Ergebnis wird aus der Zusammenschau zwischen einer gewissen Kausalität, einer recht oberflächlichen und dem Anschein nach vorliegenden Einflussnahme und einem übereinstimmenden Interesse an der Datenverarbeitung auf eine gemeinsame Verantwortlichkeit geschlossen.[1175] Der Entscheidung wohnt damit ein im Vergleich zur Entscheidung in der Rechtssache *Wirtschaftsakademie Schleswig-Holstein* noch einmal erhöhtes Abstraktionsniveau inne. Die verantwortlichkeitsbegründenden Kriterien werden ausgeweitet. Auch die Reichweite des Rechtsinstituts der gemeinsamen Verantwortlichkeit wird weiter ausgedehnt. Unter Rekurs auf diese EuGH-Judikatur werden Gerichte und Aufsichtsbehörden in Zweifelsfällen die Rollen als gemeinsam Verantwortliche schneller als je zuvor bejahen können.

III. Die Rechtssache *Fashion ID*

1.) Hintergrund, Sachverhalt und Gang des Verfahrens

Der EuGH hat mit seinem Urteil vom 29.07.2019 in der Rechtssache *Fashion ID*[1176] die zweite Vorlagefrage des OLG Düsseldorf[1177] zum Anlass genommen, um die Rechtsprechung zur (gemeinsamen) Verantwortlichkeit abermals zu präzisieren. Der Fall betrifft die kontroverse Frage, ob die Einbindung von Social Plugins[1178], konkret ging es um den sog. „Like-Button“

[1172] Vgl. EuGH [GK], Rs. C-25/17, *Zeugen Jehovas,* ECLI:EU:C:2018:551 Rn. 66; siehe dazu *Petri*, EuZW 2018, 902 (903), wonach das weite Verständnis umfänglich gerechtfertigt sei, soweit der EuGH mit seiner Auslegung einen effektiven Schutz der Grundrechte aus Art. 7 und 8 GRCh gewährleistet.

[1173] So auch *Petri*, EuZW 2018, 902 (903); zugleich folgt der EuGH auch der Sichtweise der *Art.-29-Datenschutzgruppe*, die unter dem Begriff „gemeinsam“ nichts weiter als „nicht allein“ oder „zusammen mit“ verstand, *Art.-29-Datenschutzgruppe*, WP 169, S. 22; siehe dazu *Thüsing/Rombey*, NZA 2019, 6 (10).

[1174] Vgl. *Hartung*, in: Kühling/Buchner, DS-GVO/BDSG, 4. Aufl. 2024, Art. 26 Rn. 37.

[1175] Vgl. *Hartung*, in: Kühling/Buchner, DS-GVO/BDSG, 4. Aufl. 2024, Art. 26 Rn. 37.

[1176] EuGH, Rs. C-40/17, ECLI:EU:C:2019:629 – *Fashion ID.*

[1177] OLG Düsseldorf, GRUR Int. 2017, 466; siehe zu dem Beschluss *Piltz*, ZD 2017, 336; *Dovas*, ITRB 2017, 184.

[1178] Mit Hilfe von Social Plugins können die bereitstellenden Unternehmen das Verhalten der Datensubjekte nachverfolgen (Tracking), um auf dieser Grundlage zunächst Verhaltensprofile zu erstellen (Profiling) und diese anschließend durch das Angebot von stratifizierter Werbung zu kommerzialisieren (Targeted Advertising bzw. Online Behavioral Advertising), vgl. *Sattler*, GRUR 2019, 1023 (1024), der in diesem Zusammenhang von einem „Detektor für Online-Verhalten“ spricht; siehe zur Aufgabe und Funktionsweise von Social Plugins auch *Rücker/Brandt*, in: Bräutigam/Rücker, E-Commerce, 1. Aufl. 2017, 3. Teil Kap. D Rn. 222 ff.; ausführlich zum technischen Hintergrund *Müller-Riemenschneider*, in: Bräutigam/Rücker, E-Commerce, 1. Aufl. 2017, 7. Teil Kap. E Rn. 24 ff.

von Facebook, eine gemeinsame Verantwortlichkeit zwischen dem das Plugin Einbindenden und dem Anbieter der Software begründet.[1179] Bis zu der Entscheidung durch den EuGH war es streitig, wer bei der Einbindung von Plugins in Webseiten, die personenbezogene Daten nicht nur an den Webseitenbetreiber, sondern auch an einen Dritten übermitteln, in der Rolle eines datenschutzrechtlich Verantwortlichen agiert. Die rechtliche Unsicherheit betraf insbesondere Verarbeitungskonstellationen, in denen der Webseitenbetreiber nach der Einbindung einer ihm zur Verfügung gestellten Software-Komponente keine zusätzlichen oder nur stark eingeschränkte Zugriffs- und Einflussmöglichkeiten auf die verarbeiteten Daten besitzt.[1180]

Den konkreten Ausgangspunkt der rechtlichen Bewertung hatte eine Unterlassungsklage der Verbraucherzentrale Nordrhein-Westfalen gegen einen Onlinehändler (Fashion ID GmbH & Co. KG) aus dem Jahre 2015 gesetzt. Dieser Onlinehändler hatte in seine Webseite den „Like-Button" von Facebook eingebunden. Die Einbindung dieses von Facebook Ireland bereitgestellten Plugins führt in technischer Hinsicht dazu, dass bereits mit dem Aufruf der Webseite, auf welcher das Plugin eingebunden ist, der Browser des Seitenbesuchers aufgefordert wird, eine Verbindung zum Server des Plugin-Betreiber aufzubauen, wodurch sowohl die IP-Adresse[1181], der Browser-String als auch weitere Informationen an den Plugin-Betreiber gesendet werden.[1182] Wird der Programmcode ohne Veränderung in Internetseiten eingebaut, sendet er schon beim Aufbau dieser Internetseiten Nutzerdaten an den Anbieter des Plugins.[1183] Die automatisiert ablaufende Datenübermittlung an den Plugin-Anbieter und etwaige Tochterunternehmen erfolgt dabei unabhängig davon, ob der Besucher selbst ein vertragliches Verhältnis zu dem Plugin-Anbieter hat bzw. den „Like-Button" aktiv anklickt.[1184]

[1179] Ausführlich zum Fall *Spittka/Mantz*, NJW 2019, 2742 (2743).

[1180] Siehe zum Fall *Schmidt*, jurisPR-ITR 22/2019 Anm. 5.

[1181] Bei der IP-Adresse handelt es sich um eine Adresse, die einem Gerät im Internet oder auf einem lokalen Netzwerk zugeteilt wird, um das Gerät adressierbar sowie ggf. identifizierbar zu machen. Im Grundsatz ist zwischen statischen, also dauerhaft zugeteilten und dynamischen, temporär zugeteilten IP-Adressen zu differenzieren. Das Akronym „IP" steht für „Internet Protocol", welches das grundlegende Netzwerkprotokoll des Internets ist. Obgleich es sich bei der IP-Adresse in der Hauptfunktion um eine sich auf Sachen beziehende Information handelt, können IP-Adressen durch die Zuweisung an bestimmte Akteure eine Verbindung zu natürlichen Personen aufweisen, siehe dazu *Arning/Rothkegel*, in: Taeger/Gabel, DSGVO/BDSG/TTDSG, 4. Aufl. 2022, Art. 4 Rn. 12; siehe zum Personenbezug von IP-Adressen in der DSGVO *Heidrich/Forgó/Moos*, in: Forgó/Helfrich/Schneider, Betrieblicher Datenschutz, 3. Aufl. 2019, Teil VIII. Kap. 1 Rn. 21; ausführlich zur EuGH-Rechtsprechung zum Personenbezug von dynamischen IP-Adressen *Conrad/Hausen*, in: Auer-Reinsdorff/Conrad, IT- und Datenschutzrecht, 3. Aufl. 2019, Teil F. § 34 Rn. 102-111.

[1182] Ausführlich zu den technischen Grundlagen *Hiller*, PharmR 2020, 589 (591); *Rücker/Brandt*, DB 2019, 2451 ff.

[1183] *Rücker/Brandt*, DB 2019, 2451 ff.; siehe auch *Piltz*, ZD 2017, 336 (336).

[1184] Siehe zum Hintergrund des Vorlageverfahrens *Kollmar*, NVwZ 2019, 1740; *Schmidt*, jurisPR-ITR 22/2019 Anm. 5; *Hiller*, PharmR 2020, 589 (591).

In der erstinstanzlichen Entscheidung hatte das LG Düsseldorf[1185] den Anträgen der Verbraucherzentrale Nordrhein-Westfalen teilweise stattgegeben. Es befand, dass die Einbindung des „Like-Buttons“ gegen § 13 TMG verstoße und stellte heraus, dass es einer bewussten und eindeutigen Einwilligung des Nutzers der Webseite vor der Verarbeitung von Daten durch das Plugin bedürfe.[1186] Zudem sieht das Gericht den das Plugin einbindenden Webseitenbetreiber als datenschutzrechtlich verantwortliche Stelle i.S.d. § 3 Abs. 7 BDSG a.F. (heute Art. 4 Nr. 7 DSGVO) an.[1187] Das Landgericht begründete die Verantwortlichkeit des Onlinehändlers damit, dass es in der Beschaffung der Daten für Facebook durch Einbindung des Plugins eine Erhebung annahm. Dem Webseitenbetreiber sei es durch das Entfernen des Plugins jederzeit möglich gewesen, den Zugriff auf personenbezogene Daten von vornherein zu verhindern bzw. durch die Anfrage einer vorhergehenden Erlaubnis des Nutzers eine Verwendung der Daten einzuschränken.[1188] Dass der Webseitenbetreiber selbst keinen direkten Einfluss auf die Erhebung der Daten und deren spätere Verwendung hatte, erachtete das Gericht als unschädlich. Die Eigenschaft als verantwortliche Stelle sei gerade nicht an den Besitz der Daten und eine physische Herrschaft über den Verarbeitungsprozess gebunden.[1189]

Gegen diese Entscheidung legte der Onlinehändler Fashion ID wiederum Berufung beim OLG Düsseldorf ein. Insbesondere im Hinblick auf die Frage der datenschutzrechtlichen Verantwortlichkeit tendierte das OLG Düsseldorf[1190] zu einer vom LG Düsseldorf divergierenden Auffassung. Das OLG Düsseldorf stütze sich im Rahmen seiner Argumentation auch auf das Vorabentscheidungsersuchen des BVerwG aus der Rechtssache *Wirtschaftsakademie Schleswig-Holstein*, wonach es ein unverzichtbares Element der datenschutzrechtlichen Verantwortlichkeit sei, dass der Verantwortliche eine eigene Möglichkeit besitzt, über Zwecke und Mittel der jeweiligen Datenverarbeitung entscheiden zu können.[1191]

Das Oberlandesgericht wies zudem darauf hin, dass die Qualifizierung des Webseitenbetreibers als Verantwortlicher die Einbindung von Dritten bereitgestellter Inhalte für den Einbindenden praktisch datenschutzrechtlich unmöglich mache, wenn kein weitergehender Einfluss darauf besteht.[1192] Unter der Prämisse, dass der Einbindende selbst nicht in der Rolle eines Verantwortlichen agiert sah das Oberlandesgericht stattdessen eine Haftung des Webseitenbetreibers

---

[1185] LG Düsseldorf, ZD 2016, 231; siehe dazu *Petri*, ZD 2016, 234; *Herbrich*, jurisPR-ITR 16/2016 Anm. 5; *Föhlich/Pilous*, MMR 2016, 331.
[1186] LG Düsseldorf, ZD 2016, 231 (Rn. 39 f. und 56 f.).
[1187] LG Düsseldorf, ZD 2016, 231 (Rn. 47 ff.).
[1188] LG Düsseldorf, ZD 2016, 231 (Rn. 49).
[1189] LG Düsseldorf, ZD 2016, 231 (Rn. 50 m.w.N.).
[1190] OLG Düsseldorf, GRUR Int. 2017, 466.
[1191] Vgl. BVerwG, ZD 2016, 393 (Rn. 27); bezugnehmend OLG Düsseldorf, GRUR Int. 2017, 466 (Rn. 13).
[1192] OLG Düsseldorf, GRUR Int. 2017, 466 (Rn. 14).

als Störer potentiell einschlägig, da der Betreiber durch die Einbindung des Plugins die Möglichkeit einer Rechtsverletzung herbeiführe.[1193]

Das zuständige OLG Düsseldorf hatte das Verfahren daraufhin ausgesetzt und dem EuGH im Rahmen eines Vorabentscheidungsersuchens nach Art. 267 AEUV eine Reihe von Fragen vorgelegt. In seiner zweiten Vorlagefrage wollte das OLG Düsseldorf klären lassen, ob die Beklagte dadurch, dass sie auf ihrer Webseite ein Plugin eingebunden hat, das den Browser des Benutzers veranlasst, Inhalte von einem Dritten anzufordern und personenbezogene Daten an den Dritten übermittelt, selbst dann als „für die Verarbeitung Verantwortlicher" im Sinne von Art. 2 lit. d DSRL anzusehen ist, wenn sie selbst diesen Datenverarbeitungsvorgang nicht beeinflussen kann. Thematisch reiht sich das Vorabentscheidungsersuchen in die vorangegangenen und thematisch ähnlich gelagerten Entscheidungen ein, in denen der EuGH die Gelegenheit nutze, um das Konzept der datenschutzrechtlichen Verantwortlichkeit zu konturieren.

2.) Feststellungen des EuGH

In der Entscheidung konstatiert der EuGH, dass derjenige Webseitenbetreiber, der ein Social Plugin in die eigene Webpräsenz einbaut, gemeinsam mit dem Softwareanbieter, der die an ihn übermittelten Daten anschließend verwertet, hinsichtlich der Erhebung und der Weitergabe durch Übermittlung in der Rolle eines datenschutzrechtlich Verantwortlichen agiert.[1194] Der EuGH verweist im Kern auf vier Faktoren, aus deren Zusammenschau eine (Mit-)Verantwortlichkeit des Einbindenden erwachse.[1195]

Zunächst ermögliche die aktive Einbindung der Software-Komponente erst die Erhebung, Übermittlung und sonstige Verarbeitung der personenbezogenen Daten.[1196] Zweitens habe der Onlinehändler Fashion ID auch entscheidend das Erheben und die Übermittlung von personenbezogenen Daten beeinflusst, die ohne Einbindung dieses Plugins gar nicht erfolgen würden.[1197] Drittens erfolge die Einbindung auch in dem Wissen, dass dieses Plugin als Werkzeug zum Erheben und zur Übermittlung von personenbezogenen Daten der Besucher dient, unabhängig davon, ob es sich dabei um Mitglieder des sozialen Netzwerks Facebook handelt oder

---

[1193] OLG Düsseldorf, GRUR Int. 2017, 466 (Rn. 15); siehe dazu *Schmidt*, jurisPR-ITR 22/2019 Anm. 5.

[1194] EuGH, Rs. C-40/17, *Fashion ID*, ECLI:EU:C:2019:629 Rn. 81 und 85.

[1195] Der EuGH betont im Rahmen seiner Entscheidung wiederholt, dass die Wertungen nicht abschließend sind und vorbehaltlich einer vorzunehmenden Nachprüfung durch das vorlegende Gericht erfolgen. Ob tatsächlich die Voraussetzungen einer gemeinsamen Verantwortlichkeit zwischen Fashion ID und Facebook Ireland vorliegen, überlässt der EuGH dem vorlegenden OLG Düsseldorf, siehe EuGH, Rs. C-40/17, *Fashion ID*, ECLI:EU:C:2019:629 Rn. 75, 79 und 81.

[1196] EuGH, Rs. C-40/17, *Fashion ID*, ECLI:EU:C:2019:629 Rn. 75.

[1197] EuGH, Rs. C-40/17, *Fashion ID*, ECLI:EU:C:2019:629 Rn. 78.

nicht.[1198] Und viertens profitiere der Onlinehändler Fashion ID auch selbst wirtschaftlich von der Einbindung des Plugins.[1199]

Unter Berufung auf die Definition der Verarbeitung in Art. 2 lit. b DSRL, die weitgehend Art. 4 Nr. 2 DSGVO entspricht, ergänzt der EuGH die weite Auslegung der Kriterien mit der Feststellung, dass keine (Mit-)Verantwortlichkeit für vor- oder nachgelagerte Vorgänge bestehe.[1200] Diese Begrenzung beruht im Wesentlichen auf der Erkenntnis, dass eine Verarbeitung personenbezogener Daten aus einem oder mehreren Vorgängen bestehen kann.[1201] Für jeden Vorgang müsse die (gemeinsame) Verantwortlichkeit dementsprechend selbständig bestimmt werden. Dies habe zur Folge, dass eine natürliche oder juristische Person für vor- oder nachgelagerte Vorgänge in einer Verarbeitungskette, für die sie weder die Zwecke noch die Mittel festlegt, nicht in der Rolle eines datenschutzrechtlich Verantwortlichen agieren könne.[1202]

Ausgehend von dieser Begrenzung der Verantwortlichkeit stellt der EuGH auch klar, dass die datenschutzrechtlichen Verpflichtungen auf Primär- und Sekundärebene entsprechend der Reichweite der gemeinsamen Verantwortlichkeit zu begrenzen sind.[1203] Eine Adressierung mit Verpflichtungen könne sich nur auf den Vorgang oder die Vorgänge der Verarbeitung personenbezogener Daten beziehen, für die der Beteiligte tatsächlich über die Zwecke und Mittel der Verarbeitung entscheidet.[1204]

Entsprechend der beiden vorangegangenen Urteile geht der EuGH zudem davon aus, dass das Bestehen einer gemeinsamen Verantwortlichkeit nicht zwangsläufig auch eine gleichwertige Verantwortlichkeit der verschiedenen Akteure für dieselbe Verarbeitung personenbezogener Daten zur Folge habe. Bezogen auf die einzelnen Phasen eines Verarbeitungsverfahrens erachtet es der EuGH für möglich, dass die beteiligten Akteure in jeweils verschiedenen, für sich getrennt zu betrachtenden Phasen und in jeweils unterschiedlichem Ausmaß Verantwortlichkeit tragen, sodass zumindest der Grad der Beteiligung nach einer Beurteilung des Einzelfalls zu berücksichtigen sei. Je nachdem in welche Phasen und in welchem Ausmaß die Akteure in die Verarbeitung personenbezogener Daten einbezogen sind, könne der Grad der Verantwortlichkeit unter Berücksichtigung aller maßgeblichen Umstände des Einzelfalls variieren.[1205]

[1198] EuGH, Rs. C-40/17, *Fashion ID*, ECLI:EU:C:2019:629 Rn. 77.
[1199] EuGH, Rs. C-40/17, *Fashion ID*, ECLI:EU:C:2019:629 Rn. 80.
[1200] EuGH, Rs. C-40/17, *Fashion ID*, ECLI:EU:C:2019:629 Rn. 71, 72 und 74; unter Verweis auf Schlussanträge GA *Bobek*, Rs. C-40/17, *Fashion ID*, ECLI:EU:C:2018:1039 Rn. 101.
[1201] EuGH, Rs. C-40/17, *Fashion ID*, ECLI:EU:C:2019:629 Rn. 72.
[1202] EuGH, Rs. C-40/17, *Fashion ID*, ECLI:EU:C:2019:629 Rn. 74.
[1203] Vgl. EuGH, Rs. C-40/17, *Fashion ID*, ECLI:EU:C:2019:629 Rn. 101.
[1204] EuGH, Rs. C-40/17, *Fashion ID*, ECLI:EU:C:2019:629 Rn. 106.
[1205] EuGH, Rs. C-40/17, *Fashion ID*, ECLI:EU:C:2019:629 Rn. 70; so bereits EuGH [GK], Rs. C-25/17, *Zeugen Jehovas,* ECLI:EU:C:2018:551 Rn. 66; EuGH [GK], Rs. C-210/16, *ULD Schleswig-Holstein/Wirtschaftsakademie Schleswig-Holstein,* ECLI:EU:C:2018:388 Rn. 28, 43 und 44.

3.) Einordnung

Auch mit dieser Entscheidung bleibt der EuGH seiner eingeschlagenen Linie der weiten Auslegung der Definition des Begriffs des Verantwortlichen und des Rechtsinstituts der gemeinsamen Verantwortlichkeit treu und betont abermals, dass dieses Vorgehen zur Gewährleistung eines wirksamen und umfassenden Schutzes der betroffenen Personen erforderlich sei.[1206] Die Entscheidung ist insoweit wenig überraschend und führt im Kern die zuvor ergangene Rechtsprechung fort.[1207] Im Einklang mit dem Urteil in der Rechtssache *Zeugen Jehovas* wird verallgemeinernd aus einer im Eigeninteresse erfolgenden Einflussnahme auf die Verarbeitung personenbezogener Daten auf eine Entscheidung über die Schlüsselelemente dieser Verarbeitung geschlossen und daraus eine datenschutzrechtliche Verantwortlichkeit abgeleitet.[1208] Dem Umstand, dass nicht jeder Akteur einen direkten Zugang zu den betreffenden personenbezogenen Daten hat, misst der EuGH für die Zuordnung datenschutzrechtlicher Verantwortlichkeit erneut keine eigenständige Bedeutung zu.[1209] Insoweit liest sich das Urteil in weiten Teilen wie ein *acte éclairé*.[1210]

Abseits der deckungsgleichen Erwägungen ist das Urteil in der Rechtssache *Fashion ID* von relevanten Alleinstellungsmerkmalen geprägt. So stellt der EuGH in der Auseinandersetzung mit den Vorlagefragen zentral auf die Einbindung der Software-Komponente ab, ohne zugleich weitere aktive Handlungen des Webseitenbetreibers zu fordern. Auf einen gestaltenden, den operativen Ablauf determinierenden Einfluss einer „Parametrierung", wie er noch in der Entscheidung in der Rechtssache *Wirtschaftsakademie Schleswig-Holstein*[1211] festgestellt wurde, wird im Rahmen der Verantwortlichkeitszuordnung verzichtet. Stattdessen beeinflusse der Webseitenbetreiber bereits durch die Einbindung der Software-Komponente unmittelbar die Verarbeitung personenbezogener Daten, die ohne dieses initiale Tätigwerden nicht stattfinden würde. Schon eine Ermöglichungshandlung könne ausreichen, um von einer (gemeinsamen) Entscheidung über die Mittel der Verarbeitung auszugehen. Würde das Verhalten des

---

[1206] EuGH, Rs. C-40/17, *Fashion ID*, ECLI:EU:C:2019:629 Rn. 66; in diesem Sinne bereits EuGH [GK], Rs. C-131/12, *Google Spain SL u. Googl Inc./Agencia Española de Protección de Datos (AEPD) u. Mario Costeja González*, ECLI:EU:C:2014:317 Rn. 34 und EuGH [GK], Rs. C-210/16, *ULD Schleswig-Holstein/Wirtschaftsakademie Schleswig-Holstein*, ECLI:EU:C:2018:388 Rn. 28.

[1207] Vgl. *Rücker/Brandt*, DB 2019, 2451 (2452); *Globocnik*, IIC 2019, 1033 (1043); siehe dazu auch *Hartung*, in: Kühling/Buchner, DS-GVO/BDSG, 4. Aufl. 2024, Art. 26 Rn. 39.

[1208] EuGH, Rs. C-40/17, *Fashion ID*, ECLI:EU:C:2019:629 Rn. 68; so bereits EuGH [GK], Rs. C-25/17, *Zeugen Jehovas*, ECLI:EU:C:2018:551 Rn. 68.

[1209] EuGH, Rs. C-40/17, *Fashion ID*, ECLI:EU:C:2019:629 Rn. 69, 82; so bereits EuGH [GK], Rs. C-25/17, *Zeugen Jehovas*, ECLI:EU:C:2018:551 Rn. 69 mit Verweis auf EuGH [GK], Rs. C-210/16, *ULD Schleswig-Holstein/Wirtschaftsakademie Schleswig-Holstein*, ECLI:EU:C:2018:388 Rn. 38.

[1210] *Kollmar*, NVwZ, 2019, 1740 (1741).

[1211] EuGH [GK], Rs. C-210/16, *ULD Schleswig-Holstein/Wirtschaftsakademie Schleswig-Holstein*, ECLI:EU:C:2018:388 Rn. 36.

Onlinehändlers Fashion ID hinweggedacht, so wäre auch die spätere Datenverarbeitung durch Facebook unmöglich. Das zentrale Kriterium der Einbindung wird damit als eine notwendige Vorbedingung i.S.d Conditio-sine-qua-non-Formel für die anschließende Verarbeitung der personenbezogenen Daten durch eine andere Entität gewertet.

Diese Annahme des Gerichtshofs hat zur Folge, dass relevante Verursachungsbeiträge weit im Vorfeld der datenschutzrelevanten Verarbeitung und ggf. auch einer Gefährdung liegen könnten. Durch die Trennung von der Ermöglichungshandlung und der ermöglichten Verarbeitung droht eine zeitliche Entkopplung des verantwortlichkeitsbegründenden Tätigwerdens.[1212] Auch wegen dieser zeitlichen Entkopplung erachtet es der EuGH als entbehrlich an, dass jeder Mitverantwortliche einen Zugriff auf die verarbeiteten Daten hat.[1213]

Ergänzend stellt der EuGH das eigene wirtschaftliche Interesse des Onlinehändlers an der Verarbeitung in den Vordergrund. Das wirtschaftliche Eigeninteresse wird darin gesehen, dass dem Webseitenbetreiber durch die Einbindung des Plugins ermöglicht wird, die Werbung für das eigene Produkt, etwa durch die Sichtbarmachung in einem sozialen Netzwerk, zu optimieren.[1214] Für den Plugin-Anbieter stelle die Verwendung der übermittelten Daten für eigene wirtschaftliche Zwecke zugleich die Gegenleitung für den durch den Einsatz des Plugins entstehenden wirtschaftlichen Vorteil seitens des Webseitenbetreibers dar.[1215] Hinsichtlich der der Datenverarbeitung zugrundeliegenden Zweckgrundlage geht der EuGH davon aus, dass auf diese Weise bereits gemeinsame kommerzielle und werbliche Zwecke verfolgt würden. Der EuGH lässt es ausreichen, dass die wirtschaftlichen Interessen an den Werbeaktivitäten gleichgerichtet sind bzw. übereinstimmen.[1216] Anstatt eine Zweckidentität zu fordern, wird für die gemeinsame Zweckfestlegung eine Einheit der Zwecke als ausreichend erachtet.[1217] Im Wesentlichen wird die Begründung der gemeinsame Verantwortlichkeit damit auf einen bewusst gewählten und im Eigeninteresse liegenden „positiven wirtschaftlichen Wirkungszusammenhang“ bzw. eine „wechselseitige Förderungswirkung i.S.e. Win-win-Situation“ gestützt.[1218]

Erstmals geht der EuGH auch detaillierter auf die vorgangsbezogene Betrachtung der Verantwortlichkeit ein, bestätigt in diesem Zusammenhang ausdrücklich die gebotene Differenzierung

---

[1212] Vgl. *Hanloser*, ZD 2019, 458 (459).

[1213] Vgl. *Hanloser*, ZD 2019, 458 (459).

[1214] Siehe auch EuGH, Rs. C-40/17, *Fashion ID*, ECLI:EU:C:2019:629 Rn. 80, wonach „Fashion ID mit der Einbindung eines solchen Buttons in ihre Website zumindest stillschweigend in das Erheben personenbezogener Daten der Besucher ihrer Website und deren Weitergabe durch Übermittlung eingewilligt [habe]“.

[1215] EuGH, Rs. C-40/17, *Fashion ID*, ECLI:EU:C:2019:629 Rn. 80.

[1216] EuGH, Rs. C-40/17, *Fashion ID*, ECLI:EU:C:2019:629 Rn. 80; siehe dazu *Hartung*, in: Kühling/Buchner, DS-GVO/BDSG, 4. Aufl. 2024, Art. 26 Rn. 40.

[1217] In diesem Sinne bereits Schlussanträge GA *Bobek*, Rs. C-40/17, *Fashion ID*, ECLI:EU:C:2018:1039 Rn. 105, wonach die Beteiligten offenbar kommerzielle Zwecke verfolgen, die sich wechselseitig ergänzen.

[1218] Vgl. *Golland*, ZD 2020, 397 (399); *Hanloser*, ZD 2019, 458 (459).

zwischen einzelnen Verarbeitungsvorgängen und greift im Ansatz Kriterien für die Bestimmung von Umfang und Reichweite der gemeinsamen Verantwortlichkeit auf. Wie zuvor bereits der GA *Bobek*[1219] erkennt auch der EuGH die weitreichenden Probleme, die bei einer gleichberechtigten und gleichverpflichtenden Einbeziehung mehrerer an einem Datenverarbeitungsvorgang Beteiligter entstehen können, wenn die tatsächliche Hoheit über die personenbezogenen Daten nur bei einem Akteur liegt, oder zumindest erhebliche Machtasymmetrien zwischen den Beteiligten bestehen. Der EuGH begrenzt die Verantwortlichkeit deshalb auf diejenigen einzelnen Verarbeitungsvorgänge, für die der Webseitenbetreiber tatsächlich einen Beitrag zur Entscheidung über die Schlüsselelemente der Verarbeitung der personenbezogenen Daten leistet.[1220]

Durch diese auf den einzelnen Vorgang beschränkte, sequentielle Betrachtung wird zugleich der Umfang des Rechtsinstituts der gemeinsamen Verantwortlichkeit konturiert. Unter Zugrundelegung des nach Einflusssphären differenzierenden Phasenmodells trennt der EuGH im konkreten Fall zwischen der durch das Plugin verursachten Datenerhebung und -übermittlung und der durch Facebook anschließend alleinverantwortlich vorgenommenen Datenspeicherung und -nutzung sowie dem Setzen von Cookies.[1221] Dem Umstand geschuldet, dass auch die Adressierung datenschutzrechtlichen Verpflichtungen entsprechend des nach Einflusssphären differenzierenden Phasenmodells erfolgt, kommt der Abgrenzung einzelner Abschnitte eine große praktische Relevanz zu. Ohne zunächst die Verantwortlichkeit des Plugin-Anbieters gesondert zu erörtern, geht der EuGH im Ergebnis von einer gemeinsamen Verantwortlichkeit für das Erheben der in Rede stehenden Daten und deren Weitergabe durch Übermittlung aus.[1222] Um die Rechtsfigur der gemeinsamen Verantwortlichkeit weiter zu präzisieren und dem Sphärenmodell weitere Kontur zu geben, wäre eine genauere Untersuchung der Verantwortlichkeit des Softwareanbieters angebracht gewesen.[1223]

Vor dem Hintergrund des abermals hervorgehobenen Ansatzes einer graduellen Verantwortlichkeit stellt die Aussage des EuGH eine Neuerung dar, wonach den Betreiber einer Webseite eine besondere und höhere Verantwortlichkeit für diejenigen Besucher einer Webseite treffe, die selbst keinen gesonderten Account bei Facebook haben und daher in keinem vertraglichen Verhältnis stehen.[1224] Diese Differenzierung ist relevant, weil sie über die jeweils

[1219] Schlussanträge GA *Bobek*, Rs. C-40/17, *Fashion ID*, ECLI:EU:C:2018:1039 Rn. 71 ff.
[1220] EuGH, Rs. C-40/17, *Fashion ID*, ECLI:EU:C:2019:629 Rn. 74 und 85.
[1221] EuGH, Rs. C-40/17, *Fashion ID*, ECLI:EU:C:2019:629 Rn. 76.
[1222] EuGH, Rs. C-40/17, *Fashion ID*, ECLI:EU:C:2019:629 Rn. 85.
[1223] So auch *Lurtz/Schindler,* VuR 2019, 471 (474).
[1224] EuGH, Rs. C-40/17, *Fashion ID*, ECLI:EU:C:2019:629 Rn. 83; vgl. in diesem Sinne EuGH [GK], Rs. C-210/16, *ULD Schleswig-Holstein/Wirtschaftsakademie Schleswig-Holstein,* ECLI:EU:C:2018:388 Rn. 41.

einzuhaltenden Pflichten und damit auch darüber entscheidet, wer der richtige Adressat eines Bußgeldbescheids ist. Wenngleich der EuGH an seiner Systematik der abgestuften bzw. graduellen Verantwortlichkeit wie auch in den beiden zuvor ergangenen Urteilen festhält, bleibt jedoch weitgehend unbeantwortet, was dies konkret bedeutet.

Insgesamt bleibt festzuhalten, dass der EuGH in seinem Urteil im Wesentlichen der Argumentationslinie des GA Bobek[1225] folgt und dessen mahnende Anmerkungen im Ansatz aufgreift. Mit dem Urteil verfolgt der EuGH erkennbar das Ziel, den Einklang zwischen Zweck- und Mittelentscheidung, kontrollierendem Einfluss und Verantwortlichkeit wiederherzustellen.[1226] Vor dem Hintergrund des Urteils in der Rechtssache *Wirtschaftsakademie Schleswig-Holstein* kann die Entscheidung als Korrektiv angesehen werden, mit dem der EuGH versucht, das in Teilen extensive Verantwortlichkeitskonzept zu präzisieren und zu korrigieren. Dennoch bleiben wichtige Fragen offen.[1227]

Für die Praxis hat das Urteil große Bedeutung. Dem Umstand geschuldet, dass die Einbindung von Software-Komponenten, die die Übermittlung von Nutzerdaten an den Inhaltsanbieter erforderlich machen und mit deren Hilfe der Nutzer der Webseite direkt aus der Webseite heraus mit anderen Diensten interagieren kann, weit verbreitet sind und auf diversen Webauftritten aufzufinden sind, wirkt sich die rechtliche Bewertung auf diverse andere Konstellationen aus.[1228] Das Urteil hat unmittelbare Implikationen für all jene Webseiten, die Drittinhalte in unterschiedlicher Form und Art einbinden.[1229] Betreiber von Webseiten, die in ähnlicher Weise Software-Komponenten von Drittanbietern einbinden, werden in Zukunft mit gesteigerten Pflichten konfrontiert.

IV. Die Rechtssache *Nacionalinis visuomenės sveikatos centras*

1.) Hintergrund, Sachverhalt und Gang des Verfahrens

Während die drei zuvor besprochenen Entscheidungen noch auf der Grundlage der alten DSRL, jedoch bereits während der Geltung der DSGVO ergangen sind, markiert das Urteil vom 05.12.2023 in der Rechtssache *Nacionalinis visuomenės sveikatos centras*[1230] den Beginn einer

[1225] Schlussanträge GA *Bobek*, Rs. C-40/17, ECLI:EU:C:2018:1039 - *Fashion ID*.
[1226] Vgl. *Hanloser*, ZD 2019, 458; ähnlich *Globocnik*, IIC 2019, 1033 (1043).
[1227] Vgl. *Globocnik*, IIC 2019, 1033 (1043).
[1228] Auf die weitreichenden Auswirkungen der Aussagen auf die Art und Weise des Umgangs mit Drittinhalten hinweisend Schlussanträge GA *Bobek*, Rs. C-40/17, *Fashion ID*, ECLI:EU:C:2018:1039 Rn. 52; siehe zu der großen Bedeutung der Entscheidung auch *Globocnik*, IIC 2019, 1033 (1043) m.w.N., wonach neben dem „Like-Button" eines Webseitenbeitrages von Facebook auch beispielweise die Anzeige eines Anfahrtsweges über Google Maps, die Anbieter von mobilen Apps und anderen Plattformen (Twitter, Instagram, Youtube) sowie Wetter-Plugins, Karten-Plugins und sonstige Tracking- und Analysetools betroffen sein könnten.
[1229] In diesem Sinne bereits Schlussanträge GA *Bobek*, Rs. C-40/17, *Fashion ID*, ECLI:EU:C:2018:1039 Rn. 52.
[1230] EuGH [GK], Rs. C-683/21, ECLI:EU:C:2023:949 – *Nacionalinis visuomenės sveikatos centras*.

neuen Phase in der Rechtsprechung des EuGH, in der der Gerichtshof erstmals in substanziellem Umfang auch auf die bisherige Anwendungspraxis der DSGVO zurückgreifen konnte, um die Anforderungen an (gemeinsame) Verantwortlichkeiten zu konturieren.

Mit Blick auf die Zuweisung von datenschutzrechtlichen Verantwortlichkeiten hatte sich der EuGH insbesondere mit der Frage zu befassen, ob und unter welchen Voraussetzungen ein Akteur, der ein Unternehmen mit der Entwicklung einer mobilen IT-Anwendung beauftragt, als für die Verarbeitung Verantwortlicher anzusehen ist.

Im Zusammenhang mit der durch das Covid-19-Virus verursachten Pandemie trat das Nationale Zentrum für öffentliche Gesundheit beim Gesundheitsministerium Litauen (NZÖG) im März 2020 mit dem Unternehmen „IT sprendimai sėkmei" (ITSS) in Kontakt, um die Entwicklung einer mobilen Applikation zur Überwachung des Infektionsgeschehens zu organisieren.[1231] Im Rahmen der weiteren Zusammenarbeit übermittelte das NZÖG per E-Mail verschiedene Vorgaben zur App-Entwicklung an ITSS und wirkte an der Erstellung einer Datenschutzerklärung mit, in der beide Parteien als datenschutzrechtlich Verantwortliche benannt wurden.[1232] Die mobile Anwendung, in der ITSS und das NZÖG genannt wurden, war ab April 2020 im Google Play Store und im Apple App Store verfügbar und blieb bis Ende Mai 2020 funktional.[1233] In diesem Zeitraum nutzten knapp 4.000 Personen die mobile Anwendung und übermittelten dabei eine Vielzahl personenbezogener Daten, darunter Ausweisnummern, geografische Koordinaten, Adressdaten sowie persönliche Identifikationsmerkmale.[1234]

Im April 2020 übertrug der litauische Gesundheitsminister dem Direktor des NZÖG die Aufgabe, den Erwerb der App zu organisieren, obwohl ein öffentlicher Auftrag zum offiziellen Erwerb der Anwendung nicht erteilt worden war.[1235] Im Mai 2020 forderte das NZÖG ITSS auf, jegliche Nennung der Behörde in der App zu unterlassen und teilte schriftlich mit, dass das Vergabeverfahren mangels finanzieller Mittel beendet worden sei.[1236]

Mit Beschluss vom 24.02.2021 verhängte die litauische Datenschutzaufsichtsbehörde eine Geldbuße in Höhe von 12.000 Euro gegen das NZÖG sowie eine weitere Geldbuße in Höhe von 3.000 Euro gegen ITSS. Anlass der Sanktionen war der Vorwurf, beide Organisationen hätten als gemeinsam Verantwortliche im Sinne des Art. 26 DSGVO personenbezogene Daten

---

[1231] EuGH [GK], Rs. C-683/21, *Nacionalinis visuomenės sveikatos centras*, ECLI:EU:C:2023:949 Rn. 12 f.
[1232] EuGH [GK], Rs. C-683/21, *Nacionalinis visuomenės sveikatos centras*, ECLI:EU:C:2023:949 Rn. 14 f.
[1233] EuGH [GK], Rs. C-683/21, *Nacionalinis visuomenės sveikatos centras*, ECLI:EU:C:2023:949 Rn. 16.
[1234] EuGH [GK], Rs. C-683/21, *Nacionalinis visuomenės sveikatos centras*, ECLI:EU:C:2023:949 Rn. 17.
[1235] EuGH [GK], Rs. C-683/21, *Nacionalinis visuomenės sveikatos centras*, ECLI:EU:C:2023:949 Rn. 18.
[1236] EuGH [GK], Rs. C-683/21, *Nacionalinis visuomenės sveikatos centras*, ECLI:EU:C:2023:949 Rn. 19.

im Zusammenhang mit einer Corona-App unter Verstoß gegen die Bestimmungen der Artt. 5, 13, 24, 32 und 35 DSGVO verarbeitet.[1237]

Gegen diesen Beschluss erhob das NZÖG Klage vor dem regionalen Verwaltungsgericht in Vilnius und vertrat dabei die Auffassung, ITSS sei als alleiniger Verantwortlicher im Sinne von Art. 4 Nr. 7 DSGVO einzustufen. ITSS wiederum argumentierte, es habe ausschließlich auf Weisung des BZÖG gehandelt und sei demnach als Auftragsverarbeiter im Sinne von Art. 4 Nr. 8 DSGVO zu qualifizieren, sodass die datenschutzrechtliche Verantwortung beim NZÖG liege.[1238]

Das Regionalverwaltungsgericht in Vilnius setzte das Verfahren aus und legte dem EuGH insgesamt sechs Vorlagefragen vor, die sich im Wesentlichen mit den Voraussetzungen der (gemeinsamen) Verantwortlichkeit gemäß Art. 4 Nr. 7 DSGVO und Art. 26 DSGVO befassten, darüber hinaus aber auch Fragen zur Begriffsbestimmung der Verarbeitung im Sinne von Art. 4 Nr. 2 DSGVO sowie zur Verhängung von Geldbußen nach Art. 83 DSGVO zum Gegenstand hatten.[1239]

Mit den Fragen 1 bis 3 wollte das vorlegende Gericht im Kern klären lassen, ob Art. 4 Nr. 7 DSGVO dahin auszulegen ist, dass eine Einrichtung bereits dann als Verantwortlicher gilt, wenn sie ein Unternehmen mit der Entwicklung einer mobilen IT-Anwendung beauftragt hat – selbst wenn sie weder selbst personenbezogene Daten verarbeitet noch ausdrücklich in die Verarbeitung oder die öffentliche Bereitstellung der Anwendung eingewilligt hat und die Anwendung nicht erworben wurde. Daran anknüpfend stellte sich weiter die Frage, ob der Begriff der gemeinsamen Verantwortlichkeit nach Art. 4 Nr. 7 DSGVO und Art. 26 Abs. 1 DSGVO zwingend eine bewusst koordinierte Festlegung des Zwecks und der Mittel der Datenverarbeitung voraussetzt oder ob auch Konstellationen ohne ausdrückliche Vereinbarung oder Koordination erfasst sind – insbesondere im Hinblick auf die Entwicklungsphase der Verarbeitungsmittel und deren Zweck – sowie, ob eine „Vereinbarung" im Sinne des Art. 26 DSGVO eine klar definierte Regelung der Bedingungen der gemeinsamen Verantwortlichkeit erfordert.[1240]

2.) Feststellungen des EuGH

Der EuGH erhebt im Ergebnis keine Beanstandungen gegen die Feststellung einer gemeinsamen Verantwortlichkeit von NZÖG und ITSS durch die litauische Aufsichtsbehörde sowie

[1237] EuGH [GK], Rs. C-683/21, *Nacionalinis visuomenės sveikatos centras*, ECLI:EU:C:2023:949 Rn. 20 f.
[1238] EuGH [GK], Rs. C-683/21, *Nacionalinis visuomenės sveikatos centras*, ECLI:EU:C:2023:949 Rn. 22.
[1239] EuGH [GK], Rs. C-683/21, *Nacionalinis visuomenės sveikatos centras*, ECLI:EU:C:2023:949 Rn. 26.
[1240] Vgl. EuGH [GK], Rs. C-683/21, *Nacionalinis visuomenės sveikatos centras*, ECLI:EU:C:2023:949 Rn. 26.

gegen die verhängten, dem jeweiligen Umfang der Verantwortlichkeit entsprechenden Geldbußen.[1241]

Bezüglich der (Mit-)Verantwortlichkeit des NZÖG stellt der EuGH unter Berufung auf seine Rechtsprechung in der Rechtssache *Zeugen Jehovas* erneut klar, dass es zur Begründung einer (Mit-)Verantwortlichkeit genüge, wenn im eigenen Interesse tatsächlich Einfluss auf die Verarbeitung personenbezogener Daten genommen wird und dadurch eine Mitwirkung an der Entscheidung über Zwecke und Mittel der Datenverarbeitung erfolgt.[1242]

Im Hinblick auf die faktische Entscheidung über die wesentlichen Elemente der Verarbeitung verweist der EuGH vor allem darauf, dass dem NZÖG die Datenverarbeitung durch das beauftragte IT-Unternehmen zuzurechnen sei, weil es durch die Auftragsvergabe und die damit verbundenen Zielvorgaben eine aktive Rolle übernommen habe. Konkret sieht der EuGH die aktive Mitwirkung des NZÖG darin, dass das NZÖG die App bei ITSS in Auftrag gegeben, im Rahmen der Überwachung der Corona-Pandemie die Ziele der App festgelegt und auch die Parameter der Verarbeitung, insbesondere durch die Vorgabe und Formulierung der an die Nutzer gerichteten Fragen, bestimmt habe.[1243]

Auch die vom vorlegenden Gericht im Rahmen der ersten drei Vorlagefragen angeführten Umstände – insbesondere, dass das NZÖG selbst keine personenbezogenen Daten verarbeitet, kein Vertrag mit ITSS bestand, die mobile Anwendung nicht erworben wurde und ihre Verbreitung über Online-Shops genehmigt wurde – schlössen eine Einstufung des NZÖG als Verantwortlicher im Sinne von Art. 4 Nr. 7 DSGVO nicht aus.[1244] Aus Art. 4 Nr. 7 DSGVO in Verbindung mit DSGVO-Erwägungsgrund 74 folge, dass eine Einrichtung nicht nur für Datenverarbeitungen verantwortlich sei, die sie selbst vornimmt, sondern auch für solche, die in ihrem Namen erfolgen, sofern sie die Voraussetzungen des Art. 4 Nr. 7 DSGVO erfüllt.[1245]

Ergänzend zu den zu den benannten Voraussetzungen zur Begründung einer datenschutzrechtlichen Verantwortlichkeit wird die Rolle einer etwaigen Zustimmung oder eines ausdrücklichen Widerspruchs gegen die öffentliche Bereitstellung der App beleuchtet. Der EuGH vertritt die Auffassung, dass der Umstand, dass das NZÖG in der Datenschutzerklärung der mobilen Anwendung genannt wird und die App Verlinkungen zum NZÖG enthält, nur dann als erheblich gewertet werden könne, wenn das NZÖG dem – ausdrücklich oder stillschweigend –

[1241] Vgl. EuGH [GK], Rs. C-683/21, *Nacionalinis visuomenės sveikatos centras*, ECLI:EU:C:2023:949 Rn. 38 und 46; siehe dazu *Roßnagel/Rost*, ZD 2024, 183 (188).

[1242] EuGH [GK], Rs. C-683/21, *Nacionalinis visuomenės sveikatos centras*, ECLI:EU:C:2023:949 Rn. 30 f.; mit Verweis auf EuGH [GK], Rs. C-25/17, *Zeugen Jehovas*, ECLI:EU:C:2018:551 Rn. 67 f.

[1243] EuGH [GK], Rs. C-683/21, *Nacionalinis visuomenės sveikatos centras*, ECLI:EU:C:2023:949 Rn. 32.

[1244] EuGH [GK], Rs. C-683/21, *Nacionalinis visuomenės sveikatos centras*, ECLI:EU:C:2023:949 Rn. 35.

[1245] EuGH [GK], Rs. C-683/21, *Nacionalinis visuomenės sveikatos centras*, ECLI:EU:C:2023:949 Rn. 36.

zugestimmt hat.[1246] Eine Verantwortlichkeit sei indes ausgeschlossen, wenn das NZÖG der öffentlichen Bereitstellung der App im Vorfeld ausdrücklich widersprochen habe. In einem solchen Fall könne nicht angenommen werden, dass die Verarbeitung personenbezogener Daten in seinem Namen erfolge; die abschließende Bewertung dieses Sachverhalts verbleibe jedoch beim vorlegenden Gericht.[1247]

Anlässlich der fünften Vorlagefrage nutzt der EuGH die Gelegenheit, sein Verständnis der gemeinsamen Verantwortlichkeit weiter zu vertiefen und zu präzisieren. Unter Bezugnahme auf die Entscheidung in der Rechtssache *Fashion ID* bekräftigt er erneut, dass ein Akteur nur dann als gemeinsam Verantwortlicher angesehen werden könne, wenn er eigenständig in der Rolle eines „Verantwortlichen" im Sinne des Art. 4 Nr. 7 DSGVO agiert.[1248] Eine gemeinsame Verantwortlichkeit habe nicht zwangsläufig auch eine gleichwertige Verantwortlichkeit zur Folge und ein eigener Zugriff auf die betreffenden personenbezogenen Daten sei nicht zwingend.[1249] Hinsichtlich des verbindenden Elements gemeinsamer Verantwortlichkeiten verweist der Gerichtshof auf die Ausführungen des GA *Emiliou*, der unter Bezugnahme auf die Leitlinien 07/2020 des *EDSA* betont, dass eine gemeinsame Verantwortlichkeit unterschiedliche Ausprägungen annehmen könne. Sie könne sich entweder aus einer gemeinsamen Entscheidung von zwei oder mehr Stellen oder aus konvergierenden beziehungsweise übereinstimmenden Entscheidungen dieser Stellen ergeben. Im letzteren Fall sei entscheidend, dass sich die jeweiligen Entscheidungen so ergänzen, dass sie für die konkrete Datenverarbeitung unverzichtbar sind und den Beteiligten einen spürbaren Einfluss auf die Festlegung von Zweck und Mittel der Verarbeitung verleihen. Dies setze im Wesentlichen voraus, dass die Verarbeitung ohne das Zusammenwirken der beteiligten Akteure nicht durchführbar wäre.[1250]

Erstmals stellt der EuGH ausdrücklich klar, dass zur Begründung gemeinsamer Verantwortlichkeiten keine förmliche Vereinbarung über die Zwecke und Mittel der Verarbeitung zwischen den Verantwortlichen erforderlich sei.[1251] Unabhängig von der konkreten Vereinbarung sei für die Rollenzuweisung unerheblich, wie sich der Verantwortliche selbst einordne.[1252]

[1246] EuGH [GK], Rs. C-683/21, *Nacionalinis visuomenės sveikatos centras*, ECLI:EU:C:2023:949 Rn. 34.
[1247] EuGH [GK], Rs. C-683/21, *Nacionalinis visuomenės sveikatos centras*, ECLI:EU:C:2023:949 Rn. 37.
[1248] EuGH [GK], Rs. C-683/21, *Nacionalinis visuomenės sveikatos centras*, ECLI:EU:C:2023:949 Rn. 41; mit Verweis auf *Fashion ID*, ECLI:EU:C:2019:629 Rn. 74; siehe dazu auch *Marosi*, (Gem-)Einsame Verantwortlichkeit im Datenschutzrecht, S. 199.
[1249] EuGH [GK], Rs. C-683/21, *Nacionalinis visuomenės sveikatos centras*, ECLI:EU:C:2023:949 Rn. 42; mit Verweis auf EuGH [GK], Rs. C-210/16, *ULD Schleswig-Holstein/Wirtschaftsakademie Schleswig-Holstein*, ECLI:EU:C:2018:388 Rn. 43 und EuGH [GK], Rs. C-25/17, *Zeugen Jehovas*, ECLI:EU:C:2018:551 Rn. 69 m.w.N.
[1250] EuGH [GK], Rs. C-683/21, *Nacionalinis visuomenės sveikatos centras*, ECLI:EU:C:2023:949 Rn. 43; mit Verweis auf Schlussanträge GA *Emiliou*, Rs. C-683/21, *Nacionalinis visuomenės sveikatos centras*, ECLI:EU:C:2023:376 Rn. 38.
[1251] EuGH [GK], Rs. C-683/21, *Nacionalinis visuomenės sveikatos centras*, ECLI:EU:C:2023:949 Rn. 44.
[1252] EuGH [GK], Rs. C-683/21, *Nacionalinis visuomenės sveikatos centras*, ECLI:EU:C:2023:949 Rn. 45.

3.) Einordnung

Auch in seiner vierten Entscheidung zur datenschutzrechtlichen Verantwortlichkeit bestätigt der EuGH seine bisherige Linie, den Begriff des Verantwortlichen sowie das Rechtsinstitut der gemeinsamen Verantwortlichkeit weit auszulegen, und betont erneut, dass dieses Vorgehen unerlässlich sei, um den betroffenen Personen einen wirksamen und umfassenden Schutz zu gewährleisten.[1253]

Die Prüfung der Verantwortlichkeit des NZÖG stützt der EuGH dabei maßgeblich auf Erwägungen, die bereits in der Rechtssache *Zeugen Jehovas* getroffen wurden, insbesondere auf die Feststellungen, dass die Entscheidung über Zwecke und Mittel der Datenverarbeitung nicht zwingend schriftlich erfolgen müsse, jede Person, die eigeninteressiert Einfluss nimmt und an dieser Entscheidung mitwirkt, als Verantwortlicher anzusehen sei und für eine gemeinsame Verantwortlichkeit nicht zwingend alle Beteiligten Zugang zu den personenbezogenen Daten haben müssten.[1254] Aufgrund strukturellen Parallelen in der Verarbeitungskonstellation, bei der eine Entität durch organisatorische Vorgaben das datenschutzrechtlich relevante Verhalten einer anderen Stelle maßgeblich beeinflusst, überrascht es im Ergebnis nicht, dass der EuGH entsprechende rechtliche Folgerungen zieht. Die Feststellung, dass das NZÖG durch die Auswahl und Formulierung konkreter Fragen eine aktive Rolle bei der Festlegung der Schlüsselelemente der Verarbeitung eingenommen habe, lässt zudem Parallelen zur Rechtssache *Wirtschaftsakademie Schleswig-Holstein* und dem darin aufgegriffenen Kriterium der (technischen) „Parametrierung“ erkennen – ohne dass dies ausdrücklich benannt wird.[1255]

Dem Umstand, dass ein in Auftrag gegebenes datenverarbeitendes Produkt – wie im vorliegenden Fall eine App – letztlich nicht erworben wurde, wird mit Blick auf die datenschutzrechtliche Bedeutung keine Bedeutung zugemessen. Der EuGH beurteilt die Zuweisung datenschutzrechtlicher Pflichten losgelöst von schuld- oder sachenrechtlichen Gegebenheiten, was angesichts der ansonsten drohenden Gefahr sachfremder Verantwortlichkeitszuschreibungen, etwa bei der Nutzung gemieteter oder geleaster datenverarbeitender Systeme, nachvollziehbar ist.[1256]

Bei der Begründung gemeinsamer Verantwortlichkeiten hebt der EuGH – wie bereits in der Rechtssache *Fashion ID* – konsequent hervor, dass jede beteiligte natürliche oder juristische

[1253] EuGH [GK], Rs. C-683/21, *Nacionalinis visuomenės sveikatos centras*, ECLI:EU:C:2023:949 Rn. 29; in diesem Sinne bereits EuGH, Rs. C-40/17, *Fashion ID*, ECLI:EU:C:2019:629 Rn. 66 sowie EuGH, Rs. C-319/20, *Meta Platforms Ireland*, ECLI:EU:C:2022:322 Rn. 73 m.w.N.

[1254] Siehe bereits EuGH [GK], Rs. C-25/17, *Zeugen Jehovas,* ECLI:EU:C:2018:551 Rn. 67 ff.

[1255] Vgl. EuGH [GK], Rs. C-210/16, *ULD Schleswig-Holstein/Wirtschaftsakademie Schleswig-Holstein,* ECLI:EU:C:2018:388 Rn. 36.

[1256] Siehe dazu *Schneider*, ZD 2024, 214.

Person für sich genommen in der Rolle eines Verantwortlichen agieren muss.[1257] Konzeptionell folgt der EuGH dem vom *EDSA* entwickelten System konvergierender Entscheidungen[1258] und stellt in Übereinstimmung mit der funktionalen Konzeption im Datenschutzrecht[1259] erstmals ausdrücklich fest, dass zur Begründung gemeinsamer Verantwortlichkeiten keine förmliche Vereinbarung über Zwecke und Mittel der Verarbeitung erforderlich ist.[1260] Welche konkreten inhaltlichen Anforderungen mit dem Begriff der „Konvergenz" verbunden sind und unter welchen Voraussetzungen Einzelentscheidungen die Annahme einer gemeinsamen Verantwortlichkeit rechtfertigen, bleibt bislang jedoch sowohl in den Leitlinien des EDSA als auch in den Ausführungen des Gerichtshofs weitgehend unbestimmt.

Vor dem Hintergrund, dass der EuGH bereits zuvor eine vergleichsweise geringe Einflussnahme auf die potenziell verantwortliche Stelle für die Annahme eines positiven Bedingungszusammenhangs sowie für die operative Steuerung der Schlüsselelemente einer Datenverarbeitung als ausreichend erachtet hat, überrascht auch die Begründung einer gemeinsamen Verantwortlichkeit zwischen dem NZOG und ITSS im Ergebnis nicht. Gemessen an den bisherigen Kriterien des EuGH erscheint die Argumentation folgerichtig, da das Entscheidungsgewicht des NZÖG sowohl in Bezug auf die eingesetzten Mittel – insbesondere die App – als auch auf die verfolgten Zwecke – namentlich die Bekämpfung der Corona-Pandemie – kaum vollständig in Abrede gestellt werden kann.[1261] Auch indem der EuGH abermals bekräftigt, dass eine (gemeinsame) Verantwortlichkeit weder eine gleichgewichtige Verteilung der Verantwortung noch einen eigenen Zugriff auf die betreffenden personenbezogenen Daten voraussetzt, knüpft er konsequent an seine bisherige Rechtsprechung an und greift im Wesentlichen auf vertraute Argumentationsmuster zurück.[1262]

In der Gesamtschau lässt sich auch dieser Entscheidung keine Tendenz zur Einschränkung des Anwendungsbereichs der gemeinsamen Verantwortlichkeit entnehmen – im Gegenteil: Teile ihres Begründungsmusters ebnen vielmehr den Weg für eine noch weitergehende Ausweitung. Obwohl Art. 4 Nr. 7 DSGVO eine (aktive) Entscheidung über die Mittel und Zwecke der

---

1257 EuGH [GK], Rs. C-683/21, *Nacionalinis visuomenės sveikatos centras*, ECLI:EU:C:2023:949 Rn. 41; mit Verweis auf *Fashion ID*, ECLI:EU:C:2019:629 Rn. 74.

1258 Siehe *EDPB*, Guidelines 07/2020 (Version 2.1), Rn. 54 ff.; dazu ausführlich unter Kap. D. III. 4.) e.) aa.) (4.).

1259 Dazu bereits Kap. D. III. 2.) b.).

1260 EuGH [GK], Rs. C-683/21, *Nacionalinis visuomenės sveikatos centras*, ECLI:EU:C:2023:949 Rn. 35 und 44; diese Klarstellung begrüßend *Schneider*, ZD 2024, 214 (215), der zurecht darauf verweist, dass der Abschluss einer internen Vereinbarung gem. Art. 26 Abs. 1 S. 2 DS-GVO keine gemeinsame Verantwortlichkeit begründet, da das Rechtsverhältnis zwischen den gemeinsam Verantwortlichen qua Gesetz besteht und nicht erst aus dem Abschluss der internen Vereinbarung folgt.

1261 In diesem Sinne auch *Schneider*, ZD 2024, 214.

1262 Vgl. bereits EuGH, Rs. C-40/17, *Fashion ID*, ECLI:EU:C:2019:629 Rn. 69 f. und 82; EuGH [GK], Rs. C-25/17, *Zeugen Jehovas*, ECLI:EU:C:2018:551 Rn. 66 und 69; EuGH [GK], Rs. C-210/16, *ULD Schleswig-Holstein/Wirtschaftsakademie Schleswig-Holstein*, ECLI:EU:C:2018:388 Rn. 28, 38, 43 und 44.

Datenverarbeitung verlangt, erweckt der EuGH den Eindruck, Beteiligte könnten durch bloße Deklaration ihre Verantwortlichkeit autonom festlegen und es bedürfe stets eines aktiven Widerspruchs des Herstellers eines datenverarbeitenden Produkts, um der datenschutzrechtlichen Verantwortlichkeit zu entgehen.[1263] Angesichts der Tatsache, dass der EuGH jedoch im Grunde einem an den faktischen Einflussmöglichkeiten orientierten Zuordnungsansatz folgt und konsequent betont, dass ein Vertrag zwischen den datenverarbeitenden Akteuren für die Verantwortlichkeit unerheblich sei, stößt dieser Begründungsansatz auf Verwunderung.[1264]
Ob der EuGH künftig einen aktiven Widerspruch eines Beteiligten gegen die Datenverarbeitung als zwingende Voraussetzung dafür ansieht, ihn von der (gemeinsamen) Verantwortlichkeit auszunehmen, bleibt abzuwarten.[1265] Auftraggebern ist jedoch bereits jetzt zu empfehlen, entsprechende Vorkehrungen zu treffen. Denn sofern sie eine Verarbeitung veranlassen, ohne deren weitere Durchführung wirksam zu unterbinden, könnten sie dauerhaft als datenschutzrechtlich Verantwortliche eingestuft werden.[1266] Sowohl Auftraggeber als auch Auftragnehmer sollten daher ihre Rolle aktiv klären und dokumentieren, um nicht in eine haftungsrechtliche Zurechnung zu geraten. Andernfalls ist zu erwarten, dass sich künftige Unklarheiten nachteilig sowohl für den vermeintlichen Auftragnehmer als auch für den Auftraggeber auswirken.[1267]

V. Die Rechtssache *Moniteur belge*

1.) Hintergrund, Sachverhalt und Gang des Verfahrens

Das Urteil des EuGH vom 11.01.2024 in der Rechtssache *Moniteur belge*[1268] stellt einen weiteren Baustein in der datenschutzrechtlichen Rechtsprechung dar, dessen Bedeutung vor allem in der Konkretisierung des zweiten Halbsatzes der Begriffsbestimmung des Art. 4 Nr. 7 DSGVO liegt. In seinem Urteil legt der EuGH dar, unter welchen Voraussetzungen ein Akteur, der nicht eigenständig über die Zwecke und Mittel der von ihm vorgenommenen Datenverarbeitung entscheidet, infolge einer durch nationales Recht vorgegebenen Festlegung dieser Zwecke und Mittel dennoch als Verantwortlicher im Sinne des Art. 4 Nr. 7 Hs. 2 DSGVO zu qualifizieren ist.

[1263] Siehe EuGH [GK], Rs. C-683/21, *Nacionalinis visuomenės sveikatos centras*, ECLI:EU:C:2023:949 Rn. 34; kritisch dazu *Schneider*, ZD 2024, 214 (215); die weite Auslegung ebenfalls kritisch beurteilend *Marosi*, DSB 2024, 46 (48).
[1264] Vgl. EuGH [GK], Rs. C-683/21, *Nacionalinis visuomenės sveikatos centras*, ECLI:EU:C:2023:949 Rn. 35.
[1265] Kritisch dazu *Schneider*, ZD 2024, 214 (215) unter Verweis auf den Wortlaut von Art. 4 Nr. 7 DSGVO und Art. 26 DSGVO.
[1266] Siehe dazu *Marosi*, DSB 2024, 46 (48), der die gemeinsame Verantwortlichkeit als „Auffanglösung" des EuGH bezeichnet, sofern eine Auftragsverarbeitung scheitert.
[1267] Vgl. *Marosi*, DSB 2024, 46 (48).
[1268] EuGH, Rs. C-231/22, ECLI:EU:C:2024:7 – *Moniteur belge*.

Im Januar 2019 beschlossen die Gesellschafter einer belgischen Gesellschaft mit beschränkter Haftung, deren Mehrheitsanteile eine natürliche Person hielt, die Herabsetzung des Gesellschaftskapitals und änderten entsprechend die Satzung.[1269] Der beurkundende Notar erstellte einen Auszug des Beschlusses, der beim zuständigen Unternehmensgericht vorschriftsmäßig hinterlegt und zwecks Veröffentlichung an die Direktion des *Moniteur belge* übermittelt wurde.[1270] In den Worten des EuGH handelt es sich bei der Verwaltungsbehörde des *Moniteur belge* um ein „[...] Amtsblatt, das in Belgien die Erstellung und Verbreitung eines breiten Spektrums amtlicher und für die Öffentlichkeit bestimmter Veröffentlichungen in Papierform und auf elektronischem Weg gewährleistet [...]"[1271].

Der Auszug wurde daraufhin gemäß den einschlägigen Rechtsvorschriften unverändert – das heißt ohne inhaltliche Kontrolle – in den Anhängen des *Moniteur belge* veröffentlicht.[1272] Er enthielt neben den Angaben zur Kapitalherabsetzung auch eine Passage mit den Namen der Gesellschafter, den ausgezahlten Beträgen sowie deren Kontonummern.[1273] Diese Passage entsprach jedoch nicht den gesetzlichen Vorgaben und beruhte auf einem Fehler des Notars. In der Folge beantragte die betroffene Person über den Notar und dessen Datenschutzbeauftragten die Löschung der betreffenden Daten gemäß Art. 17 DSGVO. Der zuständige Föderale Öffentliche Dienst Justiz (FÖD Justiz) lehnte den Antrag jedoch ab.[1274]

Um feststellen zu lassen, dass die Voraussetzungen für das Recht auf Löschung vorliegen, reichte die betroffene Person Beschwerde gegen den FÖD Justiz bei der Datenschutzbehörde (DSB) ein.[1275] Mit Beschluss vom 23.03.2021 erteilte die DSB dem FÖD Justiz eine Rüge und verpflichtete ihn, dem Löschungsantrag innerhalb von 30 Tagen nach Bekanntgabe nachzukommen. Gegen diesen Beschluss erhob der belgische Staat Klage auf Aufhebung vor dem zuständigen *Cour d'appel de Bruxelles* (Appellationshof Brüssel).[1276]

Das nationale Gericht setzte das Verfahren aus und legte dem EuGH zwei Vorlagefragen vor. Gegenstand dieser Fragen war zum einen, ob ein Amtsblatt eines Mitgliedstaats, dem kraft gesetzlicher Verpflichtung die unveränderte Veröffentlichung amtlicher Dokumente obliegt und das über keinen eigenen Entscheidungsspielraum in Bezug auf Inhalt, Zweck oder Mittel der Verarbeitung verfügt, als Verantwortlicher im Sinne des Art. 4 Nr. 7 DSGVO einzustufen ist. Zum anderen stellte sich die Frage, ob im Fall einer solchen Einordnung die

[1269] EuGH, Rs. C-231/22, *Moniteur belge*, ECLI:EU:C:2024:7 Rn. 13.
[1270] EuGH, Rs. C-231/22, *Moniteur belge*, ECLI:EU:C:2024:7 Rn. 14.
[1271] EuGH, Rs. C-231/22, *Moniteur belge*, ECLI:EU:C:2024:7 Rn. 2.
[1272] EuGH, Rs. C-231/22, *Moniteur belge*, ECLI:EU:C:2024:7 Rn. 8-12 und 15.
[1273] EuGH, Rs. C-231/22, *Moniteur belge*, ECLI:EU:C:2024:7 Rn. 16.
[1274] EuGH, Rs. C-231/22, *Moniteur belge*, ECLI:EU:C:2024:7 Rn. 17 f.
[1275] EuGH, Rs. C-231/22, *Moniteur belge*, ECLI:EU:C:2024:7 Rn. 19.
[1276] EuGH, Rs. C-231/22, *Moniteur belge*, ECLI:EU:C:2024:7 Rn. 20 f.

Rechenschaftspflichten gemäß Art. 5 Abs. 2 DSGVO ausschließlich diesem Amtsblatt obliegen oder ob diese Pflichten kumulativ jedem der aufeinanderfolgenden Verantwortlichen aufzuerlegen sind.[1277]

2.) Feststellungen des EuGH

Zur Beantwortung der ersten Vorlagefrage hatte sich der EuGH mit der Auslegung des Art. 4 Nr. 7 Hs. 2 DSGVO auseinanderzusetzen. Wie der EuGH ausführt, habe das vorlegende Gericht klargestellt, dass dem *Moniteur belge* nach belgischem Recht keine Entscheidungsbefugnis hinsichtlich der Zwecke und Mittel der von ihm vorgenommenen Datenverarbeitung übertragen worden sei. Darüber hinaus ergebe sich aus den übereinstimmenden Ausführungen der belgischen Regierung und der nationalen Datenschutzaufsichtsbehörde in der mündlichen Verhandlung, dass auch der FÖD Justiz, dem die Leitung des *Moniteur belge* obliegt, über keine entsprechende Befugnis verfüge.[1278] Eine Verantwortlichkeit des *Moniteur belge* für die streitgegenständliche Datenverarbeitung ließe sich mithin allein auf Art. 4 Nr. 7 Hs. 2 DSGVO stützen. Sind – wie in dieser Bestimmung vorgesehen – die Zwecke und Mittel der Verarbeitung durch das Recht der Mitgliedstaaten vorgegeben, so kann der Verantwortliche bzw. können die maßgeblichen Kriterien für seine Benennung ebenfalls durch dieses Recht bestimmt werden.
Der EuGH führt aus, dass angesichts der weiten Definition des Begriffs „Verantwortlicher" in Art. 4 Nr. 7 DSGVO die Festlegung der Zwecke und Mittel – sowie gegebenenfalls die Bestimmung des Verantwortlichen durch nationales Recht – sowohl explizit als auch implizit erfolgen könne.[1279] Im Fall einer impliziten Regelung müsse diese Vorgabe jedoch mit hinreichender Bestimmtheit aus der Rolle, dem Auftrag und den Aufgaben der betroffenen Person hervorgehen.[1280] Eine enge Auslegung der Vorschrift würde den Schutz Betroffener beeinträchtigen, da sie nur ausdrücklich benannte Verantwortliche erfassen und jene ausschließen würde, deren Verantwortung sich faktisch aus den maßgeblichen Rechtsvorschriften ergibt.[1281]
Vor diesem Hintergrund und unter Verweis auf die einschlägigen belgischen Rechtsnormen[1282] gelangt der EuGH zu dem Ergebnis, dass die Zwecke und Mittel der durch den *Moniteur belge* vorgenommenen Datenverarbeitung zumindest implizit im belgischen Recht festgelegt seien, sodass der *Moniteur belge* als Verantwortliche im Sinne des Art. 4 Nr. 7 Hs. 2 DSGVO einzustufen sei.[1283]

[1277] EuGH, Rs. C-231/22, *Moniteur belge*, ECLI:EU:C:2024:7 Rn. 24.
[1278] EuGH, Rs. C-231/22, *Moniteur belge*, ECLI:EU:C:2024:7 Rn. 31.
[1279] EuGH, Rs. C-231/22, *Moniteur belge*, ECLI:EU:C:2024:7 Rn. 30.
[1280] EuGH, Rs. C-231/22, *Moniteur belge*, ECLI:EU:C:2024:7 Rn. 30.
[1281] EuGH, Rs. C-231/22, *Moniteur belge*, ECLI:EU:C:2024:7 Rn. 30.
[1282] EuGH, Rs. C-231/22, *Moniteur belge*, ECLI:EU:C:2024:7 Rn. 8-12.
[1283] EuGH, Rs. C-231/22, *Moniteur belge*, ECLI:EU:C:2024:7 Rn. 34 f.

Zum Abschluss der Beantwortung der ersten Vorlagefrage stellt der EuGH unter Verweis auf den Wortlaut des Art. 4 Nr. 7 DSGVO ergänzend klar, dass seine Einschätzung weder durch die fehlende eigene Rechtspersönlichkeit des *Moniteur belge* als Teil des FÖD Justiz noch durch die Tatsache beeinträchtigt werde, dass dieser die ihm zur Veröffentlichung übermittelten personenbezogenen Daten nach belgischem Recht nicht vorab kontrolliere.[1284]

Zum einen sei die Veröffentlichung solcher Rechtsakte und Dokumente – ohne Möglichkeit ihrer inhaltlichen Kontrolle oder Änderung – untrennbar mit den durch das nationale Recht vorgegebenen Schlüsselelementen der Verarbeitung verbunden. Die Funktion eines Amtsblatts wie des *Moniteur belge* bestehe ausschließlich darin, die Öffentlichkeit über die Existenz dieser Rechtsakte und Dokumente in der Form zu informieren, in der sie dem Amtsblatt gemäß den einschlägigen nationalen Vorschriften übermittelt werden, damit sie ihre rechtliche Wirkung gegenüber Dritten entfalten können. Zum anderen würde es dem Zweck eines umfassenden und wirksamen Betroffenenschutzes zuwiderlaufen, das Amtsblatt eines Mitgliedstaats allein deshalb nicht als „Verantwortlichen" anzusehen, weil die in seinen Veröffentlichungen enthaltenen personenbezogenen Daten nicht seiner Kontrolle unterliegen.[1285] Letztlich sei es allein die Aufgabe des *Moniteur belge*, die Veröffentlichung vorzunehmen und den betreffenden Rechtsakt oder das betreffende Dokument zu verbreiten.[1286]

In Annäherung an die Beantwortung der zweiten Vorlagefrage hält der EuGH zunächst fest, dass sich aus den dem EuGH vorliegenden Akten ergebe, dass die dem *Moniteur belge* übertragene Verarbeitung der im Ausgangsverfahren relevanten personenbezogenen Daten sowohl zeitlich nachgelagert zur Verarbeitung durch den beurkundenden Notar und die Geschäftsstelle des zuständigen Gerichts erfolge als auch technisch hiervon abzugrenzen sei, da es sich um eine eigenständige Weiterverarbeitung im Sinne der DSGVO handele.[1287] Der *Moniteur belge* sei daher, soweit ihm die Verarbeitung durch nationales Recht übertragen wurde, für sämtliche dem Verantwortlichen durch die DSGVO auferlegten Pflichten verantwortlich.[1288]

Dies vorangestellt, stellt der EuGH klar, dass sich die Möglichkeit, Zwecke und Mittel einer Datenverarbeitung – sowie gegebenenfalls den Verantwortlichen selbst oder Kriterien für dessen Bestimmung – durch nationales Recht festzulegen, auf den gesamten ersten Halbsatz des Art. 4 Nr. 7 DSGVO beziehe und somit auch die Konstellation einer gemeinsamen

[1284] EuGH, Rs. C-231/22, *Moniteur belge*, ECLI:EU:C:2024:7 Rn. 36 f.

[1285] EuGH, Rs. C-231/22, *Moniteur belge*, ECLI:EU:C:2024:7 Rn. 38; unter Verweis auf EuGH [GK], Rs. C-131/12, *Google Spain und Google*, ECLI:EU:C:2014:317 Rn. 34.

[1286] EuGH, Rs. C-231/22, *Moniteur belge*, ECLI:EU:C:2024:7 Rn. 38.

[1287] EuGH, Rs. C-231/22, *Moniteur belge*, ECLI:EU:C:2024:7 Rn. 42.

[1288] EuGH, Rs. C-231/22, *Moniteur belge*, ECLI:EU:C:2024:7 Rn. 43.

Verantwortlichkeit erfasse.[1289] Dementsprechend könne das nationale Recht auch bei einer Abfolge von Verarbeitungen entlang einer Verarbeitungskette, die von verschiedenen Personen oder Stellen vorgenommen werden und sich auf dieselben personenbezogenen Daten beziehen, die Zwecke und Mittel sämtlicher Verarbeitungsschritte vorgeben, um diese gemeinsam für die Verarbeitung verantwortlich zu machen.[1290]

Der EuGH weist ergänzend darauf hin, dass sich diese Möglichkeit nicht nur aus Art. 4 Nr. 7 DSGVO ergebe, sondern auch in Art. 26 Abs. 1 DSGVO ihren Niederschlag finde. Art. 26 Abs. 1 S. 2 DSGVO sehe dem Wortlaut zufolge ausdrücklich vor, dass eine Aufteilung der datenschutzrechtlichen Pflichten zwischen gemeinsam Verantwortlichen auch ohne das Bestehen einer entsprechenden Vereinbarung auf der Grundlage unionaler oder nationaler Rechtsvorschriften vorgesehen sei.[1291] Nach Art. 26 Abs. 1 DSGVO in Verbindung mit Art. 4 Nr. 7 DSGVO könne eine gemeinsame Verantwortlichkeit mehrerer Akteure auch innerhalb einer Verarbeitungskette, die sich auf dieselben personenbezogenen Daten beziehe, durch nationales Recht begründet werden – vorausgesetzt, die einzelnen Verarbeitungsvorgänge seien durch die im nationalen Recht festgelegten Zwecke und Mittel inhaltlich miteinander verknüpft und das nationale Recht weise den gemeinsam Verantwortlichen ihre jeweiligen Pflichten ausdrücklich zu.[1292]

Der EuGH ergänzt, dass die Festlegung der Zwecke und Mittel, welche die unterschiedlichen Verarbeitungen mehrerer Akteure innerhalb einer Verarbeitungskette verknüpfen, sowie die Zuweisung der jeweiligen Pflichten der Beteiligten nicht nur ausdrücklich, sondern auch mittelbar durch nationales Recht erfolgen könne, sofern diese Vorgaben sich mit hinreichender Bestimmtheit aus den einschlägigen Rechtsvorschriften ableiten ließen.[1293]

3.) Einordnung

Die Besonderheit des Urteils liegt darin, dass sich der EuGH erstmals eingehend mit der Auslegung der bislang wenig beachteten Tatbestandsvariante des Art. 4 Nr. 7 Hs. 2 DSGVO auseinandersetzt, wonach Mitgliedstaate, sofern ihr Recht die Zwecke und Mittel der Datenverarbeitung vorgibt, auch befugt sind, den Verantwortlichen oder die bestimmten Kriterien seiner Benennung nach diesem Recht vorzusehen.[1294] Das Urteil rückt die Gestaltungsspielräume des nationalen Gesetzgebers in den Fokus, datenschutzrechtliche Verantwortlichkeiten einer

---

[1289] EuGH, Rs. C-231/22, *Moniteur belge*, ECLI:EU:C:2024:7 Rn. 44.
[1290] EuGH, Rs. C-231/22, *Moniteur belge*, ECLI:EU:C:2024:7 Rn. 45.
[1291] EuGH, Rs. C-231/22, *Moniteur belge*, ECLI:EU:C:2024:7 Rn. 46 f.; in diesem Sinne bereits EuGH [GK], Rs. C-683/21, *Nacionalinis visuomenės sveikatos centras*, ECLI:EU:C:2023:949 Rn. 44 f.
[1292] EuGH, Rs. C-231/22, *Moniteur belge*, ECLI:EU:C:2024:7 Rn. 49.
[1293] EuGH, Rs. C-231/22, *Moniteur belge*, ECLI:EU:C:2024:7 Rn. 50.
[1294] Siehe grundlegend zu der Verantwortung aufgrund rechtlicher Zuweisung Kap. D. II. 6.) b.) cc.) (2.) (a.).

bestimmten Stelle zuzuweisen und diese in ein Verhältnis zu den Zuständigkeiten andere Stellen zu setzen.

Es wird betont, dass auch solche datenverarbeitenden Akteure als datenschutzrechtlich Verantwortliche einzustufen sein können, die zwar keine eigene Entscheidungsbefugnis über Zwecke und Mittel der Datenverarbeitung besitzen, jedoch in eine durch nationales Recht determinierte Verarbeitungsstruktur eingebunden sind. Erstmals wird höchstrichterlich hervorgehoben, dass die Bestimmung des Verantwortlichen durch nationales Recht auch implizit erfolgen könne, sofern sich die datenschutzrechtliche Verantwortlichkeit mit hinreichender Bestimmtheit aus der institutionellen Rolle, dem gesetzlichen Auftrag und den Aufgaben der betreffenden Stelle ergebe.[1295] Nach den Ausführungen des EuGH können auch Stellen, die nur eine vermeintlich rein technische oder formale Funktion im Rahmen gesetzlich vorgegebener Verarbeitungen übernehmen, als Verantwortliche im Sinne der DSGVO qualifiziert werden.

Die Entscheidung beschränkt sich indes nicht auf die Auslegung des singulären Verantwortlichkeitstatbestandes, sondern bezieht auch die Pluralität des datenschutzrechtlichen Verantwortlichkeitskonzepts mit ein – insbesondere im Hinblick auf den Umfang der Verantwortung nach Art. 5 Abs. 2 DSGVO im Verhältnis zu weiteren Beteiligten. Erstmals wird die Möglichkeit thematisiert, gemeinsame Verantwortlichkeiten auf der Grundlage von durch nationales Recht vorgegebenen Zwecken und Mitteln zu begründen.

Den Ausführungen des EuGH ist zu entnehmen, dass (Mit-)Verantwortlichkeiten auch dann entstehen können, wenn mehrere Stellen auf gesetzlicher Grundlage agieren und deshalb an einer Verarbeitung derselben personenbezogenen Daten mitwirken, ohne dass zwischen ihnen eine ausdrückliche oder koordinierte Zusammenarbeit besteht. Der EuGH erachtet es als maßgeblich, dass das nationale Recht die Zwecke und Mittel aller Verarbeitungen unmittelbar oder mittelbar vorgibt und mehrere Akteure auf dieselben Verarbeitungsschritte Einfluss nehmen; in einem solchen Fall sei von einer gemeinsamen Verantwortlichkeit im Sinne des Art. 26 DSGVO auszugehen.[1296]

Die Argumentation gründet im Wesentlichen darauf, dass die erforderliche Verbundenheit verschiedener Verarbeitungsvorgänge aus im nationalen Recht vorgegebenen Zwecken und Mitteln erwachse.[1297] Der EuGH verzichtet dabei auf die Voraussetzung einer vertraglichen oder organisatorischen Koordination und begründet die gemeinsame Verantwortlichkeit allein mit der synchronisierten Mitwirkung an einem gesetzlich strukturierten Ablauf. Die faktische

---

1295 EuGH, Rs. C-231/22, *Moniteur belge*, ECLI:EU:C:2024:7 Rn. 30 und 34.
1296 Vgl. EuGH, Rs. C-231/22, *Moniteur belge*, ECLI:EU:C:2024:7 Rn. 45 und 49.
1297 Vgl. EuGH, Rs. C-231/22, *Moniteur belge*, ECLI:EU:C:2024:7 Rn. 49 f.

Mitwirkung an einem rechtlich determinierten Verarbeitungsvorgang wird als maßgeblich für die Begründung von Verantwortlichkeiten erachtet.

Beachtenswert ist die Argumentation auch unter dem Gesichtspunkt der der Entscheidung zugrunde liegenden Verarbeitungsstruktur, da der EuGH eine chronologisch ablaufende Verarbeitungskette analysiert, an der drei potenziell verantwortliche Akteure – der Notar, die Geschäftsstelle des Gerichts sowie das belgische Amtsblatt – beteiligt sind, ohne dass einer von ihnen über eine eigene Entscheidungskompetenz hinsichtlich der Zwecke oder Mittel der Verarbeitung verfügte. Obgleich ausdrücklich das Vorliegen einer chronologisch ablaufenden Verarbeitungskette festgestellt wird, bei der dieselben personenbezogenen Daten zwischen verschiedenen Stellen übermittelt und voneinander abgrenzbare Verarbeitungsvorgänge nacheinander durchgeführt werden, bleibt der EuGH seiner bisherigen Linie treu, den Fokus auf gemeinsame Verantwortlichkeiten zu legen, statt separate Einfluss- und Verantwortungsbereiche hervorzuheben.

Vorbehaltlich der endgültigen Rollenzuweisung durch das vorlegende Gericht dürfte für den EuGH entscheidend gewesen sein, dass alle drei Verarbeitungen durch nationalstaatliche Regelungen miteinander verknüpft waren und demselben Zweck dienten.[1298] Obwohl das Verhältnis zwischen Verantwortlichen und Auftragsverarbeitern im Sinne des Art. 4 Nr. 8 DSGVO nicht explizit Gegenstand der Entscheidung war, ist davon auszugehen, dass die dargestellten Zuordnungsgrundsätze grundsätzlich auch auf dieses Verhältnis Anwendung finden werden.[1299]

Für die Rechtspraxis folgt aus der Entscheidung, dass die Datenschutzpraktiker bei der Bestimmung des Verantwortlichen sowie bei der Feststellung einer gemeinsamen Verantwortlichkeit verpflichtet sind, das nationale Recht sorgfältig zu berücksichtigen. Dabei ist insbesondere zu prüfen, ob nationale Vorschriften, die bestimmten Stellen Pflichten zur Verarbeitung personenbezogener Daten auferlegen oder eine solche Verarbeitung zur Erfüllung öffentlicher Aufgaben oder zur Ausübung öffentlicher Gewalt regeln, zugleich eine zumindest mittelbare Bestimmung des Verantwortlichen oder eine gemeinsame Verantwortlichkeit begründen.[1300]

Die praktische Tragweite der Entscheidung betrifft vor allem den öffentlichen Sektor. Üben Behörden, Gerichte oder sonstige staatliche Einrichtungen Datenverarbeitungstätigkeiten ausschließlich auf gesetzlicher Grundlage aus, führt das Urteil zu einem erhöhten Prüfungs- und Dokumentationsbedarf hinsichtlich ihrer datenschutzrechtlichen Rolle und der daraus

---

[1298] Siehe dazu *Roßnagel*, EuZW 2024, 269 (270), der diese Umstände als Indizien für das Vorliegen einer gemeinsamen Verantwortlichkeit aller drei Akteure einordnet.

[1299] *Roßnagel*, EuZW 2024, 269.

[1300] *Roßnagel*, EuZW 2024, 269 (270).

resultierenden Pflichten. Gleiches gilt für private Akteure wie technische Betreiber von Online-Plattformen oder sonstige Dienstleister, die Datenverarbeitungen im gesetzlich geregelten Kontext übernehmen.
Zudem sind auch die nationalen Gesetzgeber angehalten, den ihnen durch Art. 4 Nr. 7 Hs. 2 DSGVO eingeräumten Gestaltungsspielraum zur Regelung datenschutzrechtlicher Rollen bewusst und gezielt wahrzunehmen. Verzichten sie auf eine entsprechende Regelung, ist gleichwohl zu berücksichtigen, dass sich aus den bestehenden gesetzlichen Vorgaben mittelbar eine Verantwortlichkeit einer bestimmten Stelle oder eine gemeinsame Verantwortlichkeit mehrerer Stellen ergeben kann.[1301]

VI. Die Rechtssache *IAB Europe*

1.) Hintergrund, Sachverhalt und Gang des Verfahrens

Mit Urteil vom 07.03.2024 in der Rechtssache *IAB Europe*[1302] nahm der EuGH die ihm vorgelegten Fragen zur Vorabentscheidung zum Anlass, erstmals datenschutzrechtlich zum Transparency & Consent Framework (TCF) des Interactive Advertising Bureau (IAB) Stellung zu nehmen.
Bei dem TCF handelt es sich um einen branchenspezifischen Standard der Online-Werbebranche, der auf einem Zusammenspiel von Richtlinien, Anweisungen, technischen Spezifikationen, Protokollen und vertraglichen Verpflichtungen beruht. Entwickelt wurde dieser Standard von IAB Europe, einem in Belgien ansässigen gemeinnützigen Branchenverband, mit dem Ziel, die Vereinbarkeit digitaler Marketing- und Trackingmaßnahmen mit den Anforderungen der DSGVO und des TDDDG sicherzustellen – insbesondere im Kontext des sog. „Real Time Bidding“ (RTB), also der automatisierten, sofortigen Auktion von Nutzerprofilen zur Vermarktung von Werbeplätzen im Internet.[1303] Das TCF nimmt eine zentrale Stellung in der Funktionsweise des OpenRTB-Protokolls – einem technischen Standard zur Echtzeitversteigerung digitaler Werbeflächen – ein, da es die Erhebung und Weitergabe nutzerspezifischer Präferenzen an potenzielle Werbepartner ermöglicht und damit die Umsetzung verschiedener Datenverarbeitungszwecke, insbesondere personalisierter Werbung, unterstützt.[1304]
Kernbestandteil des TCF ist die Erfassung und Speicherung individueller Nutzerpräferenzen hinsichtlich datenschutzrechtlicher Einwilligungen sowie Widersprüchen gegen bestimmte

[1301] *Roßnagel*, EuZW 2024, 269 (270).
[1302] EuGH, Rs. C-604/22, ECLI:EU:C:2024:214 – *IAB Europe*.
[1303] EuGH, Rs. C-604/22, *IAB Europe*, ECLI:EU:C:2024:214 Rn. 20-22; siehe zu den Branchenstandards für Datenschutz-Compliance in der Onlinewerbewirtschaft und der Entwicklung des IAB TCF *Keppeler/Schneider*, ITRB 2024, 71 ff.
[1304] EuGH, Rs. C-604/22, *IAB Europe*, ECLI:EU:C:2024:214 Rn. 26.

Verarbeitungen. Bevor eine Webseite Nutzern personalisierte Werbung anzeigen darf, muss sie nach der DSGVO grundsätzlich deren Einwilligung zur Erhebung und Verarbeitung personenbezogener Daten für bestimmte Zwecke einholen.[1305] Diese Informationen werden in einem sog. „Transparency and Consent String" (TC-String), der aus einer Zeichen- und Buchstabenkombination besteht, kodiert und gespeichert.[1306]

Der TC-String wird wiederum auf der Grundlage einer sog. „Consent Management Platform" (CMP) generiert, die beim erstmaligen Aufruf einer Webseite oder Anwendung in Form eines Pop-up-Fensters erscheint. Über diese Plattform kann der Nutzer seine Einwilligung zur Verarbeitung bestimmter personenbezogener Daten – insbesondere Standortdaten, Alter, Suchverlauf sowie bisherige Kaufentscheidungen – für Zwecke wie Marketing oder Werbung erteilen oder ihr sowie dem Datenaustausch auf Grundlage berechtigter Interessen gemäß Art. 6 Abs. 1 lit. f DSGVO widersprechen.[1307] Der erzeugte TC-String wird anschließend über Server von IAB Europe an weitere Akteure des Online-Marketings übermittelt.[1308]

Seit 2019 sind bei der in Belgien zuständigen Datenschutzbehörde (DSB) zahlreiche Beschwerden gegen IAB Europe eingegangen, in denen die Vereinbarkeit des TCF mit den Vorgaben der DSGVO in Zweifel gezogen wurde.[1309] In ihrer Funktion als federführende Aufsichtsbehörde gemäß Art. 56 Abs. 1 DSGVO leitete die DSB daraufhin das unionsrechtlich vorgesehene Zusammenarbeits- und Kohärenzverfahren nach den Artt. 60 bis 63 DSGVO ein, das in einem einheitlichen Beschluss vom 02.02.2022 mündete. Die Streitsachenkammer der DSB stellte darin fest, dass IAB Europe hinsichtlich der Erfassung der Einwilligung, der Ablehnung und der Präferenzen einzelner Nutzer mittels des TC-Strings – welcher einem identifizierbaren Nutzer zugeordnet werden könne – in der Rolle eines datenschutzrechtlich Verantwortlichen agiere. Die DSB wertete es als Verstoß gegen die DSGVO, dass bei der Erfassung der Einwilligungspräferenzen ein Cookie auf dem Endgerät des Nutzers gespeichert wird und der Nutzer durch die Zuordnung des TC-Strings und des Cookies zu seiner IP-Adresse identifiziert werden könne.

Daran anknüpfend verpflichtete die DSB IAB Europe zur Anpassung der Datenverarbeitung im Rahmen des TCF an die Anforderungen der DSGVO und erließ mehrere Abhilfemaßnahmen sowie eine Geldbuße.[1310]

[1305] Siehe ausführlich zu Datenverarbeitungen zu Werbezwecken *Meyer,* MMR 2025, 173; zu den Anforderungen an die Einwilligung *Hofmann/Freiling*, ZD 2020, 331 (335).
[1306] EuGH, Rs. C-604/22, *IAB Europe*, ECLI:EU:C:2024:214 Rn. 25.
[1307] EuGH, Rs. C-604/22, *IAB Europe*, ECLI:EU:C:2024:214 Rn. 24.
[1308] EuGH, Rs. C-604/22, *IAB Europe*, ECLI:EU:C:2024:214 Rn. 25.
[1309] EuGH, Rs. C-604/22, *IAB Europe*, ECLI:EU:C:2024:214 Rn. 27.
[1310] EuGH, Rs. C-604/22, *IAB Europe*, ECLI:EU:C:2024:214 Rn. 27.

Gegen diesen Beschluss legte IAB Europe beim *Hof van beroep te Brussel* (Appellationshof Brüssel), dem vorlegenden Gericht, Rechtsmittel ein. In seinem Antrag auf Aufhebung des Beschlusses wandte sich IAB Europe insbesondere gegen die Einordnung als Verantwortlicher und die rechtliche Qualifikation des TC-Strings als personenbezogenes Datum. Zur Begründung führte es an, dass ausschließlich andere Teilnehmer des TCF in der Lage seien, den TC-String mit einer IP-Adresse zu verknüpfen und damit ein personenbezogenes Datum zu erzeugen. IAB Europe selbst habe keinen Zugriff auf die im Rahmen des TCF verarbeiteten Daten. Zudem sei der TC-String nicht nutzerspezifisch.[1311]

Das nationale Gericht setzte das Verfahren aus und legte dem EuGH mehrere Fragen zur Vorabentscheidung vor. Gegenstand dieser Vorlage war insbesondere, ob eine Zeichenfolge wie der TC-String, die die Präferenzen eines Internetnutzers hinsichtlich der Verarbeitung seiner personenbezogenen Daten strukturiert und maschinenlesbar abbildet, als personenbezogenes Datum im Sinne von Art. 4 Nr. 1 DSGVO zu qualifizieren ist. Zudem stellte sich die Frage, ob eine normgebende Branchenorganisation, die ein umfassendes Regelwerk zur Verwaltung von Einwilligungen vorgibt – einschließlich verbindlicher technischer und inhaltlicher Vorgaben zur Speicherung und Weitergabe personenbezogener Daten – auch dann als Verantwortlicher im Sinne von Art. 4 Nr. 7 DSGVO i.V.m Art. 24 Abs. 1 DSGVO anzusehen ist, wenn ihr selbst kein direkter Zugriff auf die verarbeiteten Daten zusteht.

Schließlich war zu klären, ob sich eine solche (ggf. gemeinsame) Verantwortlichkeit auch auf nachgelagerte Datenverarbeitungsvorgänge Dritter erstreckt, etwa im Rahmen gezielter Online-Werbung, für die die Nutzerpräferenzen übermittelt werden.[1312]

2.) Feststellungen des EuGH

Vor den Ausführungen zur datenschutzrechtlichen Verantwortlichkeit stellt der EuGH zunächst klar, dass der TC-String als personenbezogenes Datum im Sinne des Art. 4 Nr. 1 DSGVO einzustufen sei. Obgleich der TC-String für sich genommen keine unmittelbare Identifizierung der betroffenen Person erlaube, enthalte er gleichwohl individuelle Präferenzen eines bestimmten Nutzers hinsichtlich seiner Einwilligung in die Verarbeitung personenbezogener Daten. Dabei handele es sich um Informationen, die sich auf eine identifizierbare natürliche Person bezögen.[1313] Werde der TC-String zudem mit einer Kennung – etwa der IP-Adresse des Endgeräts oder sonstigen Identifikatoren – verknüpft, ermögliche dies die Erstellung eines Nutzerprofils

[1311] EuGH, Rs. C-604/22, *IAB Europe*, ECLI:EU:C:2024:214 Rn. 28.
[1312] EuGH, Rs. C-604/22, *IAB Europe*, ECLI:EU:C:2024:214 Rn. 31.
[1313] EuGH, Rs. C-604/22, *IAB Europe*, ECLI:EU:C:2024:214 Rn. 43.

und damit die Identifizierung der betroffenen Person.[1314] Insofern sei davon auszugehen, dass der TC-String ein personenbezogenes Datum darstelle, sofern er in Verbindung mit zusätzlichen Informationen die Identifizierung einer natürlichen Person ermögliche.[1315]

Im Zuge der Beantwortung der zweiten Vorlagefrage kommt der EuGH zu dem Schluss, dass im Zusammenhang mit dem TCF eine gemeinsame Verantwortlichkeit von IAB Europe und seinen Mitgliedern in Betracht zu ziehen sei. Der EuGH erkennt in der Implementierung des TCF eine gemeinsame Festlegung der Zwecke der Verarbeitung. Das Framework diene im Wesentlichen dem Ziel, den Handel mit Werbeflächen im Internet durch die dem IAB Europe angeschlossenen Akteure zu fördern und zu ermöglichen.[1316]

Den dem EuGH vorgelegten Unterlagen zufolge stelle das TCF zudem einen verbindlichen Regelungsrahmen dar, dessen Einhaltung Voraussetzung für die Teilnahme am Framework sei. Bei Verstößen gegen die TCF-Regularien verfüge IAB Europe über die Befugnis, Mitglieder zu suspendieren, was letztlich zu deren Ausschluss führen könne.[1317] Das von IAB Europe entwickelte TCF enthalte zudem technische Spezifikationen zur Verarbeitung des TC-Strings, insbesondere hinsichtlich der Art und Weise, wie sog. „Consent Management Platforms" (CMPs) die Nutzereinwilligungen zu erfassen und zu verarbeiten hätten, um den TC-String zu generieren. Darüber hinaus lege das Framework verbindliche Vorgaben zum Inhalt, zur Speicherung und zur Weitergabe des TC-Strings fest.[1318] Aus Sicht des EuGH könnte IAB Europe damit aus eigenem Interesse Einfluss auf die im Rahmen des TC-Strings erfolgende Verarbeitung personenbezogener Daten ausüben und gemeinsam mit seinen Mitgliedern über die Mittel solcher Vorgänge bestimmen.[1319]

Daran anknüpfend betont der EuGH, dass sich eine etwaige gemeinsame Verantwortlichkeit einer Branchenorganisation nicht automatisch auch auf die nachgelagerte Verarbeitung personenbezogener Daten durch Dritte – etwa Betreiber von Webseiten oder mobilen Anwendungen – im Hinblick auf die Nutzungspräferenzen für personalisierte Werbung erstrecke.[1320] Die Definition des Begriffs „Verarbeitung" in Art. 4 Nr. 2 DSGVO impliziere, dass sich eine Verarbeitung aus mehreren unterschiedlichen Verfahrensschritten zusammensetzen könne, die

---

[1314] EuGH, Rs. C-604/22, *IAB Europe*, ECLI:EU:C:2024:214 Rn. 44.
[1315] EuGH, Rs. C-604/22, *IAB Europe*, ECLI:EU:C:2024:214 Rn. 45.
[1316] EuGH, Rs. C-604/22, *IAB Europe*, ECLI:EU:C:2024:214 Rn. 62-64.
[1317] EuGH, Rs. C-604/22, *IAB Europe*, ECLI:EU:C:2024:214 Rn. 65.
[1318] EuGH, Rs. C-604/22, *IAB Europe*, ECLI:EU:C:2024:214 Rn. 66 f.
[1319] EuGH, Rs. C-604/22, *IAB Europe*, ECLI:EU:C:2024:214 Rn. 68.
[1320] EuGH, Rs. C-604/22, *IAB Europe*, ECLI:EU:C:2024:214 Rn. 70.

jeweils auf verschiedene Stufen der Datenverarbeitung bezogen seien und unterschiedliche Ansatzpunkte für die Zuweisung von Rollen böten.[1321]
Vor diesem Hintergrund differenziert der EuGH im konkreten Fall zwischen der Speicherung von Nutzereinwilligungen in Form eines TC-Strings durch Mitglieder von IAB Europe gemäß dem TCF einerseits und der daran anschließenden Weiterverarbeitung dieser Daten – etwa durch Übermittlung an Dritte oder zur Ausspielung personalisierter Werbung – andererseits.[1322] Mangels Beteiligung von IAB Europe an Letzteren sei – vorbehaltlich der Würdigung durch das vorlegende Gericht – eine gemeinsame Verantwortlichkeit der Organisation für diese nachgelagerten Verarbeitungsvorgänge auszuschließen.[1323]

3.) Einordnung

Aus praktischer Sicht kommt der Entscheidung in der Rechtssache *IAB Europe* eine nicht zu unterschätzende Bedeutung zu. Das TCF des IAB hat sich in der Werbebranche weitgehend als Standard etabliert. Besonders kleinere Werbeunternehmen greifen darauf zurück, um nach außen zu belegen, dass ihre Verfahren den datenschutzrechtlichen Anforderungen entsprechen. Das Urteil wirft zugleich zentrale datenschutzrechtliche Fragen im Kontext der Online-Werbung auf – vor allem hinsichtlich des Personenbezugs und der datenschutzrechtlichen Verantwortlichkeit.
Vor dem Hintergrund der Rechtsprechung des EuGH, der ein weites Verständnis personenbezogener Daten zugrunde legt und bereits dann einen Personenbezug annimmt, wenn dieser mittels zusätzlicher Informationen herstellbar ist, überrascht es nicht, dass auch der TC-String als personenbezogenes Datum qualifiziert wurde. Bereits unter Geltung der DSRL hatte der EuGH klargestellt, dass das Merkmal des Personenbezugs so auszulegen ist, dass auch eine dynamische IP-Adresse als personenbezogenes Datum gilt, sofern ein Online-Mediendiensteanbieter rechtlich in der Lage ist, die betroffene Person mithilfe zusätzlicher Informationen des Internetzugangsanbieters zu identifizieren.[1324]
In Fortführung dieser Rechtsprechung bejahte der EuGH jüngst auch den Personenbezug der Fahrzeugidentifikationsnummer (FIN) eines Kraftfahrzeugs. Dabei hielt er am Konzept des relativen Personenbezugs fest und erweiterte seine Dogmatik um den Begriff des „mittelbaren" Personenbezugs.[1325] Ein solcher liege dann vor, wenn der Fahrzeughersteller der FIN zwar

[1321] EuGH, Rs. C-604/22, *IAB Europe*, ECLI:EU:C:2024:214 Rn. 71-73; unter Verweis auf *Fashion ID*, ECLI:EU:C:2019:629 Rn. 74.
[1322] EuGH, Rs. C-604/22, *IAB Europe*, ECLI:EU:C:2024:214 Rn. 74.
[1323] EuGH, Rs. C-604/22, *IAB Europe*, ECLI:EU:C:2024:214 Rn. 75.
[1324] Siehe EuGH, Rs. C-582/14, *Breyer*, ECLI:EU:C:2016:779 Rn. 49.
[1325] Kritisch zum Vorgehen des EuGH *Keppeler/Poncza/Wölke*, CR 2024, 18 ff.

zunächst keine identifizierbare Person zuordnen kann, später jedoch Zugang zu Informationen erhält, die eine Identifizierung ermöglichen.[1326]

Mit Blick auf die nachgelagerte Verantwortlichkeitsverteilung ist besonders die Feststellung des EuGH hervorzuheben, wonach die im TC-String gespeicherten Nutzerpräferenzen auch dann einen Personenbezug für IAB Europe begründen, wenn der Verband selbst nicht in der Lage ist, ohne externe Zusatzinformationen eine konkrete Identifizierung vorzunehmen.[1327] Dem EuGH zufolge könnte bereits die abstrakte Möglichkeit, den TC-String mit einer IP-Adresse zu verknüpfen und so eine Identifizierung zu ermöglichen, ausreichen, um einen Personenbezug im datenschutzrechtlichen Sinne anzunehmen.[1328] Einschränkend ist jedoch darauf hinzuweisen, dass der EuGH auch im konkreten Fall davon ausgeht, dass IAB von seinen Mitgliedern sämtliche zur Identifikation erforderlichen Informationen anfordern kann.[1329]

Im Übrigen lässt sich festhalten, dass der EuGH im Einklang mit seinem grundsätzlich weit gefassten Verständnis personenbezogener Daten eine ganzheitliche Betrachtung sämtlicher an der Verarbeitung beteiligter Akteure sowie möglicher nachgelagerter Identifikationsmöglichkeiten entlang der gesamten Verarbeitungskette vornimmt. Dabei bezieht er auch solche Akteure in die datenschutzrechtliche Verantwortung ein, die weder direkten Zugriff auf die verarbeiteten Daten haben noch das zugrunde liegende technische System betreiben. Dogmatisch erweist sich die Entscheidung im Kontext der (gemeinsamen) Verantwortlichkeit als Bestätigung der bislang etablierten Judikatur, ohne inhaltlich substanziell über das bisher Anerkannte hinauszugehen.[1330]

VII. Zusammenschau

Für die Annahme einer (gemeinsamen) Verantwortlichkeit setzt der EuGH in seiner bisherigen Rechtsprechung insgesamt eine niedrige Schwelle an. Begründet wird die weite Auslegung der datenschutzrechtlichen Begrifflichkeiten vor allem damit, dass diese notwendig sei, um einen wirksamen und umfassenden Schutz der betroffenen Personen zu gewährleisten.[1331]

[1326] EuGH, Rs. C-319/22, *Gesamtverband Autoteile-Handel e. V. / Scania CV AB*, ECLI:EU:C:2023:837 Rn. 46.

[1327] EuGH, Rs. C-604/22, *IAB Europe*, ECLI:EU:C:2024:214 Rn. 39-42 und 46 f.

[1328] In diesem Sinne *Halim/Marosi*, ZD 2024, 333, wonach diese Sichtweise eine spürbare Einschränkung des bislang relativ verstandenen Begriffs des Personenbezugs markiere und in der praktischen Umsetzung das Risiko einer erheblichen Ausweitung datenschutzrechtlicher Pflichten in arbeitsteilig organisierten Verarbeitungsstrukturen berge.

[1329] EuGH, Rs. C-604/22, *IAB Europe*, ECLI:EU:C:2024:214 Rn. 48; siehe dazu *Bock*, GRUR-Prax 2024, 206, wonach das Urteil keinen Beitrag zur bislang ungeklärten Abgrenzung zwischen personenbezogenen und anonymisierten Daten leiste, da der Klägerin aufgrund vertraglicher Verpflichtungen Identifizierungsinformationen über die Nutzer zur Verfügung gestellt werden müssten; kritisch zur Praxistauglichkeit und der Möglichkeit IP-Adressen faktisch zuzuordnen *Keppeler/Schneider*, MMR 2024, 395 (396).

[1330] In diesem Sinne auch *Halim/Marosi*, ZD 2024, 333.

[1331] EuGH, Rs. C-604/22, *IAB Europe*, ECLI:EU:C:2024:214 Rn. 55; EuGH, Rs. C-231/22, *Moniteur belge*, ECLI:EU:C:2024:7 Rn. 28; EuGH [GK], Rs. C-683/21, *Nacionalinis visuomenės sveikatos centras*,

Grundsätzlich soll ein hohes Niveau des Schutzes der Grundfreiheiten und Grundrechte natürlicher Personen sichergestellt werden.[1332] Mit Hilfe des weit verstandenen Verantwortlichkeitskonzepts versucht der EuGH vorbeugend zu verhindern, dass Schutzlücken für betroffenen Person entstehen könnten.

Aus der Rechtsprechung ergeben sich Leitlinien, die im Rahmen einer holistischen Perspektive[1333] bei der Bestimmung des (gemeinsam) Verantwortlichen zu berücksichtigen sind.[1334] Übergeordnet lässt der EuGH die bewusst ausgeübte und durch Eigeninteresse motivierte Einflussnahme auf eine Datenverarbeitung als verantwortlichkeitsbegründendes Element ausreichen.[1335] Die sechs richtungsweisenden Urteile werden zugleich von der Prämisse geprägt, dass es für die Einstufung als Verantwortlicher nicht darauf ankomme, dass alle beteiligten Akteure die genauen technischen Abläufe der Verarbeitung kennen oder kontrollieren können.[1336] Stattdessen wird der Fokus auf die Beiträge der Einflussnahme auf die stattfindende Verarbeitung gelegt. Die Relevanzschwelle für den verantwortlichkeitsbegründenden Entscheidungsbeitrag wird durch den EuGH dabei sehr niedrig angesetzt. Schon aus einer der konkreten Datenverarbeitung vorgelagerten Ermöglichungshandlung,[1337] übergeordneter Organisations-, Koordinierungs- bzw. Ermunterungshandlungen[1338] oder der bloßen Zurverfügungstellung informationstechnischer Systeme[1339] wird auf eine datenschutzrechtliche Verantwortlichkeit geschlossen. Eine unmittelbare Beteiligung an der direkten Durchführung der Abläufe wird nicht gefordert.

ECLI:EU:C:2023:949 Rn. 28 f.; EuGH, Rs. C-40/17, *Fashion ID*, ECLI:EU:C:2019:629 Rn. 65 f.; EuGH [GK], Rs. C-25/17, *Zeugen Jehovas,* ECLI:EU:C:2018:551 Rn. 28; mit Verweis auf EuGH [GK], Rs. C-131/12, *Google Spain SL u. Google Inc./Agencia Española de Protección de Datos (AEPD) u. Mario Costeja Conzález,* ECLI:EU:C:2014:317 Rn. 34; EuGH [GK], Rs. C-210/16, *ULD Schleswig-Holstein/Wirtschaftsakademie Schleswig-Holstein,* ECLI:EU:C:2018:388 Rn. 27 f.

[1332] EuGH, Rs. C-604/22, *IAB Europe*, ECLI:EU:C:2024:214 Rn. 53; EuGH [GK], Rs. C-683/21, *Nacionalinis visuomenės sveikatos centras*, ECLI:EU:C:2023:949 Rn. 29; EuGH, Rs. C-40/17, *Fashion ID*, ECLI:EU:C:2019:629 Rn. 65; EuGH [GK], Rs. C-25/17, *Zeugen Jehovas,* ECLI:EU:C:2018:551 Rn. 35; EuGH [GK], Rs. C-210/16, *ULD Schleswig-Holstein/Wirtschaftsakademie Schleswig-Holstein,* ECLI:EU:C:2018:388 Rn. 26 f.; EuGH [GK], Rs. C-131/12, *Google Spain SL u. Google Inc./Agencia Española de Protección de Datos (AEPD) u. Mario Costeja Conzález,* ECLI:EU:C:2014:317 Rn. 66.

[1333] Vgl. *Moos/Rothkegel*, MMR 2018, 596 (597 f.); *Janicki,* FS Taeger 2020, S. 201.

[1334] Siehe dazu *Schwartmann/Mühlenbeck*, in: Schwartmann/Jaspers/Thüsing/Kugelmann, DS-GVO/BDSG, 3. Aufl. 2024, Art. 4 Nr. 7 Rn. 148 f.; *Schwartmann*, OdW 2020, 77 (80); siehe zusammenfassend *EDPB*, Guidelines 8/2020 (Version 2.0), Rn. 30 ff.

[1335] EuGH, Rs. C-604/22, *IAB Europe*, ECLI:EU:C:2024:214 Rn. 57 und 68; EuGH [GK], Rs. C-683/21, *Nacionalinis visuomenės sveikatos centras*, ECLI:EU:C:2023:949 Rn. 30 f.; EuGH, Rs. C-40/17, *Fashion ID*, ECLI:EU:C:2019:629 Rn. 68 und 77; EuGH [GK], Rs. C-25/17, *Zeugen Jehovas,* ECLI:EU:C:2018:551 Rn. 68 und 71.

[1336] Siehe zum Vergleich zwischen dem nationalen und dem europäischen Verständnis *Monreal*, CR 2019 797 (802).

[1337] Vgl. EuGH, Rs. C-40/17, *Fashion ID*, ECLI:EU:C:2019:629 Rn. 75; EuGH [GK], Rs. C-210/16, *ULD Schleswig-Holstein/Wirtschaftsakademie Schleswig-Holstein,* ECLI:EU:C:2018:388 Rn. 35.

[1338] EuGH [GK], Rs. C-25/17, *Zeugen Jehovas,* ECLI:EU:C:2018:551 Rn. 70.

[1339] Von einer Verantwortlichkeit des Anbieters des Social Plugins ausgehend EuGH, Rs. C-40/17, *Fashion ID*, ECLI:EU:C:2019:629 Rn. 79 und 81.

Auch ohne Zugang zu den personenbezogenen Daten könne eine (gemeinsame) Verantwortlichkeit begründet werden.[1340]

Das weite Verantwortlichkeitskonzept betrifft ebenso den Anwendungsbereich des Rechtsinstituts der gemeinsamen Verantwortlichkeit. Auch diesbezüglich wird ein extensiver Auslegungsansatz gewählt, um die einzelnen Entscheidungsbeiträge beteiligter Akteure unter geringen Voraussetzungen miteinander zu verbinden. Die Anforderungen, die sowohl an die operative Ebene der Mittelfestlegung als auch an die gemeinsame Zweckgrundlage angelegt werden, sind dabei in hohem Maße abstrakt.

Neben der niedrigen Relevanzschwelle verantwortlichkeitsbegründender Entscheidungsbeiträge fordert der EuGH für die Annahme verbundener Entscheidungsbeiträge ausdrücklich keine Zweckidentität. Stattdessen fasst der EuGH die die Verarbeitung als Ganze leitenden Zwecke abstrahierend zusammen.[1341] Übergeordnete und weitgehend ähnliche Interessen bzw. Ziele seien als abstrakte Zweckeinheit ausreichend, wenn sich diese in der Form gegenseitig ergänzen, dass sie voneinander abhängen.[1342] Von konvergierenden Entscheidungen wird ausgegangen, wenn jede Partei unmittelbar selbst von der Verarbeitung des betreffenden Datensatzes profitiert und durch das eigene Tätigwerden den positiven Wirkungszusammenhang für andere Akteure bedingt.[1343] Ergänzend stellt der EuGH heraus, dass jedem Akteur zugleich ein übergeordnetes Wissen über die sich auf die Zweckebene auswirkende Beeinflussung der Verarbeitung und das Zusammenwirken mit dem anderen Akteur zukommen müsse.[1344] Dass die Einflussnahmefähigkeiten der Beteiligten mitunter stark divergieren, erachtet der EuGH für die Annahme einer gemeinsamen Verantwortlichkeit als unschädlich.

1340 EuGH, Rs. C-604/22, *IAB Europe*, ECLI:EU:C:2024:214 Rn. 58 und 69; EuGH, Rs. C-231/22, *Moniteur belge*, ECLI:EU:C:2024:7 Rn. 48; EuGH [GK], Rs. C-683/21, *Nacionalinis visuomenės sveikatos centras*, ECLI:EU:C:2023:949 Rn. 42; EuGH, Rs. C-40/17, *Fashion ID*, ECLI:EU:C:2019:629 Rn. 69; EuGH [GK], Rs. C-25/17, *Zeugen Jehovas*, ECLI:EU:C:2018:551 Rn. 69; mit Verweis auf EuGH [GK], Rs. C-210/16, *ULD Schleswig-Holstein/Wirtschaftsakademie Schleswig-Holstein*, ECLI:EU:C:2018:388 Rn. 38.

1341 Vgl. EuGH, Rs. C-40/17, *Fashion ID*, ECLI:EU:C:2019:629 Rn. 80; in diesem Sinne bereits Schlussanträge GA *Bobek*, Rs. C-40/17, *Fashion ID*, ECLI:EU:C:2018:1039 Rn. 105; ähnlich EuGH [GK], Rs. C-25/17, *Zeugen Jehovas*, ECLI:EU:C:2018:551 Rn. 71.

1342 Vgl. EuGH, Rs. C-604/22, *IAB Europe*, ECLI:EU:C:2024:214 Rn. 59; EuGH [GK], Rs. C-683/21, *Nacionalinis visuomenės sveikatos centras*, ECLI:EU:C:2023:949 Rn. 43; EuGH, Rs. C-40/17, *Fashion ID*, ECLI:EU:C:2019:629 Rn. 80; in diesem Sinne bereits Schlussanträge GA *Bobek*, Rs. C-40/17, *Fashion ID*, ECLI:EU:C:2018:1039 Rn. 105; EuGH [GK], Rs. C-25/17, *Zeugen Jehovas*, ECLI:EU:C:2018:551 Rn. 71; EuGH [GK], Rs. C-210/16, *ULD Schleswig-Holstein/Wirtschaftsakademie Schleswig-Holstein*, ECLI:EU:C:2018:388 Rn. 34; kritisch hinsichtlich des abstrakten Zweckbegriffs *Kremer*, CR 2019, 225 (227), *Golland*, K&R 2019, 533 (535).

1343 Vgl. EuGH, Rs. C-604/22, *IAB Europe*, ECLI:EU:C:2024:214 Rn. 59; EuGH [GK], Rs. C-683/21, *Nacionalinis visuomenės sveikatos centras*, ECLI:EU:C:2023:949 Rn. 43; mit Verweis auf Schlussanträge GA *Emiliou*, Rs. C-683/21, *Nacionalinis visuomenės sveikatos centras*, ECLI:EU:C:2023:376 Rn. 38; EuGH, Rs. C-40/17, *Fashion ID*, ECLI:EU:C:2019:629 Rn. 80; siehe dazu bereits Schlussanträge GA *Bobek*, Rs. C-40/17, *Fashion ID*, ECLI:EU:C:2018:1039 Rn. 105; EuGH [GK], Rs. C-25/17, *Zeugen Jehovas*, ECLI:EU:C:2018:551 Rn. 71.

1344 EuGH, Rs. C-40/17, *Fashion ID*, ECLI:EU:C:2019:629 Rn. 77; EuGH [GK], Rs. C-25/17, *Zeugen Jehovas*, ECLI:EU:C:2018:551 Rn. 71.

VIII. Grenzen der Übertragbarkeit

Im Hinblick auf die bisher ergangenen EuGH-Urteile ist sorgfältig zu prüfen, ob und in welchem Ausmaß die Entscheidungen auf ähnlich gelagerte Konstellationen bzw. Kollaborationen im Rahmen einer Datenverarbeitung übertragen werden können. Während den Urteilen vereinzelt ein „Mustercharakter"[1345] zugesprochen wird, stößt eine generelle und verallgemeinernde Übertragbarkeit auf gewichtige Bedenken.

Obgleich sich die Verfahren in der Rechtssache *Wirtschaftsakademie Schleswig-Holstein* und der Rechtssache *Fashion ID* sowohl hinsichtlich des Sachverhaltes als auch bezogen auf deren rechtliche Beurteilung stark zu ähneln scheinen, verdeutlicht bereits die genauere Betrachtung dieser beiden Verfahren, dass die Verantwortlichkeitszuordnungen auf jeweils sehr individuellen Umständen beruhen.[1346] Wegen anders gelagerter Analyse- oder Parametrierungsfunktionen kann die im Kontext von Facebook-Fanpages erfolgte Verantwortlichkeitszuordnung nicht pauschal auf im weitesten Sinne ähnliche Verarbeitungskonstellationen aus dem Social Media-Bereich übertragen werden.[1347] In anderen sozialen Netzwerken oder Messengern, wie etwa Twitter, TikTok oder WhatsApp, kann die Zuordnung datenschutzrechtlicher Verantwortlichkeiten im Detail anders zu beurteilen sein.[1348] Und auch abseits der vom EuGH entschiedenen Social Media-Fälle ist eine unreflektierte Übertragung kritisch zu sehen.

Der Urteilsbegründung aus der Rechtssache *Zeugen Jehovas* liegen ebenfalls sehr spezielle Umstände des Einzelfalls zugrunde. Verarbeitungskonstellationen, in denen der angewiesene Akteur zugleich auch eigenverantwortlich tätig wird, stellen nicht den Regelfall dar.

Aufgrund des Umstandes, dass die ergangenen Entscheidungen im Detail unterschiedliche Sachverhalte betreffen, in denen die Einflussmöglichkeiten der beteiligten Akteure von Fall zu Fall stark variieren, scheidet eine pauschale, unkritische und unreflektierte Übertragung der Entscheidungen auf ähnlich gelagerte Verarbeitungskonstellationen aus.[1349] Eine

[1345] *Wagner*, ZD 2018, 307 (308), wonach der Rechtssache *Wirtschaftsakademie Schleswig-Holstein* ein „Mustercharakter für jedwede Nutzung fremder informationstechnischer Infrastrukturen" zukomme.

[1346] *Rothkegel/Strassemeyer*, CRi 2019, 161 (168).

[1347] Siehe zu den Grenzen der Übertragung der Rechtsprechung auf typische Cloud Sachverhalte *Conrad/Licht/Strittmatter*, in: Auer-Reinsdorff/Conrad, IT- und Datenschutzrecht, 3. Aufl. 2019, Teil C. § 22 Rn. 225.

[1348] Darauf hinweisend *Hartung*, in: Kühling/Buchner, DS-GVO/BDSG, 4. Aufl. 2024, Art. 26 Rn. 45 m.w.N.; siehe zu den Auswirkungen der durch den EuGH entwickelten Anforderungen in der Rechtssache *Fashion ID* auf die Nutzung ähnlicher Plugins/Tools *Kremer*, CR 2019, 676 (681).

[1349] Vgl. *Moos/Rothkegel*, MMR 2019, 584 (586); *Hartung*, in: Kühling/Buchner, DS-GVO/BDSG, 4. Aufl. 2024, Art. 26 Rn. 45; *Arning/Rothkegel*, in: Taeger/Gabel, DSGVO/BDSG/TTDSG, 4. Aufl. 2022, Art. 4 Rn. 217 f.; *Rothkegel/Strassemeyer*, CRi 2019, 161 (168); kritisch zur pauschalen Übertragbarkeit der EuGH-Rechtsprechung auf komplexe Verarbeitungstätigkeiten der öffentlichen Verwaltung *Böllhoff/Botta*, NVwZ 2021, 425 (427); einen abweichenden Ansatz verfolgend *Golland*, K&R 2018, 433 (437 f.), demzufolge die Äußerungen des EuGH zu Facebook-Fanges letztlich auf jede bei einem anderen Verantwortlichen gehostete Internetpräsenz, bei der letzterer personenbezogene Daten mit ähnlichen Zwecken verarbeitet und ein Bezug zur Seite des ersten besteht, zu übertragen seien; ähnlich *Wagner*, ZD 2018, 307 (308).

Übertragbarkeit der Aussagen und Wertungen des EuGH kommt nur nach einer genauen Prüfung des jeweiligen Einzelfalls in Betracht.[1350] Die Urteile können nicht als allgemeingültige Schablonen herhalten, sondern es muss jeweils im Einzelfall eine Entflechtung der unterschiedlichen Datenverarbeitungsvorgänge und eine phasenspezifische Beurteilung der Einflussmöglichkeiten erfolgen.[1351]

Die skizzierten Einschränkungen dürfen zugleich nicht darüber hinwegtäuschen, dass sich aus den ergangenen Urteilen gewisse Leitlinien und Grundwertungen ableiten lassen, die im Rahmen der rechtlichen Würdigung des Einzelfalls zu berücksichtigen sind. Die Herausforderung besteht darin, die Verallgemeinerungsfähigkeit einzelner Ausführungen und deren Vereinbarkeit mit den Grundsätzen des europäischen Verantwortlichkeitskonzepts festzustellen. Allgemeingültige Kriterien, die im Rahmen einer ganzheitlichen Betrachtung bei der Zuordnung datenschutzrechtlicher Verantwortlichkeiten heranzuziehen sind und als Startpunkt für eine entsprechende Prüfung dienen, können erst im Anschluss an eine kritische Analyse der vom EuGH getätigten Ausführungen rechtssicher definiert werden.[1352]

[1350] Vgl. *Arning/Rothkegel*, in: Taeger/Gabel, DSGVO/BDSG/TTDSG, 4. Aufl. 2022, Art. 4 Rn. 218.
[1351] Vgl. *Böllhoff/Rataj*, WRP 2019, 1536 (1537).
[1352] Vgl. *Arning/Rothkegel*, in: Taeger/Gabel, DSGVO/BDSG/TTDSG, 4. Aufl. 2022, Art. 4 Rn. 218.

F. Kritische Analyse der EuGH-Rechtsprechung

Den skizzierten Erwägungen der bisherigen Rechtsprechung folgend steht zu befürchten, dass künftig sehr viel mehr Anwendungsfälle von (gemeinsamen) Verantwortlichkeiten entstehen werden.[1353] Abseits des erstrebenswerten Betroffenenschutzes birgt das weite, den Schutz der betroffenen Personen in den Mittelpunkt stellende Schutzkonzept erhebliche Risiken für die adressierten Akteure. Während der EuGH die autonom europarechtliche und weite Auslegung des Tatbestandes vorantreibt und bereits niedrige Verursachungsbeiträge als verantwortungsbegründend einordnet, um Schutzlücken für Betroffene zu vermeiden, entsteht die Gefahr, dass Beteiligte in eine Vereinbarung zur gemeinsamen Verantwortlichkeit gezwungen werden, obgleich eine gemeinsame Verantwortlichkeit tatsächlich nicht gerechtfertigt erscheint.[1354] Bedenken hinsichtlich eines zu weiten Tatbestandsverständnisses hatte auch der GA *Bobek* geäußert. In seinen Schlussanträgen wies er ausdrücklich darauf hin, dass die ohne vernünftigen Grund erfolgende Zuweisung datenschutzrechtlicher Verantwortlichkeit an jemanden, der keinen Einfluss auf den Ausgang des Geschehens hat, zu dessen unangemessener und ungerechtfertigter Haftung führe.[1355]

Diese Befürchtungen aufgreifend wurden auch die bislang ergangenen Urteile zu der Verantwortlichenstellung im europäischen Datenschutzrecht in der Nachbetrachtung überwiegend kritisch bewertet.[1356] Vor allem die Entscheidung in der Rechtssache *Wirtschaftsakademie Schleswig-Holstein*[1357] hatte im Nachgang hohe Wellen geschlagen.[1358] Unter anderem wurde angemerkt, dass die Entscheidung ergebnisgetrieben sei und zu einer erheblichen Ausweitung der Haftungsrisiken der (potentiell) Verantwortlichen führe.[1359] Andere Stimmen vermissen in der Rechtsprechung des Gerichtshofs eine klare Linie,[1360] oder nehmen in Folge des Urteils eine

---

[1353] Siehe zu einer möglichen Ausdehnung gemeinsamer Verantwortlichkeiten etwa im Bereich des Metaverse *Bender-Paukens/Werry*, ZD 2023, 127 (129); zum Bereich der Gesundheitsdaten *Schneider*, ZD 2023, 174 (175); zum Bereich des Onlinemarketings *Keppeler/Schneider*, ITRB 2024, 71 (73 f.).

[1354] Vgl. *Gierschmann*, ZD 2020, 69 (71).

[1355] Auf das angemessene Verhältnis zwischen Macht, Einfluss und Verantwortlichkeit hinweisend Schlussanträge GA *Bobek*, Rs. C-40/17, *Fashion ID*, ECLI:EU:C:2018:1039 Rn. 90 ff.

[1356] Siehe etwa *Schulz*, MMR 2018, 421; *Golland*, K&R 2018, 433 (437); *Hacker*, MMR 2018, 779; kritisch zu der Rechtsprechung des EuGH, in der klargestellt wurde, dass ein direkter Zugang zu den personenbezogenen Daten nicht erforderlich sei, um eine Verantwortlichkeit zu begründen *Kremer*, in: Schwartmann/Jaspers/Thüsing/Kugelmann, DS-GVO/BDSG, 3. Aufl. 2024, Art. 26 Rn. 54, der in der Rechtsprechung zugleich eine Abkehr von einer tatsächlichen oder rechtlichen Betrachtungsweise sieht und schlussfolgert, dass der EuGH nun eine ausschließlich wertende Einordnung aus Sicht der von der Verarbeitung betroffenen Person vornehme, die eher im Verbraucherschutz- oder Lauterkeitsrecht zu erwarten sei.

[1357] EuGH [GK], Rs. C-210/16, ECLI:EU:C:2018:388 – *ULD Schleswig-Holstein/Wirtschaftsakademie Schleswig-Holstein.*

[1358] Sehr kritisch beispielsweise *Schulz*, MMR 2018, 421.

[1359] Vgl. *Kartheuser/Nabulsi*, MMR 2018, 717 (719).

[1360] *Golland*, K&R 2018, 433 (437).

R. A. Hagen, *Datenschutzrechtliche Rollenzuweisungen*, DuD-Fachbeiträge,
https://doi.org/10.1007/978-3-658-49718-7_6

gesteigerte Verunsicherung wahr.[1361] Ferner wird befürchtet, dass der EuGH mit seiner Entscheidung eine Art datenschutzrechtliche Störerhaftung etabliert habe, der zufolge schon minimalste und weit im Voraus liegende Ermöglichungshandlungen eine datenschutzrechtliche Verantwortlichkeit nach sich zögen.[1362]

Vor diesem Hintergrund wird auf die drohende Gefahr einer Disjunktion der Korrespondenz von Kontrolle und Verantwortung hingewiesen.[1363] Verantwortlich für die drohende Disjunktion sei vor allem das weite Verständnis der gemeinsamen Verantwortlichkeit, das regelmäßig in einer gesamtschuldnerischen Haftung im Außenverhältnis aller an der Datenverarbeitung Beteiligter münde, auch Nutzer für unzulässige Verarbeitungsvorgänge der Diensteanbieter haftbar mache und als Resultat eine Abschreckwirkung entfalte, die zu einer Nichtnutzung von Internetdiensten führe.[1364]

Zugleich beschränkt sich die Kritik auch nicht auf das Urteil in der Rechtssachse *Wirtschaftsakademie Schleswig-Holstein*, sondern betrifft auch weite Teile der sich anschließenden Rechtsprechung. Auch im Nachgang an das Urteil in der Rechtssache *Zeugen Jehovas* wurden große Rechtsunsicherheiten befürchtet, die in Folge der ausufernden Betrachtungsweise der Verantwortlichenstellung zu erwarten seien.[1365] Und auch im Anschluss an die Entscheidungen in der Rechtssache *Fashion ID* sowie in der Rechtssache *IAB Europe* wird darauf verwiesen, dass der EuGH wesentliche Fragen danach, in welchem Verhältnis die von ihm aufgestellten Kriterien zueinander stehen und wo die Grenzen einer gemeinsamen Verantwortlichkeit liegen, weitestgehend unbeantwortet gelassen habe.[1366] Ob auch die bloße Ermöglichung im Sinne einer bloßen Conditio-sine-qua-non verantwortlichkeitsbegründend wirke, sei weiterhin unklar.[1367]

Ausgehend von der Rechtsprechung wird vor allem eine uferlose Ausweitung des Tatbestandes der gemeinsamen Verantwortlichkeit befürchtet.[1368] Die unmittelbare Folge dieser Ausweitung sei in einem überdimensionalen Anwachsen der Anzahl von Verantwortlichen zu sehen.[1369] Es wird konstatiert, dass die Entscheidungen des Gerichtshofs maßgeblich durch die Intention getrieben seien, eine möglichst einfache Möglichkeit der Aufsicht und Durchsetzung für

---

[1361] Vgl. *Härting/Gössling*, NJW 2018, 2523.

[1362] Vgl. *Brüggemann*, CR 2018, 581 f.; siehe dazu auch Schlussanträge GA *Bobek*, Rs. C-40/17, *Fashion ID*, ECLI:EU:C:2018:1039 Rn. 74.

[1363] Siehe *Hacker*, MMR 2018, 779 (780); *Hacker*, Datenprivatrecht, S. 130; in diesem Sinne auch Schlussanträge GA *Bobek*, Rs. C-40/17, *Fashion ID*, ECLI:EU:C:2018:1039 Rn. 91.

[1364] Vgl. *Golland*, ZD 2020, 397 (399).

[1365] Auf die Kritik hinweisend *Thüsing/Rombey*, NZA 2019, 6 (10) m.w.N.

[1366] Siehe dazu *Golland*, ZD 2019, 381; siehe zu dem Urteil in der Rechtssache *Fashion ID* auch *Hanloser*, ZD 2019, 122; *Hanloser*, ZD 2019, 458 (459); *Lurtz/Schindler*, VuR 2019, 486 ff.; siehe zu dem Urteil in der Rechtssache *IAB Europe Halim/Marosi*, ZD 2024, 333.

[1367] Auf verbleibende Unklarheiten hinweisend *Golland*, ZD 2019, 381.

[1368] Vgl. *Kremer*, CR 2019, 676 (688); *Moos/Rothkegel*, MMR 2018, 591 (597); *Schulz*, ZD 2018, 357 (364).

[1369] *Janicki,* FS Taeger 2020, S. 208.

Aufsichtsbehörden bzw. Gerichte zu schaffen.[1370] Aufgrund dessen wird mitunter sogar davon gesprochen, dass der EuGH gezielte Verrenkungen vorgenommen habe, um zu einem bestimmten Urteil zu kommen.[1371] Statt eines kohärenten Verantwortlichkeitskonzepts ergebe sich in der Gesamtschau lediglich ein „durch die Kasuistik des EuGH geprägtes Stückwerk“ [1372].

Dieser weit verbreiteten Kritik steht die Sichtweise gegenüber, wonach der Rechtsprechung des EuGH ausdrücklich zuzustimmen sei.[1373] Vor allem mit Blick auf den Schutz betroffener Personen wird der weitreichenden Zugrundelegung des Rechtsinstituts der gemeinsamen Verantwortlichkeit auch Positives abgewonnen.[1374]

Die Divergenz zwischen dem möglichst umfassenden Betroffenenschutz einerseits und einer drohenden Überinklusivität andererseits offenbart das übergeordnete Dilemma bei der Zuordnung datenschutzrechtlicher Verantwortlichkeit und bedingt die allgegenwärtigen Auslegungsschwierigkeiten der abstrakten Normen.[1375] Vor dem Hintergrund dieses schwelenden Konflikts müssen die durch den EuGH entwickelten Leitlinien kritisch auf deren Schlüssigkeit hin untersucht werden. Am Maßstab der wesensprägenden Merkmale des europäischen Verantwortlichkeitstatbestandes gilt es zu evaluieren, ob es dem EuGH gelungen ist, konsistente Kriterien zu etablieren, die den normativen Vorgaben entsprechen und diese konkretisieren, die Verantwortungszuweisung in multipolaren Verarbeitungsszenarien ermöglichen und eine Abgrenzung zu weiteren datenschutzrechtlichen Beteiligungsformen gewährleisten. Wie fundiert die weit verbreitete Kritik an der konzeptionellen Ausrichtung des EuGH und dessen weiter Auslegung tatsächlich ist und ob eine etwaige Korrektur in Zukunft notwendig ist, ist Kerninhalt der kritischen Rechtsprechungsanalyse.

I. Tatbestandliche Kohärenz

Auf tatbestandlicher Ebene erstreckt sich die Kohärenzprüfung auf zwei Bereiche. Neben der Frage, ob der EuGH schlüssige und mit den Grundsätzen des europäischen Datenschutzrechts zu vereinbarende Kriterien hinsichtlich etwaiger verantwortlichkeitsbegründender Entscheidungsbeiträge aufgestellt hat, wird in einem zweiten Schritt beurteilt, ob die kollidieren Einzelentscheidungen auch nachvollziehbar zu einer gemeinsamen Verantwortlichkeit verbunden werden. Spiegelbildlich zur Verantwortlichkeitsbegründung kommt den Kriterien der Verantwortlichkeitsbegrenzung und -aufteilung eine große Bedeutung zu.

[1370] So *Freund*, in: Schuster/Grützmacher, IT-Recht, Art. 26 Rn. 43.
[1371] *Marosi/Matthé*, ZD 2018. 361 f.
[1372] *Vasella*, Verantwortliche und Auftragsverarbeiter, S. 4.
[1373] Dem EuGH ausdrücklich zustimmend *Monreal*, CR 2019, 797 (803 f.); *Petri*, EuZW 2018, 902 (903); differenzierend *Scheja,* FS Taeger 2020, S. 414 ff.
[1374] Ausführlich dazu *Monreal*, CR 2019, 797 (803 f.).
[1375] Vgl. *Gierschmann*, ZD 2020, 69 (71).

1.) Die der Verarbeitung zugrunde liegenden Schlüsselelemente

a.) Kongruenzmaßstab des EuGH an die Zweckgrundlage

Bezogen auf die Entscheidung in der Rechtssache *Wirtschaftsakademie Schleswig-Holstein*[1376] ist zu erkennen, dass die Beteiligten Akteure im Detail unterschiedliche Ziele verfolgen. Die Zielsetzung des Plattformbetreibers besteht im Kern darin, mit den erhobenen Daten seine Datenbasis zu den einzelnen Fanpage-Besuchern anzureichern und dadurch sein System der Werbung zu verbessern und zu monetarisieren. Dagegen kann der Fanpage-Betreiber auf Basis der anonymen Page-Insights zum Zweck der Steuerung der Vermarktung seiner Tätigkeit lediglich statistische Schlüsse über die Zusammensetzung seiner Page-Community ziehen.[1377]
Im Vergleich dazu sind die Interessen und Zielsetzungen der Beteiligten in der Rechtssache *Fashion ID* ähnlich gelagert. Während die Zielsetzung des Einbindenden darin besteht, den werblichen Erfolg der eigenen Produkte zu verbessern, wird das Ziel des Anbieters erneut darin bestehen, mit den personenbezogenen Daten seine eigene Datenbasis anzureichern. Während der Webseitenbetreiber versucht seine Werbereichweite zu optimieren, erhält der Plugin-Betreiber als Gegenleistung die Verfügung über die personenbezogenen Daten, um sie so auch für eigene Zwecke nutzen zu können.[1378]
In verallgemeinernder Art und Weise verweist der EuGH darauf, dass die „Verarbeitungsvorgänge im wirtschaftlichen Interesse sowohl von Fashion ID als auch von Facebook Ireland durchgeführt [werden]“ [1379]. Sowohl in der Rechtssache *Wirtschaftsakademie Schleswig-Holstein* als auch in der Rechtssache *Fashion ID* wird die handlungstragende Motivation im Kern darin gesehen, den eigenen werblichen Erfolg zu verbessern.[1380] In beiden Urteilen fordert der EuGH dabei ausdrücklich keine Zweckidentität, sondern lässt sich gegenseitig bedingende werbliche bzw. wirtschaftliche Zwecke verallgemeinernd als Zweckeinheit und gemeinsame Grundlage für die Begründung einer gemeinsamen Verantwortlichkeit genügen.
Im Unterschied zu den beiden ähnlich gelagerten Fallkonstellationen unterscheidet sich die Rechtssache *Zeugen Jehovas* insoweit, als dass in diesem Sachverhalt eine deutlich kongruentere Zweckbasis zwischen den Beteiligten einer gemeinsamen Verantwortlichkeit besteht. Die Ausübung der Verkündigungstätigkeit, die eine wesentliche Betätigungsform sowohl der

[1376] EuGH [GK], Rs. C-210/16, ECLI:EU:C:2018:388 – *ULD Schleswig-Holstein/Wirtschaftsakademie Schleswig-Holstein*.
[1377] Vgl. EuGH [GK], Rs. C-210/16, *ULD Schleswig-Holstein/Wirtschaftsakademie Schleswig-Holstein*, ECLI:EU:C:2018:388 Rn. 34; siehe dazu *Kartheuser/Nabulsi*, MMR 2018, 717 (720 f.); *Hoffmann/Schmidt*, GRUR 2021, 679 (681).
[1378] EuGH, Rs. C-40/17, *Fashion ID*, ECLI:EU:C:2019:629 Rn. 80.
[1379] EuGH, Rs. C-40/17, *Fashion ID*, ECLI:EU:C:2019:629 Rn. 80.
[1380] Vgl. *Hanloser*, ZD 2019, 458 (459).

Gemeinschaft als auch ihrer Mitglieder darstellt, hat den Zweck, den Glauben dieser Gemeinschaft zu verbreiten.[1381] Die Ziele und Interessen der Beteiligten decken sich insoweit.

Aus der Zusammenschau aller bislang ergangenen Urteile wird deutlich, dass der EuGH für die Begründung des Rechtsinstituts der gemeinsamen Verantwortlichkeit im Kern ein abstrahierendes Zweckverständnis zugrunde legt. Der EuGH folgt damit im Wesentlichen dem bereits durch die *Art.-29-Datenschutzgruppe* vertretenen Ansatz, demzufolge auf Mikroebene eine voneinander unabhängige Verarbeitung vorliegen könne, auf Makroebene hingegen ein gemeinsamer Zweck verfolgt oder gemeinsame Mittel verwendet werden, mit der Folge, dass eine gemeinsame Verantwortlichkeit dennoch vorliegt.[1382] In ähnlicher Weise hatte bereits der GA *Bobek* beim EuGH in der Rechtssache *Fashion ID* eine übergeordnete Einheit der Zwecke trotz fehlender Zweckidentität für die Begründung einer gemeinsamen Verantwortlichkeit ausreichen lassen. Der Ansicht des GA *Bobek* zufolge genüge bereits das Verfolgen „kommerzielle[r] und werbliche[r] Zwecke, die sich wechselseitig ergänzen"[1383]. Trotz fehlender Zweckidentität bestehe eine Einheit der Zwecke.[1384]

Auf der Makroeben führt dieser erhöhte Abstraktionsgrad letztlich dazu, dass die Zusammengehörigkeit von unterschiedlichen Zwecken ansteigt. Auf Mikroebene ist gleichzeitig zu konstatieren, dass inkongruente Zwecke zwischen den Beteiligten für die Begründung einer gemeinsamen Verantwortlichkeit toleriert werden.[1385] Die Inkongruenz der individuellen Zwecksetzungen wird über das übergeordnete Interesse des gegenseitigen Wirkens und dem gegenseitigen Profitieren auf der Metaebene überwunden.

aa.) Rechtliche Bewertung

Im Nachgang an die Rechtsprechung stieß das Zweckverständnis des EuGH auf Kritik. Besonders kontrovers wurden die Leitlinien des EuGH von Akteuren besprochen, die einen gemeinsamen Zweck in das Zentrum der datenschutzrechtlichen Betrachtung setzen und davon ausgehen, dass das Verständnis über den Zweck der zugrunde liegenden Verarbeitung letztlich maßgeblich dafür herangezogen werden sollte, um zu beurteilen, wann ein gemeinsamer Zweck vorliegt, der geeignet ist, eine gemeinsame Verantwortlichkeit überhaupt erst zu begründen.[1386]

[1381] EuGH [GK], Rs. C-25/17, *Zeugen Jehovas,* ECLI:EU:C:2018:551 Rn. 44.

[1382] *Art.-29-Datenschutzgruppe*, WP 169. S. 25; ebenso *EDSB*, Leitlinien des EDSB zu den Begriffen „Verantwortlicher", „Auftragsverarbeiter" und „gemeinsam Verantwortliche" nach der Verordnung (EU) 2018/1725, 07.11.2019, S. 25 f. („allgemeines Maß an Komplementarität und Einheitlichkeit des Zwecks").

[1383] Schlussanträge GA *Bobek*, Rs. C-40/17, *Fashion ID,* ECLI:EU:C:2018:1039 Rn. 105.

[1384] Schlussanträge GA *Bobek*, Rs. C-40/17, *Fashion ID,* ECLI:EU:C:2018:1039 Rn. 105.

[1385] Kritisch dazu *Rücker/Brandt*, DB 2019, 2451 (2453); siehe dazu auch *Golland,* K&R 2018, 433 (436 f.).

[1386] In diesem Sinne insbesondere *Golland*, K&R 2018, 433 (435); *Kremer*, CR 2019, 225 (227); ähnlich *Lee/Cross*, MMR 2019, 559 (561 f.).

Während der Zweck der Verarbeitung im Regelungskontext der Verordnung stets präzise verstanden werde, führe die Rechtsprechung des EuGH im Kontext des Art. 4 Nr. 7 DSGVO zu einer konturlose Ausweitung, die in einer systematischen Diskrepanz der gleichlautenden Begriffe münde.[1387] Indem der EuGH sich auf eine übergeordnete Ebene der Zwecke fokussiert, erschaffe er im Ergebnis einen eigenen Zweckbegriff.[1388] Das abstrahierende Zweckverständnis führe letztlich dazu, dass der Zweck nicht mehr durch das erwartete Ergebnis der konkreten Verarbeitung bestimmt würde. Entscheidend wären stattdessen die hiervon losgelösten, abstrakten Betrachtungen übergeordneter Interessen der Beteiligten.[1389]

Hinsichtlich dieser Grundsatzkritik ist einschränkend anzumerken, dass die DSGVO für eine gemeinsame Verantwortlichkeit zwar ausdrücklich fordert, dass die Zwecke gemeinsam festgelegt werden müssen (vgl. Art. 26 Abs. 1 S 1 DSGVO), doch wird in tatbestandlicher Hinsicht gerade keine Zweckidentität gefordert oder davon ausgegangen, dass die Beteiligten einen singulären Zweck gemeinschaftlich verfolgen müssen. Weder müssen die Beteiligten mit ihrem Wirken einen gleichen Zweck verfolgen, noch ist es erforderlich, dass sie die Zielsetzungen der Beteiligten exakt decken. Ein derart enges Tatbestandsverständnis würde den Anwendungsbereich des Rechtsinstituts stark beschränken, diffizile Analysen der einzelnen Motive und Beweggründe erfordern und den Umstand ausblenden, dass eigenverantwortlich handelnde Akteure im Kern selbstbestimmt und im Eigeninteresse tätig werden.

Insofern ist es schlüssig, dass auch der EuGH nicht auf die konkreten, im Verzeichnis von Verarbeitungstätigkeiten gemäß Art. 30 Abs. 1 lit. b. DSGVO dokumentierten Zwecke der Verarbeitungstätigkeit abstellt, sondern eine Übereinstimmung in Form eines allgemeinen und übergeordneten Zwecks bzw. eines mit der Verarbeitung allgemein verfolgten Ziels genügen lässt. Obgleich im Einzelnen abweichende Zwecksetzungen hingenommen werden, ist festzuhalten, dass der EuGH im Rahmen der holistischen Gesamtwürdigung eines Sachverhalts wiederholt auf eine gewisse Zweckkongruenz rekurriert. Sich ähnelnde Interessanlagen werden als verantwortlichkeitsbegründendes Indiz herangezogen und fließen in die Bewertung eines Sachverhalts mit ein. Während in der Rechtssache *Wirtschaftsakademie Schleswig-Holstein* und der Rechtssache *Fashion ID* das Tätigwerden der beteiligten Akteure allgemein wirtschaftlich

[1387] Unter Verweis auf Art. 5 Abs. 1 lit. b DSGVO, der eindeutige und präzise formulierte Zwecke voraussetzt *Janicki,* FS Taeger 2020, S. 210; siehe dazu auch *Lee/Cross*, MMR 2019, 559 (561 f.); *Kremer*, CR 2019, 225 (227); *Golland*, K&R 2018, 433 (436).

[1388] Vgl. *Kremer*, CR 2019, 676 (678); *Kremer*, CR 2019, 225 (227); ebenfalls kritisch im Hinblick auf einen zu abstrakten Zweckbegriff *Golland*, K&R 2019, 533 (535); *Lee/Cross*, MMR 2019, 559 (561 f.); ähnlich Schlussanträge GA *Bobek*, Rs. C-40/17, *Fashion ID*, ECLI:EU:C:2018:1039 Rn. 100, der davon ausgeht, dass bei der gemeinsamen Verantwortlichkeit die Zwecke und Mittel der Verarbeitung personenbezogener Daten *identisch* sind.

[1389] Kritisch diesbezüglich *Kremer*, CR 2019, 225 (227).

motiviert war und unter diesen Meta-Zweck zusammengefasst wurde, bestand in der Rechtssache *Zeugen Jehovas* eine noch engere Übereinstimmung hinsichtlich der Zielsetzung, die in dem gemeinsamen Zweck der Verbreitung des gemeinsamen Glaubens bestand. Unter ergänzender Berücksichtigung der nachfolgenden Entscheidungen in den Rechtssachen *Nacionalinis visuomenės sveikatos centras* sowie *IAB Europe* lässt sich indes eine allgemeine Tendenz zu einer zunehmend weiten Auslegung auch des gemeinsam verfolgten Meta-Zwecks bzw. der allgemein verfolgten Zielsetzung erkennen. Vor diesem Hintergrund dürfte die Voraussetzung einer gemeinsamen Zweckgrundlage nur noch in Ausnahmefällen als nicht erfüllt anzusehen sein.

Die Zusammenschau lässt erkennen, dass eine pauschale Grundsatzkritik an der EuGH-Rechtsprechung nicht sachgerecht ist. Die Bedeutung der Frage, welche Abweichungen bei der Setzung des Verarbeitungszwecks bzw. der Teilzwecke noch zulässig sind, ist angesichts des abstrahierten Zweckzusammenhangs verringert.[1390] Zugleich ist den kritischen Stimmen in der Literatur insoweit beizupflichten, als dass der EuGH im Rahmen der holistischen Betrachtung die Umstände untergewichtet, die in den konkreten Fallkonstellationen gegen das Vorliegen einer gemeinsamen Verantwortlichkeit sprechen. Besteht zwischen den handelnden Akteuren ein solches Macht- und Interessenungleichgewicht, dass der verfolgte, übergeordnete Zweck im Ergebnis überwiegend zugunsten eines Beteiligten verfolgt wird, dieser strukturell überlegene Akteur auch überproportional von der Verarbeitung profitiert und sich andere Akteure diesem Ziel lediglich unterordnen, den Meta-Zweck nur subsidiär verfolgen oder diesen lediglich billigen, sprechen diese Indizien gegen das Vorliegen einer gemeinsamen Zweckgrundlage und die Begründung einer gemeinsame Verantwortlichkeit.

Vor allem im Hinblick auf die Entscheidung in der Rechtssache *Fashion ID*, in der das „gegenseitige wirtschaftliche Profitieren" als gemeinsame Zweckgrundlage angesehen wurde, sind hinsichtlich der Kongruenz der verfolgten Zwecke Zweifel angebracht. Denn die wirtschaftlichen Vorteile und die Machtposition liegen hier eindeutig bei dem Anbieter der Software-Komponenten. Hauptprofiteur ist der Social Media-Anbieter, der die personenbezogenen Daten erlangen will, um sie auszuwerten und damit Werbeprofile zu erstellen. Eine vergleichbare Situation entsteht im Kontext der Facebook-Fanpages. Hauptprofiteur ist ebenfalls das übergeordnete Technologieunternehmen, dessen gesamtes Geschäftsmodell auf der Monetarisierung personenbezogener Daten fußt.

[1390] Einen restriktiveren Ansatz verfolgend *Golland*, K&R 2018, 435, der den gemeinsamen Zweck für eine gemeinsame Verantwortlichkeit als konstituierend erachtet und den EuGH dahingehend kritisiert, dass auch in Folge der Urteile unklar bleibe, wann bezogen auf die Zwecke der Verarbeitung, ein solches Ungleichgewicht vorliegt, dass keine gemeinsame Zweckeinheit mehr vorliegt.

bb.) Das wirtschaftliche Profitieren

Vornehmlich in der Rechtssache *Fashion ID* toleriert der EuGH die im Detail unterschiedlichen Zwecksetzungen der Beteiligten und stellt stattdessen ausdrücklich auf einen positiven wirtschaftlichen Bedingungszusammenhang ab.[1391] Dieser positive wirtschaftliche Bedingungszusammenhang wird in der Erzielung eines geldwerten Profits durch gegenseitige Förderung gesehen.[1392] Sowohl durch den GA *Bobek* als auch durch den EuGH wurde in diesem Zusammenhang allerdings die Frage offengelassen, ob das „gegenseitige wirtschaftliche Profitieren" lediglich eine Ausprägung des übergeordneten Meta-Zwecks darstellt, der in der spezifischen Fallkonstellation von den Akteuren verfolgt wurde, oder ob die Erzielung eines geldwerten Profits durch gegenseitige Förderung eine generelle, den Anwendungsbereich der gemeinsamen Verantwortlichkeit einschränkende Voraussetzung darstellt.[1393]

Der Beantwortung dieser Frage kommt eine hohe Praxisrelevanz zu. Denn speziell bei der Zuordnung datenschutzrechtlicher Verantwortlichkeiten in den sich ausweitenden Anbieter-Nutzer-Verhältnissen, in denen die Nutzer regelmäßig keine monetären Eigeninteressen verfolgen, entscheidet eine mögliche Beschränkung darüber, ob zwischen ihnen und den kommerziell tätigen Diensteanbietern überhaupt eine gemeinsame Verantwortlichkeit begründbar ist.[1394] Dem Umstand geschuldet, dass auch das Tätigwerden Privater im Kontext sozialer Netzwerke, cloudbasierter Anwendungen und dem Internet der Dinge in diversen Konstellationen in den Anwendungsbereich des Datenschutzrechts fällt, wenn die qualitativen und quantitativen Grenzen der Haushaltausnahme aus Art. 2 Abs. 2 lit. c DSGVO überschritten werden,[1395] verdeutlicht das Bedürfnis nach dahingehender Rechtssicherheit.[1396] Das Gleiche gilt für nicht-gewerbliche Organisationen wie Wohlfahrtsverbände, Behörden, Stiftungen oder gemeinnützige Vereine (z.B. Sportvereine), die regelmäßig keine wirtschaftlichen Eigeninteressen verfolgen, wenn sie datenverarbeitende Systeme nutzen.[1397]

[1391] Vgl. EuGH, Rs. C-40/17, *Fashion ID*, ECLI:EU:C:2019:629 Rn. 80; GA *Bobek*, Rs. C-40/17, *Fashion ID*, ECLI:EU:C:2018:1039 Rn. 105; siehe dazu *Hanloser*, ZD 2019, 458 (459); *Hanloser*, ZD 2019, 122 (123); *Golland*, K&R 2019, 533 (535); im Ergebnis auch *Lurtz/Schindler*, VuR 2019, 471 (475); siehe zum Kriterium der Kommerzialität *Schneider*, Gemeinsame Verantwortlichkeit, S. 76 ff.

[1392] Vgl. *Golland*, ZD 2020, 397 (399); *Golland*, K&R 2019, 533 (535).

[1393] Instruktiv dazu *Golland*, K&R 2019, 533 (535), der das „gegenseitige wirtschaftliche Profitieren" als konstituierendes und geschickt gewähltes Kriterium für eine gemeinsame Verantwortlichkeit in Betracht zieht.

[1394] Siehe dazu *Golland*, ZD 2020, 397 (399), der im Ergebnis eine gemeinsame Verantwortlichkeit zwischen (nicht-unternehmerischen) Nutzern und unternehmerisch tätigen Diensteanbietern ausschließt; a.A. *Wagner*, ZD 2018, 307 (311 f.), der eine gemeinsame Verantwortlichkeit zwischen privaten Nutzern und kommerziell tätigen Plattformanbietern weitreichend annimmt und stattdessen für Freistellungen hinsichtlich der Erfüllung datenschutzrechtlicher Pflichten plädiert.

[1395] Dazu Kap. D. 6.) a.) bb.) (4.).

[1396] Siehe dazu auch *Lee/Cross*, MMR 2019, 559 (562).

[1397] Ebenfalls auf die Problematik hinweisend *Lee/Cross*, MMR 2019, 559 (562), wonach die Rechtslage hinsichtlich der gemeinsamen Verantwortlichkeit bei der Anwendung der von dem EuGH aufgestellten Grundsätze bislang unklar sei, wenn nicht-kommerzielle Zwecke von den beteiligten Akteuren verfolgt werden.

In der Diskussion um die Voraussetzungen des Rechtsinstituts der gemeinsamen Verantwortlichkeit und den Einfluss der EuGH-Rechtsprechung wird mitunter davon ausgegangen, dass die Erzielung eines geldwerten Profits durch gegenseitige Förderung ein generelles Kriterium darstelle, um die Begründung einer gemeinsamen Verantwortlichkeit mit nicht kommerziell agierenden Entitäten auszuschließen.[1398] Begründet wird diese Deutung mit der Argumentation, dass Anbieter-Nutzer-Verhältnisse generell von Machtasymmetrien hinsichtlich der Entscheidungsbefugnis geprägt seien und dass das Kriterium des wirtschaftlichen Wirkungszusammenhangs notwendig sei, um die nicht kommerziell agierenden Entitäten von den weitreichenden Auswirkungen einer gemeinsamen Verantwortlichkeit zu befreien und dadurch letztlich auch die Kommunikationsfreiheit des Individuums zu gewährleisten.[1399]

Gegen diese Sichtweise spricht allerdings, dass die generelle Beschränkung des Anwendungsbereichs des Rechtsinstituts der gemeinsamen Verantwortlichkeit auf kommerziell agierende Entitäten keinen direkten Niederschlag in den Vorschriften des europäischen Datenschutzrechts gefunden hat. Aus teleologischer Perspektive ist vor dem Hintergrund der Konzeption des europäischen Datenschutzrechts, das wesentlich durch die Zielsetzung der Gewährleistung eines „hohe[n] Datenschutzniveau[s]“ (siehe DSGVO-Erwägungsgrund 6 S. 5) natürlicher Personen bei der Verarbeitung ihrer personenbezogenen Daten geprägt ist,[1400] nicht ersichtlich, warum zwischen einem wirtschaftlichen Wirkungszusammenhang und Wirkungszusammenhängen mit anders gelagerten Interessanlagen unterschieden werden sollte. Für den effektiven Schutz Betroffener spielt es nur eine untergeordnete Rolle, ob die agierenden Entitäten die personenbezogenen Daten in einem wirtschaftlich konnotierten Wirkungszusammenhang verarbeiten oder davon abweichende Interessen verfolgen.

Ergänzend ist beispielhaft auf das Urteil in der Rechtssache *Zeugen Jehovas*[1401] hinzuweisen. Obwohl die Erzielung eines geldwerten Profits durch gegenseitige Förderung zwischen der Gemeinschaft der Zeugen Jehovas und ihren als Verkündigern tätigen Mitgliedern nicht direkt erwirkt wurde, nahm der EuGH eine gemeinsame Verantwortlichkeit zwischen den Beteiligten an.[1402] Die Entscheidung verdeutlicht, dass ein positiver Wirkungszusammenhang als handlungstragende Motivation zwischen den potenziell Verantwortlichen zwar für die Begründung einer gemeinsamen Verantwortlichkeit herangezogen werden kann, dass sich dieser jedoch zugleich auch nicht auf wirtschaftliche Interessen beschränkt.[1403] Bewusst genutzte, positive

[1398] *Golland*, ZD 2020, 397 (399); *Golland*, ZD 2019, 381 (382); *Golland*, K&R 2019, 533 (535).
[1399] Vgl. *Golland*, ZD 2020, 397 (399); *Golland*, K&R 2019, 533 (535).
[1400] Siehe dazu *Monreal*, CR 2019, 797 (799).
[1401] EuGH [GK], Rs. C-25/17, ECLI:EU:C:2018:551 – *Zeugen Jehovas*.
[1402] EuGH [GK], Rs. C-25/17, *Zeugen Jehovas*, ECLI:EU:C:2018:551 Rn. 70 ff.
[1403] Vgl. *Martini*, in: Paal/Pauly, DS-GVO/BDSG, 3. Aufl. 2021, Art. 26 Rn. 19b.

Wirkungs- und Bedingungszusammenhänge entstehen auch bei Zwecksetzungen nicht-kommerzieller Art. Eine generelle Beschränkung des Anwendungsbereichs des Rechtsinstituts der gemeinsamen Verantwortlichkeit auf wirtschaftlich tätige Entitäten ist daher nicht geboten.

b.) Die Mittelgrundlage in der EuGH-Rechtsprechung

Für die Begründung einer gemeinsamen Verantwortlichkeit ist es erforderlich, dass die tatsächliche Einflussnahme die derselben Verarbeitung zugrunde liegenden (wesentlichen) Mittel betrifft.[1404] Die ausgeübte Einflussnahme der (potenziell) gemeinsam Verantwortlichen muss miteinander in Verbindung stehende Mittel betreffen, die sich jedenfalls teilweise decken und gegenseitig bedingen. Stehen die Mittel und deren Ausgestaltung hingegen unabhängig nebeneinander und setzen die beteiligten Akteure die Mittel nicht gleichermaßen für die Verarbeitung ein, spricht dies gegen eine gemeinsame Verantwortlichkeit.[1405]
In der Rechtssache *Wirtschaftsakademie Schleswig-Holstein* stellt die zugrundeliegende technische Infrastruktur der Fanpage samt Einstellungsmöglichkeiten das gemeinsame Mittel der Verarbeitungsvorgänge dar. Während der Anbieter weitgehend die Infrastruktur zur Verfügung stellt, nutzt der Fanpage-Betreiber dieses Angebot, um eine eigene Präsenz zu eröffnen und diese mithilfe der Einstellungsmöglichkeiten auf dessen Zielpublikum auszurichten.
In der Rechtssache *Fashion ID* stellt die Software-Komponente, die in die Webpräsenz des Einbindenden integriert wird, das gemeinsame Mittel dar. Dieser Drittinhalt wird durch den Anbieter in der von ihm konzipierten Ausgestaltung zur Verfügung gestellt und durch den Nutzer in die eigene Webpräsenz integriert. Das identische Mittel wird mit der Bereitstellung des Plugins einerseits und der Einbindung dieses Plugins andererseits eingesetzt.
In der Rechtssache *Zeugen Jehovas* betreffen die Verfahren der Mitgliederakquise die Methoden bzw. Mittel der Verarbeitung. Die Mechanismen und Vorgehensweisen zur Sammlung der Daten im Rahmen der Verkündigungstätigkeit der Mitglieder stellen den Anknüpfungspunkt des gemeinsamen Wirkens dar.
In der Rechtssache *Nacionalinis visuomenės sveikatos centras* stellt die Applikationsinfrastruktur einschließlich ihrer technischen Funktionalitäten die gemeinsame Grundlage der eingesetzten Mittel dar, während in der Rechtssache *Moniteur belge* die Verfahren zur Veröffentlichung des Amtsblattes die Methoden und Mittel der Verarbeitung im Sinne datenschutzrechtlicher Verantwortung betreffen. In der Rechtssache *IAB Europe* wiederum bildet das Transparency and Consent Framework – als technisches Instrument zur Erfassung, Speicherung und

[1404] Siehe dazu *Freund*, in: Schuster/Grützmacher, IT-Recht, Art. 26 Rn. 27.
[1405] Vgl. *Kremer*, CR 2019, 225 (227); in diesem Sinne auch *EDPB*, Guidelines 07/2020 (Version 2.1), Rn. 68.

Verarbeitung individueller Nutzerpräferenzen, insbesondere des TC-Strings – sowohl die gemeinsame Mittelgrundlage als auch den funktionalen Anknüpfungspunkt für das gemeinsame Wirken der Beteiligten.

2.) Formen verantwortlichkeitsbegründender Einflussnahme

Für den in der Rolle des datenschutzrechtlich Verantwortlichen agierenden Akteur ist es kennzeichnend, dass dieser die konkrete Ausgestaltung der Verarbeitung personenbezogener Daten aus originärem Eigeninteresse wesentlich beeinflusst und auf diese Weise zugleich auch eine Festlegung hinsichtlich der Zwecke trifft.[1406] Trotz des abstrahierenden Zweckverständnisses genügt eine gemeinsame Zweckgrundlage bzw. handlungstragende Motivation im Hinblick auf eine Datenverarbeitung für sich genommen nicht aus, um eine (gemeinsame) Verantwortlichkeit zu begründen. Um in die Verantwortlichenstellung einzutreten, muss die handlungstragende Motivation ihre Entsprechung in der faktischen Fähigkeit finden, die konkrete Datenverarbeitung, einschließlich der der Verarbeitung zugrunde liegenden wesentlichen Mittel, auch operativ zu beeinflussen.[1407]

Der Vergleich der bisher ergangenen Urteile zur Verantwortlichenstellung im europäischen Datenschutzrecht offenbart, dass der EuGH die (gemeinsame) Festlegung der Zwecke und Mittel und damit auch die Rolle des datenschutzrechtlich Verantwortlichen aus jeweils sehr unterschiedlichen Einflussnahmemöglichkeiten der beteiligten Akteure ableitet. Mit Blick auf die verschiedenen Fallgestaltungen muss jeweils beurteilt werden, ob das Ausmaß der tatsächlichen Einflussnahme auf die Verarbeitung personenbezogener Daten auch faktisch so signifikant ist, dass ein Agieren in der Rolle des Verantwortlichen gerechtfertigt ist.

a.) Einflussnahme durch die Akzeptanz oder Billigung vorgegebener Schlüsselelemente

Durch die Aussagen in der Rechtsache *Fashion ID*, wonach der Onlinehändler durch die Einbindung der Software-Komponente in die eigene Webpräsenz „zumindest stillschweigend in das Erheben personenbezogener Daten der Besucher ihrer Website und deren Weitergabe durch Übermittlung [an Facebook] eingewilligt“ [1408] habe, vermittelt der EuGH den Eindruck, dass es für die (gemeinsame) Festlegung der Schlüsselelemente einer Verarbeitung bereits ausreichen könne, sich mit der Verarbeitung durch einen anderen Akteur stillschweigend einverstanden zu

[1406] In diesem Sinne auch EuGH, Rs. C-604/22, *IAB Europe*, ECLI:EU:C:2024:214 Rn. 57 und 68; EuGH [GK], Rs. C-683/21, *Nacionalinis visuomenės sveikatos centras*, ECLI:EU:C:2023:949 Rn. 30 f.; EuGH, Rs. C-40/17, *Fashion ID*, ECLI:EU:C:2019:629 Rn. 68; EuGH [GK], Rs. C-25/17, *Zeugen Jehovas,* ECLI:EU:C:2018:551 Rn. 68; siehe dazu *Hanloser*, ZD 2019, 458 (459).

[1407] Dazu Kap. D. III. 4.) e.) aa.) (4.) (b.).

[1408] Vgl. EuGH, Rs. C-40/17, *Fashion ID*, ECLI:EU:C:2019:629 Rn. 80.

erklären bzw. die Zielvorstellungen sowie sonstigen Vorgaben eines anderen Verantwortlichen zu akzeptieren.[1409] In ähnlicher Weise vertritt der EuGH in der Rechtssache *Nacionalinis visuomenės sveikatos centras* die Auffassung, dass die Benennung eines Akteurs in der Datenschutzerklärung eines Produkts für die datenschutzrechtliche Verantwortlichkeit relevant sein könne, sofern dieser der Nennung ausdrücklich oder stillschweigend zugestimmt hat.[1410]
Klarstellend und korrigierend ist diesbezüglich jedoch anzumerken, dass das bloße gegenseitige Akzeptieren der Zweckbestimmung einer Datenverarbeitung bzw. die bloße Akzeptanz oder Billigung fremder Zweck- und Mittelfestsetzungen für sich genommen nicht für die Begründung einer (gemeinsamen) Verantwortlichkeit ausreichen kann.[1411]
Um in der Rolle eines (Mit-)Verantwortlichen zu agieren, muss der Verarbeitung personenbezogener Daten das grundlegende Bewusstsein jedes einzelnen Akteurs über die von ihm ausgeübte Entscheidungsgewalt zugrunde liegen.[1412] Das Eigeninteresse kann, muss dabei aber nicht mit den Zielvorstellungen der anderen Parteien übereinstimmen. Auf der objektiven Ebene müssen die verfolgten Zielvorstellungen darüber hinaus auch über eine faktische Einflussnahme auf die operativen Verarbeitungsumstände (mit-)bestimmt werden können.[1413] Eine autonome Bestimmung ihrer datenschutzrechtlichen Rollen qua Deklaration steht den an der Verarbeitung beteiligten Akteuren hingegen nicht zu, da allein die tatsächliche Einflussnahme auf die Zwecke und (wesentlichen) Mittel der Verarbeitung maßgeblich ist.[1414] Eine bloß deklaratorische Begründung von Verantwortlichkeiten, etwa durch die Aufnahme in eine Datenschutzerklärung oder durch sonstige Erklärungen, ist dem Regelungssystem der DSGVO fremd und würde ein erhebliches Missbrauchspotenzial eröffnen, insbesondere durch die gezielte Verlagerung von Verantwortlichkeiten auf faktisch einflusslose Stellen.[1415]
Aufgrund des Umstandes, dass das Akzeptieren bzw. Billigen als ein passiver Akt des Hinnehmens für sich genommen keine verantwortlichkeitsbegründende Wirkung entfalten kann, können auch entsprechende Einzelbeiträge erst dann in einer (Mit-)Verantwortlichkeit münden, wenn dem sich anschließenden Akteur zusätzlich auch eine tatsächliche Entscheidungsgewalt zukommt, die sich in der Art und Weise der operativen Verarbeitung manifestiert. Liegen

[1409] Ähnlich auch *DSK*, Kurzpapier Nr. 16, S. 3; *Freund*, in: Schuster/Grützmacher, IT-Recht, Art. 26 Rn. 27; *Hoffmann/Schmidt*, GRUR 2021, 679 (683); *Borges*, in: Borges/Hilber, BeckOK IT-Recht, 18. Edition Stand: 01.04.2025, Art. 26 DSGVO Rn. 15, wonach auch ein Hinnehmen oder Dulden tatbestandlich sein könne.
[1410] EuGH [GK], Rs. C-683/21, *Nacionalinis visuomenės sveikatos centras*, ECLI:EU:C:2023:949 Rn. 34.
[1411] Vgl. *Scheja/Reibach/Reichert*, in: Leupold/Wiebe/Glossner, IT-Recht, Teil 6.6 Rn. 238; *Janicki*, FS Taeger 2020, S. 208; *Schneider*, ZD 2024, 214; *Marosi*, (Gem-)Einsame Verantwortlichkeit im Datenschutzrecht, S. 238; *Kosmider*, Die Verantwortlichkeit im Datenschutz, S. 47 f.; a.A. wohl *Hoffmann/Schmidt*, GRUR 2021, 679 (683); missverständlich das Beispiel „Analysis of health data" *EDPB*, Guidelines 07/2020 (Version 2.1), Rn. 68.
[1412] Siehe dazu Kap. D. II. 6.) b.) cc.) (3.).
[1413] Vgl. *Hiller*, PharmR 2020, 589 (592).
[1414] *Schneider*, ZD 2024, 214.
[1415] Vgl. *Schneider*, ZD 2024, 214, der in diesem Zusammenhang von „Strohmännern" spricht.

Datenverarbeitungen hingegen derart ausgeprägt im Einflussbereich eines anderen Akteurs, dass ein eigener Gestaltungsspielraum und eine eigene Zwecksetzungsmacht nicht mehr ableitbar sind, scheidet eine Verantwortlichkeitsbegründung aufseiten des bloß akzeptierenden Akteurs aus. Auch jegliche anderen Formen des zwangsweisen Hinnehmens fremder Zwecksetzungen sowie sonstiger Vorgaben, wie sie in ausgeprägten Abhängigkeitsverhältnissen häufig vorzufinden sind, können nicht genügen, um die Relevanzschwelle einer (Teil-)Entscheidung zu überschreiten.[1416]

Einer einseitig konzipierten Verarbeitung (stillschweigend) zuzustimmen, diese zu akzeptieren oder gutzuheißen, kann deshalb in der Zusammenschau zwar Ausdruck der subjektiven Komponente sein, die die handlungstragende Motivation von Mitverantwortlichen widerspiegelt,[1417] jedoch erwächst eine Eigenverantwortlichkeit erst dann, wenn die subjektive Komponente auch durch ein objektives Element ergänzt wird, welches eine eigene Entscheidungsgewalt erfordert.[1418] Abweichende Interpretationsansätze, wonach es für die Verantwortlichkeitsbegründung bereits genüge, sich den von einem anderen Verantwortlichen festgelegten Zwecken und Mitteln anzuschließen bzw. diese zu akzeptieren,[1419] sind vor diesem Hintergrund kritisch zu sehen.[1420]

Angesichts dieser konzeptionellen Zusammenhänge erweist sich auch die Erwägung in der Rechtssache *Nacionalinis visuomenės sveikatos centras*, wonach eine Verantwortlichkeit erst dann entfalle, wenn das NZÖG „vor der Bereitstellung [der App] ausdrücklich widersprochen hat“[1421], als dogmatisch problematisch.

Legte man diese Aussage wörtlich aus, implizierte sie, dass der Hersteller oder Anbieter eines datenverarbeitenden Produkts stets aktiv widersprechen müsste, um nicht in der Rolle eines Verantwortlichen zu agieren. Eine solche Auslegung steht jedoch in einem grundsätzlichen

1416 Vgl. *Janicki,* FS Taeger 2020, S. 209.

1417 Siehe unter Verweis auf die EuGH-Rechtsprechung *Lang*, in: Taeger/Gabel, DSGVO/BDSG/TTDSG, 4. Aufl. 2022, Art. 26 Rn. 60, wonach für die Bestätigung des subjektiven Elements jedes aktive Tun ausreichend sei, durch welches ersichtlich wird, dass die Zwecksetzungen der jeweils anderen Partei im Grundsatz bekannt sind und von ihr hingenommen werden, worunter auch die Akzeptanz von Nutzungsbedingungen oder die willentliche Inanspruchnahme bereitgestellter IT-Infrastruktur fallen könne.

1418 In diesem Sinne auch *Lurtz/Schindler,* VuR 2019, 471 (474 f.); *Schneider*, ZD 2024, 214; *Kartheuser/Nabulsi*, MMR 2018, 717 (719), die anzweifeln, ob bei einer bloßen Zustimmung zu den vollständig durch eine andere Vertragspartei eingeführten Zwecken und Mitteln der Datenverarbeitung tatsächlich von einem „Bestimmen“ ausgegangen werden kann; kritisch zur EuGH-Rechtsprechung *Kollmar*, NVwZ 2019, 1740 (1741), wonach der Rückgriff auf eine stillschweigende Einwilligung unnötig und konstruiert wirke.

1419 Siehe *DSK*, Kurzpapier Nr. 16, S. 2 f.

1420 In diesem Sinne auch *Freund*, in: Schuster/Grützmacher, IT-Recht, Art. 26 Rn. 30, wonach die Ausführungen der *DSK* einschränkend verstanden werden müssen; ähnlich *Rothkegel/Strassemeyer*, CRi 2019, 161 (167 f.).

1421 EuGH [GK], Rs. C-683/21, *Nacionalinis visuomenės sveikatos centras*, ECLI:EU:C:2023:949 Rn. 37.

Spannungsverhältnis zu Art. 4 Nr. 7 DSGVO, der eine aktive Entscheidung über Zwecke und Mittel der Verarbeitung als konstitutives Element der Verantwortlichkeit voraussetzt.[1422]
Fehlt es an der subjektiven oder objektiven Tatbestandskomponente, entsteht eine datenschutzrechtliche Verantwortlichkeit bereits dem Grunde nach nicht. Ein bloß zufälliges oder unbeabsichtigtes Inverkehrbringen eines datenverarbeitenden Produkts erfüllt die tatbestandlichen Voraussetzungen in der Regel schon deshalb nicht, da es an einem willensgetragenen Steuerungsakt im Sinne einer aktiven Entscheidung über die Datenverarbeitung fehlt.[1423]

b.) Einflussnahme durch das Setzen einer abstrakten Vorbedingung

Bezogen auf die Fähigkeit zur Einflussnahme auf die Erhebung und Übermittlung personenbezogener Daten stellt der EuGH in der Rechtssache *Wirtschaftsakademie Schleswig-Holstein* zentral darauf ab, dass der Betreiber einer Fanpage durch die Einrichtung und den Betrieb der Seite eine notwendige Voraussetzung für die Verarbeitung der personenbezogener Daten von Dritten durch Facebook gesetzt habe.[1424] Dieser abstrakten und zeitlich vorgelagerten Entscheidung die Cookie-Setzung durch einen Dritten zu ermöglichen bzw. dies zu unterlassen, misst der EuGH eine maßgebliche Bedeutung zu. Im Hinblick auf die Begründung einer (Mit-)Verantwortlichkeit für die erste Verarbeitungsphase fußt die Argumentation des Gerichtshofs wesentlich darauf, dass der Betreiber durch die Entscheidung eine Fanpage einzurichten und damit eine neue „Datenquelle" für Facebook zu schaffen, über die Schlüsselelemente der Datenverarbeitung mitentschieden habe.[1425]
Unter Berücksichtigung der konzeptionellen Grundsätze des europäischen Datenschutzrechts stößt dieser extensive Begründungsansatz jedoch auf gewichtige Einwände.[1426] Es ist insbesondere zweifelhaft, ob Ermöglichungshandlungen überhaupt den gegenständlichen Anknüpfungspunkt der Verantwortlichkeit setzen können. Gegen eine solche Annahme spricht, dass der direkte, gegenständliche Anknüpfungspunkt für die Verantwortlichkeitszuordnung, wie auch für die Bestimmung des anwendbaren Rechts,[1427] stets der einzelne datenschutzrelevante Verarbeitungsvorgang ist,[1428] der in dem bloßen Setzen einer abstrakten Vorbedingung gerade noch

---

1422 Vgl. *Schneider*, ZD 2024, 214 (215).
1423 Vgl. *Schneider*, ZD 2024, 214 (215).
1424 EuGH [GK], Rs. C-210/16, *ULD Schleswig-Holstein/Wirtschaftsakademie Schleswig-Holstein*, ECLI:EU:C:2018:388 Rn. 34 f.; zustimmend *Bergt*, ITRB, 2018, 151 (152).
1425 Vgl. dazu *Hiller*, PharmR 2020, 589 (590); siehe auch *Marosi*, (Gem-)Einsame Verantwortlichkeit im Datenschutzrecht, S. 282 f.
1426 Kritisch auch *Scheja/Reibach/Reichert*, in: Leupold/Wiebe/Glossner, IT-Recht, Teil 6.6 Rn. 237; *Janicki*, FS Taeger 2020, S. 208; *Lee/Cross*, MMR 2019, 559 (561).
1427 Siehe dazu in Bezug auf die DSRL EuGH, Rs. C-345/17, *Buivids*, ECLI:EU:C:2019:122 Rn. 36.
1428 Dazu Kap. D. II. 6.) b.) ee.).

nicht besteht.[1429] Der Begriff der „Ermöglichung“ beschreibt für sich genommen gerade noch keinen konkreten Verarbeitungsvorgang.[1430]

Für die Verantwortlichkeitsbegründung bedarf es stattdessen eines steuernden Beitrages auf die konkrete Verarbeitung. Dieser Beitrag liegt in der Regel nur dann vor, wenn die beteiligten Entitäten im Wesentlichen gleichrangig und auf der Basis einer gleichgerichteten Interessenlage ihren Einfluss ausüben. Weil durch das Setzen einer notwendigen Vorbedingung nicht auch automatisch auf die Schlüsselelemente der konkreten, ermöglichten Datenverarbeitung eingewirkt werden kann, stellen isolierte Ermöglichungshandlungen keinen geeigneten Anknüpfungspunkt dar. Im Kontext abstrakter Ermöglichungshandlungen ist eine selbstbestimmte Entscheidung über die Schlüsselelemente der ermöglichten Verarbeitung daher kaum zu begründen.

Auch durch das bloße Eröffnen und Betreiben eines Nutzerprofils wird der notwendige operative Einfluss auf bestimmte Verarbeitungsverfahren und Datensätze in der Regel nicht vorliegen. Die Art und Weise der Cookie-Setzung obliegt dem Netzwerkanbieter. Wegen des mangelnden operativen Einflusses auf die ermöglichte Verarbeitung findet eine etwaige handlungstragende Motivation keine Entsprechung auf faktischer Ebene. Aus der bloßen Mitursächlichkeit für die Verarbeitung personenbezogener Daten Dritter durch einen anderen Akteur sollte nicht automatisch eine (Mit-)Verantwortung erwachsen.[1431]

Die gegenteilige Annahme, wonach bereits die bloße Einrichtung einer Fanpage auf Facebook von Seiten ihres Betreibers eine verantwortlichkeitsbegründende Parametrierung impliziere,[1432] ist mit diesen Grundsätzen kaum in Einklang zu bringen. Auch der EuGH betrachtet die Ermöglichungshandlung nicht isoliert, sondern berücksichtigt ergänzend die Einstellungsmöglichkeiten bestimmter Filter anhand derer festgestellt werden kann, nach welchen Kriterien die Insight-Statistiken erstellt werden sollen.[1433] Wenngleich der EuGH im Rahmen seiner holistischen Betrachtung auch auf die Möglichkeit zur technischen Konfiguration verweist und damit die Ermöglichungshandlung mit einem gewissen Input bezüglich der Verarbeitungsverfahren verknüpft, ist das Urteil dahingehend zu kritisieren, dass es nicht hinreichend verdeutlicht, dass

---

[1429] In diesem Sinne auch *Rothkegel/Strassemeyer*, CRi 2019, 161 (167); missverständlich *Böllhoff/Rataj*, WRP 2019, 1536 (1537), die anscheinend auch das „Hinführen“ zu einer Datenverarbeitung als gegenständlichen Anknüpfungspunkt in Betracht ziehen.

[1430] Kritisch zum Begriff der Ermöglichung auch Schlussanträge GA *Bobek*, Rs. C-40/17, *Fashion ID*, ECLI:EU:C:2018:1039 Rn. 74 und 102, der die Verantwortlichkeit der Parteien bezogen auf die Beteiligung bei dem jeweiligen Vorgang prüft; siehe dazu auch *Lee/Cross*, MMR 2019, 559 (561).

[1431] Vgl. *Golland*, Datenverarbeitung in sozialen Netzwerken, S. 124; i.E. auch *Spoerr*, in: Wolff/Brink/v. Ungern-Sternberg, BeckOK Datenschutzrecht, 52. Edition Stand: 01.05.2025, Art. 26 Rn. 74.

[1432] In diesem Sinne OVG Schleswig, ZD 2022, 344 (Rn. 144 f.) unter Verweis auf EuGH [GK], Rs. C-210/16, *ULD Schleswig-Holstein/Wirtschaftsakademie Schleswig-Holstein*, ECLI:EU:C:2018:388 Rn. 36.

[1433] EuGH [GK], Rs. C-210/16, *ULD Schleswig-Holstein/Wirtschaftsakademie Schleswig-Holstein*, ECLI:EU:C:2018:388 Rn. 36.

isolierte Ermöglichungshandlungen auch hinsichtlich der ersten Verarbeitungsphase nicht verantwortlichkeitsbegründend wirken. Das durch den EuGH vorgebrachte Kriterium der Ermöglichung einer fremden Datenverarbeitung ist wegen seiner Überinklusivität im Grundsatz sehr kritisch zu bewerten.[1434] Die unpräzise Argumentationsstruktur des EuGH hinterlässt Rechtsunsicherheiten und bedingt Fehlinterpretationen.

Besonders kritisch ist insoweit die unter dem Einfluss der EuGH-Rechtsprechung getätigte Aussage des BVerwG zu bewerten, wonach der Begriff des datenschutzrechtlich Verantwortlichen dahingehend zu verstehen sei, dass er auch Entitäten erfasse, die anderen die Gelegenheit der Datenverarbeitung einräumen, ohne selbst damit befasst zu sein.[1435] Weil durch das bloße Setzen einer notwendigen, weitgehend abstrakten und von der konkreten Datenverarbeitung losgelösten Vorbedingung eine (Mit-)Verantwortung nicht nachvollziehbar begründet werden kann, überdehnt ein derart weites Verständnis den datenschutzrechtlichen Verantwortlichkeitstatbestand. In ähnlicher Weise wurde das EuGH-Urteil zuletzt auch durch das OVG Schleswig interpretiert. Nach Ansicht des Gerichts könne bereits aus isolierten Ermöglichungshandlungen eine (Mit-)Verantwortlichkeit für die ermöglichten Vorgänge erwachsen.[1436] Auf die Fähigkeit, die Art und Weise einer konkreten Verarbeitung operativ beeinflussen zu können, wird als Begründungselement verzichtet.

Ein derart extensives und an Kategorien der Störerhaftung[1437] angelehntes Verständnis dehnt den Anwendungsbereich des Rechtsinstituts der gemeinsamen Verantwortlichkeit auf nahezu sämtliche Konstellationen des kooperativen Zusammenwirkens aus, lässt Machtasymmetrien zwischen den Beteiligten weitestgehend unberücksichtigt und erschwert die Abgrenzung zur getrennten Verantwortlichkeit erheblich. Die praxisrelevante Folge des uferlosen Verantwortlichkeitsverständnisses wäre ein mit dem Sinn des Datenschutzrechts kaum zu vereinbarendes, übermäßiges Anwachsen der Anzahl möglicher Verantwortlicher.[1438] Entgegen der ausdrücklichen Erklärung des EuGH in der Rechtssache *Wirtschaftsakademie Schleswig-Holstein*[1439] würden auch normale Nutzer von Online-Anwendungen, wie sozialen Netzwerken oder sonstigen interaktiven Plattformen, alleine wegen des Setzens einer notwendigen Vorbedingung für die sich anschließenden Verarbeitungen durch den Anbieter in den Fokus der (gemeinsamen)

[1434] Siehe dazu auch *Hacker*, Datenprivatrecht, S. 134.
[1435] BVerwG, NJW 2020, 414 (Rn. 20).
[1436] Vgl. OVG Schleswig, ZD 2022, 344 (Rn. 144 f.).
[1437] Siehe zur sog. „Störerhaftung" *Wagner*, in: MünchKomm-BGB, 9. Aufl. 2024, § 823 Rn. 967-976; siehe ferner Kap. G. IV. 1.).
[1438] Darauf hinweisend *Hacker*, MMR 2018, 779 (779 f.); *Janicki*, FS Taeger 2020, S. 208.
[1439] EuGH [GK], Rs. C-210/16, *ULD Schleswig-Holstein/Wirtschaftsakademie Schleswig-Holstein*, ECLI:EU:C:2018:388 Rn. 35.

Verantwortlichkeit geraten.[1440] Letztlich könnte dies sogar mitursächliche Betreiber sonstiger Infrastruktur, wie etwa den Internetdiensteanbieter, der die Datenverarbeitung erst ermöglicht, weil er den Zugang zum Internet gewährt, betreffen.[1441]

c.) Einflussnahme durch technische Konfiguration

In der Rechtssache *Wirtschaftsakademie Schleswig-Holstein* beschränkt der EuGH die (Mit-)Verantwortung des Fanpage-Betreibers nicht auf die Vorgänge der Erhebung und Übermittlung, sondern erstreckt diese auch auf zeitlich und räumlich nachgelagerte Verarbeitungsvorgänge. Die (Mit-)Verantwortung des Fanpage-Betreibers für die im primären Einflussbereich einer anderen Entität ablaufenden Verarbeitungsvorgänge stützt der EuGH primär auf die Möglichkeit zur „Parametrierung“[1442]. In argumentativ vergleichbarer Weise betont der EuGH auch in der Rechtssache *Nacionalinis visuomenės sveikatos centras* die Möglichkeit des NZÖG, Einfluss auf die „Parameter“ der mobilen Anwendung zu nehmen und leitet daraus erneut eine datenschutzrechtliche Mitverantwortlichkeit ab, die in den Einflussbereich von ITSS, dem für Entwicklung und Verbreitung der Anwendung zuständigen Unternehmen, hineinwirke.[1443]
Den vom EuGH in der Rechtssache *Wirtschaftsakademie Schleswig-Holstein* zugrunde gelegten Sachverhaltsannahmen folgend sei es dem Betreiber einer Fanpage möglich, durch das Setzen von Parametern bestimmte Teile der Standardsoftware zu aktivieren bzw. zu deaktivieren. Konkret leitet der EuGH die Möglichkeit zur technischen Einflussnahme auf nachgelagerte Datenverarbeitungsvorgänge aus der beeinflussbaren Nutzungsanalyse ab.[1444] Der Fanpage-Betreiber kann in seinem Facebook-Account die sog. „Insights-Daten“ sehen. Dabei handelt es sich um eine statistische Auswertung, die keine direkten Rückschlüsse auf einen konkreten Nutzer ermöglicht. Nach Ansicht des EuGH habe der Betreiber die Möglichkeit, die Analyseparameter der statistischen Auswertung über die Besucher der jeweiligen Fanpage in gewissem Maße selbst zu konfigurieren.
Über die durch Facebook zur Verfügung gestellten Filter könne der Betreiber die Kriterien festgelegen, anhand derer die Nutzungsanalyse für den Betreiber der Fanpage erstellt werden soll.

[1440] Dies bereits anmahnend Schlussanträge GA *Bobek*, Rs. C-40/17, *Fashion ID*, ECLI:EU:C:2018:1039 Rn. 73.
[1441] *Hacker*, Datenprivatrecht, S. 134; *Hacker*, MMR 2018, 779 (779 f.); Schlussanträge GA *Bobek*, Rs. C-40/17, *Fashion ID*, ECLI:EU:C:2018:1039 Rn. 74 f.
[1442] Vgl. EuGH [GK], Rs. C-210/16, *ULD Schleswig-Holstein/Wirtschaftsakademie Schleswig-Holstein*, ECLI:EU:C:2018:388 Rn. 36 und 39; siehe dazu *Scheja*, FS Taeger 2020, S. 424; zu den Möglichkeiten der Parametrierung beim Like-Button *Hacker*, MMR 2018, 779 (780); ähnliche Argumentation in EuGH [GK], Rs. C-683/21, *Nacionalinis visuomenės sveikatos centras*, ECLI:EU:C:2023:949 Rn. 32, wonach die „Parameter“ der mobilen Anwendung an die Bedürfnisse des NZÖG angepasst worden seien.
[1443] EuGH [GK], Rs. C-683/21, *Nacionalinis visuomenės sveikatos centras*, ECLI:EU:C:2023:949 Rn. 32.
[1444] EuGH [GK], Rs. C-210/16, *ULD Schleswig-Holstein/Wirtschaftsakademie Schleswig-Holstein*, ECLI:EU:C:2018:388 Rn. 36 f.

Die Freiheit zur technische Konfiguration erstrecke sich auch darauf, die Kategorien von Personen zu bezeichnen, deren personenbezogene Daten von Facebook ausgewertet werden sollen.[1445] Trotz dessen die Kontrolle über die Datenverarbeitungen in technischer und organisatorischer Hinsicht vornehmlich bei den Betreibern der jeweiligen Netzwerke liegt,[1446] könne der Fanpage-Betreiber über diese technischen Konfigurationsmöglichkeiten der der Verarbeitung zugrundeliegenden Technologie einen eigenen Einfluss auf die Verarbeitung und Auswertung der Nutzerdaten durch Facebook nehmen und so zur Verletzung der Rechte und Freiheiten der betroffenen Personen beitragen.[1447]

Die Aussagen des EuGH verdeutlichen, dass durch die technische Ausgestaltung der Verarbeitungsmittel die Determinierung eines gewissen Rahmens der Datenverarbeitung erfolgen kann, der sich auch auf zeitlich nachgelagerte Glieder einer Verarbeitungskette erstrecken kann. Ausweislich der durch den EuGH als gegeben angenommen Tatsachen ist die konkrete Datenverarbeitung in der Art und Weise ihrer Ausgestaltung (auch) von dem Willen des Fanpage-Betreibers abhängig.[1448] Die Einflussnahme erfolgt wiederum aus originärem Eigeninteresse des Fanpage-Betreibers, das wirtschaftlich geprägt ist und den Erhalt von Statistiken erfasst, um die Förderung der eigenen Tätigkeit zu verwalten.[1449] Weil die handlungstragende Motivation des Fanpage-Betreibers ihre Entsprechung in der faktischen Fähigkeit findet, die konkrete Datenverarbeitung auch operativ zu beeinflussen, kann die Festlegung der Schlüsselelemente plausibel begründet werden. Die Einflussnahme über technische Konfigurationen begründet dabei den zentralen Anknüpfungspunkt für die (Mit-)Verantwortung.[1450]

Im Zusammenhang mit der Rechtssache *Wirtschaftsakademie Schleswig-Holstein* ist es folglich unpräzise, von einer reinen Ermöglichungshandlung als Anknüpfungspunkt für die gesamte

---

[1445] EuGH [GK], Rs. C-210/16, *ULD Schleswig-Holstein/Wirtschaftsakademie Schleswig-Holstein,* ECLI:EU:C:2018:388 Rn. 36; die Bedeutung der Festlegung der Kategorien betroffener Personen hervorhebend *Radtke*, Gemeinsame Verantwortlichkeit unter der DSGVO, S. 127; a.A. OVG Schleswig-Holstein, Urt. v. 25.11.2021, Az. 4 LB 20/13, ECLI:DE:OVGSH:2021:1125.4LB20.13.00 Rn. 152, das darauf verweist, dass der EuGH im Hinblick auf die Möglichkeiten zur technischen Konfigurationsmöglichkeiten von unzutreffenden Tatsachen ausgegangen sei.

[1446] Siehe dazu *Golland*, Datenverarbeitung in sozialen Netzwerken, S. 124.

[1447] Vgl. EuGH [GK], Rs. C-210/16, *ULD Schleswig-Holstein/Wirtschaftsakademie Schleswig-Holstein,* ECLI:EU:C:2018:388 Rn. 36 und 39; siehe dazu auch *Moos/Rothkegel*, MMR 2018, 596 (598), wonach über die technische Parametrierung mittelbar auch auf den übergeordneten Anbieter eingewirkt werde, welche Daten von welchen Nutzern verarbeitet werden sollen.

[1448] Vgl. *Scheja,* FS Taeger 2020, S. 421; sehr kritisch hingegen *Klein*, IWRZ, 224 (226) m.w.N.

[1449] EuGH [GK], Rs. C-210/16, *ULD Schleswig-Holstein/Wirtschaftsakademie Schleswig-Holstein,* ECLI:EU:C:2018:388 Rn. 34.

[1450] Vgl. *Hacker*, Datenprivatrecht, S. 134, *Hacker,* MMR 2018, 779 (780), der zutreffend darauf verweist, dass die bloße Nutzung von Benutzerstatistiken zu eigenen Zwecken keine (Mit-)Verantwortlichkeit begründen kann; *Härting*, ITRB 2018, 167 (168); missverständlich *Scheja,* FS Taeger 2020, S. 421, der die Entscheidung des Fanpage-Betreibers über das „Wie" der Verarbeitung aus der Akzeptanz der Nutzungsbedingungen von Facebook ableitet; a.A. OVG Schleswig-Holstein, Urt. v. 25.11.2021, Az. 4 LB 20/13, ECLI:DE:OVGSH:2021:1125.4LB20.13.00 Rn. 152.

datenschutzrechtliche Verantwortlichkeit zu sprechen. Durch die technischen Konfigurationen werden die Datenverarbeitungsvorgänge nicht nur ermöglicht, sondern selbst direkt und im Eigeninteresse beeinflusst. In der Entscheidung kann insoweit nachvollziehbar auf den operativen Einflussspielraum des Fanpage-Betreibers abgestellt werden.[1451]

d.) Einflussnahme durch organisatorische Konfiguration

In der Konturierung des datenschutzrechtlichen Verantwortlichkeitskonzepts beschränkt der EuGH die Formen der verantwortlichkeitsbegründenden Einflussnahme nicht allein auf technische Parametrierungen bzw. Konfigurationen, sondern überträgt und erweitert diesen Begründungsansatz in der Rechtssache *Zeugen Jehovas* auch erstmals auf Sachverhalte, in denen sich die Einflussnahme eines Akteurs auf Organisations- bzw. Koordinierungshandlungen beschränkt, die die konkret durchgeführte Datenverarbeitung anleiten. Die (Mit-)Verantwortlichkeit der Gemeinschaft der Zeugen Jehovas begründet der EuGH ausdrücklich mit dem Argument, dass die Gemeinschaft die Verkündigungstätigkeit der Mitglieder zentral organisiert, koordiniert und zu dieser ermuntert habe.[1452] Als strukturierendes Element wird auf die Anleitungen verwiesen, die die Gemeinschaft der Zeugen Jehovas ihren Mitgliedern für die Datenverarbeitung bei der Verkündigungstätigkeit zur Verfügung gestellt hatte.[1453] Ausgehend von diesen Anleitungen erstellten die einzelnen Mitglieder im Wege ihrer Verkündigungstätigkeit Notizen als Gedächtnisstütze, in denen personenbezogene Daten enthalten sein konnten.[1454]
Speziell der Umstand, dass die Gemeinschaft den Aktionsradius der einzelnen Verkündiger festgelegt habe und damit die Reichweite der Verarbeitung durch einzelne Mitglieder beeinflusst habe,[1455] ähnelt der Argumentation, mit welcher der EuGH die (Mit-)Verantwortlichkeit der Anbieter von Facebook-Fanpages bejaht hatte.[1456] Zugleich unterscheiden sich die Argumentationslinien dahingehend, dass die technische Parametrierung eine direktere Form der Einflussnahme darstellt, während die steuernde Beeinflussung der Schlüsselelemente einer Verarbeitung durch organisatorische bzw. koordinatorische Beiträge nur mittelbar wirkt. Wirken sich die strategischen Planungs- und Strukturierungshandlungen jedoch faktisch auf die tatsächlich

---

1451 Vgl. *Scheja/Reibach/Reichert*, in: Leupold/Wiebe/Glossner, IT-Recht, Teil 6.6 Rn. 237; zustimmend *Hacker*, Datenprivatrecht, S. 135; *Hacker*, MMR 2018, 779 (780).

1452 EuGH [GK], Rs. C-25/17, *Zeugen Jehovas*, ECLI:EU:C:2018:551 Rn. 70; ähnliches Argumentationsmuster in EuGH [GK], Rs. C-683/21, Nacionalinis visuomenės sveikatos centras, ECLI:EU:C:2023:949 Rn. 32, wonach das NZÖG auch durch organisatorische Vorgaben im Kontext der Beauftragung das datenschutzrechtlich relevante Verhalten der beauftragten Stelle maßgeblich beeinflusst habe.

1453 EuGH [GK], Rs. C-25/17, *Zeugen Jehovas*, ECLI:EU:C:2018:551 Rn. 16 und 22.

1454 EuGH [GK], Rs. C-25/17, *Zeugen Jehovas*, ECLI:EU:C:2018:551 Rn. 15.

1455 EuGH [GK], Rs. C-25/17, *Zeugen Jehovas*, ECLI:EU:C:2018:551 Rn. 24.

1456 Vgl. *Petri*, EuZW 2018, 902 (903); ähnlich bereits EuGH [GK], Rs. C-210/16, *ULD Schleswig-Holstein/Wirtschaftsakademie Schleswig-Holstein*, ECLI:EU:C:2018:388 Rn. 36 f.

stattfindenden Verarbeitungsvorgänge aus, ist auch eine (Mit-)Verantwortlichkeit des die Verarbeitung organisierenden und koordinierenden Akteurs im Grundsatz nachvollziehbar.

Im konkreten Fall begründen die Ausführungen des EuGH jedoch gewichtige Zweifel an dem Vorliegen einer (gemeinsamen) Verantwortlichkeit zwischen der Gemeinschaft und ihren verkündenden Mitgliedern. Um eine (Mit-)Verantwortlichkeit der Gemeinschaft begründen zu können, muss diese auch tatsächlich die Schlüsselelemente der konkreten Datenverarbeitung aus Eigeninteresse wesentlich beeinflussen können. Wenngleich für das Vorliegen eines faktischen Einflusses zunächst die Aussagen des in dem Verfahren beteiligten Datenschutzbeauftragten sprechen, wonach es der Gemeinschaft durch die Vorgabe von Anleitungen auch tatsächlich möglich gewesen sei, die Methoden der Datenverarbeitung zu bestimmen und diese Verarbeitung zu verbieten oder einzuschränken,[1457] erzeugt der Sachverhalt auch gewichtige Zweifel an dem operativen Einfluss der Gemeinschaft.

Dem Umstand geschuldet, dass die Gemeinschaft final gar nicht darüber bestimmt, ob die Aufzeichnungen in Form von Gedächtnisstützen im Rahmen der Verkündigungstätigkeit der Mitglieder überhaupt erstellt werden, fällt es schwer, eine letztgültige Entscheidung über die Schlüsselelemente der Verarbeitung anzunehmen. Das „Ob" und das „Wie" des Erstellens von Notizen hängt wesentlich vom Willen und dem Ermessen der Verkündiger ab.[1458]

Letzten Endes werden für die Annahme einer (Mit-)Verantwortlichkeit Indizien als ausreichend erachtet, die darauf hindeuten, dass die Glaubensgemeinschaft dazu in der Lage ist, einen tatsächlichen Einfluss auf die Erhebung und Weiterverarbeitung der personenbezogenen Daten auszuüben.[1459] Trotz der insofern geringen Tatbeiträge in Vorbereitung auf die nachgelagerte Datenverarbeitung durch die verkündenden Mitglieder leitet der EuGH eine (Mit-)Verantwortlichkeit der Gemeinschaft ab.[1460]

Allgemein wird es schwerfallen, darzulegen, dass der potenziell Verantwortliche die Mittel der Verarbeitung verbindlich beeinflussen kann und einen maßgeblichen Einfluss auf die Datenverarbeitungstechnik und die insoweit bestehenden technischen und organisatorischen Maßnahmen besitzt.[1461] Die Hauptkritik an der Rechtsprechung des EuGH betrifft dementsprechend

[1457] EuGH [GK], Rs. C-25/17, *Zeugen Jehovas,* ECLI:EU:C:2018:551 Rn. 22.
[1458] *Scheja,* FS Taeger 2020, S. 420 f.
[1459] In diesem Sinne bereits Schlussanträge GA *Mengozzi*, Rs. C-25/17, *Zeugen Jehovas,* ECLI:EU:C:2018:57 Rn. 73; siehe dazu auch *Gierschmann*, ZD 2020, 69 (71).
[1460] Kritisch dazu *Scheja,* FS Taeger 2020, S. 420 f., der aus einem Vergleich zum Kriterium der Tatherrschaft ableitet, dass eine (Mit-)Verantwortlichkeit der Gemeinschaft kaum zu begründen ist.
[1461] Kritisch *Scheja/Reibach/Reichert*, in: Leupold/Wiebe/Glossner, IT-Recht, Teil 6.6 Rn. 237, wonach unter der Prämisse, dass bereits „organisierende", „koordinierende" und „ermunternde" Tätigkeiten zu Begründung einer (gemeinsamen) Verantwortlichkeit ausreichend seien, fast sämtliche Formen der kooperativen Zusammenarbeit zwischen einer datenverarbeitenden Stelle und einem Dritten in den Fokus der (gemeinsamen) Verantwortlichkeit gerieten.

nicht den Umstand, dass der EuGH auch die aus organisatorischen Vorgaben erwachsende Eigenverantwortlichkeit eines Akteurs überhaupt in Betracht zieht, sondern bezieht sich vor allem auf den Befund, dass es dem EuGH nicht gelungen ist, die Anforderungen und Grenzen eines solch weiten Tatbestandsverständnisses aufzuzeigen. Gesetzt den Fall, dass die Gemeinschaft tatsächlich nur im Hintergrund agiert, ohne die konkrete Datenverarbeitung durch die verkündenden Mitglieder operativ beeinflussen zu können, wäre eine Verantwortlichkeitszuordnung kaum zu rechtfertigen. Die Gefahr einer Uferlosigkeit des Tatbestandes droht noch virulenter zu werden, wenn bereits hintergründige Organisations- und Koordinationsaufgaben als ausreichend erachtet werden.[1462] Das Wesen nahezu jedes Kooperationsverhältnisses besteht in einer gewissen gegenseitigen Organisation, Koordinierung und Ermunterung.[1463]

e.) Einflussnahme durch Auslösung eines bestimmten Verarbeitungsvorgangs

In der Urteilsbegründung zu der Rechtssache *Fashion ID* stellt der EuGH bezüglich der verantwortlichkeitsbegründenden Einflussnahme darauf ab, dass das gemeinsame Mittel der Datenverarbeitung von den beteiligten Stellen dadurch festgelegt worden sei, dass Facebook mit dem „Gefällt mir“-Button ein Datenverarbeitungswerkzeug angeboten habe und der Webseitenbetreiber dieses Werkzeug in Kenntnis der damit einhergehenden Datenerhebung und Datenübermittlung an den Plugin-Betreiber eingesetzt habe.[1464] Allein durch die Implementierung des Drittinhalts habe der Webseitenbetreiber die Erhebung und Übermittlung der personenbezogenen Daten entscheidend beeinflusst.[1465] Im Mittelpunkt des für die (Mit-)Verantwortlichkeit des Webseitenbetreibers gewählten Begründungansatzes steht das Argument, dass die Einbindung des Plugins in den Code der Webseite eine notwendige Bedingung darstellt, die eine Kausalkette auslöst, ohne welche die sich anschließenden Verarbeitungsvorgänge gar nicht erfolgen würden.[1466] Der ausdrückliche Verweis des EuGH darauf, dass der Webseitenbetreiber durch die Einbindung des Plugins in seine Webseite die direkte Datenübertragung an Facebook erst ermöglicht habe,[1467] ähnelt insoweit der Argumentation, mit welcher der EuGH bereits die (Mit-)Verantwortlichkeit der Anbieter von Facebook-Fanpages in der Rechtssache *Wirtschaftsakademie Schleswig-Holstein* bejaht hatte.[1468]

[1462] Darauf hinweisend *Specht-Riemenschneider/Schneider*, MMR 2019, 503 (504).

[1463] *Scheja/Reibach/Reichert*, in: Leupold/Wiebe/Glossner, IT-Recht, Teil 6.6 Rn. 237.

[1464] EuGH, Rs. C-40/17, *Fashion ID*, ECLI:EU:C:2019:629 Rn. 77.

[1465] EuGH, Rs. C-40/17, *Fashion ID*, ECLI:EU:C:2019:629 Rn. 78.

[1466] EuGH, Rs. C-40/17, *Fashion ID*, ECLI:EU:C:2019:629 Rn. 75 und 78; in diesem Sinne bereits Schlussanträge GA *Bot*, Rs. C-210/16, *ULD Schleswig-Holstein/Wirtschaftsakademie Schleswig-Holstein,* ECLI:EU:C:2017:796 Rn. 69-72; siehe dazu *Hacker*, Datenprivatrecht, S. 136.

[1467] EuGH, Rs. C-40/17, *Fashion ID*, ECLI:EU:C:2019:629 Rn. 75.

[1468] Vgl. EuGH [GK], Rs. C-210/16, *ULD Schleswig-Holstein/Wirtschaftsakademie Schleswig-Holstein,* ECLI:EU:C:2018:388 Rn. 34 und 36 f.; siehe dazu *Hacker*, Datenprivatrecht, S. 136; ähnliches

aa.) Kritik an der Rechtsprechung des EuGH

In der Nachbesprechung des Urteils wurde zu der Begründung des EuGH überwiegend kritisch Stellung genommen. Die in der Rechtssache *Fashion ID* gewählte Argumentation stieß dabei auf vergleichbare Einwände wie sie bereits im Hinblick auf das Kriterium der „Ermöglichung“ in der Rechtssache *Wirtschaftsakademie Schleswig-Holstein* geäußert wurden.[1469] Bemängelt wurde insbesondere, dass sich den Ausführungen des EuGH keine konkreten Hinweise entnehmen ließen, wie der Webseitenbetreiber über die im Rahmen der Erhebung und Übertragung eingesetzten Verarbeitungsmittel (das „Wie“) tatsächlich mitentscheiden könne.[1470] Hinsichtlich des Mitteleinsatzes bestünde für den Webseitenbetreiber faktisch nur eine sehr geringe Wahlmöglichkeit. Der Webseitenbetreiber könne sich letztlich nur dafür entscheiden, den Einbau des Softwarecodes eines Webtracking-Dienstes in seine Webseite nach den Vorgaben des Plugin-Anbieters durchzuführen oder eine Einbindung zu unterlassen.[1471] Eine tatsächliche Mitentscheidungsgewalt über die wesentlichen Mittel und die Ausgestaltung der einzelnen Verarbeitungsphasen habe der Webseitenbetreiber hingegen nicht.[1472] Weder in Bezug auf die Auswahl und Übermittlung der Daten noch auf die spätere Weiterverarbeitung dieser Daten bei dem Anbieter des Plugins bestehe für den Webseitenbetreiber die Möglichkeit zur Ausgestaltung.[1473] Bei der Annahme, dass dem Einbindenden eine eigene Entscheidungsgewalt hinsichtlich der Erhebung und der Übertragung der personenbezogenen Daten zukomme, handele es sich im Endeffekt um eine reine Fiktion.[1474]

Auch im Zusammenhang mit Social Plugins wurde daraufhin angemerkt, dass aus dem Setzen einer notwendigen Voraussetzung nicht automatisch auf eine wesentliche Beeinflussung der Verarbeitungsmittel geschlossen werden könne. Durch die Entscheidung für die Einbindung des Plugins setze der Webseitenbetreiber lediglich die Voraussetzung (das „Ob“) für die Erhebung und Übertragung der Daten und leiste dementsprechend bloß eine abstrakte

---

Argumentationsmuster auch in EuGH, Rs. C-604/22, *IAB Europe*, ECLI:EU:C:2024:214 Rn. 62-64, wonach die Implementierung des Framework im Wesentlichen dem Ziel diene, den Handel mit Werbeflächen im Internet durch die dem IAB Europe angeschlossenen Akteure zu fördern und zu ermöglichen.

[1469] Kritisch zu der Rechtsprechung des EuGH zu der „Ermöglichung der Erhebung“ etwa *Lee/Cross*, MMR 2019, 559 (561).

[1470] Vgl. *Hacker*, Datenprivatrecht, S. 137; *Schleipfer*, CR 2019, 579 (580); *Moos/Rothkegel*, MMR 2019, 584 (585), wonach der EuGH die Sachverhaltsinformation, dass der Webseitenbetreiber schon die Auswahl der „übermittelten“ Daten nicht beeinflussen könne, ignoriert habe.

[1471] Vgl. *Schleipfer*, CR 2019, 579 (580).

[1472] Vgl. *Schleipfer*, CR 2019, 579 (580).

[1473] Vgl. *Hanloser*, ZD 2019, 122 (123).

[1474] *Schleipfer*, CR 2019, 579 (580); ähnlich auch *Hanloser*, BB 2019, Heft 34 Umschlagteil I., der aus dem Umstand, dass der EuGH im Rahmen seiner Argumentation nur sehr oberflächliche Aussagen hinsichtlich einer konkreten Mitentscheidungsgewalt über die Schlüsselelemente der Verarbeitung getätigt hatte, geschlussfolgert, dass der EuGH insgesamt auf einen gestaltenden Einfluss auf die Datenverarbeitung verzichtet habe; *Hanloser*, ZD 2019, 122 (123).

Ermöglichungshandlung.[1475] Letztlich schaffe der Anbieter auf diese Weise auch die Voraussetzung für die späteren Datenverarbeitungen durch den Plugin-Anbieter, der die Daten zur Bildung von Nutzerprofilen oder der Auswertung und Verwendung der Auswertungsergebnisse im Rahmen von Werbung nutzt.[1476] Die rein kausal geprägte Perspektive des EuGH führe dazu, dass letztlich jeder Ermöglichungsbeitrag verantwortlichkeitsbegründend wirken könnte, ohne den die fremde Verarbeitungssequenz nicht in ihrer konkreten Form stattgefunden hätte.[1477]
Die oberflächliche Argumentation des EuGH wird zusätzlich dadurch belastet, dass sich bereits aus der Vorlageentscheidung des *OLG Düsseldorf*[1478] Sachverhaltsangaben offenbarten, die durch den EuGH nicht mit der gebotenen Nachhaltigkeit gewürdigt wurden.[1479] Aus der Vorlageentscheidung ergab sich sowohl welche Arten von Daten der Browser des Nutzers an den Server des Drittanbieters zur Einbindung des Plugins sendet als auch der Umstand, dass der Webseitenbetreiber selbst keine exakte Kenntnis darüber hat, welche Informationen genau übermittelt werden.[1480]

bb.) Verbleibende Einflussnahmemöglichkeiten des Einbindenden

Der weitreichenden Kritik ist dahingehend zuzustimmen, dass der den Drittinhalt einbindende Akteur tatsächlich keinen gestaltenden Einfluss auf die eigentliche Funktionalität des technischen Systems und den Quellcode des Plugins besitzt.[1481] In Anbetracht dieser beschränkten Entscheidungsgewalt bedarf die Annahme einer verantwortlichkeitsbegründenden Einflussnahme eines gesteigerten Begründungsaufwandes. Diesem Bedürfnis ist der EuGH nur unzureichend nachgekommen.
Abseits der substanziellen Kritikpunkte an der zu ungenauen Argumentationsführung des EuGH offenbart eine differenziertere Betrachtung der Sachverhalte ferner, dass sich die Einflussmöglichkeiten der beteiligten Stellen in der Rechtssache *Wirtschaftsakademie Schleswig-Holstein* und der Rechtssache *Fashion ID* zwar ähneln, aber nicht identisch sind. Bei der Einbettung des Social Plugins in die eigene Webseite übernimmt der Webseitenbetreiber den

[1475] Vgl. *Schleipfer*, CR 2019, 579 (580).
[1476] Vgl. *Schleipfer*, CR 2019, 579 (580).
[1477] *Hanloser*, BB 2019, Heft 34 Umschlagteil I.
[1478] OLG Düsseldorf, GRUR Int. 2017, 466.
[1479] Siehe dazu *Moos/Rothkegel*, MMR 2019, 584 (585).
[1480] Vgl. EuGH, Rs. C-40/17, *Fashion ID*, ECLI:EU:C:2019:629 Rn. 26.
[1481] Vgl. *Wagner*, ZD 2018, 307 (309).

konkreten Softwarecode des Plugin-Anbieters und implementiert diesen per iframe[1482] an einer gewünschten Stelle der eigenen Webseite.[1483]

Im Gegensatz zur Rechtssache *Wirtschaftsakademie Schleswig-Holstein,* in der der bloße Betrieb einer Fanpage lediglich die notwendige und weitgehend abstrakte Vorbedingung für die Verarbeitung durch den Anbieter des sozialen Netzwerkes darstellt, oblag es dem Webseitenbetreiber in der Rechtssache *Fashion ID* einen durch den Programmcode konkretisierten und automatisiert ablaufenden Verarbeitungsvorgang bewusst selbst auszulösen.[1484] Die konkret ausgelösten und automatisiert ablaufenden Verarbeitungsvorgänge stellen den gegenständlichen Anknüpfungspunkt für die Verantwortlichkeitszuordnung dar. Der Verursachungsbeitrag des Webseitenbetreibers kann auch nicht hinweggedacht werden, ohne dass zugleich die konkret ausgelösten Verarbeitungsvorgänge entfielen.[1485] Durch das pauschale und undifferenzierte Abstellen auf einen Ermöglichungsbeitrag als verantwortlichkeitsbegründendes Kriterium wird nicht hinreichend gewürdigt, dass dem Webseitenbetreiber die konkrete Entscheidungsgewalt darüber obliegt, welchen Programmcode er wann und wo in die eigene Webpräsenz integriert. Hinsichtlich der Auswahl und der Art und Weise der Einbindung eines bestimmten Drittinhalts bestehen Entscheidungsspielräume, die auch die Ausgestaltung der Datenverarbeitung betreffen. Es steht dem Webseitenbetreiber zunächst frei, durch die Gestaltung seiner Webseite zu beeinflussen, welche Drittanbieterinhalte er überhaupt implementiert.[1486] In technischer Hinsicht gibt bereits das Plugin selbst bestimmte Parameter vor, die die Verarbeitung personenbezogenen Daten prägen.[1487]

Nachgelagert wirken die Parameter auf unterschiedliche Ziel- und Personengruppen, je nachdem, in welchem Kontext der Softwarecode implementiert wird und an wen sich die Webpräsenz richtet. Allein durch die Implementierung eines bestimmten Codes, der eine konkretisierte Verarbeitung zur Folge hat, kann der Webseitenbetreiber bestehende Entscheidungsspielräume ausfüllen und in gewissem Maße auch die Art und den Umfang der ausgelösten

[1482] Bei einem Inlineframe handelt es sich um ein HTML-Element, mit dem Fremdinhalte über ein Contentwindow in die eigene Webseite eingebunden werden können; siehe zum technischen Hintergrund *Rücker/Brandt*, in: Bräutigam/Rücker, E-Commerce, 1. Aufl. 2017, 3. Teil Kap. D Rn. 223; *Müller-Riemenschneider*, in: Bräutigam/Rücker, E-Commerce, 1. Aufl. 2017, 7. Teil Kap. E Rn. 24 ff.

[1483] Siehe zu den Problemen der Implementierung von Social Plugins auf Webseiten *Keppeler*, DB 2018, 2225 (2231); *Scheja,* FS Taeger 2020, S. 421.

[1484] Missverständlich *Böllhoff/Rataj*, WRP 2019, 1536 (1537), die für die Begründung der (Mit-)Verantwortlichkeit auch das „Hinführen" zu einer Datenverarbeitung in den Fokus stellen.

[1485] Siehe dazu *Lachenmann*, in: Koreng/Lachenmann, DatenschutzR-FormHdB, 4. Aufl. 2025, Kap. F. I. 6. Anm. 3; ähnlich *Hanloser*, ZD 2019, 458 (459), wonach der EuGH die Mittelentscheidung als Kontrollinstrument des Verantwortlichen werte.

[1486] Vgl. *Rücker/Brandt*, DB 2019, 2451 (2453).

[1487] Vgl. Schlussanträge GA *Bobek*, Rs. C-40/17, *Fashion ID*, ECLI:EU:C:2018:1039 Rn. 69.

Datenverarbeitung beeinflussen.[1488] Die insoweit bestehende Einflussspielräume anerkennend hatte auch der GA *Bobek* darauf verwiesen, dass schon in der Einbindung des Plugins eine Form der technischen Parametrierung gesehen werden könnte.[1489]
Auf der Zweckebene führt die Implementierung von Social Plugins dazu, dass die Anbieter der Webseiten eine breite Zielgruppe erreichen und die Popularität der eigenen Seite durch das Verbreiten unter den Nutzern steigern können.[1490] Weil die erwünschten „Likes" dem Webseitenbetreiber auch angezeigt werden, besteht ein originäres Eigeninteresse an der Initiierung der Verarbeitungsvorgänge.[1491] Es ist der einbindende Akteur, der den Entschluss fasst, eine im Eigeninteresse liegende Verarbeitung in Gang zu setzen, die sich in der Folge beeinträchtigend auf die Rechte und Freiheiten betroffenen Personen auswirkt.[1492] Neben der Verfolgung konkreter Ziele umfasst die Zweckfestlegung auch den initialen Entschluss, die Datenverarbeitung ablaufen zu lassen.[1493] Die handlungstragende Motivation des Webseitenbetreibers findet ihre Entsprechung in der faktischen Fähigkeit, die konkrete Datenverarbeitung, einschließlich der wesentlichen Mittel, zu einem gewissen Maße auch operativ zu beeinflussen. Insgesamt ist es deshalb plausibel, dem Webseitenbetreiber, der Drittinhalte mit bestimmen Funktionalitäten in seine Webpräsenz aus Eigeninteresse implementiert und dadurch das Initial der Datenverarbeitung setzt, eine datenschutzrechtliche (Mit-)Verantwortung für die unmittelbar ausgelösten und automatisiert ablaufenden Vorgänge zuzuordnen.[1494]

cc.) Zwischenergebnis

Aus der Analyse geht hervor, dass der EuGH den Tatbestand der datenschutzrechtlichen Verantwortlichkeit zwar bis an die Grenzen seiner Auslegungsmaxime ausreizt, doch ist entgegen den vielfach geäußerten Bedenken festzustellen, dass es in Übereinstimmung mit den Grundsätzen des europäischen Verantwortlichkeitskonzepts schlüssig ist, auch aus bewussten und im Eigeninteresse liegenden Initiierungshandlungen datenschutzrechtliche (Mit-

[1488] In diesem Sinne bereits Schlussanträge GA *Bobek*, Rs. C-40/17, *Fashion ID*, ECLI:EU:C:2018:1039 Rn. 69 und 103; i.E. auch *Lee/Cross*, 2019, 559 (560 f.); a.A. *Hanloser*, ZD 2019, 122 (123); *Hanloser*, BB 2019, Heft 34 Umschlagteil I.

[1489] Schlussanträge GA *Bobek*, Rs. C-40/17, *Fashion ID*, ECLI:EU:C:2018:1039 Rn. 69; diesen Argumentationsansatz als versuchten „Kunstgriff" kritisierend *Hanloser*, ZD 2019, 122 (123); *Hanloser*, BB 2019, Heft 34 Umschlagteil I., der davon ausgeht, dass der EuGH auf einen gestaltenden Einfluss auf die Datenverarbeitung, wie etwa durch eine technische Parametrierung, verzichtet habe.

[1490] *Müller-Riemenschneider*, in: Bräutigam/Rücker, E-Commerce, 1. Aufl. 2017, 7. Teil Kap. E Rn. 23.

[1491] *Scheja,* FS Taeger 2020, S. 421.

[1492] Vgl. *Janicki,* FS Taeger 2020, S. 202.

[1493] Vgl. *Janicki,* FS Taeger 2020, S. 202.

[1494] Vgl. *Lachenmann*, in: Koreng/Lachenmann, DatenschutzR-FormHdB, 4. Aufl. 2025, Kap. F. I. 6. Anm. 3; *Rücker/Brandt*, DB 2019, 2451 (2453); ähnlich *Rücker/Brandt*, in: Bräutigam/Rücker, E-Commerce, 1. Aufl. 2017, 3. Teil Kap. D Rn. 225; ähnlich *Keppeler*, DB 2018, 2225 (2231) m.w.N., der die datenschutzrechtliche Verantwortlichkeit aus der Tatsache ableitet, dass der Webseitenbetreiber das Social Plugin als Bestandteil seiner Webseite ablaufen lässt; *Lee/Cross*, 2019, 559 (560); siehe bereits *Ernst*, NJOZ 2010, 1917 (1918).

)Verantwortlichkeiten abzuleiten.[1495] Im Kontext der in Rede stehenden Umstände erwächst die Eigenverantwortung aus dem Zusammenspiel zwischen der Einbindung, die zugleich Conditio-sine-qua-non für die sich anschließende Verarbeitung ist und der Einbindung in dem Wissen, dass der Drittinhalt die Erhebung und Übermittlung personenbezogener Daten an den Anbieter zur Folge hat.[1496] Der Einbindende erklärt sich nicht lediglich mit der Zweckbestimmung eines anderen Akteurs einverstanden, sondern nimmt aus Eigeninteresse selbst Einfluss auf die Schlüsselelemente der Verarbeitung. Durch die wissentliche und willentliche Implementierung eröffnet der Einbindende nicht nur eine Gefahrenquelle für potenzielle Datenschutzverletzungen durch Dritte, sondern ist selbst direkt beteiligt.

Die Bestätigung dieses Befundes fügt sich insgesamt in das Gefüge des europäischen Datenschutzrechts ein und beugt Verantwortlichkeitslücken vor. Der weit gezogene Kreis der datenschutzrechtlichen Verantwortlichkeit minimiert den Anwendungsbereich alternativer, nationaler Zurechnungs- und Haftungsmechanismen, fördert so eine kohärentere Anwendung des europäischen Datenschutzrechts und trägt zu einer Harmonisierung des Datenschutzrechts bei. Kritisch ist hingegen anzumerken, dass der scheinbare Verzicht auf einen technischen Einflussspielraum und das zu undifferenzierte Abstellen auf einen Ermöglichungsbeitrag sowohl in der Rechtssache *Wirtschaftsakademie Schleswig-Holstein*[1497] als auch in der Rechtssache *Fashion ID*[1498] zu Rechtsunsicherheiten führen und die wertungsmäßigen Unterschiede zwischen dem bloßen Setzen einer abstrakten, von der eigentlichen Verarbeitung losgelösten Vorbedingung und der Auslösung eines konkretisierten und automatisiert ablaufenden Verarbeitungsvorgangs verschleiern. Werden bestimmte Verarbeitungsvorgänge aus Eigeninteresse ausgelöst, ist es unpräzise, dieses Tätigwerden als abstrakten Ermöglichungsbeitrag zu bezeichnen. Klassisch ermöglicht wird „nur" die nachgelagerte und im primären Einflussbereich des nachfolgenden Akteurs erfolgende Datenanalyse. Soweit im Hinblick auf diese nachgelagerten Vorgänge keine Konfigurationsmöglichkeiten bestehen, scheidet eine (Mit-)Verantwortlichkeit des initiierenden Akteurs diesbezüglich aus.[1499]

[1495] In diesem Sinne auch *Föhlich/Pilous*, MMR 2015, 631 (633); *Föhlich/Pilous*, MMR 2016, 331; ähnlich *Wagner*, ZD 2018, 307 (309 f.); i.E. auch *Specht-Riemenschneider/Schneider*, MMR 2019, 503 (505); *Monreal*, CR 2019, 797 (802 f.); ähnlich *Ingold*, in: Sydow/Marsch, DS-GVO/BDSG, 3. Aufl. 2022, Art. 26 Rn. 4; a.A. *Piltz*, ZD 2017, 336 (337).

[1496] Siehe dazu *Sattler*, GRUR 2019, 1023 (1024), wonach die Zugrundelegung dieser Kriterien an die deliktsspezifischen Kategorien von Handlung, Kausalität und Verschulden erinnere.

[1497] EuGH [GK], Rs. C-210/16, *ULD Schleswig-Holstein/Wirtschaftsakademie Schleswig-Holstein*, ECLI:EU:C:2018:388 Rn. 35.

[1498] EuGH, Rs. C-40/17, *Fashion ID*, ECLI:EU:C:2019:629 Rn. 74 f.

[1499] Vgl. EuGH, Rs. C-40/17, *Fashion ID*, ECLI:EU:C:2019:629 Rn. 74; in diesem Sinne bereits Schlussanträge GA *Bobek*, Rs. C-40/17, *Fashion ID*, ECLI:EU:C:2018:1039 Rn. 101.

f.) Einflussnahme durch Zurverfügungstellung informationstechnischer Systeme

Während in der Rechtssache *Wirtschaftsakademie Schleswig-Holstein* die datenschutzrechtliche Verantwortlichkeit des Netzwerkbetreibers auch hinsichtlich der ersten Verarbeitungsphase unzweifelhaft festgestellt werden konnte, weil dieser auch die Datenerhebung durch das Setzen der Cookies wesentlich beeinflussen konnte, fällt es in der Rechtssache *Fashion ID* deutlich schwerer, auch dem Anbieter des Plugins eine datenschutzrechtliche (Mit-)Verantwortlichkeit entlang der gesamten Verarbeitungskette zuzuordnen. Dem Umstand geschuldet, dass die Einbindung des Facebook-Like-Buttons einen Einzelfall betrifft, in dem sowohl die Einflussmöglichkeiten des Anbieters als auch des Webseitenbetreibers deutlichen Beschränkungen unterliegen, erfordert auch die Begründung einer (Mit-)Verantwortlichkeit des Plugin-Anbieters für die Phase der Datenerhebung und der Datenübermittlung einen gesteigerten Begründungsaufwand.

aa.) Verbleibende Einflussnahmemöglichkeiten des Anbieters

Zweifel an der Fähigkeit des Plugin-Anbieters zur verantwortlichkeitsbegründenden Einflussnahme bestehen deshalb, weil es nicht der Anbieter selbst ist, der das Initial zu der konkreten Datenverarbeitung setzt. Dem Umstand geschuldet, dass die Implementierung des Drittinhalts nicht durch den Anbieter erfolgt, steht ihm auch keine direkte Entscheidung über die konkrete Initiierung des spezifischen Verarbeitungsprozesses zu. Stattdessen ist es der Webseitenbetreiber, der autark und selbstbestimmt die konkreten Festlegungen darüber trifft, welchen Softwarecode er wann, wo und aus welchem Eigeninteresse in die eigene Webpräsenz einbaut. Demgegenüber beschränken sich die Entscheidungsspielräume des Plugin-Anbieters auf die allgemeine technische Ausgestaltung der Software-Komponente. Es obliegt dem Plugin-Anbieter, den Quellcode festzulegen und dadurch zugleich die Details der Programmsteuerung zu determinieren.[1500] In Ergänzung zu der technischen Ausgestaltung veranlasst der Plugin-Anbieter zudem auch die öffentliche Zurverfügungstellung des Code-Snippets. Dieses Tätigwerden ermöglicht es anderen Nutzern, das Plugin auf deren Seiten einzubinden und beim Besuch der Webseite anzuzeigen.[1501]

Während der Webseitenbetreiber die konkrete Datenverarbeitung direkt auslösen kann, besteht für den Plugin-Anbieter somit nur die Möglichkeit zur vorgelagerten Bestimmung der allgemeinen Funktionen des Plugins, ohne dabei einen Bezug zu einem bestimmten Datensatz herstellen zu können. Durch die technische Ausgestaltung und die Bereitstellung des technischen

---

[1500] Vgl. *Wagner*, ZD 2018, 307 (309).

[1501] *Arning/Rothkegel*, in: Taeger/Gabel, DSGVO/BDSG/TTDSG, 4. Aufl. 2022, Art. 4 Rn. 206.

Werkzeugs erfolgt die Einflussnahme auf die Schlüsselelemente der Verarbeitung auf einer abstrahierten Ebene.[1502]

Dem Umstand geschuldet, dass der Plugin-Anbieter oft gar nicht im Detail nachverfolgen und bestimmen kann, wer die veröffentlichten Softwarecodes in seine Lebenswirklichkeit einbindet und welche konkreten Zwecke mit der Nutzung verfolgt werden, spielt sich auch die Zweckfestlegung des Anbieters auf einer abstrakten Ebene ab.[1503] Eine konkrete Kenntnis von den durch das Plugin ausgelösten Datenverarbeitungen besteht in der Regel nicht.[1504] Die Separation der konkret ausgelösten Verarbeitungsvorgänge von den abstrakten und im Vorhinein getätigten Festlegungen ist auch insoweit problematisch, als dass der gegenständliche Anknüpfungspunkt der Verantwortlichkeit stets der konkrete Verarbeitungsvorgang und dessen Datensatz ist. Insgesamt erwachsen aus der Zusammenschau der beschränkten Einflussmöglichkeiten erhebliche Zweifel an der Verantwortlichenstellung des Plugin-Anbieters bis zu dem Zeitpunkt, an dem er die vom jeweiligen Plugin erhobenen Daten erhält.[1505] Auf der Grundlage einer abstrahierten Bestimmung der Schlüsselelemente einer Verarbeitung fällt die Begründung einer datenschutzrechtlichen (Mit-)Verantwortlichkeit schwer.[1506]

In Anbetracht des konkreten Einzelfalls rund um den Facebook-Like-Button sprechen allerdings auch gewichtige Umstände für eine (Mit-)Verantwortlichkeit des Plugin-Anbieters, die bereits ab der Erhebung der Daten beginnt. Wenngleich nur eine abstrahierte Zweck- und Mittelfestsetzung zu erkennen ist, ist auch der Plugin-Anbieter selbst durch das Anbieten des Plugins und der darin enthaltenen Funktionen bis zu einem gewissen Grad am Bestimmungsprozess der ausgelösten Datenverarbeitung beteiligt.[1507] Der technische Ablauf und die dem Plugin inhärenten Parameter werden allein durch den Anbieter festgelegt. Über diese Festlegung wird das Einsatzfeld des Softwarecodes vorgegeben und den eigenen Interessen

[1502] Ausdrücklich dazu in der Vorauflage *Arning/Rothkegel*, in: Taeger/Gabel, DSGVO/BDSG, 3. Aufl. 2019, Art. 4 Rn. 188, die eine abstrakte Zweckbestimmung für die Begründung einer datenschutzrechtlichen Verantwortlichkeit nicht ausreichen lassen und dem Plugin-Anbieter deshalb für die initiale Erhebung und Übermittlung keine Verantwortung zuordnen; diesen Einfluss im Ergebnis als ausreichend erachtend *Rothkegel/Strassemeyer*, CRi 2019, 161 (170 f.).

[1503] Siehe dazu in der Vorauflage *Arning/Rothkegel*, in: Taeger/Gabel, DSGVO/BDSG, 3. Aufl. 2019, Art. 4 Rn. 188.

[1504] Siehe zu den beschränkten Einflussmöglichkeiten des Plugin-Anbieters *Moos/Rothkegel*, MMR 2019, 584 (585 f.).

[1505] Vgl. *Arning/Rothkegel*, in: Taeger/Gabel, DSGVO/BDSG/TTDSG, 4. Aufl. 2022, Art. 4 Rn. 220.

[1506] Kritisch auch *Kremer*, CR 2019, 225 (227).

[1507] Die (Mit-)Verantwortlichkeit des Plugin-Anbieters ausdrücklich bejahend *Nebel*, FS Roßnagel 2020, S. 351, wonach aus der Programmierung und Zurverfügungstellung des Drittinhalts stets eine Entscheidung über Mittel und Zwecke der Datenverarbeitung abzuleiten sei; ebenso *Wagner*, ZD 2018, 307 (310), der auch im Hinblick auf Inhaltsdaten argumentiert, dass ohne die grundsätzliche Entscheidung, einen Dienst für den Publikumsverkehr anzubieten, die konkrete Datenverarbeitung durch den Nutzer gar nicht möglich wäre; ähnlich *Lee/Cross*, MMR 2019, 559 (560), die davon ausgehen, dass der Plugin-Anbieter zweifelsfrei über den Zweck und das Mittel der Verarbeitung bestimme und dies darauf zurückführen, dass der Dritte in der Absicht gehandelt habe, durch den Einsatz seiner Inhalte auf anderen Websites personenbezogenen Daten zu erheben.

entsprechend angepasst. Die Bestimmung der grundsätzlichen Einsatzmöglichkeiten des technischen Systems erfolgt dabei entsprechend den eigenen Verarbeitungszwecken.[1508] In objektiver Hinsicht erstreckt sich der Einfluss des Anbieters damit auf die zweckbestimmte Programmierung und die auf den Datenerhalt ausgerichtete Zurverfügungstellung des Plugins. Erst auf dieser Grundlage trifft dann der Nutzer die konkretisierte Entscheidung hinsichtlich der Einbindung.[1509]

Zudem kann bezweifelt werden, dass der Plugin-Anbieter von den exakten Verarbeitungszwecken des einbindenden Akteurs tatsächlich im Detail wissen muss. Übergeordnet handelt der Plugin-Anbieter mit der Absicht, durch den Einsatz seiner Inhalte auf anderen Webseiten personenbezogenen Daten zu erhalten.[1510] Social Plugins und vergleichbare Softwareangebote werden dabei mit der Intention und dem Bewusstsein verbreitet, dass die Software von anderen eingebunden wird, um in der Folge den eigenen Datenpool zu erweitern. In der Regel dürfte es dem Anbieter gleichgültig sein, aus welchen Einzelinteressen das frei verfügbare Plugin jeweils genutzt wird, solange das System in den vorgesehenen Einsatzbereichen genutzt wird.[1511] Weil die technische Ausgestaltung des Plugins darauf ausgerichtet ist, dass die personenbezogenen Daten in den Machtbereich des Anbieters gelangen, um dort weiterverarbeitet zu werden, dürfte ein subjektives Element genügen, das sich auf den abstrakten Zweck der vorschriftsmäßigen Nutzung erstreckt.

bb.) Grenzfall zwischen Datenerhebung und Datenübermittlung

Die exakte Betrachtung des Sachverhaltes verdeutlicht, dass die Rechtssache *Fashion ID* einen nicht einfach zu bewertenden Grenzfall zwischen einer Datenerhebung durch einen Drittanbieter und einer vorrangig durch den Nutzer kontrollierten Datenübermittlung an ein Drittunternehmen betrifft. Während die Übermittlung, Verbreitung oder andere Formen der Bereitstellung als Unterfälle der Offenlegung (vgl. Art. 4 Nr. 2 DSGVO) allgemein einen Vorgang umfassen, anderen Stellen personenbezogene Daten in einer Weise zugänglich zu machen, dass diese Stellen die Möglichkeit der Kenntnisnahme vom Informationsgehalt der betreffenden

[1508] Siehe dazu *Wagner*, ZD 2018, 307 (309 f.) m.w.N.
[1509] Vgl. *Wagner*, ZD 2018, 307 (309).
[1510] *Lee/Cross*, MMR 2019, 559 (560); *Lurtz/Schindler*, VuR 2019, 471 (475).
[1511] Vgl. *Lurtz/Schindler*, VuR 2019, 471 (475), die auf ein nicht einverstanden sein mit den verfolgten Zwecken etwa bei rechtsextremen oder kinderpornographischen Inhalten hinweisen.

Daten erhalten können,[1512] erfordert das Erheben personenbezogener Daten ein aktives und vom Willen getragenes Tun, das vom Erhebenden gesteuert wird, um die Daten zu erhalten.[1513] Die Abgrenzung zwischen dem Erheben und dem Offenlegen personenbezogener Daten erfolgt wesentlich danach, von welchem Akteur der in Rede stehende Verarbeitungsvorgang im Schwerpunkt kontrolliert wird. Während die Übermittlung dadurch gekennzeichnet ist, dass sie vom Übermittelnden gesteuert wird und mit deren Abschluss die Daten in den unmittelbaren Verfügungsbereich des Übermittlungsempfängers übergehen, wird der Erhebung von demjenigen gesteuert, in dessen Verfügungsmacht sich die personenbezogenen Daten nach Abschluss des Verarbeitungsvorgangs befinden.[1514]

Die differenzierte Betrachtung der Sachverhalte zeigt, dass es in der Rechtssache *Wirtschaftsakademie Schleswig-Holstein* primär dem Netzwerkanbieter obliegt, über die Art und Weise der Cookie-Setzung zu entscheiden. Dagegen wird die Rechtssache *Fashion ID* von der bewussten und im Eigeninteresse liegenden Initiierungshandlung durch den Nutzer des Plugins geprägt. Dem das Plugin einbindenden Akteur kommt eine lenkende Stellung zu. Gleichzeitig ist aber auch der Plugin-Anbieter am Bestimmungsprozess der ausgelösten Datenverarbeitung beteiligt. Speziell im Fall des Facebook-Like-Buttons wird die Zuordnung der datenschutzrechtlich relevanten Handlungen an den richtigen Akteur auch dadurch erschwert, dass aus technischer Sicht gar keine Interaktion zwischen den Servern des Webseitenbetreibers und dem sozialen Netzwerk stattfindet. Stattdessen weist der Webseitenbetreiber lediglich den Browser des Nutzers an, Inhalte an das soziale Netzwerk zu senden. Eine klassischen Datenübermittlung vom Webseitenbetreiber an das soziale Netzwerk liegt nicht vor.[1515]

Im Rahmen der wertenden, datenschutzrechtlichen Betrachtungsweise muss jedoch berücksichtigt werden, dass es final der Webseitenbetreiber ist, der den Browser des Nutzers über den Quelltext des von ihm implementierten Plugins dazu anleitet, personenbezogene Daten an das soziale Netzwerk zu senden.[1516] Der Umstand, dass aus technischer Perspektive nicht der Webseitenbetreiber selbst, sondern der Browser der Webseitenbesucher in einem automatisierten Vorgang die personenbezogenen Daten an den Anbieter des Drittinhalts sendet, sollte

---

[1512] Siehe ausführlich zum Begriff der „Offenlegung" sowie der Untermodalität der „Übermittlung" *Reimer*, in: Sydow/Marsch, DS-GVO/BDSG, 3. Aufl. 2022, Art. 4 Rn. 68 ff.; *Herbst*, in: Kühling/Buchner, DS-GVO/BDSG, 4. Aufl. 2024, Art. 4 Nr. 2 Rn. 29.

[1513] *Arning/Rothkegel*, in: Taeger/Gabel, DSGVO/BDSG/TTDSG, 4. Aufl. 2022, Art. 4 Rn. 72; *Herbst*, in: Kühling/Buchner, DS-GVO/BDSG, 4. Aufl. 2024, Art. 4 Nr. 2 Rn. 29 f.; ausführlich zur Grenzziehung zwischen „Erhebung" und „Offenlegung" *Golland*, Datenverarbeitung in sozialen Netzwerken, S. 134 ff.

[1514] Vgl. *Golland*, Datenverarbeitung in sozialen Netzwerken, S. 134.

[1515] Siehe zu dem Vergleich der technischen und der datenschutzrechtlichen Betrachtungsweise *Rücker/Brandt*, in: Bräutigam/Rücker, E-Commerce, 1. Aufl. 2017, 3. Teil Kap. D Rn. 224 f.

[1516] Vgl. *Rücker/Brandt*, in: Bräutigam/Rücker, E-Commerce, 1. Aufl. 2017, 3. Teil Kap. D Rn. 225, wonach dem Webseitenbetreiber für die Einbindung solcher Plugins eine datenschutzrechtlich relevante Handlung zuzurechnen sei.

wertungsmäßig zu keinem anderen Ergebnis führen, zumal diese Vorgänge für die Besucher der Webseite ohnehin im Verborgenen ablaufen.[1517] Die bestehenden Einflussspielräume der Beteiligten sprechen dafür, in dem durch die Einbindung des Drittinhalts ausgelösten Datentransfer im Schwerpunkt eine Offenlegung und regelmäßig auch eine Übermittlung personenbezogener Daten an den Drittanbieter anzunehmen.[1518]

cc.) Zwischenergebnis

Aus der Perspektive des EuGH ist es vor dem Hintergrund der Zielsetzung eines möglichst umfassenden Betroffenenschutzes nachvollziehbar, auch dem Plugin-Anbieter eine datenschutzrechtliche (Mit-)Verantwortlichkeit für die Phase der Erhebung und Übermittlung der personenbezogenen Daten zuzuordnen. Der EuGH versucht durch die weite Tatbestandsauslegung negativen Folgen vorzubeugen, die durch eine vereinfachte Exkulpationsmöglichkeit der Anbieter drohten. Trüge der Anbieter bis zum Erhalt der Daten keine eigene Verantwortlichkeit, könnte sich dieser Umstand beeinträchtigend auf den Betroffenenschutz auswirken. In den meisten Fällen wird nur der Anbieter selbst Auskunft über die technische Funktionsweise der Software-Komponente geben können.[1519]

In Ergänzung zu den Praktikabilitätserwägungen lassen sich auch rechtliche Argumente und faktische Gesichtspunkte für eine (Mit-)Verantwortlichkeit des Plugin-Anbieters anführen. Wenngleich dem Anbieter nur eine vergleichsweise abstrahierte Entscheidungsfähigkeit zukommt, ist zu konstatieren, dass auch der Anbieter zu einem gewissen Maße am Bestimmungsprozess der ausgelösten Datenverarbeitung beteiligt ist.

Gleichzeitig bestehen, bezogen auf den Einzelfall, ausgeprägte Zweifel an der Verantwortlichkeitszuordnung durch den EuGH. Die Sachverhaltsanalyse zeigt auf, dass die Rechtssache *Fashion ID* einen Sonderfall betrifft, in dem die Zuordnung einer umfassenden (Mit-)Verantwortlichkeit an den Plugin-Anbieter erhebliche Begründungsschwierigkeiten bereitet. Dem Plugin-Anbieter kommt nur eine abstrahierte Entscheidungsfähigkeit zu. Je abstrakter die Zweck- und Mittelfestsetzungen eines Akteurs jedoch sind, desto eher wird auch davon auszugehen sein, dass eine die Verarbeitung konkretisierende, verantwortlichkeitsbegründende

[1517] Vgl. *Rücker/Brandt*, DB 2019, 2451 (2453).

[1518] *Rücker/Brandt*, in: Bräutigam/Rücker, E-Commerce, 1. Aufl. 2017, 3. Teil Kap. D Rn. 225, die die Übermittlung zumindest im Hinblick auf die IP-Adresse des Nutzers sowie die Tatsache, dass der Nutzer gerade die Webseite des Betreibers besucht, annehmen; i.E. wohl auch *Lachenmann*, in: Koreng/Lachenmann, DatenschutzR-FormHdB, 4. Aufl. 2025, Kap. F. I. 6. Anm. 3; *Bergt*, ITRB 2018, 151 (152 f.); a.A. *Föhlich/Pilous*, MMR 2016, 331, die ausschließlich auf die Datenerhebung durch den Anbieter des Drittinhalts abstellen; *Hanloser*, ZD 2019, 458 (459), der davon ausgeht, dass eine Datenübermittlung deshalb nicht stattfinde, weil der Browser des Nutzerendgerätes mit dem Facebook-Server direkt kommuniziere. Es handele sich mithin um ein und denselben Vorgang; ähnlich *Hacker*, Datenprivatrecht, S. 139.

[1519] Vgl. *Lurtz/Schindler*, VuR 2019, 471 (474).

Einflussnahme gar nicht vorliegt. Speziell in dem skizzierten Sonderfall erscheint es naheliegend, den Schwerpunkt in der Übermittlung personenbezogener Daten zu sehen und die Verantwortlichkeit für die erste Verarbeitungsphase auf den die Verarbeitung initiierenden Akteur zu konzentrieren.[1520] Dem Akteur, der veranlasst, dass der Browser des Besuchers eines Internetauftritts personenbezogene Daten unmittelbar an einen anderen Akteur übermittelt, kommt in der Rechtssache *Fashion ID* eine zentrale Stellung zu.[1521]

Die sachverhaltsbedingte Abgrenzungsschwierigkeit zwischen einer Datenerhebung durch einen Drittanbieter und der Datenübermittlung an ein Drittunternehmen darf indes nicht darüber hinwegtäuschen, dass sonstige Anbieter informationstechnischer Systeme in der Rolle eines datenschutzrechtlich Verantwortlichen agieren, wenn sie in administrierender Funktion personenbezogene Daten von Nutzern und Dritten erheben und diese zu eigenen Zwecken weiterverarbeiten. Um den faktischen Einflussmöglichkeiten Rechnung zu tragen und den Betroffenenschutz auch im Verhältnis zu den strukturell meist überlegenen Anbietern zu gewährleisten, wird von einer Verantwortlichkeit der Anbieter auch für die Phase der Erhebung und Übermittlung personenbezogener Daten auszugehen sein, wenn Erhebungsvorgänge schwerpunktmäßig vom Anbieter kontrolliert werden.[1522] Unter der Voraussetzung, dass Verarbeitungsvorgänge durch ein entsprechendes informationstechnisches System initiiert werden, indem etwa personenbezogene Daten abgefragt und gespeichert werden, agiert regelmäßig der Anbieter dieses Systems in der Rolle des Verantwortlichen.[1523]

Die zuvorderst durch den Nutzer eines informationstechnischen Systems kontrollierte Datenübermittlung stellt dagegen einen Sonderfall dar. Gewöhnlich steht es primär den Anbietern informationstechnischer Systeme frei, über technische Parametrierungen festzulegen, welche Daten in welcher Form und in welchem Umfang von Nutzern und Dritten erhoben werden. Über Softwareupdates können die vernetzten Systeme oft auch nach der Integration in die Lebenswirklichkeit des Nutzers den Interessen des Anbieters entsprechend beeinflusst werden. Wie weit der Einflussbereich eines Anbieters im Einzelfall reicht, wird maßgeblich durch die Konkretheit der Zweckbestimmung und die technische Ausgestaltung des Drittinhalts sowie den jeweils erhobenen Datenumfang und die vertraglichen Abreden zwischen den Beteiligten bestimmt.[1524] Hinsichtlich der Festlegung der Schlüsselelemente einer Verarbeitung ist zu

[1520] Siehe dazu in der Vorauflage *Arning/Rothkegel*, in: Taeger/Gabel, DSGVO/BDSG, 3. Aufl. 2019, Art. 4 Rn. 188.
[1521] Vgl. *Redeker*, in: Redeker, IT-Recht, 8. Aufl. 2023, Kapitel D. Rn. 1061; *Scheja,* FS Taeger 2020, S. 421 f.; *Rücker/Brandt*, in: Bräutigam/Rücker, E-Commerce, 1. Aufl. 2017, 3. Teil Kap. D Rn. 225.
[1522] So auch *Lurtz/Schindler,* VuR 2019, 471 (474).
[1523] Vgl. *Skistims*, Smart Homes, S. 379.
[1524] Vgl. *Arning/Rothkegel*, in: Taeger/Gabel, DSGVO/BDSG/TTDSG, 4. Aufl. 2022, Art. 4 Rn. 220.

berücksichtigen, wie weit entsprechende Entscheidungen auch gegenüber den Nutzern des informationstechnischen Systems durchgesetzt werden können.[1525]

Insgesamt wird das komplexe Verhältnis zwischen dem einbindenden Akteur, der autark darüber entscheidet, die Software-Komponente konkret einzusetzen und die Verarbeitung auszulösen und dem Anbieter des Softwarecodes, dessen Einfluss auf eine abstrahierte Zweck- und Mittelfestlegung begrenzt ist, durch den EuGH nur ungenügend aufgearbeitet. Weil sich der EuGH in der Urteilsbegründung ausschließlich auf eine (Mit-)Verantwortlichkeit des Einbindenden fokussiert und die Eigenverantwortlichkeit des Plugin-Anbieters ohne nähere Erläuterungen als feststehend voraussetzt, wird die skizzierte Problematik in unzulässiger Weise verkürzt.[1526] Der EuGH hat es in der Rechtssache *Fashion ID* versäumt, auch die (Mit-)Verantwortlichkeit des Anbieters ausführlicher zu begründen und drohenden Rechtsunsicherheiten bei der Zurverfügungstellung und Nutzung informationstechnischer Systeme vorzubeugen.

g.) Zusammenfassung relevanter Einflussnahmemöglichkeiten

Aus der Analyse der EuGH-Rechtsprechung wird ersichtlich, dass die Einflussnahmemöglichkeiten beteiligter Akteure von Fall zu Fall stark variieren und auch die Rolle des datenschutzrechtlich Verantwortlichen aus unterschiedlichen Formen der Einflussnahme abgeleitet werden kann. Während über die bloße Akzeptanz vorgegebener Schlüsselelemente einer Datenverarbeitung und Ermöglichungshandlungen, die sich darauf beschränken, anderen Stellen die Gelegenheit zur Datenverarbeitung einzuräumen, ohne selbst damit befasst zu sein, Verantwortlichkeitszuweisungen kaum zu rechtfertigen sind, können abseits davon Konstellationen entstehen, in denen auch Akteure mit eingeschränkten Einflussnahmemöglichkeiten in der Rolle eines datenschutzrechtlich Verantwortlichen agieren. Sowohl aus der Initiierung bestimmter automatisiert ablaufender Verarbeitungsvorgänge als auch aus der Zurverfügungstellung und Administrierung informationstechnischer Systeme können Verantwortlichkeiten nachvollziehbar abgeleitet werden.

Speziell in dem Grenzbereich zwischen einer Datenerhebung durch einen Drittanbieter und der Datenübermittlung an ein Drittunternehmen muss stets einzelfallabhängig geprüft werden, wie weit die faktischen Einflussbereiche der Akteure tatsächlich reichen. Die Grundannahme, dass sowohl aus technischen als auch organisatorischen Konfigurationen datenschutzrechtliche Verantwortlichkeiten erwachsen können, ist plausibel und mit den Grundsätzen des europäischen Verantwortlichkeitskonzepts vereinbar.

[1525] Vgl. *Skistims*, Smart Homes, S. 372, der darauf hinweist, dass die Anbieter im Rahmen ihrer Privatautonomie grundsätzlich die Zwecke des Umgangs mit ihren Vertragspartnern festlegen.

[1526] *Moos/Rothkegel*, MMR 2019, 584 (585); *Lurtz/Schindler*, VuR 2019, 471 (473).

3.) Subjektive Elemente in der holistischen Betrachtung des EuGH

Im Rahmen der holistischen Betrachtung verweist der EuGH auch ausdrücklich auf eine Wissenskomponente, um den kausal geprägten Verantwortungsmaßstab zu ergänzen und zu begrenzen. Besonders deutlich wird dies in der Rechtssache *Fashion ID*. Nur weil der Onlinehändler den Facebook-Like-Button in dem Wissen um die dadurch ausgelösten Verarbeitungsvorgänge eingebunden habe, ordnet ihm der EuGH eine (Mit-)Verantwortlichkeit zu.[1527] Nach Ansicht des EuGH habe der Nutzer das Plugin in dem konkreten Wissen darüber eingebunden, dass diese Software-Komponente als Werkzeug für die Verarbeitungsvorgänge der Erhebung und der Übermittlung der personenbezogenen Daten Dritter fungiert.[1528] Im Kontext initiierender Handlungen fordert der EuGH damit nachdrücklich, dass dem Verantwortlichen bei der Vornahme seiner den Ausgangspunkt setzenden Handlung bewusst ist, dass die Entscheidung über die konkret ausgelöste Verarbeitung („Ob") durch ihn kontrolliert und bedingt wird.

Die Berücksichtigung dieses subjektiven Wissenselements stellt keine originäre Anpassung oder Neuausrichtung durch den EuGH dar. Das voluntative Element ist als eigenständiges Tatbestandsmerkmal und Entsprechung zu der objektiven Einflussnahme eine unabdingbare Voraussetzung für jedwede Verantwortlichkeitsbegründung.[1529] Insoweit ist es fundiert, dass der EuGH den notwendigen Einklang zwischen der objektiven Einflussnahme und dem subjektiven Bewusstsein auch in der Rechtssache *Wirtschaftsakademie Schleswig-Holstein*[1530] und in der Rechtssache *Zeugen Jehovas*[1531] angedeutet hat.

Die konkreten Ausführungen des EuGH begründen indes Zweifel an der schlüssigen Ausgestaltung der Voraussetzungen an das voluntative bzw. kognitive Element. In dem Urteil zu der Rechtssache *Zeugen Jehovas* werden sowohl die Anforderungen an das objektive als auch an das subjektive Element niedrig angesetzt. Das Vorliegen des voluntativen Elements wird mit dem verallgemeinernden Verweis darauf begründet, dass der Gemeinschaft der Zeugen Jehovas allgemein bekannt sei, dass die Datenverarbeitungen durch die Mitglieder zum Zwecke der Verbreitung ihres Glaubens erfolgen.[1532]

[1527] Vgl. EuGH, Rs. C-40/17, *Fashion ID*, ECLI:EU:C:2019:629 Rn. 77; diese bewusste Entscheidung betonend *Spittka/Mantz*, NJW 2019, 2742 (2744); siehe auch *Lurtz/Schindler*, VuR 2019, 471 (474): „subjektives Element (Wissen und Wollen)".

[1528] EuGH, Rs. C-40/17, *Fashion ID*, ECLI:EU:C:2019:629 Rn. 77.

[1529] Dazu Kap. D. II. 6.) b.) cc.) (3.).

[1530] EuGH [GK], Rs. C-210/16, *ULD Schleswig-Holstein/Wirtschaftsakademie Schleswig-Holstein*, ECLI:EU:C:2018:388 Rn. 32, wonach jede Person, die eine Fanpage auf Facebook einrichten möchte, mit Facebook Ireland einen speziellen Vertrag über die Eröffnung einer solchen Seite schließt und die Nutzungsbedingungen dieser Seite einschließlich der entsprechenden Cookie-Richtlinie unterzeichnet.

[1531] EuGH [GK], Rs. C-25/17, *Zeugen Jehovas*, ECLI:EU:C:2018:551 Rn. 71.

[1532] EuGH [GK], Rs. C-25/17, *Zeugen Jehovas*, ECLI:EU:C:2018:551 Rn. 71.

Noch extensiver ist das Verständnis des EuGH in der Rechtssache *Wirtschaftsakademie Schleswig-Holstein*. Der EuGH scheint bereits die unterstellte Einsichtnahme der allgemeinen Nutzungsbedingungen als ausreichend zu erachten, um von einer allgemeinen Kenntnis auch hinsichtlich der gegenständlichen Verarbeitungen im primären Einflussbereich von Facebook auszugehen.[1533] Durch die Zugrundelegung eines derart hohen Abstraktionsgrades an die Kenntnis des Verantwortlichen werden die Voraussetzungen an das subjektive Element ausgeweitet. Zwar muss sich das Bewusstsein des Verantwortlichen nicht auf jedes Detail der Verarbeitung personenbezogener Daten erstrecken, doch genügt ein in hohem Maße abstraktes Bewusstsein in der Regel nicht, um steuernd und zielgerichtet auf einen Verarbeitungsvorgang und ein beabsichtigtes Ergebnis einzuwirken. Um eine Entscheidung treffen zu können, ist ein tatsächliches Bewusstsein hinsichtlich der Grundzüge der stattfindenden Verarbeitung und der diesbezüglich ausgeübten Entscheidungsgewalt erforderlich.[1534]

In der Rechtssache *Fashion ID* ist ein tatsächliches Bewusstsein hinsichtlich der Grundzüge der stattfindenden Verarbeitung und der diesbezüglich ausgeübten Entscheidungsgewalt dagegen deutlich naheliegender. Wenngleich sich bereits aus der Vorlageentscheidung ergab, dass der Webseitenbetreiber selbst keine exakte Kenntnis darüber hat, welche Informationen durch das Plugin im Detail übermittelt werden,[1535] wird einem durchschnittlich verständigen Nutzer, der ein Social Plugin in seine eigene Webpräsenz implementiert, um von diesem unmittelbar selbst zu profitieren, allgemein bekannt sein, dass die Implementierung des Softwarecodes die Übermittlung diverser Daten betroffener Personen an den Anbieter des Plugins zur Folge hat. Indem der EuGH das Wissenselement ausdrücklich auf einzelne Verarbeitungsvorgänge konkretisiert,[1536] wird einer uferlosen Tatbestandsausdehnung, wie sie noch in der Rechtssache *Wirtschaftsakademie Schleswig-Holstein* drohte, entgegengewirkt. Diese vorgangsbezogene Konkretisierung des subjektiven Elements ist zu begrüßen und steht mit den Grundsätzen des europäischen Verantwortlichkeitskonzepts im Einklang. Die Argumentation des EuGH verdeutlicht, dass sich das Wissenselement auf die eigene Handlung, die dadurch beeinflusste Verarbeitung in ihrer konkretisierten Form und den damit verbundenen Kausalzusammenhang erstrecken muss.[1537]

1533 Vgl. EuGH [GK], Rs. C-210/16, *ULD Schleswig-Holstein/Wirtschaftsakademie Schleswig-Holstein*, ECLI:EU:C:2018:388 Rn. 32.

1534 Dazu Kap. D. II. 6.) b.) cc.) (3.).

1535 Vgl. EuGH, Rs. C-40/17, *Fashion ID*, ECLI:EU:C:2019:629 Rn. 26; ausführlich zu den technischen Grundlagen *Rücker/Brandt*, DB 2019, 2451 ff., wonach zu den übermittelten Informationen konkret die IP-Adresse des Nutzers, Informationen über dessen Browser (Sprachpräferenzen, Browserversion etc.) und die URL der Webseite, in die das Plugin eingebunden ist (sog. „Referrer"-URL), gehören.

1536 Vgl. EuGH, Rs. C-40/17, *Fashion ID*, ECLI:EU:C:2019:629 Rn. 77, wonach das Wissen auf die Vorgänge der Erhebung und der Übermittlung begrenzt sei.

1537 Vgl. *Hanloser*, ZD 2019, 458.

4.) Das Zusammenwirken mehrerer Akteure in der Rechtsprechung des EuGH

Die EuGH-Rechtsprechung zur datenschutzrechtlichen Verantwortlichkeit ist dadurch gekennzeichnet, dass aus der Häufung von zwei oder mehreren Verantwortlichen weitreichend auf das Vorliegen einer gemeinsamen Verantwortlichkeit geschlossen wird. Sowohl in der Rechtssache *Wirtschaftsakademie Schleswig-Holstein*, der Rechtssache *Fashion ID*, der Rechtssache *Nacionalinis visuomenės sveikatos centras* als auch in der Rechtssache *IAB Europe* hat der EuGH eine gemeinsame Verantwortlichkeit auch deshalb bejaht, weil der Gerichtshof im Ergebnis von einer Verknüpfung im Detail unterschiedlicher Interessen ausging. Der Begründungsansatz des EuGH beruht dabei auf dem im Grundsatz nachvollziehbaren Konzept konvergierender Einzelentscheidungen.[1538]

Danach ist von einem gemeinsamen Festlegen der Zwecke und Mittel einer Datenverarbeitung auszugehen, wenn bei jedem an einem konkreten Verarbeitungsvorgang Beteiligten kumulativ ein objektives Einflusselement vorliegt, welches eine Entsprechung auf subjektiver Ebene erfährt und zwischen den Einzelentscheidungen der Beteiligten ein Konnex in der Form besteht, dass sich die einzelnen Entscheidungsbeiträge gegenseitig bedingen und ergänzen. Innerhalb dieses Konzepts entstehen jedoch dann Unzulänglichkeiten bei der Zuordnung datenschutzrechtlicher (Mit-)Verantwortlichkeiten, wenn an die Entscheidungsbeiträge beteiligter Akteure zu geringe Anforderungen gestellt werden, der die Einzelentscheidungen verbindende Konnex vorschnell angenommen wird und die vorgangsbezogene Betrachtung der Verantwortlichkeit nicht konsequent verfolgt wird.

a.) Stringente Anwendung des Phasenmodells

Speziell in multipolaren Verarbeitungskonstellationen kommt der vorgangsbezogenen Betrachtung der Verantwortlichkeit eine zentrale Funktion zu.[1539] Diese ist essenziell, um die Abgrenzung zwischen Szenarien alleiniger und gemeinsamer Verantwortlichkeit zu ermöglichen und (Mit-)Verantwortlichkeiten passgenau zuzuordnen. Vor diesem Hintergrund sind vor allem Teilbereiche der Entscheidung *Wirtschaftsakademie Schleswig-Holstein*, aber auch jüngere Urteile wie etwa in der Rechtssache *Moniteur belge*, kritisch zu bewerten.

Der EuGH orientiert sich nicht konsequent an den Grundsätzen des gegenständlichen Anknüpfungspunktes der Verantwortlichkeit und differenziert nicht in gebotenem Maße zwischen einzelnen Verarbeitungsvorgängen.[1540] Ohne in der Rechtssache *Wirtschaftsakademie Schleswig-Holstein* zwischen der abstrakten Ermöglichung, der initialen Erhebung und Übermittlung, der

[1538] Grundlegend dazu Kap. D. III. 4.) e.) aa.) (4.).
[1539] Grundlegend dazu Kap. D. II. 6.) b.) ee.).
[1540] Kritisch auch *Hacker*, Datenprivatrecht, S. 139.

nachgelagerten Analyse und der weiteren Übermittlung personenbezogenen Daten an etwaige Drittunternehmen zu unterscheiden, ordnet der EuGH dem Webseitenbetreiber pauschal eine umfassende (Mit-)Verantwortlichkeit für alle Verarbeitungen der Daten der Fanpage-Besucher zu.[1541] Anstatt einzelne Verarbeitungsschritte zu betrachten, um daran anschließend zu beurteilen, ob eine alleinige oder gemeinsame Verantwortlichkeit vorliegt, droht durch das holzschnittartige Vorgehen des EuGH eine vorschnelle Annahme (gemeinsamer) Verantwortlichkeiten entlang der gesamten Verarbeitungskette.

Um verallgemeinernden Tendenzen vorzubeugen, hätte zwischen einzelnen Verarbeitungsvorgängen als Anknüpfungspunkte datenschutzrechtlicher Verantwortlichkeit exakt differenziert und jeweils untersucht werden müssen, ob eine Festlegung der Schlüsselelemente der konkretisierten Verarbeitung auch tatsächlich erfolgt.[1542] Ein solches Vorgehen hätte bereits in der Rechtssache *Wirtschaftsakademie Schleswig-Holstein* zu einer sachgerechten Verantwortlichkeitszuordnung geführt und offenbart, dass abstrakte Ermöglichungshandlungen als gegenständlicher Anknüpfungspunkt für eine (Mit-)Verantwortlichkeit ausscheiden sollten. Unter der Prämisse, dass allein die Eröffnung einer Gefahrenquelle für potenzielle Datenschutzverletzungen durch Dritte verantwortlichkeitsbegründend wirke, ließe sich die Reichweite der Verantwortlichkeitszuordnungen kaum mehr nachvollziehbar auf getrennte Verarbeitungsschritte begrenzen.

Diesen Fehlentwicklungen ist der EuGH mit dem Urteil in der Rechtssache *Fashion ID* zum Teil entgegengetreten. Der EuGH stellt klar, „[…] dass eine Verarbeitung personenbezogener Daten aus einem oder mehreren Vorgängen bestehen kann, von denen jeder eine der verschiedenen Phasen betrifft, die eine Verarbeitung personenbezogener Daten umfassen kann“[1543]. Zwar mag der Begriff der „Phase“ an das obsolete Phasenmodell aus dem BDSG a.F. erinnern, doch kann der Begriff dazu dienen, um Verarbeitungsvorgänge, an die sich alleinige oder gemeinsame Verantwortlichkeiten anknüpfen, zusammenzufassen.[1544] Zutreffend wird betont, dass die Zuordnung datenschutzrechtlicher Verantwortlichkeiten für einzelne Verarbeitungsvorgänge nur insoweit erfolgen könne, als dass über die Zwecke und Mittel – im Falle der gemeinsamen Verantwortlichkeit gemeinsam mit anderen – tatsächlich entschieden wird.[1545] Für vor- oder nachgelagerte Vorgänge in einer Verarbeitungskette, für die weder die Zwecke

---

[1541] Vgl. EuGH [GK], Rs. C-210/16, *ULD Schleswig-Holstein/Wirtschaftsakademie Schleswig-Holstein,* ECLI:EU:C:2018:388 Rn. 39 und 41.

[1542] So auch Schlussanträge GA *Bobek*, Rs. C-40/17, *Fashion ID,* ECLI:EU:C:2018:1039 Rn. 97 ff. und 101; *Hacker*, Datenprivatrecht, S. 139; vgl. zur phasenweisen Betrachtung der Verantwortlichkeit auch *Kremer*, in: Schwartmann/Jaspers/Thüsing/Kugelmann, DS-GVO/BDSG, 3. Aufl. 2024, Art. 26 Rn. 59 ff.

[1543] EuGH, Rs. C-40/17, *Fashion ID*, ECLI:EU:C:2019:629 Rn. 72.

[1544] Zum Begriff der „Phase“ *Radtke*, Gemeinsame Verantwortlichkeit unter der DSGVO, S. 203 f.

[1545] Vgl. EuGH, Rs. C-40/17, *Fashion ID*, ECLI:EU:C:2019:629 Rn. 74.

noch die Mittel festgelegt werden, könne hingegen keine (gemeinsame) Verantwortlichkeit bestehen.[1546]

Den Grundsätzen des europäischen Verantwortlichkeitskonzepts entsprechend bricht der EuGH eine einheitliche Vorgangsreihe in mehrere Einzelvorgänge bzw. Phasen entlang des Lebenszyklus eines personenbezogenen Datums auf und verfolgt damit ausdrücklich eine auf den einzelnen Vorgang beschränkte Betrachtung.[1547] Diese sequenzielle Perspektive erlaubt eine präzisere Zuordnung datenschutzrechtlicher (Mit-)Verantwortlichkeiten unter Berücksichtigung des tatsächlichen Einflusses der einzelnen Akteure auf gesonderte Vorgänge. Indem nunmehr das dem europäischen Datenschutzrecht immanente, streng vorgangsbezogene Verständnis im Grundsatz bestätigt wird, korrigiert der EuGH seine vorherige, undifferenzierte Sichtweise.[1548]

Im Ergebnis werden allerdings auch die begrüßenswerten Klarstellungen des EuGH dadurch belastet, dass der EuGH den eigenen Vorgaben nicht in letzter Konsequenz nachkommt. Ohne zuvor die Einflussbereiche der einzelnen Akteure im Detail nachzuvollziehen, wird das Wirken unterschiedlicher Akteure auch weiterhin zu gemeinsamen Verantwortlichkeiten verbunden. In der Rechtssache *Fashion ID* wird die Einflusssphäre des Anbieters nicht für jeden relevanten Verarbeitungsabschnitt geprüft und dennoch eine gemeinsame Verantwortlichkeit für die Phase der Erhebung und der Übermittlung angenommen. Wegen des Umstandes, dass sich der EuGH nicht näher zu der Einflusssphäre des Anbieters äußert, wird nicht stringent dargelegt, ab welchem Verarbeitungsschritt die Verantwortlichkeit des initiierenden Akteurs endet und die Alleinverantwortlichkeit des Anbieters beginnt.[1549]

Ein ähnlich undifferenziertes Vorgehen zeigt auch die jüngere Entscheidungspraxis in der Rechtssache *Moniteur belge*, im Rahmen derer der EuGH trotz des Befunds, dass separate Vorgänge nacheinander erfolgen und Übermittlungen dazwischenliegen, gemeinsame Verantwortlichkeiten auch weitreichend entlang von Verarbeitungsketten begründet.[1550]

[1546] EuGH, Rs. C-40/17, *Fashion ID*, ECLI:EU:C:2019:629 Rn. 74; in diesem Sinne auch EuGH, Rs. C-604/22, *IAB Europe*, ECLI:EU:C:2024:214 Rn. 73 f., wonach zwischen der Speicherung von Einwilligungspräferenzen im TC-String gemäß den TCF-Regeln durch Mitglieder von IAB Europe und der darauf gestützten Weiterverarbeitung personenbezogener Daten – etwa durch Übermittlung an Dritte oder personalisierte Werbung – zu trennen sei.

[1547] Vgl. zur phasenweisen Betrachtung *Kremer*, in: Schwartmann/Jaspers/Thüsing/Kugelmann, DS-GVO/BDSG, 3. Aufl. 2024, Art. 26 Rn. 59 ff.; *Freund*, in: Schuster/Grützmacher, IT-Recht, Art. 26 Rn. 54.

[1548] Die Anpassung ebenfalls befürwortend *Lurtz/Schindler,* VuR 2019, 471 (473); den vorgangsorientierten Ansatz ebenfalls betonend *Schneider*, Gemeinsame Verantwortlichkeit, S. 67 ff.

[1549] Kritisch dazu *Moos/Rothkegel*, MMR 2019, 584 (585).

[1550] Vgl. EuGH, Rs. C-231/22, *Moniteur belge*, ECLI:EU:C:2024:7 Rn. 49 f.

b.) Verbundenheit von Einzelentscheidungen

Der EuGH verbindet unterschiedliche Entscheidungsbeiträge verschiedener Akteure weitreichend zu gemeinsamen Verantwortlichkeiten. Auch innerhalb des Konzepts konvergierender Einzelentscheidungen ist allerdings entscheidend, dass sowohl die Anforderungen an den inneren Zusammenhang („Konnex") als auch an den Grad an willentlicher Zusammenarbeit oder anderweitig bewusstem Zusammenwirken in Übereinstimmung mit den Grundsätzen des europäischen Verantwortlichkeitskonzepts ausgestaltet werden.

aa.) EuGH-Anforderungen an den Bedingungszusammenhang

Bezüglich des die Einzelentscheidungen verbindenden Konnexes weisen die Urteile darauf hin, dass auch der EuGH einen zwischen Einzelentscheidungen bestehenden Bedingungszusammenhang, wonach die Folgen der gemeinsamen Verarbeitung nicht unabhängig vom Wirken der jeweils anderen Akteure eintreten dürfen, in den Mittelpunkt seiner holistischen Betrachtung stellt.[1551] Gleichzeitig erfährt dieses ohnehin schon abstrakte Kriterium durch die in Teilen extensive Auslegung des Verantwortlichkeitstatbestandes eine erhebliche Ausweitung.

Neben der Feststellung, dass der EuGH die sequenzielle Betrachtung einzelner Verarbeitungsvorgänge nicht in letzter Konsequenz verfolgt und auf diese Weise die Abgrenzung zwischen Konstellationen der alleinigen und der gemeinsamen Verantwortlichkeit belastet, zeigt die Analyse der unterschiedlichen Einflussformen,[1552] dass der EuGH datenschutzrechtliche Verantwortlichkeiten auch aus geringen Entscheidungsbeiträgen ableitet, dabei wiederholt auch auf Ermöglichungsbeiträge abstellt und diese zu gemeinsamen Verantwortlichkeiten verbindet. Entgegen der Auffassung des EuGH offenbart der Abgleich mit den Grundsätzen des europäischen Verantwortlichkeitskonzepts allerdings, dass die bloße Mitursächlichkeit für in einer Verarbeitungskette nachgelagerte Vorgänge für sich genommen nicht verantwortlichkeitsbegründend wirkt. Die Schlussfolgerung aus diesem Befund ist, dass aus abstrakten Ermöglichungshandlungen auch kein Beitrag zu konvergierenden Entscheidungen abgeleitet werden kann. Aus dem bloßen Umstand, dass das Tätigwerden eines Akteurs äquivalent kausal im Sinne der Conditio-sine-qua-non-Formel für nachgelagerte Vorgänge ist, kann nicht automatisch darauf geschlossen werden, dass auch eine konkretisierende Einflussnahme auf den in Rede stehenden Verarbeitungsvorgang besteht.

Speziell im Kontext organisatorischer Maßnahmen, zu denen der EuGH unter anderem auch Ermunterungshandlungen zählt, besteht darüber hinaus die Gefahr, dass untergeordnete und im

[1551] Siehe dazu *Hanloser*, ZD 2019, 458 (459).
[1552] Dazu Kap. F. I. 2.).

Ergebnis verzichtbare Mitwirkungsbeiträge zu gemeinsamen Verantwortlichkeiten verbunden werden, die selbst die Schwelle eines äquivalent kausalen Beitrages nicht überschreiten. Die unkonkreten Vorgaben des EuGH bedingen erhebliche Zweifel daran, ob die konkrete Datenverarbeitung auch ohne den direkten, die Modalitäten der Datenverarbeitung regelnden Input der organisierenden bzw. koordinierenden Stelle anders ausgefallen wäre.

Weitere Rechtsunsicherheiten folgen aus den Aussagen des EuGH, die darauf hindeuten, dass bereits ein Austauschverhältnis im Sinne eines Gebens und Nehmens als ein dem Rechtsinstitut der gemeinsamen Verantwortlichkeit zugrundeliegender Konnex angesehen werden könnte.[1553] Der EuGH scheint in dem bloßen Vorliegen eines Austauschverhältnisses die innere Verbindung zwischen den wirtschaftlichen Interessen beteiligter Stellen zu sehen. Über diesen inneren Zusammenhang versucht der EuGH die separaten wirtschaftlichen Interessen von zwei eigenständig Verantwortlichen abzugrenzen.[1554]

Die Folge einer solchen Auffassung wäre, dass jegliche Form der Zusammenarbeit akzeptiert würde, in der ein Verantwortlicher einem anderen Verantwortlichen einen wirtschaftlichen Vorteil verschafft und dafür im Gegenzug personenbezogene Daten erhält.[1555] Dem Befund des Gerichtshofs, wonach der Datenzuwachs eines Akteurs zu der verbesserten Werbewirkung in einem synallagmatischen Austauschverhältnis steht und der wirtschaftliche Vorteil der einen Stelle das Gegenstück des wirtschaftlichen Vorteils einer anderen Stelle bildet, kann für die Begründung einer gemeinsame Verantwortlichkeit im Ergebnis allerdings nur eine ergänzende Bedeutung beigemessen werden.[1556] Entscheidend bleibt das Zusammenwirken in der Form, dass jeder Akteur die konkrete Datenverarbeitung durch sein selbstbestimmtes Handeln bedingt und den Eigeninteressen entsprechend beeinflusst. Dementsprechend kann auch das bloße Profitieren von stattfindenden Verarbeitungsvorgängen an dieser Wertung nichts ändern, solange keine faktische Entscheidungsgewalt in Form einer steuernden Einflussnahme besteht.[1557]

Durch die vorschnelle Annahme konvergierender Entscheidungen erhöht der EuGH die Gefahr, dass zunehmend Akteure zu gemeinsam Verantwortlichen gemacht werden, die durch unbeträchtliche Beiträge das Gesamtgepräge einer Datenverarbeitung nicht relevant beeinflussen

---

[1553] Vgl. EuGH, Rs. C-40/17, *Fashion ID*, ECLI:EU:C:2019:629 Rn. 80; siehe dazu *Lurtz/Schindler,* VuR 2019, 471 (475), die auf Parallelen zwischen den Aussagen des EuGH und den Tatbestandsvoraussetzung der Stoffgleichheit in der Prüfung des subjektiven Tatbestands eines Betrugs nach § 263 StGB hinweisen, wonach der Vorteil die Kehrseite des entstandenen Schadens darstellen muss.

[1554] Kritisch dazu *Lurtz/Schindler,* VuR 2019, 471 (475).

[1555] *Lurtz/Schindler,* VuR 2019, 471 (475).

[1556] Vgl. dazu auch *Hanloser*, ZD 2019, 458 (459).

[1557] Missverständlich *Radtke*, Gemeinsame Verantwortlichkeit unter der DSGVO, S. 146, der aus dem Eigeninteresse und dem Profitieren von Verarbeitungen zu einem bestimmten Zweck ableitet, dass der Akteur zugleich auch faktischen Einfluss auf diesen Zweck ausüben könne; ähnlich OVG Schleswig, ZD 2022, 344 (Rn. 147), wonach eine Verantwortlichkeit auch deshalb ausscheide, weil eine Datenverarbeitung nicht im direkten Interesse eines Akteurs liegt und diesem keinerlei Vorteile bietet.

können. Zudem rücken durch die Rechtsprechung Akteure in den Fokus der gemeinsamen Verantwortlichkeit, die lediglich eine zeitlich und sachlich getrennt zu betrachtende, kausale Vorbedingung für die primär durch einen anderen Akteur vorgenommene Verarbeitung setzen.

bb.) Maßstab des bewussten Zusammenwirkens

Neben der Kritik an den objektiven Anforderungen konvergierender Entscheidungen erwachsen weitere Rechtsunsicherheiten aus dem Umstand, dass aus den bisherigen Urteilen nicht hinreichend ersichtlich wird, welcher Grad an willentlicher Zusammenarbeit oder anderweitig bewusstem Zusammenwirken zwischen den Beteiligten einer gemeinsamen Verantwortlichkeit durch den EuGH als notwendig erachtet wird.[1558] Urteilsübergreifend setzt der EuGH die diesbezüglichen Anforderungen niedrig an. Vor allem die Urteilsbegründung in der Rechtssache *Fashion ID* vermittelt sogar den Eindruck, als sei es für die Begründung einer gemeinsamen Verantwortlichkeit nicht einmal erforderlich, dass sich die Beteiligten wechselseitig kennen oder mit ihrem Tätigwerden gezielt zusammenwirken.[1559]

Ein derartiges Verständnis ist insoweit problematisch, als dass es bei einem rein faktischen oder gar zufälligen Zusammenwirken und der bloßen Häufung von Verantwortlichkeiten an einem die Entscheidungsbeiträge verbindenden Element fehlt. Das das Rechtsinstitut prägende Merkmal der „Gemeinsamkeit" wird wesentlich durch ein bewusstes und gewolltes Profitieren vom gegenseitigen Wirken geprägt.[1560] Agieren die beteiligten Akteure hingegen unabhängig und in Unkenntnis voneinander, wird eine gemeinsame Festlegung der Schlüsselelemente einer Verarbeitung nicht vorliegen. Je abstrakter und theoretischer die Kenntnis vom Wirken der jeweils anderen Stelle ist, desto fernliegender ist ein zielgerichtetes Zusammenwirken und desto schwerer fällt auch die Begründung des Rechtsinstituts der gemeinsamen Verantwortlichkeit.

Wenngleich speziell die Rechtssache *Fashion ID* einen Grenzfall betrifft, in dem die Kenntnis vom Wirken des jeweils anderen Akteurs eingeschränkt ist und die Aussagen des EuGH die daraus erwachsenden Rechtsunsicherheiten nicht stringent ausräumen, kann auch in dem Verhältnis zwischen dem Anbieter und dem Nutzer des Drittinhalts eine Überschreitung des erforderlichen Grades an bewusstem Zusammenwirken vorliegen. Die einzelfallbezogene Betrachtung offenbart, dass die Beteiligten nicht unabhängig und in vollständiger Unkenntnis voneinander agieren. Während der Nutzer des Plugins selbst von der Einbindung profitiert und dabei bewusst mit dem Plugin-Anbieter zusammenwirkt, verbreitet auch der Anbieter des Softwarecodes das Social Plugin mit der Intention und in dem Bewusstsein, dass die Software von

[1558] Siehe dazu *Moos/Rothkegel*, MMR 2019, 584 (585).
[1559] *Moos/Rothkegel*, MMR 2019, 584 (585).
[1560] Grundlegend dazu Kap. D. III. 4.) e.) aa.) (2.).

anderen Akteuren eingebunden wird und dadurch ein positiver Wirkzusammenhang entsteht. Sobald das technische System durch den Nutzer in die eigene Lebenswirklichkeit implementiert wird und dieses Vorgehen entsprechend der übergeordneten Vorstellung des Anbieters abläuft, kann sich die abstrakte, generelle Kenntnis auf den einzelnen Nutzer konkretisieren.
Die öffentliche Zurverfügungstellung informationstechnischer Systeme kann für den Anbieter damit zur Folge haben, dass dieser Teil einer gemeinsamen Verantwortlichkeit mit einer ihm im Vorhinein zunächst nicht exakt bekannten Anzahl von Akteuren wird.[1561] Dass in diesen Fällen keine explizite Absprache, Einigung bzw. abgestimmte Entscheidungsfindung zwischen den Akteuren stattfindet, ist unschädlich, wenn durch die antizipierte Einbindung in die Lebenswirklichkeit der Nutzer eine Konkretisierung auf bestimmte Entitäten erfolgt. Gegen die Forderung nach einem kommunikativen Akt spricht das teleologische Argument, wonach gerade in der abstrakteren und auf einen kommunikativen Akt verzichtenden Sichtweise des EuGH die Wirkkraft des europäischen Datenschutzkonzepts liegt.[1562]

II. Schlüssigkeit der Rechtsfolgenausgestaltung durch den EuGH

1.) Zielkonflikt zwischen Betroffenenschutz und Überinklusivität

Die Begründung der weiten Auslegung der Begriffsdefinition des „Verantwortlichen" fußt aus teleologischer Perspektive im Wesentlichen auf dem Regulierungsziel eines möglichst effektiven Betroffenenschutzes. Durch das ausgedehnte Begriffsverständnis soll der Schutz der Grundfreiheiten und Grundrechte natürlicher Personen bei der Verarbeitung ihrer personenbezogenen Daten wirksam und umfassend gewährleistet werden.[1563] Das gesamte europäische Datenschutzkonzept wird dabei von der übergeordneten Prämisse geprägt, wonach es grundsätzlich keine unverantwortete Verarbeitung personenbezogener Daten geben dürfe. Die Rechtsprechung des EuGH und dessen Auslegung wesentlicher Begrifflichkeiten wird durch diese Grundannahmen geleitet. Durch die niedrigschwellige Annahme von (Mit-)Verantwortlichkeiten und die vermehrte Berufung auf das Rechtsinstitut der gemeinsamen Verantwortlichkeit, welches zusätzliche Pflichten für Verantwortliche mit sich bringt, sollen die Betroffenen auch in komplexen und auf den ersten Blick undurchsichtigen Verarbeitungsvorgängen einen

[1561] Siehe dazu *Monreal*, CR 2019, 797 (804); *Weichert*, ZD 2014, 605 (606); kritisch *Moos/Rothkegel*, MMR 2019, 584 (585 f.).
[1562] *Monreal*, CR 2019 797 (804).
[1563] EuGH [GK], Rs. C-131/12, *Google Spain SL u. Google Inc./Agencia Española de Protección de Datos (AEPD) u. Mario Costeja González,* ECLI:EU:C:2014:317 Rn. 34; EuGH [GK], Rs. C-210/16, *ULD Schleswig-Holstein/Wirtschaftsakademie Schleswig-Holstein,* ECLI:EU:C:2018:388 Rn. 27 und 28; EuGH [GK], Rs. C-25/17, *Zeugen Jehovas,* ECLI:EU:C:2018:551 Rn. 66; EuGH, Rs. C-40/17, *Fashion ID*, ECLI:EU:C:2019:629 Rn. 66.

größtmöglichen Schutz erfahren. Transparenz und Rechtsklarheit werden in den Vordergrund gestellt.[1564]

Dem Umstand geschuldet, dass allerdings weder das Recht auf informationelle Selbstbestimmung noch das Recht auf Datenschutz absolute Rechte darstellen,[1565] müssen auch die Rechte und Interessen des Datenverarbeiters eine Berücksichtigung finden.[1566] Unter Wahrung des Verhältnismäßigkeitsprinzips ist auch das Recht auf Schutz personenbezogener Daten gegen andere Grundrechte abzuwiegen (vgl. DSGVO-Erwägungsgrund 4 S. 2 Hs. 2 und S. 3).

Auf der Ebene der Verantwortlichkeitszuordnungen ist dem erforderlichen Interessenausgleich vor allem dadurch Rechnung zu tragen, dass datenschutzrechtliche Verantwortlichkeiten grundsätzlich nur entsprechend der durch tatsächliche Einflussnahme manifestierten Entscheidungsgewalt verteilt werden sollten. Im Datenschutzrecht wird insofern auch von dem „Prinzip der Korrespondenz von Kontrolle und Verantwortung“ [1567] gesprochen. Bedingt durch die in Teilen extensive Auslegung des Verantwortlichkeitstatbestandes droht indes eine Überinklusivität in der Form, dass Pflichten auf Akteure übertragen werden, die diese in der Folge nicht, oder nur unter unverhältnismäßig großem Aufwand erfüllen können.[1568] Insbesondere in Verarbeitungskonstellationen, in denen das Ausmaß an faktischer Entscheidungsgewalt zwischen den Beteiligten stark divergiert und nicht alle gemeinsam Verantwortlichen gleichermaßen Zugriff auf die personenbezogenen Daten haben, potenziert sich die Gefahr einer grundrechtsbeeinträchtigenden Überinklusivität zulasten strukturell unterlegener Stellen.[1569]

Je extensiver datenschutzrechtliche Verantwortlichkeiten im Rahmen des dichotomen Grundkonzepts begründet werden, desto eher droht auch die Proportionalität zwischen der tatsächlichen Kontrolle und der datenschutzrechtlichen Verantwortung zu verrücken. Die bloße Unfähigkeit alle Verpflichtungen des Verantwortlichen zu erfüllen, schließt das Vorliegen einer gemeinsamen Verantwortlichkeit gleichsam nicht automatisch aus und führt zu einer Haftung für

---

[1564] Siehe dazu *Radtke*, Gemeinsame Verantwortlichkeit unter der DSGVO, S. 198 f., der den Betroffenenschutz in Anbetracht dieser Zielsetzungen übergewichtet. Schon die Erwartungen aus der Perspektive betroffener Personen seien maßgeblich für die Begründung einer gemeinsamen Verantwortlichkeit zu berücksichtigen.

[1565] Vgl. zum Recht auf informationelle Selbstbestimmung bereits BVerfG, Urt. v. 15.12.1983, Az.: 1 BvR 209/83, ECLI:DE:BVerfG:1983:rs19831215.1bvr020983 Rn. 148; zu Art. 8 GRCh EuGH [GK], Rs. C-92/09 und C-93/09, *Schecke und Eifert*, ECLI:EU:C:2010:662 Rn. 48; vgl. auch DSGVO-Erwägungsgrund 4 S. 2 Hs. 1.

[1566] Vgl. *Koreng*, in: Taeger/Gabel, DSGVO/BDSG/TTDSG, 4. Aufl. 2022, Art. 23 Rn. 4, der zutreffend herausstellt, dass auch der Datenschutz im Verfassungsgefüge nur eines von zahlreichend Rechten ist, das in Einklang mit den jeweils anderen Rechten zu bringen ist.

[1567] Siehe *Hacker*, Datenprivatrecht, S. 130; *Hacker*, MMR 2018, 779 (780); ähnlich *Schulz*, ZD 2018, 363 (364).

[1568] Kritisch dazu bereits Schlussanträge GA *Bobek*, Rs. C-40/17, *Fashion ID*, ECLI:EU:C:2018:1039 Rn. 83; das Risiko einer Überinklusivität nicht hinreichend berücksichtigend *Radtke*, Gemeinsame Verantwortlichkeit unter der DSGVO, S. 201 f., der ausgehend von den vernünftigen Erwartungen betroffener Personen gemeinsame Verantwortlichkeiten weitreichend annimmt und im Schwerpunkt auf den Transparenzgrundsatz abstellt.

[1569] Vgl. *Janicki*, FS Taeger 2020, S. 214.

jede Pflichtverletzung.[1570] Auch im Kontext der auf den Betroffenenschutz fokussierten Sichtweise des EuGH darf daher nicht unbeachtet bleiben, dass die Ausweitung der Rechtsposition Betroffener im Gegenzug zu einer Mehrbelastung datenverarbeitender Stellen führt.

2.) Interne Pflichtenverteilung in machtasymmetrischen Verarbeitungsszenarien

Eine nach Einflussmöglichkeiten differenzierende Ausgestaltung der Rechtsfolgenseite kann in gewissem Maße über die Aufteilung der datenschutzrechtlichen Verpflichtungen zwischen gemeinsam Verantwortlichen erreicht werden. Auch den Erwägungen des EuGH liegt die Prämisse zugrunde, wonach die Beteiligten an einer gemeinsamen Verantwortlichkeit stets die Möglichkeit dazu besitzen, eine Vereinbarung gemäß Art. 26 Abs. 1 S. 2 und Abs. 2 S. 1 DSGVO abzuschließen, um untereinander klare Regelungen zu treffen, wer welche Verpflichtungen in welchem Umfang zu erfüllen hat.[1571] Über die interne Pflichtenverteilung und deren transparente Zugänglichmachung soll den durch Fehladressierungen drohenden Belastungen entgegengewirkt werden.

Für die wirksame Aufteilung der Erfüllungszuständigkeiten im Rahmen einer transparenten Zuständigkeitsmatrix bleibt es jedoch entscheidend, dass im Detail festgelegt wird, wer die datenschutzrechtlichen Verpflichtungen zu erfüllen hat, dass die Vereinbarung unter Achtung der tatsächlichen Rollen der Beteiligten abgeschlossen wird, die Verpflichtungen nicht zu Lasten untergeordneter Entitäten verteilt werden und die diesbezüglichen Informationen den Betroffenen in transparenter Form zugänglich gemacht werden. Während auf diese Weise in machtsymmetrischen und transparent gestalteten Verarbeitungskonstellationen die Pflichtenverteilung zwischen gemeinsam Verantwortlichen über Freistellungen der Erfüllungsverpflichtungen in abgestufter Form ausgestaltet werden kann, findet die Gestaltungsfreiheit zwischen Mitverantwortlichen dort ihre Grenzen, wo Vereinbarungen nicht geschlossen werden, die Vereinbarungen nicht den tatsächlichen Verhältnissen entsprechen oder für die Betroffenen nicht hinreichend ersichtlich sind.[1572]

Bedingt durch die von der Rechtsprechung vorangetriebene Ausweitung des Verantwortlichkeitstatbestandes und die Fokussierung auf gemeinsame Verantwortlichkeiten werden die Grenzen der Gestaltungsfreiheit in der Praxis allerdings häufig nur schwerlich gewahrt werden

[1570] Bereits die *Art.-29-Datenschutzgruppe* hat darauf hingewiesen, dass die Unfähigkeit alle Pflichten eines Verantwortlichen direkt zu erfüllen, die Einstufung als Verantwortlicher nicht ausschließt und zu einer Haftung für jede Pflichtverletzung führt *Art.-29-Datenschutzgruppe*, WP 169. S. 27; siehe dazu auch *Gierschmann*, ZD 2020, 69 (70); siehe auch *Hartung*, in: Kühling/Buchner, DS-GVO/BDSG, 4. Aufl. 2024, Art. 26 Rn. 63.

[1571] Vgl. *Monreal*, CR 2019, 797 (807).

[1572] Dazu Kap. D. III. 4.) d.) aa.) (5.) (c.); a.A. *Golland*, K&R 2018, 433 (436), der davon ausgeht, dass eine volle Verantwortlichkeit im Außenverhältnis, wie sie Art. 26 Abs. 3 DSGVO vorsieht, nur so weit gehen könne, wie sie von den Beteiligten intendiert ist.

können. Es steht zu befürchten, dass sich machtasymmetrische Verarbeitungsszenarien verzerrend auf die interne Pflichtenverteilung auswirken und dadurch verhindern, dass die tatsächlichen Funktionen und Beziehungen der gemeinsam Verantwortlichen in den Vereinbarungen angemessen abgebildet werden. Strukturell überlege Akteure werden darauf hinwirken, nur einen Teil der anwendbaren Datenschutzvorschriften beachten zu müssen. Auch der Innenausgleich wird mit wachsendem Machtungleichgewicht schwerer durchsetzbar sein und eher zu Lasten des schwächeren Teils ausfallen. Aufgrund der schieren Anzahl der potenziell (Mit-)Verantwortlichen und der weitreichenden Tolerierung bestehender Machtasymmetrien durch den EuGH werden rechtswirksame, die Korrespondenz von Kontrolle und Verantwortung fördernde Pflichtenverteilungen somit voraussichtlich die Ausnahme darstellen.[1573]

3.) Flexible Pflichtenadressierung durch den EuGH

Abseits des durch interne Pflichtenverteilung abgedeckten Bereichs wird das Spannungsverhältnis zwischen dem Bestreben nach einem möglichst weitreichenden Betroffenenschutz und der drohenden Überinklusivität des europäischen Verantwortlichkeitskonzepts auch durch den EuGH zur Kenntnis genommen. Bedenken hinsichtlich des aus der weiten Begriffsauslegung resultierenden Rechtsfolgenregimes griff der EuGH bereits in der Rechtssache *Wirtschaftsakademie Schleswig-Holstein* auf. Wenngleich die weite Definition des Begriffs des „Verantwortlichen" für einen wirksamen und umfassenden Schutz der Betroffenen als notwendig erachtet wird, stellt der EuGH in der Urteilsbegründung ausdrücklich heraus, dass das Bestehen einer gemeinsamen Verantwortlichkeit nicht zwangsläufig eine gleichwertige Verantwortlichkeit der verschiedenen Akteure für dieselbe Verarbeitung personenbezogener Daten zur Folge habe.
Je nachdem in welchen Phasen und in welchem Ausmaß die Akteure in die Verarbeitung personenbezogener Daten einbezogen sind, könne der Grad der Verantwortlichkeit unter Berücksichtigung aller maßgeblichen Umstände des Einzelfalls variieren.[1574] Als einzelfallbezogene Konkretisierung dieser Grundannahme geht der EuGH davon aus, dass die Verantwortung der Fanpage-Betreiber gegenüber Betroffenen ohne Facebook-Account „noch höher"[1575] anzusehen sei. Diesen Ansatz einer graduellen Verantwortlichkeit hat der EuGH sowohl in der

[1573] Kritisch auch Schlussanträge GA *Bobek*, Rs. C-40/17, *Fashion ID*, ECLI:EU:C:2018:1039 Rn. 86.
[1574] EuGH [GK], Rs. C-210/16, *ULD Schleswig-Holstein/Wirtschaftsakademie Schleswig-Holstein*, ECLI:EU:C:2018:388 Rn. 43; unter Verweis auf Schlussanträge GA *Bot*, Rs. C-210/16, *ULD Schleswig-Holstein/Wirtschaftsakademie Schleswig-Holstein*, ECLI:EU:C:2017:796 Rn. 75 f.; in diesem Sinne auch *EDPB*, Guidelines 07/2020 (Version 2.1), Rn. 58; siehe auch *EDPB*, Guidelines 8/2020 (Version 2.0), Rn. 138 ff.
[1575] EuGH [GK], Rs. C-210/16, *ULD Schleswig-Holstein/Wirtschaftsakademie Schleswig-Holstein*, ECLI:EU:C:2018:388 Rn. 41.

Rechtssache *Zeugen Jehovas*[1576], in der Rechtssache *Fashion ID*[1577], in der Rechtssache *Nacionalinis visuomenės sveikatos centras*[1578] als auch in der Rechtssache *IAB Europe*[1579] im Grundsatz bestätigt.

Mit der Akzentuierung dieses die Verantwortungszuweisung flexibilisierenden Ansatzes ergänzt der EuGH die zutreffende Feststellung, wonach von der Verpflichtung nicht Vorgänge der Verarbeitung umfasst werden, welche ein Akteur im Nachgang vornimmt und auf die der zuvor involvierte Akteur gar keinen Einfluss hat und keine Kenntnis besitzt.[1580] Schlüssig wird in der Rechtssache *Fashion ID* dargelegt, dass den initiierenden Akteur die Verpflichtung zu der sofortigen Einholung einer Einwilligung und zur Erteilung der Informationspflichten aus Artt. 13 f. DSGVO nur im Hinblick auf die Vorgänge des Erhebens und der Weitergabe durch Übermittlung treffen.[1581] Der Aussagewert dieser Klarstellung beschränkt sich allerdings auf die Bestätigung des dem europäischen Verantwortlichkeitskonzept immanenten Grundsatzes, wonach die dem Verantwortlichen auferlegten Pflichten ohnehin nur so weit reichen können, wie auch die zuvor bestimmte Verantwortlichkeit selbst reicht. Insofern kann sich auch eine gemeinsame Verantwortlichkeit nur auf bestimmte Verarbeitungsschritte oder lediglich gewisse Aspekte eines Datenverarbeitungsverfahrens erstrecken.[1582]

Wesentlich bemerkenswerter ist hingegen die Feststellung, dass der EuGH die Transparenzpflichten hinsichtlich der mittels des informationstechnischen Systems ausgelösten Vorgänge einseitig dem initiierenden Akteur überantwortet, obwohl sowohl für den Erhebungs- als auch den Übermittlungsvorgang von einer gemeinsamen Verantwortlichkeit zusammen mit dem Anbieter des Drittinhalts ausgegangen wird.[1583] Durch diese einseitige Pflichtenüberantwortung adressiert der EuGH die praktische Problematik, dass die Anbieter, die eine technische Infrastruktur öffentlich bereitstellen, oft in keinem direkten Kontakt zu den Stellen stehen, deren personenbezogene Daten durch den Einsatz der informationstechnischen Systeme initial verarbeitet werden.[1584]

Übertragen auf andere Datenschutzverpflichtungen verantwortlicher Stellen könnte diese einseitige Pflichtenüberantwortung auch Auskunftsansprüche aus Art. 15 DSGVO betreffen, die

---

[1576] EuGH [GK], Rs. C-25/17, *Zeugen Jehovas,* ECLI:EU:C:2018:551 Rn. 66.
[1577] EuGH, Rs. C-40/17, *Fashion ID*, ECLI:EU:C:2019:629 Rn. 70.
[1578] EuGH [GK], Rs. C-683/21, *Nacionalinis visuomenės sveikatos centras*, ECLI:EU:C:2023:949 Rn. 42.
[1579] EuGH, Rs. C-604/22, *IAB Europe*, ECLI:EU:C:2024:214 Rn. 58.
[1580] Vgl. EuGH, Rs. C-40/17, *Fashion ID*, ECLI:EU:C:2019:629 Rn. 101; in diesem Sinne auch EuGH, Rs. C-604/22, *IAB Europe*, ECLI:EU:C:2024:214 Rn. 73 f.
[1581] EuGH, Rs. C-40/17, *Fashion ID*, ECLI:EU:C:2019:629 Rn. 101 f.
[1582] *Moos/Rothkegel*, MMR 2018, 596 (597).
[1583] EuGH, Rs. C-40/17, *Fashion ID*, ECLI:EU:C:2019:629 Rn. 102, 104 und 105; so bereits Schlussanträge GA *Bobek*, Rs. C-40/17, *Fashion ID*, ECLI:EU:C:2018:1039 Rn. 131.
[1584] So auch *Petri*, EuZW 2018, 540 (541).

ebenfalls nur gegenüber dem das informationstechnische System einbindenden Akteur geltend gemacht werden könnten, soweit nicht die Informationen objektiv erkennbar nur dem übergeordneten Anbieter zugänglich sind.[1585] Im Umkehrschluss zu der einseitigen Überantwortung von Transparenzpflichten auf den das informationstechnische System nutzenden Akteur erschiene es im Gegenzug entsprechend sinnvoll, dem Diensteanbieter die primäre Zuständigkeit für technische Pflichten, wie etwa Privacy by Design- bzw. by Default-Maßnahmen (vgl. Art. 25 und Art. 32 DSGVO), zuzuteilen.[1586] Sollte der Anbieter darüber hinaus auch nachgelagerte Datenanalysen administrieren, die eine Speicherung der personenbezogenen Daten erfordern und unter Umständen auch automatisierte Entscheidungen im Einzelfall umfassen, entspräche es der durch den EuGH angelegten Logik, auch die diesbezüglichen Verpflichtungen aus Artt. 16-20 und Art. 22 DSGVO einseitig dem Anbieter zuzuweisen.[1587]

a.) Begründbarkeit gradueller Verantwortlichkeiten

Mit dem Ansatz der flexiblen Pflichtenadressierung verfolgt der EuGH die Zielsetzung, die tatsächlichen Einflussfähigkeiten der Beteiligten zu den weitreichenden Pflichtenzuweisungen in einen Ausgleich zu bringen. Die Aussagen des EuGH vermitteln dabei den Eindruck, als könne eine unterschiedliche Beteiligung der Akteure an der Bestimmung der Schlüsselelemente einer Datenverarbeitung auch dazu führen, dass die datenschutzrechtliche Verantwortung eine Partei im Hinblick auf einen abtrennbaren Verarbeitungsschritt nur teilweise trifft und sie in der Folge nur einen Teil der anwendbaren Datenschutzvorschriften zu beachten hat.[1588] Aus der Zusammenschau dieses nach dem Grad der Verantwortlichkeit differenzierenden Ansatzes und der einseitigen Überantwortung datenschutzrechtlicher Pflichten auf einzelne Mitverantwortliche wird mitunter geschlussfolgert, dass sich dieses Vorgehen allgemein im Verhältnis zu den Betroffenen für die Verhältnismäßigkeit heranziehen lasse.[1589] Aus dem abgestuften Verantwortlichkeitskonzept des EuGH folge eine „abgestufte Pflichtenlast“[1590]. Den in der Rolle eines Mitverantwortlichen agierenden Akteur könnten dementsprechend nur solche Pflichten treffen, die entsprechend seiner Mitverantwortlichkeit auch angemessen und verhältnismäßig sind.[1591]

[1585] Vgl. *Hacker*, Datenprivatrecht, S. 143.
[1586] Vgl. *Wagner*, ZD 2018, 307 (311).
[1587] Vgl. *Hacker*, Datenprivatrecht, S. 143.
[1588] Vgl. *Moos/Rothkegel*, MMR 2018, 596 (597).
[1589] So etwa *Kollmar*, NVwZ 2019, 1740 (1742); *Petri*, EuZW 2018, 540 (541).
[1590] *Brüggemann*, CR 2018, 581 (582).
[1591] Vgl. *Brüggemann*, CR 2018, 581 (582).

aa.) Konzeptionelle und rechtliche Einwände

Die pragmatische Differenzierung nach dem Grad der Verantwortlichkeit[1592] sowie die Berücksichtigung unterschiedlicher Abstufungen der Pflichtenüberantwortung stoßen indes auf gewichtige Bedenken, die durch die allgemein gehaltenen Ausführungen in den Urteilsbegründungen nicht nachhaltig ausgeräumt werden. Bereits die Frage danach, was konkret unter „höher[er]“[1593] Verantwortlichkeit zu verstehen ist und welche Auswirkungen eine solche Feststellung auf das Rechtsfolgensystem haben kann, wird urteilsübergreifend nicht hinreichend beantwortet.[1594] Präzisierende Ausführungen dahingehend, wodurch eine erhöhte Verantwortlichkeit gekennzeichnet ist, auf welche Daten oder Prozesse sich die gemeinsame Verantwortlichkeit und die Pflichtenzuweisungen beziehen sollen und welche Konsequenzen für den einzelnen Verantwortlichen daraus resultieren, sind den Urteilen nur ansatzweise zu entnehmen.[1595] Die vom EuGH zur Abgrenzung der jeweiligen Pflichten bereitgestellten Kriterien ergeben in ihrer Gesamtschau kein kohärentes Gesamtkonzept, sondern können allenfalls als eine erste Orientierungshilfe dienen.[1596]

Neben der unzureichenden Begründungstiefe stößt das Vorgehen des EuGH auch auf rechtliche Einwände. Aus der bisherigen Rechtsprechung wird nicht ersichtlich, auf welchen gesetzlichen Regelungen das Konzept der graduellen Verantwortlichkeit überhaupt fußen soll. Grundsätzlich gilt, dass ein Akteur für einen Datenverarbeitungsvorgang entweder (mit-)verantwortlich ist oder er es nicht ist.[1597] Sobald hinsichtlich eines bestimmten Verarbeitungsabschnitts eine gemeinsame Verantwortlichkeit zugeordnet wird, ist darüber hinaus Art. 26 Abs. 3 DSGVO einschlägig, wonach eine uneingeschränkte Außenhaftung eines jeden Mitverantwortlichen für alle Betroffenenrechte droht.

Während sich für die Rechtsprechung des EuGH unter der DSRL wegen fehlender Rechtsfolgenregelungen noch ein größerer Spielraum ergab, sind der Flexibilisierung des

[1592] Der EuGH scheint dahingehend ältere Überlegungen der *Art.-29-Datenschutzgruppe* aufzugreifen, wonach die Verpflichtungen der Beteiligten gemäß den geltenden Datenschutzvorschriften auf der Basis einer Bewertung ihrer jeweiligen Rollen festzulegen seien und die Anbieter von Online-Inhalten nur „eine gewisse Verantwortung“ trügen, siehe *Art.-29-Datenschutzgruppe*, WP 171, S. 14.

[1593] EuGH, Rs. C-40/17, *Fashion ID*, ECLI:EU:C:2019:629 Rn. 83; vgl. in diesem Sinne EuGH [GK], Rs. C-210/16, *ULD Schleswig-Holstein/Wirtschaftsakademie Schleswig-Holstein,* ECLI:EU:C:2018:388 Rn. 41.

[1594] Siehe zur phasenweisen Betrachtung statt gleichwertiger Verantwortlichkeit *Kremer*, in: Schwartmann/Jaspers/Thüsing/Kugelmann, DS-GVO/BDSG, 3. Aufl. 2024, Art. 26 Rn. 59; kritisch auch *Hacker*, Datenprivatrecht, S. 133.

[1595] Kritisch dazu auch *Rücker/Brandt*, DB 2019, 2451 (2452).

[1596] In diesem Sinne auch *Sattler*, GRUR 2019, 1023 (1024).

[1597] In diesem Sinne auch EuGH [GK], Rs. C-25/17, *Zeugen Jehovas,* ECLI:EU:C:2018:551 Rn. 65, wonach „jeder von ihnen [den Verantwortlichen] den Datenschutzvorschriften unterliegt“; *Radtke*, Gemeinsame Verantwortlichkeit unter der DSGVO, S. 204, der bildlich gesprochen von einem „An-Aus-Schaltmechanismus“ spricht.

Rechtsfolgenregimes unter der DSGVO enge Grenzen gesetzt.[1598] Formen einer abgeschichteten, graduellen bzw. beschränkten Verantwortung im Außenverhältnis in der Form, dass grundsätzlich nur gewisse (jedoch nicht alle) datenschutzrechtlichen Vorgaben einzuhalten sind, sind grundsätzlich nicht vorgesehen.[1599] Es besteht kein allgemeiner Gestaltungsraum mehr dafür, den Grad der Verantwortlichkeit eines jeden der gemeinsam Verantwortlichen unter Berücksichtigung aller maßgeblichen Umstände des Einzelfalls zu beurteilen.[1600] Die durch den EuGH gewählte Vorgehensweise stößt unter dem bestehenden Rechtsrahmen mithin auf gewichtige Einwände.[1601]

bb.) Alternative Begründungsansätze

Die geschilderten Einwände berücksichtigend sind alternative Begründungsansätze zur Beschränkung der Pflichtenlast in Betracht zu ziehen, um das Prinzip der Korrespondenz von Kontrolle und Verantwortung auch unter Berücksichtigung der bisher ergangenen Rechtsprechung zu wahren und die Urteile mit dem Regelungskonzept der DSGVO in einen möglichst plausiblen Einklang zu bringen. Auch unter der DSGVO besteht ein gesteigertes Bedürfnis nach einer Flexibilisierung des Rechtsfolgenregimes, wenn wie im Rahmen der bislang ergangenen Rechtsprechung auch Akteure mit geringen Einflussnahmemöglichkeiten weitreichend als gemeinsam Verantwortliche deklariert werden und diese Akteure große Teile des datenschutzrechtlichen Pflichtenkatalogs in der Praxis nicht oder nur unter einem unverhältnismäßigen Aufwand erfüllen können.

(1.) Teleologische Reduktion des Art. 26 Abs. 3 DSGVO

Als Begründungsansatz für die durch den EuGH vorgenommene Flexibilisierung des Rechtsfolgenregimes ist ergänzend eine teleologische Reduktion des Art. 26 Abs. 3 DSGVO in

---

[1598] Kritisch zu den Aussagen des EuGH *Hacker*, Datenprivatrecht, S. 133; siehe auch *Wagner*, ZD 2018, 307 (311); die Schlussfolgerungen des EuGH als „rechtshistorisch" bezeichnend *Moos/Rothkegel*, MMR 2019, 584 (586); *Moos/Rothkegel*, MMR 2018, 596 (597).

[1599] Vgl. *Hacker*, Datenprivatrecht, S. 138; *Spittka/Mantz*, NJW 2019, 2742 (2744); kritisch auch *Kremer*, in: Schwartmann/Jaspers/Thüsing/Kugelmann, DS-GVO/BDSG, 3. Aufl. 2024, Art. 26 Rn. 59, der klarstellt, dass der „Grad der Verantwortlichkeit" nur bei der Haftung im Innenregress gemeinsam Verantwortlicher und bei Bußgeldern zu berücksichtigen ist; *Piltz*, ZD 2017, 336 (337); siehe dazu auch *Kosmider*, Die Verantwortlichkeit im Datenschutz, S. 42 f.; a.A. wohl *Forgó*, in: Oppermann/Buck-Heeb, Autonomes Fahren, 3. Aufl. 2024, Kap. 2.4 Rn. 41, wonach Konzepte abgestufter gemeinsamer Verantwortlichkeit möglich seien; *Brüggemann*, CR 2018, 581 (582), der von einem abgestuften Verantwortlichkeitskonzept ausgeht, im Rahmen dessen die Pflichtenlast im Einzelfall entsprechend der Mitverantwortlichkeit angemessen und verhältnismäßig zu verteilen sei.

[1600] Vgl. *Hacker*, Datenprivatrecht, S. 138; *Moos/Rothkegel*, MMR 2018, 596 (597).

[1601] Kritisch auch *Moos/Rothkegel*, MMR 2018, 596 (596 f.); *Hacker*, Datenprivatrecht, S. 137, wonach der Abgleich der Regelungssysteme den Schluss nahelege, zwischen den nach der DSRL entschiedenen Fällen und den die DSGVO betreffenden Sacherhalten zu unterscheiden.

Betracht zu ziehen.[1602] Die Notwendigkeit einer Beschränkung der Außenhaftung eines jeden Mitverantwortlichen für alle Betroffenenrechte erwächst im Wesentlichen aus der in Teilen extensiven Auslegung des Verantwortlichkeitstatbestandes und der nicht hinreichenden Trennung zwischen einzelnen Verarbeitungsvorgängen.

Wird strukturell untergeordneten Akteuren die volle Mitverantwortlichkeit auch für Verarbeitungsvorgänge im primären Einflussbereich eines anderen Akteurs auferlegt, droht die notwendige Korrespondenz von Einfluss und Verantwortlichkeit zu verschwimmen.[1603] Können große Teile des Pflichtenkataloges der DSGVO durch einzelne Akteure in der Praxis faktisch nicht oder nur unter unverhältnismäßigem Aufwand erfüllt werden,[1604] erscheint es insofern nachvollziehbar, die Haftung eines jeden Mitverantwortlichen, entsprechend dem auf unionsrechtlicher Ebene gültigen Rechtsgrundsatz *ultra posse nemo tenetur* (deutsch: Niemand ist gehalten, mehr zu leisten als er kann), im Hinblick auf die Erfüllung von datenschutzrechtlichen Verpflichtungen (insbesondere der Betroffenenrechte) nur soweit gehen zu lassen, wie dem Verantwortlichen im Einzelfall auch eine tatsächlich bestehende Kontroll- und Einflussnahmemöglichkeit hinsichtlich deren Erfüllung zukommt.[1605] Eine solche Beschränkung dürfte indes nicht darüber hinwegtäuschen, dass jeder (Mit-)Verantwortliche auch weiterhin alle ihm zumutbaren Anstrengungen unternehmen müsste, um die Betroffenenrechte und alle weiteren Verpflichtungen zu erfüllen.[1606] Sind einzelne Mitverantwortliche nicht dazu in der Lage, allen Verpflichtungen nachzukommen, müssten die Beteiligten grundsätzlich auch alle ihnen zumutbaren Anstrengungen unternehmen, um durch ihr Zusammenwirken den Verpflichtungen im Ganzen nachzukommen.

Ungeachtet dessen, dass das Erfordernis nach einer Flexibilisierung des Rechtsfolgenregimes im Wesentlichen auf die weite Interpretation des Verantwortlichkeitstatbestandes zurückzuführen ist, stößt eine teleologische Reduktion des Art. 26 Abs. 3 DSGVO allerdings ebenfalls auf relevante Einwände. Die Grundvoraussetzung für eine teleologische Reduktion ist, dass die vom Wortlaut umfassten Fälle der inneren Zielsetzung des Gesetzes überhaupt widersprechen. Der Sinn und Zweck von Art. 26 Abs. 3 DSGVO besteht jedoch gerade darin, Nachteile für Betroffene zu verhindern, die aus Informationsasymmetrien resultieren und dadurch

[1602] In diesem Sinne insbesondere *Hacker*, Datenprivatrecht, S. 140 f.; *Hacker*, MMR 2018, 779 (780); a.A. *Radtke*, Gemeinsame Verantwortlichkeit unter der DSGVO, S. 324; *Martini*, in: Paal/Pauly, DS-GVO/BDSG, 3. Aufl. 2021, Art. 26 Rn. 22.
[1603] Vgl. *Hacker*, Datenprivatrecht, S. 141; vgl. auch Schlussanträge GA *Bobek*, Rs. C-40/17, *Fashion ID*, E-CLI:EU:C:2018:1039 Rn. 91.
[1604] Vgl. dazu *Golland*, ZD 2020, 397 (403).
[1605] Diesen Begründungsansatz in den Vordergrund stellend *Hacker*, Datenprivatrecht, S. 140 f.; vgl. auch *Hanloser*, ZD 2019 122 (123).
[1606] *Hacker*, Datenprivatrecht, S. 141.

erwachsen, dass die Verantwortlichen ihre Arbeitsteilung zu Lasten des Betroffenen organisieren.[1607] Für den Fall, dass Betroffene im Unklaren darüber verbleiben, welche Stellen für die Einhaltung welcher datenschutzrechtlichen Vorgaben letztverantwortlich sind, drohten jedoch relevante Transparenzeinbußen, die dem Telos der Norm widersprächen und die auf den Betroffenenschutz ausgerichtete Rechtsprechung teilweise ins Gegenteil verkehren würden.[1608]

(2.) Pflichtenbeschränkung aufgrund von Unmöglichkeit

Als weiterer Begründungsansatz für das Vorgehen des EuGH ist darüber hinaus auch eine generelle Beschränkung der individuellen Pflichtenerfüllung entsprechend der im nationalen Recht ausgebildeten Grundsätze der Unmöglichkeit der Leistung i.S.d. § 275 Abs. 1 oder 2 BGB in Betracht zu ziehen.[1609] Die aus der Rechtssphäre der Unmöglichkeit verankerten Grundsätze finden ihren Ursprung in dem bereits aus dem römischen Recht bekannten und auch im Unionsrecht verankerten Rechtsgrundsatz *Impossibilium nulla est obligatio* (deutsch: Nichts ist Pflicht bei Unmöglichkeit), wonach grundsätzlich niemand zu etwas Unmöglichem verpflichtet werden kann.[1610]

Auch innerhalb der DSGVO wird dieser Rechtsgrundsatz an mehreren Stellen direkt aufgegriffen. Dem § 275 Abs. 1 oder 2 BGB vergleichbare Regelungen finden sich sowohl in Art. 14 Abs. 5 lit. b DSGVO, in Art. 19 S. 1 DSGVO als auch in Art. 34 Abs. 3 lit. c DSGVO. Ausweislich dieser Ausnahmeregelungen entfällt jeweils die Pflichtenlast des Verantwortlichen, wenn deren Erfüllung unmöglich oder mit einem unverhältnismäßigen Aufwand verbunden ist. Über diese Einzelregelungen hinausgehend wird vereinzelt auch eine generelle Beschränkung der datenschutzrechtlichen Pflichtenlast auf das Mögliche und Zumutbare aus dem Wortlaut des Art. 4 Nr. 7 DSGVO abgeleitet.[1611] Weil der Begriff der Entscheidung insbesondere die aus tatsächlichen Einflussmöglichkeiten erwachsende Entscheidungsgewalt eines Akteurs auf einen konkreten Datenverarbeitungsvorgang umfasse, würden dadurch zugleich die faktischen Kontrollmöglichkeiten in den Fokus genommen, die letztlich auch Ausdruck des Prinzips der Korrespondenz von Kontrolle und Verantwortung seien.[1612]

Indem nunmehr auch der EuGH im Zusammenhang mit der Einbindung von Social Plugins ausdrücklich davon ausgeht, dass die für die – gemeinsam verantwortete – Erhebung

[1607] *Martini*, in: Paal/Pauly, DS-GVO/BDSG, 3. Aufl. 2021, Art. 26 Rn. 36; ähnlich *EDPB*, Guidelines 07/2020 (Version 2.1), Rn. 189.
[1608] Vgl. *Moos/Rothkegel*, MMR 2018, 596 (597).
[1609] Instruktiv dazu *Hacker*, Datenprivatrecht, S. 141.
[1610] So bereits EuGH [GK], Rs. C-622/16 P bis C-624/16 P, *Scuola Elementare*, ECLI:EU:C:2018:873 Rn. 79; EuGH, Rs. C-179/15, *Daimler*, EU:C:2016:134 Rn. 42.
[1611] Vgl. *Hacker*, Datenprivatrecht, S. 142.
[1612] Vgl. *Hacker*, Datenprivatrecht, S. 142.

erforderliche Einwilligung von dem Betreiber der Webseite und nicht durch den Anbieter des Plugins eingeholt werden müsse und dasselbe auch für die im Zeitpunkt der Erhebung zu erfüllenden Informationspflichten gelte,[1613] scheint auch der Gerichtshof die Prämisse zugrunde zu legen, wonach die Erfüllung einzelner Pflichten aufgrund von Unmöglichkeitserwägungen nur bestimmten Akteuren sinnvollerweise auferlegt werden könne. Die Unfähigkeit einzelner Beteiligter alle datenschutzrechtlichen Pflichten zu erfüllen, wird in der Praxis häufig durch infrastrukturelle Begebenheiten bedingt sein.[1614]
Eine faktische Unmöglichkeit der Erfüllbarkeit von Verpflichtungen liegt vor, wenn dem Mitverantwortlichen tatsächliche Informationen oder Einwirkmöglichkeiten in Bezug auf die personenbezogenen Daten nicht zur Verfügung stehen. Ist etwa die Erfüllung einzelner Betroffenenrechte von einem faktischen Datenzugriff abhängig (z.B. bei der Löschung von Daten oder bei Berichtigungen), der jedoch lediglich bei dem strukturell übergeordneten Verarbeiter der Daten besteht, können Konstellationen einer faktischen Unmöglichkeit bestehen.[1615] Aufgrund der Tatsache, dass grundsätzlich auch jeder gemeinsam Verantwortliche dazu verpflichtet ist, über die Tätigkeiten der anderen Mitverantwortlichen aufzuklären, können auch einseitige Informationsdefizite dazu führen, dass die Pflichtenerfüllung für einzelne Akteure unmöglich wird.[1616] Allgemein bedingt die in Teilen extensive Auslegung des Verantwortlichkeitstatbestandes und die umfassende Annahme gemeinsamer Verantwortlichkeiten, dass vermehrt Verarbeitungsszenarien zu entstehen drohen, in denen ein Mitverantwortlicher technisch nicht oder nicht vollständig dazu in der Lage sein wird, alle individuellen Verpflichtungen selbst zu erfüllen.
Eine pauschale, über die in der DSGVO explizit berücksichtigten Ausnahmeregelungen hinausgehende Pflichtenbegrenzung auf der Grundlage von allgemeinen Unmöglichkeits- bzw. Unzumutbarkeitserwägungen stößt indes auch in Anbetracht der bisher ergangenen Rechtsprechung auf gewichtige Vorbehalte. Zwar ist anzuerkennen, dass ein an Machbarkeits- und Zumutbarkeitskriterien orientierter Ansatz grundsätzlich dazu beitragen könnte, einzelne Akteure zu entlasten und den Einklang zwischen Kontrolle und Verantwortung zu fördern, doch darf nicht außer Acht gelassen werden, dass das Verantwortlichkeitskonzept des europäischen Datenschutzrechts im Grundsatz gerade auf einen möglichst wirksamen und umfassenden

[1613] EuGH, Rs. C-40/17, *Fashion ID*, ECLI:EU:C:2019:629 Rn. 102 und 103.
[1614] Im Hinblick auf Blockchain-Technologien *Martini/Weinzierl*, NVwZ 2017, 1251 (1255).
[1615] Dazu bereits Schlussanträge GA *Bobek*, Rs. C-40/17, *Fashion ID*, ECLI:EU:C:2018:1039 Rn. 84.
[1616] Mit Blick auf den Grundsatz der Zweckbindung fordert etwa Art. 13 Abs. 1 lit. c DSGVO für jede Datenverarbeitung die Angabe des Zwecks und der Rechtsgrundlage und im Fall der Interessenabwägung gem. Art. 13 Abs. 1 lit. f DSGVO die Angabe des berechtigten Interesses an der Datenverarbeitung, siehe dazu *Keppeler*, DB 2018, 2225 (2230).

Betroffenenschutz abzielt.[1617] Die die Unmöglichkeits- und Zumutbarkeitskriterien berücksichtigenden Vorschriften stellen die Ausnahme dar. Unter dem allgemeinen und undifferenzierten Verweis auf Unmöglichkeits- bzw. Unzumutbarkeitserwägungen würden die Rechtsunsicherheiten mangels belastbarer Kriterien weiter vergrößert. Zudem würde das informationelle Schutzprinzip zugunsten Betroffener erheblich belastet werden, sollte der Grad der Verantwortlichkeit eines jeden (Mit-)Verantwortlichen letztlich unter Berücksichtigung aller maßgeblichen Umstände des Einzelfalls beurteilt werden.

b.) Zwischenergebnis

Während der EuGH den datenschutzrechtlichen Verantwortlichkeitstatbestand weit auslegt, im Kontext mulipolarer Datenverarbeitungsszenarien vermehrt gemeinsame Verantwortlichkeiten annimmt und auf diese Weise den Adressatenkreis datenschutzrechtlich Verpflichteter deutlich ausweitet, ist bezogen auf die Rechtsfolgenseite die Intention des Gerichtshofs erkennbar, den weitreichenden Pflichtenkanon insgesamt und insbesondere die Zuweisung datenschutzrechtlicher Primärpflichten nicht ausufern zu lassen.
Mit dem Flexibilisierungsansatz der graduellen Verantwortung und der einseitigen Überantwortung datenschutzrechtlicher Pflichten gelingt es dem EuGH indes nicht hinreichend nachvollziehbar, die tatsächlichen Einflussfähigkeiten zu den Pflichtenzuweisungen auch unter dem bestehenden Rechtsrahmen in einen schlüssigen Ausgleich zu bringen. Dem Umstand geschuldet, dass der Verordnungstext der DSGVO keine einzelfallabhängige Beurteilung des Grades der Verantwortlichkeit eines jeden (Mit-)Verantwortlichen vorsieht, kann das Vorgehen des EuGH allenfalls über hilfsweise Begründungsansätze wie die teleologische Reduktion des Art. 26 Abs. 3 DSGVO oder die Bezugnahme auf Machbarkeits- und Zumutbarkeitserwägungen erklärt werden. Aufgrund dessen, dass einseitige Pflichtenbeschränkungen für die betroffenen Personen allerdings erhebliche Beeinträchtigungen ihres Schutzniveaus bedeuten und mangels gesetzlicher Kriterien kaum rechtssicher zu handhaben sind, ist bei der Flexibilisierung des Rechtsfolgenregimes allgemein eine große Zurückhaltung geboten.

4.) Praxisfolgen der ergebnisorientierten Argumentation

Die ergebnisorientierte, dem Ziel der Gewährleistung eines möglichst umfassenden Betroffenenschutzes folgende EuGH-Rechtsprechung ist wesentlich dadurch gekennzeichnet, dass

[1617] Vgl. EuGH [GK], Rs. C-131/12, *Google Spain SL u. Google Inc./Agencia Española de Protección de Datos (AEPD) u. Mario Costeja Conzález,* ECLI:EU:C:2014:317 Rn. 34; EuGH [GK], Rs. C-210/16, *ULD Schleswig-Holstein/Wirtschaftsakademie Schleswig-Holstein,* ECLI:EU:C:2018:388 Rn. 27 und 28; EuGH [GK], Rs. C-25/17, *Zeugen Jehovas,* ECLI:EU:C:2018:551 Rn. 66; EuGH, Rs. C-40/17, *Fashion ID*, ECLI:EU:C:2019:629 Rn. 66.

Verantwortlichkeiten auch aus geringen Einflussbeiträgen abgeleitet werden und aus der Häufung von zwei oder mehreren Verantwortlichen weitreichend auf das Vorliegen gemeinsamer Verantwortlichkeiten geschlossen wird. Die Kombination aus der weiten Interpretation des Verantwortlichkeitstatbestandes einerseits und der unter der DSGVO nur schwerlich begründbaren Rechtsfolgenbegrenzung andererseits bedingt in der Folge allerdings erhebliche, praxisrelevante Belastungen.

a.) Joint-Controller-Vereinbarungen als formale Hürden im digitalen Raum

Eine praxisrelevante Folge der EuGH-Rechtsprechung besteht darin, dass vor allem zwischen den unzähligen Akteuren im digitalen Raum zunehmend kleinteilige „Micro-Joint-Controllerships" zu entstehen drohen, für die jeweils Joint-Controller-Vereinbarungen nach Art. 26 Abs. 1 S. 2 DSGVO geschlossen werden müssten.[1618] In der Zusammenschau mit dem grundsätzlich eng auszulegenden Haushaltsprivileg und bedingt durch die Kombination aus der in Teilen extensiven Tatbestandsauslegung und der Weite des sachlichen Anwendungsbereichs der DSGVO erweitert sich der regelungsbedürftige Bereich zusätzlich.[1619] Durch die Rechtsprechungspraxis legt der EuGH den Fokus damit verstärkt auf die interne Aufgabenverteilung zwischen gemeinsam Verantwortlichen.

Im Rahmen der ergebnisorientierten Argumentation wird allerdings weitestgehend unberücksichtigt gelassen, dass die formalen Hürden speziell im digitalen Raum zu einer erheblichen Mehrbelastung der Adressaten führen. Zwar ist für die Vereinbarung keine bestimmte Form vorgesehen, doch wird es im Hinblick auf die drohende Folge von Geldbußen bei fehlenden Vereinbarungen sowie im Hinblick auf den Zweck, die Verantwortlichkeiten der beteiligten Akteure transparent zu regeln, regelmäßig notwendig sein, die Vereinbarungen aus Beweis- und Nachweisgründen verbindlich schriftlich oder in Textform zu dokumentieren.[1620] Durch die vorschnelle Annahme gemeinsamer Verantwortlichkeiten werden somit zugleich auch zusätzliche formale Hürden aufgestellt.[1621] Je extensiver der Tatbestand der gemeinsamen Verantwortlichkeit ausgelegt wird, desto schwieriger wird es in der Praxis sein, den Abschluss komplexer Vereinbarungen mit diversen Stellen auch praktisch zu realisieren. Zugleich

[1618] Vgl. *Lee/Cross*, MMR 2019, 559 (561 f.), die jedoch in missverständlicher Weise den Abschluss eines Vertrages voraussetzen; a.A. *Brüggemann*, CR 2018, 581 (582), der davon ausgeht, dass zwischen den Beteiligten einer gemeinsamen Verantwortlichkeit nicht zwingend eine Vereinbarung erforderlich sei.

[1619] Grundlegend zur Reichweite des Haushaltsprivilegs Kap. D. II. 6.) a.) bb.) (4.).

[1620] *Lang*, in: Taeger/Gabel, DSGVO/BDSG/TTDSG, 4. Aufl. 2022, Art. 26 Rn. 92 f.; *Lezzi/Oberlin*, ZD 2018, 398 (402); *Hartung*, in: Kühling/Buchner, DS-GVO/BDSG, 4. Aufl. 2024, Art. 26 Rn. 52; *Petri/Stief*, in: Simitis/Hornung/Spiecker gen. Döhmann, DSGVO/BDSG, 2. Aufl. 2025, Art. 26 Rn. 28.

[1621] *Rücker/Brandt*, DB 2019, 2451 (2453); siehe auch *Lee/Cross*, MMR 2019, 559 (561 f.), wonach der praktische Nutzen für die Wahrung der Datenschutzinteressen der Nutzer zugleich als gering eingeschätzt wird.

wachsen mit der steigenden Anzahl erforderlicher Vereinbarungen auch die damit verbundenen finanziellen Mehrbelastungen.

Allgemein steigt mit der Erhöhung des Aufwandes formaler Hürden die Abschreckungswirkung für zukünftiges Verhalten („chilling effects“) und die Gefahr, dass die Ausübung entgegenstehender Grundrechte und Grundfreiheiten beeinträchtigt wird.[1622] Auch dem Datenschutz entgegenstehenden Rechtspositionen muss jedoch in einer Weise Rechnung getragen werden, dass Datenschutzvorschriften die Ausübung dieser Rechte nicht unverhältnismäßig beeinträchtigen.[1623] Die weite und in Teilen systemwidrige Auslegung des Rechtsinstituts der gemeinsamen Verantwortlichkeit steht diesem Ausgleich allerdings entgegen und verstärkt in der Zusammenschau das Risiko einer weitreichenden Vertraglichung der zunehmend vernetzten und digitalisierten Lebenswirklichkeit.

b.) Drohende Verzerrungen im Verhältnis zwischen Einfluss und Verantwortung

Abseits der formalen Hürden beugt die ergangene EuGH-Rechtsprechung der Gefahr einer Überinklusivität des datenschutzrechtlichen Verantwortlichkeitskonzepts und daraus resultierenden Fehladressierungen nicht konsequent vor. Eine Überinklusivität steht allgemein zu befürchten, wenn die umfangreichen Primärpflichten des Datenschutzrechts in einer Weise auf Akteure überantwortet werden, die durch deren tatsächliche Einflussnahme nicht zu rechtfertigen ist.[1624] Wird einem Akteur, der keinen oder nur einen marginalen Einfluss auf den Ausgang eines Geschehens hat, ohne hinreichende Begründung eine Verantwortung zugewiesen, wird eine solche Zuweisung typischerweise als unangemessen oder ungerecht empfunden werden.[1625] Im Endeffekt wird auch dem Schutz natürlicher Personen durch eine extensive Verantwortlichkeitsverteilung kein Dienst erwiesen, soweit die Adressaten diesen nicht zugleich auch sicherstellen können.[1626] Schon der *GA Bobek* hatte in der Rechtssache *Fashion ID* mahnend darauf hingewiesen, dass jeder Verantwortliche auch tatsächlich dazu in der Lage sein müsse, seine datenschutzrechtlichen Pflichten zu erfüllen. Mit dem Status eines datenschutzrechtlich

---

[1622] Vgl. *Heberlein*, EuR 2021, 672 (678); kritisch zu Einschüchterungseffekten des Datenschutzrechts *Veil*, NVwZ 2018, 686 (687).

[1623] Ausführlich zur Herstellung der Konkordanz von Datenschutz und anderen in der Charta der Grundrechte garantierten Grundrechten *Heberlein*, EuR 2021, 672.

[1624] Auf ein angemessenes Verhältnis zwischen Macht, Einfluss und Verantwortlichkeit hinweisend Schlussanträge GA *Bobek*, Rs. C-40/17, *Fashion ID*, ECLI:EU:C:2018:1039 Rn. 91 ff.; diese Problematik ebenfalls aufgreifend *Wittner*, Verantwortlichkeit in komplexen Daten-Ökosystemen, S. 261 ff.

[1625] Vgl. Schlussanträge GA *Bobek*, Rs. C-40/17, *Fashion ID*, ECLI:EU:C:2018:1039 Rn. 91; ähnlich *Moos/Rothkegel*, MMR 2018, 596 (597).

[1626] Dies erkennend und hinterfragend Schlussanträge GA *Bobek*, Rs. C-40/17, *Fashion ID*, ECLI:EU:C:2018:1039 Rn. 71 ff.; in diesem Sinne auch *Moos/Rothkegel*, MMR 2018, 596 (597).

(gemeinsam) Verantwortlichen müsse auch die Möglichkeit zum statuskonformen Verhalten einhergehen.[1627]

Ebendiese aus der Disjunktion der Korrespondenz von Einfluss, Macht und Verantwortlichkeit erwachsenden Fehladressierungen drohen durch die in Teilen systemwidrige EuGH-Rechtsprechung indes ausgeweitet zu werden.[1628] Speziell die wiederkehrenden, sich mit Ermöglichungsbeiträgen befassenden Interpretationsansätze, die den Eindruck vermitteln, als könne der Begriff des datenschutzrechtlich Verantwortlichen auch Entitäten erfassen, die anderen Akteuren lediglich die Gelegenheit der Datenverarbeitung einräumen, ohne selbst damit befasst zu sein,[1629] bedingen Verzerrungen im Verhältnis zwischen Einfluss und Verantwortung und wirken sich nachgelagert beeinträchtigend auf die Legitimität der Zuordnung aus. Ohne die Fähigkeit selbst konkretisierend auf eine bestimmte Datenverarbeitung einwirken und Einfluss auf den Ausgang eines Geschehens nehmen zu können, wird auch der Schutz natürlicher Personen nicht sichergestellt werden können. Treffen einen Akteur ohne direkten Datenzugriff Verpflichtungen, für deren Erfüllung ein Datenzugriff tatsächlich erforderlich ist, droht die Verantwortungszuweisung ins Leere zu laufen.[1630]

Als besonders komplex gestaltet sich die schlüssige Adressierung datenschutzrechtlicher Primärpflichten in von divergierenden Machtpositionen und Zwecksetzungen geprägten Verarbeitungsszenarien. Vor allem das Zusammenwirken zwischen kommerziell agierenden Entitäten und vornehmlich privat agierenden Nutzern ist regelmäßig durch ausgeprägte Machtasymmetrien geprägt. Werden diese Machtasymmetrien bei der Verantwortlichkeitszuordnung nicht hinreichend berücksichtigt, potenziert sich die Gefahr datenschutzrechtlicher Fehladressierungen. Proportional zu der steigenden Inkongruenz der Interessenlagen innerhalb einer gemeinsamen Verantwortlichkeit verkompliziert sich die Erfüllbarkeit von Transparenzpflichten für strukturell unterlegene Akteure, wenn diese über abweichende Zwecksetzungen und Rechtsgrundlagen der Mitverantwortlichen aufklären sollen. Die Nutzer informationstechnischer Systeme werden infrastrukturell bedingt auch meist gar nicht dazu befähigt sein, als eigenverantwortlich handelnde Akteure die Datenschutzanforderungen umfassend selbst umzusetzen.[1631]

1627 Schlussanträge GA *Bobek*, Rs. C-40/17, *Fashion ID*, ECLI:EU:C:2018:1039 Rn. 93.

1628 Vgl. *Hacker*, MMR 2018, 779 (780); *Hacker*, Datenprivatrecht, S. 130; siehe auch *Wittner*, Verantwortlichkeit in komplexen Daten-Ökosystemen, S. 262.

1629 Vgl. EuGH [GK], Rs. C-210/16, *ULD Schleswig-Holstein/Wirtschaftsakademie Schleswig-Holstein,* ECLI:EU:C:2018:388 Rn. 34 f.; siehe dazu auch BVerwG, NJW 2020, 414 (Rn. 20).

1630 Diesen Umstand erkennend Schlussanträge GA *Bobek*, Rs. C-40/17, *Fashion ID,* ECLI:EU:C:2018:1039 Rn. 83, der im Kontext von Ermöglichungshandlungen die Frage aufwirft, wie ein Mitverantwortlicher ohne eigenen Datenzugriff die gegen ihn gerichteten Auskunfts-, Berichtigungs- und Löschungsansprüche der Betroffenen überhaupt erfüllen soll.

1631 Vgl. *Roßnagel*, MMR 2005, 71 (74 f.); *Janicki,* FS Taeger 2020, S. 211.

Je weiter das Rechtsinstitut der gemeinsamen Verantwortlichkeit ausgelegt wird, desto wahrscheinlicher ist es, dass die individuelle Einflussnahme der Beteiligten in weitgehender Unkenntnis und Unabhängigkeit anderer Akteure erfolgt und der Schutz natürlicher Personen nicht durch alle Akteure sichergestellt werden kann. Aufgrund des Umstandes, dass auch die betroffenen Personen eine (Mit-)Verantwortlichkeit privater Nutzer, für die im primären Machtbereich eines übergeordneten Anbieters erfolgenden Verarbeitungsvorgänge in der Regel wohl ohnehin nicht in Betracht ziehen, werden diese Fehladressierungen besonders deutlich.

c.) Ausgeweitete Haftungsrisiken

Der gesamtschuldnerische Haftungsansatzansatz der DSGVO bewirkt zudem, dass alle Beteiligten an einer gemeinsamen Verantwortlichkeit bei Rechtsverstößen in den Fokus der Haftung geraten.[1632] Für den Fall, dass eine vollständige Exkulpation nicht gelingt, haften die Beteiligten unabhängig vom Ausmaß ihres Mitverschuldens im Außenverhältnis für den gesamten Schaden, sodass jeder (Mit-)Verantwortliche, ungeachtet der Ausgeprägtheit seines individuellen Entscheidungsbeitrages, auch für die Datenschutzverstöße anderer Stellen einzustehen hat.[1633] Aus der Sicht einzelner Verantwortlicher führt die Annahme einer gemeinsamen Verantwortlichkeit somit zu einer deutlichen Ausweitung des Haftungsrisikos gegenüber betroffenen Personen.[1634] Je extensiver das Rechtsinstitut der gemeinsamen Verantwortlichkeit verstanden wird, desto größere Haftungsrisiken entstehen auch für untergeordnet handelnde Akteure mit eingeschränkten Einflussfähigkeiten.

Die drohende Gefahr einer unangemessenen Haftungsausweitung berücksichtigend fällt es umso schwerer, die in Teilen extensive Tatbestandsauslegung des EuGH im Detail zu rechtfertigen und die Ausweitung des Rechtsinstituts der gemeinsamen Verantwortlichkeit im Einzelfall nachzuvollziehen. Als besonders problematisch ist die drohende Einstandsverpflichtung für Pflichtverletzungen durch andere Akteure im Zusammenhang mit abstrakten Ermöglichungshandlungen zu bewerten. Besitzt ein Akteur keine konkretisierte Einflussgewalt auf den Ablauf und den Ausgang einer bestimmten Datenverarbeitung, lässt sich auch eine Haftung für mit dieser Verarbeitung in Verbindung stehende Datenschutzverstöße kaum rechtfertigen, wenn die Vorgänge tatsächlich durch einen anderen Akteur administriert werden. Eine vergleichbare Extensität auf der Haftungsebene droht, wenn die Anforderungen an technische bzw. organisatorische Konfigurationen zu niedrig angesetzt werden. Werden gemeinsame

[1632] Dazu Kap. D. III. 4.) d.) bb.).

[1633] Vgl. *Gola/Piltz*, in: Gola/Heckmann, DSGVO/BDSG, 3. Aufl. 2022, Art. 82 Rn. 7 f.; siehe auch *Scheja/Reibach/Reichert*, in: Leupold/Wiebe/Glossner, IT-Recht, Teil 6.6 Rn. 243; *Lang*, in: Taeger/Gabel, DSGVO/BDSG/TTDSG, 4. Aufl. 2022, Art. 26 Rn. 117.

[1634] I. diesem Sinne auch *Hartung*, in: Kühling/Buchner, DS-GVO/BDSG, 4. Aufl. 2024, Art. 26 Rn. 63.

Verantwortlichkeiten auch für im primären Einflussbereich einer übergeordneten Entität erfolgende Verarbeitungsvorgänge begründet, droht neben der Fehladressierung von Primärpflichten auch eine Überinklusivität auf der Sekundärebene.
Anstatt diesen drohenden Fehladressierungen wirksam entgegenzuwirken, bedingt die bisherige Rechtsprechung mitunter sogar das Gegenteil und führt in der Konsequenz dazu, dass vermehrt auch die Nutzer informationstechnischer Systeme in einen Haftungsverbund mit den Anbietern gezogen werden. Für untergeordnete Beteiligte an einer gemeinsamen Verantwortlichkeit drohen ausgeweitete Haftungsrisiken, denen lediglich auf der Sekundärebene über einen Regress im Innerverhältnis nach Art. 82 Abs. 5 DSGVO begegnet werden kann. Speziell in machtasymmetrischen Verarbeitungskonstellationen wird der quotale, in Abhängigkeit zum Grad des Mitverschuldens stehende Innenausgleich jedoch erheblich zu Lasten der schwächeren Partei belastet.

5.) Zwischenergebnis

Den dem Datenschutzrecht inhärenten Zielkonflikt zwischen einem möglichst umfassenden Betroffenenschutz und der drohenden Überinklusivität des Verantwortlichkeitskonzepts löst der EuGH mit deutlicher Tendenz zugunsten des Betroffenenschutzes auf. Die ergebnisorientierte Argumentation wird durch den Ansatz einer flexiblen Verantwortungszuweisung ergänzt. Über Formen der graduellen Verantwortlichkeit und der einseitigen Überantwortung datenschutzrechtlicher Pflichten gelingt es dem EuGH allerdings nicht konsistent, die tatsächlichen Einflussfähigkeiten zu den Pflichtenzuweisungen auch unter dem geltenden Rechtsrahmen in einen schlüssigen Ausgleich zu bringen. Die Kombination aus der Ausweitung des Verantwortlichkeitstatbestandes und der inkonsistenten Rechtsfolgenbegrenzung bedingt erhebliche Belastungen für die Ausgewogenheit des Verhältnisses aus Macht, Einfluss und Verantwortlichkeit. Aus dieser Disbalance resultieren Folgekonflikte, die sowohl die Rechtsposition der potenziell Verantwortlichen als auch der Betroffenen beeinträchtigen können. Speziell den privat agierenden Nutzern informationstechnischer Systeme wird es schwerfallen, ihre Rechtsposition gegenüber den global tätigen Digitalkonzernen zu behaupten.

III. Gesamtbewertung der Rechtsprechungspraxis

In der Beurteilung der EuGH-Rechtsprechung ergibt sich aus der Zusammenschau ein gemischtes Bild. Aus der Perspektive des EuGH erscheint es zunächst plausibel, möglichst viele und weitreichende Verantwortlichkeiten begründen zu wollen, um den Schutz betroffener Personen bestmöglich zu gewährleisten und Schutzlücken entgegenzuwirken. Durch die weitreichende Verbindung einzelner Entscheidungsbeiträge zu gemeinsamen Verantwortlichkeiten versucht der EuGH der komplexen Realität von informationstechnischen Vorgängen gerecht zu werden. Die pauschale Zugrundelegung gemeinsamer Verantwortlichkeiten erleichtert die Verantwortlichkeitszuordnung in komplexen Verarbeitungsszenarien, in denen diverse Beteiligte im Rahmen eines einzelnen Lebenssachverhalts zusammenwirken und führt auf diese Weise zu einer scheinbaren Rechtssicherheit für Verantwortliche und Betroffene.[1635]

Die Auslegung des Verantwortlichkeitstatbestandes orientiert sich dabei maßgeblich an dem Rechtsgrundsatz des „effet utile" [frz.: optimale Wirkungskraft].[1636] Diesem tradierten Grundsatz der europäischen Rechtsprechung folgend ist bei der Auslegung von Normen des europäischen Gemeinschaftsrechts derjenigen Auslegung der Vorzug einzuräumen, nach der das Ziel am besten, einfachsten und effektivsten verwirklicht werden kann.[1637] Die Gemeinschaftsrechtsakte sollen eine möglichst „nützliche Wirkung" und „praktische Wirksamkeit" im Sinne des in ihnen enthaltenen Zwecks erreichen und die Funktionsfähigkeit der Gemeinschaft sicherstellen.[1638] Vor dem Hintergrund dieses Auslegungsmaßstabes ist die Entscheidungspraxis des EuGH auf den ersten Blick nur wenig überraschend.[1639]

Die eingehende Analyse der Rechtsprechung offenbart indessen, dass relevante Ansatzpunkte begründeter Kritik darin bestehen, dass bei der Ausgestaltung des Verantwortlichkeitstatbestandes wiederholt zu oberflächlich und vereinzelt auch systemwidrig argumentiert wird. Obgleich sowohl die Anerkennung einer verantwortlichkeitsbegründenden Einflussnahme durch technische oder organisatorische Konfigurationen als auch durch initiierende Handlungen mit dem bestehenden Regelungskonzept im Grundsatz vereinbar ist, erwachsen gewichtige Rechtsunsicherheiten aus dem Umstand, dass die konkreten Voraussetzungen bzw. Anforderungen an die unterschiedlichen Formen der verantwortlichkeitsbegründenden Einflussnahme nur unzureichend elaboriert werden.

Bedingt durch die mangelnde Präzisierung und Begrenzung der Anforderungen droht eine Ausweitung von (Mit-)Verantwortlichkeiten auf im Schwerpunkt durch andere Stellen kontrollierte Verarbeitungsphasen. Besonders ins Gewicht fällt die Undifferenziertheit der Urteilsgründe im Kontext von Ermöglichungshandlungen. Ohne präzisierend anhand der konkreten Einflussnahmemöglichkeiten zu differenzieren, wird urteilsübergreifend pauschal auf Ermöglichungsbeiträge als verantwortlichkeitsbegründende Elemente abgestellt. Entgegen der Auffassung des

---

[1635] Vgl. *Golland*, Datenverarbeitung in sozialen Netzwerken, S. 127.
[1636] Vgl. dazu *Janicki*, FS Taeger 2020, S. 213.
[1637] Vgl. *Mayer*, in: Grabitz/Hilf/Nettesheim, Das Recht der Europäischen Union, 84. EL Januar 2025, Art. 19 EUV Rn. 57 f. m.w.N.
[1638] *Mayer*, in: Grabitz/Hilf/Nettesheim, Das Recht der Europäischen Union, 84. EL Januar 2025, Art. 19 EUV Rn. 57 f. m.w.N.
[1639] So auch *Hense*, DSB 2020, 236; *Rücker/Brandt*, DB 2019, 2451 (2452).

EuGH können jedoch weder aus der bloßen Akzeptanz vorgegebener Schlüsselelemente einer Datenverarbeitung noch aus Ermöglichungshandlungen, die sich darauf beschränken, anderen Stellen die Gelegenheit zur Datenverarbeitung einzuräumen, ohne selbst damit befasst zu sein, im Einklang mit dem bestehenden Regelungskonzept datenschutzrechtliche (Mit-)Verantwortlichkeiten abgeleitet werden.

Diese tatbestandlichen Ungenauigkeiten erschweren wiederum die trennscharfe Abgrenzung zu verantwortlichkeitsbegründenden Initiierungshandlungen. Auch im Kontext initiierender Handlungen sind tragfähige Kriterien erforderlich, um Verantwortlichkeiten auf bestimmte Vorgänge zu begrenzen. Zwar wird die aus der weiten Auslegung resultierende Notwendigkeit zur Begrenzung der Verantwortlichkeit auch durch den EuGH erkannt, doch stellen die diesbezüglichen Ausführungen allenfalls einen ersten Ansatzpunkt für weitere Präzisierungen dar.

Darüber hinaus wirken die skizzierten Unzulänglichkeiten direkt in den Bereich der pluralistischen Kontrolle einer Datenverarbeitung hinein und bedingen Rechtsunsicherheiten in Bezug auf die tatbestandliche Ausgestaltung des Rechtsinstituts der gemeinsamen Verantwortlichkeit und dessen Verortung im datenschutzrechtlichen Verantwortlichkeitsgefüge. Zwar ist der Rechtsprechung dahingehend zuzustimmen, dass eine strenge Zweckidentität für deren Begründung nicht zu fordern ist, doch würdigt der EuGH nur ansatzweise, dass die Verarbeitungen im Einzelfall stark divergierenden Zwecken dienen, die Beteiligten jeweils nur eine sehr eingeschränkte Kontrolle über die Umstände und Phasen der Verarbeitung besitzen und es zwischen den Beteiligten mitunter gar nicht zu einer gemeinsamen Nutzung derselben personenbezogenen Daten kommt.[1640]

Urteilsübergreifend ist die Tendenz erkennbar, miteinander in kausalem Zusammenhang stehende Datenverarbeitungen pauschal als gemeinsame Verantwortlichkeiten zu qualifizieren.[1641] Durch dieses in Teilen ausufernde Tatbestandsverständnis droht die notwendige Mitbestimmung in kooperativen Verarbeitungsszenarien zur Fiktion zu verkommen und die Grenzen zwischen Kooperation und (gemeinsamer) Verantwortlichkeit vollends zu verschwimmen.[1642] Verschärft wird die Problematik dadurch, dass der EuGH scheinbar alternativ die Entscheidungsbefugnis hinsichtlich eines Kriteriums ausreichen lässt, anstatt der Definition des Verantwortlichen in Art. 4 Nr. 7 DSGVO folgend eine ausdrückliche Mitwirkung an der Entscheidung

---

1640 Kritisch zum bisherigen Vorgehen des EuGH *Scheja/Reibach/Reichert*, in: Leupold/Wiebe/Glossner, IT-Recht, Teil 6.6 Rn. 236.

1641 Von einer „Uferlosigkeit der gemeinsamen Verantwortlichkeit" sprechend *Kremer*, in: Schwartmann/Jaspers/Thüsing/Kugelmann, DS-GVO/BDSG, 3. Aufl. 2024, Art. 26 Rn. 63.

1642 Sehr kritisch dazu *Schleipfer*, CR 2019, 579 (580).

kumulativ über Zwecke und Mittel der Verarbeitung zu fordern.[1643] Durch die ausufernde Verbindung von Einzelentscheidungen ohne einen gemeinsamen Entscheidungsprozess drohen speziell in einer arbeitsteiligen Welt, in der ökonomische Interessen vielfach eng miteinander verwoben sind, erhebliche Rechtsunsicherheiten bei Akteuren, die sich bisher als allein Verantwortliche oder Auftragsverarbeiter gesehen haben.[1644] In Anbetracht des weiten Tatbestandsverständnisses steht zudem zu befürchten, dass zunehmend auch vornehmlich privat agierende Akteure in eine gemeinsame Verantwortlichkeit mit kommerziell tätigen und strukturell meist überlegenen Unternehmen gezogen werden könnten. Anstatt für mehr Klarheit zu sorgen, wird die Abgrenzung zwischen getrennter und gemeinsamer Verantwortlicher durch die bisherige EuGH-Rechtsprechung eher verkompliziert.[1645]

Das in Teilen extensive Tatbestandsverständnis erhöht zugleich das allgemeine Risiko, dass Pflichten in einem Ausmaß auf Akteure übertragen werden, das in einem Missverhältnis zu deren tatsächlichen Einflussniveaus steht. In gesteigertem Maße belasten solche drohenden Fehlallokationen das Verhältnis von privaten Nutzern zu international tätigen Unternehmen. Ausgehend von der dichotomen Struktur des Datenschutzrechts fällt es schwer, die weitreichenden Rechtsfolgen einer gemeinsamen Verantwortlichkeit auch in abgestuften Formen der Kooperation zu begründen, in denen Einfluss- und Interessenlagen der Beteiligten erheblich divergieren. Das Bestreben (vermeintliche) Verantwortungslücken, die aus dem Vollzugsproblem gegen international tätige Unternehmen resultieren,[1646] durch eine extensive Begründung von Mitverantwortlichkeiten zulasten von strukturell unterlegen Akteuren schließen zu wollen, lässt sich mit den kollidierenden Rechten und Freiheiten dieser Akteure nur noch schwerlich in einen verhältnismäßigen Ausgleich bringen.[1647] Verantwortlichkeitszuordnungen gehen ins Leere, wenn die Adressaten den weitreichenden Verpflichtungen faktisch gar nicht mehr

[1643] Vgl. *Kartheuser/Nabulsi*, MMR 2018, 717 (720); *Lee/Cross*, MMR 2019, 559 (561); *Hartung*, in: Kühling/Buchner, DS-GVO/BDSG, 4. Aufl. 2024, Art. 26 Rn. 44; *Böllhoff/Botta*, NVwZ 2021, 425 (427).

[1644] Vgl. *Kremer*, in: Schwartmann/Jaspers/Thüsing/Kugelmann, DS-GVO/BDSG, 3. Aufl. 2024, Art. 26 Rn. 63.

[1645] Vgl. *Janicki*, FS Taeger 2020, S. 207; *Arning/Rothkegel*, in: Taeger/Gabel, DSGVO/BDSG/TTDSG, 4. Aufl. 2022, Art. 4 Rn. 217.

[1646] Vgl. BVerwG, NJW 2020, 414 (Rn. 30 f.); siehe dazu *Spiecker gen. Döhmann*, GRUR 2019, 341 (346); *Böllhoff/Botta*, NVwZ 2021, 425 (427), wonach die EuGH-Rechtsprechung letztlich als (mittelbares) Regulierungsinstrument gegen die Vorherrschaft US-amerikanischer Plattformgiganten wirke.

[1647] Sehr kritisch *Janicki*, FS Taeger 2020, S. 197 und 214, der darauf verweist, dass das Rechtsinstitut der gemeinsamen Verantwortlichkeit nicht dazu missbraucht werden dürfe, Akteure ohne hinreichende Einflussmöglichkeiten in die Verantwortung einzubeziehen und zur Einhaltung sämtlicher Vorgaben zu verpflichten, nur um darüber hinwegzutäuschen, dass die Rechtsdurchsetzung gegenüber den marktmächtigen Akteuren von erheblichen Defiziten geprägt ist; kritisch auch *Marosi*, (Gem-)Einsame Verantwortlichkeit im Datenschutzrecht, S. 343 f.; auf eine Dysfunktionalität des Gesamtkonzepts verweisend *Wittner*, Verantwortlichkeit in komplexen Daten-Ökosystemen, S. 260; a.A. *Wagner*, ZD 2018, 307 (311), der Privatpersonen eine umfängliche Verantwortlich zuspricht, wenn diese Online-Dienste nutzen, bei denen personenbezogene Daten von Dritten verarbeitet werden. Um wachsenden Risiken, die von privaten Verarbeitungsprozessen ausgehen, zu begegnen, sei ein solches Vorgehen auch angemessen.

nachkommen können. Aus der bisherigen Rechtsprechung ergibt sich bislang kein kohärentes Konzept, um derartigen Fehlallokationen rechtssicher entgegenzuwirken.

Werden dennoch Verantwortungszuweisungen auf Akteure vorgenommen, die faktisch keinen relevanten Einfluss auf den Ausgang des Geschehens haben, führt dieses Vorgehen allgemein zu einer Schwächung der Akzeptanz datenschutzrechtlichen Handelns. Eine Zurechnung von Haftung, die das ausgewogene Verhältnis aus Macht, Einfluss und Verantwortlichkeit nicht achtet, wird typischerweise als unangemessen oder ungerecht angesehen werden.[1648]

Daran anknüpfend bestehen grundsätzliche Zweifel an der als zwingend vermittelten Vorgehensweise, stets möglichst viele Akteure in den Adressatenkreis einbeziehen zu müssen, um dem Betroffenenschutz gerecht werden zu können. Wenngleich der Zielsetzung der Gewährleistung eines hohen Schutzniveaus für Betroffene durch weitreichende Pflichtenadressierungen im Grundsatz nachgekommen wird, kann sich die intendierte Wirkung sogar ins Gegenteil verkehren und eine klare Verantwortlichkeitszuteilung beeinträchtigen, wenn mehr plurale Verantwortlichkeiten begründet werden, als zur Vermeidung von Schutzlücken tatsächlich nötig wären.[1649] Redundante, ausufernde und mit den tatsächlichen Entscheidungsprozessen nicht übereinstimmende Verantwortlichkeitszuordnungen erhöhen viel eher das Risiko, dass Art. 26 DSGVO selbst zu Verantwortungsdiffusionen im Datenschutzrecht beiträgt und das informationelle Schutzprinzip für Betroffene beeinträchtigt wird.[1650] Der Schutz natürlicher Personen wird nicht dadurch gefördert, dass die Verantwortlichkeitszuteilung so weit verstanden wird, dass die Adressaten diesen Schutz nicht sicherstellen können.[1651]

Darüber hinaus drohen Verwerfungen zu Lasten unterlegener Akteure, wenn die tatsächlich dominierenden Akteure ihre Pflichtenlast auf vermeintlich Mitverantwortliche abwälzen, indem sie die Inhalte der Vereinbarungen festlegen.[1652] Die auf den ersten Blick scheinbar feststehende Prämisse, wonach die Einbeziehung aller Beteiligten auch zwangsläufig zu einem besseren Schutz der Betroffenen führe und die optimale Wirkungskraft des

---

[1648] Vgl. Schlussanträge GA *Bobek*, Rs. C-40/17, *Fashion ID*, ECLI:EU:C:2018:1039 Rn. 91.

[1649] *Moos/Rothkegel*, MMR 2018, 596 (597).

[1650] Vgl. *Martini*, in: Paal/Pauly, DS-GVO/BDSG, 3. Aufl. 2021, Art. 26 Rn. 42; *Moos/Rothkegel*, MMR 2018, 596 (597); *Kartheuser/Nabulsi*, MMR 2018, 717 (720); siehe dazu auch Schlussanträge GA *Bobek*, Rs. C-40/17, *Fashion ID*, ECLI:EU:C:2018:1039 Rn. 92: „Macht man jedermann verantwortlich, bedeutet dies, dass tatsächlich niemand verantwortlich ist. Vielmehr wird sich der eine Beteiligte, […] der tatsächlich Kontrolle ausübt, wahrscheinlich hinter all den anderen nominell „Mitverantwortlichen" verstecken, wodurch die Wirksamkeit des Schutzes erheblich leiden dürfte"; ähnlich *Hanloser*, ZD 2019, 122 (123), wonach durch ein extensives Verständnis die Gefahr einer „Sozialisierung der Verantwortlichkeit" erhöht werde; ähnlich *Wittner*, Verantwortlichkeit in komplexen Daten-Ökosystemen, S. 260.

[1651] Dies erkennend und hinterfragend Schlussanträge GA *Bobek*, Rs. C-40/17, *Fashion ID*, ECLI:EU:C:2018:1039 Rn. 71 ff.

[1652] Vgl. *Golland*, K&R 2018, 433 (438); *Janicki,* FS Taeger 2020, S. 214.

Gemeinschaftsrechtsaktes nur durch eine möglichst extensive Auslegung gefördert werden könne, ist in dieser Undifferenziertheit nicht haltbar.

In der Zusammenschau offenbart die Analyse, dass das inklusive Verständnis des Verantwortlichkeitstatbestandes in Teilen kaum noch mit der gesetzlichen Definition in Einklang zu bringen ist.[1653] Ein von den Rollen und tatsächlichen Einwirkungsmöglichkeiten der Beteiligten weitgehend losgelöster, generalisierender Standardansatz das Rechtsinstitut der gemeinsamen Verantwortlichkeit möglichst weit auszulegen, vermag nicht zu überzeugen. Nachgelagert gelingt es dem EuGH nicht konsistent, die in Teilen extensive Tatbestandsauslegung auf der Rechtsfolgenseite wieder in einen Ausgleich zu den entgegenstehenden Rechtspositionen zu bringen. Eine faire und verhältnismäßige Pflichtenzuweisung kann auf diese Weise kaum gewährleistet werden. In der Folge erwachsen für die Adressaten schwer zu kalkulierende Risiken, die prohibitiv auf deren Handeln wirken können.[1654]

Anstatt an der unklaren und mit dem geltenden Recht kaum zu vereinbarenden „non-equal responsibility“-Formel festzuhalten, sollte der EuGH den Fokus schon auf der primären Ebene der Verantwortlichkeitsbegründung auf eine differenzierende Einzelfallprüfung der jeweiligen Verarbeitungsschritte und tatsächlichen Einflussmöglichkeiten legen und innerhalb der strikt granularen Betrachtung auch die Grenzen der Verantwortlichkeitszuordnung achten und betonen.[1655]

[1653] Kritisch *Scheja/Reibach/Reichert*, in: Leupold/Wiebe/Glossner, IT-Recht, Teil 6.6 Rn. 237, die ebenfalls zu dem Schluss kommen, dass die EuGH-Rechtsprechung in Teilen der gesetzlichen Definition des Verantwortlichen widerspreche; sehr kritisch auch *Kremer*, in: Schwartmann/Jaspers/Thüsing/Kugelmann, DS-GVO/BDSG, 3. Aufl. 2024, Art. 26 Rn. 62 f., der durch die Auslegung des EuGH die Wortlautgrenze als überschritten ansieht und anmerkt, dass der EuGH den Datenschutz auf diese Weise zu einem Teilbereich des Verbraucherschutzes mache; den inklusiven Ansatz des EuGH ebenfalls kritisierend Schlussanträge GA *Bobek*, Rs. C-40/17, *Fashion ID*, ECLI:EU:C:2018:1039 Rn. 72.

[1654] Vgl. *Hanloser*, ZD 2019, 122 (123); ähnlich Schlussanträge GA *Bobek*, Rs. C-40/17, *Fashion ID*, ECLI:EU:C:2018:1039 Rn. 93, wonach die Bestimmung des Begriffs der (gemeinsamen) Verantwortlichkeit nicht in eine an alle Akteure gerichtete und gerichtlich gestützte Anordnung verkehrt werden dürfe, offline zu gehen und soziale Netzwerke, Plugins sowie sonstige Drittinhalte nicht mehr zu nutzen.

[1655] *Hanloser*, ZD 2019, 122 (123).

G. Korrekturansätze und Gestaltungsspielräume unter dem bestehenden Regelungsgefüge

Aus der eingehenden Rechtsprechungsanalyse geht hervor, dass die Zuordnung datenschutzrechtlicher Verantwortlichkeiten, bedingt durch die sich rasant vollziehenden technologischen Neuerungen, immer komplexer und kleingliedriger wird. Die zunehmende Anzahl von Datenverarbeitungsszenarien, in denen die Einflussbereiche und Rollen der Beteiligten erheblich variieren und divergieren, offenbaren Schwächen im auf zentrale Datenverarbeitungsstrukturen ausgelegten Verantwortlichkeitskonzept, die der EuGH durch ein sehr inklusives Zuordnungsmodell und eine weite Auslegung der in hohem Maße unbestimmten Rechtsbegriffe aufzufangen versucht. Dabei ist die Tendenz erkennbar, dem schwer handhabbaren Verantwortlichkeitstatbestand mit verallgemeinernden Tendenzen zu begegnen, die wiederum die Rechtssicherheit beeinträchtigen und zu erheblichen Belastungen von vermeintlich (Mit-)Verantwortlichen führen.

Den bestehenden Rechtsrahmen zugrunde legend sind ausgehend von der Rechtsprechungspraxis tatbestandliche Präzisierungen und zukunftsgerichtete Korrekturansätze notwendig, um den identifizierten Unzulänglichkeiten entgegenzuwirken und insgesamt zu einer größeren Stringenz und Nachvollziehbarkeit bei der Zuordnung datenschutzrechtlicher Verantwortlichkeiten zu gelangen. Anstatt vorschnell *de lege ferenda*-Anpassungen[1656] zu fordern, gilt es unter Achtung der das europäische Verantwortlichkeitskonzept prägenden Grundsätze die Interpretations- und Gestaltungsspielräume unter dem bestehenden Rechtsrahmen vollends auszuschöpfen, um datenschutzrechtliche Verantwortlichkeiten in einer mit der Wirklichkeit besser übereinstimmenden Weise zuzuteilen und die Rechtsunsicherheiten im Umfeld multipolarer Datenverarbeitungsszenarien abzumildern. Auch ein ergänzender Rückgriff auf bestehende gesetzliche Regelungsspielräume ist zu erwägen, um die Rechtsprechung zu entlasten und die einzelfallspezifische Zuteilung datenschutzrechtlicher Verantwortlichkeit berechenbarer und transparenter auszugestalten.

I. Präzisierung verantwortlichkeitsbegründender Elemente

Im Rahmen der dargestellten Grundsatzentscheidungen zur Verantwortlichkeit im europäischen Datenschutzrecht[1657] hat der EuGH unterschiedliche Kriterien entwickelt, um die in

---

[1656] Siehe etwa zur Diskussion um die Einführung einer „datenschutzrechtlichen Beihilfe", einer „Herstellerverantwortlichkeit" sowie einer „Intermediärsverantwortlichkeit" *Marosi*, (Gem-)Einsame Verantwortlichkeit im Datenschutzrecht, S. 357 ff.; instruktiv zur Schaffung einer neuen Verantwortlichkeitsfigur für Plattformen *Wittner*, Verantwortlichkeit in komplexen Daten-Ökosystemen, S. 316 ff.

[1657] Siehe Kap. E.

R. A. Hagen, *Datenschutzrechtliche Rollenzuweisungen*, DuD-Fachbeiträge,
https://doi.org/10.1007/978-3-658-49718-7_7

hohem Maße abstrakte Definition des Verantwortlichkeitstatbestandes zu konkretisieren, auszugestalten und handhabbar zu machen. Entgegen dem Wortsinn, der sowohl im Hinblick auf Art. 4 Nr. 7 DSGVO als auch auf Art. 26 DSGVO eine in der Tendenz engere Auslegung des Verantwortlichkeitstatbestandes insinuiert, spricht sich der EuGH im Grundsatz für einen davon abweichenden, weiten Auslegungsmaßstab aus. Dieses Vorgehen bedingt allerdings, dass die vom EuGH entwickelten Kriterien an mehreren Stellen von Ungenauigkeiten und Fehldeutungen belastet werden, die sich nachgelagert beeinträchtigend auf die Schlüssigkeit der Pflichtenadressierung auswirken. Um die skizzierten Formen der verantwortlichkeitsbegründenden Einflussnahme als allgemeingültige Leitlinien auch für die Beurteilung vergleichbarer Datenverarbeitungsszenarien fruchtbar zu machen und aus der Zusammenschau der Einzelkriterien ein kohärentes Gesamtkonzept zu entwickeln, sind Anpassungen und Präzisierungen der bisherigen Rechtsprechungspraxis von Nöten.

1.) Distinktion ermöglichender und initiierender Handlungen

Ein auch im Nachgang an die bisherige EuGH-Rechtsprechung dogmatisch nur unzureichend aufgearbeiteter Bereich betrifft die Frage, wann und unter welchen Voraussetzungen auch auf Initiierungs- und Ermöglichungshandlungen als Anknüpfungspunkte zur Begründung datenschutzrechtlicher (Mit-)Verantwortlichkeiten abgestellt werden kann. Ohne die verschiedenen Formen und Ausprägungen verantwortlichkeitsbegründender Einflussnahme im Detail nachzuvollziehen, stellt der EuGH im Rahmen seiner Argumentation wiederholt zu pauschal auf Ermöglichungsbeiträge[1658] ab. Wertungsmäßige Unterschiede der zugrundeliegenden Sachverhalte werden dadurch zum Teil unkenntlich gemacht. In der Rechtspraxis führen die verallgemeinernden Tendenzen zu erheblichen Rechtsunsicherheiten, wenn nicht rechtssicher festgestellt werden kann, auf welche Sachverhalte die durch den EuGH entwickelten Kriterien zukünftig anzuwenden sein werden.

[1658] Vgl. EuGH [GK], Rs. C-210/16, *ULD Schleswig-Holstein/Wirtschaftsakademie Schleswig-Holstein,* ECLI:EU:C:2018:388 Rn. 34 und 35: „[…] ist indes darauf hinzuweisen, dass der Betreiber einer auf Facebook unterhaltenen Fanpage mit der Einrichtung einer solchen Seite Facebook die Möglichkeit gibt, […] Cookies zu platzieren"; EuGH, Rs. C-40/17, *Fashion ID*, ECLI:EU:C:2019:629 Rn. 75: „[…], dass Fashion ID es dadurch, dass sie den „Gefällt mir"-Button von Facebook Ireland in ihre Website eingebunden hat, offenbar ermöglicht hat, personenbezogene Daten der Besucher ihrer Website zu erhalten" und Rn. 78: „Mit der Einbindung eines solchen Social Plugins in ihre Website hat Fashion ID im Übrigen entscheidend das Erheben und die Übermittlung von personenbezogenen Daten der Besucher dieser Seite zugunsten des Anbieters dieses Plugins […] beeinflusst, die ohne Einbindung dieses Plugins nicht erfolgen würden."; siehe dazu auch *Föhlich/Pilous*, MMR 2015, 631 (633); *Wagner*, ZD, 2018, 307 (309 f.); *Monreal*, CR 2019, 797 (802 f.).

a.) Abstrakte Ermöglichungshandlungen

Im Kontext des Datenschutzrechts sind Ermöglichungshandlungen dadurch gekennzeichnet, dass eine in der Verarbeitungskette vorgelagerte Stelle eine notwendige Vorbedingung dafür setzt, dass andere Stellen auf dieser Grundlage personenbezogene Daten Dritter verarbeiten können. Die Ausgestaltung der konkreten, die Grundrechte und Grundfreiheiten Betroffener belastenden Verarbeitungsvorgänge kann dabei losgelöst von der die Vorbedingung setzenden Entität erfolgen. Dies ist der Fall, wenn der ermöglichende Akteur selbst weder durch technische noch über organisatorische Konfigurationen einen direkten Einfluss auf die ermöglichten Vorgänge nehmen kann. Kennzeichnend für die Struktur derartiger Verarbeitungsszenarien ist die Aufteilung in die Ermöglichungshandlung einerseits und den sich anschließenden Verarbeitungsvorgängen, die auf der Grundlage der Ermöglichungshandlung ablaufen und durch eine andere Stelle konkretisiert und administriert werden, andererseits. Für sich genommen beschreibt der Begriff der „Ermöglichung" demzufolge keinen konkreten Verarbeitungsvorgang, auf den Einfluss genommen werden könnte.[1659]

Auf der Grundlage dieses Verständnisses ist es in Folge der Rechtsprechung des Gerichtshofs verfehlt, allein auf die rein objektive Betrachtung von Kausalketten abzustellen und danach zu fragen, inwieweit die bloße Mitursächlichkeit eine datenschutzrechtliche Verantwortlichkeit nach sich zieht. Beschränken sich die Handlungen eines Akteurs ausschließlich auf das Setzen einer notwendigen, weitgehend abstrakten Vorbedingung, auf deren Grundlage ein anderer Akteur einen Datenverarbeitungsvorgang auslöst und ausgestaltet, ist zu betonen, dass diese nicht dazu herangezogen werden sollten, um eine (Mit-)Verantwortlichkeiten des vorgelagert handelnden, „ermöglichenden" Akteurs zu begründen.[1660] Der gegenständliche Anknüpfungspunkt für die Verantwortlichkeitszuordnung ist und bleibt der konkrete Datenverarbeitungsvorgang. Im Einklang mit der streng sequenziellen Betrachtungsweise kann eine datenschutzrechtliche (Mit-)Verantwortlichkeit nur im Hinblick auf die Verarbeitungsphasen bestehen, für die ein tatsächlicher und konkreter Beitrag zur Entscheidung über die Schlüsselelemente geleistet wird. Durch abstrakte Ermöglichungshandlungen wird diese Schwelle einer (Mit-)Entscheidung über die Schlüsselelemente einer konkreten Datenverarbeitung aber regelmäßig gerade noch nicht überschritten. Stattdessen wird die Verantwortlichkeit im Schwerpunkt bei dem nachfolgenden

[1659] Kritisch zum Begriff der Ermöglichung auch Schlussanträge GA *Bobek*, Rs. C-40/17, *Fashion ID*, E-CLI:EU:C:2018:1039 Rn. 74 und 102, der die Verantwortlichkeit der Parteien bezogen auf die Beteiligung bei dem jeweiligen Vorgang prüft; siehe dazu auch *Lee/Cross*, MMR 2019, 559 (561); siehe mit Blick auf den Begriff der Entscheidung *Marosi*, (Gem-)Einsame Verantwortlichkeit im Datenschutzrecht, S. 273 ff., der einen rein binären Entscheidungsspielraum, von dem auch die reine Ermöglichung einer Verarbeitung erfasst sei, anerkennt; siehe dazu auch *Kosmider*, Die Verantwortlichkeit im Datenschutz, S. 41; *Schneider*, Gemeinsame Verantwortlichkeit, S. 87 ff.

[1660] In diesem Sinne auch *Janicki,* FS Taeger 2020, S. 208 m.w.N.

Akteur liegen, der die abstrakte Grundlage selbstbestimmt nutzt, um eigene Datenverarbeitungen zu administrieren.

b.) Vorbereitende und begleitende Handlungen mit konkretisierenden Elementen

Wertungsmäßige Unterschiede zu in hohem Maße abstrakten, die nachfolgenden Verarbeitungsvorgänge inhaltlich nicht konkretisierenden Ermöglichungshandlungen bestehen im Hinblick auf vorbereitende bzw. begleitende Handlungen, die schon nach ihrem Gesamtgepräge darauf ausgerichtet sind, bestimmten Datenverarbeitungen eine Grundlage zu schaffen. Im Kontext kooperativer Datenverarbeitungsstrukturen kann zwischen einer Vorbereitungshandlung und daran anknüpfenden Datenverarbeitungsvorgängen ein derart enger Zusammenhang besteht, dass auch eine (Mit-)Verantwortlichkeit des Ausgangsakteurs in Betracht kommt. Wenngleich die konkreten Verarbeitungsvorgänge im Wesentlichen durch den hinzutretenden Akteur durchgeführt werden, rückt auch eine Eigenverantwortlichkeit des Ausgangsakteur unter dem Erfordernis eines erhöhten Begründungsaufwandes in den Vordergrund, wenn die Vorbereitungshandlungen bewusst auf die daran ansetzenden Verarbeitungsvorgänge ausgerichtet werden und deren Ablauf auch inhaltlich vorzeichnen. Eine inhaltliche Beeinflussung kann dabei über die Auswahl bestimmter technischer Funktionen erfolgen, die die Gestaltungsfreiheit des nachfolgenden Akteurs beschränken und sich auf die Art und den Umfang der Datenverarbeitung auswirken.

c.) Unmittelbare Initiierungshandlungen

Von abstrakten Ermöglichungsbeiträgen sind wiederum konkrete Initiierungshandlungen abzugrenzen. Im Zentrum der Betrachtung stehen dabei Vorgänge, die in der Form automatisierter Datenverarbeitungsverfahren ohne ein weiteres Zutun ablaufen, nachdem sie durch eine menschliche Handlung ausgelöst bzw. initiiert worden sind. Szenarien, in denen etwa durch die Nutzung eines bestimmten Datenverarbeitungsmechanismus Datenverarbeitungsvorgänge in einer technisch konkretisierten Form unmittelbar ausgelöst werden, unterscheiden sich strukturell signifikant von den skizzierten Szenarien „klassischer“ Ermöglichungshandlungen.

Im Gegensatz zu bloßen Ermöglichungskonstellationen, deren Grundstruktur durch eine Aufteilung in den Ermöglichungsbeitrag eines Akteurs und die durch eine andere Stelle vorgenommenen und administrierten Datenverarbeitungen geprägt ist, stehen die automatisiert ablaufenden Verarbeitungsvorgänge in einem direkten und unmittelbaren Zusammenhang zu deren Auslösung. Rechtsdogmatisch stellen die konkret initiierten Vorgänge den gegenständlichen Anknüpfungspunkt und den Ansatzpunkt für die verantwortlichkeitsbegründende Einflussnahme dar. Unter Bezugnahme auf den Begriff der „Verarbeitung“ ist der Umstand unschädlich, dass der (initiierte) Vorgang selbst ohne ein weiteres menschliches Zutun abläuft.[1661] Bindet ein Akteur nunmehr bewusst und aus Eigeninteresse einen technischen Mechanismus in seine Lebenswirklichkeit ein und löst dadurch selbstbestimmt konkretisierte Datenverarbeitungsvorgänge aus, die zugleich personenbezogene Daten Dritter betreffen, kommt dem initiierenden Akteur die zentrale Rolle zu. Bereits durch die Initiierungshandlungen kann häufig eine relevante Entscheidungsgewalt auf die ausgelösten Vorgänge ausgeübt werden.[1662]

2.) Konturierung des Begriffs der „Parametrierung"

Im Nachgang an die ergangene EuGH-Rechtsprechung bestehen weitere Rechtsunsicherheiten im Hinblick auf die Frage, wann und unter welchen Voraussetzungen technische und organisatorische Maßnahmen zu der Begründung von datenschutzrechtlicher (Mit-)Verantwortlichkeiten führen können, die sich auch auf zeitlich und räumlich nachgelagerte Glieder einer Verarbeitungskette erstrecken. Die Unsicherheiten beruhen im Wesentlichen auf dem Umstand, dass die durch den EuGH aufgestellten Kriterien extensiv interpretiert werden und durch eine hohe Abstraktheit geprägt sind. Um Abgrenzungsschwierigkeiten zwischen bloßen (Mit-)Ursächlichkeiten und datenschutzrechtlichen (Mit-)Verantwortlichkeiten entgegenzuwirken und Verantwortlichkeitszuordnungen in sich überschneidenden Einflussbereichen nachvollziehbarer vorzunehmen, bedürfen die durch den EuGH aufgestellten Kriterien einer Präzisierung.
Den direkten Ansatzpunkt für erforderliche Anpassungen stellt der Begriff der „Parametrierung"[1663] dar, der durch den EuGH im Kontext technischer Konfigurationen eingeführt wurde und im Allgemeinen ein Verfahren bezeichnet, bestimmte Vorgänge mit Parametern zu versehen.[1664] Im Kontext der EuGH-Rechtsprechung wird die Begrifflichkeit verwendet, um die Fähigkeit eines Akteurs zu beschreiben, bestimmte Analyseparameter einer statistischen Auswertung in gewissem Maße selbst zu konfigurieren. Als verallgemeinerungsfähiges Kriterium ist das Merkmal allerdings nicht auf das in der Rechtssache *Wirtschaftsakademie Schleswig-Holstein* skizzierte Verarbeitungsszenario zu beschränken. Übertragen auf den datenschutzrechtlichen Gesamtkontext beschreibt die Begrifflichkeit die Fähigkeit, über die Festlegung

---

[1661] In diesem Sinne auch *Herbst*, in: Kühling/Buchner, DS-GVO/BDSG, 4. Aufl. 2024, Art. 4 Nr. 2 Rn. 14; a.A. *Arning/Rothkegel*, in: Taeger/Gabel, DSGVO/BDSG/TTDSG, 4. Aufl. 2022, Art. 4 Rn. 64: Initiierung durch menschliche Handlung nicht erforderlich; siehe allgemeiner zur sog. „Veranlassung" *Ernst*, Gemeinsame Verantwortlichkeit bei arbeitsteiliger Datenverarbeitung – Ein europäisch-nationaler Vergleich, S. 191 ff.

[1662] Dazu Kap. F. I. 2.) e.).

[1663] EuGH [GK], Rs. C-210/16, *ULD Schleswig-Holstein/Wirtschaftsakademie Schleswig-Holstein,* ECLI:EU:C:2018:388 Rn. 36 und 39; ähnliche Argumentation in EuGH [GK], Rs. C-683/21, *Nacionalinis visuomenės sveikatos centras*, ECLI:EU:C:2023:949 Rn. 32, wonach die „Parameter" der mobilen Anwendung an die Bedürfnisse des NZÖG angepasst worden seien.

[1664] In diesem Sinne Wörterbuch Duden Online, Stichwort: „parametrisieren", abrufbar unter https://www.duden.de/rechtschreibung/parametrisieren (zuletzt abgerufen am 31.07.2025).

bestimmter Parameter den Ablauf eines Datenverarbeitungsvorgangs zu beeinflussen. Die Fortentwicklung dieses Kriteriums kann dazu beitragen, Einfluss- und Verantwortlichkeitssphären innerhalb des sequenziellen Zurechnungsmodells zu konturieren und auf diese Weise die Zuordnung datenschutzrechtlicher Verantwortlichkeiten nachvollziehbarer auszugestalten.

a.) Mindestanforderungen technischer Konfigurationen

Datenschutzrechtliche (Mit-)Verantwortlichkeiten, die sich auf zeitlich und räumlich nachgelagerte Glieder einer Verarbeitungskette erstrecken, können aufgrund technischer Ausgestaltungen („controllership by technical configurations“[1665]) nur dann erwachsen, wenn die Relevanzschwelle einer (Teil-)Entscheidung tatsächlich überschritten wird. Die Interpretation dieser Form der verantwortlichkeitsbegründenden Einflussnahme hat ebenfalls im Einklang mit den Anforderungen an den Begriff der „Entscheidung“[1666] zu erfolgen.

Mit Blick auf den Einzelfall ist zu bewerten, ob die über technische Maßnahmen ausgeübte Entscheidungsgewalt des parametrierenden Akteurs so ausgeprägt ist, dass von einer konkreten und signifikanten Ausgestaltung der (wesentlichen) Verarbeitungsmittel ausgegangen werden kann.[1667] Der Einflussspielraum muss sich auf die zugrundeliegende Technologie einschließlich aller insoweit bestehender technischer und organisatorischer Maßnahmen erstrecken.[1668] Verantwortlichkeitsbegründende Konfigurationen können dabei sowohl die Art der personenbezogenen Daten, die verarbeitet werden, die Dauer der Verarbeitung, die Kategorien der Empfänger sowie die Kategorien der betroffenen Personen betreffen.[1669]

Aus der faktischen Einflussnahme auf die Verarbeitungsmittel muss sich zugleich eine Zwecksetzungsmacht ableiten lassen. Dafür ist es erforderlich, dass sich das Gesamtgepräge eines Vorgangs durch die technischen Einstellungs- und Auswahlfunktionen auch inhaltlich verändert. Der Einfluss muss so signifikant sein, dass auch das im Eigeninteresse liegende Verarbeitungsziel bzw. -ergebnis den eigenen Vorstellungen entsprechend beeinflusst wird. Je umfangreicher die Konfigurationsmöglichkeiten im Einzelfall sind, desto eher können (Mit-)Verantwortlichkeiten auch im primären Einflussbereich eines anderen Akteurs begründet werden. Im Umkehrschluss gilt: Je abstrakter die Anforderungen an die technische Parametrierung gesetzt

---

[1665] *Chen/Edwards/Urquhart/McAuley*, International Data Privacy Law 2020 (Vol. 10, No. 4), S. 283.
[1666] Grundlegend dazu Kap. D. II. 6.) b.) cc.) (1.).
[1667] Vgl. *Hacker*, Datenprivatrecht, S. 135 und S. 140, der nachvollziehbar darlegt, dass eine beschränkt rationale oder bewusst gewählte Zurückhaltung bezüglich der Ausübung der Kontrollmöglichkeiten nicht zu einer Entlastung führen kann; von einem sog. „Tipping Point“ sprechend *Ernst*, Gemeinsame Verantwortlichkeit bei arbeitsteiliger Datenverarbeitung – Ein europäisch-nationaler Vergleich, S. 213 ff.
[1668] *Scheja/Reibach/Reichert*, in: Leupold/Wiebe/Glossner, IT-Recht, Teil 6.6 Rn. 237.
[1669] A.A. *Radtke*, Gemeinsame Verantwortlichkeit unter der DSGVO, S. 127 f., der die Parametrierung auf die Bestimmung der Kategorien betroffener Personen beschränkt.

werden, desto schwieriger fällt die Abgrenzung einzelner Einfluss- und Verantwortlichkeitsbereiche und folglich die Abgrenzung zwischen gemeinsamer und getrennter Verantwortlichkeit. Um die Mindestanforderungen des datenschutzrechtlichen Verantwortlichkeitstatbestandes auch im Hinblick auf zeitlich und räumlich nachgelagerte Vorgänge zu wahren, die primär in der Sphäre eines anderen Akteurs ablaufen, dem Legitimationsgedanken gerecht zu werden und Abgrenzungsschwierigkeiten in multipolaren Verarbeitungsszenarien entgegenzuwirken, ist insgesamt ein gesteigerter Begründungsaufwand notwendig, um einen signifikanten Einfluss auf die Schlüsselelemente einer Datenverarbeitung anzunehmen und auch den parametrierenden Akteur zum Adressaten sämtlicher datenschutzrechtlicher Verpflichtungen zu machen.[1670]

b.) Mindestanforderungen organisatorischer Konfigurationen

Neben der Begründung datenschutzrechtlicher Verantwortlichkeiten auf der Grundlage technischer Parametrierungen kommt der verantwortlichkeitsbegründenden Einflussnahme durch organisatorische Parametrierungen bzw. Konfigurationen („controllership by organizational configurations“[1671]) eine gewichtige Bedeutung zu. Trotz dessen der EuGH den Begriff der „Parametrierung“ zuvorderst im Kontext direkt ausgeübter, technischer Konfigurationen heranzieht, werden durch den übergeordneten Begründungsansatz auch Sachverhalte erfasst, in denen die Einflussnahme auf eine Datenverarbeitung aus organisatorischen bzw. koordinierenden Handlungen erwächst.[1672]

In Übereinstimmung mit den für technische Konfigurationen skizzierten Anforderungen ist zu berücksichtigen, dass auch datenschutzrechtliche (Mit-)Verantwortlichkeiten auf der Grundlage organisatorischer Maßnahmen nur dann entstehen, wenn die Relevanzschwelle einer (Teil-)Entscheidung tatsächlich überschritten wird. Für das Überschreitung der Relevanzschwelle müssen sich auch die organisatorischen Vorgaben faktisch auf die technischen Maßnahmen und Verfahren der gegenständlichen Datenverarbeitung auswirken.[1673] Über die Ausgestaltung des organisatorischen Gestaltungsspielraums muss die operative Datenverarbeitung auch dem im Eigeninteresse liegenden Verarbeitungsziel bzw. -ergebnis entsprechend inhaltlich beeinflusst werden können.

Im Gegensatz zu Verarbeitungskonstellationen, in denen durch die Determinierung einzelner technischer Parameter der Ablauf einer bestimmten Datenverarbeitung direkt beeinflusst

[1670] In diesem Sinne auch *Moos/Rothkegel*, MMR 2018, 596 (597); *Janicki*, FS Taeger 2020, S. 208; *Hacker*, Datenprivatrecht, S. 130 f.; *Hacker*, MMR 2018, 779 (780).
[1671] *Chen/Edwards/Urquhart/McAuley*, International Data Privacy Law 2020 (Vol. 10, No. 4), S. 283.
[1672] Vgl. EuGH [GK], Rs. C-25/17, *Zeugen Jehovas*, ECLI:EU:C:2018:551 Rn. 70.
[1673] In diesem Sinne auch *Scheja*, FS Taeger 2020, S. 420, der zutreffend darauf hinweist, dass nicht jede wie auch immer geartete Form der Einflussnahme die Relevanzschwelle einer (Teil-)Entscheidung über die Schlüsselelemente einer Datenverarbeitung überschreiten kann.

werden kann, lässt sich ein faktischer, operativer Einfluss auf die wesentlichen Verarbeitungsmittel durch organisatorische Vorgaben deutlich schwieriger begründen.[1674] Bedingt durch die Mittelbarkeit der Einflussnahme auf zeitlich und örtlich nachgelagerte Verarbeitungsvorgänge in der Einflusssphäre eines anderen Akteurs ist ein erhöhter Begründungsaufwand erforderlich. Wenngleich streng weisungsgebundene Datenverarbeitungen, wie sie für Auftragsverarbeitungsszenarien (vgl. Art. 4 Nr. 8 DSGVO, Art. 28 Abs. 3 S. 2 lit. a DSGVO) und „unterstellte Personen" (vgl. Art. 29 DSGVO) kennzeichnend sind, nicht den Maßstab für die organisatorischen bzw. koordinierenden Vorgaben setzen können, muss den Vorgaben zumindest im Hinblick auf relevante Teilaspekte der operativen Datenverarbeitung eine gewisse Verbindlichkeit zukommen.

Nur unter der Voraussetzung, dass die Vorgaben gegenüber dem anderen Akteur auch eine faktische Wirkung entfalten und innerhalb der konkreten Datenverarbeitung fortbestehen, kann verhindert werden, dass die verantwortlichkeitsbegründende Entscheidungsgewalt des anweisenden Akteurs zur reinen Fiktion verkommt.[1675] Obgleich schriftliche Anleitungen oder Anweisungen in formaler Hinsicht keine zwingende Voraussetzung darstellen,[1676] sind sie dennoch als starkes Indiz für eine gesteigerte Verbindlichkeit der organisatorischen Vorgaben zu werten.

In Anbetracht dieser konkretisierten Anforderungen bedürfen Teilaspekte der EuGH-Rechtsprechung einer Anpassung. Dies betrifft insbesondere den durch die Rechtsprechung vermittelten Eindruck, wonach bereits hintergründige Organisations- und Koordinationsaufgaben als verantwortlichkeitsbegründend erachtet werden könnten. Durch ein derart extensives Verständnis droht eine systemwidrige Uferlosigkeit des datenschutzrechtlichen Verantwortlichkeitstatbestandes.[1677] Wenngleich der EuGH die Handlungsalternativen der Koordinierung, Organisierung und Ermunterung kumulativ anführt, kann der bloßen Ermunterung zu einer Verarbeitung personenbezogener Daten im Verhältnis zu koordinierenden und organisierenden Handlungen nur eine untergeordnete Bedeutung zugemessen werden. Dem Umstand geschuldet, dass durch die bloße Ermunterung keine tatsächliche Ausgestaltung der Rahmenbedingungen der operativen Datenverarbeitung erfolgt, kann ein solches Tätigwerden für sich genommen nicht ausreichen, um eine (Mit-)Verantwortlichkeit zu begründen.[1678]

1674 So auch *Scheja/Reibach/Reichert*, in: Leupold/Wiebe/Glossner, IT-Recht, Teil 6.6 Rn. 237; *Scheja*, FS Taeger 2020, S. 420 f.

1675 Siehe dazu auch *Scheja*, FS Taeger 2020, S. 420 f., der ausgehend von einem Vergleich zur strafrechtlichen Mittäterschaft auf das Kriterium der Tatherrschaft rekurriert, um das Ausufern datenschutzrechtlicher (Mit-)Verantwortlichkeiten zu begrenzen.

1676 So auch EuGH [GK], Rs. C-25/17, *Zeugen Jehovas*, ECLI:EU:C:2018:551 Rn. 67.

1677 In diesem Sinne auch *Specht-Riemenschneider/Schneider*, MMR 2019, 503 (504).

1678 Missverständlich EuGH [GK], Rs. C-25/17, *Zeugen Jehovas*, ECLI:EU:C:2018:551 Rn. 72.

II. Akzentuierung verantwortlichkeitsbegrenzender Elemente

Um verallgemeinernden Tendenzen entgegenzuwirken, die aufgrund der in Teilen extensiven Auslegung des datenschutzrechtlichen Verantwortlichkeitstatbestandes aufgekommen sind, besteht ein erhöhtes Bedürfnis nach kohärenten Begrenzungskriterien und Indizien, die extensiven Verantwortungsausweitungen und damit einhergehenden Verantwortungsdiffusionen entgegenwirken. Zwar hat auch der EuGH die Notwendigkeit von Verantwortlichkeitsbegrenzungen im Grundsatz anerkannt und eine auf den einzelnen Vorgang beschränkte Betrachtung in der Rechtssache *Fashion ID* erstmals ausdrücklich hervorgehoben,[1679] doch verbleiben aufgrund der skizzierten argumentativen Schwächen relevante Rechtsunsicherheiten hinsichtlich der Reichweite datenschutzrechtlicher Verantwortlichkeiten. Unter der Prämisse, dass datenschutzrechtliche Verantwortlichkeiten ohnehin nur so weit reichen können, wie der tatsächliche Einfluss auf die Schlüsselelemente einzelner Verarbeitungsvorgänge besteht,[1680] sind auch Grenzen der Verantwortlichkeitszuordnung zu akzentuieren.

1.) Der objektive Begrenzungsmaßstab

Speziell in Datenverarbeitungsszenarien, in denen die Gestaltungsfreiheit eines Akteurs darauf beschränkt ist, automatisiert ablaufende Verarbeitungsvorgänge auszulösen oder dies zu unterlassen, fällt die Grenzziehung bei der Verantwortlichkeitszuordnung und die Fokussierung auf einzelne Phasen bzw. bestimmte Vorgänge schwer. Aufgrund des Befundes, dass die Relevanzschwelle eines verantwortlichkeitsbegründenden Entscheidungsbeitrages auch durch bewusste und im eigenen Interesse erfolgende Initiierungshandlungen überschritten werden kann, besteht indes ein gesteigertes Bedürfnis nach begrenzenden Merkmalen innerhalb des sequenziellen Zuordnungsmodells.

Als weitgehend ungeeignet erweist sich dabei das isolierte Abstellen auf die Ursächlichkeit für sich anschließende Vorgänge in der Form bloßer Kausalitätserwägungen. Durch die isolierte Berücksichtigung äquivalent-kausaler Ursachenzusammenhänge i.S.d. Conditio-sine-qua-non-Formel[1681] würde die datenschutzrechtliche Verantwortlichkeit auch auf entfernte Vorgänge entlang einer Verarbeitungskette ausgeweitet werden, die in irgendeiner Weise auf die ursprüngliche Initiierungshandlung zurückführbar sind. Dem Umstand geschuldet, dass

[1679] EuGH, Rs. C-40/17, *Fashion ID*, ECLI:EU:C:2019:629 Rn. 74: „Dagegen kann […] diese natürliche oder juristische Person für vor- oder nachgelagerte Vorgänge in der Verarbeitungskette, für die sie weder die Zwecke noch die Mittel festlegt, nicht als im Sinne dieser Vorschrift verantwortlich angesehen werden."; in diesem Sinne auch EuGH, Rs. C-604/22, *IAB Europe*, ECLI:EU:C:2024:214 Rn. 73 f.

[1680] Vgl. EuGH, Rs. C-40/17, *Fashion ID*, ECLI:EU:C:2019:629 Rn. 74 und 76.

[1681] Siehe zur sog. „conditio-sine-qua-non-Formel" als Konkretisierung der Äquivalenztheorie *Heinrich*, in: Dölling/Duttge/König/Rössner, Gesamtes Strafrecht, 5. Aufl. 2022, Vorb. zu § 13 Rn. 19 m.w.N.

äquivalent-kausale Ursachenzusammenhänge für sich genommen allerdings keine Aussage darüber treffen, inwieweit auch ein Einfluss auf die inhaltliche Ausgestaltung einzelner Verarbeitungsvorgänge besteht, führt dieser extensive Ansatz in der Theorie zu einer uferlosen Reichweite der datenschutzrechtlichen Verantwortlichkeit.

Anstatt ein derart überinklusives Zuordnungskonzept zugrunde zu legen, ist es im Kontext initiierender Handlungen in der Regel sachgerechter, die datenschutzrechtliche Verantwortlichkeit zunächst auf die unmittelbar mit der Initiierung einhergehenden Verarbeitungsvorgänge zu beschränken. Wird beispielsweise durch die zielgerichtete Integration bestimmter Datenverarbeitungswerkzeuge das Initial einer Verarbeitungskette gesetzt, bezieht sich die Verantwortung regelmäßig nur auf die sich unmittelbar anschließenden, automatisiert ablaufenden Vorgänge, für die eine verantwortlichkeitsbegründende Einflussnahme dargelegt werden kann.

Treten entlang der durch den Ausgangsakteur ausgelösten Verarbeitungskette weitere Akteure hinzu, in deren primärer Einflusssphäre sich die anschließenden Vorgänge abspielen, führt dieses Dazwischentreten, unter der Voraussetzung, dass dem Ausgangsakteur keine weiteren Konfigurationsmöglichkeiten zukommen, dazu, dass die datenschutzrechtliche Verantwortlichkeit des Ausgangsakteurs endet und auf den dazwischentretenden Akteur übergeht. Der Verantwortungsübergang erfolgt ab dem Zeitpunkt, an dem die personenbezogenen Daten Dritter in den direkten Einflussbereich der nachgelagerten Stelle gelangen.[1682] Etwaige Weiterverarbeitungen erweisen sich als separat zu betrachtende Verarbeitungsvorgänge im Verantwortungsbereich der nachfolgenden Entität.[1683]

Von dieser Struktur abweichende Verarbeitungskonstellationen entstehen, wenn einzelnen Akteuren über die Auswahl und Ausgestaltung von technischen oder organisatorischen Konfigurationen ein erweiterter Gestaltungsspielraum zukommt. In diesem Fall kann sich die Verantwortlichkeitszuordnung auch auf weitere Verarbeitungsvorgänge entlang der Verarbeitungskette erstrecken. Die Präzisierung der verantwortlichkeitsbegründenden Elemente trägt unmittelbar dazu bei, die Reichweite datenschutzrechtlicher (Mit-)Verantwortlichkeiten auch im Kontext erweiterter Konfigurationsmöglichkeiten auf abgrenzbare Vorgänge zu konkretisieren. Die Konturierung des Begriffs der „Parametrierung" wirkt Verantwortungsausdehnungen auf zeitlich und räumlich nachgelagerte Vorgänge in der Form entgegen, dass Akteure ohne direkten

[1682] In diesem Sinne auch *Arning/Rothkegel*, in: Taeger/Gabel, DSGVO/BDSG/TTDSG, 4. Aufl. 2022, Art. 4 Rn. 220.

[1683] Siehe dazu *Martini*, in: Paal/Pauly, DS-GVO/BDSG, 3. Aufl. 2021, Art. 26 Rn. 19a, wonach ein Fanpage-Betreiber nicht auch die Weitergabe von Nutzerdaten durch den Anbieter des sozialen Netzwerks an US-amerikanische Sicherheitsbehörden zu verantworten hat.

Zugriff auf die personenbezogenen Daten nur unter erhöhten Anforderungen in der Rolle eines (Mit-)Verantwortlichen agieren.[1684]

2.) Beschränkter Bedeutungsgehalt subjektiver Elemente

Unabhängig von dem konkreten Wissenshorizont eines potenziell Verantwortlichen ist der Bedeutungsgehalt voluntativer und kognitiver Kriterien für die Verantwortlichkeitsbegründung eng zu begrenzen. Die Fokussierung auf die Anforderungen an das subjektive Element[1685] darf nicht darüber hinwegtäuschen, dass voluntative und kognitive Kriterien für sich genommen nicht ausreichen können, um eine verantwortlichkeitsbegründende Wirkung zu entfalten.[1686] Die Grundlage eines verantwortlichkeitsbegründenden Tätigwerdens bleibt die tatsächlich ausgeübte Einflussnahme auf die Schlüsselelemente einer bestimmten Datenverarbeitung.[1687] Offenbart die Analyse des Einzelfalls, dass ein konkreter, die nachfolgenden Verarbeitungsvorgänge administrierender Einfluss besteht, gilt es mit Blick auf die voluntativen und kognitiven Elemente zu prüfen, ob diese Einflussnahme eine Entsprechung in der Zielvorstellung des Verantwortlichen findet und von dessen Zweckfestlegung gedeckt ist. Dieser notwendige Gleichlauf zwischen objektiven und subjektiven Elementen bedingt, dass der Verantwortlichkeitsbereich eines Akteurs auch durch ein zielgerichtetes Wollen und erweiterte Wissenselemente nicht über den objektiven Begrenzungsmaßstab hinaus ausgedehnt werden kann.[1688]

Im Hinblick auf zeitlich und räumlich nachgelagerte Verarbeitungsvorgänge entlang einer Verarbeitungskette ist es mithin unbeachtlich, in welchem Ausmaß diese Vorgänge antizipiert und

---

[1684] Siehe dazu *Scheja,* FS Taeger 2020, S. 420 f., der eine Orientierung am Kriterium der Tatherrschaft vornimmt, um datenschutzrechtliche (Mit-)Verantwortlichkeiten im primären Einflussbereich eines anderen Akteurs nicht ausufern zu lassen; ähnlich *Schulz*, ZD 2018, 363 (364 f.), der zwischen einer Beteiligung und einer Verantwortlichkeit differenziert und ein Mindestmaß an Einfluss auf die Schlüsselelemente der Verarbeitung fordert, um eine direkte Verantwortlichkeit zu begründen; lediglich einen adäquat-kausalen Beitrag zur Datenverarbeitung fordernd *Specht-Riemenschneider/Schneider*, MMR 2019, 503 (505).

[1685] Siehe etwa *Sattler*, GRUR 2019, 1023 (1025), der betont, dass das Wissen über die vielfältigen Verarbeitungszwecke von Facebook stetig zunehme. Ein Unternehmer, der den „Gefällt-mir"-Button einbindet, wisse oder müsste wissen (Verschulden), dass dieser von Facebook benutzt wird, um auf dieser Grundlage Profile zu erstellen, die ihrerseits eine Kommerzialisierung der Daten in Form von personalisierter Werbung ermöglichen; ähnlich *Hanloser*, ZD 2019, 458, der im Hinblick auf den Nachweis der positiven Kenntnis von der konkret ermöglichten Verarbeitung befürchtet, dass dieser Nachweis künftig im Mittelpunkt datenschutzrechtlicher Rechtsstreitigkeiten stehen wird; ähnlich OVG Schleswig, ZD 2022, 433 (Rn. 147), wonach eine Verantwortlichkeit allein deshalb ausscheide, weil die Datenverarbeitung nicht im direkten Interesse eines Akteurs liegt und diesem keinerlei Vorteile biete.

[1686] Das Verhältnis zwischen subjektiver und objektiver Komponente verkennend *Böllhoff/Rataj*, WRP 2019, 1536 (1537), die bereits aus einem profunden Eigeninteresse eine Einflussnahme und einen für die (Mit-)Verantwortlichkeit hinreichenden „Input" auf die Datenverarbeitung ableiten.

[1687] A.A. *Böllhoff/Rataj*, WRP 2019, 1536 (1537), die aus der EuGH-Rechtsprechung schlussfolgern, dass es auf eine wirkliche Beeinflussbarkeit der Datenverarbeitung nicht ankomme; missverständlich auch OVG Schleswig, ZD 2022, 433 (Rn. 146 f.).

[1688] A.A. *Radtke*, Gemeinsame Verantwortlichkeit unter der DSGVO, S. 136, der das Erfordernis eines konkretisierbaren Einflusses vernachlässigt, stattdessen im Wesentlichen auch auf ein Wissen bzw. Wissenmüssen abstellt und so das Zusammenspiel zwischen objektiver und subjektiver Komponente verkennt.

gewünscht werden, solange durch faktische Entscheidungsbeiträge die Relevanzschwelle einer (Mit-)Verantwortlichkeit nicht überschritten wird. Dasselbe gilt für die Berücksichtigung subjektiver Elemente im Kontext isolierter Ermöglichungshandlungen. Ohne das Vorliegen eines gestaltenden Einflusses auf die ermöglichten Verarbeitungsvorgänge kann auch ein ausgeprägtes Wissen und Wollen hinsichtlich der durch eine andere Stelle administrierten Verarbeitungsvorgänge keine verantwortlichkeitsbegründende Wirkung entfalten. Bezogen auf die Verantwortlichkeitszuordnung kommt dem Umstand, dass das allgemeine Wissen und das Verständnis über die vielfältigen Verarbeitungszwecke von international tätigen Digitalkonzernen stetig zunimmt, nur eine geringfügige Bedeutung zu, solange im gleichen Ausmaß nicht auch die faktischen Einflussmöglichkeiten der die Dienste in Anspruch nehmenden Akteure ansteigen.[1689]

III. Fokussierte Ausgestaltung gesetzlicher Regelungsspielräume

Vor dem Hintergrund der bisherigen Rechtsprechungspraxis tragen die im Wesentlichen aus dem Wortsinn sowie dem Telos der Art. 4 Nr. 7 Hs. 1 DSGVO und Art. 26 Abs. 1 S. 1 DSGVO abgeleiteten Präzisierungs- und Korrekturansätze dazu bei, die durch den EuGH akzentuierten Merkmale in das datenschutzrechtliche Gesamtkonzept einzugliedern und deren kohärentes Zusammenwirken zu erhöhen. Durch die Konturierung der verantwortlichkeitsbegründenden sowie -begrenzenden Merkmale können die durch die in Teilen extensiven Auslegungsansätze bedingten Zuordnungsprobleme bereits erheblich abgemildert, die Rechtssicherheit bei der Zuordnung datenschutzrechtlicher Verantwortlichkeiten signifikant erhöht und die Korrespondenz von Kontrolle und Verantwortung insgesamt besser gewahrt werden. In Ergänzung zu den am Verantwortlichkeitstatbestand entwickelten Präzisierungs- und Anpassungsansätzen sind zusätzlich verbleibende gesetzliche Gestaltungsmöglichkeiten in den Blick zu nehmen, um die Pflichtenadressierung, -aufteilung und -beschränkung weiter zu plausibilisieren.

1.) Relevanz gesetzlicher Rollenzuteilungen

Auf der Ebene der Verantwortlichkeitszuordnung ist zu erwägen, die Bestimmung des (gemeinsam) Verantwortlichen beziehungsweise die Vorgabe der Kriterien seiner Benennung zukünftig vermehrt über das nationalstaatliche Recht (in der klassischen lateinischen Form *de iure*)

[1689] Diese Wissenszunahme als Problem darstellend *Sattler*, GRUR 2019, 1023 (1025); ähnlich *Hanloser*, ZD 2019, 458 (459), wonach zu befürchten sei, dass der Nachweis der positiven Kenntnis von der konkret ermöglichten Verarbeitung künftig im Mittelpunkt datenschutzrechtlicher Rechtsstreitigkeiten stehe.

vorzunehmen, um die Rollenzuteilung in Teilbereichen berechenbarer und transparenter auszugestalten.[1690]

Durch die Ausgestaltung der fakultativen Öffnungsklausel in Art. 4 Nr. 7 Hs. 2 DSGVO (ehemals Art. 2 lit. d S. 2 DSRL) können die Mitgliedstaaten datenschutzrechtliche Verantwortlichkeiten selbst auf bestimmte Entitäten (verbindlich) konzentrieren.[1691] Das europäische Verantwortlichkeitskonzept ermöglicht auf diese Weise die Integration mitgliedstaatlicher Eigenheiten in das Datenschutzrecht.[1692]

Ausdrückliche gesetzliche Festlegungen der Verantwortlichkeit finden sich beispielsweise im Steuerrecht (z.B. in § 11 Abs. 2 S. 2 StBerG), im Bereich des Beschäftigtendatenschutzes (z.B. in § 79a S. 2 BetrVG[1693] und § 69 S. 2 BPersVG), im Sozialrecht (z.B. in § 219d Abs. 6 S. 2, § 307 Abs. 4 S. 2, § 341 Abs. 4 S. 1, § 358 Abs. 5 S. 1 SGB V, § 23 Abs. 1 SGB IX, § 67 Abs. 4 SGB X und § 24b Abs. 2 S. 1 BEEG), im Kreditwesengesetz (s. § 7 Abs. 5 S. 2 KWG) sowie in § 9c EGovG.[1694] Wird durch die Festlegung eines Auftragsverarbeiters zugleich auch das verantwortliche Pendant eindeutig bestimmt, kann dies ebenfalls den Vorgaben aus Art. 4 Nr. 7 Abs. 1 Hs. 2 DSGVO entsprechen (vgl. etwa § 1 Abs. 1 S. 2 AZRG und § 2 Abs. 5 S. 2 BKAG).[1695]

Speziell in machtasymmetrischen Datenverarbeitungsszenarien, in denen unverhältnismäßige Verantwortungsübertragungen einseitig zu Lasten von einzelnen Beteiligten drohen, die faktisch keinen oder nur einen unerheblichen Einfluss auf die Datenverarbeitung haben, könnten gesetzliche Rollenzuteilungen weiter forciert werden, um Fehladressierungen bereits auf der Primärebene entgegenzuwirken. Unter dem Eindruck der bisherigen Rechtsprechung gilt es beispielsweise die übergeordneten Anbieter informationstechnischer Systeme in den Fokus der Verantwortlichkeitszuteilung zu rücken, Einzelverantwortlichkeiten zu stärken und dadurch auch die privaten Nutzer auch innerhalb von Digitalisierungsprozessen zu entlasten.

Die Verantwortlichkeitszuteilung *de iure* unterliegt indes Grenzen, die die Relevanz dieser Ausgestaltungsoption beschränken. Die Möglichkeit der rechtlichen Ausgestaltung ist von vornherein an die Würdigung der tatsächlichen Einflussnahmemöglichkeiten auf die

---

[1690] Siehe zur Integrationswirkung von Art. 4 Nr. 7 Hs. 2 DSGVO *Möhle*, DÖV, 2023, 101 (105); siehe auch *Janicki*, FS Taeger 2020, S. 214 f., der zutreffend darauf hinweist, dass es sich dabei letztlich um rechtspolitische Entscheidungen des jeweiligen Einzelfalls handelt; ausführlich zu potenziellen Anwendungsfällen *Marosi*, (Gem-)Einsame Verantwortlichkeit im Datenschutzrecht, S. 136 ff.

[1691] Grundlegend zu den allgemeinen Voraussetzungen Kap. D. II. 6.) b.) cc.) (2.) (a.).

[1692] *Möhle*, DÖV 2023, 101 (107).

[1693] Siehe zu der vieldiskutierten Regelung nur *Möhle*, ZD-Aktuell 2021, 05067; *Maschmann*, NZA 2021, 834.

[1694] Siehe dazu ausführlich *Petri/Stief*, in: Simitis/Hornung/Spiecker gen. Döhmann, DSGVO/BDSG, 2. Aufl. 2025; Art. 4 Nr. 7 Rn. 30 ff.

[1695] Vgl. *Petri/Stief*, in: Simitis/Hornung/Spiecker gen. Döhmann, DSGVO/BDSG, 2. Aufl. 2025, Art. 4 Nr. 7 Rn. 28.

Schlüsselelemente einer Datenverarbeitung gebunden.[1696] Hinsichtlich der Zuweisung von Verantwortlichkeiten durch Rechtsvorschriften ist zudem zu erkennen, dass sich der gesetzliche Regelungsspielraum nur auf ausgewählte, sektorspezifische Bereiche erstreckt.[1697] Der Gestaltungsspielraum des nationalen Gesetzgebers, Datenverarbeitungsszenarien durch Rechtsvorschriften zu erfassen, betrifft im Schwerpunkt den Bereich des öffentlichen Rechts und erstreckt sich klassischerweise auf Einrichtungen, die mit bestimmten öffentlichen Aufgaben betraut werden, die ohne die Verarbeitung zumindest einiger personenbezogener Daten nicht erfüllt werden könnten.[1698]

Des Weiteren stellt die rechtliche Zuweisung von Verantwortlichkeiten jeweils eine einzelfallabhängige, rechtspolitische Entscheidung dar, die wesentlich von den Bestrebungen in den einzelnen Mitgliedstaaten abhängt.[1699] Sektorspezifische Rollenzuteilungen in einzelnen Mitgliedstaaten erhöhen die Gefahr einer Fragmentierung des datenschutzrechtlichen Verantwortlichkeitskonzepts.[1700] Um dem Anspruch einer effektiven Umsetzung des Europarechts nachzukommen, sollten die nationalstaatlichen Gesetzgeber individuelle Regelungsansätze mit Bedacht vorantreiben.[1701] Für den Fall, dass die nationalen Gesetzgeber von den fakultativen Öffnungsklausel keinen Gebrauch machen, verbleibt es bei dem allgemeinen Rekurs auf den datenschutzrechtlichen Verantwortlichkeitstatbestand.

2.) Ergänzende Gestaltungsspielräume zur Flexibilisierung des Rechtsfolgenregimes

Neben der sektorspezifischen Rollenzuteilung betreffen die gesetzlichen Regelungsmöglichkeiten auch die Ausgestaltung des datenschutzrechtlichen Rechtsfolgenregimes. Die Analyse dieser Handlungsoptionen gibt Aufschluss darüber, inwieweit Flexibilisierungsansätze durch

[1696] In diesem Sinne auch *EDPB*, Guidelines 07/2020 (Version 2.1), Rn. 23.

[1697] Vgl. *Hartung*, in: Kühling/Buchner, DS-GVO/BDSG, 4. Aufl. 2024, Art. 4 Nr. 7 Rn. 14; *Petri/Stief*, in: Simitis/Hornung/Spiecker gen. Döhmann, DSGVO/BDSG, 2. Aufl. 2025, Art. 4 Nr. 7 Rn. 26-32; zur Benennung von Verantwortlichen im Kontext der Verwaltungsdigitalisierung *Böllhoff/Botta*, NVwZ 2021, 425 (429 f.).

[1698] *Schantz*, in: Schantz/Wolff, Das neue Datenschutzrecht, Rn. 358; *Kühling/Martini et al.*, Die DSGVO und das nationale Recht, S. 25; siehe dazu das Beispiel "Legal provision" *EDPB*, Guidelines 07/2020 (Version 2.1), Rn. 24; ähnlich auch *Schantz*, in: Schantz/Wolff, Das neue Datenschutzrecht, Rn. 358, der auf Verarbeitungsszenarien verweist, in denen durch ein Gesetz der Aufbau bestimmter Datenbanken oder eines Registers vorgegeben wird, um öffentliche Aufgaben zu erfüllen und an deren Einrichtung und Betrieb mehrere Behörden beteiligt sind. Während eine Behörde mit der Aufgabe betraut werden kann, die Datenbank zentral zu verwalten, können weitere Behörden hinzutreten, die personenbezogene Daten mit Drittbezug in die Datenbank einspeisen. Über die rechtliche Zuweisung von Verantwortlichkeiten kann es im Einzelfall sinnvoll sein, der Behörde, die die Datenbank betreibt, die Verantwortlichkeit für organisatorisch-technische Maßnahmen ausdrücklich aufzuerlegen, während der Behörde, die die Daten in die Datenbank einspeist, im Hinblick auf die Verarbeitungen der konkreten Datensätze die Rolle des Verantwortlichen zugewiesen wird.

[1699] Vgl. zur Nutzung gesetzlicher Regelungsmöglichkeiten *Janicki,* FS Taeger 2020, S. 214 f.

[1700] Siehe ausführlich zum Konfliktfeld zwischen der Öffnungsklausel in Art. 4 Nr. 7 Hs. 2 DSGVO und der effektiven Umsetzung europäischer Vorgaben *Möhle*, DÖV 2023, 101 (106).

[1701] Siehe *Möhle*, DÖV 2023, 101 (107), der zutreffend darauf hinweist, dass beim Konflikt der mitgliedstaatlichen und der europäischen Regelungsebene der Effektivitätsgrundsatz einen Vorrang der europäischen Regelung sicherstellt.

die Nutzung gesetzlicher Regelungsmöglichkeiten auch unter der DSGVO anerkannt werden können, um die Pflichtenadressierung den tatsächlichen Einflussmöglichkeiten entsprechend auszugestalten und die Schlüssigkeit der bisherigen Rechtsprechungspraxis zu erhöhen.

a.) Gesetzliche Aufgabenfestlegung

Durch die Ausgestaltung fakultativer Öffnungsklauseln ist es der Union und den Mitgliedstaaten nicht nur möglich zu bestimmen, wer datenschutzrechtlich Verantwortlicher ist, sondern in Einzelfällen steht es den Adressaten gesetzlicher Regelungsmöglichkeiten auch frei, die Pflichtenverteilung zwischen gemeinsam Verantwortlichen direkt festzulegen.[1702]

Eine auf das Verhältnis zwischen gemeinsam Verantwortlichen beschränkte Öffnungsklausel stellt Art. 26 Abs. 1 S. 2 Hs. 2 DSGVO da, wonach durch Rechtsvorschriften Aufgaben einem bestimmten (Mit-)Verantwortlichen zugewiesen werden können, um die Wahrnehmungslast aufzuteilen.[1703] Der Regelungsspielraum erstreckt sich auf alle Aufgaben, die gemeinsam Verantwortliche nach der DSGVO zu erfüllen haben.[1704]

Die Regelung verfolgt die Zielsetzung, die vielfältigen Kooperationsformen der digitalen Welt anzuerkennen und zugleich drohenden Fehlallokationen auf der Rechtsfolgenseite entgegenzuwirken.[1705] Speziell im Kontext der gemeinsamen Verantwortlichkeit besteht das Erfordernis, die Aufgabenverteilung in Entsprechung des tatsächlich ausgeübten Einflusses auszugestalten. Durch das in Teilen extensive Tatbestandverständnis des EuGH wurde das Risiko, dass datenschutzrechtliche Pflichten in einem Ausmaß auf Akteure übertragen werden, das in einem Missverhältnis zu deren tatsächlichen Einflussniveaus steht, deutlich erhöht. Wenngleich die Verordnung im Grundsatz vorsieht, dass die (Mit-)Verantwortlichen selbst über das Aufgabenteilungsmuster disponieren sollen, kann insbesondere in machtasymmetrischen Verantwortlichkeitsstrukturen die Notwendigkeit nach einer Begrenzung dieser Dispositionsfreiheit bestehen. Über die Ausgestaltung der fakultativen Öffnungsklausel besteht unter der DSGVO die Möglichkeit, die weitreichenden Rechtsfolgen einer gemeinsamen Verantwortlichkeit auch in abgestuften Formen gesetzlich festzulegen.

In Anbetracht der bisherigen Rechtsprechung gilt es auch auf der Rechtsfolgenebene die überlegenen Akteure, wie etwa die Anbieter informationstechnischer Systeme, in

[1702] Siehe dazu *Martini*, in: Paal/Pauly, DS-GVO/BDSG, 3. Aufl. 2021, Art. 26 Rn. 26 f.; *Lang*, in: Taeger/Gabel, DSGVO/BDSG/TTDSG, 4. Aufl. 2022, Art. 26 Rn. 80; *Kühling/Martini et al.*, Die DSGVO und das nationale Recht, S. 77.

[1703] Zu den Grundlagen Kap. D. III. 4.) d.) aa.) (1.); siehe auch *Martini*, in: Paal/Pauly, DS-GVO/BDSG, 3. Aufl. 2021, Art. 26 Rn. 27; *Kühling/Martini et al.*, Die DSGVO und das nationale Recht, S. 77.

[1704] *Kühling/Martini et al.*, Die DSGVO und das nationale Recht, S. 77 f.; *Martini*, in: Paal/Pauly, DS-GVO/BDSG, 3. Aufl. 2021, Art. 26 Rn. 27.

[1705] Vgl. *Kühling/Martini et al.*, Die DSGVO und das nationale Recht, S. 77.

machtasymmetrischen Datenverarbeitungsstrukturen in den Fokus der Aufgabenzuteilung zu rücken und vor allem privat agierende Nutzer innerhalb von Digitalisierungsprozessen zu entlasten. Für den Fall, dass unter der gesetzlichen Aufgabenzuteilung das informationelle Schutzprinzip[1706] gewahrt bleibt und sichergestellt wird, dass die Pflichtenverteilung umfänglich sowie der tatsächlichen Einflussnahme der Beteiligten entsprechend ausgestaltet ist, kommt eine Freizeichnung der von der Aufgabenzuteilung nicht erfassten Akteure in Betracht. Die Ausgestaltung dieser Regelungsmöglichkeit kann einen Beitrag dazu leisten, Fehlallokationen in der datenschutzrechtlichen Aufgabenverteilung entgegenzuwirken.

b.) Einschränkungen von Betroffenenrechten

Um drohenden Disjunktionen der Korrespondenz von Verantwortlichkeit und Kontrolle entgegenzuwirken und Haftungsrisiken speziell im Verhältnis der gemeinsamen Verantwortlichkeit zu begrenzen, ist in Betracht zu ziehen, die Art und Weise, nach der betroffene Personen ihre Rechte gegen (gemeinsam) Verantwortliche geltend machen können, gesetzlich häufiger einzuschränken.[1707] Die fakultative Öffnungsklausel in Art. 23 Abs. 1 DSGVO gewährt der Union und den Mitgliedstaaten das Gestaltungsrecht bereichsspezifische Beschränkungen von datenschutzrechtlichen Pflichten und Rechten über Gesetzgebungsmaßnahmen einzuführen oder beizubehalten.[1708]

Als primärem Normadressaten eröffnet Art. 23 DSGVO in erster Linie den nationalen Gesetzgebern den Handlungsspielraum, ausdrückliche Beschränkungen der das Grundrecht nach Art. 8 GRCh konkretisierenden, grundsätzlich unabdingbaren[1709] Betroffenenrechte aus Art. 12 bis 22 und Art. 34 sowie Art. 5 DSGVO zugunsten anderweitiger, in Art. 23 DSGVO näher definierter Rechtsgüter und Ziele aufzustellen (siehe auch DSGVO-Erwägungsgrund 73 S. 1 DSGVO), um auf diese Weise zwischen den konfligierenden Rechtsgütern des Betroffenen einerseits und dem jeweils in Rede stehenden öffentlichen oder privaten Interesse andererseits einen Ausgleich im Sinne praktischer Konkordanz zu schaffen (vgl. auch DSGVO-Erwägungsgrund 4 S. 2 und 3).[1710] Eine besondere Relevanz kommt Beschränkungen im Hinblick auf die

[1706] Instruktiv zum informationellen Schutzprinzip *Hacker*, Datenprivatrecht, S. 138, 141; *Hacker*, MMR, 2018, 779 (780).

[1707] Siehe dazu *Chen/Edwards/Urquhart/McAuley*, International Data Privacy Law 2020 (Vol. 10, No. 4), S. 292.

[1708] Ausführlich dazu *Kühling/Martini et al.*, Die DSGVO und das nationale Recht, S. 69 f.; siehe auch *Bäcker*, in: Kühling/Buchner, DS-GVO/BDSG, 4. Aufl. 2024, Art. 23 Rn. 9, der herausstellt, dass Beschränkungen der Betroffenenrechte unmittelbar mit den entsprechenden Pflichten des datenschutzrechtlich Verantwortlichen korrespondieren.

[1709] *Dix*, in: Simitis/Hornung/Spiecker gen. Döhmann, DSGVO/BDSG, 2. Aufl. 2025, Art. 15 Rn. 2 m.w.N.

[1710] Vgl. *Koreng*, in: Taeger/Gabel, DSGVO/BDSG/TTDSG, 4. Aufl. 2022, Art. 23 Rn. 4; *Bäcker*, in: Kühling/Buchner, DS-GVO/BDSG, 4. Aufl. 2024, Art. 23 Rn. 9; siehe DSGVO-Erwägungsgrund 73 S. 1, wonach Beschränkungen hinsichtlich bestimmter Grundsätze und hinsichtlich des Rechts auf Unterrichtung, Auskunft zu und Berichtigung oder Löschung personenbezogener Daten, des Rechts auf Datenübertragbarkeit und

Betroffenenrechte zu, für die nach der DSGVO an sich keine Einschränkungen vorgesehen sind, wie dies etwa für das Auskunftsrecht aus Art. 15 DSGVO der Fall ist.

Bei der Beschränkung der Rechte und Pflichten haben die Gesetzgeber jedoch keine absolute Gestaltungsfreiheit, sondern müssen die durch Art. 23 DSGVO gesetzten Rahmenbedingungen achten.[1711] Grundsätzlich muss jede Gesetzgebungsmaßnahme im Sinne des Art. 23 Abs. 1 DSGVO in materieller Hinsicht den Wesensgehalt der Grundrechte und Grundfreiheiten achten (vgl. Art. 52 Abs. 1 S. 1 GRCh und Art. 19 Abs. 2 GG), in einer demokratischen Gesellschaft eine notwendige sowie den Verhältnismäßigkeitsgrundsatz achtende Maßnahme darstellen, die der Sicherung eines der Güter des Katalogs (lit. a – j) dient und die kumulativ zu erfüllenden formellen und inhaltlichen Mindestanforderungen des Art. 23 Abs. 2 DSGVO einhalten.[1712]

aa.) Gesetzgebungsmaßnahme

Die jeweilige Einschränkung der Rechte und Pflichten kann nur „durch Rechtsvorschriften" (englisch: „legislative measures") erfolgen. Unter Bezugnahme auf den in DSGVO-Erwägungsgrund 41 S. 1 definierten Begriff der „Gesetzgebungsmaßnahme" [1713] wird ersichtlich, dass die unabhängig von den Gesetzesbegriffen der mitgliedstaatlichen Verfassungen auszulegende, unionsrechtliche Begrifflichkeit nicht notwendigerweise einen von einem Parlament angenommenen Gesetzgebungsakt erfordert.[1714] Aus europarechtlicher Perspektive begründet Art. 23 DSGVO keinen Vorbehalt eines formellen Parlamentsgesetzes. Auch ein Gesetz im rein materiellen Sinne, wie etwa eine Satzung oder eine Rechtsverordnung, fällt im Grundsatz unter die Begrifflichkeit der „Gesetzgebungsmaßnahme".[1715] Voraussetzung bleibt indes, dass entsprechende Gesetzgebungsmaßnahmen stets „klar und präzise" und für die Adressaten „vorhersehbar" sein müssen (vgl. DSGVO-Erwägungsgrund 41 S. 2). Zur Gewährleistung eines Mindeststandards an Rechtssicherheit und Vorhersehbarkeit sollte die

---

Widerspruch, Entscheidungen, die auf der Erstellung von Profilen beruhen, sowie Mitteilungen über eine Verletzung des Schutzes personenbezogener Daten an eine betroffene Person und bestimmten damit zusammenhängenden Pflichten der Verantwortlichen vorgesehen werden können; in Deutschland wurde die fakultative Öffnungsklausel des Art. 23 DSGVO genutzt, um im BDSG in den §§ 32-37 BDSG Einschränkungen der Betroffenenrechte zu regeln.

[1711] Ausführlich zu den Anforderungen *Petri*, DuD 2018, 347 ff.

[1712] *Petri*, DuD 2018, 347 (350); siehe zu den Anforderungen an eine Beschränkung *Bäcker*, in: Kühling/Buchner, DS-GVO/BDSG, 4. Aufl. 2024, Art. 23 Rn. 34 ff.; *Koreng*, in: Taeger/Gabel, DSGVO/BDSG/TTDSG, 4. Aufl. 2022, Art. 23 Rn. 4.

[1713] Ausführlich zu den Voraussetzungen einer Gesetzgebungsmaßnahme *Bäcker*, in: Kühling/Buchner, DS-GVO/BDSG, 4. Aufl. 2024, Art. 23 Rn. 35-39.; *Koreng*, in: Taeger/Gabel, DSGVO/BDSG/TTDSG, 4. Aufl. 2022, Art. 23 Rn. 10 ff.; *Paal*, in: Paal/Pauly, DS-GVO/BDSG, 3. Aufl. 2021, Art. 23 Rn. 15.

[1714] Vgl. *Bäcker*, in: Kühling/Buchner, DS-GVO/BDSG, 4. Aufl. 2024, Art. 23 Rn. 35.

[1715] Siehe dazu *Koreng*, in: Taeger/Gabel, DSGVO/BDSG/TTDSG, 4. Aufl. 2022, Art. 23 Rn. 11, wonach grundsätzlich jeder staatliche, außenwirksame Rechtsetzungsakt eine „Gesetzgebungsmaßnahme" im Sinne der Vorschrift sein könne; ähnlich *Paal*, in: Paal/Pauly, DS-GVO/BDSG, 3. Aufl. 2021, Art. 23 Rn. 15.

Gesetzgebungsmaßnahme zudem Gegenstand einer amtlichen Veröffentlichung sein.[1716] Weder durch bloßes Innenrecht der Verwaltung noch durch privatrechtliche Regelungswerke kann diesen Voraussetzungen entsprochen werden.[1717]
Für Beschränkungsregelungen auf der mitgliedstaatlichen Ebene erlangt neben dem Erfordernis einer Gesetzgebungsmaßnahme zudem die DSGVO-Erwägungsgrund 41 S. 1 Hs. 2 zu entnehmende Einschränkung Relevanz, wonach die Anforderungen der Verfassungsordnung des Mitgliedstaates an Gesetze zur Beschränkung der Rechte Betroffener ebenfalls zu berücksichtigen sind.[1718] Aufgrund des Umstandes, dass die einzuschränkenden Betroffenenrechte das Grundrecht auf informationelle Selbstbestimmung ausgestalten, müssen entsprechende Gesetzgebungsmaßnahmen im deutschen Recht auch den verfassungsrechtlichen Anforderungen genügen, wonach Einschränkungen grundsätzlich einer formell-gesetzlichen Grundlage bedürfen.[1719]

bb.) Mindestinhalte beschränkender Rechtsvorschriften

In Ergänzung zu dem formellen Erfordernis einer beschränkenden Gesetzgebungsmaßnahme enthält Art. 23 Abs. 2 DSGVO einen kumulativ zu erfüllenden Katalog materieller Mindestanforderungen an den Inhalt der jeweiligen Beschränkungsregelung.[1720] Die aus den Beschränkungsregelungen erwachsenden Risiken für die Grundrechte und Grundfreiheiten der betroffenen Personen sollen durch diese rahmenartig ausgestalteten Schutzvorkehrungen abgemildert werden. Um sicherzustellen, dass sich der Gesetzgeber auch inhaltlich mit der Notwendigkeit der konkreten Maßnahme sowie dem Schutz der Rechte der betroffenen Personen auseinandersetzt, verlangen die als Konkretisierung des rechtsstaatlichen Gebots der Bestimmtheit und Normenklarheit aufgeführten Mindestinhalte des Art. 23 Abs. 2 lit. a bis h DSGVO zuvorderst

[1716] Vgl. zum Begriff der Rechtsvorschrift in Art. 13 DSRL EuGH, Rs. C-201/14, *Bara u.a.*, ECLI:EU:C:2015:638 Rn. 40; darauf bezugnehmend *Bäcker*, in: Kühling/Buchner, DS-GVO/BDSG, 4. Aufl. 2024, Art. 23 Rn. 35.
[1717] *Bäcker*, in: Kühling/Buchner, DS-GVO/BDSG, 4. Aufl. 2024, Art. 23 Rn. 35 f.
[1718] Siehe dazu *Paal*, in: Paal/Pauly, DS-GVO/BDSG, 3. Aufl. 2021, Art. 23 Rn. 15a.
[1719] Das BVerfG fordert in ständiger Rechtsprechung eine formell-gesetzliche Grundlage zur Einschränkung des Rechts auf informationelle Selbstbestimmung, vgl. etwa BVerfG, NJW 1984, 419 (422); siehe dazu *Bäcker*, in: Kühling/Buchner, DS-GVO/BDSG, 4. Aufl. 2024, Art. 23 Rn. 38 m.w.N.; *Stender-Vorwachs/Wolff/v. Ungern-Sternberg*, in: Wolff/Brink/v. Ungern-Sternberg, BeckOK Datenschutzrecht, 52. Edition Stand: 01.05.2025, Art. 23 Rn. 13; *Koreng*, in: Taeger/Gabel, DSGVO/BDSG/TTDSG, 4. Aufl. 2022, Art. 23 Rn. 11.
[1720] Ausführlich zu den inhaltlichen Anforderungen an Beschränkungsregelungen *Bäcker*, in: Kühling/Buchner, DS-GVO/BDSG, 4. Aufl. 2024, Art. 23 Rn. 40 ff.; siehe zur sprachlich misslungenen Aneinanderreihung der Begrifflichkeiten „insbesondere", „gegebenenfalls" und „zumindest" *Koreng*, in: Taeger/Gabel, DSGVO/BDSG/TTDSG, 4. Aufl. 2022, Art. 23 Rn. 58; für ein kumulatives Verständnis der Anforderungen des Abs. 2 plädierend *Peuker*, in: Sydow/Marsch, DS-GVO/BDSG, 3. Aufl. 2022, Art. 23 Rn. 48; *Dix*, in: Simitis/Hornung/Spiecker gen. Döhmann, DSGVO/BDSG, 2. Aufl. 2025, Art. 23 Rn. 39; die verschiedenen Sprachfassungen in den Blick nehmend *Piltz*, K&R 2016, 629 (636); ähnlich *Paal*, in: Paal/Pauly, DS-GVO/BDSG, 3. Aufl. 2021, Art. 23 Rn. 4, wonach die Begrifflichkeit „gegebenenfalls" dahingehend zu verstehen sei, dass „irrelevante Angaben im Hinblick auf die konkrete Regelungssituation ausgenommen werden" sollen.

die möglichst präzise Benennung des Gegenstandes und der Reichweite der Beschränkung.[1721] Als Konkretisierung des Verhältnismäßigkeitsgrundsatzes umfasst die Angabe der Mindestinhalte darüber hinaus weitergehende Garantien gegen Missbrauch, Speicherfristen sowie eine Risikobewertung für die Rechte und Freiheiten der betroffenen Personen.[1722]

cc.) Wesensgehaltsgarantie und Verhältnismäßigkeit

Äußerste Grenzen werden den Beschränkungen auf der Grundlage von Art. 23 Abs. 1 DSGVO zudem durch den Verhältnismäßigkeitsgrundsatz und die Wesensgehaltsgarantie (vgl. Art. 52 Abs. 1 S. 1 GRCh und Art. 19 Abs. 2 GG) gesetzt.[1723]

Der Wesensgehalt der Grundrechte und Grundfreiheiten, zu denen sowohl die GRCh, die EMRK sowie die vom EuGH entwickelten ungeschriebenen Grundrechte und allgemeinen Grundsätze zählen,[1724] betrifft im Allgemeinen deren „schlechthin unantastbaren Kernbereich"[1725]. Beschränkungen auf der Grundlage von Art. 23 Abs. 1 DSGVO stellen einen Eingriff in die von Art. 8 GRCh geschützte Grundrechtsposition der betroffenen Personen dar. Der Wesensgehaltsschutz erstreckt sich dabei auf jedes einzelne Betroffenenrecht und ist nicht auf die in Art. 8 Abs. 2 GRCh aufgeführten Rechte beschränkt.[1726] Je nach Eingriffsintensität kann durch die Beschränkungsregelung auch der Kernbereich dieser Rechtsposition betroffen sein. Eine eindeutige Verletzung des von Art. 8 GRCh geschützten Kernbereichs wird jedenfalls bei einer vollkommenen Abschaffung einzelner oder gar aller Betroffenenrechte anzunehmen sein.[1727] Daneben wird auch ein genereller Ausschluss eines Rechts gegenüber allen Datenverarbeitungen sowie eine pauschale Beschränkung sämtlicher Betroffenenrechte für bestimmte Datenverarbeitungen gegenüber bestimmten Verantwortlichen einen Verstoß gegen die Wesensgehaltsgarantie[1728] des in Art. 8 GRCh verankerten Grundrechts auf den Schutz

---

[1721] *Bäcker*, in: Kühling/Buchner, DS-GVO/BDSG, 4. Aufl. 2024, Art. 23 Rn. 41; *Bertermann*, in: Ehmann/Selmayr, DSGVO, 3. Aufl. 2024, Art. 23 Rn. 15.

[1722] Vgl. *Bäcker*, in: Kühling/Buchner, DS-GVO/BDSG, 4. Aufl. 2024, Art. 23 Rn. 48.

[1723] Siehe dazu *Bäcker*, in: Kühling/Buchner, DS-GVO/BDSG, 4. Aufl. 2024, Art. 23 Rn. 35.

[1724] *Paal*, in: Paal/Pauly, DS-GVO/BDSG, 3. Aufl. 2021, Art. 23 Rn. 13.

[1725] *Kingreen*, in: Calliess/Ruffert, EUV/AEUV, 6. Aufl. 2022, Art. 52 EU-GRCharta Rn. 64; ebenfalls für ein absolutes Verständnis im Sinne eines unantastbaren Kernbereichs plädierend *Stender-Vorwachs/Wolff/v. Ungern-Sternberg*, in: Wolff/Brink/v. Ungern-Sternberg, BeckOK Datenschutzrecht, 52. Edition Stand: 01.05.2025, Art. 23 Rn. 16, wonach zum Kernbestand eines Rechtes diejenigen seiner Bestandteile gehören, die sicherstellen, dass sich dieses Recht hinreichend durchsetzt und seine Grundidentität wahrt.

[1726] *Koreng*, in: Taeger/Gabel, DSGVO/BDSG/TTDSG, 4. Aufl. 2022, Art. 23 Rn. 15a, der dem Sinn und Zweck von Art. 23 DSGVO folgend für eine parallele Behandlung der in Art. 8 Abs. 2 S. 2 GRCh und der dort nicht genannten Betroffenenrechte i.S.v. Art. 12-22 DSGVO plädiert.

[1727] Vgl. *Koreng*, in: Taeger/Gabel, DSGVO/BDSG/TTDSG, 4. Aufl. 2022, Art. 23 Rn. 13.

[1728] Zum Wesensgehalt von Art. 8 GRCh, siehe EuGH [GK], Rs. C-293/12 und C-594/12, *Digital Rights Ireland*, ECLI:EU:C:2014:238 Rn. 40.

personenbezogener Daten darstellen.[1729] Wenngleich sich auf der Grundlage von Art. 23 DSGVO auch einzelne Betroffenenrechte in bestimmten Einzelfällen gänzlich einschränken lassen[1730], sind Beschränkungsvorschriften, die sämtliche Rechte der Betroffenen vollständig aushöhlen, als unzulässig anzusehen.[1731]

Abseits der Achtung des Wesensgehalts richtet sich die Zulässigkeit weitergehender Beschränkungen im Wesentlichen nach deren Verhältnismäßigkeit.[1732] Dem allgemeinen Rechtsgrundsatz des Verhältnismäßigkeitsprinzips entsprechend sind auch beschränkende Gesetzgebungsmaßnahmen im Einzelfall nur dann als notwendig und verhältnismäßig[1733] anzusehen, wenn sie zur Erreichung des angestrebten Ziel erforderlich sind, den von der Union anerkannten dem Gemeinwohl dienenden Zielsetzungen oder den Erfordernissen des Schutzes der Rechte und Freiheiten anderer tatsächlich entsprechen und die Zwecke und Mittel im engeren Sinne nicht außer Verhältnis stehen.[1734] Im Einzelnen müssen die auf Art. 23 DSGVO gestützten Rechtsvorschriften deshalb zunächst die Ziele benennen, deren Sicherung sie dienen sollen, diesen Zielsetzungen auch tatsächlich dienen sowie zu ihrer Umsetzung geeignet sein und die durch sie getroffene Regelung das Recht zum Schutz der persönlichen Daten nur insoweit einschränken, als dass dadurch eines der in Art. 23 Abs. 1 lit. a-j DSGVO aufgezählten Rechtsgüter gewahrt wird.[1735] Der angestrebte Zweck wird nur dann erreicht, wenn die jeweilige

[1729] *Bäcker*, in: Kühling/Buchner, DS-GVO/BDSG, 4. Aufl. 2024, Art. 23 Rn. 57; ähnlich *Dix*, in: Simitis/Hornung/Spiecker gen. Döhmann, DSGVO/BDSG, 2. Aufl. 2025, Art. 23 Rn. 15 ff.; *Schantz*, in: Schantz/Wolff, Das neue Datenschutzrecht, Rn. 1189.

[1730] *Koreng*, in: Taeger/Gabel, DSGVO/BDSG/TTDSG, 4. Aufl. 2022, Art. 23 Rn. 13, der Bezüge zu der Rechtsprechung des EuGH zum Wesensgehalt der Meinungsfreiheit herstellt, vgl. EuGH, Rs. C-547/14, *Philip Morris Brands u.a.*, ECLI:EU:C:2016:325 Rn. 151.

[1731] Siehe ausdrücklich in der Vorauflage *Pabst*, in: Schwartmann/Jaspers/Thüsing/Kugelmann, DS-GVO/BDSG, 2. Aufl. 2020, Art. 23 Rn. 63.

[1732] Der Wesensgehaltsgarantie nur eine geringe praktische Bedeutung zumessend *Koreng*, in: Taeger/Gabel, DSGVO/BDSG/TTDSG, 4. Aufl. 2022, Art. 23 Rn. 13; ähnlich *Bäcker*, in: Kühling/Buchner, DS-GVO/BDSG, 4. Aufl. 2024, Art. 23 Rn. 35 und 57, wonach dem Art. 23 Abs. 1 DSGVO lediglich eine klarstellende Funktion zukomme, da diese Grundsätze ohnehin aufgrund höherrangigen Rechts zu beachten seien.

[1733] Im Rahmen der Rechtsprechung differenziert der EuGH nicht streng zwischen der Verhältnismäßigkeit und dem Notwendigkeitserfordernis, siehe EuGH [GK], Rs. C-203/15 und C-698/15, *Tele2 Sverige u. Secretary of State for the Home Department*, ECLI:EU:C:2016:970 Rn. 96; siehe dazu auch *Koreng*, in: Taeger/Gabel, DSGVO/BDSG/TTDSG, 4. Aufl. 2022, Art. 23 Rn. 13, wonach die Terminologie des Art. 23 Abs. 1 DSGVO dahingehend zu verstehen sei, dass Erforderlichkeit und Geeignetheit im Begriff der „Notwendigkeit" aufgehen und der Begriff der „Verhältnismäßigkeit" dem deutschen Terminus der „Angemessenheit" bzw. „Verhältnismäßigkeit im engeren Sinne" entspreche; ähnlich *Stender-Vorwachs/Wolff/v. Ungern-Sternberg*, in: Wolff/Brink/v. Ungern-Sternberg, BeckOK Datenschutzrecht, 52. Edition Stand: 01.05.2025, Art. 23 Rn. 17, wonach der Begriff der Notwendigkeit weitgehend dem Merkmal der Geeignetheit nach deutschem Verständnis entspreche.

[1734] Siehe zum Inhalt des Grundsatzes der Verhältnismäßigkeit *Calliess*, in: Calliess/Ruffert, EUV/AEUV, 6. Aufl. 2016, Art. 5 EU-Vertrag Rn. 45 f.; vgl. EuGH [GK], Rs. C-601/15 PPU, ECLI:EU:C:2016:84 Rn. 50; EuGH [GK], Rs. C-203/15 und C-698/15, *Tele2 Sverige u. Secretary of State for the Home Department*, ECLI:EU:C:2016:970 Rn. 94.

[1735] Vgl. EuGH [GK], Rs. C-203/15 und C-698/15, *Tele2 Sverige u. Secretary of State for the Home Department*, ECLI:EU:C:2016:970 Rn. 94, *Paal*, in: Paal/Pauly, DS-GVO/BDSG, 3. Aufl. 2021, Art. 23 Rn. 10; *Bertermann*, in: Ehmann/Selmayr, DSGVO, 3. Aufl. 2024, Art. 23 Rn. 3.

Gesetzgebungsmaßnahme grundsätzlich das das Betroffenenrecht am wenigsten einschränkende Mittel darstellt.[1736]

Letztlich muss im Rahmen der Verhältnismäßigkeitsprüfung für jede gesetzliche Einschränkung der Datenschutzrechte und der korrespondierenden Verpflichtungen eine jeweils auf die konkrete Situation bezogene Abwägung zwischen den Betroffenenrechten einerseits und den jeweils verfolgten Zwecken andererseits erfolgen.[1737]

dd.) Beschränkungstatbestände

Die in die Abwägung mit den Betroffenenrechten einzubeziehenden Zwecke sind dem Art. 23 Abs. 1 DSGVO zu entnehmen. Die Vorschrift enthält einen abschließenden[1738] Katalog öffentlicher (Abs. 1 lit. a bis h) und privater (Abs. 1 lit. i und j) Rechtsgüter, zu deren Schutz die genannten Betroffenenrechte beschränkt werden dürfen. Die sehr weite Ausgestaltung des Kataloges bedingt, dass dessen Begrenzungswirkung gering ist und diverse rechtliche Interessen unter die Katalogtatbestände subsumierbar sind.[1739]

(1.) Beschränkungen zugunsten (gemeinsam) Verantwortlicher

Aus dem Katalog von Zwecken, zu deren Gunsten durch gesetzgeberische Maßnahmen von den Betroffenenrechten der DSGVO abgewichen werden kann, ist im Hinblick auf allgemeine Flexibilisierungsmöglichkeiten des Rechtsfolgenregimes Art. 23 Abs. 1 lit. i DSGVO hervorzuheben, wonach Betroffenenrechte auch zum Schutz der betroffenen Person oder der Rechte und Freiheiten anderer Personen eingeschränkt werden können.

Während der erste Beschränkungstatbestand vor allem im Kontext medizinischer Daten[1740] und in Konstellationen relevant wird, in denen zum Schutz der betroffenen Person Pflichten des Verantwortlichen ausgeschlossen werden, die nicht von einem Antrag des Betroffenen abhängig sind,[1741] ermöglicht Art. 23 Abs. 1 lit. i Var. 2 DSGVO auch ausdrücklich die Beschränkung

[1736] Vgl. EuGH [GK], Rs. C-92/09, *Volker und Markus Schecke und Eifert*, ECLI:EU:C:2010:662 Rn. 81; *Paal*, in: Paal/Pauly, DS-GVO/BDSG, 3. Aufl. 2021, Art. 23 Rn. 10; *Koreng*, in: Taeger/Gabel, DSGVO/BDSG/TTDSG, 4. Aufl. 2022, Art. 23 Rn. 16.

[1737] Ausführlich zur Notwendigkeit und Verhältnismäßigkeit *Koreng*, in: Taeger/Gabel, DSGVO/BDSG/TTDSG, 4. Aufl. 2022, Art. 23 Rn 14 ff.; *Stender-Vorwachs/Wolff/v. Ungern-Sternberg*, in: Wolff/Brink/v. Ungern-Sternberg, BeckOK Datenschutzrecht, 52. Edition Stand: 01.05.2025, Art. 23 Rn. 18.

[1738] *Bertermann*, in: Ehmann/Selmayr, DSGVO, 3. Aufl. 2024, Art. 23 Rn. 3; *Bäcker*, in: Kühling/Buchner, DS-GVO/BDSG, 4. Aufl. 2024, Art. 23 Rn. 11; *Albrecht/Jotzo*, Datenschutzrecht, Teil 4 Rn. 30.

[1739] *Bäcker*, in: Kühling/Buchner, DS-GVO/BDSG, 4. Aufl. 2024, Art. 23 Rn. 11.

[1740] Vgl. die entsprechende Regelung in § 630g Abs. 1 S. 1 BGB, wonach die Einsichtnahme aufgrund „erheblich[er] therapeutische[r] Gründe" abgelehnt werden kann.

[1741] Z.B. § 35 Abs. 2 S. 1 BDSG; siehe dazu auch *Bäcker*, in: Kühling/Buchner, DS-GVO/BDSG, 4. Aufl. 2024, Art. 23 Rn. 31, der zutreffend darauf hinweist, dass betroffene Personen ein berechtigtes Interesse daran haben können, dass ihre Daten – obgleich eine entsprechende Verpflichtung bestünde – nicht sogleich gelöscht werden. (so etwa bei der Pflicht zur Löschung aus Art. 17 DSGVO oder der Mitteilungspflicht aus Art. 19 DSGVO)

von Betroffenenrechten zum Schutz der Rechte und Freiheiten anderer Personen. Durch die Vorschrift sollen die divergierenden Interessen von Betroffenen, Verantwortlichen und Dritten in einen angemessenen Ausgleich im Sinne praktischer Konkordanz gebracht werden.[1742] Gegen Interpretationsansätze, die den Verantwortlichen nicht als eine „andere Person“ ansehen,[1743] spricht, dass der weit formulierte Art. 23 Abs. 1 lit. i Var. 2 DSGVO nicht die engere, den Verantwortlichen exkludierende Begrifflichkeit des „Dritten“ i.S.d. Art. 4 Nr. 10 DSGVO verwendet.[1744] Auch private Verarbeiter von personenbezogenen Daten Dritter können als eine „andere Person“ i.S.d Art. 23 Abs. 1 lit. i Var. 2 DSGVO angesehen werden und ihre Interessen durch nationale Gesetze gegenüber den Rechten der betroffenen Personen anerkannt werden.[1745]

(2.) Berücksichtigungsfähigkeit entgegenstehender Interessen

Beschränkungen von Rechten und Pflichten zu deren Schutz kommen allerdings nur dann in Betracht, wenn die Pflicht zur Erfüllung von Betroffenenrechten deren Rechte tatsächlich beeinträchtigen würde.[1746] Irgendwelche Interessen des Verantwortlichen können eine Beschränkung der Betroffenenrechte indes nicht rechtfertigen.[1747] Wenngleich im Grundsatz beliebige Rechte geschaffen werden können, zu deren Schutz Beschränkungen in Betracht kommen, muss die Rechtsposition in der Rechtsordnung der Union oder eines Mitgliedstaates anerkannt sein.[1748] Neben Geschäftsgeheimnissen oder Rechten des geistigen Eigentums gilt dies auch insbesondere für grundrechtlich geschützte Interessen, wie der Geheimhaltung der Namen von Informanten und Datenempfängern bei vertraulichen Informationen im Rahmen der

---

[1742] *Paal*, in: Paal/Pauly, DS-GVO/BDSG, 3. Aufl. 2021, Art. 23 Rn. 40; *Koreng*, in: Taeger/Gabel, DSGVO/BDSG/TTDSG, 4. Aufl. 2022, Art. 23 Rn. 51.
[1743] In diesem Sinne *Johannes/Richter*, DuD 2017, 300 (303), die davon ausgehen, dass unter den Begriff „andere Personen“ in Art. 23 Abs. 1 lit. i DSGVO nicht der Verarbeiter zu subsumieren sei, da ansonsten alle in der DSGVO vorgesehenen Rechte und Pflichten zur Disposition durch den nationalen Gesetzgeber stünden.
[1744] *Peuker*, in: Sydow/Marsch, DS-GVO/BDSG, 3. Aufl. 2022, Art. 23 Rn. 35; *Koreng*, in: Taeger/Gabel, DSGVO/BDSG/TTDSG, 4. Aufl. 2022, Art. 23 Rn. 51; i.E. auch *Paal*, in: Paal/Pauly, DS-GVO/BDSG, 3. Aufl. 2021, Art. 23 Rn. 42; siehe auch *Stender-Vorwachs/Wolff/v. Ungern-Sternberg*, in: Wolff/Brink/v. Ungern-Sternberg, BeckOK Datenschutzrecht, 52. Edition Stand: 01.05.2025, Art. 23 Rn. 49; *Bäcker*, in: Kühling/Buchner, DS-GVO/BDSG, 4. Aufl. 2024, Art. 23 Rn. 32; *Dix*, in: Simitis/Hornung/Spiecker gen. Döhmann, DSGVO/BDSG, 2. Aufl. 2025, Art. 23 Rn. 34 f.
[1745] Siehe dazu *Chen/Edwards/Urquhart/McAuley*, International Data Privacy Law 2020 (Vol. 10, No. 4), S. 292, wonach beispielsweise das Sicherheits- und Datenschutzinteresse der Hauseigentümer im Smart Home durch nationale Gesetze gegenüber den Rechten der Betroffenen anerkannt werden könnte.
[1746] Siehe dazu *Bäcker*, in: Kühling/Buchner, DS-GVO/BDSG, 4. Aufl. 2024, Art. 23 Rn. 32; a.A. *Johannes/Richter*, DuD 2017, 300 (303).
[1747] *Petri*, DuD 2018, 347 (349).
[1748] *Bäcker*, in: Kühling/Buchner, DS-GVO/BDSG, 4. Aufl. 2024, Art. 23 Rn. 32.

Pressefreiheit (vgl. Art. 11 GRCh) sowie für das Persönlichkeitsrecht und den Schutz der eigenen personenbezogenen Daten (vgl. Artt. 7, 8 Abs. 1 GRCh).[1749]

Rein wirtschaftliche oder ideelle Interessen, die keine rechtliche Verankerung gefunden haben, können Einschränkungen der Rechte und Pflichten hingegen nicht legitimieren.[1750] Auch die bloße Kostspieligkeit einer Erfüllungsverpflichtung stellt für sich genommen keinen tauglichen Beschränkungszweck dar.[1751] Ähnliches gilt für das bloße Anliegen, dem datenschutzrechtlich Verantwortlichen den mit der Erfüllung von Betroffenenrechten einhergehenden Aufwand zu ersparen.[1752] Trotz der Weite des Katalogs können die Rechte von Betroffenen nicht ausschließlich von den Aufwänden abhängig gemacht werden, die die Pflichtenadressaten treffen.[1753] Auch in machtasymmetrischen Datenverarbeitungsszenarien kann ein bloßer Mehraufwand keine Erleichterungen zugunsten eines Akteurs rechtfertigen.

Die Urteilsanalyse der bisher ergangenen EuGH-Rechtsprechung offenbart indessen, dass einzelne Akteure durch die in Teilen extensive Auslegung des datenschutzrechtlichen Verantwortlichkeitstatbestandes nicht „nur“ durch die potenziell hohe Kostspieligkeit der Erfüllungsverpflichtungen und einen erhöhten Aufwand belastet werden, sondern dass relevante Belastungen aus der faktischen Unfähigkeit zur Erfüllung sämtlicher Betroffenenrechte resultieren können. Die Fähigkeit zur Erfüllung diverser Verpflichtungen erfordert einen unmittelbaren Zugriff auf die Daten oder einen gesteigerten Grad an Informiertheit, der allerdings oftmals den strukturell übergeordneten Akteuren vorbehalten bleibt. Für den Fall, dass datenschutzrechtliche (Mit-)Verantwortlichkeiten dennoch derart extensiv zugeordnet werden, dass einzelnen Adressaten letztlich nur die Wahl verbleibt, sich vornehmlich aus dem digitalen Raum zurückzuziehen oder die Überinklusivität datenschutzrechtlicher Pflichtenadressierungen hinzunehmen, drohen relevante Belastungen für deren Rechtspositionen. Abschreckungswirkungen für zukünftiges Verhalten können dabei jedes Grundrecht betreffen, dessen Inanspruchnahme auch die Verarbeitung personenbezogener Daten voraussetzt.[1754]

[1749] *Lembke*, NJW 2020, 1841 (1844); *Peuker*, in: Sydow/Marsch, DS-GVO/BDSG, 3. Aufl. 2022, Art. 23 Rn. 35 m.w.N.

[1750] Vgl. EuGH, Rs. C-307/22, *FT/DW*, ECLI:EU:C:2023:811 Rn. 63 f.; *Dix*, in: Simitis/Hornung/Spiecker gen. Döhmann, DSGVO/BDSG, 2. Aufl. 2025, Art. 23 Rn. 34; *Schwartmann/Pabst/Loke*, in: Schwartmann/Jaspers/Thüsing/Kugelmann, DS-GVO/BDSG, 3. Aufl. 2024, Art. 23 Rn. 59; *Bäcker*, in: Kühling/Buchner, DS-GVO/BDSG, 4. Aufl. 2024, Art. 23 Rn. 32 m.w.N.

[1751] *Bäcker*, in: Kühling/Buchner, DS-GVO/BDSG, 4. Aufl. 2024, Art. 23 Rn. 32.

[1752] *Dix*, in: Simitis/Hornung/Spiecker gen. Döhmann, DSGVO/BDSG, 2. Aufl. 2025, Art. 23 Rn. 34; *Bäcker*, in: Kühling/Buchner, DS-GVO/BDSG, 4. Aufl. 2024, Art. 23 Rn. 12.

[1753] Vgl. *Roßnagel*, DuD 2017, 277 (281); die Regelungen aus § 34 Abs. 1 Nr. 2 und § 35 Abs. 1 BDSG deshalb als verordnungswidrig bezeichnend *Dix*, in: Simitis/Hornung/Spiecker gen. Döhmann, DSGVO/BDSG, 2. Aufl. 2025, Art. 23 Rn. 34.

[1754] Siehe zu sog. „chilling effects“ im Datenschutzrecht *Veil*, NVwZ 2018, 686 (687).

Auch dem Datenschutz entgegenstehenden Rechtspositionen, wie etwa der Meinungs- und Pressefreiheit, der Informationsfreiheit, der Kunstfreiheit, der Wissenschaftsfreiheit, der Berufsfreiheit oder der unternehmerischen Freiheit, muss in einer Weise Rechnung getragen werden, dass Datenschutzvorschriften die Ausübung dieser Rechte nicht unverhältnismäßig beeinträchtigen (vgl. DSGVO-Erwägungsgrund 4 S. 2).[1755]

Um auch die Rechte und Interessen des Datenverarbeiters zu berücksichtigen und Belastungen in Einzelfällen abzumildern, erscheint es mithin sachgerecht, die punktuelle Beschränkung einzelner Betroffenenrechte auf der Grundlage von glaubhaft gemachten Unmöglichkeitserwägungen zuzulassen. Die Vorschrift des Art. 23 DSGVO zielt gerade darauf ab, die divergierenden Interessen von Betroffenen, Verantwortlichen und Dritten in einen angemessenen Ausgleich zu bringen.[1756] Um sicherzustellen, dass Beschränkungen dem Schutz der Rechte und Freiheiten des Verantwortlichen tatsächlich dienen, bedarf es im Einzelfall nicht nur der Verfolgung des Ziels als solchem, sondern stets auch einer gesteigerten schützenden Funktion der zugrundeliegenden Verarbeitung.[1757] Im Rahmen der vom unionalen oder nationalen Gesetzgeber vorzunehmenden Abwägung müssen die Rechtsgüter des (Mit-)Verantwortlichen die des Betroffenen überwiegen.[1758]

In Anbetracht der durch die EuGH-Rechtsprechung bedingten Unzulänglichkeiten wäre beispielsweise eine Beschränkung von Betroffenenrechten gegenüber privaten Nutzern sozialer Netzwerke zu erwägen, wenn diese bereits wegen ihrer Nutzerstellung oder unter Verweis auf technische oder organisatorische Konfigurationsmöglichkeiten zu gemeinsam Verantwortlichen zusammen mit den Anbietern deklariert werden, ohne die umfangreichen Betroffenenrechte selbst erfüllen zu können. Während durch einzelne Beschränkungen Fehladressierungen vorgebeugt werden könnte, wären die mitverantwortlichen Anbieter weiterhin dazu verpflichtet, ihren Verpflichtungen umfänglich nachzukommen.

c.) Ausgestaltungsgrenzen der gesetzlichen Rechtsfolgenflexibilisierung

Wenngleich die Ausgestaltung der skizzierten Regelungsmöglichkeiten einen Beitrag dazu leisten kann, die Pflichtenadressierung passender vorzunehmen, ist zu berücksichtigen, dass sowohl dem auf Art. 23 DSGVO gestützten Beschränkungsansatz als auch einer auf Art. 26 Abs.

[1755] Ausführlich zur Herstellung der Konkordanz von Datenschutz und anderen in der Charta der Grundrechte garantierten Grundrechten *Heberlein*, EuR 2021, 672.

[1756] *Paal*, in: Paal/Pauly, DS-GVO/BDSG, 3. Aufl. 2021, Art. 23 Rn. 40.

[1757] Vgl. *Stender-Vorwachs/Wolff/v. Ungern-Sternberg*, in: Wolff/Brink/v. Ungern-Sternberg, BeckOK Datenschutzrecht, 52. Edition Stand: 01.05.2025, Art. 23 Rn. 51.1.

[1758] Siehe zum Schutz des Betroffenen oder der Rechte und Freiheiten anderer Personen *Peuker*, in: Sydow/Marsch, DS-GVO/BDSG, 3. Aufl. 2022, Art. 23 Rn. 35.

1 S. 2 Hs. 2 DSGVO beruhenden Aufgabenzuteilung zwischen gemeinsam Verantwortlichen enge Grenzen gesetzt sind.

Die Rechtsfolgenflexibilisierung durch die Ausgestaltung der fakultativen Öffnungsklausel in Art. 26 Abs. 1 S. 2 Hs. 2 DSGVO ist von vornherein auf das Verhältnis zwischen gemeinsam Verantwortlichen beschränkt. Um Ausnahmen von der Dispositionsfreiheit der gemeinsam Verantwortlichen zu implementieren, ist stets die Entscheidung eines Mitgliedstaates erforderlich, von dieser Öffnungsklausel Gebrauch zu machen und die Aufgabenverteilung zwischen gemeinsam Verantwortlichen zu regeln.[1759] Dabei ist der Anwendungsbereich in der Praxis primär auf Verarbeitungen im öffentlichen Interesse ausgerichtet.[1760] Bedingt durch die extensive Auslegung der gemeinsamen Verantwortlichkeit drohen indes sektorübergreifend gemeinsame Verantwortlichkeiten unter niedrigen Voraussetzungen zu entstehen. In Anbetracht der hohen Pflichtenlast für gemeinsam Verantwortliche werden vermehrt einzelfallabhängige Einschränkungen der im Zweifel zu Lasten untergeordneter Akteure ausfallenden Dispositionsbefugnis notwendig sein.

Um das hohe Schutzniveau betroffener Personen nicht zu gefährden und die Grundrechtskonformität der Norm zu wahren, kommen Beschränkungen auf der Grundlage von Art. 23 DSGVO nur in Ausnahmefällen in Betracht.[1761] Der stetigen Rechtsprechung entsprechend, die eine restriktive Auslegung von Ausnahmevorschriften verfolgt,[1762] ist auch Art. 23 Abs. 1 lit. i DSGVO restriktiv zu handhaben.[1763] Auf Art. 23 DSGVO gestützte Beschränkungen sind zudem auf die bereichsspezifische Ausgestaltung in unterschiedlichen Sektoren ausgerichtet und mit Blick auf den Einzelfall hin zu untersuchen. In Anbetracht der urteilsübergreifend sehr weiten Auslegung des datenschutzrechtlichen Verantwortlichkeitstatbestandes wird es praktisch kaum umsetzbar sein, den aus der drohenden Überinklusivität resultierenden Belastungen über einzelfallbezogene Rechtsfolgenbeschränkungen effektiv entgegenzuwirken. Darüber hinaus sind der Flexibilisierung des Rechtsfolgenregimes von vornherein dadurch Grenzen gesetzt, dass Art. 23 DSGVO ausschließlich eine Beschränkung der Betroffenenrechte und des Art. 34

[1759] *Spoerr*, in: Wolff/Brink/v. Ungern-Sternberg, BeckOK Datenschutzrecht, 52. Edition Stand: 01.05.2025, Art. 26 Rn. 53; siehe dazu *Janicki,* FS Taeger 2020, S. 214 f., der zutreffend darauf hinweist, dass es sich letztlich um rechtspolitische Entscheidungen des jeweiligen Einzelfalls handelt.

[1760] Vgl. *Petri/Stief*, in: Simitis/Hornung/Spiecker gen. Döhmann, DSGVO/BDSG, 2. Aufl. 2025, Art. 26 Rn. 32.

[1761] Siehe zum Katalog der Beschränkungszwecke *Dix*, in: Simitis/Hornung/Spiecker gen. Döhmann, DSGVO/BDSG, 2. Aufl. 2025, Art. 23 Rn. 21 ff.; *Kühling/Martini et al.*, Die DSGVO und das nationale Recht, S. 70.

[1762] Vgl. nur EuGH, Rs. C-203/09, *Volvo Car*, ECLI:EU:C:2010:647 Rn. 42; EuGH, Rs. C-465/04, *Honyvem*, ECLI:EU:C:2006:199 Rn. 24.

[1763] *Petri*, DuD 2018, 347 (349), der vor allem auf das Erfordernis eines dringenden sozialen Bedürfnisses abstellt; ähnlich *Dix*, in: Simitis/Hornung/Spiecker gen. Döhmann, DSGVO/BDSG, 2. Aufl. 2025, Art. 23 Rn. 1 m.w.N.; *Lehner*, DSRITB, 2020, 319; *Schantz*, in: Schantz/Wolff, Das neue Datenschutzrecht, Rn. 1188.

DSGVO vorsieht, nicht jedoch hinsichtlich anderer Rechte und Pflichten aus der Verordnung herangezogen werden kann.[1764]

Im allgemeinen erhöhen sektorspezifische Beschränkungen und Aufgabenzuteilungen in einzelnen Mitgliedstaaten die Gefahr einer Fragmentierung und Zersplitterung datenschutzrechtlicher Regelungen.[1765] Der den Mitgliedstaaten gewährte Gestaltungsspielraum gefährdet die mit der Verordnung bezweckte Vereinheitlichung der Datenschutzregeln und die Kohärenz des datenschutzrechtlichen Gesamtkonzepts.[1766] Ein vereinheitlichtes Tätigwerden für die Konstruktion eines kohärenten Gesamtkonzepts und eine Vereinheitlichung der europäischen Rechtsordnungen kann kaum gewährleistet werden.[1767] Davon ausgehend drohen Konflikte, die mit der Zielbestimmung eines gleichwertigen Schutzniveaus in allen Mitgliedstaaten kaum mehr zu vereinbaren sind (vgl. DSGVO-Erwägungsgrund 10 S. 1 und 2), wenn die Schutzniveaus betroffener und verantwortlicher Stellen zwischen den Mitgliedstaaten erheblich divergieren. Wegen der Gefahr einer Deharmonisierung und erneuten Zersplitterung der Datenschutzstandards in den einzelnen Mitgliedstaaten ist hinsichtlich nationalstaatlicher Anpassungen des Rechtsfolgenregimes zurückhaltend zu verfahren.[1768]

IV. Ergänzende Bezugnahme auf alternative Haftungskonzepte

Ein weiterer von der EuGH-Rechtsprechung bislang nur unzureichend aufgearbeiteter Bereich betrifft die Art und Weise des Zusammenspiels zwischen dem europäischen Datenschutzrecht und nationalen zivil-, verwaltungs- sowie strafrechtlichen Vorschriften über die Zuweisung von Verantwortlichkeiten, Haftung oder die Verhängung von Sanktionen.[1769] Die Ausgestaltung dieses Konkurrenz- und Wirkverhältnisses erlaubt Rückschlüsse darüber, ob und inwieweit vermeintlich verbleibende Schutzlücken im europäischen Konzept der datenschutzrechtlichen Verantwortlichkeit über alternative Konzepte aus dem nationalstaatlichen Recht geschlossen werden können, um datenschutzkonforme Datenverarbeitungen übergreifend zu gewährleisten. Vor allem dem Zusammenspiel zwischen der datenschutzrechtlichen Verantwortlichkeit und der im deutschen Rechtsraum anerkannten Rechtsfigur der zivilrechtlichen Störerhaftung ist eine gesteigerte Relevanz beizumessen.

[1764] *Paal*, in: Paal/Pauly, DS-GVO/BDSG, 3. Aufl. 2021, Art. 23 Rn. 16.

[1765] *Chen/Edwards/Urquhart/McAuley*, International Data Privacy Law 2020 (Vol. 10, No. 4), S. 292.

[1766] Vgl. *Albrecht/Jotzo*, Datenschutzrecht, Teil 4 Rn. 30; *Spoerr*, in: Wolff/Brink/v. Ungern-Sternberg, BeckOK Datenschutzrecht, 52. Edition Stand: 01.05.2025, Art. 26 Rn. 53; siehe auch *Janicki*, FS Taeger 2020, S. 214 f.

[1767] Siehe dazu *Spoerr*, in: Wolff/Brink/v. Ungern-Sternberg, BeckOK Datenschutzrecht, 52. Edition Stand: 01.05.2025, Art. 26 Rn. 53.

[1768] Vgl. *Lehner*, DSRITB 2020, 319 (333 f.); kritisch auch *Reibach*, DSRITB 2018, 131 (140), der aufgrund der diversen Sonderregelungen in den Mitgliedstaaten bereits von einem „Flickenteppich an EU-Datenschutzrecht" spricht.

[1769] Siehe dazu *Hense*, DSB 2020, 236 ff.

1.) Störer- und Verantwortlichenstellung im Vergleich

Speziell bei Rechtsverletzungen über das Internet fällt es oftmals schwer, die unmittelbaren Rechtsverletzer zu identifizieren. Aus dieser allgegenwärtigen Identifizierungsproblematik erwächst das Bedürfnis, auch die Beteiligten in Anspruch zu nehmen, die, ohne die Rechtsverletzung schwerpunktmäßig selbst vorzunehmen, die Gefahr einer solchen Rechtsverletzung durch eine andere Stelle geschaffen oder erhöht haben.[1770]

Für einen gesteigerten Schutz der Inhaber absoluter Rechte wurde die Rechtsfigur der Störerhaftung entwickelt. Dabei handelt es sich um ein durch die Rechtsprechung des I. Zivilsenats des BGH entwickeltes Konstrukt zum weitergehenden Schutz der Inhaber absoluter Rechte, das seine Grundlage in der analogen Anwendung des § 1004 Abs. 1 BGB findet, auf den Regelungen zur Besitz- und Eigentumsstörung basiert und den Gegner eines Unterlassungsanspruchs bezeichnet.[1771] Störer ist nach ständiger Rechtsprechung derjenige, der, ohne Täter oder Teilnehmer zu sein, in irgendeiner Weise willentlich und adäquat kausal zur Beeinträchtigung des geschützten Rechtsguts beiträgt und dabei ihm im Einzelfall zumutbare Prüfpflichten verletzt.[1772]

Die Rechtsfigur wurde stetig zu einer speziellen Form der Haftung Dritter entwickelt, die auch mittelbare Handlungsstörer erfasst und insbesondere im Internetrecht zur Anwendung kommt.[1773] Um die tatbestandlich sehr weit gefasste, flexible und zugleich durch Rechtsunsicherheiten belastete Rechtsfigur[1774] nicht über Gebühr auf Dritte auszuweiten, die die Rechtsverletzung nicht selbst bewirkt haben, wurde die Verletzung zumutbarer Verhaltenspflichten als konstitutive Voraussetzung und Korrektiv der Inanspruchnahme etabliert.[1775] Über das begrenzende Element des Erfordernisses der Verletzung zumutbarer Prüfpflichten wird einer ansonsten drohenden verschuldensunabhängigen und lediglich am Erfolgsunrecht eines anderen Akteurs anknüpfenden Haftung entgegengewirkt.[1776] Auch die Haftung als Störer ist nicht

[1770] Siehe zum rechtlichen Hintergrund *Ohly*, JZ 2019, 251.

[1771] Siehe zu den Grundlagen der Störerhaftung im Internet *T. Hermann*, in: Gsell/Krüger/Lorenz/Reymann/Spickhoff, BeckOGK, Stand: 01.05.2025, BGB § 823 Rn. 1516 ff.; *Wagner*, in: MünchKomm-BGB, 9. Aufl. 2024, § 823 Rn. 967-976; *Piltz*, K&R 2014, 80 (83); *Borges*, NJW 2014, 2305 (2309); *Golland*, Datenverarbeitung in sozialen Netzwerken, S. 132 m.w.N.; siehe zum Verhältnis der Verantwortlichkeit zur Störerhaftung und zum Zweckveranlasser *Marosi*, (Gem-)Einsame Verantwortlichkeit im Datenschutzrecht, S. 383 ff.

[1772] Siehe nur BGH, GRUR 2018, 1044 (Rn. 15 m.w.N.) – *Dead Island*.

[1773] Vgl. *Piltz*, K&R 2014, 80 (83); *Scheja*, FS Taeger, 2020, S. 427; siehe zu diversen Anwendungsfällen aus dem Internet *T. Hermann*, in: Gsell/Krüger/Lorenz/Reymann/Spickhoff, BeckOGK, Stand: 01.05.2025, BGB § 823 Rn. 1517 ff.; siehe beispielhaft zur Bedeutung der Rechtsfigur der Störerhaftung bei Urheberrechtssachverhalten im Internet BGH, GRUR 2019, 813 – *Cordoba II*; BGH, MMR 2019, 37 – *Youtube*.

[1774] Vgl. *Ohly*, ZUM 2015, 308 (314).

[1775] Vgl. *T. Hermann*, in: Gsell/Krüger/Lorenz/Reymann/Spickhoff, BeckOGK, Stand: 01.05.2025, BGB § 823 Rn. 1695 f.; *Piltz*, K&R 2014, 80 (83 f.).

[1776] Vgl. *Golland*, ZD 2020, 531 (532).

allein an ein Erfolgsunrecht geknüpft, sondern setzt ein pflichtwidriges Verhalten voraus.[1777] Der Umfang der Prüfpflichten richtet sich danach, ob der potenzielle Störer von der Rechtsverletzung Kenntnis hat oder nicht. Auch für die Inanspruchnahme als Störer ist eine Kenntnis oder das Kennenmüssen der Rechtsverletzung entscheidend.[1778]

Während die aufgrund ihres weit gefassten Tatbestandes sehr flexible[1779] Rechtsfigur der Störerhaftung insbesondere bei Urheberrechtssachverhalten im Internet bedeutsam war,[1780] hat die Rechtsprechung zur Störerhaftung auch mit den Änderungen des Telemediengesetzes[1781] sowie der Überarbeitung der §§ 7, 8 TMG[1782] an Bedeutung verloren.[1783]

Der Systemvergleich zur Konzeption der datenschutzrechtlichen Verantwortlichkeit offenbart im Übrigen, dass sich die allgemeinen Schutzziele der Rechtsfiguren zunächst ähneln.[1784] Während die Rechtsfigur der Störerhaftung auch auf den Schutz des Rechts auf informationelle Selbstbestimmung als Bestandteil des allgemeinen Persönlichkeitsrechts Anwendung findet, zielt das Regelungsgefüge des europäischen Datenschutzrechts auf den Schutz natürlicher Personen bei der Verarbeitung personenbezogener Daten (Art. 1 Abs. 1 DSGVO) sowie den Schutz von Grundrechten und Grundfreiheiten natürlicher Personen (Art. 1 Abs. 2 DSGVO) ab.[1785]

Hinsichtlich der Begründungsvoraussetzungen sind indes relevante Unterschiede auszumachen.[1786] Während die Begründung einer (Mit-)Verantwortlichkeit im europäischen Datenschutzrecht eine aus Eigeninteresse getroffene Entscheidung über die Schlüsselelemente einer konkreten Datenverarbeitung sowie bestimmter Datensätze erfordert, setzt der zivilrechtliche

---

[1777] *Wagner*, in: MünchKomm-BGB, 9. Aufl. 2024, § 823 Rn. 968 m.w.N.

[1778] Siehe dazu *T. Hermann*, in: Gsell/Krüger/Lorenz/Reymann/Spickhoff, BeckOGK, Stand: 01.05.2025, BGB § 823 Rn. 1516, 1518 ff. und 1673.

[1779] *Ohly*, ZUM 2015, 308 (314).

[1780] Siehe nur BGH, GRUR 2019, 813 – *Cordoba II*; BGH, MMR 2019, 37 – *Youtube*.

[1781] Ausführlich zu der Bedeutung der 3. Änderung des TMG für die zivilrechtliche Systematik und Umsetzung der Vermittlerhaftung in Deutschland *Grisse*, GRUR 2017, 1073 ff.; siehe auch in der Vorauflage *Hennemann*, in: Gersdorf/Paal, BeckOK InfoMedienR, 39. Edition Stand: 01.02.2023, TMG § 7 Rn. 2 ff.

[1782] Seit dem 17.02.2024 ist der Digital Services Act (DSA) in der Europäischen Union unmittelbar anwendbar, sodass es keiner weiteren nationalen Umsetzung bedarf. Die in den Artikeln 5, 6 und 8 enthaltenen Regelungen zur Haftungsprivilegierung für fremde Inhalte entsprechen inhaltlich weitgehend den bisherigen Vorschriften der §§ 7 bis 10 TMG, wodurch sich keine wesentlichen materiell-rechtlichen Änderungen ergeben. Die hierzu ergangene Rechtsprechung bleibt daher in weiten Teilen weiterhin einschlägig. Ergänzend trat in Deutschland das Digitale-Dienste-Gesetz (DDG) in Kraft, das das Telemediengesetz (TMG) ablöst und die erforderlichen nationalen Ausführungsbestimmungen zum DSA enthält; siehe dazu ausführlich *Redeker*, in: Redeker, IT-Recht, 8. Aufl. 2023, Kap. D. Rn. 1462 ff.

[1783] Siehe zu der Entwicklung von der Störerhaftung zur Haftung für die Verletzung urheberrechtlicher Verkehrspflichten *Ohly*, NJW 2022, 2961; siehe zu der Entwicklung *Radtke*, Gemeinsame Verantwortlichkeit unter der DSGVO, S. 93.

[1784] Siehe *Petri*, ZD 2015, 103 (105), wonach durch das zivilrechtliche Persönlichkeitsrecht auch die automatisierte Verarbeitung personenbezogener Daten (mit-)geregelt werde.

[1785] *Scheja,* FS Taeger 2020, S. 426.

[1786] Siehe zu dem Vergleich der gemeinsamen Verantwortlichkeit nach Art. 26 DSGVO zur strafrechtlichen Mittäterschaft sowie zum öffentlich-rechtlichen und zivilrechtlichen Störerbegriff nach deutschem Recht *Scheja*, FS Taeger, 2020, S. 413 ff.; ausführlich zum Vergleich der datenschutzrechtlichen Verantwortlichkeit mit den Grundzügen der zivilrechtlichen Störerhaftung *Radtke*, Gemeinsame Verantwortlichkeit unter der DSGVO, S. 92 ff.

Störerabwehranspruch lediglich eine faktische Beeinträchtigung von Persönlichkeitsrechten aufgrund der Verarbeitung personenbezogener Daten voraus.[1787]
Im Gegensatz zur Störerhaftung bedarf es für die Begründung einer datenschutzrechtlichen (Mit-)Verantwortlichkeit eines gesteigerten Maßes an Zielgerichtetheit der direkten Ausübung faktischer Entscheidungsgewalt. Während es sich bei dem (Mit-)Verantwortlichen um eine aktive, die Verarbeitung administrierende Schlüsselrolle handelt, die als negativer Abgrenzungsmaßstab zu anderen Rollenbildern fungiert, beinhaltet die klassische Störerhaftung einen akzessorischen Anspruch gegen denjenigen, der bei einer (eigenverantwortlichen) Rechtsverletzung eines anderen lediglich mitwirkt bzw. beteiligt ist.[1788] Für einen effektiveren Rechtsschutz zielt die Rechtsfigur auf eine Erweiterung des Kreises der Passivlegitimierten ab, indem auch die Personen in den Kreis der Anspruchsgegner einbezogen werden, die mit Blick auf die konkrete Verletzung unvorsätzlich einen Beitrag zur Verletzung eines absoluten Rechts leisten.[1789] Wesentliche Unterschiede ergeben sich auf der Rechtsfolgenseite. Während der dem datenschutzrechtlichen Verantwortlichkeitstatbestand unterfallende Akteur auf der Primärebene mit mannigfaltigen Verpflichtungen konfrontiert wird und im Falle einer Rechtsverletzung zum Adressaten von Schadensersatzansprüchen werden kann, hat das Rechtsinstitut der Störerhaftung „nur" eine auf die Gegenwart und Zukunft ausgerichtete Haftung auf Beseitigung und Unterlassung zur Folge, um als Störer charakterisierte Akteure mittelbar dazu anzuhalten, auf eine datenschutzkonforme Verarbeitung hinzuwirken.[1790] Aufgrund dessen, dass die datenschutzrechtliche Verantwortlichkeit auch zahlreiche Pflichten in den Artt. 5 ff. DSGVO umfasst, deren Verstöße nicht nur zu Beseitigungs- und Unterlassungsansprüchen führen, sondern auch über auf die Vergangenheit gerichtete materielle und immaterielle Schadensersatzansprüche nach Art. 82 DSGVO sanktioniert werden können, geht das Rechtsdurchsetzungs- und Sanktionsregime der DSGVO sehr viel weiter als der Haftungsmaßstab der Störerhaftung.[1791]

2.) Berücksichtigung alternativer Haftungskonzepte in der EuGH-Rechtsprechung

Die Thematik des Konkurrenzverhältnisses zwischen dem europäischen Datenschutzrecht und nationalstaatlichen Vorschriften über die Zuweisung von Verantwortlichkeiten, Haftung sowie

---

[1787] Ausführlich zum Vergleich der gemeinsamen Verantwortung nach Art. 26 DSGVO zum zivilrechtlichen Störerabwehranspruch aus § 1004 Abs. 1 BGB *Scheja,* FS Taeger 2020, S. 426 f.
[1788] Vgl. *Golland*, ZD 2020, 531 (532); *Mantz*, ZD 2014, 62; *Radtke*, Gemeinsame Verantwortlichkeit unter der DSGVO, S. 92 m.w.N.
[1789] Vgl. *Radtke*, Gemeinsame Verantwortlichkeit unter der DSGVO, S. 92 ff.; *Ohly*, JZ 2019, 251.
[1790] Vgl. *Janicki,* FS Taeger 2020, S. 216; *T. Hermann*, in: Gsell/Krüger/Lorenz/Reymann/Spickhoff, BeckOGK, Stand: 01.05.2025, BGB § 823 Rn. 1516; *Piltz*, K&R 2014, 80 (83 f.); dazu auch *Radtke*, Gemeinsame Verantwortlichkeit unter der DSGVO, S. 95.
[1791] *Golland*, Datenverarbeitung in sozialen Netzwerken, S. 133.

die Verhängung von Sanktionen hat in der Rechtsprechungspraxis vereinzelt Anklang gefunden.

In der EuGH-Vorlage zu der Rechtssache *Wirtschaftsakademie Schleswig-Holstein* hatte das BVerwG explizit die Frage nach der Statthaftigkeit der Erstreckung einer zivilrechtlichen Haftung auf Akteure, die selbst nicht datenschutzrechtlich Verantwortliche sind, gestellt.[1792] Das vorlegende Gericht wollte wissen, ob die DSRL in Bezug auf die Beklagte der Anwendung des im nationalen Recht verankerten Rechtsinstituts der Störerhaftung entgegensteht, wenn festgestellt werden sollte, dass die Beklagte nicht als für die Verarbeitung Verantwortliche angesehen werden kann. Klärungsbedürftig sei, ob Art. 2 lit. d DSRL die Haftung und Verantwortlichkeit für Datenschutzverstöße abschließend und erschöpfend regelt, oder ob die Vorschrift Raum lässt für eine Verantwortlichkeit einer Stelle, die nicht i.S.v. Art. 2 lit. d DSRL verantwortlich ist. Aufgrund dessen, dass der EuGH innerhalb seines Urteils jedoch ausdrücklich eine den Fanpage-Betreiber treffende (Mit-)Verantwortlichkeit konstatierte, bedurfte es keiner näheren Befassung mit der Vorlagefrage.[1793] Eine Haftung des datenschutzrechtlich nicht Verantwortlichen als Störer schied von vornherein aus.

Auch innerhalb des darauffolgenden Fashion-ID-Verfahrens wollte das zuständige OLG Düsseldorf wissen, ob die DSRL in Bezug auf die Beklagte der Anwendung des im nationalen Recht verankerten Rechtsinstituts der Störerhaftung entgegensteht, wenn festgestellt werden sollte, dass die Beklagte nicht als für die Verarbeitung Verantwortliche angesehen werden kann.[1794] Nach der Auffassung des OLG Düsseldorf lägen die Voraussetzungen einer Störerhaftung, so sie denn anwendbar wären, vor. Der Webseitenbetreiber habe durch die Einbindung des Plugins die Gefahr geschaffen, dass Facebook personenbezogene Daten verarbeitet. Auf diese Weise sei die Möglichkeit zu einer Rechtsverletzung herbeigeführt worden. Dementsprechend sei auch der Dritte, der die Gefahr für eine Rechtsverletzung geschaffen oder erhöht hat, verpflichtet, das ihm Mögliche und Zumutbare zu unternehmen, um eine Rechtsverletzung zu verhindern.[1795] Während die Schlussanträge zur Rechtssache *Fashion ID* die Vermutung nahelegen, dass der GA *Bobek* eine Störerhaftung wegen Ermöglichung der Verletzung datenschutzrechtlicher Pflichten ablehnt,[1796] entschied sich der EuGH aufgrund der Annahme einer gemeinsamen Verantwortlichkeit abermals dazu, keine Aussage hinsichtlich einer möglichen

[1792] BVerwG, ZD 2016, 393 (Rn. 31-36); siehe auch OVG Schleswig, NordÖR, 2014 525 (530); VG Schleswig, ZD 2014, 51 (53).
[1793] Vgl. EuGH [GK], Rs. C-210/16, *ULD Schleswig-Holstein/Wirtschaftsakademie Schleswig-Holstein,* ECLI:EU:C:2018:388 Rn. 44.
[1794] OLG Düsseldorf, GRUR Int. 2017, 466 (Rn. 16).
[1795] Vgl. OLG Düsseldorf, GRUR Int. 2017, 466 (Rn. 15).
[1796] Vgl. Schlussanträge GA *Bobek*, Rs. C-40/17, *Fashion ID*, ECLI:EU:C:2018:1039 Rn. 109 f.

Störerhaftung wegen der Ermöglichung einer Verletzung datenschutzrechtlicher Pflichten zu treffen.[1797]

Die bewusste Nichtbeantwortung der Vorlagefrage überzeugt bei genauer Betrachtung des Fashion-ID-Verfahrens nicht vollends. Wenngleich anzuerkennen ist, dass der EuGH in einem obiter dictum einen Anwendungsspielraum für alternative Haftungskonzepte wie der zivilrechtlichen Haftung von nicht datenschutzrechtlich Verantwortlichen zugesteht,[1798] hätte eine nähere Befassung für Rechtssicherheit sorgen können. Aufgrund dessen, dass der EuGH die gemeinsame Verantwortlichkeit in seiner differenzierten Betrachtung auf die Datenerhebung und -übermittlung begrenzt und keine Verantwortlichkeit des Webseitenbetreibers für weitere Verarbeitungsvorgänge im unmittelbaren Einflussbereich des Plugin-Anbieters angenommen hat, wäre eine Befassung mit der Vorlagefrage auch geboten gewesen. Nach der Logik des EuGH hätte eine Nichtbeantwortung der Vorlagefrage nur unter der Annahme einer vollumfänglichen Verantwortlichkeit des Webseitenbetreibers erfolgen dürfen.[1799] Durch die Nichtbeantwortung der Vorlagefragen hat es der EuGH bislang verpasst, die Thematik final aufzuklären und die Diskussion hinsichtlich der Übertragung und der ergänzenden Anwendung des Rechtsinstituts der Störerhaftung im Bereich des Datenschutzrechts beizulegen.[1800]

3.) Europarechtskonformität einer ergänzenden Inanspruchnahme

Die Möglichkeit einer ergänzenden Inanspruchnahme auf der Grundlage nationaler Zurechnungs- und Haftungsmodelle ist am Maßstab der europäischen Rechtsvorgaben zu messen. Die Art und Weise des Zusammenspiels zwischen dem europäischen Datenschutzrecht und nationalen Vorschriften über die Zuweisung von Verantwortlichkeiten, Haftung sowie die Verhängung von Sanktionen betrifft mehrere Ebenen.

Auf der ersten Stufe ist zunächst anzuerkennen, dass datenschutzfremde, nationale Zurechnungsmodelle nicht für die Begründung einer datenschutzrechtlichen Verantwortlichkeit i.S.d. Art. 4 Nr. 7 DSGVO heranzuziehen sind. Als eigenständige Schöpfung des europäischen Datenschutzrechts ist die Rolle des datenschutzrechtlich Verantwortlichen allein am Maßstab der

---

[1797] EuGH, Rs. C-40/17, *Fashion ID*, ECLI:EU:C:2019:629 Rn. 86.

[1798] Vgl. EuGH, Rs. C-40/17, *Fashion ID*, ECLI:EU:C:2019:629 Rn. 74: „unbeschadet einer etwaigen insoweit im nationalen Recht vorgesehenen zivilrechtlichen Haftung".

[1799] So auch *Golland*, K&R 2019, 533 (536); kritisch auch *Moos/Rothkegel*, MMR, 2018, 596 (598), die kritisieren, dass sich der EuGH bewusst der Beantwortung der Frage „entziehe".

[1800] Vgl. *Moos/Rothkegel*, MMR 2018, 596 (598); für eine Störerhaftung im Datenschutzrecht plädierend *Mantz*, ZD 2014, 62 ff.; *Alich/Nolte*, CR 2011, 741 (744); ähnlich *Petri*, ZD 2015, 103 (105); gegen eine Übertragung und Ausweitung der Verantwortlichkeit *Hacker*, Datenprivatrecht, S. 147 f.; *Hanloser*, ZD 2019, 122 (123); *Golland*, Datenverarbeitung in sozialen Netzwerken, S. 133; *Wagner*, ZD 2018, 307 (309); *Piltz*, ZD 2017, 336 (337); *Piltz*, K&R 2014, 80 ff.; i.E. auch *Monreal*, CR 2019, 797 (805); gegen die Übertragung der zivilrechtlichen Störerhaftung, jedoch die Möglichkeit einer Auswahlverantwortlichkeit in Betracht ziehend *Martini/Fritzsche*, NVwZ-Extra 21/2015, 1.

DSGVO-Vorgaben und nicht unter Bezugnahme auf nationale Rechtsfiguren oder andere mitgliedstaatliche Umsetzungen zu entwickeln. Bei den Begründungsvoraussetzungen einer datenschutzrechtlichen Verantwortlichkeit handelt es sich um europarechtlich harmonisierte Kriterien, die auch den Haftungsadressaten bzw. den Täter der datenschutzrechtswidrigen Handlung abschließend bestimmen.[1801] Eine direkte Übertragung der Grundsätze der Störerhaftung in das europäische Verantwortlichkeitskonzept ist nicht statthaft.[1802]

In Anbetracht des mit der DSGVO verfolgten Ziels einer Vollharmonisierung des europäischen Datenschutzrechts ist darüber hinaus fraglich, ob bzw. in welchem Umfang ergänzende Gestaltungsspielräume für alternative Haftungsansätze außerhalb des Datenschutzrechts verbleiben. Abseits der Frage nach der direkten Übertragung ordnungs- oder zivilrechtlicher Rechtsfiguren aus dem nationalen Recht in das europäische Datenschutzrecht ist klärungsbedürftig, ob das europäische Datenschutzrecht auch hinsichtlich der Haftung für Datenschutzverstöße abschließende Regelungen vorsieht, die einer Inanspruchnahme von Dritten entgegenstehen.[1803] Der intendierten Inanspruchnahme liegt die Prämisse zugrunde, dass eine rechtswidrige Datenverarbeitung existiert, für welche sich der als möglicher Störer in Betracht kommende Dritte weder datenschutzrechtlich verantwortlich zeichnet noch in der Rolle eines Auftragsverarbeiters agiert. Im gegenteiligen Fall läge bereits eine täterschaftliche Verantwortlichkeit sowie eine damit einhergehende Haftung vor, sodass kein Raum für die Inanspruchnahme als Störer verbliebe.[1804]

Sofern ein Agieren innerhalb der klassischen datenschutzrechtlichen Rollenbilder ausscheidet, könnte nach den Maßstäben nationaler Vorgaben eine ergänzende Inanspruchnahme für Persönlichkeitsrechtsverletzungen zu prüfen sein. Unter der Voraussetzung, dass Datenschutzrechte von Betroffenen nachhaltig verletzt werden, könnte bereits der die (rechtswidrige) Verarbeitung ermöglichende Akteur haftbar gemacht werden, sofern er willentlich einen adäquat kausalen Beitrag bzw. die Grundlage für Persönlichkeitsrechtsverletzungen durch eine andere Stelle schafft.[1805] Ein solcher Störer würde unabhängig neben den (gemeinsam) Verantwortlichen und Auftragsverarbeitern haften, ohne selbst ein solcher zu sein.[1806]

1801 Vgl. *Wagner*, ZD 2018, 307 (309); *Hacker*, Datenprivatrecht. S. 146 f.; ähnlich *Radtke*, *Radtke*, Gemeinsame Verantwortlichkeit unter der DSGVO, S. 315; siehe zu der Rechtslage unter der DSRL sowie des BDSG a.F. OVG Schleswig, ZD 2014, 643 (645); VG Schleswig, ZD 2014, 51 (54); *Piltz*, K&R 2014, 80 (82).

1802 Dazu Kap. D. II. 1.).

1803 *Piltz*, ZD 2017, 336 (337 f.).

1804 Vgl. *Piltz*, K&R 2014, 80 (82).

1805 Siehe dazu *Petri*, ZD 2015, 103 (105); *Hacker*, Datenprivatrecht. S. 146 f.

1806 In der Konsequenz von der datenschutzrechtlichen Störerhaftung als dritte und unabhängige Kategorie sprechend *Hacker*, Datenprivatrecht, S. 146, der eine derartige Ausweitung im Ergebnis ablehnt; *Janicki*, FS Taeger 2020, S. 215, der betont, dass eine datenschutzrechtliche Störerhaftung das tradierte datenschutzrechtliche Rollenkonzept durchbreche.

Die Auflösung des Konkurrenzverhältnisses bestimmt, ob die mittelbare Störerhaftung wegen der adäquat-kausalen Mitwirkung an durch andere Stellen begangenen Datenschutzverstößen neben dem Rechtsdurchsetzungs- und Sanktionsregime der DSGVO Anwendung finden kann.

a.) Haftung für in der DSGVO nicht abschließend geregelte Rechtsverstöße

Die Zulässigkeit einer ergänzenden Haftung des datenschutzrechtlich nicht Verantwortlichen bemisst sich am Maßstab der europarechtlichen Vorgaben. *GA Bobek* verweist zutreffend darauf, dass sich mit der Implementierung der DSGVO die Natur des Rechtsaktes von einer Richtlinie zu einer Verordnung gewandelt hat. Dieser Wandel bedeutet, dass nationale Vorschriften zur Durchführung einer Verordnung grundsätzlich nur dann erlassen werden dürfen, wenn hierfür eine ausdrückliche Ermächtigung vorliegt.[1807] Der intendierte Vollharmonisierungsansatz erlaubt den Mitgliedstaaten ergänzende Haftungsregelungen nur noch im Rahmen der Öffnungsklauseln und bei der nicht abschließenden Ausgestaltung des Haftungs- und Sanktionsregimes.[1808]

Hinsichtlich des Konkurrenzverhältnisses zwischen dem europäischen Rechtdurchsetzungs- und Sanktionsregime sowie nationalstaatlichen Haftungskonzepten ist zu konstatieren, dass Konstellationen entstehen können, in denen mangels direkter Kollision eine ergänzende Inanspruchnahme auf der Grundlage alternativer Haftungskonzepte unter Berücksichtigung des Anwendungsvorrangs des Unionsrechts generell in Betracht kommt.[1809] Solange der Anknüpfungspunkt der Haftung Rechtsverstöße betrifft, die in der DSGVO nicht abschließend geregelt sind, liegt kein Fall einer direkten Kollision vor, mit der Folge, dass abweichendes Unionsrecht nationales Recht nicht im Wege des Anwendungsvorrangs präkludiert.[1810] Entscheidend ist, ob das spezifische, durch das nationale Recht adressierte Risiko durch die unionsrechtlichen Regelungen der DSGVO bereits vollends abgedeckt wird.[1811]

Typischerweise stellen die aus Daten ablesbaren Inhalte bzw. Informationen den Anknüpfungspunkt für alternative Beschränkungs- und Haftungsregelungen aus nicht-datenschutzrechtlich motivierten Gründen i.S.d. Art. 7 und Art. 8 GRCh dar.[1812] Gesetzt den Fall, dass personenbezogene Daten beispielsweise Informationen diffamierenden Inhalts enthalten, kommt eine

---

1807 Schlussanträge GA *Bobek*, Rs. C-40/17, *Fashion ID*, ECLI:EU:C:2018:1039 Rn. 47.

1808 Dazu *Moos/Rothkegel*, MMR 2018, 596 (598).

1809 Siehe grundlegend zu den Voraussetzungen und Folgen des Anwendungsvorrangs *Jarass/Beljin*, NVwZ 2004, 1 (2 ff.); siehe ausführlich zum Anwendungsvorrang des Unionsrechts sowie der Differenzierung in direkte und indirekte Kollisionen *Hacker*, Datenprivatrecht, S. 315 ff.

1810 Vgl. *Hacker*, Datenprivatrecht, S. 147 und 318.

1811 Vgl. *Hacker*, Datenprivatrecht, S. 320.

1812 Siehe zu Konstellationen mit auch datenschutzrechtlicher Relevanz *Hacker,* MMR 2018, 779 (780 ff.); *Radtke*, Gemeinsame Verantwortlichkeit unter der DSGVO, S. 315.

ergänzende Haftung unter strafrechtlichen Gesichtspunkten in Betracht.[1813] Obgleich eine strikte Abgrenzung auch deshalb schwerfällt, weil eine rechtswidrige Datenverarbeitung regelmäßig auch eine Persönlichkeitsrechtsverletzung begründet und die DSGVO selbst Vorgaben hinsichtlich der Datenrichtigkeit trifft, können vor allem im Zusammenhang mit den Beleidigungsdelikten in den §§ 185 ff. StGB Szenarien erwachsen, in denen die Haftung nicht vornehmlich an einem datenschutzrechtlichen Verstoß anknüpft, sondern an den beleidigenden Inhalt der ablesbaren personenbezogenen Daten gebunden ist.[1814] Ist nicht der datenschutzrechtliche Verstoß im Fokus der Betrachtung, sondern knüpfen die Voraussetzungen alternativer Haftungssysteme zuvorderst an den aus den Daten ablesbaren Inhalt an, eröffnet sich ein Anwendungsbereich für Ansprüche aus straf- und deliktsrechtlichen Vorschriften i.V.m. der Störerhaftung.[1815]

b.) Einbeziehung alternativer Haftungskonzepte auf der Grundlage von Datenschutzverstößen

Auch die Zulässigkeit einer etwaigen Haftung des datenschutzrechtlich nicht Verantwortlichen als Störer wegen seiner Beteiligung an einem Datenschutzverstoß bemisst sich am Maßstab der europarechtlichen Vorgaben. Maßgeblich ist, ob die Regelungen des europäischen Datenschutzrechts hinsichtlich der Haftung für Datenschutzverstöße als abschließend anzusehen sind. In Anbetracht dessen, dass auch das Rechtsdurchsetzungs- und Sanktionsregime der DSGVO dem realisierten Vollharmonisierungsansatz unterfällt (vgl. DSGVO-Erwägungsgrund 9, 10 und 11) und auf die Gewährleistung eines gleichwertigen Datenschutzniveaus in der Union ausgerichtet ist (vgl. DSGVO-Erwägungsgründe 10, 13 und 170) kommt auch eine Einbeziehung nationaler Haftungskonzepte bei originären Datenschutzverstößen nur dann in Betracht, wenn aufgrund bestehender Öffnungsklauseln oder eines unionsrechtlich verankerten Vorbehalts der ergänzenden Anwendbarkeit eine Kollision zwischen nationalem und unionalem Recht nicht zu befürchten ist.[1816]

aa.) Ergänzende Sanktion

Eine Anwendbarkeit ergänzender Haftungsfiguren aus dem nationalstaatlichen Recht könnte sich zunächst aus Art. 84 Abs. 1 DSGVO ergeben. Die Öffnungsklausel in Art. 84 Abs. 1

[1813] *Piltz*, K&R 2014, 80 (82).
[1814] Siehe ausführlich zu der Abgrenzungsproblematik sowie des Merkmals der Richtigkeit *Radtke*, Gemeinsame Verantwortlichkeit unter der DSGVO, S. 315 f.; siehe zu Konstellationen mit auch datenschutzrechtlicher Relevanz *Hacker*, MMR 2018, 779 (780 ff.); siehe ausführlich zur Abgrenzung zwischen unionsrechtlich noch tolerierten und nicht mehr tolerierbaren nationalen Regelungen am Maßstab eines am Kriterium der Risikospezifizität ausgerichteten Modells *Hacker*, Datenprivatrecht, S. 323 ff.
[1815] Vgl. *Radtke*, Gemeinsame Verantwortlichkeit unter der DSGVO, S. 315 f.
[1816] Siehe allgemein zum Begriff der Kollision von Rechtsordnungen sowie der Differenzierung zwischen direkten und indirekten Kollisionen *Jarass/Beljin*, NVwZ 2004, 1 (3 f.).

DSGVO erlaubt es den Mitgliedstaaten eigene, die Sanktionen nach der DSGVO ergänzende Sanktionen für Verstöße gegen die DSGVO festzulegen.[1817] Der Zweck der Vorschrift beschränkt sich allerdings darauf, dass die Mitgliedstaaten eigene strafrechtliche (vgl. DSGVO-Erwägungsgrund 149) und verwaltungsrechtliche (vgl. DSGVO-Erwägungsgrund 152) Sanktionen wegen DSGVO-Verstößen und wegen Verstößen gegen ergänzende nationale Vorschriften statuieren können. In Anbetracht dieser Ausrichtung ist es fernliegend, auch zivilrechtliche Haftungsmechanismen unter den Sanktionsbegriff des Art. 84 Abs. 1 DSGVO zu fassen.[1818] Auch der Umstand, dass Sanktionen klassischerweise als Antwort auf ein Verhalten aus der Vergangenheit ausgerichtet sind, auf der Rechtsfolgenseite nicht auf eine Beseitigung und Unterlassung abzielen und einen direkten Verstoß des Adressaten gegen die Verordnung voraussetzen, spricht gegen eine Erfassung akzessorischer und subsidiärer Ansprüche.[1819]

bb.) Ergänzende Schadensersatzansprüche

Ferner könnte die Rechtsfigur der zivilrechtlichen Störerhaftung einen ergänzenden nationalen Schadensersatzanspruch darstellen, der neben dem Haftungsregime der DSGVO zur Anwendung kommt und als Ergänzung der Rechtsschutzmöglichkeit des Betroffenen dazu dient, ein hohes Datenschutzniveau zu gewährleisten. Für die Möglichkeit des Rückgriffs auf nationale Rechtsfiguren ist entscheidend, wie weit und vor allem abschließend die Haftung und das Recht auf Schadensersatz im europäischen Datenschutzrecht ausgestaltet ist.[1820]

Zunächst ist anzuerkennen, dass mit Art. 82 Abs. 1 DSGVO erstmals eine Anspruchsgrundlage für die Verletzung datenschutzrechtlicher Pflichten unmittelbar im Unionsrecht implementiert worden ist, die diffizile Haftungsregelungen zwischen den Beteiligten beinhaltet. Ausweislich des Art. 82 Abs. 1 DSGVO hat jede Person, der wegen eines Verstoßes gegen die Verordnung ein materieller oder immaterieller Schaden entstanden ist, Anspruch auf Schadenersatz gegen den Verantwortlichen oder gegen den Auftragsverarbeiter. Einen direkten Anhaltspunkt für die Anwendbarkeit einer zivilrechtlich geprägten Haftung für Datenschutzverstöße Dritter markiert lediglich DSGVO-Erwägungsgrund 146 S. 4, wonach weitere Schadensersatzansprüche (neben Art. 82 DSGVO) gemäß dem nationalen Recht der Mitgliedstaaten unberührt bleiben sollen.[1821]

[1817] *Moos/Schefzig*, in: Taeger/Gabel, DSGVO/BDSG/TTDSG, 4. Aufl. 2022, Art. 84 Rn. 1.

[1818] *Radtke*, Gemeinsame Verantwortlichkeit unter der DSGVO, S. 317.

[1819] Ergänzend auf die bislang nicht erfolgte Notifizierung nach Art. 84 Abs. 2 DSGVO verweisend *Radtke*, Gemeinsame Verantwortlichkeit unter der DSGVO, S. 317 f.

[1820] Siehe bereits zu Haftungsregelungen unter der DSRL *Piltz*, K&R 2014, 80 (84).

[1821] „Dies gilt unbeschadet von Schadenersatzforderungen aufgrund von Verstößen gegen andere Vorschriften des Unionsrechts oder des Rechts der Mitgliedstaaten.", siehe dazu *Moos/Rothkegel*, MMR 2018, 596 (598 f.); siehe allgemein zum Bedeutungsgehalt der DSGVO-Erwägungsgründe *Specht-Riemenschneider/Schneider*, GRUR Int. 2020, 159 (161).

Unter Bezugnahme auf den Vorbehalt ergänzender Schadensersatzforderungen (englisch: „any claims for damage") wird vielfach von einer generellen Anwendbarkeit von Ansprüchen aus nationalem Recht neben Art. 82 DSGVO ausgegangen.[1822] Auch eine Haftung des datenschutzrechtlich nicht Verantwortlichen als Störer wegen seiner Beteiligung an einem Datenschutzverstoß wird in Anbetracht des in DSGVO-Erwägungsgrund 146 S. 4 normierten Vorbehalts erwogen.[1823] Zwar führe eine datenschutzrechtliche Verantwortlichkeit zur Außenhaftung für Schäden durch eigene Datenschutzverstöße, doch bestehe zugleich keine Zwangsläufigkeit, auch eine zivilrechtlich geprägte Haftung für Datenschutzverstöße Dritter per se auszuschließen.[1824]

Im Gegensatz zu Art. 23 DSRL (vgl. auch DSRL-Erwägungsgrund 55 S. 3) sei die datenschutzrechtliche Haftung nach Art. 82 DSGVO nicht in gleichem Maße von einer eigenen rechtswidrigen Datenverarbeitung abhängig, sondern knüpfe an einen Verstoß gegen die Verordnung selbst an und erfahre erst im Rahmen der Kausalität eine Reichweitenbegrenzung.[1825]

Auch in Anbetracht dessen, dass sich der Vorbehalt des DSGVO-Erwägungsgrundes 146 S. 4 DSGVO ausschließlich auf Schadensersatzforderungen bezieht, die sich als Rechtsfolge von den in Rede stehenden Beseitigungs- und Unterlassungsansprüchen inhaltlich unterscheiden, sei eine zivilrechtlich geprägte Haftung für Datenschutzverstöße Dritter nicht automatisch ausgeschlossen. Eine das Kompensationsbedürfnis von vornherein limitierende Beseitigung sowie ein das Kompensationsbedürfnis für die Zukunft reduzierendes Unterlassen müsse stattdessen erst recht dem Bereich der ergänzenden Schadensersatzansprüche i.S.d. DSGVO-Erwägungsgrundes 146 S. 4 DSGVO zuzuordnen sein.[1826] Auch ohne die Normierung der typischen

---

[1822] *Frenzel*, in: Paal/Pauly, DS-GVO/BDSG, 3. Aufl. 2021, Art. 82 Rn. 20; *Gola/Piltz*, in: Gola/Heckmann, DSGVO/BDSG, 3. Aufl. 2022, Art. 82 Rn. 27 ff.; *Bergt*, in: Kühling/Buchner, DS-GVO/BDSG, 4. Aufl. 2024, Art. 82 Rn. 67 m.w.N.; *Moos/Schefzig*, in: Taeger/Gabel, DSGVO/BDSG/TTDSG, 4. Aufl. 2022, Art. 82 Rn. 104 ff.; *Kreße*, in: Sydow/Marsch, DS-GVO/BDSG, 3. Aufl. 2022; Art. 82 Rn. 27 (a.A. noch in der Vorauflage *Kreße*, in: Sydow, DSGVO, Art. 82 Rn. 27, wonach nur Sonderverbindungen auszunehmen seien und sich aus den DSGVO-Erwägungsgründen 9 und 10 ergebe, dass den von der DSGVO zur Verfügung gestellten Rechtsbehelfen ein generell abschließender Charakter zukomme); a.A. *Hacker*, Datenprivatrecht, S. 529, der Art. 82 Abs. 1 DSGVO als *lex specialis*-Regelung gegenüber § 823 Abs. 1 BGB ansieht und anhand der Risikospezifizität differenziert; ähnlich *Golland*, K&R 2019, 533 (536).

[1823] Dies in Betracht ziehend *Moos/Schefzig*, in: Taeger/Gabel, DSGVO/BDSG/TTDSG, 4. Aufl. 2022, Art. 82 Rn. 110; *Moos/Rothkegel*, MMR 2018, 596 (598 f.); *Specht-Riemenschneider/Schneider*, GRUR Int. 2020, 159 (161).

[1824] Vgl. *Golland*, K&R 2019, 533 (536); a.A. Hacker, Datenprivatrecht, S. 146 f., der auf der Grundlage der Unterscheidung zwischen nicht täterschaftlichen Beiträgen zu einer Datenschutzverletzung und der Haftung für eigene Rechtverletzungen eine Störerhaftung Dritter unter Verweis auf den Anwendungsvorrang der DSGVO a priori ausschließt.

[1825] Vgl. *Radtke*, Gemeinsame Verantwortlichkeit unter der DSGVO, S. 320; siehe ausführlich zu der Diskussion *Quaas*, in: Wolff/Brink/v. Ungern-Sternberg, BeckOK Datenschutzrecht, 52. Edition Stand: 01.05.2025, Art. 82 Rn. 14 ff.; zu der abweichenden Rechtslage unter der DSRL *Piltz*, ZD 2017, 336 (337 f.).

[1826] Auf einen „Erst-Recht-Schluss" verweisend *Radtke*, Gemeinsame Verantwortlichkeit unter der DSGVO, S. 320; ähnlich zur Rechtslage unter DSRL *Piltz*, K&R 2014, 80 (84).

Folgen einer Störerhaftung seien diese bereits im bestehenden Löschungsrecht und Schadenersatzanspruch des Datenschutzrechts angelegt.[1827]
Die Argumentationslinie, das prinzipiell vollharmonisierend ausgestaltete Rechtsdurchsetzungs- und Sanktionsregime der DSGVO über den Vorbehalt ergänzender Schadensersatzforderungen i.S.d. DSGVO-Erwägungsgrundes 146 S. 4 DSGVO um die Störerhaftung zu erweitern, sieht sich zugleich nicht zu vernachlässigenden Einwänden ausgesetzt. Im Wesentlichen fußt die Kritik darauf, dass der Bedeutungsgehalt des DSGVO-Erwägungsgrundes 146 S. 4 nicht eindeutig sei und Raum für abweichende, dem Sinn und Zweck des Verordnungsansatzes besser entsprechende Interpretationsansätze zulasse. In substantiierter Art und Weise verweist *Hacker* darauf, dass Schadensersatzansprüche, um nach DSGVO-Erwägungsgrund 146 S. 4 unberührt zu bleiben, an die Verletzung anderer Vorschriften als solcher der DSGVO anknüpfen müssen.[1828] Auch die Aussagen des EuGH lassen sich dahingehend verstehen, dass eine Hinzuziehung zivilrechtlicher Haftungsregelungen nur insoweit in Betracht kommt, als dass sie an Rechtsverstöße anknüpfen, die nicht in der DSGVO abschließend geregelt sind.[1829] Des Weiteren sei es geboten, die in DSGVO-Erwägungsgrund 146 S. 4 proklamierte Unabhängigkeit nationaler Ansprüche vornehmlich in Bezug zu DSGVO-Erwägungsgrund 146 S. 3[1830] zu sehen. In Anbetracht der ausgeprägten Unsicherheiten bei der Bestimmung des Schadensbegriffs im Schnittbereich von nationalem und unionalem Haftungsrecht komme DSGVO-Erwägungsgrund 146 S. 4 zuvorderst die Funktion zu, unter Verweis auf DSGVO-Erwägungsgrund 146 S. 3 eine Kontamination der Schadensbegriffe anderer Normen als der DSGVO zu verhindern.[1831]

c.) Zusammenschau

In Anbetracht dessen, dass bereits unter der DSRL abschließende Regelungen der Verantwortlichkeit vorgesehen waren,[1832] ist unter Geltung der DSGVO in gesteigertem Maße zu berücksichtigen, dass durch die Anerkennung einer unabhängig neben Art. 4 Nr. 7 DSGVO stehenden Verantwortlichkeit der intendierte und realisierte Vollharmonisierungsansatz des

[1827] Vgl. *Piltz*, K&R 2014, 80 (84).
[1828] *Hacker*, Datenprivatrecht, S. 506.
[1829] Vgl. EuGH, Rs. C-40/17, *Fashion ID*, ECLI:EU:C:2019:629 Rn. 74: „unbeschadet einer etwaigen insoweit im nationalen Recht vorgesehenen zivilrechtlichen Haftung".
[1830] „Der Begriff des Schadens sollte im Lichte der Rechtsprechung des Gerichtshofs weit auf eine Art und Weise ausgelegt werden, die den Zielen dieser Verordnung in vollem Umfang entspricht."
[1831] *Hacker*, Datenprivatrecht, S. 505 f.
[1832] Unter Verweis auf die Gesetzgebungsgeschichte und die Gesetzessystematik der DSRL *Piltz*, ZD 2017, 336 (337 f.); *Piltz*, K&R 2014, 80 (84 f.).

datenschutzrechtlichen Rollenmodells beeinträchtigt wird.[1833] Durch die Zugrundelegung eines jeweils unterschiedlich weit verstandenen Adressatenkreises im Datenschutzrecht drohen unmittelbare Beeinträchtigungen des ubiquitären, grenzüberschreitenden Datenverkehrs (vgl. DSGVO-Erwägungsgrund 9 S. 2 und 3), Hemmnisse bei der Ausübung von Wirtschaftstätigkeiten, Verzerrungen des Wettbewerbs sowie Belastungen der Kommunikationsgrundrechte, wenn Entitäten nicht mehr davon ausgehen können, dass ihr Tätigwerden in verschiedenen Mitgliedstaaten nach denselben datenschutzrechtlichen Maßstäben behandelt werden.[1834]

Unter dem Vorbehalt bestehender Öffnungsklauseln sowie ausnahmsweise nicht abschließend ausgestalteter Regelungsbereiche ist mithin davon auszugehen, dass sowohl die Voraussetzungen als auch das eigene Rechtmäßigkeitsregime des datenschutzrechtlichen Rollenmodells durch die DSGVO abschließend und unabhängig von nationalen Rechtsfiguren geregelt wird. Bei den Begründungsvoraussetzungen einer datenschutzrechtlichen Verantwortlichkeit handelt es sich um europarechtlich harmonisierte Kriterien, die auch den Haftungsadressaten bzw. den Täter der datenschutzrechtswidrigen Handlung abschließend bestimmen.[1835] Datenschutzfremde Zurechnungsmodelle erwachsen nicht zu einer eigenständigen Beteiligungskategorie innerhalb des datenschutzrechtlichen Rollenmodells. Einer darüberhinausgehenden Erweiterung der Verantwortlichkeit über das nationale Recht steht der Anwendungsvorrang des Unionsrechts entgegen.[1836]

In Anbetracht der Existenz des Art. 82 DSGVO sowie des Anwendungsvorrangs des Unionsrechts stößt auch ein unbeschränkter Rückgriff auf alternative Haftungskonzepte bei Datenschutzverstößen auf gewichtige Einwände. Im Rahmen ihres Anwendungsbereichs ist die diffizil ausgestaltete Haftungsnorm des europäischen Datenschutzrechts als abschließend anzusehen, sodass eine eigenständige Bedeutung weiterer unionsrechtlicher oder nationaler Anspruchsgrundlagen nur bei der Verletzung anderer Normen als jener der DSGVO, die eigene,

---

[1833] In diesem Sinne auch Schlussanträge GA *Bobek*, Rs. C-40/17, *Fashion ID*, ECLI:EU:C:2018:1039 Rn. 110; diese Befürchtung aufgreifend *Hacker*, Datenprivatrecht, S. 147; in diesem Sinne bereits zur DSRL-Regelung VG Schleswig, ZD 2014, 51 (54); OVG Schleswig, ZD 2014, 643 (645); *Voigt/Alich*, NJW 2011, 3541 (3543); *Piltz*, K&R 2014, 80 (84 f.); ebenfalls auf die mit der DSGVO realisierte Vollharmonisierung verweisend *Moos/Schefzig*, in: Taeger/Gabel, DSGVO/BDSG/TTDSG, 4. Aufl. 2022, Art. 82 Rn. 110.

[1834] Vgl. Schlussanträge GA *Bobek*, Rs. C-40/17, *Fashion ID*, ECLI:EU:C:2018:1039 Rn. 110; ähnlich *Radtke*, Gemeinsame Verantwortlichkeit unter der DSGVO, S. 90; siehe auch *Marosi*, (Gem-)Einsame Verantwortlichkeit im Datenschutzrecht, S. 412.

[1835] Die Regelung in Art. 4 Nr. 7 DSGVO als abschließend betrachtend *Wagner*, ZD 2018, 307 (309); *Hacker*, Datenprivatrecht. S. 146 f.; ähnlich *Radtke*, *Radtke*, Gemeinsame Verantwortlichkeit unter der DSGVO, S. 315; siehe zu der Rechtslage unter der DSRL sowie des BDSG a.F. OVG Schleswig, ZD 2014, 643 (645); VG Schleswig, ZD 2014, 51 (54); *Piltz*, K&R 2014, 80 (82).

[1836] Auf den Anwendungsvorrang des Unionsrechts verweisend *Hacker*, Datenprivatrecht. S. 146 f., der eine darüberhinausgehende Annahme von Verantwortlichkeit nach den Prinzipien der (öffentlich-rechtlichen oder zivilrechtlichen) Störerhaftung als direkten Verstoß gegen die DSGVO wertet; in diesem Sinne auch *Hanloser*, ZD 2019, 122 (123); *Wagner*, ZD 2018, 307 (309); ähnlich *Golland*, Datenverarbeitung in sozialen Netzwerken, S. 133; *Martini/Fritzsche*, NVwZ 2015, 1497 (1498).

nicht abschließend geregelte Risiken adressieren, in Betracht zu ziehen ist.[1837] Konzeptionell entspricht die nationale Figur der Störerhaftung wegen einer die Schwelle der Eigenverantwortlichkeit nicht überschreitenden Beteiligung an einem Datenschutzverstoß eher einer unzulässigen Erweiterung des Adressatenkreises als einer zulässigen Erweiterung des Rechtsfolgenregimes.[1838] In der Gesamtheit sprechen gewichtige Argumente dagegen, den Störer auf europäischer Ebene als weiteren Adressaten datenschutzrechtlicher Pflichten zu etablieren.

d.) Tragweite

Wenngleich die umstrittene Frage nach der ergänzenden Etablierung alternativer Zurechnungs- und Haftungskonzepte wie der des mittelbaren Störers als weiteren Adressaten datenschutzrechtlicher Pflichten final erst durch die Rechtsprechung geklärt werden kann, ist ausgehend von der Analyse des europäischen Verantwortlichkeitskonzepts ableitbar, wie weit der Anwendungsbereich für ergänzende Rechtsfiguren aus dem nationalstaatlichen Recht auch unter der Prämisse ihrer Anwendbarkeit überhaupt reichen kann. Aufgrund dessen, dass auch ein etwaiger Adressat nach nationalem Recht als Dritter nicht Täter oder Teilnehmer sein darf, wäre der Anwendungsbereich von vornherein auf Akteure beschränkt, die durch ihr Tätigwerden die Schwelle einer (Mit-)Verantwortlichkeit nicht überschreiten.

Bezugnehmend auf die EuGH-Entscheidung in der Rechtssache *Fashion ID*, in der ausdrücklich betont wird, dass die datenschutzrechtliche Verantwortlichkeit des initiierenden Akteurs aufgrund mangelnder Einflussnahmemöglichkeiten auf die Weiterverarbeitungsprozesse mit der Übermittlung der Daten endet, wird zuweilen erwogen, auch den Akteur, der andere Stellen mit personenbezogenen Daten „versorgt", in die Haftung einzubeziehen.[1839] Unter der Voraussetzung, dass Daten bewusst einem anderen Akteur zugänglich gemacht werden, um von diesem weiterverarbeitet zu werden und der Ausgangsakteur zugleich keine Möglichkeit besitzt, diese Weiterverarbeitung wesentlich zu beeinflussen, eröffne sich ein Bereich, der über eine Haftung als Störer auch im Hinblick auf die ermöglichten Verarbeitungen ergänzt werden könnte.[1840]

Hinsichtlich derlei Verarbeitungsszenarien ist indes zu beachten, dass es bereits für die Rechtfertigung der initialen Datenerhebung und Übermittlung an den nachgelagerten Akteur relevant ist, was mit den jeweiligen Datensätzen im Macht- und Einflussbereich des durch

[1837] Vgl. *Golland*, K&R 2019, 533 (536); auf das Erfordernis einer materiellen Andersartigkeit verweisend *Hacker*, Datenprivatrecht, S. 147 und S. 506.
[1838] *Radtke*, Gemeinsame Verantwortlichkeit unter der DSGVO, S. 318; *Hacker*, Datenprivatrecht, S. 147; ähnlich *Wagner*, ZD 2018, 307 (309).
[1839] Siehe *Monreal*, CR 2019, 797 (805); *Golland*, ZD 2020, 397 (400).
[1840] In diesem Zusammenhang von einer „nachwirkende[n] Verantwortung" sprechend *Monreal*, CR 2019, 797 (805); diesen Ansatz ebenfalls aufgreifend *Golland*, ZD 2020, 397 (400); *Janicki,* FS Taeger 2020, S. 215 f.

personenbezogene Daten „versorgten" Akteurs geschieht. Erfolgen die auch vom Ausgangsakteur zu verantwortenden Erhebungs- und Übermittlungsvorgänge auf der Grundlage einer Interessenabwägung, wären bereits im Rahmen des Ausgleichs der konfligierenden Rechtspositionen sämtliche Folgen und Gefährdungen der Datenverarbeitung zu berücksichtigen.[1841] Auch Datenlieferanten agieren in der Rolle eines Verantwortlichen, wenn es sich bei dem in Rede stehenden Tätigwerden um eine eigens (mit-)kontrollierte Datenübermittlung handelt. Auch im Wirkverhältnis zwischen Datenlieferanten und Datenempfängern kann die gesamte Vorgangskette datenschutzrechtlicher Regelungen und insbesondere dem Rechtfertigungserfordernis unterworfen sein. Der Befund, dass datenschutzrechtliche Verantwortlichkeiten häufig entlang der gesamten Verarbeitungskette plausibel zugewiesen werden können, ohne dass Verantwortlichkeitslücken entstünden, vermindert die Notwendigkeit einer zusätzlichen, im nationalen Recht verankerten Inanspruchnahme.

Die Notwendigkeit einer Haftung des datenschutzrechtlich nicht Verantwortlichen für Datenschutzverstöße anderer Akteure könnte ferner in Szenarien bestehen, in denen ein Akteur die bloß abstrakte Voraussetzung dafür setzt, dass ein anderer Akteur auf dieser Grundlage personenbezogene Daten Dritter (rechtswidrig) verarbeitet. Im Gegensatz zum Sachverhalt in der Rechtssache *Fashion ID*, in der alle Beteiligten wenigstens für einzelne Abschnitte der Verarbeitungskette Verantwortung tragen, beträfe die Inanspruchnahme Akteure, die die Möglichkeit einer Verarbeitung durch Dritte kausal ermöglichen, ohne dass die eigene Ermöglichungshandlung zugleich die Annahme einer eigenen (Mit-)Verantwortlichkeit rechtfertigen würde. Abseits einer datenschutzrechtlichen Eigenverantwortlichkeit könnten auf diese Weise vermehrt private Nutzer im Wege der zivilrechtlich geprägten Störerhaftung für Datenschutzverstöße in Anspruch zu nehmen sein, die im primären Einflussbereich des übergeordneten Dienstes erfolgen.[1842] Der Verpflichtete, der die Gefahr für eine Rechtsverletzung herbeigeführt oder erhöht hat, wäre in der Folge dazu verpflichtet, das ihm Mögliche und Zumutbare zu unternehmen, um eine Rechtsverletzung zu verhindern und mittelbar auf eine datenschutzkonforme Verarbeitung hinzuwirken.[1843]

Neben der im Einzelfall exakt zu bestimmenden datenschutzrechtlichen Nichtverantwortlichkeit des ermöglichenden Akteurs würde die Einbeziehung alternativer Zurechnungs- und Haftungskonzepte allerdings zusätzlich davon abhängen, ob deren Voraussetzungen im Einzelfall erfüllt wären. Aus dem Mangel an datenschutzrechtlicher Verantwortlichkeit kann nicht

---

[1841] Vgl. *Schantz*, in: Simitis/Hornung/Spiecker gen. Döhmann, DSGVO/BDSG, 2. Aufl. 2025, Art. 6 Abs. 1 Rn. 101; *Rücker/Brandt*, DB 2019, 2451 (2454).

[1842] Vgl. *Golland*, ZD 2020, 397 (400).

[1843] *Janicki*, FS Taeger 2020, S. 216.

zwangsläufig auf das Vorliegen der Voraussetzungen alternativer Konzepte geschlossen werden. Korrigierende und beschränkende Kriterien nationaler Prägung müssten berücksichtigt werden. Auch unter der Prämisse der grundsätzlichen Anwendbarkeit bedürfte es bezüglich des mittelbaren Störers eines willentlichen bzw. adäquat kausalen Beitrags zur rechtswidrigen Datenverarbeitung eines anderen Akteurs. Speziell im Kontext abstrakter Ermöglichungshandlungen fehlen subjektive Begründungselemente allerdings oftmals gänzlich. Auch ein Handeln auf Veranlassung, ohne zugleich auf der Grundlage organisatorischer Parametrierungen in die Verantwortlichenstellung zu wechseln, bedürfte einer detaillierten Begründung.

Ausgehend von der Analyse des datenschutzrechtlichen Verantwortlichkeitskonzepts ist zu konstatieren, dass aufgrund des weit gezogenen Kreises der datenschutzrechtlichen Adressaten in der Praxis kaum Verantwortlichkeitslücken verbleiben, die zum Schutz Betroffener über alternative Konzepte geschlossen werden müssten.[1844] Das datenschutzrechtliche Gesamtkonzept wird schon dem Grunde nach von der Prämisse geleitet, dass für jeden aktiv durchgeführten Verarbeitungsvorgang i.S.d. Art. 4 Nr. 2 DSGVO Verantwortlichkeiten zuzuweisen sind. Die weit überwiegende Anzahl datenschutzrelevanter Lebenssachverhalte wird durch das datenschutzrechtliche Rollenmodell bereits abgedeckt. Unter der konsequenten Zugrundelegung eines an Einfluss- und Machtsphären orientierten, abgrenzenden Zuordnungskonzepts sollten Verantwortlichkeit und Haftung auch künftig primär die administrierenden Schlüsselfiguren treffen. Den von der DSGVO adressierten Risiken eines Verstoßes gegen datenschutzrechtliche Pflichten ist zuvorderst über die direkte Inanspruchnahme des jeweils Verantwortlichen zu begegnen. Die Effektivität der Gefahrenabwehr kann auf diese Weise am direktesten erwirkt werden.

Anstatt über alternative Zurechnungs- und Haftungskonzepte vermehrt private Nutzer informationstechnischer Systeme in Anspruch zu nehmen, ist der Fokus auf die international tätigen Digitalkonzerne sowie vergleichbar wirkmächtige Entitäten zu legen. Wenngleich sich speziell Plattformbetreiber ihrem Selbstverständnis nach oftmals auf eine Intermediärfunktion beschränken, ist eine direkte Adressierung aus datenschutzrechtlicher Perspektive häufig geboten. Demgegenüber stößt das Vorgehen, einen nicht verantwortlichen Dritten als Instrument zu gebrauchen, um mittelbar gegen den tatsächlichen Herrn der Verarbeitung vorzugehen, auf gewichtige Vorbehalte.

[1844] Vgl. *Schmidt*, jurisPR-ITR 22/2019 Anm. 5; *Moos/Rothkegel*, MMR 2018, 596 (598); *Monreal*, CR 2019, 797 (805); *Moos/Rothkegel*, MMR 2018, 596 (598); *Radtke*, Gemeinsame Verantwortlichkeit unter der DSGVO, S. 321; a.A. *Janicki*, FS Taeger 2020, S. 215, der von einem defizitären Konzept der datenschutzrechtlichen Verantwortlichkeit spricht, dem weitgehende Schutzlücken immanent seien.

Durch den weiten Haftungsmaßstab des Art. 82 DSGVO wird das Bedürfnis nach einem ergänzenden Rückgriff zusätzlich gemindert. Zum Zwecke der Effektivierung des Schadensersatzanspruchs sowie der Primärverpflichtungen aus der DSGVO ist die haftungsbegründende Voraussetzung einer Beteiligung an einem Verarbeitungsvorgang als Verantwortlicher weit auszulegen.[1845] In Anbetracht dessen, dass sich die Beteiligung auch auf vor- oder nachgelagerte Verarbeitungsabschnitte erstrecken kann, können prinzipiell auch Datenlieferanten und sonstige Akteure, deren datenschutzwidriges Vorverhalten mitursächlich für den Schaden ist (Wortlaut des Art. 82 Abs. 1 DSGVO: „wegen eines Verstoßes [...] entstanden ist"), für Folgeverarbeitungen nach den DSGVO-Maßstäben haftbar gemacht werden.[1846] Die Notwendigkeit einer Abdeckung vor- und nachgelagerter Datenverarbeitungsvorgänge durch ergänzende Ansprüche nationaler Prägung wird dadurch weiter verringert.[1847]

[1845] *Frenzel*, in: Paal/Pauly, DS-GVO/BDSG, 3. Aufl. 2021, Art. 82 Rn. 13.

[1846] Siehe zu Erfordernis der Mitursächlichkeit LG München I, ZD 2022, 242 (Rn. 36); ausführlich zu der Diskussion um die Kausalität *Quaas*, in: Wolff/Brink/v. Ungern-Sternberg, BeckOK Datenschutzrecht, 52. Edition Stand: 01.05.2025, Art. 82 Rn. 26 ff.; zugleich auf die im Rahmen der Auslegung gebotenen Einschränkungen durch die Beachtung des Äquivalenz- und Effektivitätsgrundsatzes hinweisend *Boehm*, in: Simitis/Hornung/Spiecker gen. Döhmann, DSGVO/BDSG, 2. Aufl. 2025, Art. 82 Rn. 11 und 16; auf das Erfordernis einer adäquat kausalen Verursachung verweisend *Bergt*, in: Kühling/Buchner, DS-GVO/BDSG, 4. Aufl. 2024, Art. 82 Rn. 45 m.w.N.

[1847] In diesem Sinne auch *Radtke*, Gemeinsame Verantwortlichkeit unter der DSGVO, S. 321.

H. Grundstrukturen und Musterfälle künftiger Rollenzuweisungen

Die skizzierten Anpassungen und Konkretisierungen des Verantwortlichkeits- und Beteiligungskonzepts wirken verallgemeinernden Tendenzen innerhalb der Rechtsprechungspraxis entgegen und verhindern, dass die notwendige Mitbestimmung in multipolaren Verarbeitungsszenarien zur Fiktion verkommt. Anstatt datenschutzrechtliche (Mit-)Verantwortlichkeiten in extensiver Weise pauschal auf alle Beteiligten eines Sachverhalts auszudehnen und erst auf der Rechtsfolgenseite systemwidrige Pflichtenbegrenzungen vorzunehmen, ist es geboten, die bestehenden Interpretations- und Ausgestaltungsspielräume zu nutzen, um am Maßstab der aufgearbeiteten Regulierungsprinzipien und Verantwortlichkeitskriterien bereits auf der Primärebene kohärente Rollenzuteilungen zu erwirken.

Obgleich die finale Verantwortlichkeitszuordnung stets eine Einzelfallbeurteilung der jeweiligen Datenverarbeitungskonstellation erfordert, können am Maßstab des entwickelten Verantwortlichkeits- und Beteiligungskonzepts Rückschlüsse auf die Grundstrukturen zukünftiger Rollenzuweisungen gezogen werden. Die vornehmlich digitalisierten Datenverarbeitungsprozesse der gegenwärtigen Lebenswirklichkeit sind durch wiederkehrende Strukturelemente gekennzeichnet, die auf bestimmte datenschutzrechtliche Beteiligungsformen schließen lassen. Die aufgearbeiteten Regulierungsprinzipien und Verantwortlichkeitskriterien einbeziehend ergibt sich aus der Zusammenschau typischer Strukturszenarien ein gesamtheitliches Strukturmodell, das dazu beiträgt, Rollenzuweisungen im europäischen Datenschutzrecht zu plausibilisieren und bestehenden Rechtsunsicherheiten entgegenzuwirken.

I. Hervorhebung von Alleinverantwortlichkeiten

Im Rahmen der bisher vollzogenen gerichtlichen Zuordnung datenschutzrechtlicher Verantwortlichkeiten sind Alleinverantwortlichkeiten, innerhalb derer mehrere Entitäten als eigenständig Verantwortliche agieren, sie also jeweils selbst und unabhängig voneinander für die Rechtmäßigkeit ihrer jeweiligen Datenverarbeitungen bzw. der von ihnen jeweils kontrollierten Abschnitte einer Datenverarbeitung einzustehen haben, weitgehend in den Hintergrund gerückt.[1848] Dem isolierten Auftreten verantwortlicher Akteure im Verhältnis zu Dritten i.S.d. Art. 4 Nr. 10 DSGVO[1849], die in der konkreten Situation weder in der Rolle eines Betroffenen noch in der Rolle eines Verantwortlichen, eines Auftragsverarbeiters oder eines Beschäftigten agieren, kommt wenig Beachtung zu. Stattdessen werden in kausalem Bedingungszusammenhang

[1848] Dies bemängelnd *Kremer*, CR 2019, 225 (227), wonach mit der zunehmenden Fokussierung auf die Auftragsverarbeitung oder die gemeinsame Verantwortlichkeit Alleinverantwortlichkeiten allzu oft außer Acht gelassen würden; ähnlich *Arning/Rothkegel*, in: Taeger/Gabel, DSGVO/BDSG/TTDSG, 4. Aufl. 2022, Art. 4 Rn. 190.
[1849] Siehe zur rechtlichen Stellung des „Dritten“ *EDPB*, Guidelines 07/2020 (Version 2.1), Rn. 88 f.

R. A. Hagen, *Datenschutzrechtliche Rollenzuweisungen*, DuD-Fachbeiträge,
https://doi.org/10.1007/978-3-658-49718-7_8

stehende Vorgänge auch ungeachtet dessen, dass die Einflussfähigkeiten und Sachkenntnisse zwischen einzelnen Entitäten stark divergieren, vermehrt zu gemeinsamen Verantwortlichkeiten zusammengefasst. Die Einsicht, dass aus bloßen Kooperationsverhältnissen, in denen mehrere Parteien bei der Verarbeitung personenbezogener Daten zusammenwirken, nicht pauschal auf das Vorliegen einer gemeinsamen Verantwortlichkeit geschlossen werden kann, wenn die einzelnen Verarbeitungsvorgänge jeweils in eigenen, abtrennbaren Einfluss- und Verantwortungsbereichen durchgeführt werden, wird nicht hinreichend gewürdigt.[1850]

Ein an Einfluss- und Machtsphären orientierter, abgrenzender Ansatz stellt indes keinen grundsätzlichen Bruch mit der ergangenen Rechtsprechung dar. Auch im Verantwortlichkeitskonzept des EuGH findet die Differenzierung zwischen getrennten und sich überschneidenden Einflussbereichen bei der Rollenzuteilung eine Berücksichtigung. Insbesondere der Vergleich zwischen der Rechtssache *Wirtschaftsakademie Schleswig-Holstein* und der Rechtssache *Fashion ID* verdeutlicht diese Differenzierung. Während die Betreiber einer Facebook-Fanpage eine vollständig vorhandene und durch sie nur in beschränktem Ausmaß gestaltbare Infrastruktur nutzen, auf der die Differenzierung zwischen einer Datenerhebung und -übermittlung durch den Fanpage-Betreiber an Facebook und einer Erhebung und Weiterverarbeitung durch Facebook, auch bedingt durch die Konfigurationsmöglichkeiten der Fanpage-Betreiber und der gleichsam verfolgten wirtschaftlichen Interessen der beteiligten Akteure, sehr schwerfällt, unterscheidet sich die Grundstruktur der zugrundeliegenden Einflussbereiche relevant von denen in der Rechtssache *Fashion ID*. Die Rechtssache *Fashion ID* verdeutlicht, dass vor allem außerhalb von geschlossenen Plattformen plausibel zwischen verschiedenen Einfluss- und Machtsphären differenziert werden kann.[1851] Unter anderem in der Rechtssache *IAB Europe* ist ein Wiederaufgreifen dieses Ansatzes erkennbar.[1852]

Eine gesteigerte Bedeutung kommt dem abgrenzenden, an Einfluss- und Machtsphären orientierten Ansatz in Konstellationen zu, in denen (private) Nutzer und kommerziell tätige Anbieter informationstechnischer Systeme interagieren. Das in Teilen extensive Tatbestandsverständnis der Rechtsprechung erhöht das Risiko, dass Pflichten in einem Ausmaß auf Akteure übertragen werden, das in einem Missverhältnis zu deren tatsächlichen Einflussniveaus steht. In der Kombination mit der engen Auslegung des Haushaltsprivilegs und dem sehr weiten Verständnis der gemeinsamen Verantwortlichkeit wird die Gefahr von Fehladressierungen sowie von unverhältnismäßigen Inhaftungnahmen zusätzlich verstärkt.[1853] Zwar gilt im Grundsatz auch für

[1850] Vgl. *EDPB*, Guidelines 07/2020 (Version 2.1), Rn. 66; *Arning/Rothkegel*, in: Taeger/Gabel, DSGVO/BDSG/TTDSG, 4. Aufl. 2022, Art. 4 Rn. 217 m.w.N.

[1851] In diesem Sinne auch Schulz/Sommer/*Kugelmann*, PinG 2019, 241 (243).

[1852] Vgl. EuGH, Rs. C-604/22, *IAB Europe*, ECLI:EU:C:2024:214 Rn. 73.

[1853] Dazu *Chen/Edwards/Urquhart/McAuley*, International Data Privacy Law 2020 (Vol. 10, No. 4), S. 287 ff.

vornehmlich privat agierende Nutzer informationstechnischer Systeme, dass auch sie bei der Verarbeitung personenbezogener Daten anderer natürlicher Personen zu Normadressaten des Datenschutzrechts werden können,[1854] doch gilt es dem Trend entgegenzuwirken, dass strukturell untergeordnete Akteure mit stark abweichenden Sachkenntnissen und Interessen sowie geringen faktischen Einflussfähigkeiten umfassend in eine gemeinsame Verantwortung mit international tätigen Digitalkonzernen gezogen werden.[1855]

Die Präzisierung verantwortlichkeitsbegründender sowie die Akzentuierung verantwortlichkeitsbegrenzender Elemente trägt dazu bei, anstatt primär von einer Gemeinsamkeit auszugehen, getrennte Einfluss- und Verantwortungsbereiche auch im Verhältnis zu den Anbietern zu betonen und im Rahmen der Rollenzuteilung Alleinverantwortlichkeiten zu forcieren. Ergibt die Betrachtung einzelner Verarbeitungsverfahren und tatsächlicher Entscheidungsstrukturen im Einzelfall, dass abgrenzbare Einflussbereiche innerhalb eines Kooperationsverhältnisses bestehen, eignet sich das europäische Konzept der datenschutzrechtlichen Verantwortlichkeit zur Anerkennung autonomer Verarbeitungs- und Verantwortungsbereiche.[1856]

1.) Alleinverantwortlichkeiten im Verhältnis zu Auftragsverarbeitern

Ausgehend von dem an Einfluss- und Machtsphären orientierten, abgrenzenden Zuordnungsansatz sind vorweg multipolare Datenverarbeitungsszenarien herauszustellen, in denen sich die datenschutzrechtliche Alleinverantwortlichkeit im Verhältnis zu anderen (potenziell) an der Verarbeitung Beteiligten über den gesamten in Rede stehenden Verarbeitungsbereich hinweg erstreckt. Von hervorgehobener Bedeutung sind Verarbeitungskonstellationen, in denen sich das isolierte Agieren eines Akteurs in der Rolle des datenschutzrechtlich Verantwortlichen im Verhältnis zu hinzugezogenen Beteiligten auswirkt, die, ohne die Schwelle einer (Mit-)Verantwortlichkeit zu überschreiten, in der konkreten Situation als Auftragsverarbeiter i.S.d. Art. 4 Nr. 8 DSGVO tätig werden und im Verhältnis zum Verantwortlichen als Empfänger i.S.d. Art. 4 Nr. 9 DSGVO auftreten.

Gesetzt den Fall, dass ein einbezogener Akteur tatsächlich in Entsprechung der an Auftragsverarbeiter zu stellenden Voraussetzungen[1857] tätig wird, erstreckt sich die datenschutzrechtliche

---

[1854] Siehe zur Reichweite des Haushaltsprivilegs Kap. D. II. 6.) a.) bb.).

[1855] Siehe dazu *Golland*, ZD 2020, 397 (399), der noch weitgehender eine gemeinsame Verantwortlichkeit zwischen nicht unternehmerisch tätigen Nutzern und kommerziell agierenden Entitäten kategorisch ausschließt; einen anderen Ansatz verfolgend *Wagner*, ZD 2018, 307 (311 f.), der eine gemeinsame Verantwortlichkeit zwischen privaten Nutzern und Plattformbetreibern weitreichend annimmt, aber die Erfüllung der datenschutzrechtlichen Pflichten für private Nutzer begrenzen will; siehe dazu auch *Chen/Edwards/Urquhart/McAuley*, International Data Privacy Law 2020 (Vol. 10, No. 4), S. 284 ff.

[1856] *Janicki,* FS Taeger 2020, S. 207; siehe dazu auch *EDPB*, Guidelines 07/2020 (Version 2.1), Rn. 69 ff.; in diesem Sinne auch *Marosi*, (Gem-)Einsame Verantwortlichkeit im Datenschutzrecht, S. 346 ff.

[1857] Dazu Kap. D. III. 3.) b.).

Alleinverantwortlichkeit des Auftraggebers auf die der Auftragsverarbeitung unterfallenden Verarbeitungsabschnitte. Aufgrund dessen, dass dieselbe Stelle zugleich als Verantwortlicher für bestimmte Verarbeitungsvorgänge und als Auftragsverarbeiter für andere handeln kann, muss deren Qualifikation im Hinblick auf jeden spezifischen Datenverarbeitungsvorgang getrennt bewertet werden.[1858] Die tatbestandliche Abgrenzung der Beteiligungsformen hat streng am Maßstab des datenschutzrechtlichen Verantwortlichkeitstatbestandes zu erfolgen.[1859]

Die Zugrundelegung des an Einfluss- und Machtsphären orientierten, abgrenzenden Zuordnungsansatzes hat für zukünftige Rollenzuweisungen zur Folge, dass eine vorschnelle und undifferenzierte Annahme von Auftragsverarbeitungsverhältnissen nicht mehr statthaft ist. Auch formal konstruierte Auftragsverarbeitungskonstellationen, wie sie vermehrt vor Geltung der DSGVO aus Pragmatismus entworfen wurden, scheiden speziell in von Machtasymmetrien geprägten Datenverarbeitungskonstellationen, im Rahmen derer die erforderliche Weisungsgebundenheit des potenziellen Auftragsverarbeiters zur reinen Fiktion verkommt, zukünftig aus.[1860]

Die faktischen Gegebenheiten nicht hinreichend berücksichtigend, war die konstruierte Annahme von Auftragsverarbeitungsverhältnissen noch unter dem BDSG a.F. weit verbreitet. Aufgrund dessen, dass der Auftragsverarbeiter schon nach § 3 Abs. 8 S. 3 BDSG a.F. innerhalb der EU nicht als „Dritter" galt und eine Weitergabe von personenbezogenen Daten an den Auftragsverarbeiter folglich keiner gesonderten Legitimation (vgl. § 4 BDSG a.F.) bedurfte, wurde häufig der pragmatische Ansatz verfolgt, auch wirkmächtige Dienste- und Plattformanbieter, wie Google, Amazon oder Facebook, formal zu Auftragsverarbeitern zu deklarieren.[1861]

Dieser schon während der Geltung des alten Bundesdatenschutzgesetzes als europarechtswidrig kritisierten Vorgehensweise der formalen Rollenzuschreibung[1862] tritt nunmehr auch der EuGH entgegen. Am Beispiel sozialer Netzwerke wird klargestellt, dass in erster Linie der Dienstanbieter über die Zwecke und Mittel der Verarbeitung von personenbezogenen Daten der Nutzer sowie weiterer Netzwerkbesucher entscheiden.[1863] Dem imaginierten Szenario, wonach auch soziale Netzwerke wie Facebook Statistiken und Analysen streng weisungsgebunden im

[1858] Vgl. *EDPB*, Guidelines 07/2020 (Version 2.1), Rn. 82; siehe *Golland*, ZD 2020, 397 (399), der unter Verweis auf Plattformbetreiber verdeutlicht, dass sich deren datenschutzrechtliche Rollenzuschreibung im Kontext verschiedener Nutzerdaten und Verarbeitungsvorgänge unterscheiden.

[1859] Dazu Kap. D. III. 2.).

[1860] Siehe dazu *Ingold*, in: Sydow/Marsch, DS-GVO/BDSG, 3. Aufl. 2022, Art. 28 Rn. 23.

[1861] Diese Vorgehensweise schildernd *Härting/Gössling*, NJW 2018, 2523 (2524).

[1862] Kritisch etwa *Monreal*, PinG 2017, 216 (221).

[1863] EuGH [GK], Rs. C-210/16, *ULD Schleswig-Holstein/Wirtschaftsakademie Schleswig-Holstein,* ECLI:EU:C:2018:388 Rn. 30; zustimmend *Härting/Gössling*, NJW 2018, 2523 (2524).

Auftrag ihrer Nutzer erstellen und deshalb lediglich als Auftragsverarbeiter anzusehen seien, kann am Maßstab des streng funktionalen Abgrenzungskonzepts nicht mehr gefolgt werden. Im Hinblick auf die Grundstrukturen künftiger Verantwortlichkeitszuordnungen besitzt diese Feststellung zugleich Mustercharakter für eine Vielzahl weiterer Verarbeitungsszenarien, in denen selbstbestimmt agierende Akteure bislang pauschal als Auftragsverarbeiter betitelt wurden.[1864]

Auf Fiktionen fußende Rollenzuweisungen, denen zufolge wirkmächtige Digitalkonzerne personenbezogene Daten Dritter weitreichend im Auftrag ihrer Nutzer verarbeiten sollen, verkennen in der Regel die Verteilung der faktischen Entscheidungsgewalt im Verhältnis zwischen den Nutzern und den typischerweise strukturell überlegenen Diensteanbietern, die personenbezogene Daten in erheblichem Ausmaß selbstbestimmt und aus Eigeninteresse verarbeiten.[1865]

a.) Abgrenzung der Auftragsverarbeitung zu sonstigen Dienstleistungen

In Abgrenzung zu Szenarien des isolierten Agierens datenschutzrechtlich Verantwortlicher im Verhältnis zu Auftragsverarbeitern sind innerhalb des datenschutzrechtlichen Gesamtgefüges Konstellationen abzugrenzen, in denen eine Auftragsverarbeitung wegen des Fehlens einer Verarbeitung personenbezogener Daten durch den Dienstleister von vornherein ausscheidet.[1866] Gesetzt den Fall, dass das Tätigwerden eines weisungsgebundenen Dienstleisters zwar den Interessen des Verantwortlichen zugutekommt, jedoch keinen Bezug zu der konkreten, in Rede stehenden Verarbeitung personenbezogener Daten aufweist, existiert schon kein gegenständlicher Anknüpfungspunkt als konstitutive Voraussetzung der Auftragsverarbeitung.[1867] Üblicherweise agiert der Dienstleister in der konkreten Situation stattdessen als Dritter und der verantwortliche Kunde hat als Herr der Verarbeitung selbst für alle technischen und organisatorischen Datensicherungsmaßnahmen gemäß Art. 32 DSGVO Sorge zu tragen.[1868]

Bei Dienstleistungen, die im Kern nicht die Verarbeitung personenbezogener Daten betreffen, handelt es sich typischerweise um bloße Hilfstätigkeiten wie die Vernichtung von Akten und elektronischen Speichermedien, die rein technische Wartung einer IT-Infrastruktur oder die

[1864] Unter Verweis auf die bisherige Vertragspraxis vieler Cloud-Anbieter *Ingold*, in: Sydow/Marsch, DS-GVO/BDSG, 3. Aufl. 2022, Art. 28 Rn. 23.
[1865] So auch *Härting/Gössling*, NJW 2018, 2523 (2524), die die Annahme einer Auftragsverarbeitung als „lebensfremd" bezeichnen; vgl. auch *Ingold*, in: Sydow/Marsch, DS-GVO/BDSG, 3. Aufl. 2022, Art. 28 Rn. 23.
[1866] Siehe dazu *Hartung*, in: Kühling/Buchner, DS-GVO/BDSG, 4. Aufl. 2024, Art. 28 Rn. 52; *Nink*, in: Spindler/Schuster, Recht der elektronischen Medien, 4. Aufl. 2019, 3. Teil DSGVO Art. 28 Rn. 8 f.
[1867] Dazu Kap. D. III. 3.) b.) bb.) (2.).
[1868] Vgl. *Borges*, in: Borges/Hilber, BeckOK IT-Recht, 18. Edition Stand: 01.04.2025, Art. 26 DSGVO Rn. 15; vgl. *EDPB*, Guidelines 07/2020 (Version 2.1), Rn. 83.

Durchführung von Transport-, Bewachungs-, Reinigungs- und Handwerksdienstleistungen.[1869] In Ermangelung einer zielgerichteten Verarbeitung personenbezogener Daten und der bloß beiläufig oder zufällig bestehenden Zugriffsmöglichkeit auf personenbezogene Daten liegt die Annahme einer Auftragsverarbeitung in diesen Fällen fern.[1870]

Eine weitere Fallgruppe betrifft das passive Zurverfügungstellen fremder Datenverarbeitungsanlagen. Sofern technisch-organisatorisch ein Datenzugriff von vornherein ausgeschlossen ist und eine konkretisierende, zielgerichtete Einflussnahme auf bestimmte Datensätze ausscheidet, ist auch ein solches Tätigwerden ungeachtet des Bestehens eines Weisungsverhältnisses nicht unter den Begriff der Auftragsverarbeitung zu subsumieren.[1871]

Mit Blick auf die Diensteerbringung von Providern ist allgemein zu konstatieren, dass auch diese ausschließlich dann in der Rolle eines Auftragsverarbeiters agieren können, wenn sie tatsächlich personenbezogene Daten weisungsgebunden für ihre Kunden verarbeiten. Während der Host- oder Mail-Provider aufgrund der angebotenen Datenspeicherung in der Regel eine der Auftragsverarbeitung potenziell unterfallende Datenverarbeitung vornimmt, unterfällt das bloße Angebot eines Internet-Zugangsdienstes durch Access-Provider üblicherweise nicht der Auftragsverarbeitung. Aufgrund dessen, dass die Verarbeitung aus der Sicht der Auftragnehmer typischerweise keine personenbezogenen, besonders schutzbedürftigen Daten betrifft, stellen Zugangsvermittlungen, Datentransportleistungen und sonstige Fälle der bloßen Datendurchleitung Sonderkonstellationen dar, im Rahmen derer trotz des Vorliegens einer aktiven Datenverarbeitung die Begründung einer Auftragsverarbeitung nicht sachgerecht erscheint.[1872] Neben

[1869] Siehe zu dem Beispiel eines Reinigungsdienstleisters, der einen Blick auf Bildschirme oder Papierakten werfen könnte *Spoerr*, in: Wolff/Brink/v. Ungern-Sternberg, BeckOK Datenschutzrecht, 52. Edition Stand: 01.05.2025, Art. 28 Rn. 21; siehe dazu das Beispiel „Cleaning services" *EDPB*, Guidelines 07/2020 (Version 2.1), Rn. 89; unter Verweis auf Transportleistungen von Post- oder Kurierdiensten, Bewachungsdiensten sowie Reinigungs- und Handwerksdienstleistungen *Arning/Rothkegel*, in: Taeger/Gabel, DSGVO/BDSG/TTDSG, 4. Aufl. 2022, Art. 4 Rn. 258; unter Verweis auf die rein technische Wartung einer IT-Infrastruktur (z.B. Arbeiten an der Stromzufuhr, Kühlung oder Heizung) *Petri*, in: Simitis/Hornung/Spiecker gen. Döhmann, DSGVO/BDSG, 2. Aufl. 2025, Art. 28 Rn. 22 f.; ähnlich *Hartung*, in: Kühling/Buchner, DS-GVO/BDSG, 4. Aufl. 2024, Art. 28 Rn. 54; siehe zu weiteren Einzelbeispielen *Borges*, in: Borges/Hilber, BeckOK IT-Recht, 18. Edition Stand: 01.04.2025, Art. 28 DSGVO Rn. 21; siehe auch *Bayerisches Landesamt für Datenschutzaufsicht,* Auslegungshilfe „Was ist Auftragsverarbeitung und was nicht?" v. 15.05.2019, S. 2.

[1870] Siehe dazu das Beispiel „IT-consultant fixing a software bug" *EDPB*, Guidelines 07/2020 (Version 2.1), Rn. 83, wonach eine Auftragsverarbeitung mangels einer zielgerichteten Verarbeitung personenbezogener Daten und der bloß beiläufig bestehenden Zugriffsmöglichkeit fernliege; ähnlich *Borges*, in: Borges/Hilber, BeckOK IT-Recht, 18. Edition Stand: 01.04.2025, Art. 28 DSGVO Rn. 23, wonach allerdings auch die „beiläufige" Kenntnisnahme zu einer Auftragsverarbeitung führen könne; in diesem Sinne auch *Schmidt/Freund*, ZD 2017, 14 (16 f.).

[1871] Unter Verweis auf die Miete von Räumen in einem Rechenzentrum bzw. der passiven Zurverfügungstellung von Speicher- oder Rechenkapazitäten *Hartung*, in: Kühling/Buchner, DS-GVO/BDSG, 4. Aufl. 2024, Art. 28 Rn. 52 m.w.N.; siehe zum sog. „Server-Housing" *Arning/Rothkegel*, in: Taeger/Gabel, DSGVO/BDSG/TTDSG, 4. Aufl. 2022, Art. 4 Rn. 258; *Spoerr*, in: Wolff/Brink/v. Ungern-Sternberg, BeckOK Datenschutzrecht, 52. Edition Stand: 01.05.2025, Art. 28 Rn. 24b; *Nink*, in: Spindler/Schuster, Recht der elektronischen Medien, 4. Aufl. 2019, 3. Teil DSGVO Art. 28 Rn. 8.

[1872] Vgl. *Arning/Rothkegel*, in: Taeger/Gabel, DSGVO/BDSG/TTDSG, 4. Aufl. 2022, Art. 4 Rn. 260.

dem Hosting verschlüsselter Daten ist insbesondere auf den reinen Datentransport durch Dritte zu verweisen.[1873]

Gesetzt den Fall, dass der einzige Zweck und die einzige Rolle eines Telekommunikationsdienstleisters darin besteht, die Übermittlung von wirksam verschlüsselten Nachrichten zu ermöglichen, ohne zugleich die Möglichkeit zur inhaltlichen Kenntnisnahme dieser Daten sowie zur Herstellung des Personenbezuges zu haben, stellen telekommunikative Vermittlungsleistungen auch ungeachtet dessen, dass Teil-Verarbeitungsvorgänge wie das Zwischenspeichern stattfinden müssen, typischerweise weder eine Auftragsverarbeitung noch eine datenschutzrechtlich relevante Verarbeitung durch bzw. Übermittlung an einen Auftragnehmer dar.[1874] Im Hinblick auf die in der Nachricht enthaltenen personenbezogenen Daten agiert allein die Stelle in der Rolle des datenschutzrechtlich Verantwortlichen, von der die Nachricht stammt.[1875]

b.) Verbleibende Schwerpunktbereiche der Auftragsverarbeitung

Innerhalb des datenschutzrechtlichen Verantwortlichkeitsgefüges beschränkt sich der Anwendungsbereich der Auftragsverarbeitung auf hierarchisch geprägte Kooperationsverhältnisse, im Rahmen derer die ständige und vorbehaltslose Ausübung von faktischen Weisungs- und Kontrollmöglichkeiten den gesamten Bereich der nicht delegationsfähigen Entscheidungsbereiche umfasst und der beauftragte Akteur die in Rede stehende Verarbeitung personenbezogener Daten in Entsprechung dieser zumeist vertraglichen Vorgaben zugunsten des Verantwortlichen ausführt.[1876]

[1873] Siehe zum Hosting verschlüsselter Daten *Arning/Rothkegel*, in: Taeger/Gabel, DSGVO/BDSG/TTDSG, 4. Aufl. 2022, Art. 4 Rn. 260; *Hartung*, in: Kühling/Buchner, DS-GVO/BDSG, 4. Aufl. 2024, Art. 28 Rn. 52.

[1874] Vgl. *Hartung*, in: Kühling/Buchner, DS-GVO/BDSG, 4. Aufl. 2024, Art. 28 Rn. 52, der im Kontext des Datentransports mittels Telekommunikation trotz des Verweises auf Teil-Verarbeitungsvorgänge wie das Zwischenspeichern eine Auftragsverarbeitung mangels der Möglichkeit zur inhaltlichen Kenntnisnahme negiert; siehe zu Übertragungsleistungen von öffentlichen Telekommunikationsdiensten auch *Spoerr*, in: Wolff/Brink/v. Ungern-Sternberg, BeckOK Datenschutzrecht, 52. Edition Stand: 01.05.2025, Art. 28 Rn. 24h; *Arning/Rothkegel*, in: Taeger/Gabel, DSGVO/BDSG/TTDSG, 4. Aufl. 2022, Art. 4 Rn. 258 und 260; vgl. dazu das Beispiel „Telecom operators" *EDPB*, Guidelines 07/2020 (Version 2.1), Rn. 27, wonach die Anbieter solcher Dienste jedenfalls im Hinblick auf die Verarbeitung der personenbezogenen Daten, die für den Betrieb des Dienstes als solchen erforderlich sind, als Verantwortliche agieren; i.E. auch *Bayerisches Landesamt für Datenschutzaufsicht,* Auslegungshilfe „Was ist Auftragsverarbeitung und was nicht?" v. 15.05.2019, S. 2; vgl. auch *Borges*, in: Borges/Hilber, BeckOK IT-Recht, 18. Edition Stand: 01.04.2025, Art. 26 DSGVO Rn. 15 ff.; a.A. *EDPB*, Guidelines 07/2020 (Version 2.1), Rn. 40, wonach eine Auftragsverarbeitung auch im Zusammenhang mit verschlüsselten Daten anzunehmen sei.

[1875] Siehe dazu das Beispiel „Telecom operators" *EDPB*, Guidelines 07/2020 (Version 2.1), Rn. 27.

[1876] Ähnlich *Ingold*, in: Sydow/Marsch, DS-GVO/BDSG, 3. Aufl. 2022, Art. 28 Rn. 17; siehe zu Indizien der Auftragsverarbeitung *Gündel*, ZWE 2018, 429 (431); ausführliche vertragliche Vorgaben als gewichtiges Indiz für eine Auftragsverarbeitung erachtend *Hartung*, in: Kühling/Buchner, DS-GVO/BDSG, 4. Aufl. 2024, Art. 28 Rn. 46.

Diesen Vorgaben folgend bildet die Erbringung von (IT-)Dienstleistungen einen Schwerpunktbereich klassischer Auftragsverarbeitungsszenarien.[1877] Auf Auftragsverarbeiter delegierbare Handlungs- und Entscheidungsspielräume können beispielsweise im Kontext des Hosting bestehen, welches die Inanspruchnahme fremder Rechnerleistung und Speicherplatz betrifft.[1878] Unter der Voraussetzung der Möglichkeit zur inhaltlichen Kenntnisnahme unterfallen Hosting-Dienstleistungen, die sich auf die Speicherung der Daten auf den Servern des Dienstleisters beschränken, aufgrund der physischen Herrschaft des Dienstleisters über die genutzten Einrichtungen und den daraus resultierenden Einflussmöglichkeiten auf die Datenverarbeitung dem Tatbestand des Art. 4 Nr. 8 DSGVO.[1879] Der mit dem Auftragsverarbeiter korrespondierende, die Entscheidungsgewalt über die Schlüsselelemente der konkreten Verarbeitung ausübende Auftraggeber trägt wiederum die alleinige Verantwortung über die der Auftragsverarbeitung unterfallenden Verarbeitungsabschnitte.[1880]

Weitere Auftragsverarbeitungsszenarien können im Zusammenhang mit der Ausgliederung von Informationstechnik entstehen. Gesetzt den Fall, dass Datenverarbeitungsanlagen an einen Dienstleister zum Betrieb übergeben werden und der Dienstleister zugleich entsprechend der durch vertragliche Vereinbarungen fixierten Vorgaben des Auftraggebers tätig wird, ist von einer Auftragsverarbeitung auszugehen.[1881] Im Kontext der Übertragung ausgewählter Tätigkeiten und Teilprozesse der elektronischen Datenverarbeitung kann der delegationsfähige Entscheidungsspielraum beispielsweise die Überwachungs- und Wartungstätigkeiten ausgelagerter Systeme betreffen. Für den Fall, dass ein IT-Dienstleister im Rahmen des sog. „Outtasking" mit der allgemeinen Unterstützung und Wartung von IT-Systemen beauftragt wird und im Zuge dieser Support-Dienstleistung unvermeidlicherweise Zugriff auf personenbezogene Daten in den IT-Systemen erhält, agiert er so lange in der Rolle des Auftragsverarbeiters, wie er die

[1877] Siehe zu ausgewählten Einzelfällen *Spoerr*, in: Wolff/Brink/v. Ungern-Sternberg, BeckOK Datenschutzrecht, 52. Edition Stand: 01.05.2025, Art. 28 Rn. 24b-d; siehe auch *Bayerisches Landesamt für Datenschutzaufsicht*, Auslegungshilfe „Was ist Auftragsverarbeitung und was nicht?" v. 15.05.2019, S. 1.

[1878] Siehe zu der Begrifflichkeit des Hosting *Gabel/Lutz*, in: Taeger/Gabel, DSGVO/BDSG/TTDSG, 4. Aufl. 2022, Art. 28 Rn. 17.

[1879] *Gabel/Lutz*, in: Taeger/Gabel, DSGVO/BDSG/TTDSG, 4. Aufl. 2022, Art. 28 Rn. 17; *Borges*, in: Borges/Hilber, BeckOK IT-Recht, 18. Edition Stand: 01.04.2025, Art. 28 DSGVO Rn. 18 f.; siehe zu Auftragsverarbeitungskonstellationen bei klassischen Hosting-Leistungen wieder Einschaltung eines externen Rechenzentrums *Nink*, in: Spindler/Schuster, Recht der elektronischen Medien, 4. Aufl. 2019, 3. Teil DSGVO Art. 28 Rn. 9; siehe dazu das Beispiel „Hosting services" *EDPB*, Guidelines 07/2020 (Version 2.1), Rn. 40, wonach eine Auftragsverarbeitung jedoch auch im Zusammenhang mit verschlüsselten Daten anzunehmen sei; siehe zu dem Fall der Publikation von User Generated Contend unter Zuhilfenahme der technischen Infrastruktur eines Host-Providers, der keinen Einfluss darauf nimmt, welche Inhalte eingestellt werden und kein eigens Interesse daran hat, bestimmte Datensätze zu erhalten *Golland*, Datenverarbeitung in sozialen Netzwerken, S. 151.

[1880] Mit weiteren Beispielen *Härting*, ITRB 2018, 167 (168).

[1881] *Gabel/Lutz*, in: Taeger/Gabel, DSGVO/BDSG/TTDSG, 4. Aufl. 2022, Art. 28 Rn. 17.

Dienstleistung als fremdbestimmte Tätigkeit zur Erreichung der Zwecke des Auftraggebers technisch ausführt.[1882]

Neben der technischen Durchführung praktischer Datenverarbeitungsvorgänge umfasst der Anwendungsbereich der Auftragsverarbeitung auch weiter gefasste Outsourcing-Szenarien, die die Auslagerung von Geschäftsprozessen betreffen, den Erhalt identifizierbarer Kundendaten auf der eigenen Software- und IT-Infrastruktur beinhalten und deren Ausführung nach den Weisungen des auslagernden Unternehmens erfolgt.[1883] Solange die Art und Weise der Verarbeitungsdurchführung im Wesentlichen klar und genau festgelegt ist, kann beispielsweise die Übertragung der Lohn- und Gehaltsabrechnungsverwaltung auf ein anderes Unternehmen,[1884] das weisungsgebundene Tätigwerden von Markt- und Meinungsforschungsinstituten,[1885] die Ausführung von durch den Aufraggeber vorkonzipierten klinischen Studien[1886] sowie die Auslagerung einer Kundenbetreuung an ein Callcenter[1887] dem Tatbestand der Auftragsverarbeitung unterfallen.

Aufgrund der Komplexität und Vielfalt individueller Inanspruchnahmen verbieten sich jedoch auch im Hinblick auf die genannten Beispiele pauschale Rollenzuweisungen. Vor allem im Kontext der Übertragung zentraler Unternehmensfunktionen muss im Einzelfall präzise betrachtet werden, ob nicht delegierbare Elemente von der Auslagerung betroffen sind. Während die schwerpunktmäßige Unterstützung bei der Datenverarbeitung in der Regel der Auftragsverarbeitung unterfällt, lässt sich die selbstständige Erbringung von Fachleistungen aufgrund von ausgeweiteten Gestaltungs- und Entscheidungsspielräumen typischerweise nicht mehr unter den Tatbestand des Art. 4 Nr. 8 DSGVO subsumieren.[1888]

[1882] Vgl. *Petri*, in: Simitis/Hornung/Spiecker gen. Döhmann, DSGVO/BDSG, 2. Aufl. 2025, Art. 28 Rn. 23; siehe zu Überwachungs- und Wartungstätigkeiten als Varianten des sog. „Outtasking" *Gabel/Lutz*, in: Taeger/Gabel, DSGVO/BDSG/TTDSG, 4. Aufl. 2022, Art. 28 Rn. 17; *Ingold*, in: Sydow/Marsch, DS-GVO/BDSG, 3. Aufl. 2022, Art. 28 Rn. 20; *Schmidt/Freund*, ZD 2017, 14 (17); siehe dazu das Beispiel „General IT support" *EDPB*, Guidelines 07/2020 (Version 2.1), Rn. 83; siehe demgegenüber auch das Beispiel „IT-consultant fixing a software bug" *EDPB*, Guidelines 07/2020 (Version 2.1), Rn. 83, in dem eine Auftragsverarbeitung mangels einer zielgerichteten Verarbeitung personenbezogener Daten und der bloß beiläufig bestehenden Zugriffsmöglichkeit fernliegt; a.A. *Bayerisches Landesamt für Datenschutzaufsicht,* Auslegungshilfe „Was ist Auftragsverarbeitung und was nicht?" v. 15.05.2019, S. 2, wonach eine Auftragsverarbeitung bereits dann anzunehmen sei, wenn ein Datenzugriff nicht vollends auszuschließen sei.

[1883] *Gabel/Lutz*, in: Taeger/Gabel, DSGVO/BDSG/TTDSG, 4. Aufl. 2022, Art. 28 Rn. 22.

[1884] Siehe zu der Übertragung der Lohn- und Gehaltsabrechnungsverwaltung auf ein anderes Unternehmen das Beispiel „Payroll administration" *EDPB*, Guidelines 07/2020 (Version 2.1), Rn. 40.

[1885] Siehe dazu das Beispiel „Market research 1" *EDPB*, Guidelines 07/2020 (Version 2.1), Rn. 45; siehe ergänzend zu dem selbstbestimmten Tätigwerden von Marktforschungsagenturen das Beispiel „Market research 2" *EDPB*, Guidelines 07/2020 (Version 2.1), Rn. 45.

[1886] Siehe dazu das Beispiel „Clinical Trials" *EDPB*, Guidelines 07/2020 (Version 2.1), Rn. 68.

[1887] Siehe zu Auslagerung einer Kundenbetreuung an ein Callcenter das Beispiel „Call centre" *EDPB*, Guidelines 07/2020 (Version 2.1), Rn. 41; in diesem Sinne auch das weitere Beispiel „Call centre" *EDPB*, Guidelines 07/2020 (Version 2.1), Rn. 83; siehe auch *Härting*, ITRB 2018, 167 (168); *Ingold*, in: Sydow/Marsch, DS-GVO/BDSG, 3. Aufl. 2022, Art. 28 Rn. 21.

[1888] Vgl. *DSK,* Kurzpapier Nr. 13, S. 4; siehe auch *Bayerisches Landesamt für Datenschutzaufsicht,* Auslegungshilfe „Was ist Auftragsverarbeitung und was nicht?" v. 15.05.2019, S. 2; unter Verweis auf die vollständige

Ein besonders praxisrelevantes Anwendungsfeld der Auftragsverarbeitung ist das Cloud Computing.[1889] Im Unterschied zu klassischen Outsourcing-Szenarien zeichnet sich das Cloud Computing durch die bedarfsorientierte Nutzung von Software- und Hardwareressourcen mit Hilfe vernetzter Rechenzentren aus.[1890] Kennzeichnend ist die Virtualisierung der Prozessabläufe. Die Bereitstellung von Hardware-, Software-, Speicher- und Netzwerkkomponenten auf einer virtuellen Ebene bedingt eine Abstraktion physischer IT-Ressourcen und führt im Rahmen der Nutzung zu einer Auflösung der räumlichen Bindung von Daten und deren Verarbeitungsorten.[1891]

Für die Begründung von Auftragsverarbeitungsverhältnissen im Rahmen des Cloud Computing ist zunächst entscheidend, dass mit dem Überschreiten der Grenze einer aktiven Verarbeitung personenbezogener Daten ein gegenständlicher Anknüpfungspunkt für die Stellung der Cloud-Dienstleister als Auftragsverarbeiter vorliegt. Nur unter der Voraussetzung, dass der Dienstleister für eine entsprechende Leistungserbringung Speicherungen vornimmt bzw. Sicherungskopien erstellt, den Serverbetrieb übernimmt und die Datenverarbeitung unverschlüsselt auf der entsprechenden Infrastruktur des Anbieters stattfindet, kommt eine Auftragsverarbeitung in Betracht.[1892] Gesetzt den Fall, dass der Auftragnehmer eine in bestimmter Art und Weise vorab ausgestaltete, standardisierte Dienstleistung anbietet, muss dem Auftraggeber auch im Bereich des Cloud Computing die faktische Entscheidungsgewalt zukommen, über das Stattfinden der Verarbeitung aktiv zu disponieren, diese zu genehmigen und erforderlichenfalls Änderungen in der Art und Weise der Durchführung zu veranlassen. Während es allein dem Auftraggeber obliegt, über eigene Anweisungen Speicherfristen festzulegen oder die Löschung von Daten zu

Auslagerung einer Personaldatenverwaltung *Ingold*, in: Sydow/Marsch, DS-GVO/BDSG, 3. Aufl. 2022, Art. 28 Rn. 22.

[1889] *Gabel/Lutz*, in: Taeger/Gabel, DSGVO/BDSG/TTDSG, 4. Aufl. 2022, Art. 28 Rn. 22; *Bayerisches Landesamt für Datenschutzaufsicht,* Auslegungshilfe „Was ist Auftragsverarbeitung und was nicht?“ v. 15.05.2019, S. 2; *Härting*, ITRB 2018, 167 (168); siehe zur Auftragsverarbeitung im Cloud Computing-Kontext *Koglin*, in: Koreng/Lachenmann, DatenschutzR-FormHdB, 4. Aufl. 2025, Kap. G. VI. 1. Anm. 6; beispielhaft zu Cloud-Speicherdiensten *EDPB*, Guidelines 07/2020 (Version 2.1), Rn. 30; siehe zum Cloud Computing sowie zu Outsourcing-Konstellationen auch *Thalhofer/Żdanowiecki*, in: Auer-Reinsdorff/Conrad, IT- und Datenschutzrecht, 3. Aufl. 2019, Teil C. § 19 Rn. 150 ff.; *Roßnagel*, ZD 2020, 296 (301); siehe zu Auftragsverarbeitungskonstellationen im Software as a Service-Kontext *Heydn*, MMR 2020, 435; *Spoerr*, in: Wolff/Brink/v. Ungern-Sternberg, BeckOK Datenschutzrecht, 52. Edition Stand: 01.05.2025, Art. 28 Rn. 24c f.

[1890] Siehe zunächst zu der Begrifflichkeit des Cloud Computing *Gabel/Lutz*, in: Taeger/Gabel, DSGVO/BDSG/TTDSG, 4. Aufl. 2022, Art. 28 Rn. 22.

[1891] Vgl. *Gabel/Lutz*, in: Taeger/Gabel, DSGVO/BDSG/TTDSG, 4. Aufl. 2022, Art. 28 Rn. 22; *Härting*, ITRB 2018, 167 (168); siehe dazu das Beispiel „standardised cloud storage service“ *EDPB*, Guidelines 07/2020 (Version 2.1), Rn. 30; siehe zu standardisierten Dienstleistungen, wie Messaging-Diensten, Videokonferenzen, der Speicherung von Dokumenten, der Kalenderverwaltung oder der Textverarbeitung das Beispiel „Cloud service provider" *EDPB*, Guidelines 07/2020 (Version 2.1), Rn. 84.*Bayerisches Landesamt für Datenschutzaufsicht,* Auslegungshilfe „Was ist Auftragsverarbeitung und was nicht?“ v. 15.05.2019, S. 1.

[1892] Siehe dazu *Hartung*, in: Kühling/Buchner, DS-GVO/BDSG, 4. Aufl. 2024, Art. 28 Rn. 52 m.w.N.

veranlassen, ist es dem Auftragsverarbeiter nicht gestattet, wesentliche Verarbeitungsverfahren zu einem späteren Zeitpunkt und ohne Zustimmung des Verantwortlichen abzuändern.[1893]
Hinsichtlich der Bereitstellung sonstiger externer Webanalyse-Tools und -Services ist in gleicher Weise zu berücksichtigen, dass auch dieses Tätigwerden nur dann als Auftragsverarbeitung erfolgen kann, wenn die personenbezogenen Daten Dritter vom Anbieter tatsächlich in Entsprechung der (vertraglichen) Vorgaben zugunsten des Verantwortlichen verarbeitet werden und die Kontrolle über die Schlüsselelemente der Verarbeitung gänzlich bei dem den Drittinhalt nutzenden bzw. einbindenden Akteur verbleibt.[1894]

2.) Szenarien autonomer Einfluss- und Verantwortungsbereiche entlang von Verarbeitungsketten

Abseits der im Verhältnis zu Auftragsverarbeitern bestehenden Alleinverantwortlichkeiten liegt es speziell im Kontext von Datenverarbeitungen, die chronologisch entlang von Ketten erfolgen, nahe, anstatt von einer gemeinsamen Verantwortlichkeit auszugehen, separierte Datenverarbeitungsvorgänge mit Übermittlungen derselben Daten oder desselben Datensatzes zwischen mehreren eigenständig Verantwortlichen zu erwägen und vermehrt in Betracht zu ziehen, die Verantwortlichkeit entlang des gesamten Prozesses auf eine dominierende Stelle zu konzentrieren.[1895] Sobald eine Stelle allein und im Eigeninteresse über die Schlüsselelemente von vor- oder nachgelagerten Verarbeitungsvorgängen entscheidet, die entlang einer partiell auch durch andere Stellen beeinflussten Verarbeitungskette ablaufen, ist diese Stelle als eigenständig Verantwortlicher im Hinblick auf die abtrennbaren Abschnitte zu betrachten.[1896] In der Folge können entlang einer Verarbeitungskette aufeinanderfolgende unabhängige Verantwortlichkeiten vorliegen, im Rahmen derer jeder der Beteiligten für die eigens kontrollierten Verarbeitungsabschnitte einzustehen hat und ein etwaiger Austausch der personenbezogenen Daten ohne eine gemeinsam festgelegte Zweck- und Mittelgrundlage erfolgt.[1897]
Die Erkenntnisse aus der problemorientierten Aufarbeitung der EuGH-Rechtsprechung leisten einen direkten Beitrag dazu, sinnvoll abtrennbare Einfluss- und Verantwortungsbereiche aufzufinden, Alleinverantwortlichkeiten zu akzentuieren und ein restriktiveres Verständnis des

---

[1893] Siehe dazu das Beispiel „Cloud service provider" *EDPB*, Guidelines 07/2020 (Version 2.1), Rn. 84; *EDPB*, Guidelines 07/2020 (Version 2.1), Rn. 30.
[1894] *Kremer*, CR 2019, 676 (681); *Gabel/Lutz*, in: Taeger/Gabel, DSGVO/BDSG/TTDSG, 4. Aufl. 2022, Art. 28 Rn. 21 m.w.N.; *Ingold*, in: Sydow/Marsch, DS-GVO/BDSG, 3. Aufl. 2022, Art. 28 Rn. 23.
[1895] Vgl. *EDPB*, Guidelines 07/2020 (Version 2.1), Rn. 70; *Art.-29-Datenschutzgruppe*, WP 169, S. 24; in diesem Sinne auch *Golland*, Datenverarbeitung in sozialen Netzwerken, S. 127; *Lee/Cross*, MMR 2019, 559 (562); *Kramer/Schmidt*, ZD 2020, 194 (196).
[1896] In diesem Sinne auch *Arning/Rothkegel*, in: Taeger/Gabel, DSGVO/BDSG/TTDSG, 4. Aufl. 2022, Art. 4 Rn. 190; *Lee/Cross*, MMR 2019, 559 (562); siehe auch *EDPB*, Guidelines 07/2020 (Version 2.1), Rn. 70.
[1897] Vgl. *EDPB*, Guidelines 07/2020 (Version 2.1), Rn. 70 und 72.

Rechtsinstituts der gemeinsamen Verantwortlichkeit zu forcieren.[1898] Sowohl die Differenzierung zwischen konkreten Initiierungs- und abstrakten Ermöglichungshandlungen, die erforderliche Signifikanz und Verbindlichkeit technischer und organisatorischer Parametrierungen sowie die Einbeziehung verantwortlichkeitsbegrenzender Elemente tragen dazu bei, Rückschlüsse auf wiederkehrende Grundstrukturen bei der datenschutzrechtlichen Rollenzuteilung zu ziehen und die rechtssichere Zuweisung datenschutzrechtlicher Verantwortlichkeiten auch in multipolaren Verarbeitungsszenarien zu gewährleisten. Ausgehend von den entwickelten Grundsätzen und Verantwortlichkeitskriterien können beispielhaft repräsentative Datenverarbeitungsprozesse in den Blick genommen werden, um die Verantwortlichkeitszuordnung anhand von Beispielen aufzuzeigen.

a.) Autonome Verantwortungsbereiche im Kontext initiierender Handlungen und ausgelöster Vorgänge

In bestimmten Sachverhaltskonstellationen können Verarbeitungsstrukturen vorliegen, in denen es vorzugswürdig ist, die Alleinverantwortlichkeit für einen Verarbeitungsabschnitt dem Akteur zuzuordnen, der Datenverarbeitungsvorgänge auslöst bzw. veranlasst und ablaufen lässt. Unter den Voraussetzungen, dass personenbezogene Daten entlang einer Verarbeitungskette verarbeitet werden, ein konkretisierbarer Verarbeitungsvorgang maßgeblich durch einen Ausgangsakteur bewusst und im Eigeninteresse ausgelöst wird und etwaige weitere Akteure erst im Fortgang der Verarbeitungskette hinzutreten, kann die Annahme autonomer Einfluss- und Verantwortungsbereiche im Hinblick auf die der Initiierung unmittelbar nachfolgenden Verarbeitungsvorgänge plausibel begründet werden.[1899]

Während auf die der Veranlassung nachfolgenden Verarbeitungsvorgänge auch durch die Initiierungshandlung ein verantwortlichkeitsbegründender Einfluss ausgeübt werden kann, erstreckt sich die Entscheidungsgewalt indes nicht zwangsläufig auch auf zeitlich und räumlich nachgelagerte Vorgänge entlang der ausgelösten Verarbeitungskette, wie etwa Datenanalysen oder Profilbildungen, die im Schwerpunkt durch eine hinzutretende Stelle administriert werden. Das Dazwischentreten Dritter bedingt in der Regel einen Verantwortlichkeitswechsel.[1900]

[1898] A.A. *Radtke*, Gemeinsame Verantwortlichkeit unter der DSGVO, S. 171, der sich anstatt für eine Hervorhebung von Alleinverantwortlichkeiten für eine in ihren Tatbestandsvoraussetzungen weit auszulegenden Rechtsfigur der gemeinsamen Verantwortlichkeit ausspricht.

[1899] In diesem Sinne auch *Arning/Rothkegel*, in: Taeger/Gabel, DSGVO/BDSG/TTDSG, 4. Aufl. 2022, Art. 4 Rn. 220.

[1900] Dazu Kap. G. II. 1.).

aa.) Selbstständig ausgelöste Vorgänge im Kontext von IoT-Anwendungen

Die schwerpunktmäßige Kontrolle über bestimmte Verarbeitungsabschnitte kann im Kontext des Gebrauchs von IoT-Anwendungen in begrenzten Einzelfällen auch bei dem primär Nutzungsberechtigten liegen. Verarbeitungsszenarien, in denen der Nutzer die administrierende Rolle einnimmt, kommen in Betracht, wenn durch die Einbindung eines IoT-Geräts personenbezogene Daten von Personen erhoben werden, mit denen der Anbieter selbst in keinem unmittelbaren Nutzungsverhältnis steht. Die Verarbeitung kann beispielsweise Daten von Besuchern oder Familienangehörigen betreffen. Eine eigene Kontrollmöglichkeit des Nutzers über die konkrete Erhebung kann daraus erwachsen, dass er durch die Platzierung des Geräts oder dessen Überlassung auf eine Erhebung aktiv hinwirkt.[1901] Durch die selbstbestimmte Entscheidung, wann, wo und zu welchem Zweck die Integration in die eigene Lebensumgebung erfolgt, kann der Geräteinhaber signifikant die Erhebung der personenbezogenen Daten beeinflussen. Auch die finale Entscheidung hinsichtlich des Stattfindens der Verarbeitung kann dem Geräteinhaber obliegen.

Die Annahme des Sonderfalls einer zuvorderst durch den Nutzer eines informationstechnischen Systems kontrollierten Datenerhebung und -übermittlung[1902] ist besonders naheliegend, wenn die personenbezogenen Daten nach der Erhebung zunächst in einem Zwischenspeicher des integrierten Geräts hinterlegt werden und erst nach der Nennung eines Aktivierungswortes oder einer anderweitigen Freigabe an den Anbieter des informationstechnischen Systems übermittelt werden. Vereinzelt können auf diese Weise Konstellationen entstehen, in denen eine strenge Trennung der Einfluss- und Verantwortungsbereiche schlüssig begründet werden kann und eine Alleinverantwortlichkeit des Eigentümers oder jedenfalls des unmittelbaren Nutzers des IoT-Produkts sachgerecht erscheint.[1903]

Am Beispiel des Amazon Echo-Lautsprechers lässt sich diese Datenverarbeitungsstruktur veranschaulichen. Der mit dem WLAN-Netz verbundene Lautsprecher ist in der Weise konzipiert, dass im Bereitschaftsmodus die empfangene Sprache zunächst nur geräteintern verarbeitet wird. Das Sprachassistenzsystem „Alexa" ist in der Form im Frontend integriert, dass eine Verbindung zwischen dem vernetzten Lautsprecher (Amazon Echo) und der Alexa-Cloud erst dann hergestellt wird, wenn der Nutzer ein Aktivierungswort ausspricht oder durch Drücken der

[1901] Vgl. *Hacker*, Datenprivatrecht, S. 146; siehe auch *Schwenke*, Private Nutzung von Smartglasses im öffentlichen Raum, S. 166 und 210, der die Nutzer von Smartglasses im Hinblick auf die Videoüberwachung als verantwortliche Stellen einordnet, da sie personenbezogene Daten für sich selbst erheben, verarbeiten oder nutzen.

[1902] Ausführlich zu dem Grenzfall zwischen einer Datenerhebung durch einen Drittanbieter und einer vorrangig durch den Nutzer kontrollierten Erhebung und Übermittlung an ein Drittunternehmen Kap. F. I. 2.) f.) bb.).

[1903] Siehe dazu auch *Skistims*, Smart Homes, S. 378 f., der von einer Eigenverantwortlichkeit der Nutzer von Smart Home-Anwendungen ausgeht, wenn diese die Sensorik eines technischen Systems gezielt einsetzen oder auf gespeicherte Inhalte zugreifen, um sie in eigengenutzte Speichermedien abzulegen.

Aktionstaste auf der Oberseite des Geräts die eigentliche Sprachsteuerung einleitet. Im Fortgang der initiierten Verarbeitungskette werden die im Raum gesprochenen Worte, die auch Dritte betreffen können, sodann über das Internet zum Hersteller übermittelt und die personenbezogenen Daten in dessen primärer Einflusssphäre analysiert.[1904]

Aus Legitimationsgesichtspunkten ist es im Kontext dieser Datenverarbeitungsstrukturen schlüssig, den Geräteinhaber, der initiativ die administrierende Stellung innehat, zum Adressaten der datenschutzrechtlichen Pflichten zu machen, die im Zusammenhang mit der Erhebung und Übermittlung der personenbezogenen Daten stehen. Zudem ist eine solche Verantwortungszuweisung auch unter Effektivitätsgesichtspunkten plausibel. Im Gegensatz zu den schwer greifbaren IT-Unternehmen, sind es in der Regel die Geräteinhaber der informationstechnischen Systeme, die in der Rolle des *least cost avoiders*[1905] durch die Beendigung der Systemnutzung die Datenerhebung und -übermittlung unmittelbar stoppen können.[1906] Aus der Verantwortlichenstellung des Geräteinhabers erwächst eine direkte Anreizwirkung zum sorgsamen Umgang mit personenbezogenen Daten Dritter im Zusammenhang mit der Nutzung vernetzter Gegenstände.[1907]

bb.) Initiierung von Datenverarbeitungsvorgängen durch Einbindung von Softwarecodes

Eine an autonomen Einfluss- und Verantwortungsbereichen orientierte Rollenzuweisung kann auch im Kontext einer aktiven sowie im Eigeninteresse durchgeführten Einbindung von Softwarecodes in die eigene Webpräsenz zu einer Begründung von Alleinverantwortlichkeiten führen. Naheliegend ist die Zugrundelegung getrennter Einfluss- und Verantwortungsbereiche in Szenarien, in denen die implementierten Drittinhalte von vornherein technisch in der Form ausgestaltet sind, dass ausschließlich der den Softwarecode nutzende Akteur die erhobenen Daten erhält. Erfolgt der Betrieb von Plugins oder Webseiten-Analyse-Tools ausschließlich auf eigenen Servern und ohne Zugriffsmöglichkeit des Anbieters, verbleibt die datenschutzrechtliche Alleinverantwortlichkeit bei dem Betreiber der Webpräsenz.[1908]

Unter der Bedingung, dass die personenbezogenen Daten infolge der durch den Softwarecode bedingten Erhebung auf der Webpräsenz des Nutzers an die Anbieter des Drittinhalts gelangen,

---

[1904] Zur technischen Funktionsweise des Sprachassistenzsystems „Alexa“ *WD*, Zulässigkeit der Transkribierung und Auswertung von Mitschnitten der Sprachsoftware "Alexa" durch Amazon, S. 4 f.; siehe zum technologischen Hintergrund vertiefend *EDPB*, Guidelines 02/2021, S. 7 f.

[1905] *Hacker*, Datenprivatrecht, S. 146.

[1906] Vgl. *Wagner*, ZD 2018, 307 (311).

[1907] Vgl. *Hacker*, Datenprivatrecht, S. 146.

[1908] Unter Verweis auf den Betrieb des Analyse-Tools „Matomo“ auf den eigenen Servern *Kremer*, CR 2019, 676 (681); siehe zum Einsatz des lokalen Dienstes Matomo *Lachenmann*, in: Koreng/Lachenmann, DatenschutzR-FormHdB, 4. Aufl. 2025, Kap. F. I. 5. Anm. 4.

fällt die Akzentuierung autonomer Einfluss- und Verantwortungsbereiche und die Rollenzuteilung für den ersten Verarbeitungsabschnitt indes schwerer. Zwar verdeutlicht die Urteilsanalyse, dass auch aus der Zurverfügungstellung informationstechnischer Systeme (Mit-)Verantwortlichkeiten für die Anbieter erwachsen können, wenn diese die Erhebung der Daten administrieren, doch betrifft speziell die Einbindung von Plugins, wie dem Facebook-Like-Button, ein Spezialszenario des anlassunabhängigen Datentransfers, in dem die Einflussnahmefähigkeiten der Softwareanbieter eng begrenzt sind und eine schwerpunktmäßig durch den Nutzer kontrollierte Datenübermittlung angenommen werden kann.

Um Interaktionshandlungen der Nutzer einer Webseite auf das soziale Netzwerk zu übertragen, nehmen derartige Social Plugins zum Zeitpunkt des Seitenaufrufs automatisch eine Verbindung zu den Servern des sozialen Netzwerks auf und übersenden personenbezogene Daten der Nutzer automatisiert und unabhängig davon, ob der Nutzer mit dem Plugin interagiert. Sollte dem den Softwarecode einbindenden Akteur die finale Entscheidung darüber obliegen, unter welchen örtlichen und zeitlichen Rahmenbedingungen der konkrete Drittinhalt in die eigene Webpräsenz eingebunden wird, stellt diese Einflussfähigkeit ein gewichtiges Indiz für das Vorliegen einer vorrangig durch ihn kontrollierten Datenerhebung und -übermittlung an ein Drittunternehmen dar. Dem den Drittinhalt nutzenden Akteur steht es darüber hinaus frei, den Softwarecode zu entfernen oder eine Datenverarbeitung erst nach einer ausdrücklichen Aktivierung durch die betroffene Person zuzulassen.[1909]

Am eindringlichsten rückt ein Handeln des den Drittinhalt nutzenden Akteurs in der Rolle des Alleinverantwortlichen für die Vorgänge der Erhebung und Übermittlung in den Vordergrund, wenn sich bereits die Interessanlagen der Beteiligten diametral gegenüberstehen. Unter der Voraussetzung, dass der Drittinhalt für eine vorschriftswidrige Datenverarbeitung genutzt wird, kann nur schwerlich begründet werden, dass sich das subjektive Element des Anbieters überhaupt noch auf den Zweck der Verarbeitung erstreckt.[1910]

Sowohl unter Legitimations- als auch Effektivitätsgesichtspunkten kann es in diesen Sondersituationen sachgerecht sein, die Verantwortung für die initiale Erhebung sowie Übermittlung allein dem Akteur zuzuordnen, der die automatisiert ablaufenden Verarbeitungsvorgänge direkt aktiv und selbstbestimmt auslöst. Auch in diesem Verarbeitungskontext sind es die die Drittinhalte einbindenden Akteure, die durch die Beendigung der Systemnutzung die Datenerhebung und -übermittlung an die Anbieter unmittelbar stoppen können. Aufgrund des Umstandes, dass die Einstandspflicht des Webseiteninhabers zunächst auf die durch ihn unmittelbar ausgelösten

[1909] Vgl. *Nebel*, FS Roßnagel 2020, S. 351.
[1910] Vgl. zum subjektiven Element *Lurtz/Schindler,* VuR 2019, 471 (475).

Vorgänge begrenzt ist, wird er auch nicht über Gebühr beansprucht. Die direkte Adressierung der Softwarenutzer erweckt deren Aufmerksamkeit für einen verantwortungsvolleren Gebrauch vergleichbarer Drittinhalte und verlangt von Ihnen eine eingehendere Befassung mit der Wirkweise der Drittinhalte und deren Gefährdungen für die Rechte und Freiheiten anderer Personen.

cc.) Eingabe von Daten in Web 2.0-Anwendungen

Im Umfeld von Plattformdiensten aus dem Web 2.0-Kontext fällt es allgemein schwerer, autonome Einfluss- und Verantwortlichkeitsbereiche zwischen Nutzern und Anbietern voneinander abzugrenzen. Während Alleinverantwortlichkeiten im Verhältnis zu streng weisungsgebunden agierenden Plattformanbieter bestehen, obliegt speziell den Anbietern sozialer Netzwerke in der Regel die übergeordnete und gestaltende Einflussnahme auf die Verarbeitungsmodalitäten. Neben der Bereitstellung einer technischen Infrastruktur[1911], die es den Nutzern und anderen Akteuren erlaubt, personenbezogene Daten in das System einzubringen, betreffen die Festlegungen auch die Art und Menge der zu erhebenden Daten der Nutzer, die durch den Anbieter je nach Ausgestaltung der Plattform beeinflusst werden kann.[1912] Die Aktivierung und Deaktivierung einzelner Funktionalitäten der Plattform obliegt im Wesentlichen dem Anbieter. Mit der Verarbeitung der personenbezogenen Daten der Nutzer verfolgt der Anbieter zugleich mehrere Zwecke. Während die Verarbeitungen zuvorderst von der Intention geleitet sind, die Plattform bereitzustellen und zu betreiben, wird für gewöhnlich auch der Zweck verfolgt, die anfallenden Daten der Nutzer für personalisierte Werbung wirtschaftlich zu verwerten.[1913]
Die bedeutende Stellung der Anbieter darf indes nicht darüber hinwegtäuschen, dass auch die Nutzer der Plattformen und sonstiger Infrastrukturumgebungen in den Fokus der datenschutzrechtlichen Verantwortlichkeit geraten, wenn sie als eigenständig handelnde Akteure auf die Weise hinzutreten, dass sie eigene Profilseiten betreiben oder die bereitgestellte Infrastruktur dafür nutzen, um selbst Daten anderer registrierter Nutzer oder Daten Dritter bereitzustellen. Unter der Voraussetzung, dass personenbezogene Daten Dritter von den Nutzern eigenständig und zum Zwecke der Kommunikation oder Selbstdarstellung auf eine Infrastrukturumgebung geladen werden, nehmen auch sie eine hervorgehobene Stellung ein. Innerhalb des ersten Verarbeitungsabschnitts entscheidet zunächst primär der die Daten eingebende Nutzer über die mit der Eingabe verfolgten Zwecke und die durch den Anbieter zur Verfügung gestellten Verarbeitungsmittel. Der Betreiber einer Plattform kann die ihm übermittelten nutzergenerierten Daten

[1911] Teil der technischen Infrastruktur können auch Verwaltungsoptionen zum Zugriff und Löschen auf der Plattform sowie Sicherungsprozesse und Back-ups für Daten sein, vgl. *Nebel*, FS Roßnagel 2020, S. 343.
[1912] Vgl. *Wagner*, ZD 2018, 307 (310).
[1913] Vgl. *Nebel*, FS Roßnagel 2020, S. 343.

und Inhalte wiederum nur eingeschränkt und allenfalls auf einer abstrahierten Ebene beeinflussen.[1914] Im Hinblick auf das Teilstück der Erhebung sowie Übermittlung können autonome Einfluss- und Verantwortungsbereiche auch in Verarbeitungskonstellationen betont werden, in denen Verarbeitungsketten dadurch ausgelöst werden, dass personenbezogene Daten Dritter durch den Nutzer einem auf den wechselseitigen Austausch von Informationen ausgelegten Plattformdienst zugeführt werden.

Während der Anbieter der technischen Infrastruktur keinen Einfluss darauf hat, welche Inhalte durch den agierenden Akteur eingestellt werden, kann der Nutzer die volle verantwortlichkeitsbegründende Kontrolle über die Inhalte ausüben, wenn er unabhängig darüber entscheiden kann, ob, wann und welche personenbezogenen Daten Dritter er in ein System zum Datentransport eingibt bzw. lädt.[1915] Der Umstand, dass speziell die Betreiber sozialer Netzwerke mit der nachgelagerten Verwertung der eingegebenen Daten eigene Zwecke verfolgen, ändern daran nichts.[1916]

Unter Legitimationsgesichtspunkten ist es nachvollziehbar, den die Daten eingebenden Akteur für die erste Phase der Bereitstellung der Daten zum alleinigen Adressaten der datenschutzrechtlichen Pflichten zu machen. Diese Verantwortungszuweisung ist auch unter Effektivitätsgesichtspunkten vorzugswürdig. Hinsichtlich der Vermeidung einer datenschutzrechtswidrigen Bereitstellung der personenbezogenen Daten ist der Nutzer der *least cost avoider*.[1917] Aus der Stellung als datenschutzrechtlich Verantwortlicher erwächst für die Nutzer eine Anreizwirkung zum sorgsamen Umgang mit personenbezogenen Daten Dritter in sozialen Netzwerken.[1918]

b.) Autonome Verantwortungsbereiche bei Folgeverarbeitungen im Machtbereich- und Zugriffsbereich einer nachfolgenden Entität

Eine weitreichende Hervorhebung autonomer Einfluss- und Verantwortungsbereiche kommt im Hinblick auf zeitlich und räumlich nachgelagerte Vorgänge entlang einer Verarbeitungskette in Betracht, wenn personenbezogene Daten durch einen technischen Vorgang in den direkten Machtbereich eines selbstbestimmt handelnden Akteurs gelangen und deren Weiterverarbeitung in dieser Sphäre auch zur Wahrung eigener Interessen administriert wird.[1919] Ein

[1914] Vgl. *Golland*, Datenverarbeitung in sozialen Netzwerken, S. 127 und 151.
[1915] Vgl. *Wagner*, ZD 2018, 307 (310); *Golland*, Datenverarbeitung in sozialen Netzwerken, S. 151; *Hacker*, Datenprivatrecht, S. 145, der als Beispiel das Posten von Nutzerdaten eines Fitness-Wearables in sozialen Netzwerken über einen absolvierten Lauf anbringt.
[1916] *Golland*, Datenverarbeitung in sozialen Netzwerken, S. 151.
[1917] Vgl. *Hacker*, Datenprivatrecht, S. 146.
[1918] In diesem Sinne *Hacker*, Datenprivatrecht, S. 146.
[1919] In diesem Sinne auch EuGH, Rs. C-40/17, *Fashion ID*, ECLI:EU:C:2019:629 Rn. 85; Schlussanträge GA *Bobek*, Rs. C-40/17, *Fashion ID*, ECLI:EU:C:2018:1039 Rn. 107.

Nichtvorliegen der Charakteristika der Auftragsverarbeitung, die vornehmlich in der Weisungs- und Kontrollbefugnis des Verantwortlichen hinsichtlich des „Wie“ der Datenverarbeitung zu sehen sind, bedingt, dass der Datenempfänger als Dritter i.S.d. Art. 4 Nr. 10 DSGVO selbst in der Rolle eines Alleinverantwortlichen agieren kann.[1920]

Ein in der Praxis bedeutendes Szenario betrifft die Weitergabe personenbezogener Daten an Externe, um Dienstleistungen in Anspruch zu nehmen, denen die Verarbeitung personenbezogener Daten immanent ist, ohne zugleich streng weisungsgebunden abzulaufen.[1921] Speziell im Kontext digitalisierter Verarbeitungsumgebungen kann es sich bei den nachgelagert handelnden Akteuren auch um die Anbieter informationstechnischer Systeme handeln, die diese Systeme Endnutzern zur Verfügung stellen und von Folgeverarbeitungen selbst unmittelbar profitieren. Unter der Voraussetzung, dass dem Ausgangsakteur keine weiteren relevanten Konfigurationsmöglichkeiten zukommen, die eine (Mit-)Verantwortlichkeit rechtfertigen könnten, führt der Umstand, dass die personenbezogenen Daten Dritter in den direkten Einflussbereich einer nachgelagerten Stelle gelangen, ab diesem Zeitpunkt dazu, dass die datenschutzrechtliche Verantwortlichkeit des Ausgangsakteurs endet und auf den dazwischentretenden Akteur übergeht. Ab Erhalt der personenbezogenen Daten ist es vorzugswürdig, die Alleinverantwortlichkeit für alle Folgeverarbeitungen auf den primär Zugriffs- und Einflussberechtigten zu konzentrieren, der in der Regel die einzige Stelle darstellen wird, die die datenschutzrechtlichen Verpflichtungen effektiv selbst erfüllen kann. Weiterverarbeitungen, zu denen umfassende Datenanalysen oder Profilbildungen gehören können, erweisen sich als separat zu betrachtende Verarbeitungsvorgänge im Einfluss- und Verantwortungsbereich der nachfolgenden Entität.

Wenngleich der Umfang des Nutzereinflusses und die individuellen Gestaltungsmöglichkeiten durch technische oder organisatorische Konfigurationsmöglichkeiten von Fall zu Fall stark unterschiedlich ausgeprägt sein können, gilt im Grundsatz, dass die Begründung einer

[1920] *Nink*, in: Spindler/Schuster, Recht der elektronischen Medien, 4. Aufl. 2019, 3. Teil DSGVO Art. 28 Rn. 3.

[1921] Siehe zu der Inanspruchnahme berufstypischer Dienstleistungen von Berufsgeheimnisträgern *Spoerr*, in: Wolff/Brink/v. Ungern-Sternberg, BeckOK Datenschutzrecht, 52. Edition Stand: 01.05.2025, Art. 28 Rn. 25; *Scheja/Reibach/Reichert*, in: Leupold/Wiebe/Glossner, IT-Recht, Teil 6.6 Rn. 228; *DSK,* Kurzpapier Nr. 13, S. 4; *Bayerisches Landesamt für Datenschutzaufsicht,* Auslegungshilfe „Was ist Auftragsverarbeitung und was nicht?“ v. 15.05.2019, S. 2; *Härting*, ITRB 2018, 167 (168); siehe ergänzend *Kleemann*, FR 2019, 71 (72), wonach der unabhängige Status eines Beteiligten dessen Weisungsgebundenheit per se ausschließt; zu Rechtsanwälten und Inkassounternehmen *Ziegenhorn/Fokken*, ZD 2019, 194; siehe zu Steuerberatertätigkeiten *Seiter*, DuD 2019, 127; siehe zur Lohnbuchführung *Kramer/Schmidt*, ZD 2020, 194; vgl. das Beispiel „Bank payments” *EDPB*, Guidelines 07/2020 (Version 2.1), Rn. 40; siehe zur Verarbeitung von Patientendaten durch Labore *Bleckmann*, DuD 2019, 137; siehe zu der Tätigkeit eines Wirtschaftsprüfers im Einklang mit den für diesen Berufsstand geltenden Rechtsvorschriften das Beispiel Beispiel „Accountants” *EDPB*, Guidelines 07/2020 (Version 2.1), Rn. 40; siehe zu der unabhängigen Weiterverarbeitung personenbezogener Daten durch den Anbieter einer Online-Plattform für Mobilitätsdienstleistungen das Beispiel „Taxi service” *EDPB*, Guidelines 07/2020 (Version 2.1), Rn. 82; weitere Beispiele bei *Nink*, in: Spindler/Schuster, Recht der elektronischen Medien, 4. Aufl. 2019, 3. Teil DSGVO Art. 28 Rn. 3-6.

(gemeinsamen) Verantwortlichkeit im primären Zugriffsbereich nur eines Akteurs restriktiv zu handhaben ist und einen gesteigerten Begründungsaufwand hinsichtlich der faktischen Einflussnahme erfordert. Sowohl die Konturierung der Mindestanforderungen an technische und organisatorische Konfigurationen sowie die Berücksichtigung des objektiven Begrenzungsmaßstab der Verantwortlichkeit tragen wesentlich dazu bei, Einfluss- und Verantwortungsbereiche schlüssig voneinander zu trennen.

aa.) Unabhängige Folgeverarbeitungen im Kontext von IoT-Anwendungen

Die steuernde Einflussnahme auf etwaige nach dem Datenerhalt stattfindende Folgeverarbeitungen kann im Kontext des Gebrauchs von IoT-Anwendungen in Einzelfällen gänzlich dem Anbieter obliegen. Erhält der Anbieter eines vernetzten Produkts infolge einer durch den Geräteinhaber (mit-)verantworteten Übermittlung oder einer selbst administrierten Erhebung eine unmittelbare Verfügungsmacht über personenbezogene Daten Dritter, ist typischerweise davon auszugehen, dass die schwerpunktmäßige Kontrolle über die in seiner Sphäre ablaufenden Folgeverarbeitungen bei ihm liegt.[1922] Unter der Voraussetzung, dass dem Nutzer des IoT-Geräts keine relevanten Einflussfähigkeiten auf die Ausgestaltung der operativen Verarbeitungsverfahren zukommen, rückt die Alleinverantwortlichkeit des Anbieters in den Vordergrund. Im Internet der Dinge ist es in der Regel der Anbieter des jeweiligen IoT-Geräts, der selbstbestimmt und im Eigeninteresse den weiteren Umgang mit den erhaltenen personenbezogenen Daten administriert.
Zu den Folgeverarbeitungen können wirtschaftlich motivierte Datenanalysen beim Anbieter oder in einer Cloud sowie die Datennutzung zur Produktoptimierung gehören.[1923] Darüber hinaus sind Alleinverantwortlichkeiten immer dann anzunehmen, wenn eine Datenübermittlung durch den Anbieter an andere Stellen erfolgt. Aufgrund dessen, dass hinsichtlich dieser Verarbeitungen erst recht keine Einflussnahmemöglichkeiten bestehen, scheidet eine (Mit-)Verantwortlichkeit des Ausgangsakteurs aus.[1924]

bb.) Unabhängige Folgeverarbeitungen durch die Anbieter von Softwarecodes

Im Kontext der Nutzung von Plugins wie dem Facebook-Like-Button oder anderen Tracking-Tools können im Hinblick auf die der initialen Erhebung nachgelagerten Datenanalysen ebenfalls autonome Einfluss- und Verantwortungsbereiche akzentuiert werden. Unter der

[1922] Siehe dazu *Skistims*, Smart Homes, S. 372 ff.
[1923] Vgl. *Hacker*, Datenprivatrecht, S. 145 m.w.N.; siehe auch *Martini*, in: Paal/Pauly, DS-GVO/BDSG, 3. Aufl. 2021, Art. 26 Rn. 19a, wonach ein Fanpage-Betreiber nicht auch die Weitergabe von Nutzerdaten durch den Anbieter des sozialen Netzwerks an US-amerikanische Sicherheitsbehörden zu verantworten hat.
[1924] Vgl. *Hacker*, Datenprivatrecht, S. 140.

Voraussetzung, dass dem Nutzer des Drittinhalts, der Tracking-Tools über einen Code im HTML-Text der Webseite einbindet, keine weiteren relevanten Konfigurationsmöglichkeiten zukommen, die eine (Mit-)Verantwortlichkeit rechtfertigen könnten, führt der Umstand, dass die personenbezogenen Daten Dritter in den direkten Einflussbereich des Anbieters gelangen, dazu, dass eine etwaige (Mit-)Verantwortlichkeit des Ausgangsakteurs endet und für Folgeverarbeitungen auf den Anbieter übergeht.

Im Zusammenhang mit der Verwendung diverser Tracking-Tools, die der Datenanalyse von Webseiten dienen, kann diese Struktur vorliegen, wenn das eingebundene Tool dem Nutzer keine oder nur sehr eingeschränkte Individualisierungsoptionen einräumt. Abseits der Erhebung der Nutzerdaten, an der auch der Nutzer durch die konkrete Einbindung des Tracking-Instruments beteiligt sein kann,[1925] rücken Alleinverantwortlichkeiten im Hinblick auf die sich anschließenden Datenanalysen in den Vordergrund. Von Alleinverantwortlichkeiten des Anbieters für vorgenommene Datenanalysen ist beispielsweise bei der Nutzung von Google Analytics auszugehen.[1926] Ausweislich der Nutzungsbedingungen[1927] wird nicht ersichtlich, dass dem Nutzer des Tools eine eigene Mitbestimmung über die Analyseparameter zusteht. Eine (Mit-)Verantwortlichkeit des Nutzers für die von Google vorgenommene Datenanalyse ist unter Legitimationsgesichtspunkten kaum zu rechtfertigen. Letztlich sind es auch nur die Anbieter des Tracking-Tools, die als Adressaten den weitreichenden Verpflichtungen effektiv nachkommen können.

cc.) Unabhängige Folgeverarbeitungen in Web 2.0-Anwendungen

Wenngleich Web 2.0-Anwendungen als interaktive und kollaborative Bestandteile des Internets im Kern dadurch gekennzeichnet sind, dass die Nutzer nicht nur einseitig Inhalte konsumieren, sondern als Prosumenten auch selbst zur Verfügung stellen, kann die nach Einfluss- und Verantwortungssphären differenzierende Betrachtung auch in diesem Zusammenhang zur Anwendung kommen. Im Hinblick auf Folgeverarbeitungen beim Plattformanbieter oder in der Cloud richtet sich die Möglichkeit zur Akzentuierung autonomer Einfluss- und Verantwortungsbereiche wesentlich nach der Ausgestaltung des Plattformdienstes sowie der Stellung der Nutzer. Während die Nutzer im Kontext der Veröffentlichung personenbezogener Daten Dritter auf einer Plattform eine aktivere Rolle einnehmen, verbleiben abseits davon Verarbeitungsvorgänge, für die die Nutzer als bloße Datenlieferanten agieren. In die Bewertung ist

[1925] Vgl. *Hacker*, Datenprivatrecht, S. 139.
[1926] Dazu auch *Hacker*, Datenprivatrecht, S. 135 f. und 139.
[1927] Vgl. *Google*, Nutzungsbedingungen für Google Analytics, abrufbar unter https://marketingplatform.google.com/about/analytics/terms/de/ (zuletzt abgerufen am 31.07.2025).

einzubeziehen, wie ausgeprägt die Festlegung des thematischen Kontexts sowie der verschiedenen Funktionen durch den Anbieter administriert wird.

Unter der Voraussetzung, dass dem Nutzer des jeweiligen Netzwerks keine relevanten Einflussfähigkeiten auf die Ausgestaltung der operativen Verarbeitungsverfahren zukommen, rückt auch im Kontext sozialer Netzwerke die Alleinverantwortlichkeit des Anbieters in den Vordergrund. Solange der Netzwerkanbieter das wirtschaftliche Hauptziel verfolgt und im Rahmen dessen Nutzerdaten für personalisierte Werbung auswertet, besteht eine klassische datenschutzrechtliche Beziehung zwischen ihm als verantwortlicher Stelle und dem Nutzer als betroffene Person.[1928] Die datenschutzrechtliche Verantwortlichkeit für die Weiterverarbeitung der vom Nutzer bezogenen Daten geht nach der Übermittlung durch den Nutzer auf den Plattformbetreiber über, wenn dieser durch eine Verarbeitung ein neues, eigens Ergebnis erzeugt.[1929]

Zu den eigenständig administrierten Folgeverarbeitungen gehören beispielsweise wirtschaftlich motivierte Datenanalysen beim Anbieter oder in einer Cloud, die Datennutzung zur Produktoptimierung sowie die Datenweiterleitungen an andere Stellen.[1930] Dem Nutzer kommt im Hinblick auf diese Vorgänge in der Regel nur eine passive Stellung zu, im Rahmen derer er lediglich die Verantwortung dafür tragen kann, dass die personenbezogenen Daten Dritter in den Machtbereich des Anbieters gelangen.

Die Rollenzuteilung sowie die Betonung autonomer Einfluss- und Verantwortungsbereiche gestalten sich indes schwieriger, wenn personenbezogene Daten Dritter über die Infrastruktur des Netzwerks gespeichert und veröffentlicht werden. In Anbetracht der Tatsache, dass die Nutzer durch die aktive Veröffentlichung selbst an der Datenverarbeitung beteiligt sind, wird eine Alleinverantwortlichkeit der Anbieter für diese Vorgänge üblicherweise ausscheiden.[1931] Ausnahmen kommen nur dann in Betracht, wenn der Diensteanbieter die Daten von den Nutzern ausschließlich deshalb bezieht, um durch deren Weiterverarbeitung ein neues, eigenes Ergebnis zu generieren, das er im Rahmen seines Dienstes anbietet.[1932] Auch in diesen Szenarien verbleibt der Nutzer in einer passiven Rolle als Datenlieferant.[1933]

[1928] *Jandt/Roßnagel*, ZD 2011, 160 (161).
[1929] Vgl. *Kroschwald*, ZD 2013, 388 (389); in diesem Sinne auch *Wagner*, ZD 2018 307 (310).
[1930] Vgl. *Jandt/Roßnagel*, ZD 2011, 160 (161).
[1931] Siehe dazu *Hacker*, Datenprivatrecht, S. 145, der unter Verweis auf die Letztentscheidungsgewalt der Endnutzer von einer aktiven Rolle der Nutzer ausgeht.
[1932] Unter Verweis auf statistische Bewertungsergebnisse von Personen oder Unternehmen *Kroschwald*, ZD 2013, 388 (389); ähnlich *Jandt/Roßnagel*, ZD 2011, 160 (161), die unter Verweis auf detaillierte Vorgaben von Rahmenangaben, Bewertungskriterien und des Bewertungssystems bei Bewertungsportalen davon ausgehen, dass die Abgabe der Bewertungen dem inhaltlich nicht gestaltbaren Ausfüllen eines Formulars gleiche und daher von einer alleinigen Einflussnahme des Anbieters auszugehen sei.
[1933] *Jandt/Roßnagel*, ZD 2011, 160 (161).

c.) Autonome Verantwortungsbereiche im Kontext abstrakter Vorfeldhandlungen und daran ansetzenden Einzelentscheidungen

In Korrespondenz zu unabhängigen Initiierungs- und Konkretisierungshandlungen gilt es autonome Einfluss- und Verantwortungsbereiche in Datenverarbeitungsszenarien herauszustellen, deren Struktur dadurch gekennzeichnet ist, dass ein Ausgangsakteur mit seinem Tätigwerden die bloß abstrakte und vorgelagerte Voraussetzung dafür schafft, dass eine andere Stelle auf dieser Grundlage eine vom Ausgangsakteur losgelöste Entscheidung über die konkrete Erhebung und sonstige Weiterverarbeitung personenbezogener Daten Dritter trifft.
Gesetzt den Fall, dass der Ausgangsakteur keine relevanten Ausgestaltungsoptionen hinsichtlich der ermöglichten Verarbeitungsvorgänge besitzt, ist eine selbstbestimmte, verantwortlichkeitsbegründende Entscheidung über die Schlüsselelemente der ermöglichten Verarbeitung nur schwerlich zu begründen. Stattdessen sind primär die Akteure in den Blick zu nehmen, die auf der Grundlage der Vorfeldhandlung eine vom Ausgangsakteur losgelöste Entscheidung über die konkrete Verarbeitung personenbezogener Daten Dritter treffen. Unter Berücksichtigung der erforderlichen, sachverhaltsabhängigen Abgrenzung zwischen einer Datenerhebung durch einen Drittanbieter und der Datenübermittlung an ein Drittunternehmen[1934] ist indes zu berücksichtigen, dass in der Praxis häufig auch die wirkmächtigen Anbieter informationstechnischer Systeme in der Rolle eines datenschutzrechtlich Alleinverantwortlichen agieren, wenn sie in administrierender Funktion personenbezogene Daten von Nutzern und Dritten erheben und diese zu eigenen Zwecken weiterverarbeiten.

aa.) Passives Zurverfügungstellen von Datenverarbeitungsanlagen

Die wertungsmäßigen Unterschiede zwischen abstrakten Vorfeldhandlungen sowie der aktiven Auslösung und Konkretisierung bestimmter Verarbeitungsvorgänge berücksichtigend, können autonome Einfluss- und Verantwortungsbereiche auch im Verhältnis zu Anbietern von Datenverarbeitungsanlagen akzentuiert werden.
Gesetzt den Fall, dass sich das Tätigwerden eines potenziellen Adressaten auf die Zurverfügungstellung (fremder) Datenverarbeitungsanlagen beschränkt, dabei technisch-organisatorisch ein eigener Datenzugriff ausgeschlossen ist, die Möglichkeit zur inhaltlichen Kenntnisnahme nicht besteht und eine konkretisierende, zielgerichtete Einflussnahme auf bestimmte Datensätze ausscheidet, mangelt es bereits an einer Verarbeitung personenbezogener Daten als direktem Anknüpfungspunkt für die datenschutzrechtlichen Beteiligungsformen der

[1934] Siehe Kap. F. I. 2.) f.) bb.).

(gemeinsamen) Verantwortlichkeit sowie der Auftragsverarbeitung.[1935] Während dem eine Datenverarbeitungsanlage passiv zur Verfügung stellenden Akteur weder eine Eigenverantwortlichkeit noch eine Auftragsverarbeitung zugewiesen werden kann, ist es sachgerecht, die Alleinverantwortlichkeit allein auf den Nutzer bzw. anmietenden Kunden des jeweiligen Systems zu konzentrieren, der als alleiniger Herr selbstbestimmt über die Art und Weise der konkreten Datenverarbeitung disponiert.[1936]

Anwendungsfälle betreffen beispielsweise die passive Bereitstellung von Speicher- oder Rechenkapazitäten sowie das sog. „Housing", welches sich in der Bereitstellung von Rechenzentrumsflächen erschöpft und dem Kunden die Entscheidungshoheit darüber belasst, die eigene Hardware zu implementieren und den eigenen Interessen entsprechend selbstbestimmt zu administrieren.[1937]

bb.) Passives Betreiben von Webpräsenzen, Fanpages und Nutzerprofilen

Unter Berücksichtigung der wertungsmäßigen Differenzierung zwischen abstrakten Vorfeldhandlungen und der aktiven Auslösung bzw. Initiierung bestimmter Verarbeitungsvorgänge können auch im Kontext sozialer Netzwerke, sonstiger interaktiver Online-Plattformen und anderer Webpräsenzen autonome Einfluss- und Verantwortungsbereiche akzentuiert werden. Dabei kommt der nach Einflusssphären abgrenzenden Betrachtung eine gesteigerte Bedeutung zu, wenn vornehmlich privat agierende Nutzer als Ersteller und Inhaber von Profil- oder Webseiten agieren und dadurch selbst zu potenziellen Adressaten im Datenschutzrecht werden.

Obgleich im Grundsatz für jeden Einzelfall überprüft werden muss, inwieweit auch die Betreiber von Webpräsenzen, Fanpages oder Nutzerprofilen die relevanten Verarbeitungsparameter selbst festlegen,[1938] gilt es übergeordnet anzuerkennen, dass die Betreiber öffentlicher Webpräsenzen oftmals nur die vorgegebene Infrastruktur wirkmächtiger Plattformanbieter, die aus dem konkreten Interface und der zur Verfügung gestellten Rechenleistung besteht, hinnehmend nutzen. Erfolgt die Nutzung bzw. der Betrieb von Webpräsenzen, Fanpages oder Nutzerprofilen ausschließlich passiv in der Form, dass keine personenbezogenen Daten Dritter in die Plattform

---

[1935] Unter Verweis auf die Miete von Räumen in einem Rechenzentrum bzw. der passiven Zurverfügungstellung von Speicher- oder Rechenkapazitäten *Hartung*, in: Kühling/Buchner, DS-GVO/BDSG, 4. Aufl. 2024, Art. 28 Rn. 52 m.w.N.

[1936] Vgl. *Nink*, in: Spindler/Schuster, Recht der elektronischen Medien, 4. Aufl. 2019, 3. Teil DSGVO Art. 28 Rn. 8; siehe zu der Zurverfügungstellung einer Infrastrukturumgebung durch einen Rechenzentrumsbetreiber *Conrad/Licht/Strittmatter*, in: Auer-Reinsdorff/Conrad, IT- und Datenschutzrecht, 3. Aufl. 2019, Teil C. § 22 Rn. 225.

[1937] *Gabel/Lutz*, in: Taeger/Gabel, DSGVO/BDSG/TTDSG, 4. Aufl. 2022, Art. 28 Rn. 21; *Hartung*, in: Kühling/Buchner, DS-GVO/BDSG, 4. Aufl. 2024, Art. 28 Rn. 52; siehe zum sog. „Housing" auch *Spoerr*, in: Wolff/Brink/v. Ungern-Sternberg, BeckOK Datenschutzrecht, 52. Edition Stand: 01.05.2025, Art. 28 Rn. 24b; *Nink*, in: Spindler/Schuster, Recht der elektronischen Medien, 4. Aufl. 2019, 3. Teil DSGVO Art. 28 Rn. 8.

[1938] *Hacker*, Datenprivatrecht, S. 135.

oder auf die Webpräsenz eingebracht werden und keine relevanten technischen oder organisatorischen Konfigurationen hinsichtlich der konkreten Verarbeitung personenbezogener Daten Dritter ausgeübt werden,[1939] ist es sachgerecht, allein den Anbieter zu adressieren, der selbstbestimmt über die Art und Weise der Datenerhebung und -weiterverarbeitung disponiert.[1940] Die bloße Erstellung eines Nutzerkontos in sozialen Netzwerken sowie der passive Betrieb dieses Profils ziehen selbst dann keine datenschutzrechtliche Verantwortlichkeit nach sich, wenn der Anbieter die Präsenz nutzt, um auf dieser Grundlage das Verhalten anderer Personen zu erfassen und auszuwerten.[1941] Aus Legitimationsgesichtspunkten ist die datenschutzrechtliche Verantwortlichkeit stattdessen allein dem Anbieter des Netzwerkes bzw. des Plattformdienstes zuzuordnen, der die Verarbeitungsvorgänge auf der technisch-physischen Infrastruktur selbstbestimmt initiiert und administriert. Letztlich sind es auch nur die Anbieter, die als direkte Adressaten den weitreichenden datenschutzrechtlichen Verpflichtungen effektiv nachkommen können.

Die zusätzliche Einbeziehung und Adressierung der Nutzer bzw. Betreiber von Webpräsenzen, Fanpages oder Nutzerprofilen setzt dagegen stets eine über abstrakte Ermöglichungshandlungen hinausgehende, aktive Einflussnahme auf die Schlüsselelemente der konkreten Datenverarbeitung voraus, an die vor allem für private Nutzer erhöhte Anforderungen zu stellen sind.

cc.) Setzen elektronischer Verweise

Abgrenzbare Einfluss- und Verantwortungsbereiche können ebenfalls betont werden, wenn auf einer Webpräsenz ein HTML-Link[1942] auf ein Social Media-Angebot oder eine anderweitige Webpräsenz integriert wird.[1943] Während bei dem Anklicken eines Links durch den Besucher einer Webseite zwangsläufig personenbezogene Daten übertragen werden, führt der bloße Aufruf der Webpräsenz, auf der der Link platziert wurde, noch nicht zu einer Erhebung und

---

[1939] Siehe dazu *Hacker*, Datenprivatrecht, S. 135, der zutreffend darauf verweist, dass Möglichkeit zur Mitbestimmung der Parameter der Datenanalyse eine Besonderheit der Funktionsweise von *Facebook Insights* darstellt, die für andere Cookies und Tracking-Tools nicht in der gleichen Weise gilt.

[1940] Ähnlich *Nebel*, FS Roßnagel 2020, S. 348.

[1941] Siehe dazu EuGH [GK], Rs. C-210/16, *ULD Schleswig-Holstein/Wirtschaftsakademie Schleswig-Holstein,* ECLI:EU:C:2018:388 Rn. 35, wonach auch der EuGH betont, dass die bloße Nutzung eines sozialen Netzwerks wie Facebook für sich genommen einen Facebook-Nutzer nicht für die von diesem Netzwerk vorgenommene Verarbeitung personenbezogener Daten mitverantwortlich macht. Indizien, die für eine (Mit-)Verantwortlichkeit des Nutzers sprechen, sind, wenn der Betreiber Kenntnis über die Profile der Besucher erhält, um ihre Tätigkeit zielgerichtet und zu eigenen Zwecken zu vermarkten; siehe am Beispiel von WhatsApp *Spoerr*, in: Wolff/Brink/v. Ungern-Sternberg, BeckOK Datenschutzrecht, 52. Edition Stand: 01.05.2025, Art. 26 Rn. 75; a.A. *Nebel*, FS Roßnagel 2020, S. 349 f., die bereits aus dem bloßen Betreiben einer öffentlichen Profilseite eine datenschutzrechtliche Verantwortlichkeit für ermöglichte Datenverarbeitungsvorgänge ableitet.

[1942] Ein Link oder eine Verlinkung ist ein Hyperlink, der auf HTML-Seiten möglich ist. Dabei handelt es sich um Querverweise, über die ein Sprung zu einer anderen Seite erfolgt; siehe zur Begrifflichkeit sowie zur Linkhaftung *Solmecke*, in: Hoeren/Sieber/Holznagel, MultimediaR-Hdb, 62. EL Juni 2024, Teil. 21.1 Rn. 87 f.

[1943] Siehe *Kremer*, CR 2019, 676 (681); *Schleipfer*, CR 2019, 579 (581).

Übermittlung der personenbezogener Daten des Nutzers an den Betreiber der verlinkten (Social Media-)Webseite.[1944] Erst wenn die verlinkte Webseite von dem Besucher durch ein Anklicken abgerufen und in einem Browser geladen wird, wird automatisch das darin angegebene Ziel aufgerufen und es findet technisch eine Erhebung sowie ein Transfer (personenbezogener) Daten, wie etwa der IP-Adresse des Nutzers, statt.

Anders als bei einem anlassunabhängigen Datentransfer erfolgt bei dem Betreten einer Webseite keine Datenübertragung. Auch eine direkte Einbindung von Drittinhalten in die eigene Webseite erfolgt nicht. Zwar wird der Aufruf der fremden Webseite und die damit einhergehenden Datenverarbeitungen antizipiert, doch ist es letztlich der Besucher der Seite, der initial die Verarbeitungskette auslöst. Webseitenbesucher bleiben zunächst anonym, wenn sie nicht auf den Hyperlink klicken. In dem Setzen des Links ist eine vorgelagerte Handlung zu sehen, die von den konkret ausgelösten Verarbeitungsvorgängen zu trennen ist. Erst in dem Moment, in dem der Nutzer aktiv die Verbindung zu dem Linkziel herstellt, entsteht ein Verhältnis zwischen ihm als Nutzer und dem Anbieter der fremden Webseite.[1945] Die Datenübermittlung ist an eine aktive Handlung des Nutzers geknüpft.

Vorausgesetzt, dem verlinkenden Akteur stehen keine darüberhinausgehenden technischen oder organisatorischen Konfigurationsmöglichkeiten zu, trägt er keine datenschutzrechtliche Verantwortlichkeit für Verarbeitungsvorgänge, die erst durch den Abruf des Links ausgelöst werden und im alleinigen Macht- und Einflussbereich der verlinkten Entität erfolgen.[1946]

3.) Szenarien separater Verantwortungsbereiche in verschränkten Verarbeitungsstrukturen

Neben linearen Datenverarbeitungsketten entstehen im Kontext der sich beschleunigenden Fortentwicklung von Informationstechnologien vermehrt Datenverarbeitungsszenarien, in denen sich die Einflussbereiche der beteiligten Akteure stärker überlagern und verschränkt ausgestaltet sind. Vor allem die Nutzung eines gemeinsamen Datenverarbeitungssystems bzw. einer gemeinsamen Datenverarbeitungsinfrastruktur bedingt, dass singuläre Verarbeitungsketten nicht streng chronologisch ablaufen, sondern dass eine Vielzahl von Verarbeitungsvorgängen auch simultan und nebeneinander ablaufen.

Wenngleich sich die Komplexität der Verantwortlichkeitszuweisung mit zunehmender Ausgeprägtheit der Einflussnahme der Akteure hinsichtlich einer Datenverarbeitungsinfrastruktur

---

1944 Vgl. *Föhlisch/Pilous*, MMR 2015, 631 (636).

1945 *Schleipfer*, CR 2019, 579 (581).

1946 Vgl. *Kremer*, CR 2019, 676 (681); in diesem Sinne auch *Schleipfer*, CR 2019, 579 (581), der darauf hinweist, dass der Anbieter jedoch zumindest über die Weitervermittlung informieren sollte; i.E. auch *Föhlisch/Pilous*, MMR 2015, 631 (636).

erhöht, kann nicht zwangsläufig auf das Vorliegen einer gemeinsamen Verantwortlichkeit geschlossen werden, wenn einzelne Verarbeitungsvorgänge eigene, abtrennbare Einflussbereiche betreffen, die von einer Partei losgelöst vom Eingreifen einer anderen Partei durchgeführt werden können.[1947] Die Grundsätze des an Einfluss- und Machtsphären orientierten, abgrenzenden Ansatzes sind auch in verschränkten Verarbeitungsstrukturen zu achten und können dazu führen, dass separate Verantwortlichkeiten betont werden können.

a.) Getrennte Nutzung einer physisch-technischen Infrastruktur

Anstatt pauschal auf das Vorliegen gemeinsamer Verantwortlichkeiten zu verweisen, können separate Verantwortlichkeiten auch in Konstellationen vorliegen, in denen mehrere Stellen eine gemeinsame Datenbank oder eine andere physisch-technische Infrastruktur nutzen. Unter der Voraussetzung, dass die einzelnen Stellen jeweils voneinander unabhängig personenbezogene Daten Dritter in ein System einspeisen, das nicht gemeinsam, sondern im Hinblick auf die bloße Speicherung von einem Akteur in der Rolle eines Auftragsverarbeiter betrieben wird und auch die Nutzung der Eingaben in Unabhängigkeit von der Einflussnahme anderer Akteure erfolgt, führt die Anwendung des an Einfluss- und Verantwortungssphären differenzierende Ansatz zu der Begründung getrennter Verantwortlichkeiten.[1948]

Durch eine autarke Mittelbeeinflussung kann jede Stelle die eigenen, unabhängig verfolgten Zwecksetzungen im Hinblick auf die eigens eingespeisten Datensätze erwirken. Kennzeichnend für die voneinander unabhängigen Einfluss- und Verantwortungssphären ist, dass auf der Ebene der operativen Verarbeitungsverfahren die einzelnen Stellen voneinander losgelöst über den Datenzugang, die Speicherfristen, die Berichtigung oder die Löschung der Daten bestimmen können und eine Entität auf die Daten des jeweils anderen Akteurs nicht zugreifen kann.[1949] Auch im Hinblick auf alle außerhalb der beiderseitig genutzten Infrastruktur ablaufenden Folgeverarbeitungen sind separate Verantwortlichkeiten anzunehmen, wenn auch diese Vorgänge jeweils selbstbestimmt und ohne das Eingreifen anderer Akteure durchgeführt werden können. Jeder Akteur handelt in der Rolle eines Alleinverantwortlichen für alle nachfolgenden, sinnvoll abtrennbaren Datenverarbeitungen, die für jeweils eigene Zielsetzungen durchgeführt werden.[1950]

[1947] *EDPB*, Guidelines 07/2020 (Version 2.1), Rn. 68.

[1948] Siehe dazu die Beispiele „Marketing operations in a group of companies using a shared database" und „Independent controllers when using shared infrastructure" *EDPB*, Guidelines 07/2020 (Version 2.1), Rn. 71; siehe zum sog. „origin-based approach" *Art.-29-Datenschutzgruppe*, WP 169, S. 26 f.; dazu in der Vorauflage *Arning/Rothkegel*, in: Taeger/Gabel, DSGVO/BDSG, 3. Aufl. 2019, Art. 4 Rn. 181.

[1949] *EDPB*, Guidelines 07/2020 (Version 2.1), Rn. 71.

[1950] Vgl. *EDPB*, Guidelines 07/2020 (Version 2.1), Rn. 68.

b.) Parallelverantwortlichkeiten in verschränkten Verarbeitungsszenarien

Die Betonung autonomer Einfluss- und Verantwortungssphären sowie die daran anknüpfende Rollenzuteilung verkompliziert sich, wenn personenbezogene Daten Dritter über die in Form von Speicherplatz oder der Zurverfügungstellung von Prozessorleistung angebotene Infrastruktur eines Anbieters eingespeist und dort im Kontext der Anwendungsumgebung weiterverarbeitet werden.[1951] Im Gegensatz zu der von vornherein getrennten, unabhängig ablaufenden Nutzung von technisch-physischen Infrastrukturumgebungen können mit den Nutzern sowie den Anbietern zugleich mehrere Akteure an Verarbeitungsvorgängen, zu denen etwa Speichervorgänge, Datenanalysen sowie Offenlegungen der Daten gehören können, beteiligt sein. In Anbetracht dieses Verarbeitungsumfeldes wird, anstatt aus sich überschneidenden Einflussbereichen weitreichend gemeinsame Verantwortlichkeiten zwischen dem Nutzer und dem Anbieter abzuleiten oder die Verantwortlichkeit allein auf den Anbietern der durch Anwendungssoftware ergänzten Infrastruktur zu konzentrieren, der Ansatz paralleler, nebeneinander bestehender Verantwortlichkeiten auch auf stark verschränkte sowie von gegenseitigen Abhängigkeiten geprägte Verarbeitungsstrukturen übertragen.[1952]
Unter der Prämisse des Erfordernisses einer Zweckidentität zwischen gemeinsam Verantwortlichen wird weitergehend geschlussfolgert, dass die Figur einer Parallelverantwortlichkeit nicht auf Konstellationen beschränkt sei, in denen es verschiedene Verantwortliche für jeweils unterschiedliche Verarbeitungsphasen bzw. -vorgänge gibt, sondern dass es auch denkbar sei, mehrere separat Verantwortliche hinsichtlich derselben Verarbeitungsphase anzuerkennen.[1953] In Abhängigkeit der individuellen Zwecksetzungen der involvierten Akteure wird intendiert, nochmals innerhalb einzelner Verarbeitungsphasen zu differenzieren. Während beispielsweise die Nutzer sozialer Netzwerke die personenbezogenen Daten Dritter auf der Infrastruktur des Netzwerkbetreibers zu eigenen Zwecken speichern, erfolge die Speicherung aus der Perspektive des Netzwerkbetreiber wiederum zu eigenen Zwecken.[1954] Final müsse am Maßstab einer vollständigen inhaltlichen Kongruenz der individuellen Zwecksetzungen bewertet werden, ob eine gemeinsame Verantwortlichkeit vorliegt oder parallele bzw. separate Verantwortlichkeiten

---

[1951] Siehe zur Bereitstellung von „Infrastructure as a Service“ *Kroschwald*, ZD 2013, 388 (390 f.).
[1952] Siehe zu der Figur der Parallelverantwortlichkeit *Golland*, Datenverarbeitung in sozialen Netzwerken, S. 127 f.; bezugnehmend auf *Jandt/Roßnagel*, ZD 2011, 160 (161), die eine voneinander unabhängige Verantwortlichkeit beider Parteien aufgrund unterschiedlicher Zwecksetzungen zugrunde legen; diesen Ansatz ebenfalls aufgreifend *Nebel*, FS Roßnagel 2020, S. 353 f.
[1953] Ausdrücklich *Golland*, Datenverarbeitung in sozialen Netzwerken, S. 127; ähnlich *Hiller*, PharmR 2020, 589 (592), wonach die Verantwortungsbereiche beteiligter Akteure nicht nur in zeitlicher Hinsicht, sondern in bestimmten Konstellationen auch anhand anderer Kriterien (z.B. Arten von Daten oder Personengruppen) voneinander abzugrenzen und die Verantwortung einzelner entsprechend zu begrenzen sei.
[1954] Ausdrücklich *Golland*, Datenverarbeitung in sozialen Netzwerken, S. 127.

auch hinsichtlich derselben Verarbeitungsphase sowie einzelner Mittel bzw. Kategorien von Daten anzunehmen sind.[1955]

Die eingehende Analyse des europäischen Verantwortlichkeitskonzepts offenbart indes, dass eine gemeinsame Verantwortlichkeit auch aus sog. „converging decisions" erwachsen kann.[1956] Nehmen mehrere Akteure einen prägenden, die Zweckebene betreffenden Einfluss auf dieselbe Phase bzw. denselben Datenverarbeitungsvorgang wird auch dann eine gemeinsame Verantwortlichkeit vorliegen, wenn die individuellen Zielvorstellungen der Beteiligten nicht deckungsgleich sind. Unter der Voraussetzung, dass die beteiligten Akteure vom aus Eigeninteresse motivierten Handeln des jeweils anderen Akteurs profitieren und das Tätigwerden des anderen Teils eine notwendige Bedingung für den Verarbeitungserfolg ist, sind die Voraussetzungen des Rechtsinstituts der gemeinsamen Verantwortlichkeit regelmäßig erfüllt.[1957] Für die Annahme nebeneinander bzw. separat bestehender Verantwortlichkeiten bleibt es hingegen entscheidend, dass die tatsächliche Einflussnahme beteiligter Akteure nicht einen einheitlichen, sondern unterschiedliche, sinnvoll abgrenzbare Vorgänge betrifft. Die Begründung von Parallelverantwortlichkeiten hinsichtlich derselben Verarbeitungsphase lässt sich mit dem bestehenden Verantwortlichkeitskonzept im europäischen Datenschutzrecht mithin nur schwerlich in Einklang bringen.

Im Übrigen ändert dieser Befund nichts daran, dass auch in verschränkten Verarbeitungsszenarien die beteiligten Akteure nicht zwangsläufig für alle Daten und Vorgänge des Datenumgangs auf einer technisch-physischen Infrastruktur gemeinschaftlich verantwortlich sein müssen. Eine übergreifende Mitverantwortlichkeit sowie eine drohende gesamtschuldnerische Haftung sind nicht zwingend, wenn die Einflussnahme der Beteiligten jeweils einheitliche, abtrennbare Vorgänge und Verarbeitungsverfahren betrifft. Während sich Mitverantwortlichkeiten auf isolierte Vorgänge erstrecken, die auf der zugrundeliegenden Infrastruktur sowohl vom Anbieter als auch vom Nutzer relevant beeinflusst werden, können davon abtrennbare, losgelöste Vorgänge in der alleinigen Kontrolle nur eines Akteurs liegen.[1958] Während autonome Einflussbereiche

---

[1955] Vgl. *Golland*, K&R 2018, 433 (435 ff.); ähnlich *Kremer*, CR 2019, 225 (227); *Golland*, Datenverarbeitung in sozialen Netzwerken, S. 127 f., wonach im Bereich der sozialen Netzwerke eine gemeinsame Verantwortlichkeit sowohl im Verhältnis von Nutzern und Netzwerkbetreibern als auch im Verhältnis von Fanpage-Betreibern und Netzwerkanbietern ausscheide.

[1956] Grundlegend dazu Kap. D. III. 4.) e.) aa.) (4.).

[1957] Ähnlich *Hoffmann/Schmidt*, GRUR 2021, 679 (683 f.), wonach bei einer gemeinsamen Verantwortlichkeit die jeweils verfolgten Ziele nur durch die Realisierung der gemeinsam definierten wesentlichen Verarbeitungsumstände zu erreichen seien; a.A. *Golland*, Datenverarbeitung in sozialen Netzwerken, S. 128; *Golland*, ZD 2020, 397 ff., der die Begründung einer gemeinsamen Verantwortlichkeit zwischen privat und wirtschaftlich handelnden Entitäten gänzlich ablehnt.

[1958] In diesem Zusammenhang die Begrifflichkeiten der kumulativen und der kollektiven Verantwortlichkeit unter der Geltung der DSRL prägend *Jandt/Roßnagel*, ZD 2011, 160 (161), wonach unter einer kumulativen Verantwortlichkeit die volle Verantwortlichkeit beider oder aller beteiligten Stellen für alle Daten und alle Phasen des Datenumgangs zu verstehen sei und der Begriff der kollektiven Verantwortlichkeit ein Szenario erfasse, in dem

unter der alleinigen Entscheidungsgewalt der Anbieter plausibel dargelegt werden können, sind separate Einfluss- und Verantwortungsbereiche der Nutzer hingegen deutlich schwieriger zu begründen, wenn diese nicht von vornherein aufgrund einer faktischen Weisungs- und Kontrollmacht in der Rolle eines Auftragsverarbeiters agieren.[1959]

Gesetzt den Fall, dass ausschließlich der Anbieter der für die Ausführung der Verarbeitungsvorgänge genutzten Infrastruktur auf die personenbezogenen Daten tatsächlich zugreifen kann und auch die Letztentscheidungsgewalt faktisch bei ihm verbleibt, wird eine Alleinverantwortlichkeit des nicht zugriffsberechtigten Akteurs in der Regel ausscheiden und allenfalls eine auf technischen oder organisatorischen Konfigurationen beruhende Mitverantwortlichkeit unter einem erhöhten Begründungsaufwand zu rechtfertigen sein. Um durch die Zuordnung nebeneinander bestehender Verantwortlichkeiten keine unbilligen Ergebnisse zu erzeugen, müssen die separat Verantwortlichen jeweils dazu in der Lage sein, die Betroffenenrechte zu erfüllen.

4.) Zielgerechte Gewährleistung des Betroffenenschutzes

Der vorderste Zweck des europäischen Datenschutzrechts ist der Schutz natürlicher Personen bei der Verarbeitung personenbezogener Daten (vgl. DSGVO-Erwägungsgrund 1 S. 1).

Im Rahmen des an abgrenzbaren Einfluss- und Verantwortungssphären orientierten Zuordnungskonzepts sind die separat Verantwortlichen jeweils für die von ihnen administrierten Datenverarbeitungsvorgänge selbst verantwortlich.[1960] Den Alleinverantwortlichen obliegt es jeweils, umfänglich Informationen zu erteilen, Betroffenenrechte zu erfüllen sowie technisch-organisatorische Maßnahmen der Datensicherheit und der Datenschutz-Compliance einzuleiten.[1961] Diese Verpflichtungen betreffen auch die Nutzer informationstechnischer Systeme, wenn sie hinsichtlich einzelner Abschnitte in der Rolle eines eigenständig Verantwortlichen agieren. Ohne eine datenschutzrechtliche Prüfung und Rechtfertigung dürfen auch datenverarbeitende Drittinhalte nicht eingebunden werden.[1962] Für etwaige Übermittlungen zwischen separat Verantwortlichen muss jeweils die Rechtmäßigkeit der Übermittlung sichergestellt

---

die beteiligten Akteure arbeitsteilig für bestimmte Daten und bestimmte Phasen des Datenumgangs verantwortlich sind; ähnlich *Kroschwald*, ZD 2013, 388 (389 f.), wonach je nach Bereitstellungsmodell entweder der Anteil der Verantwortung des Anbieters oder des Nutzers überwiege; die Konstruktion der kollektiven Verantwortlichkeit auch unter der Geltung der DSGVO aufgreifend *Hoffmann/Schmidt*, GRUR 2021, 679 (682); ähnlich *Hiller*, PharmR 2020, 589 (592); diesen Ansatz pauschal ablehnend *Radtke*, Gemeinsame Verantwortlichkeit unter der DSGVO, S. 205.

[1959] Vgl. *Kroschwald*, ZD 2013, 388 (394).

[1960] Aufgrund des Umstandes, dass nur der jeweils Verantwortliche die Einhaltung der Pflichten gewährleisten muss, auf die große Bedeutung der Betonung von Alleinverantwortlichkeiten hinweisend *Freund*, in: Schuster/Grützmacher, IT-Recht, Art. 26 Rn. 54.

[1961] *Lee/Cross*, MMR 2019, 559 (562); *Janicki*, FS Taeger 2020, S. 214; *Kartheuser/Nabulsi*, MMR 2018, 717 (720); *Rücker/Brandt*, DB 2019, 2451 (2453).

[1962] Vgl. *Rücker/Brandt*, DB 2019, 2451 (2453).

werden. Auch ohne den Rückgriff auf das Konstrukt der gemeinsamen Verantwortlichkeit greifen auf der Sekundärebene die Haftungsmechanismen der DSGVO.[1963] Der Alleinverantwortliche ist ebenfalls Adressat von Schadensersatzansprüchen (Art. 82 Abs. 2 S. 1 DSGVO), aufsichtsbehördlichen Maßnahmen (Art. 58 Abs. 1 DSGVO) sowie von Geldbußen (Art. 83 DSGVO).[1964] Weil Betroffene zudem durch Art. 82 Abs. 4 DSGVO geschützt werden, wenn mehr als ein Verantwortlicher an derselben Verarbeitung beteiligt ist, erfährt der Betroffene insoweit denselben Schutz wie bei gemeinsam Verantwortlichen.[1965]

Schlussendlich drohen auf der Rechtsfolgenseite keine erhöhten Schutzdiskrepanzen, solange die separat Verantwortlichen jeweils dazu verpflichtet sind, sämtliche datenschutzrechtliche Pflichten hinsichtlich der von ihnen kontrollierten Verarbeitungsvorgänge einzuhalten, die datenschutzrechtlichen Regelungen auch in Haftungsfragen greifen und bei der Hervorhebung separater Verantwortlichkeiten gewährleistet wird, dass Betroffene ihre Rechte effektiv adressieren und durchsetzen können.[1966] Solange die betroffenen Personen dazu befähigt sind, die Rollenzuweisungen nachzuvollziehen, einzelne Akteure zu identifizieren und mit diesen in Kontakt zu treten, um ihre Betroffenenrechte geltend zu machen, kann ein gleichwertiges Schutzniveau auch durch die Zuordnung von Alleinverantwortlichkeiten gewährleistet werden.[1967] Aus teleologischer Perspektive ist es oftmals nicht notwendig, eine extensive Auslegung des Rechtsinstitut der gemeinsamen Verantwortlichkeit zu forcieren, um einen angemessenen Betroffenenschutz zu gewährleisten.[1968] Diverse Konstellationen lassen sich über die Zuweisung getrennter Verantwortlichkeiten sachgerecht auflösen. Aufgrund des Umstandes, dass eine extensive Auslegung des Verantwortlichkeitstatbestandes die Gefahr von Fehladressierungen steigert, vermag die kohärente Zuteilung von Alleinverantwortlichen die Betroffenen mitunter sogar effektiver zu schützen.

II. Verbleibende Schwerpunktbereiche gemeinsamer Verantwortlichkeiten

Durch die Akzentuierung autonomer Einfluss- und Verantwortungsbereiche wird die Zuordnung datenschutzrechtlicher Verantwortlichkeiten in multipolaren Verarbeitungsszenarien bereits bedeutend vorstrukturiert. Ausgehend von den für Alleinverantwortlichkeiten prägenden

[1963] *Kartheuser/Nabulsi*, MMR 2018, 717 (720).
[1964] *Janicki*, FS Taeger 2020, S. 214.
[1965] *Kartheuser/Nabulsi*, MMR 2018, 717 (720); *Rücker/Brandt*, DB 2019, 2451 (2453); *Lee/Cross*, MMR 2019, 559 (562).
[1966] *Schreiber*, ZD 2019, 55 (60); *Janicki*, FS Taeger 2020, S. 214; *Lee/Cross*, MMR 2019, 559 (562); *Golland*, Datenverarbeitung in sozialen Netzwerken, S. 128; siehe auch *EDPB*, Guidelines 02/2021 (Version 2.0), Rn. 40, wonach die Rollenzuteilung auch in komplexen Szenarien nicht zum Nachteil der betroffenen Personen gehen darf.
[1967] Vgl. *Nebel*, FS Roßnagel 2020, S. 353.
[1968] In diesem Sinne auch *Kartheuser/Nabulsi*, MMR 2018, 717 (720).

Strukturmerkmalen können Sachverhalte nunmehr dahingehend untersucht werden, ob im Hinblick auf verbleibende Verarbeitungsabschnitte gemeinsame Verantwortlichkeiten anzunehmen sind. Auch in diesem Zusammenhang dienen die elaborierten verantwortlichkeitsbegründenden sowie verantwortlichkeitsbegrenzenden Elemente dazu, die Rollenzuteilung zu plausibilisieren. Ergibt die Betrachtung einzelner Verarbeitungsverfahren sowie der tatsächlichen Entscheidungsstrukturen im Einzelfall, dass abgrenzbare Einflussbereiche innerhalb eines Kooperationsverhältnisses nicht bestehen, eröffnet sich der Anwendungsbereich des Rechtsinstituts der gemeinsamen Verantwortlichkeit.

1.) Kooperatives Zusammenwirken auf einer gemeinsamen Infrastruktur

Sich überlagernde Verantwortungsbereiche entstehen, wenn Verarbeitungsvorgänge zugleich von mehreren Beteiligten signifikant beeinflusst werden. Ein klassisches Szenario des kooperativen Zusammenwirkens ergibt sich im Kontext gemeinsamer Projekte, die auf einer von mehreren Stellen kontrollierten Infrastruktur ausgeführt werden. Im Zentrum steht dabei zumeist die Errichtung einer technisch-physischen Infrastruktur für die Verfolgung eines projektbezogenen Zwecks. Um einzelne Projekte umzusetzen, werden gemeinsame Anwendungen, Datenbanken sowie Verarbeitungsplattformen geschaffen (vgl. DSGVO-Erwägungsgrund 92). Zu den Projekten gehören beispielsweise gleichberechtigte Forschungskooperationen auf gemeinsamen Forschungsdatenbanken, Datenbanken für gemeinsame Marketingmaßnahmen und Werbekampagnen, die eine gemeinsame Datennutzung innerhalb des IT-Systems ermöglichen oder konzerninterne Datenbanken zur Implementierung von Kontaktverzeichnissen oder CRM-Systemen, die den involvierten Konzernunternehmen die Möglichkeit geben, gleichberechtigt über die Inhalte der Verarbeitung zu bestimmen.[1969]

Kennzeichnend für derartige Projekte sind sowohl gleichgelagerte Ziele und Interessen als auch die engen Absprachen auf der Ebene der Verarbeitungsverfahren.[1970] Unter der Bedingung, dass nunmehr mehrere Stellen faktisch an der Errichtung und dem Betrieb einer gemeinsamen Infrastruktur in der Art beteiligt sind, dass sie einen bestimmenden Einfluss auf die zugrunde liegende Software, die betroffenen Personenkategorien, die bestehenden Gewährungen des Zugangs für Dritte sowie weitere, die Risikogeneigtheit einer Verarbeitung betreffende

---

[1969] Siehe dazu die Beispiele „Travel agency" und „Research project by institutes" *EDPB*, Guidelines 07/2020 (Version 2.1), Rn. 68; siehe ausführlich zur gemeinsamen Verantwortlichkeit für die Verarbeitung von Forschungsdaten an Hochschulen *Schwartmann*, OdW 2020, 77 (80 ff.); siehe dazu auch das Beispiel „Clinical Trials" *EDPB*, Guidelines 07/2020 (Version 2.1), Rn. 68; differenzierend zum Datenschutz in klinischen Prüfungen *Hiller*, PharmR 2020, 589 (593 f.); siehe zu der gemeinsamen Nutzung einer Datenbank durch wirtschaftlich verbundene Unternehmen *Schild*, in: Wolff/Brink/v. Ungern-Sternberg, BeckOK Datenschutzrecht, 52. Edition Stand: 01.05.2025, Art. 4 Rn. 91a.

[1970] Vgl. *Radtke*, Gemeinsame Verantwortlichkeit unter der DSGVO, S. 214.

Festlegungen haben, erstreckt sich der Anwendungsbereich der gemeinsamen Verantwortlichkeit auf die auf der Infrastrukturlösung ausgeführten Verarbeitungsvorgänge.[1971] Abseits der im untrennbaren Zusammenhang mit dem Wirken mehrerer Stellen stehenden Verarbeitungsvorgänge verbleiben weiterhin Anwendungsbereiche separater Verantwortlichkeiten hinsichtlich der unabhängigen, außerhalb der gemeinsamen Infrastruktur ablaufenden Vor- und Folgeverarbeitungen.[1972]

2.) Komplementierendes Wirken durch Bereitstellung und Integration standardisierter Tools und anderer Infrastrukturen

Eine verantwortlichkeitsbegründende Beeinflussung derselben Verarbeitungsvorgänge durch mehrere Akteure kann ferner in Szenarien vorliegen, die strukturell dadurch gekennzeichnet sind, dass das vorbereitende, begleitende sowie konkretisierende Wirken eines Akteurs die daran anknüpfenden und von einer anderen Entität im Schwerpunkt administrierten Verarbeitungsvorgänge bedingt und prägt. Während im Kontext unabhängig initiierter bzw. ausgelöster Vorgänge sowie abstrakter Ermöglichungshandlungen autonome Einflussbereiche akzentuiert werden können, verkompliziert sich die trennscharfe Differenzierung in Konstellationen, in denen eine Stelle die in einer bestimmten Art und Weise eingerichteten Verarbeitungsmittel für einen anderen Akteur zur Verfügung stellt, diese Verarbeitungsmittel in der Form technischer Systeme genutzt werden und auf dieser Grundlage personenbezogene Daten Dritter verarbeitet werden.[1973]

Neben der begründungspflichtigen Verantwortung des Anbieters[1974] rückt unter dem Erfordernis eines erhöhten Begründungsaufwandes auch eine Mitverantwortlichkeit (privater) Nutzer für die initiale Erhebung personenbezogener Daten Dritter in Betracht. Auch im Kontext einer im Schwerpunkt durch einen Drittanbieter administrierten Datenverarbeitung kann aus dem komplementierenden Wirken der Nutzer technischer Systeme eine gemeinsame Verantwortlichkeit erwachsen. Das Erfordernis für eine etwaige Mitverantwortlichkeit bleibt das kollusive Zusammenwirken hinsichtlich konkretisierter Datenverarbeitungsvorgänge, bei dem die Beteiligten vom Handeln des jeweils anderen Akteurs im Rahmen eines positiven Bedingungszusammenhangs bewusst profitieren. Am Maßstab der wertungsmäßigen Differenzierung zwischen in hohem Maße abstrakten, die ermöglichten Verarbeitungsvorgänge inhaltlich nicht

---

[1971] Vgl. *EDPB*, Guidelines 07/2020 (Version 2.1), Rn. 68; siehe dazu *Hartung*, in: Kühling/Buchner, DS-GVO/BDSG, 4. Aufl. 2024, Art. 26 Rn. 20 f.

[1972] Vgl. *EDPB*, Guidelines 07/2020 (Version 2.1), Rn. 68.

[1973] Siehe dazu *EDPB*, Guidelines 07/2020 (Version 2.1), Rn. 64 f.

[1974] Grundlegend zur verantwortlichkeitsbegründenden Einflussnahme durch die Zurverfügungstellung informationstechnischer Systeme Kap. F. I. 2.) f.).

ausgestaltenden Ermöglichungshandlungen und Vorbereitungs- bzw. Begleithandlungen mit konkretisierenden Elementen ist im Rahmen einer wertenden Betrachtung des Einzelfalls zu untersuchen, ob die Relevanzschwelle einer Mitverantwortlichkeit jeweils überschritten wird.[1975]

Neben der Voraussetzung, dass das zielgerichtete sowie komplementierende Wirken dem Gesamtgepräge nach darauf ausgerichtet sein muss, Datenverarbeitungsvorgängen eine Grundlage zu schaffen, kann ein konkretisierendes Momentum aus der Fähigkeit erwachsen, die Verarbeitungsvorgänge über die Auswahl technischer Funktionen sowie räumlicher und zeitlicher Parameter mit auszugestalten. Je konkreter festgelegt werden kann, welche personenbezogenen Daten auf der Grundlage des eigenen Handelns verarbeitet werden, desto eher ist auch von einer Mitverantwortlichkeit des die Verarbeitungsgrundlage setzenden Akteurs auszugehen.

a.) Einbindung externer Online-Tracking-Technologien

Um die eigene Webpräsenz um neue Funktionalitäten und Inhalte zu erweitern, werden vermehrt von Dritten programmierte Werbebanner, Videos, sowie Tracking- und Analytics-Mechanismen auf Webseiten eingebunden.[1976] Die technische Ausgestaltung der Drittinhalte kann dabei verschieden ausgestaltet sein. Oftmals beschränkt sich deren Funktionsweise nicht auf die Bereitstellung von Inhalten. In zunehmendem Maße wird durch deren Einbindung auch die Erhebung sowie Übermittlung von personenbezogenen Daten der Nutzer der Webpräsenz bedingt. Mitunter werden personenbezogene Daten der Webseitenbesucher durch das bloße Besuchen der Webseite direkt an den Anbieter des Drittinhalts gesendet, dort gespeichert und weiterverarbeitet. Neben der technisch unvermeidbaren Weiterleitung der IP-Adresse können darüber hinaus auch weitere personenbezogene Daten weitergegeben und ausgewertet werden sowie Cookies des Drittanbieters auf dem Endgerät des Webseitenbesuchers gesetzt, gespeichert und ausgelesen werden.[1977]

[1975] In diesem Sinne auch *Radtke*, Gemeinsame Verantwortlichkeit unter der DSGVO, S. 226; ähnlich *Wagner*, ZD 2018, 307 (309).
[1976] Allein Google Analytics wird laut Schätzungen auf mehr als 70 Mio. Webseiten eingesetzt, siehe Google Analytics Usage Statistics, abrufbar unter: https://trends.builtwith.com/analytics/Google-Analytics (zuletzt abgerufen am 31.07.2025); siehe dazu auch *Lee/Cross*, MMR 2019, 559.
[1977] Siehe dazu *Lee/Cross*, MMR 2019, 559.

Gegenwärtig besitzen insbesondere auf Cookies[1978] beruhende Tracking-Technologien[1979] für Webseitenbetreiber eine hohe Bedeutung, um sowohl die Funktionalität und Sicherheit auf Webseiten zu gewähren als auch das Nutzungsverhalten zu analysieren sowie Besucher mit interessenbasierter Werbung anzusprechen.[1980] Dem Umstand geschuldet, dass spätestens dann, wenn Cookies durch ein Trackingprogramm ausgelesen werden, auch personenbezogene Daten (Browserinformationen, Verweildauer, IP-Adresse etc.) verarbeitet werden,[1981] stellt sich die Frage nach der korrekten Verantwortlichkeitszuordnung zwischen den Beteiligten.

Während die datenschutzrechtliche Verantwortlichkeitszuordnung im Zwei-Parteien-Verhältnis dahingehend zu erfolgen hat, dass dem Webseitenbetreiber, der im Rahmen seines Angebots selbst Webanalyse- oder Werbedienste nutzt und First-Party-Cookies[1982] platziert, um in administrierender Rolle die Daten der Nutzer zu erheben und weiterzuverarbeiten,[1983] die Rolle des Alleinverantwortlichen zuzusprechen ist, verkompliziert sich die Rollenverteilung im Drei-Personen-Verhältnis.[1984] Unter der Voraussetzung, dass Tracking-Cookies nicht als First-Party-Cookies von dem jeweiligen Betreiber der Webpräsenz selbst gesetzt werden, sondern deren Integration von externen, im Eigeninteresse handelnden Anbietern in der Form des sog. „Third-Party-Trackings"[1985] administriert wird, ist fraglich, welche Entitäten die initiale Datenverarbeitung zu verantworten hat. Wenngleich in begrenzten Einzelfällen auch im Kontext der

[1978] Sog. „Cookies" sind Datensätze, die von einem Webserver erzeugt und nach dem Verbindungsaufbau an einen Webbrowser gesendet und daran anschließend in der Form einer Cookie-Datei auf der Festplatte des Endgeräts abgelegt werden. Cookies können zahlreiche Informationen enthalten, mit denen die Surfer identifiziert werden können, wozu neben der E-Mail-Adresse auch der Klarname gehören kann. Auch die IP-Adresse des Nutzers, die zu den personenbezogenen Daten gezählt wird, wird durch die meisten Tracking-Cookies erfasst, siehe dazu *Hanloser*, ZD, 2018, 213 f.

[1979] Siehe im Überblick zu den verschiedenen Methoden zur Wiedererkennung von Endgeräten *Hanloser*, ZD, 2018, 213 f.; siehe zu einzelnen Plugins/Tools *Kremer*, CR 2019, 676 (681); ausführlich zu technischen Grundlagen von Webtracking-Tools *Hoeren*, ZD 2011, 3 (3 f.); *Keppeler*, DB 2018, 2225 (2226 f.).

[1980] Vgl. *Böhm/Halim*, MMR 2020, 651 f.; siehe ausführlich zu den Möglichkeiten der Online-Werbung sowie der Analyse von Webangeboten *Lachenmann*, in: Koreng/Lachenmann, DatenschutzR-FormHdB, 4. Aufl. 2025, Kap. F. I. 5. und 7.

[1981] Für den Fall, dass in den Cookies auch ID-Nummern gespeichert werden, kann regelmäßig auch der Browser identifiziert werden. Je mehr Daten mithilfe von Tracking-Cookies einem Nutzer zugeordnet und zu Profilen zusammengefasst werden, desto eher ist von einem Personenbezug (vgl. Art. 4 Nr. 1 DSGVO) auszugehen, siehe dazu *Keppeler*, DB 2018, 2225 (2226); die Aufsichtsbehörden scheinen davon auszugehen, dass ein Personenbezug per se bei der Verwendung jedes Cookies vorliegt, vgl. *DSK*, Positionsbestimmung zur Anwendbarkeit des TMG für nicht-öffentliche Stellen ab dem 25. Mai 2018, S. 3; siehe zu der Verarbeitung personenbezogener Daten bei der Nutzung von Google Analytics *Hoeren*, ZD 2011, 3 f.

[1982] Ausführlich zu den technischen Grundlagen und der Implementierung der zumeist ausschließlich vom Webseitenbetreiber verwendeten Cookies *Wenhold*, Nutzerprofilbildung durch Webtracking, S. 56 f.

[1983] Unter Verweis auf den Betrieb des Analyse-Tools „Matomo", das auf den eigenen Servern gehostet wird *Kremer*, CR 2019, 676 (681); *Lachenmann*, in: Koreng/Lachenmann, DatenschutzR-FormHdB, 4. Aufl. 2025, Kap. F. I. 5 Anm. 4 f.

[1984] Siehe zu der Diskussion *Wenhold*, Nutzerprofilbildung durch Webtracking, S. 145 ff.

[1985] Sog. „Third-Party-Tracking" ist eine Tracking Methode im Online-Marketing, bei der Third-Party-Cookies (deutsch „Drittanbietercookies") verwendet werden. Third-Party-Cookies sind eine Sonderform der konventionellen Cookies, die nicht vom Betreiber der Webseite selbst, sondern von einem werbetreibenden Drittanbieter (z.B. einer Affiliate Marketing Plattform) mit dem Ziel vielfältige Daten aus unterschiedlichen Quellen zu sammeln, platziert werden; siehe zu den technischen Grundlagen *Wenhold*, Nutzerprofilbildung durch Webtracking, S. 56 f.

Nutzung von Drittinhalten von vorrangig durch den Nutzer kontrollierten, unabhängig initiierten Verarbeitungsvorgängen ausgegangen werden kann,[1986] ist umstritten, ob auch im Fall einer schwerpunktmäßig durch den Inhaber eines Tracking-Tools vorgenommenen Datenerhebung eine Mitverantwortlichkeit des Webseitenbetreiber für die initiale Verarbeitung anzunehmen ist.

Unter Verweis darauf, dass das Tätigwerden der Webseitenbetreiber nur als eine abstrakte Vorfeldhandlung sowie als notwendige Bedingung für die später erfolgende Datenerhebung zu qualifizieren sei, begegnet die Verantwortlichkeitszuordnung an den Webseitenbetreiber nachvollziehbaren Einwänden.[1987] Zugleich ist jedoch anzuerkennen, dass es im Kontext der aktiven Integration externer Tracking-Technologien sowie von Werbemaßnahmen, bei denen Werbebanner in die Webseiten mittels eines iframes eingebunden werden, im Detail schwerfällt, autonome Einfluss- und Verantwortungsbereiche hervorzuheben, wenn ein Akteur die eigene Webpräsenz in der Form bewusst und zielgerichtet ausgestaltet, dass einem anderen Akteur die Möglichkeit gegeben wird, die Webseitenbesucher zu tracken.

Für eine präzise Verantwortlichkeitszuordnung sollte deshalb im Einzelfall dahingehend differenziert werden, wie unabhängig der die Cookies setzende Akteur die jeweilige Webpräsenz nutzen kann, um personenbezogene Daten Dritter zu erheben und wie ausgeprägt sich der Entscheidungsbeitrag des Webseitenbetreibers auswirkt. Sachverhalte, in denen Webseitenbetreiber Tracking-Tools oder andere Drittinhalte nach eigenen Vorstellungen über einen Code im HTML-Text der Webseite einbinden, sind von vornherein von einem substanziellen Abhängigkeitsverhältnis geprägt. Gesetzt den Fall, dass der Drittanbieter in technischer bzw. organisatorischer Hinsicht auf das direkte Tätigwerden oder die Zustimmung des Betreibers der Webpräsenz angewiesen ist, rückt auch der die Tracking-Technologie initial integrierende Webseitenbetreiber in den Fokus der Verantwortlichkeit.[1988]

Je konkreter der Webseitenbetreiber durch die zielgerichtete Auswahl der implementierten Tracking-Technologie sowie einzelner Parameter auf die Datenverarbeitungsmodalitäten einwirken kann, desto eher ist es unter Legitimationsgesichtspunkten auch sachgerecht, von einem kollusiven Zusammenwirken auszugehen, die datenschutzrechtliche Mitverantwortlichkeit für

[1986] Dazu Kap. H. I. 2.) a.).
[1987] Siehe dazu *Wenhold*, Nutzerprofilbildung durch Webtracking, S. 146 f. m.w.N.
[1988] Vgl. *Hacker*, Datenprivatrecht, S. 139, wonach dem einbindenden Akteur eine signifikante Entscheidungsgewalt im Hinblick auf die Datenerhebung zukommt, wenn es ohne die Einbindung des Tracking-Instruments gar nicht erst zu einer Cookie-Platzierung und der daran anknüpfenden Datenerhebung kommt; siehe zu dem Rollenverhältnis zwischen dem Softwareanbieter von Web-Tracking-Software und dem Betreiber einer Plattform *Conrad/Licht/Strittmatter*, in: Auer-Reinsdorff/Conrad, IT- und Datenschutzrecht, 3. Aufl. 2019, Teil C. § 22 Rn. 225; siehe auch *Kremer*, CR 2019, 676 (681), der eine gemeinsame Verantwortlichkeit für alle dem „Gefällt Mir“-Button vergleichbaren Plugins in Betracht zieht und den Anwendungsbereich auch auf das *Facebook* Pixel, das *LinkedIn* Insight-Tag sowie weitere Analyse- und Heatmap-Tools erstreckt.

die initiale Erhebung auf den Webseitenbetreiber zu erstrecken und wertungsmäßige Unterschiede zu abstrakten Ermöglichungs- bzw. Vorfeldhandlungen anzuerkennen.[1989] Unter Effektivitätsgesichtspunkten ist es plausibel, auch den die entsprechende Tracking-Technik implementierenden Akteur zu adressieren. Für den Webseitenbetreiber besteht die Möglichkeit, durch die Deaktivierung der Tracking-Technik sowie anderer Drittinhalte die Datenerhebung unmittelbar zu stoppen. Aus der Verantwortlichenstellung des Webseitenbetreibers erwächst eine direkte Anreizwirkung zum sorgsamen Umgang mit personenbezogener Daten Dritter im Zusammenhang mit der Nutzung externer Tracking-Technologien.

Gesetzt den Fall, dass der das Third-Party-Tracking administrierende Akteur nicht auf ein konkretisierendes Tätigwerden oder die Zustimmung des passiv agierenden Betreibers der Webpräsenz angewiesen sein sollte, ist es unter Legitimationsgesichtspunkten hingegen sachgerecht, die datenschutzrechtliche Verantwortlichkeit für die initiale Erhebung sowie etwaige Weiterverarbeitungen zu Analysezwecken allein ihm zuzuordnen und den Beitrag des Webseitenbetreibers als eine abstrakte, die Schwelle einer Mitverantwortlichkeit nicht überschreitende Ermöglichungs- bzw. Vorfeldhandlung zu qualifizieren.

b.) Integration vernetzter Gegenstände

Um das eigene Umfeld durch technische Funktionen zu ergänzen und mit externen Diensten zu erweitern, werden immer häufiger mit Informations- sowie Kommunikationstechnik ausgestattete, alltägliche Gegenstände in die eigene Lebensumgebung integriert.[1990] Auch im Kontext der Konnektivität physischer Objekte und deren Gebrauch ist die technische Ausgestaltung des jeweiligen Systems entscheidend, um Rückschlüsse auf die datenschutzrechtliche Rollenzuteilung zu ziehen.

Die Informationen, die durch die mit Sensorik sowie Rechenleitung ausgestatteten Gegenstände erfasst werden, können auf dem Gerät selbst verbleiben und systemintern ausgewertet werden. Die einen Drittzugriff unterbindende Ausgestaltung technischer Systeme bewirkt, dass sich auch die Verarbeitung personenbezogener Daten von Besuchern, Familienangehörigen und

[1989] In diesem Sinne bereits *Art.-29-Datenschutzgruppe*, WP 169, S. 28 f., wonach in Abhängigkeit von den Bedingungen der Zusammenarbeit zwischen dem Anbieter und dem Webseitenbetreiber auch eine gemeinsame Verantwortlichkeit bestehen könne; i.E. auch *Hacker*, Datenprivatrecht, S. 144; unter Verweis auf die Einbindung von Google Analytics *Pytel*, ITRB 2021, 43 (46); siehe dazu auch *TLfDI*, 3. Tätigkeitsbericht zum Datenschutz nach der DSGVO, S. 214 f., wonach die Vorgänge der Datenerhebung und der Datenübermittlung im Kontext der Nutzung von Google Analytics einen einheitlichen Sachverhalt darstellen, in dem die verschiedenen Aspekte der Verarbeitung nur als Ganzes einen Sinn ergeben; siehe zu der gemeinsamen Verantwortung bei der Einbindung von Werbebannern mittels iframe/Plugin *Lachenmann*, in: Koreng/Lachenmann, DatenschutzR-FormHdB, 4. Aufl. 2025, Vorbemerkung zu Kap. F. I. 7.

[1990] Grundlegend zu gegenwärtigen Strukturverschiebungen Kap. B. II.; siehe auch *Roßnagel*, in: Simitis/Hornung/Spiecker gen. Döhmann, DSGVO/BDSG, 2. Aufl. 2025, Art. 2 Rn. 30.

anderen Personen auf das Zwei-Parteien-Verhältnis zwischen dem Nutzer des Gegenstandes sowie dem Betroffenen beschränkt. Dem Nutzer, der selbstbestimmt und unabhängig informationstechnische Systeme integriert, um in administrierender Rolle die Daten anderer Personen zu erheben und weiterzuverarbeiten, ist die Rolle des Alleinverantwortlichen zuzusprechen.
Um die Funktionsangebote der mit den vernetzten Gegenständen einhergehenden Dienste vollumfänglich zu nutzen, wird durch die Einbindung vernetzter Gegenstände jedoch in zunehmendem Maße auch die Einbeziehung der Systemanbieter bedingt. Unter der Voraussetzung, dass die personenbezogenen Daten einem Zugriff durch die Anbieter der Systeme oder sonstiger Dritter ausgesetzt sind, auf externe Server gelangen und dort weiterverarbeitet werden, entstehen Drei-Personen-Verhältnisse, die eine Rollenverteilung zwischen den Nutzern und den Anbietern erfordern. Abseits der primär durch den Nutzer zu verantwortenden Datenübermittlungen und -offenlegungen im Kontext initiierender Handlungen und selbstständig ausgelöster Vorgänge ist fraglich, welche Stellen die Datenverarbeitungsvorgänge zu verantworten haben, die bei dem aus Nutzersicht maßgeblich bezweckten Einsatz des Systems unter Einbeziehung der Anbieter anfallen.[1991]

Gesetzt den Fall, dass die Sachverhaltsanalyse im Einzelfall auf eine im Schwerpunkt durch den Anbieter des vernetzten Produkts vorgenommene Datenerhebung schließen lässt, ließe sich argumentieren, die Integration vernetzter Gegenstände in das eigene Umfeld lediglich als eine abstrakte, die Schwelle einer Mitverantwortlichkeit nicht überschreitende Vorfeldhandlung zu qualifizieren. Doch auch im Kontext der aktiven Integration vernetzter Gegenstände lassen sich die Einfluss- und Verantwortungsbereiche der Beteiligten nicht pauschal trennen, wenn sich die Nutzer selbstbestimmt neuer Technologien bedienen, um ihrerseits einen eigenständigen Vorteil daraus zu ziehen.[1992] Die präzise Verantwortlichkeitszuordnung erfordert eine Differenzierung dahingehen, wie unabhängig der Systemanbieter agiert, um personenbezogene Daten zu erheben und wie ausgeprägt sich der Entscheidungsbeitrag des das System integrierenden Akteurs auf die operative Datenverarbeitung auswirkt.

Wenngleich es für gewöhnlich die Anbieter sind, die die grundlegende technische Konzeption der vernetzten Gegenstände festlegen, die allgemeinen Einsatzmöglichkeiten des Systems vorzeichnen und über Softwareupdates fortwährend auf die Datenverarbeitungsvorgänge wirken können, ist anzuerkennen, dass auch die Nutzer einen gewissen Einfluss auf die Datenverarbeitungsmodalitäten besitzen.[1993] Für den Nutzer besteht zunächst die Auswahlmöglichkeit hinsichtlich der konkreten IoT-Anwendung und der Festlegung des räumlichen Umfeldes sowie

[1991] Siehe zu der Thematik *Wagner*, ZD 2018, 307 (309).
[1992] Vgl. *Wagner*, ZD 2018, 307 (309 f.); *Roßnagel/Kroschwald*, ZD 2014, 495 (496).
[1993] Zu dem Entscheidungsspielraum des einen Softwarecode einbindenden Akteurs siehe Kap. F. I. 2.) e.) bb.).

der zeitlichen Nutzung. Vernetzte Gegenstände sind jeweils mit unterschiedlicher Sensorik ausgestattet, die sich unmittelbar auf die Art und Weise sowie den Umfang der Verarbeitung personenbezogener Daten Dritter auswirkt. In Abhängigkeit der Auswahl und Beschaffenheit des integrierten Systems können zudem technische Individualisierungsoptionen hinzukommen, deren Ausgestaltung die Datenverarbeitungsmodalitäten direkt betreffen, die von den Systemanbietern abgeleiteten Nutzungsmöglichkeiten individuell ausgestalten und unmittelbare Auswirkungen auf die Zielgruppen sowie die Kategorien personenbezogener Daten haben können.[1994] Je konkreter der Nutzer durch die zielgerichtete Auswahl des vernetzten Gegenstandes sowie einzelner Parameter auf die Datenverarbeitungsmodalitäten einwirken kann, desto eher ist es unter Legitimationsgesichtspunkten zu rechtfertigen, von einer die Schwelle einer Mitverantwortlichkeit überschreitenden Beeinflussung der Schlüsselelemente auszugehen und aus den sich gegenseitig bedingenden Einwirkungssphären auf eine die initiale Datenerhebung und -weiterleitung betreffende gemeinsame Verantwortlichkeit mit dem Systemanbieter zu schließen.[1995]

In Anbetracht der Problematik, dass die Systemanbieter häufig in keinem direkten Kontakt zu den Personen stehen, deren personenbezogene Daten von dem System verarbeitet werden, ist es auch unter Effektivitätsgesichtspunkten schlüssig, die Nutzer entsprechender Systeme ebenfalls zu adressieren.[1996] Durch die Unterlassung der Systemnutzung kann die Datenverarbeitung direkt unterbunden werden. Aus der Verantwortlichenstellung des Nutzers erwächst zudem eine direkte Anreizwirkung zum sorgsamen Umgang mit personenbezogenen Daten Dritter und für eine nähere Befassung mit dem Gefährdungspotenzial der integrierten Systeme.

Eine abweichende Verantwortlichkeitszuordnung kann indes geboten sein, wenn der Systemanbieter die Datenverarbeitungsmodalitäten in Unabhängigkeit vom Nutzer ausgestaltet, die Datenerfassung in Unkenntnis des Nutzers erfolgt und dessen Wirken von vornherein nicht auf die Verarbeitung personenbezogener Daten ausgerichtet ist. Im Hinblick auf eine weitgehend unabhängig administrierte Datenerhebung durch den Systemanbieter ist es unter Legitimationsgesichtspunkten sachgerecht, die datenschutzrechtliche Verantwortlichkeit für die initiale Erhebung sowie etwaige Weiterverarbeitungen allein dem Systemanbieter zuzuordnen und den

[1994] Vgl. *Skistims*, Smart Homes, S. 378; siehe am Beispiel von Connected Cars *Weichert*, Datenverarbeitung und Datenschutz bei Tesla-Fahrzeugen, Gutachten (Stand: 19.10.2020), S. 20 f.

[1995] Ähnlich *Wagner*, ZD 2018, 307 (310), der allerdings nicht auf die die Datenverarbeitungsmodalitäten ausgestaltende Einflussnahme abstellt, sondern die bloße Nutzung des Systems in den Vordergrund der Argumentation stellt und damit eine streng kausale Betrachtung zugrunde legt; vgl. auch *Weichert*, Datenverarbeitung und Datenschutz bei Tesla-Fahrzeugen, Gutachten (Stand: 19.10.2020), S. 21 f.

[1996] *Wagner*, ZD 2018, 307 (311).

Beitrag der Systemnutzung als eine abstrakte, die Schwelle einer Mitverantwortlichkeit nicht überschreitende Vorfeldhandlung zu qualifizieren.

3.) In externe Einfluss- und Zugriffsbereiche hineinwirkende Ausgestaltungsbeiträge

Weitere relevante Fallkonstellationen, in denen die verantwortlichkeitsbegründende Beeinflussung derselben Verarbeitungsvorgänge durch mehrere Akteure erfolgen kann, zeichnen sich in ihrer Grundstruktur dadurch aus, dass die im direkten Macht- sowie Zugriffsbereich einer Stelle ausgeführten Verarbeitungsvorgänge über technische bzw. organisatorische Konfigurationsmöglichkeiten auch relevant von externen Stellen ohne direkten Datenumgang oder -zugriff beeinflusst werden. Der Anwendungsbereich einer gemeinsamen Verantwortlichkeit eröffnet sich in Bereichen, in denen sowohl dem konfigurierenden Akteur als auch dem der direkten Ausführung nahestehenden Akteur die Determinierung grundlegender Dimensionen einer bestimmten Datenverarbeitung möglich ist. Auf der Grundlage des wechselseitigen Wirkens kann sich die Mitverantwortung des konfigurierenden Akteurs entlang einer chronologisch ablaufenden Verarbeitungskette auch auf zeitlich nachgelagerte Glieder erstrecken.
Eine besondere Bedeutung besitzt diese Fallgruppe im Kontext wiederkehrender, allgegenwärtiger und zumeist digitalisierter Verarbeitungsprozesse, die sich durch die Nutzung von durch andere Stellen zur Verfügung gestellten Infrastrukturumgebungen (z.B. Rechenkapazität, Datenspeicher, Netzwerkkapazitäten etc.) auszeichnen und externe IT-Dienstleistungen umfassen. Neben der Einbindung von Dritt-Dienstleistern durch Cookies und ähnliche Technologien für Online-Werbung und andere Zwecke sind unterschiedlichste Outsourcing-Konstellationen und Cloud-Anwendungen omnipräsent.[1997]
Dabei ist es für die Inanspruchnahme diverser Dienste charakteristisch, dass die Nutzer bzw. Kunden interaktiver Anwendungen aus einer passiven Rolle heraustreten. Im Gegensatz zu der passiven Nutzung von Webpräsenzen, Fanpages und Nutzerprofilen[1998] treten die Nutzer in eine aktive Rolle, wenn von ihnen relevante Konkretisierungs- und Ausgestaltungsbeiträge geleistet werden. Das Wirken der Nutzer beschränkt sich immer häufiger nicht mehr auf die bloße Bereitstellung bzw. Zugänglichmachung von personenbezogenen Daten mit Drittbezug, sondern vermehrt gehen mit der Interaktion zwischen den Nutzern sowie den Anbietern informationstechnischer Systeme komplexe Folgeverarbeitungen einher, an denen beide Stellen partizipieren.

[1997] Ausführlich dazu *Missling*, in: Weitnauer/Mueller-Stöfen, BeckFormB-IT-R, 6. Aufl. 2025, Kap. C. 9.; siehe dazu auch *Koglin*, in: Koreng/Lachenmann, DatenschutzR-FormHdB, 4. Aufl. 2025, Kap. G. VI. 1. Anm. 1 ff.
[1998] Dazu Kap. H. I. 2.) c.) bb.).

Die Beurteilung dieser Folgeverarbeitungen ist von bedeutender datenschutzrechtlicher Relevanz, sobald personenbezogene Daten mit Drittbezug betroffen sind. Während hinsichtlich aller Weiterverarbeitungen, die ein gänzlich eigenes, neues Ergebnis der Diensteanbieter zur Folge haben, die Zuordnung datenschutzrechtlicher Alleinverantwortlichkeiten naheliegt[1999] und Auftragsverarbeitungen bei einer hierarchischen Unterordnung des verarbeitungsnahen Akteurs in den Fokus rücken,[2000] verkompliziert sich die Akzentuierung autonomer Einfluss- und Verantwortungsbereiche im Kontext von nutzerseitig veranlassten Konkretisierungs- und Ausgestaltungsbeiträgen, die in den direkten Einfluss- und Zugriffsbereich von im Eigeninteresse handelnden Anbietern wirken. Unter der Prämisse, dass die Diensteanbieter bezüglich der in Rede stehenden Verarbeitungsprozesse tatsächlich einen eigenen, nicht delegationsfähigen Entscheidungsspielraum über deren Schlüsselelemente ausüben und ein regelhafter Zugriff auf personenbezogene Daten möglich oder vorgesehen ist, entstehen Drei-Personen-Verhältnisse, im Rahmen derer mehrere potenziell Verantwortliche wirken.[2001]

Mit den Diensteanbietern bzw. Betreibern agieren dabei zumeist kommerziell tätige Stellen, denen in der Regel die Festlegung der übergeordneten Verarbeitungsmodalitäten auf der jeweiligen Infrastrukturumgebung obliegt. Sie stellen initial die technische Infrastruktur bereit, die es anderen Akteuren erlaubt, personenbezogene Daten in das System einzubringen und von den angebotenen Diensten zu profitieren. Die Aktivierung und Deaktivierung einzelner Funktionalitäten sowie die übergeordnete Kontrolle über den der Infrastrukturumgebung zugrunde liegenden Quellcode sind typischerweise Ausdruck ihrer zentralen Stellung.

Je nach Ausgestaltung der Infrastrukturumgebung können spezifische Detailfestlegungen getroffen werden, die die Art und Menge der zu verarbeitenden Daten unmittelbar betreffen. Neben die Diensteanbieter, die die Infrastrukturumgebungen häufig mit der Intention betreiben, das Datenaufkommen auf der Anwendungsumgebung zu maximieren, um daraus direkt oder mittelbar eigene Vorteile zu ziehen, treten vermehrt die Nutzer bzw. Kunden, die im dezidierten Eigeninteresse bestimmte Vorgänge auf externen Verarbeitungsumgebung ablaufen lassen.

[1999] Dazu Kap. H. I. 2.) b.).

[2000] Siehe zu Ausnahmen, in denen der IT-Dienstleister eine Infrastrukturumgebung ohne eigene Zugriffsmöglichkeit auf den Informationsgehalt der personenbezogenen Daten und ohne Funktionsherrschaft am eigentlichen Verarbeitungsvorgang zur Verfügung stellt *Spoerr*, in: Wolff/Brink/v. Ungern-Sternberg, BeckOK Datenschutzrecht, 52. Edition Stand: 01.05.2025, Art. 28 Rn. 24b und 24d m.w.N.; dazu auch *Nink*, in: Spindler/Schuster, Recht der elektronischen Medien, 4. Aufl. 2019, 3. Teil DSGVO Art. 28 Rn. 8.

[2001] Ausführlich zu den Ausnahmen von der Auftragsverarbeitung im Kontext des Cloud Computing, siehe *Koglin*, in: Koreng/Lachenmann, DatenschutzR-FormHdB, 4. Aufl. 2025, Kap. G. VI. 1. Anm. 6 ff.; *Missling*, in: Weitnauer/Mueller-Stöfen, BeckFormB-IT-R, 6. Aufl. 2025, Kap. C. 9. Anm. 13; siehe beispielhaft zum eigenverantwortlichen Handeln der Betreiber sozialer Netzwerke *Golland*, Datenverarbeitung in sozialen Netzwerken, S. 131 f. m.w.N.; siehe dazu auch *Jandt/Roßnagel*, ZD 2011, 160, (163 f.); siehe zu potenziellen Mitverantwortlichkeiten bei der Cloud- oder SaaS-Nutzung sowie auf Plattformen und Social Media-Anwendungen *Spoerr*, in: Wolff/Brink/v. Ungern-Sternberg, BeckOK Datenschutzrecht, 52. Edition Stand: 01.05.2025, Art. 28 Rn. 24c ff.

Während eine verantwortlichkeitsbegründende Einflussnahme eines der Verarbeitung nahestehenden Akteurs mit der Fähigkeit zum direkten Datenumgang und -zugriff sowie einer dominierenden Stellung über die technisch-physische Infrastruktur oftmals naheliegt,[2002] bedarf die Einbeziehung externer Akteure indes eines gesteigerten Begründungsaufwandes. Obgleich im Grundsatz anzuerkennen ist, dass eine relevante Einwirkung auf den Ablauf bestimmter Verarbeitungsvorgänge auch ohne die Fähigkeit eines direkten Datenzugriffs und -umgangs erfolgen kann,[2003] muss im Rahmen einer wertenden Betrachtung der Gesamtumstände stets im Einzelfall dargelegt werden, dass durch die organisatorische Ausgestaltung eines Verarbeitungsrahmens bzw. die technische Konkretisierung von Individualisierungsoptionen tatsächlich signifikant in den Einfluss- und Zugriffsbereich des verarbeitungsnahen Akteurs gewirkt wird. Die für technische sowie für organisatorische Parametrierungen geltenden Mindestanforderungen bieten eine zu berücksichtigende Orientierungshilfe für die im Einzelfall vorzunehmende Ermittlung.[2004]

Dabei ist speziell in machtasymmetrischen, durch divergierende Einfluss- und Zugriffsmöglichkeiten geprägten Verarbeitungsszenarien bei der Begründung gemeinsamer Verantwortlichkeiten zurückhaltend zu verfahren. Mit dem direkt zugriffsbefähigten Akteur steht den Betroffenen in der Regel bereits ein naheliegender Adressat zur Verfügung. Faktisch beschränkte Zugriffsmöglichkeiten anderer potenziell mitverantwortlicher Akteure lassen sich unter Legitimationsgesichtspunkten nur über gesteigerte Kontroll- und Einflussmöglichkeiten kompensieren. Nur unter der Voraussetzung, dass sich aus den technischen bzw. organisatorischen Konfigurationen tatsächlich ein steuernder, die grundlegenden Verarbeitungsdimensionen determinierender Einfluss ableiten lässt und die konkrete Verarbeitung ohne das Tätigwerden des parametrierenden Akteurs relevant anders ausfiele, entstehen sich gegenseitig bedingende Einwirkungs- und Verantwortungssphären, die eine ergänzende Einbeziehung rechtfertigen können.

[2002] Siehe zu Ausnahmen *Alich/Nolte*, CR 2011, 741 (743), die im Hinblick auf Datenverarbeitungen beim Betrieb von Blogs davon ausgehen, dass der Host-Provider keinerlei Einfluss darauf nehmen könne, wann und zu welchen Zwecken Inhalte dem System zugeführt werden. Häufig würden die Betreiber nicht einmal wissen, dass personenbezogene Daten mit Drittbezug überhaupt verarbeitet werden; ähnlich *Hacker*, Datenprivatrecht, S. 145; siehe zu Ausnahmen bei der Wartung von IT-Anlagen und beim Server-Hosting *Spoerr*, in: Wolff/Brink/v. Ungern-Sternberg, BeckOK Datenschutzrecht, 52. Edition Stand: 01.05.2025, Art. 28 Rn. 24b f.

[2003] In diesem Sinne auch EuGH [GK], Rs. C-25/17, *Zeugen Jehovas,* ECLI:EU:C:2018:551 Rn. 70; EuGH [GK], Rs. C-210/16, *ULD Schleswig-Holstein/Wirtschaftsakademie Schleswig-Holstein,* ECLI:EU:C:2018:388 Rn. 36.

[2004] Dazu Kap. G. I. 2.).

a.) Wechselseitige Konkretisierungs- und Ausgestaltungsbeiträge im Social Media-Kontext

Am Beispiel der Nutzung von Social Media-Diensten lässt sich anschaulich verdeutlichen, dass sich das Wirken der Nutzer diverser Online-Anwendungen nicht auf die bloße Bereitstellung bzw. Zugänglichmachung von Daten beschränkt, sondern dass mit der Interaktion zwischen ihnen sowie den Anbietern informationstechnischer Systeme oftmals komplexe Folgeverarbeitungen einhergehen. Im Social Media-Kontext sind mannigfaltige Speicher-, Offenlegungs- oder Analysevorgänge allgegenwärtig, die auf der durch die Anbieter verwalteten Infrastrukturumgebung ablaufen.

Je nach Ausgestaltung des Dienstes kann das Wirken der Nutzer relevante Konkretisierungs- und Ausgestaltungsbeiträge umfassen, die öffentlichkeitswirksame Vorgänge, wie das Veröffentlichen und Zugänglichmachen von mit personenbezogenen Daten Dritter versehenen Statusupdates bzw. Kommentaren, das Teilen von Inhalten mit Drittbezug sowie weitere Verbreitungsformen, betreffen. Neben den vornehmlich durch Nutzer initiierten Offenlegungsvorgängen können auf der Infrastrukturumgebung zusätzlich umfangreiche Profilbildungs- sowie Analysevorgänge zu vornehmlich werblichen Zwecken ablaufen,[2005] die Datennutzung zu Produktoptimierungszwecken betrieben werden, sowie Datenweiterleitungen an andere Stellen erfolgen. In Bezug auf die tatsächlich ablaufenden Vorgänge ist jeweils festzustellen, ob und inwieweit sich wegen der Ausgestaltung bzw. Konkretisierung bestehender Individualisierungsoptionen (Mit-)Verantwortlichkeiten rechtfertigen lassen.

Bezogen auf die Offenlegungsvorgänge in sozialen Netzwerken und anderen Online-Plattformen ist diesbezüglich zu erkennen, dass den Nutzern in der Regel ausgeprägte Einflussfähigkeiten zustehen, die deren Risikogeneigtheit direkt betreffen. Oftmals erfolgt bereits die initiale Dateneingabe im differenzierten Eigeninteresse. Neben der Einflussnahme auf die inhaltliche Ausgestaltung bzw. Bearbeitung der jeweiligen Publikation können die Nutzer häufig auch einen bestimmten Grad an Öffentlichkeit determinieren, die Publikationen an ein bestimmtes Publikum ausrichten sowie Festlegungen darüber treffen, wie lange ein Eintrag in der konkreten Gestalt zugänglich sein soll.[2006] Dabei geht es den Nutzern üblicherweise gerade darum, dass Daten auf der Infrastrukturumgebung des Anbieters gespeichert werden, um den eigenen Zielvorstellungen entsprechend weiterverarbeitet werden zu können.[2007] Mit den die Datenspeicherung veranlassenden Nutzern agieren wiederum die die technisch-physische Infrastruktur administrierenden Betreiber sozialer Netzwerke, die – soweit sie tatbestandlich nicht streng

[2005] Siehe ausführlich zu der gezielten Ansprache von Nutzern in sozialen Netzwerken (sog. „Targeting") sowie den Rollen zwischen Social-Media-Anbietern und Targetern *EDPB*, Guidelines 8/2020 (Version 2.0), Rn. 42 ff.
[2006] Vgl. *Kroschwald*, ZD 2013, 388 (389); *Jandt/Roßnagel*, ZD 2011, 160 f.
[2007] Vgl. *Golland*, Datenverarbeitung in sozialen Netzwerken, S. 152.

weisungsgebunden agieren – häufig eigene Festlegungen darüber treffen können, wer dem Nutzer zur Auswahl steht und welche Inhalte angezeigt werden.[2008]

Obgleich die zusammenwirkenden Akteure in der Regel unterschiedliche Partikularinteressen verfolgen,[2009] profitieren sie im Kontext diverser Verarbeitungsvorgänge vom Tätigwerden des jeweils anderen. In Anbetracht des wechselseitigen Wirkens lassen sich die Einflussbereiche oftmals kaum mehr sinnvoll voneinander trennen. Vor allem dann, wenn die Anbieter ergänzend darüber bestimmen, wer dem Nutzer zur Auswahl steht, welche Inhalte wem angezeigt werden und sich die Veröffentlichung der Daten auf der Grundlage der durch den Anbieter getroffenen Voreinstellungen automatisiert vollzieht, liegt die Annahme einer gemeinsamen Verantwortlichkeit nahe, die sowohl die im Hintergrund verarbeiteten Daten über die Systemnutzung (sog. „Nutzungsdaten“) als auch die geteilten oder eingegebenen Inhalte (sog. „Inhaltsdaten“) betrifft.[2010]

Während für von Nutzern selbst initiierte und intendierte Offenlegungsvorgänge ein verantwortlichkeitsbegründender Einfluss dargelegt werden kann, der im Falle eines streng weisungsgebundenen Auftretens des Diensteanbieters auch eine Alleinverantwortlichkeit rechtfertigen kann, bedarf die plausible Einbeziehung in eine Mitverantwortlichkeit für darüberhinausgehende Folgeverarbeitungen indes eines erhöhten Begründungsaufwandes. Aufgrund der Tatsache, dass umfangreiche Datenanalysen und Profilbildungen, die Datennutzung zur Produktoptimierung oder Datenweiterleitungen an Drittunternehmen zumeist im originären Eigeninteresse der Diensteanbieter liegen, ist ihnen auch typischerweise daran gelegen, eine möglichst weitreichende Kontrolle über die dafür erforderlichen Verarbeitungsverfahren auszuüben. Um neben diesen wirkmächtigen Akteuren eine ergänzende Einbeziehung der Nutzer rechtfertigen zu können, müssen auch sie die Verarbeitungsmodalitäten auf technischer Ebene signifikant beeinflussen können.

Konkretisierungs- und Ausgestaltungsbeiträge, die sich in der operativen Ausgestaltung von Folgeprozessen faktisch niederschlagen, können in Einzelfällen auch im Social Media-Kontext ausgeübt werden. Über die Auswahl konkreter Analysekriterien obliegt es beispielsweise den Fanpage-Betreibern auf bestimmten Social Media-Plattformen, einzelne Datenanalysen den

---

2008 *Golland*, Datenverarbeitung in sozialen Netzwerken, S. 155.

2009 Siehe dazu *Golland*, Datenverarbeitung in sozialen Netzwerken, S. 152 ff.

2010 Ähnlich Wagner, ZD 2018, 307 (310 f.); siehe dazu auch *Hacker*, Datenprivatrecht, S. 145, der bei einer aktiven Beteiligung durch die Nutzer mitunter auch von einer Letztentscheidungsgewalt der Endnutzer ausgeht; einen anderen Zuordnungsansatz verfolgend *Golland*, Datenverarbeitung in sozialen Netzwerken, S. 155, der die Beteiligten zwar als Verantwortliche deklariert, jedoch in der Zusammenschau die Figur von Parallelverantwortlichkeiten zugrunde legt; a.A. *Spoerr*, in: Wolff/Brink/v. Ungern-Sternberg, BeckOK Datenschutzrecht, 52. Edition Stand: 01.05.2025, Art. 26 Rn. 74, der aus der privaten sowie behördlichen Nutzung von sozialen Plattformen generell keine gemeinsamen Verantwortlichkeiten ableitet und den Anwendungsbereich stattdessen auf den Bereich der gewerblichen Nutzung beschränkt.

eigenen Vorstellungen entsprechend ablaufen zu lassen. Die Individualisierungsoptionen ermöglichen teilweise eine dem Zielpublikum sowie den Zielen der Steuerung oder Förderung des eigenen Tätigwerdens entsprechende Parametrierung.[2011]
Unter der Voraussetzung, dass auf der Basis der finalen Kriterienfestlegung tatsächlich bestimmte Statistiken und Berichte erstellt werden, lässt sich eine ergänzende Einbeziehung der parametrierenden Akteure rechtfertigen. Dem Umstand geschuldet, dass die Letztentscheidungsgewalt jedoch üblicherweise bei den Anbietern verbleibt, wird die Einbeziehung der Nutzer für gewöhnlich einen Nachweis der eigenen Entscheidungsgewalt in Form des Erhalts konkreter Verarbeitungsergebnisse erfordern. Letztlich stellt der Erhalt von auf den Nutzer zugeschnittenen Verarbeitungsergebnissen ein wichtiges Indiz für einen die Mitverantwortlichkeit begründenden Entscheidungsbeitrag dar.[2012]
Gesteigerte Entscheidungsfähigkeiten im Verhältnis zu den Social Media-Anbietern besitzen häufig Akteure, die den Dienst primär deshalb nutzen, um Nutzer sozialer Netzwerke gezielt anzusprechen. Als Teil ihres Geschäftsmodells bieten viele Social-Media-Anbieter sog. „Targeting"- Dienste an. Dabei handelt es sich um Dienste zur gezielten Ansprache von Social Media-Nutzern. Über die Auswahl bestimmter Individualisierungsoptionen wird es natürlichen oder juristischen Personen durch den Targeting-Dienst ermöglicht, spezifische, den eigenen Interessen entsprechende Botschaften und Inhalte an die Nutzer des sozialen Netzwerks zu übermitteln, um kommerzielle, politische oder sonstige Interessen zu fördern.[2013] Die gemeinsame Kontrolle, die die Targeter sowie die Social Media-Anbieter ausüben erstreckt sich in der Regel auf die Verarbeitung personenbezogener Daten, die sich aus der Auswahl der maßgeblichen Targeting-Kriterien sowie der Anzeige der Werbung bei der jeweiligen Zielgruppe ergeben.[2014]

[2011] Vgl. EuGH [GK], Rs. C-210/16, *ULD Schleswig-Holstein/Wirtschaftsakademie Schleswig-Holstein,* ECLI:EU:C:2018:388 Rn. 36; a.A. *Nink*, in: Spindler/Schuster, Recht der elektronischen Medien, 4. Aufl. 2019, 3. Teil DSGVO Art. 28 Rn. 9; siehe ausführlich zu der gezielten Ansprache von Nutzern in sozialen Netzwerken (sog. „Targeting") sowie den Rollen zwischen Social-Media-Anbietern und Targetern *EDPB*, Guidelines 8/2020 (Version 2.0), Rn. 42 ff.

[2012] In diesem Sinne auch EuGH [GK], Rs. C-210/16, *ULD Schleswig-Holstein/Wirtschaftsakademie Schleswig-Holstein,* ECLI:EU:C:2018:388 Rn. 37-38, wonach der Betreiber einer Fanseite von Facebook verlangen kann, dass der Plattformbetreiber ihm demografische Daten seiner Zielgruppe mitteilt, die ihm ganz allgemein ermöglichen, sein Informationsangebot so zielgerichtet wie möglich zu gestalten.

[2013] Siehe *EDPB*, Guidelines 8/2020 (Version 2.0), Rn. 2 und 42 ff.

[2014] *EDPB*, Guidelines 8/2020 (Version 2.0), Rn. 46.

b.) Verwobene Einfluss- und Verantwortungsbereiche im Kontext weiterer Cloud- bzw. Outsourcing-Anwendungen

Neben Verarbeitungsszenarien, in denen wie im Social Media-Kontext die Diensteanbieter typischerweise eine im Verhältnis zu den Nutzern dominante Stellung innehaben und weitreichend im originären Eigeninteresse agieren, erstreckt sich die allgegenwärtige Inanspruchnahme externer (IT-)Dienstleistungen auch auf eine große Anzahl weiterer Verarbeitungsszenarien, in denen spezifische IT-Services auf Ersuchen der Kunden durch spezialisierte Dienstleister erbracht oder ganze Geschäftsprozesse in Cloud-Strukturen ausgelagert werden.[2015] Gesetzt den Fall, dass bei dieser Auslagerung datenintensiver Prozesse auch personenbezogene Daten mit Drittbezug auf der Infrastrukturumgebung des externen Dienstleisters verarbeitet werden, entstehen abermals Drei-Personen-Verhältnisse, die eine präzise Auseinandersetzung mit der datenschutzrechtlichen Rollenzuteilung erforderlich machen.

In Entsprechung der typischerweise vorzufindenden Interessenlage, der zufolge die Dienstleister eine eigene Verantwortlichenstellung meistens vermeiden wollen und die Auftraggeber häufig die Privilegierungswirkung der Auftragsverarbeitung ersuchen, wird die Inanspruchnahme externer (IT-)Dienstleistungen klassischerweise als Anwendungsfall der Auftragsverarbeitung i.S.d. Art. 28 DSGVO angesehen.[2016] Im Unterschied zu den im Social Media-Kontext skizzierten Rollenverhältnissen ist anzuerkennen, dass sich die betreffenden Auftragsszenarien üblicherweise durch eine wirkmächtigere Stellung der Kunden kennzeichnen. In Anbetracht der vielfältigen Kooperationsformen im Cloud- und Outsourcing-Kontext[2017] verbietet sich allerdings eine pauschale datenschutzrechtliche Rollenzuweisung.[2018]

[2015] Siehe dazu *Spittka*, DSRITB 2020, 41 (41 f.); siehe zu den Ausgestaltungsformen unterschiedlicher IT-Dienstleistungen *Spoerr*, in: Wolff/Brink/v. Ungern-Sternberg, BeckOK Datenschutzrecht, 52. Edition Stand: 01.05.2025, Art. 28 Rn. 24b ff.; siehe zum Outsourcing von IT-Leistungen sowie IT-gestützter Geschäftsprozesse *Thalhofer/Żdanowiecki*, in: Auer-Reinsdorff/Conrad, IT- und Datenschutzrecht, 3. Aufl. 2019, Teil C. § 19 Rn. 1-5.

[2016] Siehe zur Auftragsverarbeitung im Cloud Computing-Kontext *Koglin*, in: Koreng/Lachenmann, DatenschutzR-FormHdB, 4. Aufl. 2025, Kap. G. VI. 1. Anm. 6; beispielhaft zu Cloud-Speicherdiensten *EDPB*, Guidelines 07/2020 (Version 2.1), Rn. 30; siehe zum Cloud Computing sowie zu Outsourcing-Konstellationen auch *Thalhofer/Żdanowiecki*, in: Auer-Reinsdorff/Conrad, IT- und Datenschutzrecht, 3. Aufl. 2019, Teil C. § 19 Rn. 150 ff.; *Roßnagel*, ZD 2020, 296 (301); siehe zu Auftragsverarbeitungskonstellationen im Software as a Service-Kontext *Heydn*, MMR 2020, 435; *Spoerr*, in: Wolff/Brink/v. Ungern-Sternberg, BeckOK Datenschutzrecht, 52. Edition Stand: 01.05.2025, Art. 28 Rn. 24b f.; siehe zu Auftragsverarbeitungskonstellationen bei klassischen Hosting-Leistungen und verschiedenen Cloud-Modellen *Nink*, in: Spindler/Schuster, Recht der elektronischen Medien, 4. Aufl. 2019, 3. Teil DSGVO Art. 28 Rn. 9; siehe zum (IT-)Outsourcing und Outtasking *Gabel/Lutz*, in: Taeger/Gabel, DSGVO/BDSG/TTDSG, 4. Aufl. 2022, Art. 28 Rn. 17 f.

[2017] Der Begriff des „Outsourcings" (englisch: „outside resource using") betrifft im Allgemeinen Datenverarbeitungsszenarien, in denen Aktivitäten und Prozesse an Dritte ausgelagert werden. Wie beim Cloud Computing handelt es sich um die Nutzung externer Ressourcen für die Bewältigung eigener Geschäftsvorgänge, ausführlich zum Begriff des Outsourcings und dessen Bezügen zum Cloud Computing *Thalhofer/Żdanowiecki*, in: Auer-Reinsdorff/Conrad, IT- und Datenschutzrecht, 3. Aufl. 2019, Teil C. § 19 Rn. 1-5.

[2018] In diesem Sinne auch *Jotzo*, Der Schutz personenbezogener Daten in der Cloud, Teil 3. Rn. 155; siehe zu den verschiedenen Rollenkonstellationen *Koglin*, in: Koreng/Lachenmann, DatenschutzR-FormHdB, 4. Aufl. 2025,

Welches Ausmaß an Einfluss die Beteiligten auf die ablaufenden Verarbeitungsprozesse faktisch ausüben, muss stets für den Einzelfall eruiert werden. Den zuweilen generalisierenden Rollenzuweisungen kann deshalb nur insofern gefolgt werden, solange wie die Auftraggeber tatsächlich allein über die Schlüsselelemente der Verarbeitung entscheiden, indem sie die ihnen angebotenen Dienste gezielt für eigene Datenverarbeitungsprozesse einsetzen und die Anbieter den Vollzug der Datenverarbeitungen innerhalb der Grenzen des auf sie delegierbaren Entscheidungsspielraums[2019] ausführen.

Abseits dieser Grenzen eröffnet sich auch bei der sonstigen Inanspruchnahme externer (IT-)Dienstleistungen der Anwendungsbereich für Mitverantwortlichkeiten, wenn sich die Kunden die Entscheidungsgewalt über die Zielausrichtung oder die wesentlichen Verarbeitungsmittel zumindest punktuell mit den Diensteanbietern teilen.[2020] Gesetzt den Fall, dass der Dienstleister auf der Grundlage der Fähigkeit eines administrativen Datenzugriffs einen selbstbestimmten, weisungsfreien Datenumgang bewirkt[2021] oder über die eigenständige Ausgestaltung der Verarbeitungsverfahren den Umfang sowie die Risikogeneigtheit der Verarbeitung signifikant abändert, liegt je nach Komplexitätsgrad ein eigenverantwortliches Handeln nahe, das in Kombination mit etwaigen durch die Kunden ausgeübten Konkretisierungs- und Ausgestaltungsbeiträgen in einer gemeinsamen Verantwortlichkeit münden kann.[2022]

Am Beispiel unterschiedlich gelagerter Outsourcing-Konstellationen lassen sich Anwendungsszenarien von sich wechselseitig bedingenden Konkretisierungs- und Ausgestaltungsbeiträgen veranschaulichen. Während den die Gesamtkontrolle ausübenden Kunden in Anwendungsfällen des spezifischen IT-Outsourcings oftmals plausibel eine Alleinverantwortlichkeit zugeordnet werden kann,[2023] lassen sich die Einfluss- und Verantwortungsbereich speziell im Bereich

---

Kap. G. VI. 1. Anm. 6 ff.; siehe zur datenschutzrechtlichen Ambivalenz des Cloud Computings *Petri*, in: Simitis/Hornung/Spiecker gen. Döhmann, DSGVO/BDSG, 2. Aufl. 2025, Art. 28 Rn. 18 f.; *Ingold*, in: Sydow/Marsch, DS-GVO/BDSG, 3. Aufl. 2022, Art. 28 Rn. 23.

[2019] Dazu Kap. D. III. 3.) c.) aa.).

[2020] Vgl. *Conrad/Licht/Strittmatter*, in: Auer-Reinsdorff/Conrad, IT- und Datenschutzrecht, 3. Aufl. 2019, Teil C. § 22 Rn. 225; *Ingold*, in: Sydow/Marsch, DS-GVO/BDSG, 3. Aufl. 2022, Art. 28 Rn. 23.

[2021] Siehe dazu den Anwendungsfall von Microsoft 365 *Koglin*, in: Koreng/Lachenmann, DatenschutzR-FormHdB, 4. Aufl. 2025, Kap. G. VI. 1. Anm. 8; vgl. das Beispiel „Headhunters" *EDPB*, Guidelines 07/2020 (Version 2.1), Rn. 68.

[2022] Vgl. *Härting*, ITRB 2018, 167 (168 f.); *Jotzo*, Der Schutz personenbezogener Daten in der Cloud, Teil 3. Rn. 155 ff. und 170; *Spoerr*, in: Wolff/Brink/v. Ungern-Sternberg, BeckOK Datenschutzrecht, 52. Edition Stand: 01.05.2025, Art. 28 Rn. 24c; unter Verweis auf Software as a Service-Konstellationen *Koglin*, in: Koreng/Lachenmann, DatenschutzR-FormHdB, 4. Aufl. 2025, Kap. G. VI. 1. Anm. 8, wonach von den Anbietern regelmäßig weitere Zwecke einbezogen werden, die sich auf diverse Sicherheits- und Analysefunktionen beziehen und die Grundlage einer Mitverantwortlichkeit bilden; ähnlich *Hartung*, in: Kühling/Buchner, DS-GVO/BDSG, 4. Aufl. 2024, Art. 28 Rn. 48; *Ingold*, in: Sydow/Marsch, DS-GVO/BDSG, 3. Aufl. 2022, Art. 28 Rn. 23.

[2023] Siehe beispielsweise zur bloßen Anmietung von Rechenkapazitäten *Spittka*, DSRITB 2020, 41 (42); siehe zu Dienstleitungen, die sich beim Hosting in der Bereitstellung von Speicherplatz erschöpfen und keine Zugriffsmöglichkeiten des Rechenzentrumsbetreibers umfassen *Nink*, in: Spindler/Schuster, Recht der elektronischen Medien, 4. Aufl. 2019, 3. Teil DSGVO Art. 28 Rn. 8; siehe zu Outsourcing-Szenarien der rein praktischen oder technischen

des Business Process Outsourcings[2024] deutlich schwieriger voneinander trennen. In Anbetracht der Tatsache, dass die Dienstleister die ausgelagerten Tätigkeiten und Prozesse typischerweise im weitgehenden Eigenermessen wahrnehmen, dabei Umstände selbstbestimmt festlegen, die die Art und den Umfang sowie die Risikogeneigtheit der Datenverarbeitung für Betroffene direkt betreffen und einen direkten Zugriff auf die personenbezogenen Daten Dritter (z.B. von Beschäftigten oder Kunden) erhalten, wird der delegationsfähige Entscheidungsspielraum über die wesentlichen Verarbeitungsmittel oftmals überschritten sein.[2025]
Hinsichtlich der outsourcenden Akteure ist wiederum festzustellen, dass diese die Verarbeitungen auf der externen Infrastrukturumgebung typischerweise auf der Grundlage eigener Vorgaben ablaufen lassen. Unter der Voraussetzung, dass dem outsourcenden Akteur durch die Vorgabe eines auf technischen Konfigurationen bzw. vertraglichen Konkretisierungen beruhenden Verarbeitungsrahmens neben dem Dienstleister die Fähigkeit zukommt, eine signifikante Entscheidungsgewalt auf die Verarbeitungsmodalitäten auszuüben, lassen sich die Einfluss- und Verantwortungsbereiche oftmals nicht mehr sinnvoll voneinander trennen, mit der Folge, dass gemeinsame Verantwortlichkeiten entstehen können.[2026]

c.) Zusammenfassung

Im Kontext von in externe Einfluss- und Zugriffsbereiche hineinwirkenden Konkretisierungs- und Ausgestaltungsbeiträgen kommt der differenzierten Rollenzuweisung eine gesteigerte Bedeutung zu. In Abgrenzung zu Auftragsverarbeitungskonstellationen und Szenarien der bloßen Zusammenarbeit mit Datenweitergaben zwischen getrennt Verantwortlichen stellt die zumindest partielle Einflussnahme mehrerer Stellen auf die Zielausrichtung oder die wesentlichen Verarbeitungsmittel einer bestimmten Datenverarbeitung ein wiederkehrendes Strukturelement dar, das auch dann auf miteinander untrennbar verwobene Einfluss- und Verantwortungsbereiche schließen lässt, wenn der direkte Datenumgang nur einer Stelle obliegt.[2027] Die Fähigkeit zur verantwortlichkeitsbegründenden Einflussnahme kann sowohl über technische als auch organisatorische Konfigurationen erwirkt werden und ist nicht auf bestimmte Sachverhalte

Durchführung der Datenverarbeitung *Gabel/Lutz*, in: Taeger/Gabel, DSGVO/BDSG/TTDSG, 4. Aufl. 2022, Art. 28 Rn. 18 m.w.N.

[2024] Im Rahmen des Business Process Outsourcings (BPO) werden Geschäftsprozesse oder ganze Abteilungen auf einen konzerninternen oder externen Dienstleister verlagert, siehe dazu ausführlich *Spittka*, DSRITB 2020, 41 f.

[2025] *Spittka*, DSRITB 2020, 41 (45 ff.).

[2026] Siehe zu gemeinsamen Verantwortlichkeiten im Bereich des Business Process Outsourcings *Spittka*, DSRITB 2020, 41 (48 f.); eine gemeinsame Verantwortlichkeit auch bei der externen Lohnbuchhaltung erwägend *Härting*, DB 2020, 490; siehe zur gemeinsamen Verantwortlichkeit im Versicherungskonzern *Lehmann/Rettig*, VersR 2020, 464; siehe allgemein zur gemeinsamen Verantwortlichkeit bei der Arbeitsteilung im Konzern *Jung/Hansch*, ZD 2019, 143.

[2027] Siehe zu der untrennbaren Verwobenheit der Entscheidungsbeiträge von Facebook und den Fanpage-Betreibern *Arning/Rothkegel*, in: Taeger/Gabel, DSGVO/BDSG/TTDSG, 4. Aufl. 2022, Art. 4 Rn. 219.

beschränkt. Als verallgemeinerungsfähiges Kriterium ist eine Übertragbarkeit auf diverse Verarbeitungsszenarien mit Bezügen zu Cloud- und Outsourcing-Anwendungen statthaft, in denen über die Konfiguration bzw. Vorgabe bestimmter Parameter der Ablauf von im direkten Einfluss- und Zugriffsbereich anderer Akteure liegenden Datenverarbeitungsvorgängen signifikant beeinflusst werden kann.[2028]

[2028] Vgl. *Spindler/Dalby*, in: Spindler/Schuster, Recht der elektronischen Medien, 4. Aufl. 2019, 3. Teil DSGVO Art. 4 Rn. 19.

I. Schlussbetrachtung

I. Resümee und Ausblick

Das Ziel dieser Arbeit bestand darin, das im Detail vielschichtige Rollengefüge im europäischen Datenschutzrecht aufzuarbeiten, um aus der Zusammenschau des bestehenden Normengefüges mit den Grundstrukturen allgegenwärtiger Datenverarbeitungsszenarien allgemeingültige Zuweisungsgrundsätze und -merkmale abzuleiten. Diese sollen dazu beitragen, datenschutzrechtliche Rollenbilder zu plausibilisieren. Denn während die Zuordnung datenschutzrechtlicher Verantwortlichkeiten und weiterer Beteiligungsformen in übersichtlich strukturierten Zwei-Parteien-Verhältnissen zumeist konfliktärmer erfolgen kann, gestaltet sich die präzise, sachgerechte Rollenzuweisung in dezentralisierten, technologiegetriebenen Verarbeitungsumfeldern mit einer Mehrzahl an potenziell involvierten Akteuren deutlich herausfordernder.[2029] Aufgrund dessen, dass die Wirkbereiche verschiedener Akteure mitunter erheblich variieren und in Wechselwirkung zueinander stehen, nimmt die Komplexität weiter zu.

In Anbetracht dieses faktischen Wandels werden zunehmend Zweifel laut, ob das bestehende Normengefüge den daraus erwachsenden Herausforderungen überhaupt noch gerecht werden kann. Auch und gerade in der deutschen Rechtswissenschaft wird bemängelt, dass sich das vergleichsweise schematische Rollenmodell des Datenschutzrechts kaum mehr dazu eigne, datenschutzrechtliche Verantwortlichkeiten sachgerecht zuzuweisen. Die dichotome Struktur des Verantwortlichkeitskonzepts lasse sich mit den unterschiedlichen Rollen und abweichenden Kontroll- bzw. Einflussniveaus von kooperativ zusammenwirkenden Akteuren nur noch schwerlich in einen verhältnismäßigen Ausgleich bringen.[2030] Das von der Prämisse einer zentralen Entscheidungsgewalt geprägte Verantwortlichkeitsmodell sei aufgrund seiner Konzeption von vornherein kaum mehr dazu in der Lage, die diversen Schattierungen technischer Ebenen und Verantwortlichkeiten zu erfassen und sachgerecht aufzulösen.[2031]

Die eingehende Analyse des europäischen Verantwortlichkeits- und Beteiligungsgefüges sowie der einzelfallbezogenen EuGH-Rechtsprechung offenbart indessen, dass eine pauschal ablehnende Sichtweise gegenüber den rechtpolitischen Entscheidungen des Verordnungsgebers sowie deren Anwendung durch die Judikative nicht folgerichtig ist. Wenngleich anzuerkennen

[2029] Vgl. *Chen/Edwards/Urquhart/McAuley*, International Data Privacy Law 2020 (Vol. 10, No. 4), S. 290 ff.

[2030] Siehe beispielhaft *Hacker*, Datenprivatrecht, S. 132; ähnlich *Halim/Marosi*, ZD 2024, 333 (334); eine gesetzgeberische Ausdifferenzierung der Verantwortlichkeit für überfällig erachtend *Marosi*, (Gem-)Einsame Verantwortlichkeit im Datenschutzrecht, S. 63.

[2031] Vgl. *Hacker*, Datenprivatrecht, S. 129; kritisch mit Blick auf soziale Netzwerke *Nebel*, FS Roßnagel 2020, S. 341 (358); eine fehlende Evolution im Konzept der Verantwortlichkeit kritisierend *Marosi*, (Gem-)Einsame Verantwortlichkeit im Datenschutzrecht, S. 59 ff.

R. A. Hagen, *Datenschutzrechtliche Rollenzuweisungen*, DuD-Fachbeiträge,
https://doi.org/10.1007/978-3-658-49718-7_9

ist, dass der EuGH den dem Datenschutzrecht inhärenten Zielkonflikt zwischen einem möglichst umfassenden Betroffenenschutz und der drohenden Überinklusivität des Adressatenkreises datenschutzrechtlicher Pflichten durch eine in Teilen extensive Auslegung des datenschutzrechtlichen Verantwortlichkeitstatbestandes zu einseitig auflöst, ist dieser Befund nicht zum Anlass zu nehmen, um von einer systembedingten Unverrückbarkeit bzw. Zwangsläufigkeit der vorgenommenen Wertentscheidungen auszugehen.

Anstatt vorschnell eine rechtspolitische Abkehr von bestehenden Zuweisungs- und Schutzprinzipien unter der Gefahr der Erosion des vereinheitlichten Datenschutzrechts einzufordern, gilt es am Maßstab der das europäische Verantwortlichkeits- und Beteiligungskonzept prägenden Grundsätze die bestehenden Interpretations- und Gestaltungsspielräume vollends auszuschöpfen. Entgegen dem auch durch die Rechtsprechung vermittelten Eindruck bietet der bestehende Rechtsrahmen substanzielle Ansatzpunkte, um Rollenzuweisungen auch ohne die Zugrundelegung eines überinklusiven Zuordnungsansatzes sachgerecht vorzunehmen. In Abkehr von der Kritik, die sich auf die hohe Abstraktheit des datenschutzrechtlichen Regelungsgefüges kapriziert, ist vor allem anzuerkennen, dass die in hohem Maße abstrakten Rechtsbegriffe wiederum die Möglichkeit bieten, deutlich flexibler auf die sich wandelnde Lebenswirklichkeit zu reagieren.

Im Einklang mit den bestehenden Gestaltungsspielräumen bieten die Präzisierung verantwortlichkeitsbegründender sowie die Akzentuierung verantwortlichkeitsbegrenzender Merkmale die Möglichkeit, vermehrt autonome Einfluss- und Verantwortungsbereiche zu akzentuieren. Die Zugrundelegung eines an Einfluss- und Machtsphären orientierten Zuordnungsansatzes wirkt verallgemeinernden Tendenzen innerhalb der Rechtsprechungspraxis entgegen, verhindert, dass die notwendige Mitbestimmung in kooperativen Datenverarbeitungsszenarien zur Fiktion verkommt und legt den Grundstein für die Gewährleistung der erforderlichen Korrespondenz und Proportionalität zwischen der tatsächlichen Kontrolle und datenschutzrechtlichen Pflichtenadressierungen. Der Umstand, dass (Mit-)Verantwortliche auf der Sekundärebene grundsätzlich unbeschränkt für die von ihnen verantworteten Datenverarbeitungen einzustehen haben, wiegt von vornherein weniger schwer, wenn die Rollenzuweisung schon auf der Primärebene in Entsprechung der tatsächlich bestehenden Einflussfähigkeiten erfolgt.

Im Übrigen ist es essenziell, das datenschutzrechtliche Rollenmodell in seiner Gesamtheit zu erfassen und dabei die Vielgestaltigkeit des datenschutzrechtlichen Beteiligungsgefüges zu würdigen. In Entsprechung des dynamisch-prozesshaften Charakters der Rollenzuweisung sind in die Beurteilung komplexer Datenverarbeitungsszenarien sämtliche potenziell einschlägigen Kooperations- und Wirkzusammenhänge des europäischen Datenschutzrechts einzubeziehen.

Eine auf das Rechtsinstitut der gemeinsamen Verantwortlichkeit verengte Betrachtung multipolarer Verarbeitungsszenarien vermag nicht dem Umstand hinreichend Rechnung zu tragen, dass separate Einfluss- und Verantwortungsbereiche sowohl entlang von Verarbeitungsketten als auch in verschränkten Verarbeitungsstrukturen vorliegen können. Des Weiteren ist anzuerkennen, dass die Auftragsverarbeitung auch unter der Geltung der Datenschutzgrundverordnung von erheblicher, praktischer Relevanz ist und eine Adressierung von hinsichtlich der konkreten Datenverarbeitung außenstehenden Akteuren unstatthaft ist.

Obgleich die finale Rollenzuweisung stets eine Einzelfallbeurteilung der jeweiligen Datenverarbeitungskonstellation erfordert, lassen sich, ausgehend von den entwickelten Regulierungsprinzipien, Rückschlüsse auf die Grundstrukturen zukünftiger Rollenzuweisungen ableiten. Die vornehmlich digitalisierten Datenverarbeitungsprozesse der gegenwärtigen Lebenswirklichkeit sind durch wiederkehrende Strukturelemente gekennzeichnet, die auf bestimmte datenschutzrechtliche Beteiligungsformen schließen lassen. In ihrer Gesamtheit bilden die untersuchten Strukturebenen ein kohärentes Zuordnungsmodell, das der Vielgestaltigkeit gegenwärtiger Verarbeitungssituationen weitgehend gerecht wird.

Es bleibt abzuwarten, inwieweit die fortlaufende, sich weiter beschleunigende technologische Entwicklung die sich bereits abzeichnenden Dezentralisierungstendenzen weiter verstärken und Fragen nach einer grundsätzlichen Nachjustierung des datenschutzrechtlichen Verantwortlichkeits- und Beteiligungskonzepts gesteigert aufwerfen wird. Aufgrund der aufgezeigten Vorteile dürfte der an Macht- und Einflusssphären orientierte Zuordnungsansatz, unter Einbeziehung der entwickelten Regulierungsprinzipien, allerdings auch zukünftig einen zentralen Baustein im europäischen Datenschutzrecht darstellen.

II. Thesengeleitete Zusammenschau der Arbeitsergebnisse

Entsprechend ihres Verlaufs haben sich im Rahmen der Untersuchung des datenschutzrechtlichen Rollengefüges diverse Befunde und Schlussfolgerungen ergeben, die zusammengenommen die genannten Ergebnisse tragen.

Zu Kapitel B: Verarbeitung personenbezogener Daten im Strukturwandel

1. Als Folge des technologischen Wandels entstehen zunehmend komplexe, mehrgliedrige und datenintensive Verarbeitungsstrukturen, wobei die allgegenwärtige Fremdvergabe und Auslagerung von Dienstleistungen stellvertretend für omnipräsente Dezentralisierungstendenzen sowie die wachsende (digitale) Arbeitsteilung steht.
2. Die Anzahl der Akteure, die potenziell Zugriff auf personenbezogene Daten haben und Einfluss auf deren Verarbeitung nehmen, steigt in Korrelation zu der sich beschleunigenden Digitalisierung.
3. Neben die international tätigen Digitalkonzerne und Infrastrukturanbieter treten im Kontext der datenschutzrechtlichen Betrachtung verstärkt die Nutzer bzw. Kunden, die die technischen Innovationen in ihr Leben einbinden, um deren Funktionen zu nutzen und von ihnen zu profitieren.
4. Die ansteigende Komplexität allgegenwärtiger Datenverarbeitungsstrukturen hat unmittelbar beeinträchtigende Implikationen auf die rechtssichere Zuweisung datenschutzrechtlicher Rollen.
5. Zugleich besteht vor dem Hintergrund erweiterter Pflichten sowie erhöhter Bußgelder ein gesteigertes Bedürfnis nach tatsächlicher und rechtlicher Klarheit bei der Zuweisung datenschutzrechtlicher Rollen.
6. Pauschale bzw. undifferenzierte Rollenzuweisungen können einen verhältnismäßigen und sachgerechten Ausgleich des den Datenschutz prägenden Grundkonflikts zwischen einem möglichst umfassenden und wirksamen Betroffenenschutz sowie der Gefahr einer zu weiten Verantwortungsübertragung nicht interessengerecht auflösen.
7. Nur auf der Grundlage eines kohärenten Gesamtkonzepts mit allgemeingültigen Regulierungsprinzipien kann es gelingen, auch in Zeiten der Digitalisierung und Technologiedominanz auf allgegenwärtige Strukturverschiebungen mit differenzierten Lösungsansätzen zu reagieren und zugleich vereinheitlichte Rollenzuweisungen auf europäischer Ebene zu erwirken.

Zu Kapitel C: Dimensionen des Datenschutzes

8. Der Tradition des europäischen Datenschutzrechts entsprechend folgt auch die DSGVO einer dualistisch ausgerichteten Gegenstands- und Zielbeschreibung, indem sie neben dem Schutz natürlicher Personen, dem Grundrechtsschutz sowie dem Schutz von Grundfreiheiten zugleich den Schutz des freien Verkehrs personenbezogener Daten adressiert.

9. Das Recht auf Schutz personenbezogener Daten ist nicht uneingeschränkt, sondern im Hinblick auf seine gesellschaftliche Funktion zu betrachten und unter Wahrung des Verhältnismäßigkeitsprinzips gegenüber anderen Grundrechten abzuwägen.

10. Für die intendierte Zielerreichung einer Vollharmonisierung des europäischen Datenschutzrechts ist es essenziell, dass die Auslegung sowie Anwendung der DSGVO-Vorschriften autonom am Maßstab des Unionsrechts erfolgt, anstatt unter Bezugnahme partikularer Rechtsbegriffe sowie Auslegungsmethoden an Maßstäben des nationalen Rechts konturiert zu werden.

Zu Kapitel D: Die gesetzlichen Grundlagen des die datenschutzrechtlichen Rollenbilder betreffenden Normengefüges

11. Im Zentrum des datenschutzrechtlichen Rollengefüges steht die Figur des Verantwortlichen, dessen maßgebliche Bedeutung nicht nur in seiner Funktion als funktionaler Zuweisungsbegriff für weitreichende Pflichten auf der Primärebene sowie für Haftung und behördliche Sanktionen auf der Sekundärebene liegt, sondern auch darin, den Ausgangspunkt für die Abgrenzung zu weiteren Beteiligungsformen zu bilden.

12. Als eigenständige Schöpfung des europäischen Datenschutzrechts ist die Rolle des Verantwortlichen in der DSGVO durch europarechtlich harmonisierte Kriterien abschließend geregelt.

13. Konzeptionell hat sich das Verantwortlichkeitsmodell von einer statischen, unflexiblen Ausrichtung zu einem deutlich flexibleren und weiter gefassten Zuordnungsansatz weiterentwickelt, dem die Prämisse umfassender Verantwortlichkeiten zugrunde liegt.

14. Hinsichtlich der personellen Komponente des Verantwortlichkeitstatbestandes ist festzuhalten, dass (vermeintlich) privat agierende Akteure durch diverse, primär im digitalen Kontext ausgeführte Handlungen außerhalb des Haushaltsprivilegs tätig werden, selbst in den Fokus der datenschutzrechtlichen Verantwortlichkeit rücken und zu direkten Adressaten werden.

15. In Bezug auf die sachliche Begriffskomponente stellt der datenschutzrechtliche Zweckbegriff einen Fixpunkt im gesamten Datenschutzrecht dar, der die mit der konkreten Datenverarbeitung intendierte Zielsetzung umfasst.

16. Der datenschutzrechtliche Mittelbegriff erfasst die Modalitäten der Datenverarbeitung und damit die Art und Weise, wie ein bestimmtes Verarbeitungsergebnis bzw. -ziel erreicht wird, wobei die Begrifflichkeit über ein rein instrumentelles Verständnis hinausgeht und nicht nur die eingesetzten technischen Hilfsmittel, sondern sämtliche datenschutzrechtlich relevanten Umstände und Festlegungen umfasst, die die Risikogeneigtheit einer Verarbeitung prägen.

17. Am Maßstab der Risikogeneigtheit ist es sachgerecht, zwischen wesentlichen und unwesentlichen Mitteln zu differenzieren, wobei wesentliche Mittel – eng verbunden mit Umfang und Zweck der Verarbeitung – ausschließlich der Entscheidung des Verantwortlichen vorbehalten sind, während nicht wesentliche Mittel praktische Aspekte der technischen Umsetzung betreffen, die auch zur Disposition von Auftragsverarbeitern stehen.

18. Die synonym zu verstehenden Begrifflichkeiten „entscheiden über" (Art. 4 Nr. 7 Hs. 1 DSGVO), „bestimmen" (Art. 28 Abs. 10 DSGVO) sowie „festlegen" (Art. 26 Abs. 1 S. 1 DSGVO) beschreiben jeweils die faktische Entscheidungsgewalt, eine Kontrolle über die Schlüsselelemente einer konkreten Verarbeitung auszuüben.

19. Die Entscheidungsgewalt muss sich in einer gewichtigen Einflussnahme auf einen Verarbeitungsvorgang ausdrücken und sich auf dessen Gesamtgepräge auswirken. Ein faktischer Gestaltungsspielraum hinsichtlich der Rahmenbedingungen der operativen Datenverarbeitung ist dabei stets eine zwingende, gesetzliche Voraussetzung.

20. Um zu gewährleisten, dass Alleinverantwortliche auch diejenigen Verpflichtungen erfüllen können, die einen direkten Datenzugriff voraussetzen, sollte sich die übergeordnete, faktische Entscheidungsgewalt wenigstens in einer (potenziellen) Zugriffsmöglichkeit auf die Daten manifestieren.

21. Besteht keine Möglichkeit, direkt oder mittelbar auf die personenbezogenen Daten zuzugreifen, so stellt dies einen Ausdruck mangelnder faktischer, verantwortlichkeitsbegründender Kontrolle dar.

22. Aus dem Befund, dass der Begriff der Entscheidung wesentlich durch den Entschluss zur Verarbeitung und deren zielgerichtete Ausgestaltung gekennzeichnet ist, folgt, dass die

Verantwortlichkeitsbegründung neben dem Vorliegen eines objektiven Einflusselements auch das Vorliegen einer subjektiven Komponente voraussetzt.

23. Um zielgerichtet und den eigenen Interessen entsprechend auf einen Datenverarbeitungsvorgang einwirken zu können, ist das grundsätzliche Bewusstsein hinsichtlich der stattfindenden Verarbeitung sowie über die darauf ausgeübte Entscheidungsgewalt erforderlich.

24. Tatbestandlich erfordert die Verantwortlichkeitsbegründung, dass sich die Entscheidungsgewalt kumulativ über beide objektbezogenen Merkmale erstreckt. Dabei kann die Einflussnahme auf die Ausgestaltung eines technisch-organisatorischen Verarbeitungsverfahrens derart signifikant sein, dass zugleich das der Verarbeitung zugrundeliegende Ziel determiniert wird. Über technische und/oder organisatorische Maßnahmen, die den Bereich der wesentlichen Mittel betreffen, kann mittelbar auch die der Verarbeitung zugrundeliegende Zweckausrichtung beeinflusst werden. Es ist insofern anzuerkennen, dass zwischen diesen Elementen ein derart enger Wirkungs- bzw. Bedingungszusammenhang besteht, dass sie praktisch gleichgewichtet in die Beurteilung einzubeziehen sind.

25. Die Begrifflichkeit der Verarbeitung (Art. 4 Nr. 2 DSGVO) stellt den gegenständlichen Anknüpfungspunkt der Verantwortlichkeit und zugleich das Objekt der (gemeinsamen) Kontrollausübung dar, wobei ihre Konzeption dadurch geprägt ist, dass sie keinen Zustand adressiert, sondern stets eine Handlung voraussetzt, die einen Umgang mit den Daten zur Folge hat und dadurch eine Zustandsveränderung erzeugt; selbst automatisierte Verarbeitungsvorgänge müssen dabei letztlich auf eine menschliche Aktivität zurückführbar sein.

26. Ausgehend von diesem gegenständlichen Anknüpfungspunkt sind die Rollen eines jeden Beteiligten je Datenverarbeitungsvorgang bzw. -abschnitt zu bestimmen. Die Folge dieses sequenziellen Modells ist, dass eine Handlung im tatsächlichen Sinne, die mehrere Verarbeitungsschritte zur Folge hat, in Abhängigkeit des jeweiligen Abschnitts als Anknüpfungspunkt unterschiedlich gelagerter (gemeinsamer) Verantwortlichkeiten fungiert.

27. Ausgehend vom Tatbestand der alleinigen Verantwortlichkeit, der die Basis des Rollengefüges bildet, sind weitere datenschutzrechtliche Beteiligungsformen abzugrenzen. Die Rollenverteilung und -abgrenzung fußt dabei auf einem objektiv geprägten, sachbezogenen bzw. funktionellen Konzept.

28. Die Grenzziehung des tatbestandlichen Spannungsverhältnisses zwischen der Verantwortlichen- sowie der privilegierten Auftragsverarbeiterstellung hat am Maßstab der Differenzierung zwischen nicht delegierbaren Elementen und delegationsfähigen Entscheidungsspielräumen zu erfolgen.

29. Der skizzierte Wirkungszusammenhang zwischen wesentlichen Mitteln und Zwecken hat für das Verhältnis zum Auftragsverarbeiter zur Folge, dass dieser dazu aufgerufen ist, die Weisungen des Verantwortlichen zumindest in Bezug auf die Schlüsselelemente umzusetzen, um nicht selbst in die Verantwortlichenstellung zu wechseln.

30. Im Übrigen kommt ein Handeln als Auftragsverarbeiter von vornherein nur dann in Betracht, wenn tatsächlich ein aktiver Verarbeitungsvorgang i.S.v. Art. 4 Nr. 2 DSGVO im Auftrag des Verantwortlichen durchgeführt wird.

31. Ausgehend von der alleinigen Verantwortlichkeit ist neben der Auftragsverarbeitung das Rechtsinstitut der gemeinsamen Verantwortlichkeit als wichtigste pluralistische Beteiligungsform zu nennen, dessen Grundausrichtung – bereits in der Definition des Verantwortlichkeitsbegriffs angelegt – darin besteht, dass mehrere Akteure gemeinsam Verantwortung gegenüber Betroffenen tragen.

32. Durch die Hervorhebung dieses Rechtsinstituts trägt der europäische Gesetzgeber dem Umstand Rechnung, dass, bedingt und beschleunigt durch den strukturellen Wandel bei der Verarbeitung personenbezogener Daten, viele Datenverarbeitungsvorgänge nicht isoliert, sondern in komplexen, arbeitsteiligen Prozessen und im Zusammenwirken diverser Beteiligter erfolgen.

33. Über die Pflicht zum Abschluss einer gesonderten Vereinbarung soll sichergestellt werden, dass betroffene Personen dazu befähigt werden, ihre Rechte effektiv wahrzunehmen. Solange die vollständige Einhaltung sämtlicher Pflichten in Bezug auf die jeweilige Verarbeitung konfliktfrei abgedeckt und sichergestellt ist, steht die Aufteilung und Zuweisung von Einzelpflichten im Innenverhältnis zur freien Disposition der gemeinsam Verantwortlichen.

34. Im Hinblick auf die Rechtswirkung der Vereinbarung im Außenverhältnis ist anzuerkennen, dass Art. 26 Abs. 3 DSGVO primär die effektive Wahrnehmung von Betroffenenrechten betrifft und weitestgehend unabhängig von der Frage nach der Haftung sowie einer etwaigen gesamtschuldnerischen Haftung betrachtet werden sollte.

35. In engen Grenzen ist eine Freistellung von direkten Erfüllungsverpflichtungen im Rahmen der gemeinsamen Verantwortlichkeit begründbar, sofern es sich um symmetrische und transparent ausgestaltete Kooperationsverhältnisse handelt, in denen die Vereinbarung die tatsächlichen Funktionen und Beziehungen nach außen wirksam widerspiegelt; demgegenüber ist im Hinblick auf von Machtasymmetrien geprägten, intransparenten

Verarbeitungskonstellationen Zurückhaltung geboten, da der Gestaltungsfreiheit durch das Prinzip des Schutzes vor Informationsdefiziten und -asymmetrien äußerste Grenzen gesetzt sind.

36. Auf der Sekundärebene ergibt sich in Fällen gemeinsamer Verantwortlichkeit ein System der gesamtschuldnerischen Haftung bei Pflichtverletzungen (vgl. Art. 82 Abs. 2 S. 1 DSGVO und Art. 82 Abs. 4 DSGVO), innerhalb dessen eine Exkulpation aufgrund der Beweislastumkehr in Art. 82 Abs. 3 DSGVO nur in Ausnahmefällen möglich sein wird. Ein quotaler, in Abhängigkeit zum Grad des Mitverschuldens stehender Ausgleich kann nur im Innenverhältnis von den anderen schadensursächlich beteiligten Mitverantwortlichen über Regeressansprüche verlangt werden (vgl. Art. 82 Abs. 5 DSGVO).

37. Auf der Haftungsebene ist festzuhalten, dass die Übernahme von ergänzenden, in den datenschutzrechtlichen Haftungsmechanismus wirkenden Privilegierungen auf rechtliche Bedenken stößt.

38. Tatbestandlich ist für das Rechtsinstitut der gemeinsamen Verantwortlichkeit ein positiver Bedingungszusammenhang des gegenseitigen Wirkens prägend, im Rahmen dessen sich die Interessen der Beteiligten wechselseitig ergänzen.

39. Es besteht keine Zwangsläufigkeit, dass sich mehrere Akteure ausdrücklich auf bestimmte Ziele und Verarbeitungsmodalitäten einigen. Ein gemeinsamer Entscheidungsprozess bzw. eine konkrete Willenseinigung ist nicht obligatorisch. Eine abgestimmte Entscheidungsfindung in Analogie zweier sich deckender Willenserklärungen stellt bloß eines von mannigfaltigen Begründungsszenarien dar.

40. Nicht alle Arten von Partnerschaften oder Kooperationen implizieren auch die Einordnung als gemeinsam Verantwortliche. Die Häufung von zwei oder mehreren Verantwortlichen ist zwar notwendige, aber nicht hinreichende Bedingung für eine gemeinsame Verantwortlichkeit.

41. Kennzeichnend ist das bewusste und gewollte Profitieren vom gegenseitigen Wirken, wohingegen ein rein faktisches oder gar zufälliges Zusammenwirken regelmäßig nicht ausreicht, um das Rechtsinstitut zu begründen.

42. Dem Kongruenzmaßstab einer gemeinsamen Zweckgrundlage unterfallen auch komplementäre Verarbeitungsinteressen, die sich aus verbundenen Einzelentscheidungen ergeben können. Eine abstrahierte Zusammenschau der die Verarbeitung als Ganze leitenden Zwecke ist sachgerecht.

43. Einschränkende Interpretationsansätze, die unter der Prämisse einer hervorgehobenen Bedeutung der Zweckentscheidung zu dem Schluss gelangen, dass das Rechtsinstitut nur auf der Basis identischer bzw. übereinstimmender Zwecke begründet werden könne, überzeugen nicht. Auch Ansätze, denen zufolge die Erzielung eines geldwerten Profits durch gegenseitige Förderung eine generelle, den Anwendungsbereich der gemeinsamen Verantwortlichkeit einschränkende Voraussetzung darstelle, lassen sich kaum begründen.

44. Dass sich die konkreten Motivationslagen beteiligter Stellen im Detail unterscheiden, ist notwendigerweise dem Umstand geschuldet, dass es sich bei gemeinsam Verantwortlichen isoliert betrachtet, um jeweils eigenständig Verantwortliche handelt, die im differenzierten Eigeninteresse agieren.

45. Im offensichtlichsten Fall ergibt sich die gemeinsame Verantwortlichkeit aus einer gemeinsam getroffenen Festlegung. Den Regelfall bilden indes Szenarien, in denen die einzelnen Entscheidungsbeiträge verschiedener Entscheidungsträger nicht Ausfluss eines machtsymmetrischen Entscheidungsprozesses sind, sondern kollidieren und zugleich zeitlich, inhaltlich sowie ihrem Umfang nach auseinanderfallen.

46. Auch mehrere, für sich betrachtet verantwortlichkeitsbegründende Einzelentscheidungen ohne einen gemeinsamen Entscheidungsprozess, die miteinander verbunden sind, können tatbestandlich in einer gemeinsamen Verantwortlichkeit münden.

47. Um von verbundenen bzw. konvergierenden Einzelentscheidungen ausgehen zu können, muss eine Abhängigkeit in Form eines äquivalent-kausalen Abhängigkeitsverhältnisses bestehen. Das Ergebnis eines bestimmten Verarbeitungsvorgangs kann in seiner konkreten Ausgestaltung nur durch das Zusammenwirken der Akteure erzielt werden. Würde die konkrete Datenverarbeitung dadurch gestört, dass ein Beteiligter unkoordiniert wesentliche Verarbeitungsmodalitäten abändert, wäre dies ein gewichtiges Indiz für ein die gemeinsame Verantwortlichkeit kennzeichnendes Abhängigkeitsverhältnis.

48. Ein gemeinsames Festlegen erfordert zumindest die Kenntnis der Gesamtumstände sowie eine bewusste Billigung der Entscheidungsbeiträge der anderen beteiligten Stellen.

49. Die bloße Akzeptanz fremder Zweck- und Mittelfestsetzungen wirkt nicht verantwortlichkeitsbegründend.

50. Eine bloße Mitursächlichkeit begründet nicht zwangsläufig eine Mitverantwortlichkeit.

51. Die Fähigkeit zur steuernden Einflussnahme jedes Entscheidungsträgers auf eine konkrete Datenverarbeitung sowie bestimmte Datensätze muss sich stets aus der operativen

Ausgestaltung konkreter Datenverarbeitungsmodalitäten ergeben und auf die Zweckebene ausstrahlen. Entscheidend ist das Überschreiten der Relevanzschwelle einer jeden Teilentscheidung.

52. Abweichende Interpretationsansätze, denen zufolge auch alle Formen der Mitursächlichkeit, die sich auf das Persönlichkeitsrecht der betroffenen Person risikoerhöhend auswirken, als (mit-)verantwortlichkeitsbegründend angesehen werden, lassen sich mit den konzeptionellen Grundsätzen nicht vereinbaren und sind in ihrer Abstraktheit kaum dazu geeignet, dem Rechtsinstitut Kontur zu verleihen.

53. Insbesondere in Verarbeitungsszenarien, in denen die Letztentscheidungskompetenz bei einem Akteur verbleibt, ist bei der Begründung gemeinsamer Verantwortlichkeiten restriktiv zu verfahren. Konstellationen, in denen sich die Fähigkeit eines direkten Datenzugriffs auf einen Akteur konzentriert, deuten auf ein starkes Machtgefälle hin. Die alleinige Kontrolle über die konkrete Verarbeitung wird oftmals bei dem zugriffsberechtigten Akteur verbleiben.

54. Berufen sich die Beteiligten auf der Grundlage ihrer Zielvorstellungen auf gänzlich unterschiedliche Erlaubnistatbestände, stellt dies einen gewichtigen Anhaltspunkt für eine unzulässige Inkongruenz dar. Auch die Nutzung völlig unterschiedlicher Mittel stellt ein starkes Indiz gegen das Vorliegen einer gemeinsamen Verantwortlichkeit dar und deutet darauf hin, dass die mittelbezogene Einflussnahme verschiedene Abschnitte einer Datenverarbeitung betrifft.

Zu Kapitel E und F: Einzelfallbezogene Rollenzuweisungen durch den EuGH und deren Schlüssigkeit

55. Unter Verweis auf einen möglichst wirksamen und umfassenden Schutz betroffener Personen legt der EuGH den Verantwortlichkeitstatbestand fortwährend weit aus, mit der Folge, dass bei mehreren an einem Datenverarbeitungsvorgang Beteiligten zunehmend von gemeinsamen Verantwortlichkeiten auszugehen ist.

56. Dem Umstand geschuldet, dass die ergangenen Entscheidungen im Detail sehr unterschiedliche, individuelle Sachverhalte betreffen, scheidet eine pauschale und unreflektierte Übertragung auf ähnlich gelagerte Verarbeitungskonstellationen aus.

57. Aus der Perspektive des EuGH ist es auf den ersten Blick nachvollziehbar, möglichst viele und weitreichende Verantwortlichkeiten begründen zu wollen, um den Schutz betroffener Personen bestmöglich zu gewährleisten und Schutzlücken entgegenzuwirken. Die

pauschale Zugrundelegung gemeinsamer Verantwortlichkeiten erleichtert die Zuordnung in komplexen Verarbeitungsszenarien und führt zu einer scheinbaren Rechtssicherheit.

58. In Entsprechung der Argumentationslinie des EuGH ist anzuerkennen, dass sowohl die Kriterien der verantwortlichkeitsbegründenden Einflussnahme durch technische sowie organisatorische Konfigurationen als auch durch die Initiierung bestimmter Vorgänge mit dem skizzierten Regelungskonzept in Einklang zu bringen sind.

59. Die eingehende Analyse offenbart indessen, dass ein wesentlicher Ansatzpunkt für fundierte Kritik darin zu sehen ist, dass die Anforderungen an die verantwortlichkeitsbegründende Einflussnahme im Detail zu niedrig angesetzt und nicht hinreichend begründet sowie begrenzt werden.

60. Vereinzelt systemwidrige Argumentationsmuster gehen zudem zu Lasten der inhaltlichen Kohärenz. Entgegen dem durch den EuGH vermittelten Eindruck können weder aus der bloßen Akzeptanz vorgegebener Modalitäten noch aus einem Tätigwerden, das sich darauf beschränkt, anderen Stellen die Gelegenheit zur Datenverarbeitung einzuräumen, ohne selbst damit befasst zu sein, datenschutzrechtliche (Mit-)Verantwortlichkeiten abgeleitet werden.

61. Auch die urteilsübergreifende Tendenz, miteinander in kausalem Zusammenhang stehende Datenverarbeitungen pauschal als gemeinsame Verantwortlichkeiten zu qualifizieren, ist kritikwürdig. Die Grenzen zwischen Kooperation und gemeinsamer Verantwortlichkeit drohen vollends zu verschwimmen.

62. Bedingt durch die in Teilen extensive Auslegung droht die notwendige (Mit-)Bestimmung im Einzelfall zur reinen Fiktion zu verkommen.

63. In Folge der Rechtsprechung drohen mehr plurale Verantwortlichkeiten begründet zu werden, als zur Vermeidung von Schutzlücken tatsächlich nötig wären. Denn Verantwortlichkeitszuordnungen gehen ins Leere und es drohen Fehladressierungen, wenn die Adressaten den weitreichenden Verpflichtungen faktisch gar nicht mehr nachkommen können.

64. Die auf den ersten Blick scheinbar feststehende Prämisse, wonach die Einbeziehung möglichst vieler Beteiligter auch zwangsläufig zu einem besseren Schutz der Betroffenen führt und die optimale Wirkungskraft des Gemeinschaftsrechtsaktes nur durch eine möglichst extensive Auslegung gefördert werden kann, ist in ihrer Undifferenziertheit nicht haltbar.

65. Mit dem Flexibilisierungsansatz der graduellen Verantwortlichkeit sowie der einseitigen Überantwortung datenschutzrechtlicher Pflichten gelingt es dem EuGH auf der

Rechtsfolgenseite nicht konsistent, die tatsächlichen Einflussfähigkeiten zu den Pflichtenzuweisungen unter dem geltenden Rechtsrahmen in einen schlüssigen Ausgleich zu bringen.

66. Anstatt an einer mit Unsicherheiten behafteten und mit dem geltenden Recht kaum zu vereinbarenden „non-equal responsibility"-Formel festzuhalten, sollte der EuGH den Fokus schon auf der Primärebene der Verantwortlichkeitsbegründung auf eine differenzierende Einzelfallprüfung der jeweiligen Verarbeitungsschritte und tatsächlichen Einflussmöglichkeiten legen und innerhalb der strikt granularen Betrachtung die Verantwortlichkeitsgrenzen achten.

67. In der Gesamtschau entscheidet der EuGH den Konflikt zwischen Betroffenenschutz und Überinklusivität zu einseitig zugunsten eines umfassenden Betroffenenschutzes. Aus dieser Disbalance resultieren wiederum Folgekonflikte, die sowohl die Rechtsposition der potenziell Verantwortlichen als auch der Betroffenen beeinträchtigen können.

68. Speziell privat agierenden Nutzern informationstechnischer Systeme wird es infolge der Rechtsprechung schwerfallen, ihre Rechtsposition gegenüber den global tätigen Digitalkonzernen zu behaupten.

Zu Kapitel G: Präzisierungen, Korrekturansätze sowie ergänzende Gestaltungsspielräume unter dem bestehenden Regelungsgefüge

69. Auf der Tatbestandsebene ist eine differenziertere Betrachtung des allgemein als Ermöglichung bezeichneten Einflusskriteriums erforderlich. Anstatt pauschal auf Ermöglichungsbeiträge zu rekurrieren, ist eine Unterscheidung zwischen abstrakten Ermöglichungsbeiträgen, Vorfeld- bzw. Begleithandlungen mit konkretisierenden Elementen sowie konkreten Initiierungshandlungen sachgerecht.

70. Angesichts dessen, dass das Strukturmerkmal klassischer Ermöglichungen in der Aufteilung in den Ermöglichungsbeitrag eines Akteurs sowie sich anschließenden Verarbeitungsvorgängen, die auf dieser Grundlage ablaufen und durch eine andere Stelle konkretisiert bzw. administriert werden, besteht, beschreibt dieses Kriterium für sich genommen noch keinen konkreten Verarbeitungsvorgang, auf den Einfluss genommen werden kann.

71. Auf der Grundlage dieses Verständnisses ist es auch im Nachgang zur EuGH-Rechtsprechung verfehlt, allein auf die rein objektive Betrachtung von Kausalketten abzustellen und danach zu fragen, inwieweit die bloße Mitursächlichkeit eine datenschutzrechtliche Verantwortlichkeit nach sich zieht. Aus dem bloßen Setzen einer abstrakten Vorbedingung

erwächst nicht automatisch eine datenschutzrechtliche (Mit-)Verantwortlichkeit. Die Ausgestaltung der konkreten, die Grundrechte und Grundfreiheiten Betroffener belastenden Verarbeitungsvorgänge kann losgelöst von der die Vorbedingung setzenden Stelle erfolgen.

72. Wertungsmäßige Unterschiede zu in hohem Maße abstrakten, die nachfolgenden Verarbeitungsvorgänge inhaltlich nicht ausgestaltenden Ermöglichungsbeiträgen bestehen im Hinblick auf vorbereitende bzw. begleitende Handlungen, die nach ihrem Gesamtgepräge darauf ausgerichtet werden, bestimmten Verarbeitungsvorgängen eine Grundlage zu schaffen. Gesetzt den Fall, dass eine Vorfeldhandlung das Tätigwerden eines hinzutretenden Akteurs bedingt und zugleich auf eine bestimmte Art und Weise inhaltlich vorzeichnet, kann es im Einzelfall sachgerecht sein, eine Einheit aus der konkretisierenden Vorfeld- bzw. Begleithandlung sowie des daran ansetzenden Datenverarbeitungsvorgangs anzuerkennen.

73. Von den vorgenannten Szenarien sind wiederum konkrete Initiierungsbeiträge abzugrenzen. Im Zentrum der Betrachtung stehen dabei Vorgänge, die in der Form automatisierter Datenverarbeitungsverfahren ohne ein weiteres Zutun ablaufen, nachdem sie durch eine menschliche Aktivität ausgelöst worden sind. Im Gegensatz zu bloßen Ermöglichungskonstellationen stehen die Verarbeitungsvorgänge hier in einem direkten Zusammenhang zu deren Auslösung. Die konkret initiierten Vorgänge stellen den gegenständlichen Anknüpfungspunkt und den Ansatzpunkt für die verantwortlichkeitsbegründende Einflussnahme dar.

74. Gesetzt den Fall, dass eine Stelle dazu befähigt ist, einen Verarbeitungsvorgang zu veranlassen und festzulegen, warum dieser in der konkretisierten Ausgestaltung überhaupt stattfindet, ist dies Ausdruck einer verantwortlichkeitsbegründenden Einflussnahme.

75. Weiterer Präzisierungsbedarf besteht im Hinblick auf das Kriterium der sog. Parametrierung. Um das Kriterium kohärent in das Verantwortlichkeitsgefüge einzupassen, ist hervorzuheben, dass stets ein signifikanter Einfluss durch die Ausgestaltung technischer oder organisatorischer Konfigurationsmöglichkeiten auf eine bestimmte Datenverarbeitung vorauszusetzen ist. Auch diese Form der verantwortlichkeitsbegründenden Einflussnahme muss die operativen Verarbeitungsmodalitäten betreffen und auf der Zweckebene wirken.

76. Eine besondere Zurückhaltung ist bei der Begründung datenschutzrechtlicher Verantwortlichkeit auf der Grundlage organisatorischer Parametrierungen geboten. Es droht eine Uferlosigkeit des Tatbestandes, wenn bereits hintergründige Organisations-, Koordinations-

oder sogar Ermunterungsbeiträge als verantwortlichkeitsbegründend erachtet werden. Im Gegensatz zu der Determinierung konkreter technischer Parameter bedarf die Annahme eines faktischen, operativen Einflusses auf die wesentlichen Verarbeitungsmittel einer konkreten Verarbeitung durch mittelbare, organisatorische Vorgaben eines erhöhten Begründungsaufwandes.

77. Um die Relevanzschwelle einer (Mit-)Entscheidung zu überschreiten, bedürfen organisatorische Vorgaben einer gewissen Verbindlichkeit, die oftmals nur dann vorliegt, wenn eine wirkmächtige Entität den organisatorischen Rahmen für einen strukturell unterlegenen Akteur vorgibt. Gesetzt den Fall, dass die organisatorischen Vorgaben die Schlüsselelemente der Datenverarbeitung abschließend determinieren, ist wiederum das Vorliegen eines Auftragsverarbeitungsverhältnisses naheliegend.

78. Um verallgemeinernden Tendenzen entgegenzuwirken, besteht ein erhöhtes Bedürfnis nach Begrenzungskriterien, die extensiven Verantwortlichkeitsausweitungen und damit einhergehenden Fehladressierungen entgegenwirken.

79. Im Kontext konkreter Initiierungsbeiträge ist es sachgerecht, die datenschutzrechtliche Verantwortlichkeit bis auf Weiteres auf unmittelbar mit der Initiierung einhergehende, zumeist automatisiert ablaufende Verarbeitungsvorgänge zu begrenzen.

80. Treten entlang einer ausgelösten Verarbeitungskette weitere Akteure hinzu, in deren primärer Einflusssphäre sich die anschließenden Vorgänge abspielen, führt dieses Dazwischentreten, unter der Voraussetzung, dass dem Ausgangsakteur keine weiteren, relevanten Konfigurationsmöglichkeiten zukommen, dazu, dass die datenschutzrechtliche Verantwortlichkeit des Ausgangsakteurs endet und auf den dazwischentretenden Akteur übergeht. Weiterverarbeitungen erweisen sich als separat zu betrachtende Verarbeitungsvorgänge in alleiniger Verantwortung des nachfolgenden Akteurs.

81. Die Tragweite voluntativer sowie kognitiver Merkmale ist begrenzt. Die Fokussierung auf deren Anforderungen darf nicht darüber hinwegtäuschen, dass subjektive Merkmale für sich genommen nicht ausreichen, um eine verantwortlichkeitsbegründende Wirkung zu entfalten.

82. Der notwendige Gleichlauf zwischen objektiven und subjektiven Elementen bedingt, dass der Verantwortlichkeitsbereich auch durch ein zielgerichtetes Wollen und erweiterte Wissenselemente nicht über den objektiven Maßstab hinaus ausgedehnt werden kann. Im Hinblick auf zeitlich und räumlich nachgelagerte Verarbeitungsvorgänge entlang einer Verarbeitungskette ist es mithin unbeachtlich, in welchem Ausmaß diese antizipiert und

gewünscht werden, solange durch faktische Einflussbeiträge die Relevanzschwelle einer (Mit-)Verantwortlichkeit nicht überschritten wird.

83. Ergänzend ist auf der Ebene der Verantwortlichkeitszuordnung zu erwägen, die Bestimmung des (gemeinsam) Verantwortlichen beziehungsweise die Vorgabe der Kriterien seiner Benennung vermehrt über das nationalstaatliche Recht vorzunehmen, um die Rollenzuteilung in sektorspezifischen Teilbereichen berechenbarer und transparenter auszugestalten. Die Verantwortlichkeitszuteilung *de iure* unterliegt indes gewissen Begrenzungen. Neben der Erkenntnis, dass der Gestaltungsspielraum des nationalen Gesetzgebers, Datenverarbeitungsszenarien durch Rechtsvorschriften zu erfassen, im Schwerpunkt den Bereich des öffentlichen Rechts betrifft, ist die Ausgestaltung im Übrigen an die Würdigung der tatsächlichen Einflussnahmemöglichkeiten rückgebunden.

84. Durch die Ausgestaltung fakultativer Öffnungsklauseln ist es der Union und den Mitgliedstaaten nicht nur möglich zu bestimmen, wer datenschutzrechtlich Verantwortlicher ist, sondern in Einzelfällen steht es den Adressaten gesetzlicher Regelungsmöglichkeiten auch frei, die Pflichtenverteilung zwischen gemeinsam Verantwortlichen direkt festzulegen (vgl. Art. 26 Abs. 1 S. 2 Hs. 2 DSGVO). Die Ausgestaltung dieser Regelungsmöglichkeit kann einen Beitrag dazu leisten, Fehlallokationen in der datenschutzrechtlichen Aufgabenverteilung entgegenzuwirken.

85. Um drohenden Disjunktionen der Korrespondenz von Verantwortlichkeit und Kontrolle entgegenzuwirken und Haftungsrisiken speziell im Verhältnis der gemeinsamen Verantwortlichkeit zu begrenzen, ist zudem verstärkt in Betracht zu ziehen, die Art und Weise, nach der betroffene Personen ihre Rechte gegen (gemeinsam) Verantwortliche geltend machen können, über die fakultative Öffnungsklausel in Art. 23 Abs. 1 DSGVO einzuschränken.

86. Übergeordnet ist anzuerkennen, dass gesetzliche Rollenzuweisungen sowie Rechtsfolgenflexibilisierungen durch sektorspezifische Beschränkungen und Aufgabenzuteilungen jeweils einzelfallabhängige, rechtspolitische Entscheidungen darstellen, die wesentlich von den Bestrebungen in den einzelnen Mitgliedstaaten abhängen. Divergierende Ausgestaltungen erhöhen prinzipiell die Gefahr einer Fragmentierung des datenschutzrechtlichen Rollen- und Rechtsfolgengefüges. Wegen der Gefahr einer Deharmonisierung und erneuten Zersplitterung datenschutzrechtlicher Standards ist hinsichtlich nationalstaatlicher Anpassungen mithin zurückhaltend zu verfahren.

87. Einer darüberhinausgehenden Erweiterung des Adressatenkreises über das nationale Recht steht im Übrigen der Anwendungsvorrang des Unionsrechts entgegen. In Anbetracht der Existenz des Art. 82 DSGVO sowie des Anwendungsvorrangs des Unionsrechts stößt auch ein unbeschränkter Rückgriff auf alternative Haftungskonzepte bei Datenschutzverstößen auf gewichtige Einwände. Im Rahmen ihres Anwendungsbereichs ist die diffizil ausgestaltete Haftungsnorm des europäischen Datenschutzrechts als abschließend anzusehen, sodass eine eigenständige Bedeutung weiterer unionsrechtlicher oder nationaler Anspruchsgrundlagen nur bei der Verletzung anderer Normen als jener der DSGVO, die eigene, nicht abschließend geregelte Risiken adressieren, in Betracht zu ziehen ist.

88. Konzeptionell entspricht die nationale Figur der Störerhaftung wegen einer die Schwelle der Eigenverantwortlichkeit nicht überschreitenden Beteiligung an einem Datenschutzverstoß eher einer unzulässigen Erweiterung des Adressatenkreises als einer zulässigen Erweiterung des Rechtsfolgenregimes.

89. Ausgehend von der Analyse des datenschutzrechtlichen Verantwortlichkeitskonzepts ist zu konstatieren, dass aufgrund des weit gezogenen Kreises des datenschutzrechtlichen Adressaten in der Praxis kaum Schutzlücken verbleiben, die über alternative Konzepte geschlossen werden müssten.

Zu Kapitel H: Grundstrukturen und Musterfälle künftiger Rollenzuweisungen

90. Im Rahmen der bisherigen gerichtlichen Zuordnung datenschutzrechtlicher Verantwortlichkeiten sind Alleinverantwortlichkeiten, innerhalb derer mehrere Entitäten als eigenständig Verantwortliche agieren, sie also jeweils selbst und unabhängig voneinander für die Rechtmäßigkeit ihrer jeweiligen Datenverarbeitungen bzw. der von ihnen jeweils kontrollierten Abschnitte einer Datenverarbeitung einzustehen haben, weitgehend in den Hintergrund gerückt.

91. Das Regelungsgefüge des europäischen Datenschutzrechts eignet sich in der Zusammenschau indes ausdrücklich zur Anerkennung eines an Einfluss- und Machtsphären orientierten, autonome Verarbeitungsbereiche abgrenzenden Zuordnungsansatzes datenschutzrechtlicher Verantwortlichkeiten.

92. Anstatt (Mit-)Verantwortlichkeiten in extensiver Weise pauschal auf alle Beteiligten eines Sachverhalts auszudehnen und erst auf der Rechtsfolgenseite Pflichtenbegrenzungen vorzunehmen, ist es geboten, die bestehenden Interpretations- und Ausgestaltungsspielräume zu nutzen, um am Maßstab präzisierter verantwortlichkeitsbegründender sowie

verantwortlichkeitsbegrenzender Kriterien bereits auf der Primärebene auf kohärente Rollenzuweisungen hinzuwirken.

93. Wenngleich die finale Rollenzuweisung stets eine Einzelfallbeurteilung der jeweiligen Datenverarbeitungskonstellation erfordert, können auf der Grundlage der Untersuchungsbefunde Rückschlüsse auf die Grundstrukturen zukünftiger Rollenzuweisungen gezogen werden. Die zunehmend digitalisierten Prozesse allgegenwärtiger Datenverarbeitungsumfelder sind durch wiederkehrende Strukturmerkmale gekennzeichnet, die auf das Agieren in einer bestimmten Rolle schließen lassen. Auf dieser Grundlage lassen sich innerhalb des Rollenmodells typische Fallgruppen ableiten.

94. Auf der ersten Stufe sind innerhalb der Verantwortlichkeitsmatrix Szenarien herauszustellen, in denen Alleinverantwortlichkeiten im Verhältnis zu datenschutzrechtlich Nicht-Verantwortlichen bestehen. Neben dem allgegenwärtigen Spannungsverhältnis zwischen Verantwortlichen und Auftragsverarbeitern sind Alleinverantwortlichkeiten vor allem im Verhältnis zu Dritten zu betonen, deren Tätigkeiten im Einzelfall ohne Bezug zu der konkreten Datenverarbeitung erfolgt.

95. Auf der nächsten Stufe sind sodann Szenarien in den Blick zu nehmen, in denen mehrere Verantwortlichkeiten innerhalb eines Lebenssachverhalts aufeinandertreffen. Auch im Kontext etwaiger Kooperations- bzw. Interaktionsverhältnisse sind zunächst typische Szenarien autonomer Einfluss- und Verantwortungsbereiche herauszustellen. Speziell im Kontext von Datenverarbeitungen, die chronologisch entlang von Ketten erfolgen, liegt es nahe, anstatt von einer gemeinsamen Verantwortlichkeit auszugehen, separierte Datenverarbeitungsvorgänge mit Übermittlungen derselben Daten oder desselben Datensatzes zwischen mehreren eigenständig Verantwortlichen zu erwägen und vermehrt in Betracht zu ziehen, die Verantwortlichkeit entlang des gesamten Prozesses auf eine dominierende Stelle zu konzentrieren.

96. Neben der Akzentuierung autonomer Einfluss- und Verantwortungsbereiche im Kontext initiierender Handlungen bzw. selbstständig ausgelöster Vorgänge sind Alleinverantwortlichkeiten auch im Kontext von unabhängigen Folgeverarbeitungen im direkten Macht- und Zugriffsbereich einer entlang der Verarbeitungskette nachfolgenden Stelle sowie im Kontext abstrakter Ermöglichungsbeiträge und daran anknüpfenden Einzelentscheidungen zu betonen.

97. Neben der Verantwortungsbereichsabgrenzung entlang linearer Verarbeitungsketten ist zudem die begrenzte Option anzuerkennen, separate Einfluss- und Verantwortungsbereiche

auch in verschränkten Verarbeitungsstrukturen zu akzentuieren, im Kontext derer singuläre Verarbeitungsketten nicht streng chronologisch ablaufen, sondern eine Vielzahl von Verarbeitungsvorgängen simultan und nebeneinander stattfinden.

98. Gesetzt den Fall, dass einzelne Verarbeitungsvorgänge eigene, abtrennbare Einflussbereiche betreffen, weil sie von einer Stelle losgelöst vom Eingreifen einer anderen durchgeführt werden können, resultieren insbesondere aus der voneinander getrennten, selbstbestimmten Nutzung einer physisch-technischen Datenverarbeitungsinfrastruktur separate Verantwortungsbereiche.

99. Im Falle separater Verantwortlichkeiten entlang von Ketten sowie nebeneinander bestehender Verantwortlichkeiten sind von den einzelnen Akteuren sämtliche datenschutzrechtliche Pflichten hinsichtlich der von ihnen kontrollierten Abschnitte einzuhalten. Auch ohne das Konstrukt einer gemeinsamen Verantwortlichkeit greifen die Haftungsmechanismen der DSGVO. Die Zugrundelegung getrennter Verantwortlichkeiten führt regelmäßig zu einem vergleichbaren Schutzniveau für die Betroffenen.

100. Erst im Anschluss an Möglichkeiten zur Betonung autonomer Einfluss- und Verantwortungsbereiche sind die verbleibenden Anwendungsbereiche der gemeinsamen Verantwortlichkeit herauszustellen. Ergibt die Betrachtung einzelner Verarbeitungsverfahren sowie der tatsächlichen Entscheidungsstrukturen, dass abgrenzbare Einflussbereiche nicht bestehen, eröffnet sich der Anwendungsbereich dieses Rechtsinstituts.

101. Verbleibende Anwendungsbereiche konzentrieren sich im Schwerpunkt auf das kooperative Zusammenwirken auf einer gemeinsam kontrollierten physisch-technischen Datenverarbeitungsinfrastruktur, das komplementierende Wirken durch die Bereitstellung und zielgerichtete Integration von technischen Drittinhalten sowie auf in externe Macht- und Zugriffsbereiche hineinwirkende Konfigurationen, die die Relevanzschwelle einer Mitverantwortlichkeit im Einzelfall überschreiten.

102. Auf der Grundlage des entwickelten Gesamtansatzes kann der zunehmenden Vielgestaltigkeit von Datenverarbeitungssituationen auch unter dem bestehenden Normengefüge sachgerechter entsprochen und können Rollenzuweisungen plausibilisiert werden. Dem weit verbreiteten Vorgehen, datenschutzrechtliche (Mit-)Verantwortlichkeiten zunächst pauschal und in extensiver Weise auf alle Beteiligten eines Sachverhalts auszudehnen und erst auf der Rechtsfolgenseite systemwidrige Pflichtenbegrenzungen vorzunehmen, wird auf diese Weise entgegengewirkt.

Literaturverzeichnis

Albrecht, Jan Philipp: Das neue EU-Datenschutzrecht – von der Richtlinie zur Verordnung – Überblick und Hintergründe zum finalen Text für die Datenschutz-Grundverordnung der EU nach der Einigung im Trilog, CR 2016, 88-98.

Albrecht, Jan Philipp / Jotzo, Florian: Das neue Datenschutzrecht der EU - Grundlagen / Gesetzgebungsverfahren / Synopse, 1. Aufl., Baden-Baden 2017 Zit.: *Albrecht/Jotzo*, Datenschutzrecht, Teil Rn.

Alich, Stefan / Nolte, Georg: Zur datenschutzrechtlichen Verantwortlichkeit (außereuropäischer) Hostprovider für Drittinhalte, CR 2011, 741-745.

Ambrock, Jens: Mitarbeiterexzess im Datenschutzrecht – Verantwortlichkeit und Haftung für Verstöße gegen die DS-GVO durch Beschäftigte, ZD 2020, 492-497.

Art.-29-Datenschutzgruppe, WP 168, Die Zukunft des Datenschutzes - Gemeinsamer Beitrag zu der Konsultation der Europäischen Kommission zu dem Rechtsrahmen für das Grundrecht auf den Schutz der personenbezogenen Daten, 01.12.2009.

Art.-29-Datenschutzgruppe, WP 169, Stellungnahme 1/2010 zu den Begriffen „für die Verarbeitung Verantwortlicher" und „Auftragsverarbeiter", 16.02.2010.

Art.-29-Datenschutzgruppe, WP 171, Stellungnahme 2/2010 zur Werbung auf Basis von Behavioural Targeting, 22.06.2010.

Art.-29-Datenschutzgruppe, WP 203, Opinion 03/2013 on purpose limitation, 02.04.2013.

Art.-29-Datenschutzgruppe, WP 223, Stellungnahme 8/2014 zu den jüngsten Entwicklungen im Internet der Dinge, 16.09.2014.

Au, Caspar von: Wie Facebook private Nachrichten durchleuchtet, Süddeutsche Zeitung v. 10.04.2021, (abrufbar: https://www.sueddeutsche.de/digital/messenger-wie-facebook-private-nachrichten-durchleuchtet-1.3938307).

Auer-Reinsdorff, Astrid / Conrad, Isabell (Hrsg.): Handbuch IT- und Datenschutzrecht, 3. Aufl., München 2019 Zit.: *Bearbeiter*, in: Auer-Reinsdorff/Conrad, IT- und Datenschutzrecht, Teil. § Rn.

Baumann, Jonas / Hamm, Nikolas: Die Zuweisung datenschutzrechtlicher Verantwortlichkeit in private Blockchains, InTer 2021, 208-212.

Bayerisches Landesamt für Datenschutzaufsicht, Auslegungshilfe „Was ist Auftragsverarbeitung und was nicht?" vom 15.05.2019, (abrufbar: https://www.lda.bayern.de/media/veroeffentlichungen/FAQ_Abgrenzung_Auftragsverarbeitung.pdf).

Bender-Paukens, Leonie / Werry, Susanne: Datenschutz im Metaverse – Datenschutzrechtliche Herausforderungen im Zusammenhang mit der DS-GVO, ZD 2023, 127-131.

Bergt, Matthias: Gemeinsame Datenschutz-Verantwortlichkeit für Drittinhalte – Facebook-Fanpages, ITRB 2018, 151-153.

Blasek, Katrin: Datenübermittlung an Inkassounternehmen durch Tierarzt - Anmerkung zu VG Mainz, Urt. v. 20.02.2020 – 1 K 467/19.MZ, ZD 2020, 378-380.

Bleckmann, Dominik: Anforderungen der Datenschutz-Grundverordnung an Labore, DuD 2019, 137-142.

R. A. Hagen, *Datenschutzrechtliche Rollenzuweisungen*, DuD-Fachbeiträge, https://doi.org/10.1007/978-3-658-49718-7

Bock, Michael: Eine Zeichenfolge zur Kodierung von Nutzerpräferenzen ist ein personenbezogenes Datum – Anmerkung zu EuGH, Rs. C-604/22, ECLI:EU:C:2024:214 – *IAB Europe*, GRUR-Prax 2024, 206.

Borges, Georg /Meents, Geert (Hrsg.): Rechtshandbuch Cloud Computing, 1. Aufl. 2016, München 2016 Zit.: *Bearbeiter*, in: Borges/Meents, Cloud Computing, § Rn.

Borges, Georg / Hilber, Marc (Hrsg.): BeckOK IT-Recht, 18. Edition, Stand: 01.04.2025, München 2025 Zit.: *Bearbeiter*, in: Borges/Hilber, BeckOK IT-Recht, Art. Rn.

Böhm, Wolf-Tassilo / Halim, Valentino: Cookies zwischen ePrivacy und DS-GVO – was gilt? – Anforderungen an die Verwendung von Cookies nach der aktuellen Rechtsprechung, MMR 2020, 651-656.

Borges, Georg: Die Haftung des Internetanschlussinhabers für Urheberrechtsverletzungen durch Dritte, NJW 2014, 2305-2310.

Böllhoff, Cornelius / Rataj, Diane: Die Mehrstufigkeit der datenschutzrechtlichen Verantwortlichkeit – Neues aus Luxemburg in Sachen Fashion ID – Zugleich Besprechung von EuGH, Rs. C-40/17, ECLI:EU:C:2019:629 – *Fashion ID*, WRP 2019, 1536-1539.

Böllhoff, Cornelius / Botta, Jonas: Das datenschutzrechtliche Verantwortlichkeitsprinzip als Herausforderung für die Verwaltungsdigitalisierung – Einer für alle, alle gemeinsam?, NVwZ 2021, 425-430.

Bräutigam, Peter / Klindt, Thomas: Industrie 4.0, das Internet der Dinge und das Recht, NJW 2015, 1137-1142.

Bräutigam, Peter / Rücker, Daniel: Rechtshandbuch E-Commerce, München 2017 Zit.: *Bearbeiter*, in: Bräutigam/Rücker, E-Commerce, Teil. Kap. Rn.

Brüggemann, Sebastian: EuGH: Facebook: Gemeinsame Verantwortlichkeit für Facebook-Fanpage - Anmerkung zu EuGH [GK], Rs. C-210/16, ECLI:EU:C:2018:388 – *ULD Schleswig-Holstein/Wirtschaftsakademie Schleswig-Holstein*, CR 2018, 581-582.

Brühl, Jannis / Hurtz, Simon: Google verkündet, Supercomputer abhängen zu können, Süddeutsche Zeitung v. 23.10.2019, (abrufbar: https://www.sueddeutsche.de/digital/google-quantencomputer-1.4652387).

Buchner, Benedikt: Von der Wiege bis zur Bahre? – Datenschutz im Familienrecht unter der DSGVO, FamRZ 2019, 665-671.

Büllesbach, Alfred / Garstka, Hans-Jürgen: Meilensteine auf dem Weg zu einer datenschutzgerechten Gesellschaft – Von punktuellen Problemlösungen über Datenschutz-Management in die Zukunft, CR 2005, 720-724.

Bundesministerium des Innern: Fragenkatalog v. 22.08.2007, (abrufbar: https://netzpolitik.org/wp-upload/fragen-onlinedurchsuchung-BMJ.pdf).

Callies, Christian / Ruffert, Matthias (Hrsg.), Kommentar EUV/AEUV, 6. Aufl., München 2022 Zit.: *Bearbeiter*, in: *Callies/Ruffert*, EUV/AEUV, Art. Rn.

Chen, Jiahong / Edwards, Lilian / Urquhart, Lachlan / McAuley, Derek: Who is responsible for data processing in smart homes? Reconsidering joint controllership and the household exemption, International Data Privacy Law, Volume 10, Issue 4, 273-293, (abrufbar: https://doi.org/10.1093/idpl/ipaa011).

Chi, Huy Do / Baghal, Alexander / Esser, Luiza: KI-Nutzung und datenschutzrechtliche Verantwortlichkeit, CMS-Blog v. 21.12.2023, (abrufbar: https://www.cmshs-bloggt.de/rechtsthemen/kuenstliche-intelligenz/ki-nutzung-und-datenschutzrechtliche-verantwortlichkeit/).

Conrad, Sebastian Conrad: Die Verantwortlichkeit in der Realität – Ist das DS-GVO-Modell noch zeitgemäß?, DuD 2019, 563-568.

Culik, Nicolai / Döpke Christian: Zweckbindungsgrundsatz gegen unkontrollierten Einsatz von Big Data-Anwendungen – Analyse möglicher Auswirkungen der DS-GVO, ZD 2017, 226-230.

Czajkowski, Nico / Mainz, Ilka: Datenschutz-Grundverordnung: Gemeinsame Verantwortlichkeit im Handelsvertreterverhältnis?, ZVertriebsR 2019, 159-168.

Dammann, Ulrich / Simitis, Spiros: Kommentar EG-Datenschutzrichtlinie, Baden-Baden 1997 Zit.: *Bearbeiter*, in: Dammann/Simitis, EG-Datenschutzrichtlinie, Art. Rn.

Dammann, Ulrich: Erfolge und Defizite der EU-Datenschutzgrundverordnung – Erwarteter Fortschritt, Schwächen und überraschende Innovationen, ZD 2016, 307-314.

Däubler, Wolfgang / Beck, Thorsten (Hrsg.): Handkommentar Allgemeines Gleichbehandlungsgesetz, 5. Aufl., Baden-Baden 2022 Zit.: Bearbeiter, in: Däubler/Beck, AGG, § Rn.

DSK, Kurzpapier Nr. 13, Auftragsverarbeitung, Art. 28 DS-GVO, 16.01.2018.

DSK, Kurzpapier Nr. 16, Gemeinsam für die Verarbeitung Verantwortliche, Art. 26 DS-GVO, 19.03.2018.

DSK, Positionsbestimmung der Konferenz der unabhängigen Datenschutzbehörden des Bundes und der Länder – Zur Anwendbarkeit des TMG für nicht-öffentliche Stellen ab dem 25. Mai 2018, 26.04.2018.

DSK, Entschließung der Konferenz der unabhängigen Datenschutzbehörden des Bundes und der Länder, Die Zeit der Verantwortungslosigkeit ist vorbei: EuGH bestätigt gemeinsame Verantwortung von Facebook und Fanpage-Betreibern, 06.06.2018 (abgekürzt als: Entschließung Fanpage).

DSK, Beschl. der DSK zu Facebook Fanpages, 05.09.2018 (abgekürzt als: Beschl. Fanpage).

DSK, Positionierung zur Verantwortlichkeit und Rechenschaftspflicht bei Facebook-Fanpages sowie der aufsichtsbehördlichen Zuständigkeit, 01.04.2019 (abgekürzt als: Positionierung Fanpage).

DSK (Taskforce Facebook-Fanpages), Kurzgutachten zur datenschutzrechtlichen Konformität des Betriebs von Facebook-Fanpages (Version 1 für die 103. DSK-Sitzung), 18.03.2022.

Dölling, Dieter / Duttge, Gunnar / König, Stefan / Rössner, Dieter (Hrsg.): Handkommentar Gesamtes Strafrecht, 5. Aufl., Baden-Baden 2022 Zit.: *Bearbeiter*, in: in: Dölling/Duttge/König/Rössner, Gesamtes Strafrecht, § Rn.

Dovas, Maria-Urania: Vorlagebeschluss zum „Gefällt mir“-Button – Anmerkung zu OLG Düsseldorf v. 19.01.2017 - I-20 U 40/16, ITRB 2017, 184-185.

Dovas, Maria-Urania: Joint Controllership – Möglichkeiten oder Risiken der Datennutzung? – Regelung der gemeinsamen datenschutzrechtlichen Verantwortlichkeit in der DS-GVO, ZD 2016, 512-517.

Dovas, Maria-Urania: Gemeinsame Verantwortlichkeit einer Religionsgemeinschaft und ihrer Mitglieder – Anmerkung zu EuGH [GK], Rs. C-25/17, ECLI:EU:C:2018:551 – *Zeugen Jehovas*, ITRB 2019, 3-4.

Drescher, Ingo / Fleischer, Holger / Schmidt, Karsten (Hrsg.): Münchener Kommentar zum Handelsgesetzbuch, Band 2: §§ 105-229, 5. Aufl., München 2022 Zit.: *Bearbeiter*, in: MünchKomm-HGB, § Rn.

Ebers, Martin (Hrsg.): StichwortKommentar Legal Tech, 1. Aufl., 5. Edition 2024 Zit.: *Bearbeiter*, in: SWK Legal Tech, ["Stichwort"] Rn.

Eckhardt, Jens: DS-GVO: Anforderungen an die Auftragsverarbeitung als Instrument zur Einbindung Externer, CCZ 2017, 111.

EDPB, Guidelines 07/2020 on the concepts of controller and processor in the GDPR, Version 2.1 [20.09.2022], 07.07.2021 (abgekürzt als: Guidelines 7/2020).

EDPB, Guidelines 8/2020 on the targeting of social media users, Version 2.0, 13.04.2021 (abgekürzt als: Guidelines 8/2020).

EDPB, Guidelines 02/2021 on Virtual Voice Assistants, Version 2.0, 07.07.2021 (abgekürzt: Guidelines 02/2021).

EDSB, Leitlinien des EDSB zu den Begriffen „Verantwortlicher", „Auftragsverarbeiter" und „gemeinsam Verantwortliche" nach der Verordnung (EU) 2018/1725, 07.11.2019.

Edwards, Lilian: Privacy, Security and Data Protection in Smart Cities: A Critical EU Law Perspective, European Data Protection Law Review Jahrgang 2, Ausgabe 1 (2016), 28-58, (abrufbar: https://edpl.lexxion.eu/article/EDPL/2016/1/6).

Ehmann, Eugen / Helfrich, Markus (Hrsg.), EG Datenschutzrichtlinie, Köln 1999 Zit.: *Bearbeiter*, in: Ehmann/Helfrich, Datenschutzrichtlinie, Art. Rn.

Ehmann, Eugen / Selmayr, Martin (Hrsg.): Kommentar Datenschutz-Grundverordnung (DS-GVO), 3. Aufl., München 2024 Zit.: *Bearbeiter*, in: Ehmann/Selmayr, DSGVO, Art. Rn.

Ehmann, Eugen: Personenaufnahmen nach der DS-GVO – Mehr Klarheit, als viele befürchtet haben!, ZD 2020, 65-68.

Eisenschmid, Norbert: Datenschutz im Miet- und Wohnungseigentumsrecht – Eine Geburtstagsadresse zum Jahrestag des Inkrafttretens der Datenschutz-Grundverordnung am 25.5.2018, NZM 2019, 313-327.

Engeler, Malte: Der staatliche Twitter-Auftritt – Rechtliche Hürden und mögliche Lösungen, MMR 2017, 651-656.

Engeler, Malte: Der Konflikt zwischen Datenmarkt und Datenschutz, NJW 2022, 3398-3405.

Ernst, Stefan: Social Plugins: Der „Like-Button" als datenschutzrechtliches Problem, NJOZ 2010, 1917-1919.

Ernst, Timm: Gemeinsame Verantwortlichkeit bei arbeitsteiliger Datenverarbeitung – Ein europäisch-nationaler Vergleich, Berlin 2025, zugl.: Bochum, Univ., Diss., 2024.

Europäisches Parlament: 2012/0011(COD), Entwurf eines Berichts über den Vorschlag für eine Verordnung des Europäischen Parlaments und des Rates zum Schutz natürlicher Personen bei der Verarbeitung personenbezogener Daten und zum freien Datenverkehr (Datenschutz-Grundverordnung), 16.01.2013.

Eßer, Martin / Kramer, Philip / Lewinski, Kai von (Hrsg.): Kommentar Datenschutz-Grundverordnung, Bundesdatenschutzgesetz und Nebengesetze, 8. Aufl., Köln 2023 Zit.: *Bearbeiter*, in: Auernhammer, DSGVO/BDSG, Art. Rn.

Forgó, Nikolaus / Helfrich, Marcus /Schneider, Jochen (Hrsg.): Rechtshandbuch Betrieblicher Datenschutz, 3. Aufl., München 2019 Zit.: *Bearbeiter*, in: Forgó/Helfrich/Schneider, Betrieblicher Datenschutz, Teil. Kap.

Föhlich, Carsten / Pilous, Madeleine: Der Facebook Like-Button – datenschutzkonform nutzbar? – Analyse und Risikoeinschätzung des „Gefällt mir“-Buttons auf Webseiten, MMR 2015, 631-636.

Föhlich, Carsten / Pilous, Madeleine: LG Düsseldorf: Facebook Like-Button nicht ohne vorherige Einwilligung nutzbar - Anmerkung zu LG Düsseldorf, Urt. v. 09.03.2016 - 12 O 151/15, MMR 2016 331-332.

Franzen, Martin / Gallner, Inken / Oetker, Hartmut (Hrsg.): Kommentar zum europäischen Arbeitsrecht. 5. Aufl., München 2024 Zit.: *Bearbeiter*, in: Franzen/Gallner/Oetker, EuArbRK, Art./§ Rn.

Freund, Bernhard: Datenlagerung ist keine Datenverarbeitung - Anmerkung zu OVG Hamburg, Beschl. v. 15.10.2020 – 5 Bs 152/20 (VG Hamburg), ZD 2021, 282-284.

Fuchs, Daniel: Verwendung privater Kameras im öffentlichen Raum – Datenschutz bei Dash-Cams, Helm-, Wildkameras & Co., ZD 2015, 212-217.

Gard, Andre / Singler, Philipp: Die Smartwatch im Straßenverkehr, NZV 2015, 569-574.

Geissler, Dennis / Ströbel, Lukas: Datenschutzrechtliche Schadensersatzansprüche im Musterfeststellungsverfahren, NJW 2019, 3414-3418.

Geminn, Christian: Das Smart Home als Herausforderung für das Datenschutzrecht – Enthält die DSGVO risikoadäquate Regelungen?, DuD 2016 575-580.

Gersdorf, Hubertus / Paal, Boris P. (Hrsg.): BeckOK Informations- und Medienrecht, 48. Edition, Stand: 15.05.2025, München 2025 Zit.: *Bearbeiter*, in: Gersdorf/Paal, BeckOK InfoMedienR, Art./§ Rn.

Gierschmann, Sibylle: Gemeinsame Verantwortlichkeit in der Praxis – Systematische Vorgehensweise zur Bewertung und Festlegung, ZD 2020, 69-73.

Globocnik, Jure: On Joint Controllership for Social Plugins and Other Third-Party Content – a Case Note on the CJEU Decision in *Fashion ID*, IIC 2019, 1033-1044.

Gola, Peter / Lepperhoff, Niels: Reichweite des Haushalts- und Familienprivilegs bei der Datenverarbeitung - Aufnahme und Umfang der Ausnahmeregelung in der DSGVO, ZD 2016, 9-12.

Gola, Peter / Heckmann, Dirk (Hrsg.): Kommentar Datenschutz-Grundverordnung – VO (EU) 2016/679 und Bundesdatenschutzgesetz, 3. Aufl. 2022 Zit.: *Bearbeiter*, in: Gola/Heckmann, DSGVO/BDSG, Art./§ Rn.

Golland, Alexander: Gemeinsame Verantwortlichkeit in mehrstufigen Verarbeitungsszenarien - Zugleich Kommentar zu EuGH, Urt. v. 05.06.2018 - C-210/16, K&R 2018, 475 ff., K&R 2018, 433-438.

Golland, Alexander: Datenverarbeitung in sozialen Netzwerken, Frankfurt am Main 2019, zugl.: Bochum, Univ., Diss., 2018.

Golland, Alexander: Gemeinsam einsam: Ein „Like“ für die gemeinsame Verantwortlichkeit?, ZD 2019, 381-382.

Golland, Alexander: Reichweite des „Joint Controllership“: Neue Fragen der gemeinsamen Verantwortlichkeit - Zugleich Kommentar zu EuGH, Urt. v. 29.07.2019 – C-40/17, K&R 2019, 562 ff., K&R 2019, 533-537.

Golland, Alexander: Anspruch gegen einen Suchmaschinenbetreiber auf Löschung von Suchergebnissen - Anmerkung zu OLG Karlsruhe, Urt. v. 10.06.2020 – 6 U 129/18 (LG Karlsruhe), ZD 2020, 531-532.

Golland, Alexander: Die „private" Datenverarbeitung im Internet – Verantwortlichkeiten und Rechtmäßigkeit bei Nutzung von Plattformdiensten durch natürliche Personen, ZD 2020, 397-403.

Golland, Alexander: Das Telekommunikation-Telemedien-Datenschutzgesetz – Cookies und PIMS als Herausforderungen für Website-Betreiber, NJW 2021, 2238-2243.

Grabitz, Eberhard / Hilf, Meinhard / Nettesheim, Martin (Hrsg.): Das Recht der Europäischen Union (in drei Bänden), Loseblatt, 84. EL, Stand: Januar 2025, München 2025 Zit.: *Bearbeiter*, in: Grabitz/Hilf/Nettesheim, Das Recht der Europäischen Union, Art. Rn.

Grafenstein, Maximilian von: Das Zweckbindungsprinzip zwischen Innovationsoffenheit und Rechtssicherheit – Zur mangelnden Differenzierung der Rechtsgüterbetroffenheit in der Datenschutzgrund-VO, DuD, 789-795.

Grimm, Petra: Smarte schöne neue Welt? – Das Internet der Dinge, Bundeszentrale für politische Bildung, Dossier Medienpolitik 2016, (abrufbar: https://www.bpb.de/gesellschaft/medien-und-sport/medienpolitik/236524/internet-der-dinge?p=2).

Grisse, Karina: Was bleibt von der Störerhaftung? – Bedeutung der 3. Änderung des TMG für die zivilrechtliche Systematik und Umsetzung der Vermittlerhaftung in Deutschland, GRUR 2017, 1073-1081.

Grzeszick, Bernd / Rauber, Jochen: Anwendbarkeit der DS-GVO durch Einschaltung Dritter? – Auswirkungen bei der Datenverarbeitung in der Praxis, ZD 2018, 560-564.

Gsell, Beate / Krüger, Wolfgang / Lorenz, Stephan / Reymann, Christoph (GesamtHrsg. für das Zivilrecht) / *Spickhoff, Andreas* (Hrsg.): BeckOK Grosskommentar BGB, Stand: 01.05.2025, München 2025 Zit.: *Bearbeiter*, in: Gsell/Krüger/Lorenz/Reymann/Spickhoff, BeckOGK, § Rn.

Gündel, Katharina: Hauswarte und Handwerker – Auftragsverarbeitung im Sinne der DSGVO?, ZWE 2018, 429-433.

Häberle, Peter: Grundrechtsgeltung und Grundrechtsinterpretation im Verfassungsstaat - Zugleich zur Rechtsvergleichung als „fünfter" Auslegungsmethode, JZ 1989, 913-918.

Hacker, Philipp: Mehrstufige Informationsanbieterverhältnisse zwischen Datenschutz und Störerhaftung – Gestufte Kontrolle – gemeinsame Verantwortung?, MMR 2018, 779-784.

Hacker, Philipp: Datenprivatrecht – Neue Technologien im Spannungsfeld von Datenschutzrecht und BGB, Tübingen 2020, zugl.: Berlin, Univ., Habilitationsschrift., 2020.

Halim, Valentino / Marosi, Johannes: TC-String ist ein personenbezogenes Datum – Anmerkung zu EuGH, Rs. C-604/22, ECLI:EU:C:2024:214 – *IAB Europe*, ZD 2024, 333-334.

Hamm, Christoph (Hrsg.): Beck'sches Rechtsanwalts-Handbuch, 12. Aufl. München 2022 Zit.: *Bearbeiter*, in: BeckRA-HdB, § Rn.

Hanloser, Stefan: Geräte-Identifier im Spannungsfeld von DS-GVO, TMG und ePrivacy-VO – Mögliche Schranken bei zielgruppenspezifischer Online-Werbung, ZD 2018, 213-218.

Hanloser, Stefan: Keine gemeinsame Verantwortlichkeit für Datenspeicherung durch Facebook – Fashion ID – Anmerkung zu EuGH, Schlussantrag GA Bobek, Rs. C-40/17, ECLI:EU:C:2018:1039 - *Fashion ID*, ZD 2019, 122-124.

Hanloser, Stefan: Keine gemeinsame Verantwortlichkeit für Datenspeicherung durch Facebook – Fashion ID - Anmerkung zu EuGH, Rs. C-40/17, ECLI:EU:C:2019:629 – *Fashion ID*, ZD 2019, 458-460.

Hanloser, Stefan: Bremst der Datenschutz die smarte Zukunft aus? – Konsequenzen aus der EuGH-Entscheidung „Fashion ID“, BB 2019, Heft 34 Umschlagteil I.

Härting, Niko: Joint Controllership nach der DSGVO – Beispiel und Vertragsklauseln zur „gemeinsamen Verantwortlichkeit“, ITRB 2018, 167-170.

Härting, Niko / Gössling, Patrick: Gemeinsame Verantwortlichkeit bei einer Facebook-Fanpage, NJW 2018, 2523-2526.

Härting, Niko: Externe Lohnbuchhaltung: ein Fall der gemeinsamen Verantwortlichkeit i.S.d. Art. 26 DSGVO, DB 2020, 490-493.

Hartung, Markus / Bues, Micha-Manuel / Halbleib, Gernot (Hrsg.): Legal Tech – Die Digitalisierung des Rechtsmarkts, 1. Aufl., München 2018 Zit.: *Bearbeiter*, in: Hartung/Bues/Halbleib, Legal Tech, Rn.

Haußmann, Katrin / Dolde, Rieke: Datenverarbeitung im Konzern: Arbeitgeber-Verantwortung im Datenschutz und Betriebsrats-Zuständigkeit in der Mitbestimmung – Oder: Was ist das Gegenteil von parallel, NZA 2020, 1588-1592.

Heberlein, Horst: Datenschutz und Meinungsfreiheit. Der Regelungsauftrag der Datenschutz-Grundverordnung für den nationalen Gesetzgeber, EuR 2021, 672-696.

Heckmann, Dirk: Smart Life - Smart Privacy Management - Privatsphäre im total digitalisierten Alltag, K&R 2011, 1-5.

Heckmann, Dirk / Paschke, Anne (Hrsg.): jurisPK-Internetrecht, 8. Aufl., Saarbrücken 2025 Zit.: *Bearbeiter*, in: Heckmann/Paschke, jurisPK-Internetrecht, Kap. Rn.

Hense, Peter: Verantwortung für arbeitsteiliges Handeln an der Schnittstelle von Zivil-, Straf-, Wettbewerbs- und Datenschutzrecht, DSB 2020, 236-238.

Hentschel, Anja / Hornung, Gerrit / Jandt, Silke (Hrsg.): Mensch – Technik – Umwelt: Verantwortung für eine sozialverträgliche Zukunft, Festschrift für Alexander Roßnagel zum 70. Geburtstag, Baden-Baden 2020.

Herbrich, Tilman: Wettbewerbsverstoß wegen datenschutzwidriger Einbindung des "Gefällt-mir"-Buttons von Facebook auf Webseiten – Anmerkung zu LG Düsseldorf 12. Zivilkammer, Urt. v. 09.03.2016 - 12 O 151/15, jurisPR-ITR 16/2016 Anm. 5.

Herbrich, Tilman: EDSA: Neue Leitlinien zum Konzept der Verantwortlichkeit und Auftragsverarbeitung in der DSGVO, DSB 2020, 280-282.

Heydn, Truiken: Software as a Service (SaaS): Probleme und Vertragsgestaltung – Software im digitalen Zeitalter – „Schubladen“ des BGB II, MMR 2020, 435-440.

Hiller, Karolin: Datenschutz in klinischen Prüfungen, PharmR 2020, 589-595.

Hoeren, Thomas: Google Analytics – datenschutzrechtlich unbedenklich? Verwendbarkeit von Webtracking-Tools nach BDSG und TMG, ZD 2011, 3-6.

Hoeren, Thomas: Verarbeitung personenbezogener Daten bei Religionsgemeinschaften - Zeugen Jehovas – Anmerkung zu EuGH [GK], Rs. C-25/17, ECLI:EU:C:2018:551 – *Zeugen Jehovas*, ZD 2018, 472-473.

Hoeren, Thomas / Sieber, Ulrich / Holznagel, Bernd (Hrsg.): Handbuch Multimedia-Recht – Rechtsfragen des elektronischen Geschäftsverkehrs, 62. Ergänzungslieferung, München Juni 2024 Zit.: *Bearbeiter*, in: Hoeren/Sieber/Holznagel, MultimediaR-Hdb, Teil. Rn.

Hoffmann, Raphael / Schmidt, Dominik: Facebook-Profiling zu Marketingzwecken – datenschutzkonform?, GRUR 2021, 679-685.

Hoffmann-Riem: Die digitale Transformation als rechtliche Herausforderung, JuS 2023, 617-627.

Hofmann, Johanna / Johannes, Paul: DS-GVO: Anleitung zur autonomen Auslegung des Personenbezugs – Begriffsklärung der entscheidenden Frage des sachlichen Anwendungsbereichs, ZD 2017, 221-226.

Hofmann, Franz / Freiling, Felix: Personalisierte Preise und das Datenschutzrecht – Anforderungen an die datenschutzrechtliche Einwilligung, ZD 2020, 331-335.

Höpfner, Clemens / Rüthers, Bernd: Grundlagen einer europäischen Methodenlehre, AcP 209 (2009), 1-36.

Iber, Varinia: Zwei sind besser als einer: Führt die gemeinsame Verantwortung zu einem mehr an Datenschutz?, DSRITB 2020, 57-73.

Jandt, Silke / Roßnagel, Alexander: Datenschutz in Social Networks – Kollektive Verantwortlichkeit für die Datenverarbeitung, ZD 2011, 160-166.

Jandt, Silke: Smart Health – Wird die DSGVO den dynamischen Herausforderungen gerecht?, DuD 2016, 571-574.

Jandt, Silke / Steidle, Roland (Hrsg.): Datenschutz und Internet, Rechtshandbuch DS-GVO / BDSG / TDDDG / KI-VO / DMA / DSA, 2. Aufl., Baden-Baden 2025 Zit.: *Bearbeiter*, in: Jandt/Steidle, Datenschutz und Internet, Kap. Rn.

Janicki, Thomas / Saive, David: Privacy by Design in Blockchain-Netzwerken – Verantwortlichkeit und datenschutzkonforme Ausgestaltung von Blockchains, ZD 2019, 251-256.

Janicki, Thomas: Unzulänglichkeiten im Konzept der datenschutzrechtlichen Verantwortlichkeit, in: Louisa Specht-Riemenschneider / Benedikt Buchner / Christian Heinze et al. (Hrsg.), Festschrift für Jürgen Taeger, IT-Recht in Wissenschaft und Praxis, Frankfurt am Main 2020, 197-217.

Jarass, Hans D. / Beljin, Saša: Die Bedeutung von Vorrang und Durchführung des EG-Rechts für die nationale Rechtsetzung und Rechtsanwendung, NVwZ, 2004, 1-11.

Johannes, Paul C. / Richter, Philipp: Privilegierte Verarbeitung im BDSG-E – Regeln für Archivierung, Forschung und Statistik, DuD 2017, 300-305.

Jotzo, Florian: Der Schutz personenbezogener Daten in der Cloud, 2. Aufl., Baden-Baden 2020.

Jung, Alexander / Hansch, Guido: Die Verantwortlichkeit in der DS-GVO und ihre praktischen Auswirkungen – Hinweis zur Umsetzung im Konzern- oder Unternehmensumfeld, ZD 2019, 143-148.

Jung, Stefanie / Krebs, Peter / Stiegler, Sascha: Handbuch Gesellschaftsrecht in Europa, Baden-Baden 2019 Zit.: *Bearbeiter*, in: Jung/Krebs/Stiegler, Gesellschaftsrecht in Europa, § Rn.

Kartheuser, Ingemar / Nabulsi, Selma: Abgrenzungsfragen bei gemeinsam Verantwortlichen – Kritische Analyse der Voraussetzungen nach Art. 26 DS-GVO, MMR 2018, 717-721.

Keppeler, Lutz Martin: DSGVO-Compliance für Webseiten: Webtracking, Datenschutzerklärung, Social Media-Plugins und weitere Aspekte, DB 2018, 2225-2233.

Keppeler, Lutz Martin / Poncza, Manuel / Wölke, Annika: Lockert der EuGH durch sein FIN-Urteil den strengen „Personenbezug"? Eine kritische Analyse der EuGH-Rechtsprechung anlässlich EuGH, Urt. v. 09.11.2023 – C-319/22, CR 2024, 18-22.

Keppeler, Lutz Martin / Schneider, Ruben: Branchenstandards für Datenschutz-Compliance in der Onlinewirtschaft – Neuregelungen durch das IAB TCF 2.2, ITRB 2024, 71-75.

Kleemann, Roland: Datenschutz in der Finanzverwaltung – Statement, FR 2019, 71-72.

Klein, David: Gemeinsame Verantwortlichkeit von Fanpages-Betreiber und sozialem Netzwerk – Anmerkung zu EuGH [GK], Rs. C-210/16, ECLI:EU:C:2018:388 – *ULD Schleswig-Holstein/Wirtschaftsakademie Schleswig-Holstein*, IWRZ 2018, 224-226.

Kollmar, Frederike: Umfang und Reichweite gemeinsamer Verantwortlichkeit im Datenschutz, NVwZ 2019, 1740-1743.

Koreng, Ansgar / Lachenmann, Matthias (Hrsg.): Formularhandbuch Datenschutzrecht, 4. Aufl., München 2025 Zit.: *Bearbeiter*, in: Koreng/Lachenmann, DatenschutzR-Form-HdB, Kap. Anm.

Kosmider, Thomas: Die Verantwortlichkeit im Datenschutz – Die Zuordnung zum Verantwortlichen und deren Bedeutung für Rechtfertigung, Geldbußen und Schadensersatz, München 2021, zugl.: Bayreuth, Univ., Diss., 2021.

Kramer, Rudi / Schmidt, Nicole: Lohnbuchführung in der datenschutzrechtlichen Bewertung – Klarstellung durch Gesetzgeber: keine Auftragsverarbeitung durch Steuerberater, ZD 2020, 194-200.

Kremer, Sascha: Gemeinsame Verantwortlichkeit: Die neue Auftragsverarbeitung? – Analyse der tatsächlichen Lebenssachverhalte zur Abgrenzung zwischen gemeinsamer Verantwortlichkeit und Auftragsverarbeitung, CR 2019, 225-234.

Kremer, Sascha: Plugins nach dem EuGH: Cookie Consent und Joint Controller überall? – Warum und Wie Plugins und Tools für die Websites und andere Telemedien ab sofort auf technischer Ebene zu filetieren sind, CR 2019, 676-688.

Kremer, Sascha: Künstliche Intelligenz als (gemeinsam) Verantwortlicher oder Auftragsverarbeiter unter der DSGVO, in: Louisa Specht-Riemenschneider / Benedikt Buchner / Christian Heinze et al. (Hrsg.), Festschrift für Jürgen Taeger, IT-Recht in Wissenschaft und Praxis, Frankfurt am Main 2020, 251-269.

Kremer, Sascha / Christmann-Thoma, Julia / Kamm, Kristof / Matejek, Michael /Schneider, Nadine: Datentransfer nach Art. 49 DSGVO: Was geht, wenn sonst nichts geht? – Gleichwertige Alternativen zu Angemessenheitsbeschluss und geeigneten Garantien nach unionsrechtlicher Auslegung, CR 2021, 784-796.

Kroschwald, Steffen: Kollektive Verantwortung für den Datenschutz in der Cloud – Datenschutzrechtliche Folgen einer geteilten Verantwortlichkeit beim Cloud Computing, ZD 2013, 388-394.

Kühling, Jürgen / Martini, Mario / Heberlin, Johanna / Kühl, Benjamin / Nink, David / Weinzierl, Quirin / Wenzel, Michael: Die Datenschutz-Grundverordnung und das nationale Recht – Erste Überlegungen zum innerstaatlichen Regelungsbedarf, Münster 2016 Zit.: *Kühling/Martini et al.*, Die DSGVO und das nationale Recht, S.

Kühling, Jürgen / Buchner, Benedikt (Hrsg.): Kommentar Datenschutz-Grundverordnung/BDSG, 4. Aufl., München 2024 Zit.: *Bearbeiter*, in: Kühling/Buchner, DS-GVO/BDSG, Art. Rn.

Laue, Philip / Nink, Judith / Kremer, Sascha: Das neue Datenschutzrecht in der betrieblichen Praxis, 3. Aufl., Baden-Baden 2024 Zit.: *Bearbeiter*, in: Laue/Nink/Kremer, Das neue Datenschutzrecht in der betrieblichen Praxis, § Rn.

Lee, Laureen / Cross, Samuel: (Gemeinsame) Verantwortlichkeit beim Einsatz von Drittinhalten auf Websites – Wird das Rad unnötig neu erfunden?, MMR 2019, 559-563.

Leeb, Christina-Maria / Liebhaber, Johannes: Grundlagen des Datenschutzrechts, JuS 2018, 534-538.

Lehmann, Jochen / Rettig, Sören: Zusammen kommen wir weiter – Gemeinsame Verantwortlichkeit in Datenschutz und Versicherungsaufsichtsrecht, VersR 2020, 464-468.

Lehner, Viktoria: Mitgliedstaatliche Gestaltungsspielräume nach Art. 6 Abs. 2, Abs. 3 und Art. 23 DS-GVO am Beispiel des Auskunftsrechts des Betroffenen – Suum Cuique oder Singularia Non Sunt Extendenda?, DSRITB, 2020, 319-337.

Lembke, Mark: Der datenschutzrechtliche Auskunftsanspruch im Anstellungsverhältnis, NJW 2020, 1841-1846.

Lenaerts, Koen: Die EU-Grundrechtscharta: Anwendbarkeit und Auslegung, EuR 201, 3-18.

Lentz, Alexander: Connected Cars, Smart Glasses & Co. im Arbeitsverhältnis – Interaktive Betriebsmittel im Lichte des Beschäftigtendatenschutzes, ArbRB 2021, 28-32.

Leupold, Andreas / Wiebe, Andreas / Glossner, Silke (Hrsg.): Münchener Anwaltshandbuch IT-Recht – Recht, Wirtschaft und Technik der digitalen Transformation, 4. Aufl., München 2021 Zit.: *Bearbeiter*, in: Leupold/Wiebe/Glossner, IT-Recht, Teil. Rn.

Lezzi, Lukas / Oberlin, Jutta Sonja: Gemeinsam Verantwortliche in der konzerninternen Datenverarbeitung – Eine praxisorientierte Darstellung möglicher Konstellationen, ZD 2018, 398-404.

Lurtz, Helmut / Schindler, Stephan: Gemeinsame Verantwortlichkeit des Websitebetreibers bei Social-Plug-Ins – Anmerkung zu EuGH, Rs. C-40/17, ECLI:EU:C:2019:629 – *Fashion ID*, VuR 2019, 468-476.

Maschmann, Frank: Der Betriebsrat als für den Datenschutz Verantwortlicher, NZA 2020, 1207-1215.

Maschmann, Frank: Der Arbeitgeber als Verantwortlicher für den Datenschutz im Betriebsratsbüro (§ 79a BetrVG), NZA 2021, 834-839.

Marosi, Johannes / Luisa Matthé: Gemeinsame Verantwortlichkeit eines Fanpage-Betreibers und des dazugehörigen Netzwerks – Anmerkung zu EuGH [GK], Rs. C-210/16, ECLI:EU:C:2018:388 – *ULD Schleswig-Holstein/Wirtschaftsakademie Schleswig-Holstein*, ZD 2018, 361-365.

Marosi, Johannes: Halbherzig beauftragt ist gemeinsam verantwortet: Neues aus Luxemburg zu gemeinsam Verantwortlichen – Anmerkung zu EuGH [GK], Rs. C-683/21, ECLI:EU:C:2023:949 – *Nacionalinis visuomenės sveikatos centras*, DSB 2024, 46-48.

Marosi, Johannes: (Gem-)Einsame Verantwortlichkeit im Datenschutzrecht, Trier 2024, zugl.: Mainz, Univ., Diss., 2022.

Martini, Mario / Fritzsche, Saskia: Mitverantwortung in sozialen Netzwerken – Facebook-Fanpage-Betreiber in der datenschutzrechtlichen Grauzone, NwVZ-Extra 21/2015, 1-16.

Martini, Mario / Fritzsche, Saskia: Mitverantwortung in sozialen Netzwerken, NwVZ 2015, 1497-1499.

Martini, Mario / Weinzierl, Quirin: Die Blockchain-Technologie und das Recht auf Vergessenwerden – Zum Dilemma zwischen Nicht-Vergessen-Können und Vergessen-Müssen, NVwZ 2017, 1251-1259.

Martini, Mario / Hohmann, Matthias: Der gläserne Patient: Dystopie oder Zukunftsrealität? Perspektiven datengetriebener Gesundheitsforschung unter der DS-GVO und dem Digitale-Versorgung-Gesetz, NJW 2020, 3573-3578.

Mantz, Reto: Störerhaftung für Datenschutzverstöße Dritter – Sperre durch DS-RL und DS-GVO?, ZD 2014, 62-66.

Meyer, Simon Diethelm: Datenverarbeitung zu Werbezwecken – Betroffenenrechte im Lichte der Entscheidung des EuGH in der Rs. Schrems/Meta, MMR 2025, 173-178.

Möhle, Jan-Peter: Datenschutz und Betriebsrat im Betriebsrätestärkungsgesetz: Politischer Wille ohne rechtlichen Weitblick!, ZD-Aktuell 2021, 05067.

Möhle, Jan-Peter: Verantwortlichkeit als integrierendes Konzept im Datenschutzrecht, DÖV 101-109.

Monreal, Manfred: „Der für die Verarbeitung Verantwortliche" – das unbekannte Wesen des deutschen Datenschutzrechts: Mögliche Konsequenzen aus einem deutschen Missverständnis, ZD 2014, 611-616.

Monreal, Manfred: Weiterverarbeitung nach einer Zweckänderung in der DS-GVO – Chancen nicht nur für das europäische Verständnis des Zweckbindungsgrundsatzes, ZD 2016, 507-512.

Monreal, Manfred: Die Geheimnisse der Auftragsverarbeitung, PinG 2017, 216-226.

Monreal, Manfred: Der Rahmen der Verantwortung und die klare Linie in der Rechtsprechung des EuGH zu gemeinsam Verantwortlichen – Auswirkungen der europarechtlichen Konzeption des Verantwortlichen, CR 2019, 797-808.

Moos, Flemming / Rothkegel, Tobias: Gemeinsame Verantwortlichkeit eines Fanpage-Betreibers und des dazugehörigen sozialen Netzwerks – Anmerkung zu EuGH [GK], Rs. C-210/16, ECLI:EU:C:2018:388 – *ULD Schleswig-Holstein/Wirtschaftsakademie Schleswig-Holstein*, MMR 2018, 596-600.

Moos, Flemming / Rothkegel, Tobias: „Gefällt mir"-Button von Facebook – Fashion ID – Anmerkung zu EuGH, Rs. C-40/17, ECLI:EU:C:2019:629 – *Fashion ID*, MMR 2019, 584-587.

Nebel, Maxi: Datenschutzrechtliche Verantwortlichkeit in Zeiten von Social Networks. Abgrenzung zwischen gemeinsamer und kollektiver Verantwortlichkeit von Anbietern und Nutzern, in: Anja Hentschel / Gerrit Hornung /Silke Jandt (Hrsg.), Mensch – Technik – Umwelt: Verantwortung für eine sozialverträgliche Zukunft, Festschrift für Alexander Roßnagel zum 70. Geburtstag, Baden-Baden 2020, 341-360.

Ohly, Ansgar: Die Verantwortlichkeit von Intermediären, ZUM 2015, 308-318.

Ohly, Ansgar: Anmerkung zu BGH, Urteil v. 26.07.2018 – I ZR 64/17 (OLG Düsseldorf), JZ 2019, 251-255.

Ohly, Ansgar: Von der Störerhaftung zur Haftung für die Verletzung urheberrechtlicher Verkehrspflichten, NJW 2022, 2961-2964.

Oppermann, Bernd H. / Buck-Heeb, Petra: Rechtshandbuch Autonomes Fahren, 3. Aufl., München 2024 Zit.: *Bearbeiter*, in: Oppermann/Buck-Heeb, Autonomes Fahren, 3. Aufl. 2024, Kap. Rn.

Paal, Boris P.: Meldepflicht bei Datenschutzverstößen nach Art. 33 DS-GVO – Praxisrelevante Rechtsfragen und Handlungsempfehlungen, ZD 2020, 119-124.

Paal, Boris P.: Schadensersatzansprüche bei Datenschutzverstößen – Voraussetzungen und Probleme des Art. 82 DSGVO, MMR 2020, 14-19.

Paal, Boris P. / Pauly, Daniel A. (Hrsg.): Kommentar zur Datenschutz-Grundverordnung und Bundesdatenschutzgesetz, 3. Aufl., München 2021 Zit.: *Bearbeiter*, in: Paal/Pauly, DS-GVO/BDSG, Art. Rn.

Paschke, Marian / Berlit, Wolfgang / Meyer, Claus / Kröner, Lars (Hrsg.): Hamburger Kommentar Gesamtes Medienrecht, 4. Aufl., Baden-Baden 2021 Zit.: *Bearbeiter*, in: Paschke/Berlit/Meyer/Kröner, Gesamtes Medienrecht, Abschn. Rn.

Petri, Thomas: Datenschutzrechtliche Verantwortlichkeit im Internet – Überblick und Bewertung der aktuellen Rechtsprechung, ZD 2015, 103-106.

Petri, Thomas: Auftragsverarbeitung – heute und morgen – Reformüberlegungen zur Neuordnung des Europäischen Datenschutzrechts, ZD 2015, 305-309.

Petri, Thomas: LG Düsseldorf: Einbindung des „Gefällt mir"-Buttons von Facebook als Verstoß gegen Wettbewerbsrecht – Anmerkung zu LG Düsseldorf, Urt. v. 09.03.2016 - 12 O 151/15, ZD 2016 234.

Petri, Thomas: Faire und transparente Verarbeitung, Informationsrechte und Rahmenbedingungen für ihre Beschränkung – zur Auslegung der Art. 12 ff. und 23 DSGVO, DuD 2018, 347-350.

Petri, Tomas: Datenschutzrecht: Verantwortlichkeit von Facebook und des Betreibers einer Facebook-Fanpage für die Verarbeitung personenbezogener Daten – Anmerkung zu EuGH [GK], Rs. C-210/16, ECLI:EU:C:2018:388 – *ULD Schleswig-Holstein/Wirtschaftsakademie Schleswig-Holstein*, EuZW 2018, 540-541.

Petri, Thomas: Datenschutzrecht: Schutz der natürlichen Personen bei der Verarbeitung personenbezogener Daten im Rahmen der Verkündigungstätigkeit der Zeugen Jehovas - Anmerkung zu EuGH [GK], Rs. C-25/17, ECLI:EU:C:2018:551 – *Zeugen Jehovas*, EuZW 2018, 902-903.

Petri, Thomas: Datenschutzrechtliche Deaktivierungsanordnung gegen Facebook-Fanpage-Betreiber – Anmerkung zu BVerwG, Urt. v. 11.09.2019 – 6 C 15.18 (OVG Schleswig, VG Schleswig), ZD 2020, 267-268.

Piltz, Carlo: Soziale Netzwerke im Internet – Eine Gefahr für das Persönlichkeitsrecht?, Frankfurt am Main 2013 Zit.: *Piltz*, Soziale Netzwerke im Internet, S.

Piltz, Carlo: Störerhaftung im Datenschutzrecht?, K&R 2014, 80-85.

Piltz, Carlo: Die Datenschutz-Grundverordnung – Teil 2: Rechte der Betroffenen und korrespondierende Pflichten des Verantwortlichen, K&R 2016, 629-636.

Piltz, Carlo: Die Datenschutz-Grundverordnung – Teil 3: Rechte und Pflichten des Verantwortlichen und Auftragsverarbeiters, K&R 2016, 709-717.

Piltz, Carlo: Einbindung des Facebook-„Gefällt mir"-Buttons – Anmerkung zu OLG Düsseldorf, Beschl. v. 19.01.2017 – I-20 U 40/16 (LG Düsseldorf), ZD 2017, 336-338.

Piltz, Carlo: Der „Dritte" nach der DSGVO, De Lege Data-Blog v. 19.10.2020, (abrufbar https://www.delegedata.de/2020/10/der-dritte-nach-der-dsgvo/).

Plath, Kai-Uwe (Hrsg.): Kommentar zu DSGVO, BDSG und TTDSG, 4. Aufl., Köln 2023 Zit.: *Bearbeiter*, in: Plath, DSGVO/BDSG/TTDSG, Art./§ Rn.

Pötters, Stephan: Grundrechte und Beschäftigtendatenschutz, Köln 2013, zugl.: Köln, Univ., Diss., 2013.

Pytel, Lisa: Google Analytics unter Druck: Der gemeinsame Beschluss der DSK und Schrems II, ITRB 2021, 43-47.

Radtke, Tristan: Gemeinsame Verantwortlichkeit unter der DSGVO, Baden-Baden 2021, zugl.: Freiburg, Univ., Diss., 2021.

Redeker, Helmut: IT-Recht, 8. Aufl., München 2023.

Reibach, Boris: Nationales Datenschutzrecht – Deharmonisierung der DSGVO, DSRITB 2018, 131-143.

Reif, Yvette: Gemeinsame Verantwortung beim Lettershopverfahren – praktische Konsequenzen der EuGH-Rechtsprechung zu den „Fanpages“ und „Zeugen Jehovas“, RDV 2019, 30-32.

Riegel, Reinhard: Datenschutz in der Bundesrepublik Deutschland, Heidelberg 1988.

Roßnagel, Alexander: Modernisierung des Datenschutzrechts für eine Welt allgegenwärtiger Datenverarbeitung, MMR 2005, 71-75.

Roßnagel, Alexander: Datenschutz in einem informatisierten Alltag; Gutachten im Auftrag der Friedrich-Ebert-Stiftung, Berlin 2007, (abrufbar: https://library.fes.de/pdf-files/stabsabteilung/04548.pdf).

Roßnagel, Alexander / Richter, Philipp / Nebel, Maxi: Besserer Internetdatenschutz für Europa – Vorschläge zur Spezifizierung der DS-GVO, ZD 2013, 103-108.

Roßnagel, Alexander / Kroschwald, Steffen: Was wird aus der Datenschutzgrundverordnung? – Entschließung des Europäischen Parlaments über ein Verhandlungsdokument, ZD 2014, 495-500.

Roßnagel, Alexander / Geminn, Christian / Jandt, Silke / Richter, Philipp: Datenschutzrecht 2016 – „Smart“ genug für die Zukunft? Ubiquitous Computing und Big Data als Herausforderungen des Datenschutzrechts, ITeG – Interdisciplinary Research on Information System Design Band 4 / Vol. 4, Kassel 2016, (abrufbar: http://www.uni-kassel.de/upress/online/OpenAccess/978-3-7376-0154-2.OpenAccess.pdf).

Roßnagel, Alexander: Gesetzgebung im Rahmen der Datenschutz-Grundverordnung – Aufgaben und Spielräume des deutschen Gesetzgebers, DuD 2017, 277-281.

Roßnagel, Alexander: Datenschutz im E-Learning – Die neuen Datenschutzregelungen im Lehrbetrieb von Hochschulen, ZD 2020, 296-302.

Roßnagel, Alexander: Datenschutzrecht: Verantwortung zur Einhaltung des Datenschutzes bei Verarbeitungsketten – Anmerkung zu EuGH, Rs. C-231/22, ECLI:EU:C:2024:7 – *Moniteur belge*, EuZW 2024, 269-270.

Roßnagel, Alexander / Rost, Christina: Geldbußen gegen juristische Personen – Klarstellungen durch zwei Entscheidungen des EuGH, ZD 2024, 183-189.

Rothkegel, Tobias / Strassemeyer, Laurenz: Joint Control in European Data Protection Law – How to make Sense of the CJEU's Holy Trinity – A case study on the recent CJEU rulings (Facebook Fanpages; Jehovah's Witnesses; Fashion ID), Cri 2019, 161-171.

Rücker, Daniel / Brandt, Alexander: Der Einsatz von (Social) Plugins im Lichte des "Fashion ID"-Urteils des EuGH – Besprechung von EuGH, Rs. C-40/17, ECLI:EU:C:2019:629 – *Fashion ID*, DB 2019, 2451-2457.

Säcker, Franz Jürgen / Rixecker, Roland / Oetker, Hartmut / Limperg, Bettina / Schubert, Claudia (Hrsg.), Münchener Kommentar zum Bürgerlichen Gesetzbuch, Band 7: Schuldrecht

– Besonderer Teil IV §§ 705–853, Partnerschaftsgesellschaftsgesetz, Produkthaftungsgesetz, 9. Aufl., München 2024 Zit.: *Bearbeiter*, in: MünchKomm-BGB, § Rn.

Sattler, Andreas: Gemeinsame Verantwortlichkeit – getrennte Pflichten: Zugleich Besprechung von EuGH „Fashion ID/Verbraucherzentrale NRW", GRUR 2019, 1023-1026.

Schantz, Peter: Die Datenschutz-Grundverordnung – Beginn einer neuen Zeitrechnung im Datenschutzrecht, NJW 2016, 1841-1847.

Schantz, Peter / Wolff, Heinrich Amadeus (Hrsg.): Das neue Datenschutzrecht – Datenschutz-Grundverordnung und Bundesdatenschutzgesetz in der Praxis, München 2017.

Scheja, Gregor: Grenzen der gemeinsamen Verantwortlichkeit nach Art. 26 DSGVO – Erkenntnisse aus einem Vergleich zur strafrechtlichen Mittäterschaft sowie zum öffentlich-rechtlichen und zivilrechtlichen Störerbegriff nach deutschem Recht, in: Louisa Specht-Riemenschneider / Benedikt Buchner / Christian Heinze et al. (Hrsg.), Festschrift für Jürgen Taeger, IT-Recht in Wissenschaft und Praxis, Frankfurt am Main 2020, 412-429.

Schleipfer, Stefan: EuGH: Arbeitsteiliges Zusammenwirken datenschutzrechtlich Verantwortlicher – Fashion ID - Anmerkung zu EuGH, Rs. C-40/17, ECLI:EU:C:2019:629 – *Fashion ID*, CR 2019, 579-581.

Schmid, Gregor / Kahl, Thomas: Verarbeitung „sensibler" Daten durch Cloud-Anbieter ind Drittstaaten – Auftragsverarbeitung nach geltendem Recht und der DS-GVO, ZD 2017, 54-57.

Schmidt, Bernd / Freund, Bernhard: Perspektiven der Auftragsverarbeitung – Wegfall der Privilegierung mit der DS-GVO?, ZD 2017, 14-18.

Schmidt, Lukas: Der Einsatz von Dritt-Plug-Ins auf Webseiten: Klärung der datenschutzrechtlichen Verantwortlichkeit – Anmerkung zu EuGH, Rs. C-40/17, ECLI:EU:C:2019:629 – *Fashion ID*, jurisPR-ITR 22/2019 Anm. 5.

Schneider, Ruben: Gemeinsame Verantwortlichkeit – Entstehung und Rechtsfolgen des Innenverhältnisses gemäß Art. 26 DSGVO, Heidelberg 2022, zugl.: Wiesbaden, Univ., Diss., 2021.

Schneider, Ruben: Honorarkürzung wegen Nichtanbindung an die Telematikinfrastruktur – Anmerkung zu SG Stuttgart, Urt. v. 27.01.2022 – S 24 KA 166/20, ZD 2023, 174-175.

Schneider, Ruben: Bußgeldhaftung für Auftragsverarbeiter – Anmerkung zu EuGH [GK], Rs. C-683/21, ECLI:EU:C:2023:949 – *Nacionalinis visuomenės sveikatos centras*, ZD 2024, 214-216.

Schöttle, Hendrik: Vernetzte Geräte: Datenschutzrechtliche Herausforderungen in der Praxis, DSRITB 2015, 365-377.

Schreiber, Kristina: Gemeinsame Verantwortlichkeit gegenüber Betroffenen und Aufsichtsbehörden – Anwendungsbeispiele, Vertragsgestaltung und Folgen nicht gleichwertiger Verantwortlichkeit, ZD 2019, 55-60.

Schulz, Thomas / Roßnagel, Alexander / David, Klaus: Datenschutz bei kommunizierenden Assistenzsystemen – Wird die informationelle Selbstbestimmung von der Technik überrollt?, ZD 2012, 510-515.

Schulz, Sebastian / Kugelmann, Dieter / Sommer, Imke: Ein, zwei, viele – Datenschutz zwischen Arbeitsteilung und Outsourcing: PinG im Gespräch mit Imke Sommer und Dieter Kugelmann, PinG 2019, 241-244.

Schulz, Sönke E.: Was mache ich mit meiner Facebook-Fanseite?, MMR 2018 421-422.

Schulz, Sönke E.: Gemeinsame Verantwortlichkeit eines Fanpage-Betreibers und des dazugehörigen sozialen Netzwerks – Anmerkung zu EuGH [GK], Rs. C-210/16, E-CLI:EU:C:2018:388 – *ULD Schleswig-Holstein/Wirtschaftsakademie Schleswig-Holstein*, ZD 2018, 363-365.

Schuster, Fabian / Grützmacher, Malte: IT-Recht Kommentar, Köln 2020 Zit.: *Bearbeiter*, in: Schuster/Grützmacher, IT-Recht, Art. Rn.

Schwartmann, Rolf / Jaspers, Andreas / Thüsing, Gregor / Kugelmann, Dieter (Hrsg): Kommentar Datenschutz-Grundverordnung und Bundesdatenschutzgesetz, 3. Aufl., Heidelberg 2024 Zit.: *Bearbeiter*, in: Schwartmann/Jaspers/Thüsing/Kugelmann, DS-GVO/BDSG, Art. Rn.

Schwartmann, Rolf: Die Verantwortlichkeit für die Verarbeitung von Forschungsdaten an Hochschulen, OdW 2020, 77-84.

Schwenke, Thomas: Private Nutzung von Smartglasses im öffentlichen Raum, Edewecht 2019, zugl.: Oldenburg, Univ., Diss., 2016.

Seiter, Stefan R.: Auftragsverarbeitung nach der Datenschutz-Grundverordnung – Steuerberatertätigkeiten & andere Streitfragen – Ein kleiner Rundumschlag, DuD 2019, 127-133.

Simitis, Spiros / Hornung, Gerrit / Spiecker genannt Döhmann, Indra (Hrsg.): Kommentar zum Datenschutzrecht – DSGVO mit BDSG, 2. Aufl., Baden-Baden 2025 Zit.: *Bearbeiter*, in: Simitis/Hornung/Spiecker gen. Döhmann, DSGVO/BDSG, Art. Rn.

Skistims, Hendrik: Smart Homes – Rechtsprobleme intelligenter Haussysteme unter besonderer Beachtung des Grundrechts auf Gewährleistung der Vertraulichkeit und Integrität informationstechnischer Systeme, Baden-Baden 2016, zugl.: Kassel, Univ., Diss., 2015.

Sobotta, Christoph: Die Mehrsprachigkeit als Herausforderung und Chance bei der Auslegung des Unionsrechts, Zeitschrift für Europäische Rechtslinguistik (ZERL) 2015, Köln: Europäische Rechtslinguistik, (abrufbar: http://zerl.uni-koeln.de/sobotta-2015-mehrsprachigkeit-unionsrecht.html).

Solmecke, Christian / Kocatepe, Sibel: Google Glass – Der Gläserne Mensch 2.0 – Die neueste technische Errungenschaft – Fluch oder eine Herausforderung?, ZD 2014, 22-27.

Specht, Louisa / Mantz, Reto (Hrsg.): Handbuch Europäisches und deutsches Datenschutzrecht – Bereichsspezifischer Datenschutz in Privatwirtschaft und öffentlichem Sektor, München 2019 Zit.: *Bearbeiter*, in: Specht/Mantz, Europäisches und deutsches Datenschutzrecht, Teil. § Rn.

Specht-Riemenschneider, Louisa / Buchner, Benedikt / Heinze, Christian /Thomsen, Oliver (Hrsg.), Festschrift für Jürgen Taeger, IT-Recht in Wissenschaft und Praxis, Frankfurt am Main 2020.

Specht-Riemschneider, Louisa / Schneider, Ruben: Die gemeinsame Verantwortlichkeit im Datenschutzrecht – Rechtsfragen des Art. 26 DS-GVO am Beispiel „Facebook-Fanpages“, MMR 2019, 503-509.

Specht-Riemenschneider, Louisa / Schneider, Ruben: Stuck Half Way: The Limitation of Joint Control after Fashion ID (C-40/17), GRUR Int. 2020, 159-163.

Spiecker gen. Döhmann, Indra: Digitale Mobilität: Plattform Governance – IT-sicherheits- und datenschutzrechtliche Implikationen, GRUR 2019, 341-352.

Spies, Ulrich: Zweckfestlegung der Datenverarbeitung durch den Verantwortlichen – Besteht eine datenschutzrechtliche Zweckbestimmung des Verantwortlichen trotz Zweckbenennung?, ZD 2022, 75-81.

Spindler, Gerald: Die neue EU-Datenschutz-Grundverordnung, DB 2016, 937-947.

Spindler, Gerald / Schuster, Fabian (Hrsg.): Recht der elektronischen Medien – Kommentar, 4. Aufl., München 2019 Zit.: *Bearbeiter*, in: Spindler/Schuster, Recht der elektronischen Medien, Teil. Art./§ Rn.

Spittka, Jan / Mantz, Reto: Datenschutzrechtliche Anforderungen an den Einsatz von Social Plugins, NJW 2019, 2742-2745.

Spittka, Jan: Mitgefangen, mitgehangen – Joint Control und Business Process Outsourcing, DSRITB 2020, 41-57.

Sydow, Gernot (Hrsg.): Kommentar Europäische Datenschutzgrundverordnung, 2. Aufl., Baden-Baden 2018 Zit.: *Bearbeiter*, in: Sydow, DSGVO, Art. Rn.

Sydow, Gernot / Marsch, Nikolaus (Hrsg.): Handkommentar Datenschutz-Grundverordnung / Bundesdatenschutzgesetz, 3. Aufl., Baden-Baden 2022 Zit.: *Bearbeiter*, in: Sydow/Marsch, DS-GVO/BDSG, Art./§ Rn.

Taeger, Jürgen /Gabel, Detlev (Hrsg.): Kommentar BDSG und Datenschutzvorschriften des TKG und TMG, 2. Aufl. Frankfurt am Main 2013 Zit.: *Bearbeiter*, in: Taeger/Gabel, BDSG a.F., § Rn.

Taeger, Jürgen / Gabel, Detlev (Hrsg.): Kommentar DSGVO – BDSG, 3. Aufl., Frankfurt am Main 2019 Zit.: *Bearbeiter*, in: Taeger/Gabel, DSGVO/BDSG, Art. Rn.

Taeger, Jürgen / Gabel, Detlev (Hrsg.): Kommentar DSGVO – BDSG - TTDSG, 4. Aufl., Frankfurt am Main 2022 Zit.: *Bearbeiter*, in: Taeger/Gabel, DSGVO/BDSG/TTDSG, Art. Rn.

Thüringer Landesbeauftragter für den Datenschutz und die Informationsfreiheit: 3. Tätigkeitsbericht zum Datenschutz unter der DSGVO 2020, Erfurt 2021, (abrufbar: https://www.tlfdi.de/infothek/taetigkeitsberichte-zum-datenschutz/).

Thüsing, Gregor / Rombey, Sebastian: Dateigebundene Verarbeitung und Datenverantwortung – Lehren aus EuGH, Urt. v. 10.07.2018 – C-25/17, NZA 2018, 991 – Zeugen Jehovas, NZA 2019, 6-11.

Uecker, Philip: Gemeinsame Verantwortlichkeit – Bestandsaufnahme, ZD-Aktuell 2018, 06247.

Vasella, David: Verantwortliche und Auftragsverarbeiter: Zu den Leitlinien des EDSA (Entwurf) zum „"Controller" und „Processor" v. 14.09.2020, (abrufbar: https://datenrecht.ch/wp-content/uploads/200914-Verantwortliche-und-Auftragsverarbeiter_-Zu-den-Leitlinien-des-EDSA-Entwurf-zum-_Controller_-und-_Processor_-daten_recht.pdf).

Veil, Winfried: Die Datenschutz-Grundverordnung: des Kaisers neue Kleider – Der gefährliche Irrweg des alten wie des neuen Datenschutzrechts, NVwZ 2018, 686-696.

Veil, Winfried: Datenschutz, das zügellose Recht -Teil I: Die umgekehrten chilling effects, CROnline v. 20.05.2019, (abrufbar: https://www.cr-online.de/blog/2019/05/20/datenschutz-das-zuegellose-recht-teil-i-die-umgekehrten-chilling-effects/).

Voigt, Paul / Alich, Stefan: Facebook-Like-Button und Co. – Datenschutzrechtliche Verantwortlichkeit der Webseitenbetreiber, NJW 2011, 3541-3544.

Weber, Marc Philipp / Dehnert, Henning: Das Kooperations- und Kohärenzverfahren vor dem Europäischen Datenschutzausschuss in der Praxis – Erfahrungen aus dem ersten Streitbeilegungsverfahren in Sachen Twitter, ZD 2021, 63-68.

Weichert, Thilo: Informationstechnische Arbeitsteilung und datenschutzrechtliche Verantwortung – Plädoyer für eine Mitverantwortlichkeit bei der Verarbeitung von Nutzungsdaten, ZD 2014, 605-610.

Weichert, Thilo: Netzwerk Datenschutzexpertise Gutachten (Stand: 19.10.2020) Datenverarbeitung und Datenschutz bei Tesla-Fahrzeugen – Kfz-Automation und informationelle Selbstbestimmung, (abrufbar: https://www.netzwerk-datenschutzexpertise.de/sites/default/files/gut_2020tesla.pdf).

Weitnauer, Wolfgang / Mueller-Stöfen, Tilman (Hrsg.): Beck'sches Formularbuch IT-Recht, 6. Aufl., München 2025 Zit.: *Bearbeiter*, in: Weitnauer/Mueller-Stöfen, BeckFormB-IT-R, Kap. Anm.

Wendehorst, Christiane / Graf von Westphalen, Friedrich: Das Verhältnis zwischen Datenschutz-Grundverordnung und AGB-Recht, NJW 2016, 3745-3750.

Wenhold, Celine: Nutzerprofilbildung durch Webtracking, Baden-Baden 2018, zugl.: Göttingen, Univ., Diss., 2017.

Wilmer, Stefan: Wearables und Datenschutz – Gesetze von gestern für die Technik von morgen?, DSRITB 2015, 1-17.

Wissenschaftlicher Dienst / Deutscher Bundestag, Sachstand: Zulässigkeit der Transkribierung und Auswertung von Mitschnitten der Sprachsoftware "Alexa" durch Amazon, WD 10 – 3000 – 032/19, Berlin 2019, (abrufbar: https://www.bundestag.de/resource/blob/650728/3f72e6abc1c524961e5809002fe20f21/WD-10-032-19-pdf-data.pdf).

Wittner, Florian Nikolas: Verantwortlichkeit in komplexen Daten-Ökosystemen, Tübingen 2022, zugl.: Hamburg, Univ., Diss., 2021.

Wolff, Heinrich Amadeus /Brink, Stefan / v. Ungern-Sternberg, Antje (Hrsg.): BeckOK Datenschutzrecht, 52. Edition Stand 01.05.2025, München 2025 Zit.: *Bearbeiter*, in: Brink/Wolff, BeckOK Datenschutzrecht, Art. Rn.

Wybitul, Tim: DS-GVO veröffentlicht – Was sind die neuen Anforderungen an die Unternehmen?, ZD 2016, 253-254.

Wybitul, Tim / Haß, Detlef / Albrecht, Jan Philipp: Abwehr von Schadensersatzansprüchen nach der Datenschutz-Grundverordnung, NJW 2018, 113-118.

Ziegenhorn, Gero / Fokken, Martin: Rechtsdienstleister: Verantwortliche oder Auftragsverarbeiter? Rechtanwälte und Inkassounternehmen als Adressaten der DS-GVO, ZD 2019, 194-199.

FSC
www.fsc.org
MIX
Papier | Fördert
gute Waldnutzung
FSC® C083411

Kolibri 360 GmbH
Ferdinand-Jühlke-Straße 7
99095 Erfurt, Deutschland
produktsicherheit@kolibri360.de